Recommended by Teachers
Trusted by Toppers

AF814223

All in One®

संस्कृतम् (सम्प्रेषणात्मकम्)

CBSE कक्षा 10

सभी खंडों की अध्ययन सामग्री | अभ्यास प्रश्न | प्रतिदर्शन प्रश्न-पत्र

लेखकगण

नवीन शर्मा
उर्मिला सिंघल

arihant
SUCCESS AND NOTHING LESS

अरिहन्त प्रकाशन

(स्कूल डिवीज़न सीरीज़)

卐 रजि. कार्यालय

'रामछाया' 4577/15, अग्रवाल रोड, दरिया गंज, नई दिल्ली-110002
फोनः 011-47630600, 43518550; फैक्सः 011-23280316

मुख्य कार्यालय

कालिन्दी, टी०पी० नगर, मेरठ (यूपी)-250002 फोनः 0121-7156203, 7156204

卐 शाखा कार्यालय

आगरा, अहमदाबाद, बरेली, बंगलुरु, चेन्नई, दिल्ली, गुवाहाटी, हैदराबाद, जयपुर, झाँसी, कोलकाता, लखनऊ, नागपुर तथा पुणे

卐 PO No : TXT-XX-XXXXXXX-X-XX

Published by Arihant Publications (India) Ltd.

'अरिहन्त' की पुस्तकों के बारे में अधिक जानकारी के लिए हमारी वेबसाइट
www.arihantbooks.com पर लॉग इन करें या info@arihantbooks.com पर सम्पर्क करें।

Follow us on

卐 मूल्य ₹ 300.00

प्रोडक्शन टीम

पब्लिशिंग मैनेजर	*कवर डिज़ाइनर*	*इनर डिज़ाइनर*
महेन्द्र सिंह रावत, केशव मोहन	सलमान	अंकित त्यागी
प्रोजेक्ट हैड	*पेज लेआउट*	*प्रूफ रीडर*
मनीष कुमार	रविन्द्र कुमार	वर्षा

विषय–सूची

नवीनतम पाठ्यक्रम

कक्षा दशमी (2025-26)

संस्कृत (सम्प्रेषणात्मकम्) कोड् सङ्ख्या–119

आहत्य–अङ्काः – **80+20**

आहत्य–कालांशाः – **200**

वार्षिकमूल्याङ्कनाय निर्मिते प्रश्नपत्रे चत्वारः भागाः भविष्यन्ति –

'क'	भागः अपठितावबोधनम्	10 अङ्काः
'ख'	भागः रचनात्मककार्यम्	15 अङ्काः
'ग'	भागः अनुप्रयुक्तव्याकरणम्	25 अङ्काः
'घ'	भागः पठितावबोधनम्	30 अङ्काः

भागानुसारं विषयाः अङ्काविभाजनं च — 80 अङ्काः

क्र. सं.	विषयाः	प्रश्नप्रकाराः	मूल्यभारः
	'क' भागः		
	अपठितावबोधनम्		**10 अङ्काः**
1.	एकः गद्यांश (80-100 शब्दपरिमितः)	अति–लघुत्तरात्मकौ पूर्णवाक्यात्मकौ शीर्षकम् (लघुत्तरात्मकः) भाषिककार्यम् (बहुविकल्पात्मकाः)	1×2=2 2×2=4 1×1=1 1×3=3
		पूर्णभारः	**10 अङ्काः**
	'ख' भागः		
	रचनात्मककार्यम्		**15 अङ्काः**
2.	औपचारिकम् अथवा अनौपचारिकं पत्रम् (मञ्जूषायाः सहायतया रिक्तस्थानपूर्तिमाध्यमेन पूर्णं पत्रं लेखनीयम्)	निबन्धात्मकः	1/2×10=5
3.	चित्रवर्णनम् अथवा अनुच्छेदलेखनम्	पूर्णवाक्यात्मकः	1×5=5
4.	संवादपूर्तिः/कथापूर्तिः (मञ्जूषायाः सहायतया रिक्तस्थानपूर्तिमाध्यमेन पूर्ण कथा/संवादः लेखनीयः)	निबन्धात्मकः	1/2×10=5
		पूर्णभारः	**15 अङ्काः**
	'ग' भागः		
	अनुप्रयुक्तव्याकरणम्		**25 अङ्काः**
5.	सन्धिः	लघुत्तरात्मकाः	1×4=4
6.	समासः	बहुविकल्पात्मकाः	1×4=4
7.	प्रत्ययाः	बहुविकल्पात्मकाः	1×4=4
8.	वाच्यपरिवर्तनम्	लघुत्तरात्मकाः	1×3=3

9.	समयः	लघुत्तरात्मकाः	1×3=3
10.	अव्ययानि	लघुत्तरात्मकाः	1×4=4
11.	अशुद्धि-संशोधनम्	बहुविकल्पात्मकाः	1×3=3
		पूर्णभारः	**25 अङ्काः**

'घ' भागः

पठितावबोधनम् **30 अङ्काः**

12.	गद्यांशः	अति-लघुत्तरात्मकौ पूर्णवाक्यात्मकः लघुत्तरात्मकौ (भाषिककार्यम्)	1/2×2=1 1×2=2 1×2=2
13.	पद्यम् (श्लोकः/श्लोकौ)	अति-लघुत्तरात्मकौ पूर्णवाक्यात्मकः लघुत्तरात्मकौ (भाषिककार्यम्)	1/2×2=1 1×2=2 1×2=2
14.	नाट्यांशः	अति-लघुत्तरात्मकौ पूर्णवाक्यात्मकः लघुत्तरात्मकौ (भाषिककार्यम्)	1/2×2=1 1×2=2 1×2=2
15.	प्रश्ननिर्माणम्	पूर्णवाक्यात्मकाः	1×5=5
16.	अन्वयः अथवा भावार्थः (रिक्तस्थानपूर्तिमाध्यमेन)	निबन्धात्मकः	1/2×4=2
17.	प्रसङ्गानुसारम् अर्थचयनम्	बहुविकल्पात्मकाः	1×4=4
18.	पाठाधारित-कथापूर्तिः (मञ्जूषापदसहायतया रिक्तस्थानपूर्तिः)	निबन्धात्मकः	1/2×8=4
		पूर्णभारः	**30 अङ्काः**
		सम्पूर्णभारः	**80 अङ्काः**

प्रश्नपत्र-प्रारूपम्/संरचना

कक्षा-दशमी (2025-26)

संस्कृत (सम्प्रेषणात्मकम्) कोड सङ्ख्या-119

प्रश्नप्रकारः		**प्रश्नानां सङ्ख्या**	**विभाग-सङ्ख्या**	**प्रतिप्रश्नम् अङ्कभारः**	**आहत्याङ्काः**
बहुविकल्पात्मकाः	1 अङ्काः	3+4+4+3+4 =18	5	1	18
अति लघुत्तरात्मकाः	1/2 अङ्काः	2+2+2=6	3	1/2	3
अति-लघुत्तरात्मकाः	1 अङ्काः	2=2	1	1	2
निबन्धनात्मकः (रिक्तस्थानपूर्तिमाध्यमेन)	1/2 अङ्काः	10+10+4+8=32	4	1/2	16
दीर्घोत्तरात्मकाः	1 अङ्काः	5+2+2+2+5=16	5	1	16
दीर्घोत्तरात्मकाः	2 अङ्कौ	2=2	1	2	4
लघुत्तरात्मकाः	1 अङ्काः	1+4+3+3+4+2 +2+2=21	8	1	21
				आहत्याङ्काः	**80**

संस्कृतपाठ्यक्रमः (सम्प्रेषणात्मकम्) कोड् सङ्ख्या-119

कक्षा-दशमी

वार्षिकं मूल्याङ्कनम्

	क भागः **अपठितावबोधनम्**	**(10 अङ्काः)**
1.	एकः अपठितः गद्यांशः 80-100 शब्दपरिमितः गद्यांशः, सरलकथा ● एकपदेन पूर्णवाक्येन च अवबोधनात्मकं कार्यम् (2+4) ● शीर्षकलेखनम् (1) ● गधांशाधारित भाषिकं कार्यम् (3) **भाषिककार्याय तत्त्वानि** ● वाक्ये कर्तृ–क्रियापदचयनम् ● विशेषण–विशेष्यचयनम् ● पर्याय–विलोमपद–चयनम्	10
	'ख' भागः **रचनात्मककार्यम्**	**(15 अङ्काः)**
2.	सङ्केताधारितम् औपचारिकम् अथवा अनौपचारिकं पत्रलेखनम् (मञ्जूषायाः सहायतया रिक्तस्थानपूर्तिमाध्यमेन पूर्णं पत्रं लेखनीयम्)	5
3.	चित्राधारितं वर्णनम् अथवा अनुच्छेदलेखनम् (मञ्जूषायाः सहायतया चित्रवर्णनम् अनुच्छेदलेखनं वा करणीयम्)	5
4.	संवादपूर्तिः/कथापूर्तिः (कथा छात्रस्तरानुगुणम् एव भवेत्।) (मञ्जूषायाः सहायतया रिक्तस्थानपूर्तिमाध्यमेन पूर्णः संवादः/कथा लेखनीया।)	5
	'ग' भागः **अनुप्रयुक्तव्याकरणम्**	**(25 अङ्काः)**
5.	सन्धिकार्यम् ● स्वरसन्धिः – वृद्धि, यण्, अयादिः, पूर्वरूपम् (1 अङ्कः) ● व्यञ्जनसन्धिः – परसवर्णः (अनुस्वारस्थाने पञ्चमवर्णस्य प्रयोगः), तुगागमः, वर्गीयप्रमिवर्णस्य तृतीयवर्णे परिवर्तनम्। (1 अङ्कः) ● विसर्गसन्धिः – उत्वम्, रत्वम्, विसर्गलोपः, विसर्गस्य स्थाने स्, श्, ष् (2 अङ्कौ)	4
6.	समासः – (वाक्येषु समस्तपदानां विग्रहः विग्रहपदानां च समासः) ● तत्पुरुषः – विभक्तिः, नञ्, उपपदः (2 अङ्कौ) ● द्वन्द्वः (1 अङ्कः) ● अव्ययीभावः (अनु, उप, सह, निर्, प्रति, यथा) (1 अङ्कः)	4
7.	प्रत्ययाः ● कृतप्रत्ययौ – तव्यत, अनीयर (1 अङ्कः) ● तद्धिताः – मतुप्, ठक्, त्व, तल् (2 अङ्कः) ● स्त्रीप्रत्ययौ – टाप्, ङीप् (1 अङ्कः)	4
8.	वाच्यपरिवर्तनम् – केवलं लट्लकारे (कर्तृ–कर्म–क्रिया)	3
9.	समयः – अङ्कानां स्थाने शब्देषु समयलेखनम् 3 (सामान्य – सपाद–सार्ध–पादोन)	

10.	अव्ययानि 4 ● इव, उच्चैः, एव, नूनम्, इतस्ततः, विना, तु, सहसा, वृथा, शनैः, इति, मा, यत्, अथ, सम्प्रति, इदानीम्, अधुना, यावत, बहिः, कदापि, च, अपि, पुरा, अत्र–तत्र, यथा–तथा, कदा, अद्य, श्वः, परश्वः ह्यः, परह्यः, किमर्थम्, कुत्र, यदि–तर्हि, अतः।	
11.	अशुद्धि–संशोधनम् (वचन–लिङ्ग–पुरुष–लकार–दृष्टया संशोधनम्)	3
	'घ' भागः **पठितावबोधनम्**	**(30 अङ्काः)**
12.	गद्यांशम् अधिकृत्य अवबोधनात्मकं कार्यम् प्रश्नप्रकाराः एकपदेन पूर्णवाक्येन च प्रश्नोत्तराणि भाषिककार्यम् ● वाक्ये कर्तृ क्रिया पदचयनम् ● विशेषण–विशेष्य चयनम् ● पर्याय–विलोमपद–चयनम्	5
13.	पद्यम् (श्लोकम्/श्लोकौ) अधिकृत अवबोधनात्मकं कार्यम् प्रश्नप्रकाराः एकपदेन पूर्णवाक्येन च प्रश्नोत्तराणि भाषिककार्यम् ● वाक्ये कर्तृ–क्रिया–पदचयनम् ● विशेषण–विशेष्य–चयनम् ● पर्याय–विलोमपद–चयनम्	5
14.	नाट्यांशम् अधिकृत्य अवबोधनात्मकं कार्यम् प्रश्नरप्रकाराः एकपदेन पूर्णवाक्येन च प्रश्नोत्तराणि भाषिककार्यम् ● वाक्ये कर्तृ – क्रिया पदचयनम् ● विशेषण – विशेष्य चयनम् ● पर्याय – विलोमपद चयनम्	5
15.	वाक्येषु रेखाङ्कितपदानि अधिकृत्य प्रश्ननिर्माणम्	5
16.	एकस्य श्लोकस्य अन्वयः अथवा भावार्थः (मञ्जूषायाः सहायतया रिक्तस्थानपूर्तिमाध्यमेन पूर्णः अन्वयः भावार्थः वा लेखनीयः)	2
17.	प्रसङ्गानुसारम् अर्थचयनम् (पाठान् आधृत्य बहुविकल्पात्मकाः प्रश्नाः)	4
18.	पाठाधारित–कथापूर्तिः (मञ्जूषापदसहायतया रिक्तस्थानपूर्ति)	4
		आहत्याङ्काः- 80

परीक्षायै निर्धारिताः पाठाः

पाठसङ्ख्या	पाठनाम	पाठसङ्ख्या	पाठनाम
प्रथमः पाठः	वाङ्मयं तपः	सप्तमः पाठः	साधुवृत्तिं समाचरेत्
द्वितीयः पाठः	नास्ति त्यागसमं सुखम्	अष्टमः पाठः	तिरुक्कुरल्–सूक्ति–सौरभम्
तृतीयः पाठः	रमणीया हि सृष्टिः एषा	नवमः पाठः	सुस्वागतं भो! अरूणाचलेऽस्मिन्
चतुर्थः पाठः	आज्ञा गुरुणां हि अविचारणीया	दशमः पाठः	कालोऽहम् (केवलम् आन्तरिकमूल्याङ्कनाय)
पञ्चमः पाठः	अभ्यासवशगं मनः		
षष्ठः पाठः	राष्ट्रं संरक्ष्यमेव हि	एकादशः पाठः	किं किम् उपादेयम् (केवलम् आन्तरिकमूल्याङ्कनाय)

अवधेयम्

* परीक्षायै अनुप्रयुक्तव्याकरणस्य अंशानां चयनं यथासम्भवं 'मणिका–द्वितीयो भागः इति' पाठ्यपुस्तकात् करणीयम्। यदि ततः न सम्भवति तर्हि 'मणिका–अभ्यासपुस्तकम् द्वितीयो भागः' इत्यास्मात् कर्तुं शक्यम्।

निर्धारित–पाठ्यपुस्तके

1. **'मणिका' द्वितीयो भागः** पाठ्यपुस्तकम् (प्रकाशनम् केंद्रीय माध्यमिक शिक्षा बोर्ड)
2. **'मणिका–अभ्यासपुस्तकम' द्वितीयो भागः** (प्रकाशनम् केंद्रीय माध्यमिक शिक्षा बोर्ड)

भाग 'क' : अपठितांश अवबोधनम्

अपठित गद्यांश:

अध्याय 1

परिचय:

अस्मिन् **अपठित गद्यांशे** 80-100 (अशीतिः-शतम्) शब्दाः भवन्ति। तम् सम्यक् प्रकारेण पठित्वा तेनैव आधारेण प्रश्नोत्तराणि लेखनीयानि। अस्मिन् चतुर प्रकारेण प्रश्ना भवन्ति।

1. एकपदेन उत्तरत। (एक शब्द में उत्तर दीजिए।)

अस्मिन् प्रश्नवाचकशब्दान् प्रयोज्य प्रश्नाः पृच्छयन्ते। प्रश्नवाचकाः शब्दाः किम्, कः, कौ, के, कान्, केन, काभ्याम्, कैः कस्मै, केभ्यः, काभ्यः, कस्मात्, कस्याः, कस्मिन्, कयोः, केषु, कीदृशः, कीदृशी, कीदृशम्, कथम्, कति, कदा इत्यादि शब्दान् प्रयोज्य प्रश्नाः पृच्छ्यन्ते। अत्र इदं ध्यातव्यं यत् या विभक्तिः, यत् वचनम्, यत् लिङ्गम् प्रश्नवाचके शब्दे भविष्यति तस्यैव विभक्त्याः, तस्यैव वचनस्य, तस्यैव लिङ्गस्य प्रयोगः उत्तरे भविष्यति।

प्रश्नाः **मानवः केन स्वजीवने साफल्यं प्राप्नोति?**

उत्तरम् मानवः अनुशासनेन पालनेन स्वजीवने साफल्यं प्राप्नोति।

अत्र प्रश्ने प्रश्नवाचक शब्दः 'केन' तृतीयायाः एकवचने अस्ति। अतः उत्तरमपि तृतीयायाः एकवचने एव भविष्यति। अतः अनुशासनेन पालनेन एव समीचीनम् उत्तरं भविष्यति।

इसमें प्रश्नवाचक शब्दों को वाक्य में प्रयोग करके प्रश्न पूछे जाते हैं। प्रश्नवाचक शब्द किम्, कः, कौ, के, कान्, केन, काभ्याम्, कैः, कस्मै, केभ्यः, काभ्यः, कस्मात्, कस्याः, कस्मिन्, कयोः, केषु, कीदृशः, कीदृशी, कीदृशम्, कथम्, कति, कदा आदि इसी प्रकार के स्त्रीलिंग तथा नपुंसकलिंग शब्दों का प्रयोग करके प्रश्न पूछे जाते हैं। यहाँ यह ध्यान रखना चाहिए कि जिस विभक्ति, जिस वचन तथा जिस लिंग में प्रश्नवाचक शब्द होगा, उसी विभक्ति, उसी वचन तथा उसी लिंग का उत्तर में प्रयोग होगा।

प्रश्नाः **मानवः केन स्वजीवने साफल्यं प्राप्नोति?**

(मानव किससे अपने जीवन में सफलता प्राप्त करता है?)

उत्तरम् मानवः अनुशासनेन पालनेन स्वजीवने साफल्यं प्राप्नोति।

(मानव अनुशासन का पालन करने से अपने जीवन में सफलता प्राप्त करता है।)

यहाँ प्रश्न में, प्रश्नवाचक शब्द 'केन' तृतीया एकवचन है। अतः उत्तर में भी तृतीया एकवचन के पद का ही प्रयोग होगा। अतः अनुशासनेन पालनेन ही उपयुक्त उत्तर होगा।

2. पूर्णवाक्येन उत्तरत। (पूर्ण वाक्य में उत्तर दीजिए।)

अस्मिन द्वौ प्रश्नौ पृच्छ्येते। अतः प्रश्नौ सम्यक् प्रकारेण अवगम्य प्रश्नवाचक-शब्दान् अर्थं ज्ञात्वा स्वभाषायाम् उत्तरं दातव्यम्;

प्रश्नाः **धीराः कदा सफलाः भवन्ति?**

उत्तरम् धैर्यमाश्रित्य एव धीराः विपत्सु सफलाः भवन्ति।

अत्र प्रश्नवाचक 'कदा' शब्दस्य अर्थं ज्ञात्वा उत्तरम् उपर्युक्त सम्पूर्णं वाक्यमेव (धैर्यमाश्रित्य एव धीराः विपत्सु सफलाः भवन्ति) भविष्यति।

इसमें दो प्रश्न पूछे जाते हैं। अतः प्रश्नों को भली-भाँति समझकर प्रश्नवाचक शब्दों का अर्थ समझते हुए अपनी भाषा में उत्तर देना चाहिए;

प्रश्नाः **धीराः कदा सफलाः भवन्ति?** (धैर्यवान कब सफल होते हैं?)

उत्तरम् धैर्यमाश्रित्य एव धीराः विपत्सु सफलाः भवन्ति।

(धैर्य का सहारा लेकर ही धीर पुरुष (धैर्यवान) विपत्तियों में सफल होते हैं।)

यहाँ प्रश्नवाचक 'कदा' शब्द का अर्थ जानकर प्रश्न का उत्तर उपर्युक्त संपूर्ण वाक्य 'धैर्यमाश्रित्य एव धीराः विपत्सु सफलाः भवन्ति' होगा।

3. शीर्षकं लिखत (शीर्षक लिखिए)

अस्मिन् सम्पूर्णं गद्यांशस्य केन्द्रीयभावं आश्रित्य एक: प्रश्न: शीर्षकाय भवति। अत्रापि इदं ध्यातव्यं यत्—शीर्षकं नातिदीर्घं भवितव्यम्। अनुशासनम्, सदाचार:, सत्संगति:, देशप्रेम, संगठनम् इत्यादिकं शीर्षकं समीचीनमस्ति।

इसमें गद्यांश के केंद्रीय भाव की जानकारी हेतु एक प्रश्न शीर्षक के लिए दिया जाता है। यहाँ भी यह ध्यान रहे कि शीर्षक अधिक लंबा नहीं होना चाहिए। अनुशासन, सदाचार, सत्संगति, देशप्रेम, संगठन आदि शीर्षक सही हैं।

4. भाषिककार्यम (भाषा से सम्बन्धित कार्य)

अस्मिन् भाषाया: प्रश्ना: पृच्छयन्ते। ये गद्यांशे एवं आधारिता: भवन्ति। विशेषणपदं, विशेष्यपदं, कर्ता, क्रिया, पर्यायपदं, विपर्ययपदं च इति प्रश्ना: पृच्छयन्ते।

इसमें भाषा से संबंधित प्रश्न पूछे जाते हैं। जो गद्यांश पर आधारित होते हैं।

विशेषण शब्द, विशेष्य शब्द, कर्ता, क्रिया, पर्याय शब्द, विलोम शब्द, आदि के प्रश्न पूछे जाते हैं।

साधित उदाहरणम्

- **अधोलिखितं गद्यांशं पठित्वा प्रदत्तप्रश्नानाम् उत्तराणि संस्कृतेन लिखत।**
  (निम्नलिखित गद्यांश को पढ़कर दिए गए प्रश्नों के उत्तर संस्कृत में लिखिए।)

1. **कस्मिंश्चित् ग्रामे कदाचन अशीतिवर्षीय: एको वृद्ध: मार्गे आम्रवृक्षान् आरोपयति स्म। तं दृष्ट्वा महानगरात् आगच्छन् कश्चन् युवा पृष्टवान्-भो महानुभाव! तव अवस्था प्रायश: अशीतिवर्षीया प्रतीयते। एतत् च स्वाभाविकं यदा एते वृक्षा: फलानि दास्यन्ति, तदा त्वं जीवितो न भविष्यसि। अत: किमर्थम् इमं निष्फलं प्रयासं करोषि? स वृद्ध: उक्तवान्-मया साम्प्रतम् इतरै: आरोपितानां वृक्षाणां फलानि खाद्यन्ते। एव मयापि आरोपितानाम् एतेषां वृक्षाणां फलानि आगामि भविष्यत्काले लोका: खादेयु: इत्येतदर्थम् अहम् एतेषाम् आरोपणं करोमि। वृद्धस्य सर्वं वृत्तान्तं श्रुत्वा ते सर्वे चिन्तयति यत् वस्तुत: मनुष्येण केवलं स्वार्थचिन्तनं न कर्त्तव्यम्।**

CBSE 2018 Modified

I. एकपदेन उत्तरत। (एक पद में उत्तर दीजिए।)

(i) कश्चन् युवा कुत: आगच्छति स्म?

(ii) मनुष्येण केवलं किं न कर्त्तव्यम्?

(iii) किमर्थम् इमं प्रयासं करोषि?

II. पूर्णवाक्येन उत्तरत। (पूर्ण वाक्य में उत्तर दीजिए।)

(i) वृद्ध: किं विचार्य वृक्षाणाम् आरोपणं करोति स्म?

(ii) युवा तं वृद्धं किम् अपृच्छत्?

(iii) एतद् च यदा दास्यन्ति किम्?

III. अस्य अनुच्छेदस्य कृते उपयुक्तं शीर्षकं संस्कृतेन लिखत। (इस अनुच्छेद का उपयुक्त शीर्षक संस्कृत में लिखिए।)

IV. यथानिर्देशम् उत्तरत। (निर्देशानुसार उत्तर दीजिए।)

(i) 'आरोपयति स्म' इति क्रियापदस्य कर्तृपदं किम्?
(अ) युवा (ब) वृद्ध: (स) वृक्ष: (द) लोका:

(ii) 'प्रयासम्' इत्यस्य किं विशेषणम् अत्र प्रयुक्तम्?
(अ) प्रायश: (ब) निष्फलम्
(स) युवा (द) साम्प्रतम्

(iii) 'अधुना' इत्यस्य किं पर्यायपदम् अत्र प्रयुक्तम्?
(अ) स्वाभाविकम् (ब) साम्प्रतम्
(स) एवम् (द) युवा

(iv) 'फलानि' अस्य पदं विलोम पदं किम्?
(अ) बीजानि (ब) शाखा
(स) लता (द) गुल्म

उत्तराणि

I. (i) महानगरात् (ii) स्वार्थचिन्तनं (iii) निष्फलं

II. (i) 'मया आरोपितानाम् एतेषां वृक्षाणां फलानि आगामि भविष्यत्काले लोका: खादेयु: इति विचार्य वृद्ध: वृक्षाणाम् आरोपणं करोति स्म।

(ii) युवा तं वृद्धं पृष्टवान्-भो महानुभाव! तव अवस्था प्रायश: अशीतिवर्षीया प्रतीयते। एतत् च स्वाभाविकं यदा एते वृक्षा: फलानि दास्यन्ति तदा त्वं जीवितो न भविष्यसि। अत: किमर्थम् इमं निष्फलं प्रयासं करोषि।

(iii) स्वाभाविकं यदा एते वृक्षा: फलानि दास्यन्ति।

III. अस्य अनुच्छेदस्य समुचितं शीर्षकं 'स्वार्थचिन्तनं न कर्त्तव्यम्' अस्ति।

IV. (i) (ब) वृद्ध: (ii) (ब) निष्फलम्
(iii) (ब) साम्प्रतम् (iv) (अ) बीजानि

2. **गंगा सर्वासां नदीनां श्रेष्ठा अस्ति। सा लोकत्रयस्य कल्याणकारिणी अस्ति। गंगा भारतवर्षस्य प्राचीना पुनीता च नदी मन्यते। सा भौतिकसुखदृष्ट्या आध्यात्मिकसुखदृष्ट्या च कल्याणप्रदा। य: गंगां प्रति पूर्णरूपेण समर्पितो भवति तस्य जीवनं धन्यं भवति इति। हिन्दूनां विश्वास: अस्ति यत् अस्यां स्नानेन नर: पापात् विमुच्यते। महाराजो भगीरथ: स्वपूर्वजानाम् उद्धाराय गंगां स्वर्गात् पृथिवीम् आनयत्। तत: प्रभृति एषा 'भागीरथी' इति नाम्ना प्रसिद्धाऽभवत्। जाह्नवी, सुरसरि, त्रिपथगा, देवनदी च गङ्गाया: अपर नामानि सन्ति। अस्माकं देशे गङ्गाया: उपत्यका अपि अतीव महत्त्वपूर्णा वर्तते। अस्या: नद्य: सांस्कृतिक महत्त्वमपि अस्ति। अस्या: तटे अनेके साधव: अपि तपश्चर्यां कुर्वन्ति।**

CBSE 2014 Modified

I. एकपदेन उत्तरत। (एक पद में उत्तर दीजिए।)

(i) नदीनां श्रेष्ठा का अस्ति?

(ii) गंगा स्वर्गात् पृथिवीं क: आनयत्?

(iii) गंगाया: का नाम प्रसिद्धा जाता?

II. पूर्णवाक्येन उत्तरत। (पूर्ण वाक्य में उत्तर दीजिए।)
(i) कस्य जीवनं धन्यं भवति?
(ii) गंगायां स्नानेन नरः कस्मात् विमुच्यते?
(iii) गंगा कीदृशी नदी मन्यते?

III. अस्य अनुच्छेदस्य समुचितं शीर्षकं लिखत।
(इस अनुच्छेद का उचित शीर्षक लिखिए)

IV. यथानिर्देशम् उत्तरत। (निर्देशानुसार उत्तर दीजिए।)
(i) 'सा लोकत्रयस्य कल्याणकारिणी अस्ति' सा पदं कस्मै प्रयुक्तम्?
(अ) नद्यै (ब) गंगायै
(स) जीवनाय (द) सर्वस्यै
(ii) 'आनयत्' इति क्रियापदस्य कर्तृ-पदं किम्?
(अ) भगीरथः (ब) पूर्वजाः
(स) गंगा (द) पृथिवीं
(iii) गंगा भारतवर्षस्य प्राचीना .... 'अत्र' प्राचीना इति विशेषणं कस्मै प्रयुक्तम्?
(अ) भारतवर्षाय (ब) गंगायै
(स) पुनीतायै (द) पूर्वजैः
(iv) अत्र गंगायाः अन्यः कः पर्यायः अस्ति?
(अ) नदी (ब) भागीरथी
(स) गंगोत्री (द) कालिन्दी

उत्तराणि

I. (i) गंगा (ii) भगीरथः
(iii) भागीरथी

II. (i) यः गंगां प्रति पूर्णरूपेण समर्पितो भवति तस्य जीवनं धन्यं भवति।
(ii) गंगायां स्नानेन नरः पापात् विमुच्यते।
(iii) गंगा भारत वर्षस्य प्राचीना पुनीता च नदी मन्यते।

III. अस्य अनुच्छेदस्य समुचितं शीर्षकं 'भागीरथी' अस्ति।

IV. (i) (ब) गंगायै (ii) (अ) भगीरथः
(iii) (ब) गंगायै (iv) (ब) भागीरथी

3. एकदा केचन् शिष्याः भिक्षाटनं कुर्वन्ति स्म। तदैव एकः गजः महता वेगेन तस्मिन् मार्गे आगच्छत्। गजस्य उपरि उपविष्टः हस्तिपकः उच्चस्वरेण पुनः-पुनः घोषयति स्म-अपसरन्तु अपसरन्तु इति। सर्वे शिष्याः धावितवन्तः। यथा सर्वेषु वस्तुषु ईश्वरः अस्ति तथा गजेऽपि इति विचिन्त्य एकः शिष्यः तत्रैव स्थितवान्। तावत् काले गजः तं स्वशुण्डया गृहीत्वा दूरे क्षिप्तवान्। शिष्याः मूर्छितं तं गुरुकुलम् अनयन्। यदा शिष्यः स्वस्थः अभवत् तदा अन्ये शिष्याः तम् अपृच्छन् त्वं कथं न अधावत्। तदा सः अवदत् अहम् भ्रान्तोऽस्मि। वस्तुतः अहम् विवेकेन आचरेत्। **CBSE 2013 Modified**

I. एकपदेन उत्तरत। (एक पद में उत्तर दीजिए।)
(i) एकदा के: भिक्षाटनं कुर्वन्ति स्म?
(ii) अपसरन्तु, अपसरन्तु इति कः घोषयति स्म?
(iii) शिष्याः मूर्च्छितं तं कुत्र अनयन्?

II. पूर्णवाक्येन उत्तरत। (पूर्ण वाक्य में उत्तर दीजिए।)
(i) यदा गजः मार्गे आगतः तदा सर्वे शिष्याः किम् अकुर्वन्?
(ii) शिष्यः किं विचिन्त्य स्थितवान्?
(iii) हस्तिपकः कः घोषयति?

III. अस्य अनुच्छेदस्य समुचितं शीर्षकं लिखत।
(इस अनुच्छेद का उचित शीर्षक लिखिए)

IV. यथानिर्देशम् उत्तरत। (निर्देशानुसार उत्तर दीजिए।)
(i) 'एकः गजः मार्गे आगच्छत्' अस्मिन् वाक्ये विशेषणपदं किम्?
(अ) एकः (ब) गजः
(स) मार्गे (द) आगच्छत्
(ii) 'अनयन्' इति क्रियापदस्य कर्तृपदं किम्?
(अ) गजः (ब) शिष्याः
(स) गुरुवः (द) ईश्वरः
(iii) 'केचन् शिष्याः भिक्षाटनं कुर्वन्ति स्म।' रेखांकितस्य पदस्य विशेष्य-पदं किम्?
(अ) भिक्षाटनं (ब) कुर्वन्ति
(स) शिष्याः (द) स्म
(iv) 'हस्तिः' इत्यस्य पदस्य पर्यायपदं किम् अत्र प्रयुक्तम्?
(अ) शुण्डः (ब) गजः
(स) न कोऽपि (द) महता

उत्तराणि

I. (i) शिष्याः (ii) हस्तिपकः
(iii) गुरुकुलम्

II. (i) तदा सर्वेः शिष्याः धावितवन्तः।
(ii) यथा सर्वेषु वस्तुषु ईश्वरः अस्ति तथा गजेऽपि इति विचिन्त्य शिष्यः स्थितवान्।
(iii) हस्तिपकः उच्च स्वरेण पुनः-पुनः घोषयति अपसरन्तु।

III. अस्य अनुच्छेदस्य समुचितं शीर्षकं 'अन्धभक्तिः' अस्ति।

IV. (i) (अ) एकः (ii) (ब) शिष्याः
(iii) (स) शिष्याः (iv) (ब) गजः

4. श्रीमती किरणबेदी महोदया पंजाबविश्वविद्यालयस्य राजनीतिशास्त्रस्य स्नातकोत्तरपरीक्षायां प्रथमं स्थानम् अलभत्। एतदनन्तरम् अमृतसरनगरे खालसानाम्नि महिलामहाविद्यालये वर्षद्वयम् अध्यापयत्। एषा प्रथमा महिला या 1972 तमे वर्षे भारतीय-पुलिस-सेवायां नियुक्ता। पुलिस-विभागे श्रीमती किरणबेदी महोदया धैर्येण, शौर्येण, कौशलेन च स्वकर्त्तव्यं निर्वहत्। अस्याः कर्त्तव्यपरायणतामधिकृत्य एकं चलचित्रमपि तेलुगुभाषायां निर्मितम्। यदा श्रीमती किरणबेदी महोदया यातायात-पुलिस-विभागे आसीत् तदा सा एशिया-क्रीडा-प्रतियोगितावसरे यातायातस्य प्रबन्धं कौशलेन अकरोत्। निःस्वार्थ कर्त्तव्यपरायणतायाः कृते सा शौर्य पुरस्कारेण सम्मानिता। सा संसारे महती प्रसिद्धिम् अलभत् यस्य परिणामस्वरूपे सा "रेमन-मैग्सेसे" इति पुरस्कारेण अपि सम्मानिता अभवत्।

I. एकपदेन उत्तरत। (एक पद में उत्तर दीजिए।)
(i) किरणबेदी महोदया कस्मिन् विषये प्रथमं स्थानम् अलभत्?
(ii) किरणबेदी महोदया कस्मिन् महिलामहाविद्यालये अध्यापयत्?
(iii) श्रीमति किरणबेदी महोदया कस्मिन् पुरस्कारेण सम्मानिता अभवत्?

II. पूर्णवाक्येन उत्तरत। (पूर्ण वाक्य में उत्तर दीजिए।)
(i) श्रीमती किरणबेदी महोदया यातायात पुलिस-विभागे किम् अकरोत्?
(ii) श्रीमती किरणबेदी कैः स्वकर्त्तव्यं निर्वहत्?
(iii) श्रीमती किरणबेदी इत्यस्याः वर्षे भारतीयपुलिस सेवायां नियुक्तः अभवत्?

III. अस्य अनुच्छेदस्य समुचितं शीर्षकं लिखत।
(इस अनुच्छेद का उचित शीर्षक लिखिए।)

IV. यथानिर्देशम् उत्तरत। (निर्देशानुसार उत्तर दीजिए।)
(i) 'एषा प्रथमा महिला या।' अत्र किं विशेष्यपदम्?
(अ) एषा (ब) प्रथमा (स) महिला (द) या
(ii) 'निर्वहत्' इति क्रियापदस्य कर्त्तृपदं किम्?
(अ) किरणबेदी (ब) पुलिसविभागः
(स) स्वकर्त्तव्यं (द) प्रबन्धं
(iii) 'महोदयः' अस्य पदस्य विपर्यय अनुच्छेदे किं प्रयुक्तम्?
(अ) धैर्येण (ब) महोदया
(स) शौर्येण (द) कौशलेन
(iv) श्रीमती किरण बेदी महोदया प्रथमा महिला पुलिस अधिकारी अभवत्। रेखांकितस्य विशेषणम् किम्?
(अ) श्रीमती
(ब) महोदया
(स) किरण बेदी
(द) प्रथमा महिला पुलिस अधिकारी

उत्तराणि

I. (i) राजनीतिशास्त्रे (ii) खालसानाम्नि (iii) 'रैमन-मैग्सेसे'
II. (i) एशिया क्रीडा-प्रतियोगितावसरे यातायातस्य प्रबन्धं कौशलेन अकरोत्।
(ii) श्रीमती किरणबेदी धैर्येण, शौर्येण, कौशलेन च स्वकर्त्तव्यं निर्वहत्।
(iii) एषा प्रथमा महिला या 1972 तमे वर्षे भारतीय-पुलिस-सेवायां नियुक्ता।
III. अस्य अनुच्छेदस्य समुचितं शीर्षकं 'श्रीमती किरणबेदी' अस्ति।
IV. (i) (स) महिला
(ii) (अ) किरणबेदी
(iii) (ब) महोदया
(iv) (द) प्रथमा महिला पुलिस अधिकारी

5. प्राचीनकाले शुद्धोधनः नाम राजा आसीत्। तस्य सिद्धार्थः नामकः पुत्रः अभवत्। सिद्धार्थस्य पालनं विमाता गौतमी अकरोत् अतः तस्य नाम गौतमः अपि आसीत्। सिद्धार्थस्य हृदयं दयापूर्णम् आसीत्। एकदा सिद्धार्थस्य भ्राता एकं हंसं बाणेन अहनत्। सिद्धार्थस्य हृदयं हंसं दृष्ट्वा करुणया अपूरयत्। सिद्धार्थस्य वैराग्यभावम् अवलोक्य शुद्धोधनः अतीव चिन्तितः अभवत् तदा सः सिद्धार्थस्य विवाहः एकया रूपवत्या कन्यया सह कृतवान्। कन्यायाः नाम यशोधरा आसीत्। सा अतीव वैभवशालिनी आसीत्। सिद्धार्थ स्व भार्यया सह पितुः प्रदत्त समस्त भोगयुक्त प्रासादे अवसत्। सिद्धार्थस्य राहुलः इति नाम्ना एकः पुत्रः अपि जातः। परन्तु तस्य मनसि विरक्ति उत्पन्ना जाता। सम्यक् सुख शान्तिं प्राप्त्यर्थं सः परिवारस्य त्यागम् अकरोत्।

I. एकपदेन उत्तरत। (एक पद में उत्तर दीजिए।)
(i) सिद्धार्थस्य पालनं का अकरोत्?
(ii) कस्य हृदयं दयापूर्णम् आसीत्?
(iii) कन्यायाः नाम किम् आसीत्?

II. पूर्णवाक्येन उत्तरत। (पूर्ण वाक्य में उत्तर दीजिए।)
(i) सिद्धार्थस्य जनकस्य किं नाम आसीत्?
(ii) शुद्धोधनः किमर्थं चिन्तितः अभवत्?
(iii) एकदा केन बाणेन अहनत्?

III. अस्य अनुच्छेदस्य समुचितं शीर्षकं लिखत।
(इस अनुच्छेद का उचित शीर्षक लिखिए।)

IV. यथानिर्देशम् उत्तरत। (निर्देशानुसार उत्तर दीजिए।)
(i) 'अहनत्' इति क्रियापदस्य कर्तृपदं किम्?
(अ) एकः (ब) हंसं (स) भ्राता (द) सिद्धार्थः
(ii) 'दृष्ट्वा' पदस्य पर्यायपदं गद्यांशे किं प्रयुक्तम्?
(अ) अवलोक्य (ब) ज्ञात्वा
(स) त्यक्त्वा (द) विलोक्य
(iii) 'दयापूर्णम्' इति विशेषणपदस्य विशेष्यपदं अनुच्छेदे किं प्रयुक्तम्?
(अ) हंसं (ब) हृदयं (स) गौतमः (द) मनः
(iv) प्राचीनकाले शुद्धोदन नाम नृपः आसीत्। रेखांकित पदस्य विलोम पदं किम्?
(अ) श्रेष्ठी (ब) रङ्कः (स) प्रजाजनः (द) सम्राटः

उत्तराणि

I. (i) गौतमी (ii) सिद्धार्थस्य
(iii) यशोधरा
II. (i) सिद्धार्थस्य जनकस्य नाम शुद्धोधनः आसीत्।
(ii) सिद्धार्थस्य वैराग्यभावम् अवलोक्य शुद्धोधनः चिन्तितः अभवत्।
(iii) एकदा सिद्धार्थस्यभ्राता एकं हंसं बाणेन अहनत्।
III. अस्य अनुच्छेदस्य समुचितं शीर्षकं 'सिद्धार्थस्य विरक्तिः' अस्ति।
IV. (i) (स) भ्राता (ii) (अ) अवलोक्य
(iii) (ब) हृदयं (iv) (ब) रङ्कः

6. अस्माकम् देशः प्राचीनकालादेव प्राकृतिक-पर्यावरणस्य पोषकः। वैदिककाले यद्यपि पर्यावरणस्य प्रदूषणस्य समस्या नासीत् तथापि वेदेषु स्थाने-स्थाने ऋषीणां पर्यावरणविषयकं चिन्तनं दृश्यते। अद्य पर्यावरण-प्रदूषणं संसारस्य भीषणतमा समस्या वर्तते, परं जनाः अस्याः गाम्भीर्यं न अनुभवन्ति। पर्यावरणं रक्षणीयं वृक्षाः रोपणीयाः रक्षणीयाः च इति शृण्वन्तः उद्घोषयन्तः अपि वयं प्रतिदिनं तेषां कर्तनं पश्यामः। 'प्लास्टिक' इति रसायनेन निर्मितवस्तूनि

पर्यावरणाय हानिकराणि इति जानन्तः अपि जनाः एतेषां प्रयोगं बाहुल्येन कुर्वन्ति। पर्यावरणप्रदूषकं धूमं क्षिपतां वाहनानाम् औद्योगिकः यन्त्रागाराणां सङ्ख्या निरन्तरं वर्धमाना अस्ति। यद्यपि विकासाय नवीनाः आविष्काराः, अपेक्षिताः परं सञ्चाराय विस्तृताः सुरक्षिताः मार्गाः जनानां कृते अपि आवश्यकाः एव। यदि पर्यावरणं प्राणिजीवनाय अनुकूलं न भविष्यति तर्हि पृथिव्यां जीवनमेवं असम्भवं भविष्यति तदा भौतिकनिकासेन किम्। अतः सर्वकारः जनसहयोगेन सर्वथा पर्यावरणरक्षणाय यत्नशीलः भवेदिति।

I. एकपदेन उत्तरत। (एक पद में उत्तर दीजिए।)
  (i) के रोपणीयाः रक्षणीयाः च?
  (ii) कदा पर्यावरणस्य प्रदूषणस्य समस्या आसीत्?
  (iii) अस्माकं देशः कस्य पोषकः?

II. पूर्णवाक्येन लिखत। (पूर्ण वाक्य में उत्तर दीजिए।)
  (i) किं जानन्तः जनाः प्लास्टिक निर्मितवस्तूनां प्रयोगं बाहुल्येन कुर्वन्ति?
  (ii) यदि पर्यावरणं प्राणिजीवनाय अनुकूलं न भविष्यति तर्हि किं भविष्यति?
  (iii) केषां सङ्ख्या निरन्तरं वर्धमाना अस्ति?

III. अस्य अनुच्छेदस्य कृते उपयुक्तं शीर्षकं संस्कृतेन लिखत। (इस अनुच्छेद का उपयुक्त शीर्षक संस्कृत में लिखिए।)

IV. यथानिर्देशम् उत्तरत। (निर्देशानुसार उत्तर दीजिए।)
  (i) 'जनाः अस्याः गाम्भीर्यं न अनुभवन्ति' अत्र किं क्रियापदम्?
    (अ) जनाः (ब) अत्र
    (स) अस्याः (द) अनुभवन्ति
  (ii) 'नवीनाः' इति विशेषणपदस्य विशेष्यपदं किम्?
    (अ) जनाः (ब) आविष्काराः
    (स) अपेक्षिताः (द) मार्गाः
  (iii) 'शोषकः' इति पदस्य किं विलोमपदं गद्यांशे प्रयुक्तम्?
    (अ) विषयः (ब) चिन्तनीयः
    (स) सरलः (द) पोषकः
  (iv) 'वयं प्रतिदिनं तेषां कर्तनं पश्यामः।' अस्मिन् वाक्ये 'पश्यामः' क्रियायाः कर्तृपदं कि प्रयुक्तम्?
    (अ) वयं (ब) तेषां (स) प्रतिदिनं (द) कर्तनं

उत्तराणि

I. (i) वृक्षाः (ii) वैदिक काले
  (iii) प्राकृतिक पर्यावरणस्य

II. (i) 'प्लास्टिक' इति रसायनेन निर्मितवस्तूनि पर्यावरणप्रदूषकं पर्यावरणाय हानिकारकाणि इति जानन्तः अपि जनाः एतेषां प्रयोगं बाहुल्येन कुर्वन्ति।
  (ii) यदि पर्यावरणं प्राणिजीवनाय अनुकूलं न भविष्यति तर्हि पृथिव्यां जीवनमेव असम्भवं भविष्यति।
  (iii) पर्यावरणप्रदूषकं धूमं क्षिपतां वाहनानाम् औद्योगिक-यन्त्रागाराणां सङ्ख्या निरन्तरं वर्धमाना अस्ति।

III. प्राकृतिक-पर्यावरणस्य महत्त्वम्

IV. (i) (द) अनुभवन्ति (ii) (ब) आविष्काराः
  (iii) (द) पोषकः (iv) (अ) वयं

7. "चलभाषियन्त्रम्" वर्तमानयुगस्य जीवनम् एव वर्तते। अस्य मुख्यं प्रयोजनं दूरस्थेन जनेन सह वार्तालापः इति, परम् अद्य अस्माकं जीवनशैली एव अनेन पूर्णतया प्रभाविता वर्तते। अधुना अनेन केवलं वार्ता एव न भवति अपितु वार्तया सहैव वयं प्रियजनं द्रष्टुम् अपि सक्षमाः। अपि च ईमेल-फेसबुक-व्हाटसएप-माध्यमैः वार्ता सुकरा भवति। अस्य माध्यमेन गमनागमनार्थं शीघ्रमेव जनाः सरलतया वाहनं प्राप्नुवन्ति। यदि कदापि वयं मार्गं विस्मरामः तदा उचितं मार्गं प्रदर्शयितुम् अपि इदम् श्रेयस्करम्। न केवलमेतदेव अपितु एतत् यन्त्रं विभिन्नाभिः क्रीडाभिः मनोरञ्जनं चापि करोति, अतः बालाः, वृद्धाः, युवकाः सर्वे एव एतस्य यन्त्रस्य दासाः अभवन्। अधुना तु इदं यन्त्रं मित्रं, विद्यालयः, मार्गदर्शकः च सर्वमपि अभवत्।

I. एकपदेन उत्तरत। (एक पद में उत्तर दीजिए।)
  (i) वर्तमानयुगस्य जीवनं किं वर्तते?
  (ii) के सरलतया वाहनं प्राप्नुवन्ति?
  (iii) एतत् यन्त्रं काभिः मनोरञ्जनं चापि करोति?

II. पूर्णवाक्येन उत्तरत। (पूर्ण वाक्य में उत्तर दीजिए।)
  (i) अद्य चलभाषियन्त्रेण का प्रभाविता वर्तते?
  (ii) अधुना वार्ता कैः सुकरा भवति?
  (iii) के एतस्य यन्त्रस्य दासाः अभवन्?

III. अस्य अनुच्छेदस्य समुचितं शीर्षकं लिखत। (इस अनुच्छेद का उचित शीर्षक लिखिए।)

IV. यथानिर्देशम् उत्तरत। (निर्देशानुसार उत्तर दीजिए।)
  (i) 'करोति' इत्यस्याः क्रियायाः कर्तृपदं किम्?
    (अ) एतत् (ब) इदम्
    (स) अनेन (द) परम्
  (ii) 'सुकरा' इति पदस्य विशेष्यं गद्यांशात् चित्वा लिखत।
    (अ) ई-मेल (ब) वार्ता
    (स) फेसबुक (द) माध्यमैः
  (iii) 'हितकरम्' इत्यस्य पदस्य कः पर्यायः अत्र आगतः?
    (अ) मनोरञ्जनम् (ब) प्रदर्शयितुम्
    (स) श्रेयस्करम् (द) प्रियजनम्
  (iv) अनुच्छेदे 'कठिनतया' पदस्य कः विपर्ययः आगतः?
    (अ) शीघ्रमेव (ब) सर्वमपि
    (स) माध्यमेन (द) सरलतया

उत्तराणि

I. (i) चलभाषियन्त्रम् (ii) गमनागमनाय
  (iii) क्रीडाभिः

II. (i) अद्य अस्माकं जीवनशैली एव अनेन पूर्णतया प्रभाविता वर्तते।
  (ii) अधुना ईमेल-फेसबुक-व्हाटसएप माध्यमैः वार्ता सुकरा भवति।
  (iii) अतः अद्य बालाः वृद्धाः युवकाः सर्वे एव एतस्य यन्त्रस्य दासाः अभवन्

III. चलभाषियन्त्रम्

IV. (i) (अ) एतत् (ii) (ब) वार्ता
  (iii) (स) श्रेयस्करम् (iv) (द) सरलतया

8. एकस्मिन् ग्रामे एक: चतुर: कृषक: अवसत् । तस्य एकोऽश्व: आसीत् । कश्चित् चौर: तमश्वमपाहरत् । यदा असौ कृषक: अन्यमश्वं क्रेतुम् आपणमगच्छत् तदा स: तत्र अपहृतमश्वम् अपश्यत् ।

"एष: तु ममैव अश्व:" इति विचार्य स: कृषक: उच्चै: अवदत् –"भो जना: ! एष: मम अश्वोऽस्ति। य: एतस्य विक्रेताऽस्ति स: वस्तुत: चौर:।" तदा चौरेणापि उच्चैरुक्तम् – एष: अश्व: जन्मन: प्रभृति मया स्वक्षेत्रे पालित:। कदाचित् एष: तव अश्वेन सदृश: स्यात्!" ते परस्परं कलहं कुरुत:। परस्पर विवादमानौ तौ न्यायालयं गतवन्तौ। तत्र न्यायाधीश महोदयेन उभौ वार्तां श्रुत्वा किमपि विचार्य उचितं निर्णयं कृतवान्। कृषक: स्व अश्वं प्राप्य अतीव प्रसन्न: आसीत्।

I. एकपदेन उत्तरत। (एक पद में उत्तर दीजिए।)
   (i) चौर: कम् अपाहरत्?
   (ii) अश्वस्य विक्रेता क: आसीत्?
   (iii) स: कृषक: अवदत् ?

II. पूर्णवाक्येन उत्तरत। (पूर्ण वाक्य में उत्तर दीजिए।)
   (i) कृषक: किमर्थं आपणम् अगच्छत्?
   (ii) कृषक: कीदृशम् अश्वम् अपश्यत्?
   (iii) तत्र न्यायाधीश श्रुत्वा किमपि कृतवान्?

III. अस्य अनुच्छेदस्य समुचितं शीर्षकं लिखत।
(इस अनुच्छेद का उचित शीर्षक लिखिए।)

IV. यथानिर्देशम् उत्तरत। (निर्देशानुसार उत्तर दीजिए।)
   (i) 'अवसत्' इति क्रियापदस्य कर्तृपदं चित्वा लिखत।
   (अ) चतुर: (ब) एक: (स) कृषक: (द) ग्रामे:
   (ii) 'एष: अश्व: जन्मन: प्रभृति मया स्वक्षेत्रे पालित:' अस्मिन् वाक्ये क्रियापदं किम्?
   (अ) अश्वाय (ब) पालित:
   (स) कृषकाय (द) ग्रामाय
   (iii) 'कुशल:' इति पदस्य पर्यायपदं चित्वा लिखत।
   (अ) निरन्तरम् (ब) चतुर:
   (स) अनुकूलम् (द) वस्तुत:
   (iv) एक: <u>चतुर:</u> कृषक: आसीत्। रेखांकितस्य विशेष्य: क:?
   (अ) एक: (ब) चतुर:
   (स) आसीत् (द) कृषक:

उत्तराणि

I. (i) अश्वम् (ii) चौर: (iii) उच्चै:
II. (i) कृषक: अन्यमश्वं क्रेतुम् आपणमगच्छत्।
   (ii) कृषक: अपहृतम् अश्वम् अपश्यत्।
   (iii) तत्र न्यायाधीश महोदयेन उभौ वार्तां श्रुत्वा, विचार्यं उचितं निर्णयं कृतवान्।
III. अस्य अनुच्छेदस्य समुचितं शीर्षकं 'चतुर: कृषक:' अस्ति।
IV. (i) (स) कृषक: (ii) (ब) पालित:
   (iii) (ब) चतुर: (iv) (द) कृषक:

9. "शरीरमाद्यं खलु धर्मसाधनम्" अर्थात् शरीरम् एव सर्वेषां कर्तव्यानां प्रमुखं साधनं वर्तते। वयं सर्वाणि कार्याणि शरीरेण एवं कर्तुं सक्षमा:। यद्यपि सामाजिकम् – धार्मिकम् – राजनैतिकम् – पारिवारिकम् – वैयक्तिककार्याणि च अपि शरीरेण एव भवन्ति परं तथापि वयम् अस्य एव अवहेलनां कुर्म: । अद्य जना: स्वकार्येषु अत्यधिकं निमग्ना: सन्ति। अत: ते स्वशरीरं प्रति पूर्णत: उदासीना: दृश्यन्ते। ते न तु समयेन खादन्ति, न पिबन्ति, न व्यायामं कुर्वन्ति, न विश्रामं कुर्वन्ति। वस्तुत: ते स्वस्थं भवितुं किमपि न कुर्वन्ति, केवलं धनं प्राप्तुं व्यग्रा: दृश्यन्ते। एतदर्थमेव ते अधुना शरीरेण स्वस्था: न सन्ति अपितु तेषां शरीरं रोगाणां गृहम् अस्ति। अत: इदम् अस्माकं कर्तव्यं यत् वयं स्वास्थ्यं प्रति जागरूका: भवेम्।

I. एकपदेन उत्तरत। (एक पद में उत्तर दीजिए।)
   (i) शरीरं केषां प्रमुखं साधनम् अस्ति?
   (ii) सर्वाणि कार्याणि केन कर्तुं सक्षमा:?
   (iii) जना: किं प्राप्तुं व्यग्रा: दृश्यन्ते?

II. पूर्णवाक्येन उत्तरत। (पूर्ण वाक्य में उत्तर दीजिए।)
   (i) कानि कानि कार्याणि शरीरेण एव भवन्ति?
   (ii) जना: कं प्रति पूर्णत: उदासीनता अस्ति?
   (iii) अस्माकं किं कर्त्तव्यम्?

III. अस्य अनुच्छेदस्य समुचितं शीर्षकं लिखत।
(इस अनुच्छेद का उचित शीर्षक लिखिए।)

IV. यथानिर्देशम् उत्तरत। (निर्देशानुसार उत्तर दीजिए।)
   (i) 'भवेम्' इति क्रियापदस्य कर्तृपदं किम् ?
   (अ) वयम् (ब) अयम्
   (स) इदम् (द) भवेत्
   (ii) 'कार्याणि' इति पदस्य विशेषणं गद्यांशात् चित्वा लिखत।
   (अ) शरीरेण (ब) सर्वाणि
   (स) कर्तव्यम् (द) रोगाणाम्
   (iii) 'समर्था:' इत्यस्य पदस्य क: पर्याय: अत्र आगत:?
   (अ) असमर्था: (ब) असक्षमा:
   (स) सक्षमा: (द) अंधकार:
   (iv) अनुच्छेदे 'जागरूका:' पदस्य क: विपर्यय: आगत:?
   (अ) रुग्ण: (ब) कर्त्तव्यम्
   (स) अस्माकम् (द) अनजान

उत्तराणि

I. (i) धर्मसाधनम् (ii) शरीरेण
   (iii) धनम्
II. (i) वयं सर्वाणि कार्याणि शरीरेण एव कर्तुं सक्षमा:।
   (ii) जना: स्वशरीरं प्रति पूर्णत: उदासीना: दृश्यन्ते सन्ति।
   (iii) अस्माकं कर्तव्यं यत् वयं स्वास्थ्यं प्रति जागरुका: भवेम्।
III. शरीरमाद्यं खलु धर्मसाधनम्।
IV. (i) (अ) वयम् (ii) (ब) सर्वाणि
   (iii) (स) सक्षमा: (iv) (द) अनजान

10. एकस्मिन् वने एकः विशालः वृक्षः आसीत्। तस्मिन् बहवः खगाः वसन्ति स्म। एकदा ते अतीव बुभुक्षिताः आसन्। ते वृक्षं-वृक्षं प्रति उड्डयन्ति। परं कुत्रापि भोजनं न दृश्यन्ते। अतः भोजनं खादितुम् इतस्ततः भ्रमन्ति स्म। ते दूरं-दूरं गच्छन्ति स्म। अन्ते च एकस्मिन् क्षेत्रे तण्डुलकणान् अपश्यन्। ते तत्र गत्वा प्रसन्नतया तण्डुलान् खादन्ति स्म परंतु जालेन बद्धाः अभवन्। अधुना किं करणीयम् इति चिन्तयित्वा ते सर्वे जालेन सह एव एकं स्वमित्रम् उपागच्छन्। तेषां मित्रम् एकः मूषकः आसीत्। सः जालं दन्तैः अकर्तयत्। अन्ते सर्वे स्वतन्त्राः भूत्वा अनृत्यन् अगायन् च–सुखं तु एकतायाम् एव विद्यते।

I. एकपदेन उत्तरत। (एक पद में उत्तर दीजिए।)
   (i) वने एकः विशालः कः आसीत्?
   (ii) खगाः कीदृशः आसन्?
   (iii) सुखं कुत्र विद्यते?

II. पूर्णवाक्येन उत्तरत। (पूर्ण वाक्य में उत्तर दीजिए।)
   (i) ते खगाः जालेन सह एव कुत्र उपागच्छन्?
   (ii) ते कथं जालेन बद्धाः अभवन्?
   (iii) मूषकः किम् अकरोत्?

III. अस्य अनुच्छेदस्य कृते समुचितं शीर्षकं लिखत। (इस अनुच्छेद का उचित शीर्षक लिखिए।)

IV. यथानिर्देशम् उत्तरत। (निर्देशानुसार उत्तर दीजिए।)
   (i) 'बन्धुः' इति शब्दस्य गद्यांशे पर्यायपदं किं प्रयुक्तम्?
   (अ) मित्रम्   (ब) सुहृद्
   (स) सखा   (द) सहचरः
   (ii) "तस्मिन् बहवः खगाः वसन्ति।" अत्र विशेषण पदं किम्?
   (अ) बहवः   (ब) खगाः
   (स) वसन्ति   (द) तस्मिन्
   (iii) 'भ्रमन्ति स्म' क्रियापदस्य गद्यांशे कर्तृपदं किं प्रयुक्तम्?
   (अ) मूषकाः   (ब) खगाः
   (स) नराः   (द) के
   (iv) मुक्ताः इति पदस्य अत्र किं विपर्यय पदं प्रयुक्तम्?
   (अ) स्वतन्त्रताः   (ब) बहवः
   (स) बुभुक्षिताः   (द) बद्धाः

उत्तराणि

I. (i) वृक्षः (ii) बुभुक्षिताः (iii) एकतायाम्
II. (i) ते जालेन सह एकं स्वमित्रम् उपागच्छन्।
   (ii) ते तत्र गत्वा प्रसन्न तया तण्डुलान् खादति स्म परन्तु जालेन बद्धाः अभवन्।
   (iii) मूषकः जालं दन्तैः अकर्तयत्।
III. 'सुखं तु एकतायाम् एव'
IV. (i) (अ) मित्रम्   (ii) (अ) बहवः
   (iii) (ब) खगाः   (iv) (द) बद्धाः

11. एकदा एकः नरः सरोवरतटे अभ्रमत्। सः गंभीरचिंतने रतः आसीत्। सहसा वानराणां शब्दैः तस्य ध्यानः भङ्गः अभवत्। सः अपश्यत् यद् रक्तवर्णाः अतिविकरालाः वानराः नातिदूरे आसन्। सः धावितुम् आरभत्। तं धावन्तं दृष्ट्वा वानराः अपि अधुनावितवन्तः भीतः सः तीव्रगत्या धावितुम् आरभत्। मा धाव भयं त्यक्त्वा तत्रैव स्थिरः भव इति कस्यचित् वृद्धजनस्य उच्चस्वरं श्रुत्वा स तथैव अकरोत्। तं स्थिरं दृष्ट्वा वानराः अपि तत्रैव स्थितवन्तः साहसं कृत्वा निर्भीकदृष्ट्या सः वानरान् अपश्यत्। तं निर्भीकं दृष्ट्वा वानर-समूहः पलायितः। अहो! आश्चर्यम्। कीदृशः चमत्कारः। अनेन अनुभवेन तस्य ज्ञान चक्षुषी उन्मीलिते। तेन ज्ञातं यद् आपत्तिभ्यः मुक्तिः दृढ़ संकल्पेन, साहसेन, धैर्येण च भवति न ताभ्यः पलायनेन।

I. एकपदेन उत्तरत। (एक पद में उत्तर दीजिए।)
   (i) नरः कस्मिन् रतः आसीत्?
   (ii) तस्य ध्यानः भङ्गः कैः अभवत्?
   (iii) भव इति कस्यचित् उच्चस्वरं श्रुत्वा?

II. पूर्णवाक्येन उत्तरत। (पूर्ण वाक्य में उत्तर दीजिए।)
   (i) केनाचित् वृद्धजनेन किं कथितम्?
   (ii) आपत्तिभ्यः कथं मुक्तिः?
   (iii) सः अपश्यत् कः आसन्?

III. अस्य अनुच्छेदस्य कृते समुचितं शीर्षकं लिखत। (इस अनुच्छेद का उचित शीर्षक लिखिए।)

IV. यथानिर्देशम् उत्तरत (निर्देशानुसार उत्तर दीजिए।)
   (i) 'अतिविकरालाः' इति पदस्य गद्यांशे विशेष्यपदं किम् अस्ति?
   (अ) मानवाः (ब) वानराः (स) पशवः (द) मूषकाः
   (ii) 'अज्ञानम्' इतिपदस्य गद्यांशे विलोमपदं किं प्रयुक्तम्?
   (अ) ज्ञानम् (ब) ध्यानम् (स) भङ्गम् (द) धावन्तम्
   (iii) 'नयने' इति पदस्य गद्यांशे पर्यायपदं किं प्रयुक्तम्?
   (अ) नेत्रे (ब) चक्षुषी (स) अक्षिणी (द) लोचने
   (iv) एकदा एकः नरः सरोवर तटे <u>अभ्रमत्</u> रेखांकितस्य कर्तृपदं किम् अस्ति?
   (अ) एकदा (ब) तटे (स) एकः (द) नरः

उत्तराणि

I. (i) गंभीरचिंतने   (ii) वानराणां शब्दैः
   (iii) वृद्धजनस्य
II. (i) मा धाव, भयं त्यक्त्वा तत्रैव स्थिरः भव।
   (ii) आपत्तिभ्यः मुक्तिः दृढ़ संकल्पेन, साहसेन धैर्येण च भवति न ताभ्यः पलायनेन।
   (iii) सः अपश्यत् यद् रक्तवर्णाः अतिविकरालाः वानराः नातिदूरे आसन्।
III. मुक्ति दृढ़ संकल्पेन
IV. (i) (ब) वानराः   (ii) (अ) ज्ञानम्
   (iii) (ब) चक्षुषी   (iv) (द) नरः

12. बंग प्रांते ये विद्वाँसः समाजसुधारकाः अभवन् तेषु ईश्वरचंद्र विद्यासागरः एकतमः आसीत्। सः महता प्रयत्नेन विद्याध्ययनम् अकरोत्। सः अतीव सरलः उदार हृदयः च आसीत्। निर्बलानां

दीनजनानां च सः सदैव साहाय्यं करोति स्म। विद्यासागरस्य यशः श्रुत्वा एकदा कश्चित् धनिकः युवकः तस्य दर्शनाय प्रस्थितवान्। ततः पूर्वं कदापि सः विद्यासागरं न अपश्यत्। रेलयानात् अवतीर्य सः स्वपेटिका-वहनाय भारिक! भारिक! इति उच्चैः शब्दम् अकरोत् किंतु कोऽपि न आगतः। एतद् दृष्ट्वा तत्र स्थितः विद्यासागरः तम् उपगतः तथा तस्य पेटिकां करे कृत्वा तेन सह स्वगृहं गतवान् तत्र अयम् एव विद्यासागरः इति ज्ञात्वा सः युवकः भृशं लज्जितः विस्मितः च अभवत्। क्षमस्व माम् इति उक्त्वा स तस्य पादयोः अपतत्। विद्यासागरः तम् अवदत्-स्वकीयं कार्यं स्वयमेव कुरु लज्जां मा कुरु।

I. एकपदेन उत्तरत। (एक पद में उत्तर दीजिए।)
   (i) सः महता प्रयत्नेन किम् अकरोत्?
   (ii) कश्चित् धनिकः युवकः कस्मै प्रयोजनाय प्रस्थितवान्?
   (iii) बंग प्रान्तस्य विद्वान समाजसुधारकस्य नाम किम् आसीत्?

II. पूर्णवाक्येन उत्तरत। (पूर्ण वाक्य में उत्तर दीजिए।)
   (i) विद्यासागरः युवकस्य समीपं गत्वा किम् अकरोत्?
   (ii) धनिकः रेलयानात् अवतीर्य किम् अकरोत्?
   (iii) विद्यासागरः यत् कस्य साहाय्यं कर्त्तव्यम् इति?

III. अस्य अनुच्छेदस्य कृते समुचितं शीर्षकं लिखत। (इस अनुच्छेद का उचित शीर्षक लिखिए।)

IV. यथानिर्देशम् उत्तरत। (निर्देशानुसार उत्तर दीजिए।)
   (i) 'नीचैः' इति पदस्य गद्यांशे किं विलोमपदं प्रयुक्तम्?
   (अ) अधः (ब) शनैः (स) उच्चैः (द) उपरिः
   (ii) 'कीर्ति' इति पदस्य गद्यांशे कः पर्यायपदं प्रयुक्तम्?
   (अ) यशः (ब) सरलः
   (स) पूर्वः (द) धनिकः
   (iii) 'प्रस्थितवान्' इति क्रिया पदस्य कर्तृपदं किम् अस्ति?
   (अ) युवकः (ब) विद्यासागरः
   (स) कश्चिदन्यः (द) रेलयानं
   (iv) ईश्वरचन्द्र विद्यासागरः समाज सुधारकः आसीत्। रेखांकित पदस्य विशेष्यः पदं किम्?
   (अ) ईश्वरचन्द्र विद्यासागरः (ब) विद्यासागरः
   (स) आसीत् (द) आसन्

उत्तराणि

I. (i) विद्याध्ययनम् (ii) दर्शनाय
   (iii) ईश्वरचंद्र विद्यासागरः

II. (i) विद्यासागरः तम् उपगतः तथा तस्य पेटिकां करे कृत्वा तेन सह स्वगृहं गतवान्।
   (ii) धनिकः रेलयानात् अवतीर्य स्वपेटिकां वहनाय! भारिक! भारिकः! इति उच्चैः शब्दम् अकरोत् किन्तु कोऽपि न आगतः।
   (iii) निर्बलानां दीनजनानां च सः सदैव साहाय्यं करोति स्म।

III. विद्यासागरः/स्वकीयं कार्यं स्वयमेव कुरू

IV. (i) (स) उच्चैः (ii) (अ) यशः
   (iii) (अ) युवकः (iv) (अ) ईश्वरचन्द्र विद्यासागरः

13. डॉ. नागः कश्चन् श्रेष्ठः चिकित्सकः। गाँधीमहोदयस्य अनुयायी सः। एकदा सः कलकत्तानगरं प्रति प्रेषितः। तदा तस्य हस्ते अष्ट रूप्यकाणि एव आसन्, तान्यपि चिटिकानिमित्तम्।
रेलस्थानके पुत्रैः सह उपविष्टा जीर्णशीर्णवस्त्रयुता एका क्षुधापीडिता महिला तेन दृष्टा। तस्याः याचनां न कोऽपि आकर्णयति स्म।
नाग महोदयः तस्याः दयनीयां दशां दृष्ट्वा द्रुतहृदयः सन् तस्यै अष्ट रूप्यकाणि अददात्। तस्मात् सः स्वयं रिक्तहस्तः संजातः। यानचिटिकां क्रेतुं तत्सविधे धनं न आसीत्। अतः सः पादाभ्याम् एव कलकत्तां प्रति प्रस्थितः। अष्टाविंशतिदिनानां यात्रां कृत्वा सः कलकत्तां प्राप्नोत्। स्थानकेषु भारवहनकार्यं कृत्वा सः भोजननिमित्तं धनम् अर्जितवान्। परंतु मार्गे स्वस्य श्रेष्ठचिकित्सकत्वं कोऽपि यथा न जानीयात् तथा व्यवहृतवान् सः।

I. एकपदेन उत्तरत। (एक पद में उत्तर दीजिए।)
   (i) डॉ. नागः कस्य अनुयायी आसीत्?
   (ii) तस्य हस्ते कति रूप्यकाणि आसन्?
   (iii) किं तस्य क्रेतुं धनं नासीत्?

II. पूर्णवाक्येन उत्तरत। (पूर्ण वाक्य में उत्तर दीजिए।)
   (i) डॉ. नागः कथं तस्यै अष्ट रूप्यकाणि अददात्?
   (ii) रेलस्थानके का तेन दृष्टा?
   (iii) सः केन प्रति प्रस्थितः?

III. अस्य अनुच्छेदस्य कृते समुचितं शीर्षकं लिखत। (इस अनुच्छेद का उचित शीर्षक लिखिए।)

IV. यथानिर्देशम् उत्तरत। (निर्देशानुसार उत्तर दीजिए।)
   (i) गद्यांशे 'आकर्णयति स्म' क्रियापदस्य कर्तृपदं किम्?
   (अ) तस्याः (ब) कोऽपि (स) याचनाम् (द) ताम्
   (ii) "विक्रेतुम्" इतिपदस्य गद्यांशे विलोमपदं किं प्रयुक्तम्?
   (अ) गन्तुम् (ब) क्रेतुम् (स) नेतुम् (द) चेतुम्
   (iii) 'अष्टाविंशतिदिनानाम्' अनयोः विशेष्यपदं किम्?
   (अ) दिनानाम् (ब) अष्टाविंशति
   (स) दिवसानाम् (द) नराणाम्
   (iv) डॉ. नागः कश्चन् श्रेष्ठः चिकित्सकः आसीत्। रेखांकितस्य पदस्य विशेषण पदं किम् अस्ति?
   (अ) चिकित्सकः (ब) कश्चन्
   (स) आसीत् (द) आसन्

उत्तराणि

I. (i) गाँधीमहोदयस्य (ii) अष्ट रूप्यकाणि
   (iii) यानचिटिकाम्

II. (i) डॉ. नाग महोदयः तस्याः दयनीयां दशां दृष्ट्वा द्रुतहृदयः सन् तस्यै अष्ट रूप्यकाणि अददात्।
   (ii) रेल स्थानके पुत्रैः सह उपविष्टा जीर्णशीर्णवस्त्रयुता एका क्षुधापीडिता महिला तेन दृष्टा।
   (iii) सः पादाभ्याम् एव कलकत्तां प्रति प्रस्थितः।

III. द्रुतहृदयः/श्रेष्ठत्वं मा प्रदर्शयतु

IV. (i) (ब) कोऽपि (ii) (ब) क्रेतुम्
   (iii) (अ) दिनानाम् (iv) (अ) चिकित्सकः

अभ्यास प्रश्नाः

बहुविकल्पीय एवं
वर्णनात्मक प्रश्न

- **अधोलिखितं गद्यांशं पठित्वा प्रदत्तप्रश्नानाम् उत्तराणि संस्कृतेन लिखत।** (निम्नलिखित गद्यांश को पढ़कर दिए गए प्रश्नों के उत्तर संस्कृत में लिखिए।)

1. 'विमानयात्रा सुखावहा' इति जनैः कथ्यते। विमानयात्रां प्रति जनेषु उत्सुकता दृश्यते। गतसप्ताहे चेन्नईनगरे भाषाशिक्षणस्य विशिष्टः कार्यक्रमः सम्पन्नः जातः। एषः कार्यक्रमः राष्ट्रियः एव। तत्र शिक्षकेण सह दिल्लीतः चेन्नईनगरं विमानेन एव यात्रा जात। एषः मम उड्डयनयानस्य प्रथमः अनुभवः आसीत्।
विमापनपत्तनम्-प्रवेशसमये किञ्चिद् औपचारिकं सुरक्षापरीक्षणं जातम्। यदा विमानस्य उड्डयनकालः जातः तदा विमानपरिचारिका यात्रिणः सुरक्षानियमानां विषये अकथयत्। सर्वे यात्रिणः तान् सुरक्षानियामानं ज्ञात्वा सावधानाः सञ्जाताः। अल्पकालेन एव विमानम् आकाशे उड्डीयमानम् आसीत्। परिचारिका सस्मितं मधुरवचसा यात्रिभ्यः भोजनं प्रदत्तवती। परिचारिकायाः व्यवहारः अपि अतीव विनम्रः आसीत्। अन्ततः विमानम् शीघ्रमेव चेन्नईनगरं प्राप्तवान्। विमानाद् अवतीर्य इष्टस्थानं प्राप्तवन्तौ। एषा विमानयात्रा अनुभवेन सह चिरस्मरणीया जाता। **CBSE 2024**

I. एकपदेन उत्तरत। (एक पद में उत्तर दीजिए।)
(i) काम् प्रति जनेषु उत्सुकता दृश्यते?
(ii) दिल्लीतः केन सह चेन्नईनगरं प्रति विमानयात्रा जाता?
(iii) विमानयात्रा अनुभवेन सह कीदृशी जाता?

II. पूर्णवाक्येन उत्तरत। (पूर्ण वाक्य में उत्तर दीजिए।)
(i) विमानपत्तन प्रवेशसमये किं जातम्?
(ii) गतसप्ताहे चेन्नईनगरे कीदृशः कार्यक्रमः सम्पन्नो जातः?
(iii) परिचारिकायाः व्यवहारः कीदृशः आसीत्?

III. अस्य अनुच्छेदस्य समुचितं शीर्षकं लिखत।
(इस अनुच्छेद का उचित शीर्षक लिखिए।)

IV. यथानिर्देशम् उत्तरत। (निर्देशानुसार उत्तर दीजिए।)
(i) 'अकथयत्' इति क्रियापदस्य कर्तृपदं किं भवेत्?
(अ) अहम्   (ब) परिचारिका
(स) शिक्षकेण   (द) सस्मितम्
(ii) 'चिरस्मरणीया' इति विशेषणपदस्य विशेष्यपदं किम्?
(अ) अनुभवेन   (ब) विमानयात्रा
(स) एषा   (द) जाता
(iii) 'गगने' इति पदस्य पर्यायपदं किं प्रयुक्तम्?
(अ) अल्पकालेन   (ब) अनुभवेन
(स) आकाशे   (द) नगरे
(iv) 'साधारणः' इति पदस्य विलोमपदं किं प्रयुक्तम्?
(अ) विशिष्टः   (ब) राष्ट्रियः
(स) सावधानाः   (द) अन्ततः

2. आदिकालादेव अस्माकं देशः भारतं जगति प्रसिद्धम् अस्ति। भारतस्य प्रतिष्ठे द्वे- संस्कृतं संस्कृतिस्तथा। संस्कृतभाषा अस्य प्राचीनज्ञानविज्ञानयोः पोषिका महत्संस्कृतेः च संवाहिका अस्ति। कथ्यते अपि भारतीया संस्कृतिः संस्कृते एव निहिता वर्तते। विविधतायाम् एकता एव अस्माकं संस्कृतेः प्रधानम् अभिधानम्। यथा अत्र जनानां विविधाः सम्प्रदायाः, विविधाः भाषाः, पूजापद्धतयः वेशभूषाः च सन्ति परम् अनेकतायाम् अपि एकतायाः मधुरा धारा प्रवहति। न केवलम् एतावदेव अपितु अस्य देशस्य प्रकृतिः अपि विविधतां धारयति। अस्मिन् देशे सर्वे ऋतवः क्रमेण आगच्छन्ति। ते च वसन्तः ग्रीष्मः वर्षा शरद् हेमन्तः शिशिरः इति। अत्र भिन्न-भिन्न-भाषाभाषिणः मतावलम्बिनः सर्वे भारतीयाः एकं राष्ट्रध्वजं नमन्ति एकं राष्ट्रगानं च गायन्ति। एते राष्ट्रीय-उत्सवान् सामाजिक-उत्सवान् च मिलित्वा आयोजयन्ति। भारतस्य वैशिष्ट्यमेतद् सर्वदा निरन्तरं च भवेद् इति सर्वैः भारतीयैः काम्यते। भारतं पुनः विश्वगुरुं कर्तुं सर्वे भारतीयाः प्रयतन्ते। **CBSE SQP 2023-24**

I. एकपदेन उत्तरत। (एक पद में उत्तर दीजिए।)
(i) प्राचीनज्ञानविज्ञानयोः पोषिका का भाषा?
(ii) अस्माकं देशे के क्रमेण आगच्छन्ति?
(iii) आदिकालादेव कः देशः जगति प्रसिद्धम् अस्ति?

II. पूर्णवाक्येन उत्तरत। (पूर्ण वाक्य में उत्तर दीजिए।)
(i) भारतीयाः किं कर्तुं प्रयतन्ते?
(ii) अस्माकं संस्कृतेः प्रधानम् अभिधानं किम्?
(iii) सर्वैः भारतीयैः किं काम्यते?

III. अस्य अनुच्छेदस्य समुचितं शीर्षकं लिखत।
(इस अनुच्छेद का उचित शीर्षक लिखिए।)

IV. यथानिर्देशम् उत्तरत। (निर्देशानुसार उत्तर दीजिए।)
(i) 'धारयति' इति क्रियापदस्य कर्तृपदं किं भवेत्?
(अ) विविधताम्   (ब) एतावदेव
(स) केवलम्   (द) प्रकृतिः
(ii) 'प्रधानम्' इति विशेषणपदस्य विशेष्यपदं किम्?
(अ) संस्कृतेः   (ब) अभिधानम्
(स) विविधतायाम्   (द) एकता
(iii) 'अस्माकं देशः भारतं जगति प्रसिद्धम् अस्ति।' अत्र किं क्रियापदम्?
(अ) भारतम्   (ब) जगति
(स) अस्ति   (द) देशः
(iv) 'विविधतायाम्' इति पदस्य किं पर्यायपदं गद्यांशे प्रयुक्तम्?
(अ) अनेकतायाम्   (ब) एकतायाः
(स) भारतीयाः   (द) सम्प्रदायाः

3. अमर्त्यसेनः इति नाम एव संस्कृतमयम्। अमर्त्यसेनवर्यस्य जन्म शान्तिनिकेतने अभवत्। अस्य नाम गुरुदेवेन रवीन्द्रनाथवर्येण चितम्। अस्य नाम निर्दिशन् सः उक्तवान् आसीत्–'अमर्त्यसेनः' इत्येषः शब्दः संस्कृतमूलः, अतः एतस्य उच्चारणं स्पष्टं स्यात्, यतः अर्थपरिवर्तनं न भवेत्। शान्तिनिकेतने वसन् अमर्त्यसेनः बाल्ये संस्कृताभ्यासं कृतवान्। तस्य तीव्रः अभिलाषः अपि आसीत् यत् मातामहः क्षितीशमोहनसेन इव अहम् अपि प्रसिद्धः संस्कृतविद्वान् भवेयम् इति। अमर्त्यसेनः वस्तुतः अर्थशास्त्रिणः आसीत्। स अर्थशास्त्रे एकः शोध प्रबन्धः लिखितवान्। तस्य शोधः दरिद्रतायोपरि आसीत्। तस्य शोध प्रबन्धात् निखिलः विश्वः चमत्कृतः जातः। अनेन कारणेन सः विश्वस्य सर्वोच्च पुरस्कारः नोबल पुरस्कारः लब्धवान्। **CBSE 2017 Modified**

I. एकपदेन उत्तरत। (एक पद में उत्तर दीजिए।)
   (i) अमर्त्यसेनस्य जन्म कुत्र अभवत्?
   (ii) अमर्त्यसेनस्य नाम केन चितम्?
   (iii) अमर्त्यसेनः कस्या भाषायाः शब्दः?

II. पूर्णवाक्येन उत्तरत। (पूर्ण वाक्य में उत्तर दीजिए।)
   (i) 'अमर्त्यसेनः' इति नाम कीदृशम्?
   (ii) कुत्र वसन् अमर्त्यसेनः बाल्ये संस्कृताभ्यासं कृतवान्?
   (iii) अमर्त्य सेनस्य नाम केन चितम्?

III. अस्य अनुच्छेदस्य समुचितं शीर्षकं लिखत।
(इस अनुच्छेद का उचित शीर्षक लिखिए।)

IV. यथानिर्देशम् उत्तरत। (निर्देशानुसार उत्तर दीजिए।)
   (i) '<u>अमर्त्यसेनस्य</u> जन्म शान्तिनिकेतने अभवत्।' रेखांकितस्य पदस्य क्रिया पदम् किम्?
   (अ) निकेतने (ब) अमर्त्य
   (स) अभवत् (द) उद्भवम्
   (ii) 'भवेयम्' इति क्रियापदस्य किं कर्तृपदम्?
   (अ) अहम्/अमर्त्यसेनः (ब) रवीन्द्रनाथ
   (स) गुरुदेवः (द) सर्वे
   (iii) 'प्रादुर्भाव' इति पदस्य पर्याय पदम् अत्र किं प्रयुक्तम्?
   (अ) जन्म (ब) मृत्यु
   (स) यतः (द) परिवर्तनम्
   (iv) 'संस्कृत विद्वान्ः' इत्यस्य विशेषणपदम् अत्र किं प्रयुक्तम्?
   (अ) प्रसिद्धः (ब) अभिलाषः
   (स) अहम् (द) अपि

4. सर्वे जानन्ति यत् द्विसहस्रैकतमवर्षस्य गणतंत्रदिवसे गुजरातराज्ये विनाशकारिणा भूकंपेन महान् जनसंहारः अभवत्। गुजरातस्य अनेकेषु भागेषु भवनानि पूर्णतः भूमिसात् अभवन् सहस्रशः च जनाः मृत्युं प्राप्तवन्तः। अस्मिन् संकटकाले अनेकाः सामाजिक-संस्थाः विपद्ग्रस्तानां सहायतायै कार्ये रताः आसन्। भारतस्य केन्द्रियशासनम् अपि पीडितेभ्यः बहुविधां 'सहायतां' अयच्छत्। अस्मिन् कार्ये सैनिकाः अपि संलग्ना आसन्। अस्याम् आपदयाम् गुर्जर प्रदेशस्य कच्छ जनपदस्य 'भुज' नगरम् ध्वस्तः अभवत्? देशस्य तत्कालीन प्रधान मन्त्रिणः श्रीयुत् अटल बिहारी वाजपेयी आसीत्। सः अकथयत्। आपदा आगच्छति, परन्तु मानवः तत् समक्षे नमः न भवति अपितु पुनः नव निर्माणं करोति। तत् समये मात्र द्वयवर्षान्तरम् गुर्जर प्रदेशस्य जनाः भुज नगस्य नवनिर्माणम् अकुर्वन्। **CBSE 2017 Modified**

I. एकपदेन उत्तरत। (एक पद में उत्तर दीजिए।)
   (i) कदा गुजरातराज्ये विनाशकारिणा भूकंपेन महान् जनसंहारः अभवत्?
   (ii) अस्मिन् कार्ये के अपि संलग्नाः आसन्?
   (iii) अस्मिन् कार्ये कैः बहुविधां सहायतां अयच्छत्?

II. पूर्णवाक्येन उत्तरत। (पूर्ण वाक्य में उत्तर दीजिए।)
   (i) भारतस्य केन्द्रियशासनं केभ्यः बहुविधां सहायताम् अयच्छत्?
   (ii) विनाशकारिणा भूकंपेन किम् अभवत्?
   (iii) गुजराज्ये भूकम्पस्य दुर्घटना कदा अभवत्?

III. अस्य अनुच्छेदस्य समुचितं शीर्षकं लिखत।
(इस अनुच्छेद का उचित शीर्षक लिखिए)

IV. यथानिर्देशम् उत्तरत। (निर्देशानुसार उत्तर दीजिए।)
   (i) 'जनसंहारः' इति विशेष्यस्य विशेषणं चिनुत?
   (अ) विनाशकारिणा (ब) भूकंपेन
   (स) महान् (द) विनाशः
   (ii) 'प्राप्तवन्तः' इति क्रियापदस्य कर्तृपदम् अनुच्छेदे किम्?
   (अ) सहस्रशः (ब) जनाः
   (स) मृत्युं (द) मानवाः
   (iii) 'दिने' इत्यस्य पदस्य पर्यायपदम् अनुच्छेदे किं प्रयुक्तम्?
   (अ) गणतंत्र (ब) दिवसे
   (स) भूकंप (द) राज्ये
   (iv) 'जीवनम्' इति पदस्य विलोमपदं किम्?
   (अ) जनाः (ब) मृत्युं
   (स) सहस्रशः (द) पूर्णतः

5. इदं हि विज्ञानप्रधानं युगम्। 'विशिष्टं ज्ञानं विज्ञानम्' इति कथ्यते। अस्यां शताब्द्यां सर्वत्र विज्ञानस्यैव प्रभावो दृश्यते। अधुना नहि तादृशं किमपि कार्यं यत्र विज्ञानस्य साहाय्यं नापेक्ष्यते। आवागमने, समाचारप्रेषणे, दूरदर्शने, सम्भाषणे, शिक्षणे, चिकित्साक्षेत्रे, मनोरंजनकार्ये, अन्नोत्पादने, वस्त्रनिर्माणे, कृषिकर्मणि तथैवान्यकार्यकलापेषु विज्ञानस्य प्रभावस्तदपेक्षा च सर्वत्रैवानुभूयते। दूरसंचार क्षेत्रे तु अधुना अतीव क्रान्ति सञ्जाता। अद्यत्वे 5G प्रणाल्यपि आगता। अनेन दूरसंचारे गति अतीव समृद्धः भविष्यति। जीवनस्य प्रत्येक क्षेत्रे वयं उन्नति प्राप्नुमः। एषः हर्षस्य विषयोऽस्ति, वयं नवयुगे आगतवान्। **CBSE 2017 Modified**

I. एकपदेन उत्तरत। (एक पद में उत्तर दीजिए।)
   (i) इदं हि कीदृशं युगम्?
   (ii) सर्वत्र कस्यैव प्रभावो दृश्यते?
   (iii) विशिष्टं ज्ञानं किं कथ्यते?

II. पूर्णवाक्येन उत्तरत। (पूर्ण वाक्य में उत्तर दीजिए।)
(i) विज्ञानं किम् कथ्यते?
(ii) सर्वकार्यकलापेषु कस्य प्रभावः च सर्वत्रैवानुभूयते?
(iii) विज्ञानस्य प्रभावक्षेत्राणां नामानि लिखत।

III. अस्य अनुच्छेदस्य समुचितं शीर्षक लिखत।
(इस अनुच्छेद का उचित शीर्षक लिखिए।)

IV. यथानिर्देशम् उत्तरत। (निर्देशानुसार उत्तर दीजिए।)
(i) इदं हि विज्ञान प्रधानं युगम्। अस्मिन् विशेष्यम् किम्?
(अ) इदं (ब) हि
(स) युगम् (द) विज्ञान
(ii) सर्वत्र विज्ञानस्य प्रभावः दृश्यते। अस्मिन् वाक्ये कः कर्तृ पदम् अस्ति?
(अ) सर्वत्र (ब) विज्ञानस्य
(स) अस्मिन् (द) प्रभावः
(iii) "विज्ञानस्य साहय्यं न ······ ।" इत्यत्र रिक्तस्थाने पूरणीयं समुचितं क्रियापदं किम्?
(अ) अपेक्ष्यते (ब) अपेक्ष्येते
(स) अपेक्ष्यन्ते (द) अपेक्ष्यसे
(iv) उपर्युक्तगद्यांशे 'अनुभूयते' इति क्रियापदस्य कर्तृपदं किं प्रयुक्तम्?
(अ) प्रभावः (ब) विज्ञानस्य
(स) युगम् (द) न कोऽपि

6. उत्साहः, उदासीनता, निराशा चेति तिस्रः मनसः अवस्थाः। शिशवः सदा उत्साहशीलाः इति विदितमेव। युवानः अपि प्रायेण उत्साहशीलाः। अनेके वृद्धाः अपि तथैव। वयसः उत्साहस्य च नास्ति सम्बन्धः। उत्साहः मानवस्य सहजः स्वभावः। स मनसः शरीरस्य च विकासाय भवति। शिशुः उत्साहेन सर्वं ग्रहीतुं, सर्वं खादितुं सर्वैं सह खेलितुं च प्रवर्तते, प्रतिबन्धे कृते रोदिति। उपहासे कृते क्रोधं प्रकटयति किन्तु निराशो न भवति। वस्तुतः आशैव जीवनम् अस्ति। निराशैव मृत्युः अस्ति। वयं जीवनमेव वरेण्याम् न कदापि मृत्यु। उत्साहं वर्धयितुम् आध्यात्मिक जीवनम् आचरितवान् अस्माकं दृष्टिकोणः आशावान् भवेत्। अस्यैव जीवने सफलाः उपलब्धयः भविष्यति। **CBSE 2016 Modified**

I. एकपदेन उत्तरत। (एक पद में उत्तर दीजिए।)
(i) मनसः कति अवस्था सन्ति?
(ii) कः मानवस्य सहजः स्वभावः?
(iii) उत्साहस्य सम्बन्धः केन सह अस्ति?

II. पूर्णवाक्येन उत्तरत। (पूर्ण वाक्य में उत्तर दीजिए।)
(i) कस्य कस्य नास्ति सम्बन्धः?
(ii) मनसः तिस्त्र अवस्थाः काः?
(iii) प्रतिबन्धे कृते कः रोदिति।

III. अस्य अनुच्छेदस्य समुचितं शीर्षक लिखत।
(इस अनुच्छेद का उचित शीर्षक लिखिए।)

IV. यथानिर्देशम् उत्तरत। (निर्देशानुसार उत्तर दीजिए।)
(i) 'अनेके वृद्धाः'– इत्यनयोः पदयोः विशेषणपदं किम्?
(अ) वृद्धाः (ब) अनेके
(स) मनसः (द) शिशवः
(ii) युवानः अपि प्रायेण उत्साहशीलाः। अस्मिन् वाक्ये कः विशेष्य पदम् अस्ति?
(अ) युवानः (ब) प्रायेण
(स) अपि (द) अस्मिन्
(iii) 'शिशुः उत्साहेन सर्वं गृहीतुं प्रवर्तते'– इत्यत्र कर्तृपदं किम्?
(अ) शिशुः (ब) उत्साहेन
(स) गृहीतुं (द) सर्वं
(iv) उपर्युक्तगद्यांशे 'युवानः' इत्यस्य विलोमपदं किम्?
(अ) वृद्धाः (ब) शिशवः
(स) मनसः (द) वयसः

7. अस्माकं भारतवर्षः प्राकृतिक सुषमायाः भण्डारो वर्तते। अत्र प्रकृति नटी प्रतिक्षणं नव्यं भव्यं च नाटयति। अत्र एकस्मिन् वर्षे षड्ऋतवो भवन्ति–वसन्तः, ग्रीष्मः, वर्षा, शरत्, शिशिर, हेमन्तश्च। एषु वसन्तस्यैव प्राधान्यं वर्तते। समागमे वसन्ते नातिशीतं नात्युष्णं भवति। साधुः एष ऋतुः ऋतुषु ऋतुराज इति कथ्यते। अस्मिन् ऋतौ वसुन्धरा सुसज्जितं मनोरमं रूपं धारयति। सर्वमपि चारुतरं प्रतिभाति। अस्य तात्पर्यं एषः अस्ति। कोऽपि ऋतुः महत्त्वहीनाः नास्ति। प्रत्येकस्य स्वकीय महत्त्वम् अस्ति। कवयः अपि अस्य वर्णनम् कृतः। महाकवि कालिदासेन ग्रीष्मस्य वर्णनम् कृतः। यत्र वसन्तम् ऋतुराजम् कथ्यते तत्रैव ग्रीष्म ऋतुराज्ञीऽपि कथ्यते। अस्मिन् ऋतौ आम्रवृक्षेषु बौराः आयान्ति। कोकिलाः कूजन्ति। बालकाः सरोवरे जलक्रीडां कुर्वन्ति च। **CBSE 2016 Modified**

I. एकपदेन उत्तरत। (एक पद में उत्तर दीजिए।)
(i) कस्मिन् समागमे नातिशीतं नात्युष्णं भवति?
(ii) अत्र एकस्मिन् वर्षे कति ऋतवो भवन्ति?
(iii) भारतवर्षः कस्य भण्डारः वर्तते?

II. पूर्णवाक्येन उत्तरत। (पूर्ण वाक्य में उत्तर दीजिए।)
(i) कः प्राकृतिकसुषमायाः भण्डारो वर्तते?
(ii) कदा वसुन्धरा सुसज्जितं मनोरमं रूप धारयति?
(iii) ऋतौ कस्य प्राधान्यं वर्तते?

III. अस्य अनुच्छेदस्य समुचितं शीर्षकं लिखत।
(इस अनुच्छेद का उचित शीर्षक लिखिए।)

IV. यथानिर्देशम् उत्तरत। (निर्देशानुसार उत्तर दीजिए।)
(i) एषाः ऋतु ऋतुराजः इति कथ्यते। रेखांकितस्य पदस्य विशेषण पदं किमस्ति?
(अ) एषः (ब) इति
(स) कथ्यते (द) ऋतुराजः
(ii) "अत्र प्रकृतिनटी प्रतिक्षणं नत्यं भव्यं च नाटयति।" उपर्युक्तवाक्ये क्रियापदं किम्?
(अ) प्रतिक्षणं (ब) नव्यं
(स) प्रकृतिनटी (द) नाटयति

(iii) "एकस्मिन् वर्षे"– इत्यत्र विशेष्यपदं किम्?

(अ) वर्षे (ब) एकस्मिन्

(स) नटी (द) प्रकृति

(iv) उपर्युक्त गद्यांशे 'अतिशीतम्' इत्यस्य विलोमपदं किं प्रयुक्तम्?

(अ) शीतम् (ब) वसन्तम्

(स) अत्युष्णम् (द) शिशिरम्

8. प्रकृतिः मनुष्यस्य उपकारिणी। मनुष्यैः सह तस्याः शाश्वतः सम्बन्धः। सा विविधरूपेण अस्मिन् जगति आत्मानं प्रकटयति। पशवः, पक्षिणः, वनस्पतयः च तस्याः एव अङ्गानि। निराशाः असहायाः जनाः तस्याः एव आश्रयं प्राप्नुवन्ति। सा स्वमनोहरेण सौन्दर्येण नीरसं हृदयम् अपि सरसं करोति। सूर्यः चन्द्रः च तस्याः नेत्रे। शस्यश्यामला एषा भूमिः। विविधाः ओषधयः सकलानि खनिजानि च प्रकृतेः एव शोभा। बहु अधिकं किं प्रकृतिरपि अस्माकं माता अस्ति। अस्माकं माता तु वय नवमासेनैव स्वकुक्षि धारयति किन्तु प्रकृति माता अस्मान् आजीवनं धारयति। अस्माकं निखिल कर्माः उचितं अनुचितम् वा प्रकृतेरैव सम्पादितम् भवति। अतैव वयं कदापि कृतघ्ना न भवाम् अपितुं अस्याः वातावरणं रुचिकरं भवाम्। तदैव वयं सुपुत्राः भवाम्। **CBSE 2016 Modified**

I. एकपदेन उत्तरत। (एक पद में उत्तर दीजिए।)

(i) प्रकृतिः कस्य उपकारिणी वर्तते?

(ii) चन्द्रः सूर्यः च कस्याः नेत्रे स्तः?

(iii) शस्य श्यामला का अस्ति?

II. पूर्णवाक्येन उत्तरत। (पूर्ण वाक्य में उत्तर दीजिए।)

(i) प्रकृतेः एव आश्रयं के प्राप्नुवन्ति?

(ii) प्रकृतेः नेत्रे के स्तः?

(iii) मनुष्यस्य उपकारिणी का अस्ति?

III. अस्य अनुच्छेदस्य समुचितं शीर्षकं लिखत। (इस अनुच्छेद का उचित शीर्षक लिखिए।)

IV. यथानिर्देशम् उत्तरत। (निर्देशानुसार उत्तर दीजिए।)

(i) 'प्रकटयति' इति क्रियापदस्य कर्तृपदं किम्?

(अ) जगति (ब) सा

(स) अस्मिन् (द) विविध

(ii) 'आशा' इत्यस्य पदस्य कः विपर्ययः अनुच्छेद आगत?

(अ) जनाः (ब) असहायाः

(स) तस्याः (द) निराशाः

(iii) 'सकलानि खनिजानि ....' इत्यत्र किं विशेषणम् वर्तते?

(अ) विविधाः (ब) खनिजानि

(स) सकलानि (द) ओषधयः

(iv) <u>शस्यश्यामला</u> एषा भूमिः। रेखांकित पदस्य विशेष्य पदं किम् अस्ति?

(अ) एषा (ब) भूमिः

(स) शस्य (द) श्यामला

9. एकदा बालः सिद्धार्थः प्रातः भ्रमणाय उपवनम् अगच्छत्। उपवने पक्षिणः मधुरं कूजन्ति स्म। तेषां कलरवं श्रुत्वा सिद्धार्थः प्रसन्न अभवत्। किञ्चित् कालानन्तरं तस्य भ्राता देवदत्तः अपि आखेटनाय तत्र आगच्छत् सः बाणेन आकाशे एकं हंसम् अविध्यत्। बाणेन विद्धः हंसः भूमौ अपतत्। सिद्धार्थ करुणया तं हंसं कुटीरम् आनीय हंसस्य परिचर्याम् अकरोत्। कश्चित् समयान्तरम् हंसः स्वस्थः जातः। तदेव तत्र देवदत्तः आगतः। सः अकथयत् एषः मम हंसः अस्ति, यत् अहम् मृगया अकरोत्। सिद्धार्थः अकथयत् एषः मम हंसः यत् अस्य प्राणरक्षा अकरोत्। उभौ नृपस्य समीपम् अगच्छताम्। नृपः अकथयत् आखेटकात् रक्षकः वरम् अतः हंसस्योपरि सिद्धार्थस्य अधिकारः सैव श्रेष्ठः अस्ति। **CBSE 2015 Modified**

I. एकपदेन उत्तरत। (एक पद में उत्तर दीजिए।)

(i) सिद्धार्थः प्रातः भ्रमणाय कुत्र अगच्छत्?

(ii) उपवने के मधुरं कूजन्ति स्म?

(iii) बाणेन कः अविध्यत्

II. पूर्णवाक्येन उत्तरत। (पूर्ण वाक्य में उत्तर दीजिए।)

(i) केषां कलरवं श्रुत्वा सिद्धार्थः प्रसन्नः अभवत्?

(ii) देवदत्त कस्मै तत्र आगच्छत्?

(iii) हंसस्य परिचर्या कः अकरोत्?

III. अस्य अनुच्छेदस्य समुचितं शीर्षकं लिखत। (इस अनुच्छेद का उचित शीर्षक लिखिए।)

IV. यथानिर्देशम् उत्तरत। (निर्देशानुसार उत्तर दीजिए।)

(i) अनुच्छेदे 'अकरोत्' क्रियापदस्य कृर्तपदं किम् अस्ति?

(अ) हंसः (ब) सिद्धार्थः

(स) देवदत्तः (द) करुणा

(ii) बाणेन विद्धः <u>हंसः</u> भूमौ अपतत्। रेखांकित पदस्य विशेषण पदं किम् अस्ति?

(अ) बाणेन (ब) हंसः

(स) भूमौ (द) विद्धः

(iii) अनुच्छेदे 'आकर्ण्यः' इति पदस्य पर्यायः किं पदं प्रयुक्तम्?

(अ) कलरवं (ब) श्रुत्वा

(स) प्रसन्नः (द) अभवत्

(iv) 'अप्रसन्नः' इति पदस्य विपर्ययः अनुच्छेदे किं प्रयुक्तम्?

(अ) किञ्चित् (ब) भ्राता

(स) प्रसन्नः (द) करुणया

10. भारतीयनारी कीदृशी अस्ति? त्यागस्य प्रतिमा, क्षमाशीला, मौन, सहनशीला, आत्मिक-आनन्दस्य स्रोतः, प्रेम्णः, स्नेहस्य च दात्री सा भगिनी पुत्री-पत्नी-माता-रूपेण अस्माकं समक्षम् अस्ति। प्राचीनकाले नारीणां स्थिति समीचाना नासीत्। पुरुष प्रधान समाजे नारीणां स्थिति प्रायः गौणा आसीत्। अस्मिन् समये तासां उपरि अनेके सामाजिक नियमाः प्रतिबन्धाश्च आसीत्। परं समयानुसारं भारतीयनारी अपि स्वप्राचीनरूपात् किंचिद् परिवर्तिता अस्ति।

अधुना सा स्वाधिकारान् प्रति सावधाना अस्ति। साऽपि उच्चशिक्षां भावनात्मिकाम् आर्थिकीं च सुरक्षां वाञ्छति। अधुना समाजे स्त्री अपि समानावसरे उत्तमे जीवने च स्वभागम् इच्छति। सा आत्मविश्वासेन सह बाह्यसमाजे अपि प्रतियोगिनी अस्ति।

I. एकपदेन उत्तरत। (एक पद में उत्तर दीजिए।)
   (i) का आत्मविश्वासेन सह बाह्यसमाजे अपि प्रतियोगिनी अस्ति?
   (ii) अधुना नारी कान् प्रति सावधाना अस्ति?
   (iii) प्राचीनकाले नारीणां स्थिति नासीत्?

II. पूर्णवाक्येन उत्तरत। (पूर्ण वाक्य में उत्तर दीजिए।)
   (i) भारतीय नारी किं वाञ्छति?
   (ii) भारतीय नारी केषु रूपेषु अस्माकं समक्षम् अस्ति?
   (iii) सा किम् अपि प्रतियोगिनी अस्ति?

III. अस्य अनुच्छेदस्य समुचितं शीर्षकं लिखत। (इस अनुच्छेद का उचित शीर्षक लिखिए।)

IV. यथानिर्देशम् उत्तरत। (निर्देशानुसार उत्तर दीजिए।)
   (i) भारतीयनारी कीदृशी अस्ति? अत्र किं विशेष्यपदम्?
   (अ) भारतीय (ब) नारी
   (स) कीदृशी (द) प्रतिमा
   (ii) 'साऽपि उच्चशिक्षां भावनात्मिकाम् च सुरक्षां वाञ्छति'। अत्र क्रियापदं किं प्रयुक्तम्?
   (अ) भगिन्यै पुत्र्यै (ब) 'पुत्री' इति कृते
   (स) वाञ्छति (द) माता
   (iii) 'वाञ्छति' इति क्रियापदस्य कर्तृपदं किम्?
   (अ) सा (ब) महिला:
   (स) उच्चपदासीना: (द) मा
   (iv) 'पिता' पर्याय किं नास्ति?
   (अ) जनक: (ब) तात:
   (स) पितृं (द) पितृ

11. पुरा अस्माकं देशे बहवः प्रसिद्धाः राजानः अभवन्। तेषु दुष्यन्तः नाम एकः नृपः आसीत्। तस्य भार्या शकुन्तला आश्रमे पुत्रम् अजनयत्। तस्य नाम भरतः आसीत्। भरतः शैशवावस्थायाम् अपि आश्रमे सिंहशावकैः सह क्रीडति स्म। एकदा सः एकस्य सिंहशावकस्य मुखम् उद्घाटयत् अवदत् च-'जृम्भस्व सिंह! दन्तान् ते गणयिष्यामि।' सिंहशावकः अपि जानाति स्म यत् भरतः अपि मया सदृशः शिशुः अस्ति, मया सह च क्रीडति अतः सः भरताय नाक्रुध्यत् न च आक्राम्यत्। तत्र तापसीभ्यां निषिद्धः अपि भरतः कथयति स्म-नाहं सिंहात् बिभेमि। इत्थम् आसीत् सः निर्भयः वीरः भरतः। भरतस्य अभिधानेन एव अस्माकं देशस्य आर्यावर्तस्य नाम 'भारतम्' अभवत्।

I. एकपदेन उत्तरत। (एक पद में उत्तर दीजिए।)
   (i) निर्भयः वीरः च कः आसीत्?
   (ii) भरतः कैः सह क्रीडति स्म?
   (iii) भरतस्य मातुः नाम किम् आसीत्?

II. पूर्णवाक्येन उत्तरत। (पूर्ण वाक्य में उत्तर दीजिए।)
   (i) भरतः सिंहशावकः किम् अवदत्?
   (ii) सिंहशावकः भरताय किमर्थं नाक्रुध्यत् न च आक्राम्यत्?
   (iii) भरतः तापस्यौ किं कथयति स्म?

III. अस्य अनुच्छेदस्य कृते उपयुक्तं शीर्षकं संस्कृतेन लिखत। (इस अनुच्छेद का उचित शीर्षक संस्कृत में लिखिए।)

IV. यथानिर्देशम् उत्तरत। (निर्देशानुसार उत्तर दीजिए।)
   (i) 'इत्थम् आसीत् सः निर्भयः वीरः भरतः' अत्र किं क्रियापदम्?
   (अ) इत्थम् (ब) आसीत् (स) निर्भयः (द) वीरः
   (ii) 'सदृशः' इति विशेषणपदस्य विशेष्यपदं किम्?
   (अ) नृपः (ब) वीरः (ग) निर्भयः (द) शिशुः
   (iii) 'नृपाः' इति पदस्य किं पर्यायपदं गद्यांशे प्रयुक्तम्?
   (अ) सिंहशावकः (ब) दन्तान्
   (स) राजानः (द) प्रसिद्धाः
   (iv) 'गणयिष्यामि' इति क्रियापदस्य कर्तृपदं किं भवेत्?
   (अ) अहम् (ब) ते (स) सः (द) दन्तान्

12. कल्पना चावला भारतस्य प्रथमा महिला अन्तरिक्षयात्रिणी आसीत्। अस्याः जन्म 1961 तमे वर्षे हरियाणाप्रदेशे अभवत्। तस्या पितुः नाम श्री बनारसी लाल चावला तथा मातुः नाम संजयोती देवी आसीत्। कल्पनायाः प्रारम्भिक अध्ययनं 'टैगोर बालनिकेतने' अभवत्। अयं विद्यालयः करनाल नगरे स्थितः आसीत्। बाल्यादेव सा अन्तरिक्ष-विहारस्य विषये चिन्तयति स्म।
पंजाब-विश्वविद्यालयात् 'वैमानिक-इंजीनियरिंग' इति विषयस्य अध्ययनं कृत्वा सा अमेरिकादेशे उड्डयनस्य प्रशिक्षणम् अलभत्। तत्रैव सा कोलराडे-विश्वविद्यालयात् 'डाक्टरेट' इति उपाधिना विभूषिता। प्रथमवारं सा नासा-अन्तरिक्ष यानेन अन्तरिक्षयात्रां कृतवती। 2003 तमे वर्षे फरवरीमासस्य प्रथमे दिवसे कोलम्बिया इति अन्तरिक्षयानेन स्वान्तरिक्ष-यात्रासाफल्येन समाप्नोत्।

I. एकपदेन उत्तरत। (एक पद में उत्तर दीजिए।)
   (i) भारतस्य प्रथमा महिला अन्तरिक्षयात्रिणी का आसीत्?
   (ii) प्रथमवारं सा कस्मिन् याने अन्तरिक्षयात्राम् अकरोत्?
   (iii) कल्पनायाः प्रारम्भिक अध्ययनं कुत्र कृतम् ?

II. पूर्णवाक्येन उत्तरत। (पूर्ण वाक्य में उत्तर दीजिए।)
   (i) बाल्यादेव कल्पना चावला कस्य विषये चिन्तयति स्म?
   (ii) कल्पना चावला कुतः "वैमानिक इंजीनियरिंग" इति विषयस्य अध्ययनम् अकरोत्?
   (iii) तत्रैव सा किं उपाधिं विभूषिताः?

III. अस्य अनुच्छेदस्य समुचितं शीर्षकं लिखत। (इस अनुच्छेद का उचित शीर्षक लिखिए।)

IV. यथानिर्देशम् उत्तरत। (निर्देशानुसार उत्तर दीजिए।)
   (i) 'अलभत्' इति क्रियापदस्य कर्तृपदं किम् अस्ति?
   (अ) सा (ब) कृत्वा
   (स) अध्ययनम् (द) विषय

(ii) "अस्याः जन्म 1961 तमे वर्षे हरियाणा प्रदेशे अभवत्।" अत्र क्रियापदं किम्?
(अ) अभवत् (ब) अत्र (स) जन्म (द) वर्षे

(iii) कल्पना चावला भारतस्य प्रथमा अन्तरिक्ष यात्रिणी आसीत्। अस्मिन् वाक्ये विशेष्य पदं किम् अस्ति?
(अ) कल्पना चावला (ब) अन्तरिक्ष
(स) भारतस्य (द) प्रथमा

(iv) नभस्य पदस्य कः पर्याय गद्यांशे प्रयुक्तः?
(अ) विमानेन (ब) अन्तरिक्षः
(स) वायुयानेन (द) वैमानिकी

13. सूर्यवंशे सर्वप्रथमं मनुर्नाम नृपः अभवत्। तस्य कुले एव दिलीपः इति ख्यातनामा राजा समुत्पन्नः। राजा दिलीपः सर्वेषां विषयाणां ज्ञाता आसीत् तथापि सः सर्वदा अभिमानरहितः, पराक्रमी, परिश्रमी, क्षमाशीलः आसीत्। दिलीपः न्यायपूर्वकं पितृवत् च प्रजापालनं करोति स्म। सः प्रजायाः रक्षणे सर्वदा उद्यतः भवति स्म। अतः सः एव प्रजायाः पिता आसीत्। राजा दिलीपः यदां चिरं सन्ततिं न अलभत तदा तं गुरुवशिष्ठः सन्ततिं प्राप्तुं कामधेनोः पुत्र्याः नन्दिन्याः सेवार्थम् आदिशत्। दिलीपः स्वभार्यया सह एकविंशतिः दिवसपर्यन्तं गोसेवाम् अकरोत्। द्वाविंशतितमे दिने एकः सिंहः नन्दिनीम् आक्राम्यत्। दिलीपः गोरक्षायै स्वशरीरं समर्पयितुम् उद्यतः अभवत्। प्रसन्ना नन्दिनी तस्मै सन्ततेः वरम् अयच्छत्।

I. एकपदेन उत्तरत। (एक पद में उत्तर दीजिए।)
(i) दिलीपः कया सह गोसेवाम् अकरोत्?
(ii) दिलीपः किमर्थं स्वशरीरं समर्पयितुम् उद्यतः अभवत्?
(iii) सः एव प्रजाया कः आसीत्?

II. पूर्णवाक्येन उत्तरत। (पूर्ण वाक्य में उत्तर दीजिए।)
(i) गुरु वशिष्ठः किमर्थं नन्दिन्याः सेवार्थम् आदिशत्?
(ii) दिलीपः कथं प्रजापालनं करोति स्म?
(iii) राज्ञः दिलीपस्य प्रजानां प्रति लक्षणं उल्लेखयतु?

III. अस्य अनुच्छेदस्य समुचितं शीर्षकं लिखत।
(इस अनुच्छेद का समुचित शीर्षक लिखिए।)

IV. यथानिर्देशम् उत्तरत। (निर्देशानुसार उत्तर दीजिए।)
(i) 'आक्राम्यत्' इत्यस्याः क्रियायाः कर्तृपदं किम् ?
(अ) दिलीपः (ब) वशिष्ठः
(स) सिंहः (द) नृपः

(ii) 'क्षमाशीलः' इति पदस्य विशेष्यं गद्यांशात् चित्वा लिखत।
(अ) वशिष्ठः (ब) दिलीपः
(स) पराक्रमी (द) सिंहः

(iii) 'वंशे' इत्यस्य पदस्य कः पर्यायः अत्र आगतः?
(अ) कुले (ब) सन्ततेः
(स) चिरम् (द) तस्मै

(iv) अस्मिन् गद्यांशे सन्तानस्य पर्यायः कः अस्ति?
(अ) प्रजा (ब) कुले
(स) सन्ततिः (द) सर्वदा

14. वर्तमानकाले मानवस्य समस्यावर्तते यत् सः पतितोऽस्ति। एकत्र देशस्य अनेके रोगाः, अन्यत्र मनसः चिन्ताः। कार्यवैफल्येन नैराश्यं भवति। जीवनशैल्याः परिवर्तनं बिना मार्गान्तरं नास्ति। व्यायामाभावान् शरीरस्य स्थौल्यं वर्धते तारुण्यावस्थायाम् च मधुमेहः जायते। एतदेव व्याधिः उच्यते। आधिव्याधिभ्यां पीडितो मानवः निद्रां न लभते। मानवः अतृप्त्या सदा खिद्यते। अतः यथाशक्ति शारीरिकश्रमः कर्त्तव्यः। यत्र पद्भ्यां गन्तुं शक्यते तत्र वाहनेन न गन्तव्यम्। अलं श्रमचिन्त्या। इदं शरीरं पोषितमपि पालितमपि च शोभते। स्वस्थशरीरेणैव मानवः सोत्साहं गृहस्थजीवनस्य सर्वविधानां समस्यानां समाधाने कुशलः भवति। सः आध्यात्मिकज्ञानमपि लभते। स्वस्थ शरीरे स्वस्थ मस्तिष्कस्य वासं भवति। तेन मानवस्य चिन्तन मनन शक्त्याः विकासः भवति। उक्तञ्च 'शरीरमाद्यं खलु धर्मसाधनम्'।

I. एकपदेन उत्तरत। (एक पद में उत्तर दीजिए।)
(i) वर्तमानकाले कः समस्यावर्ते पतितोऽस्ति?
(ii) कस्य अभावात् शरीरस्य स्थौल्यं वर्धते?
(iii) कुत्र वाहनेन न गन्तव्यम्?

II. पूर्णवाक्येन उत्तरत। (पूर्ण वाक्य में उत्तर दीजिए।)
(i) कार्यवैफल्येन किं भवति?
(ii) मानवैः यथाशक्ति कः कर्त्तव्यः?
(iii) स्वस्थशरीरस्य विषये केन जानासि?

III. अस्य अनुच्छेदस्य समुचिंत शीर्षकं लिखत।
(इस अनुच्छेद का उचित शीर्षक लिखिए।)

IV. यथानिर्देशम् उत्तरत। (निर्देशानुसार उत्तर दीजिए।)
(i) 'खिद्यते' इत्यस्याः क्रियायाः कर्तृपदं किम्?
(अ) सन्तोषः (ब) मानवः
(स) मधुमेहः (द) निद्रां

(ii) 'पीडितः मानवः' अनयोः पदयोः विशेषणं किम्?
(अ) पीडितः (ब) मानवः
(स) नरः (द) शरीरः

(iii) 'देहस्य' इत्यस्य पदस्य कः पर्यायः अत्र आगतः?
(अ) मानवस्य (ब) दुःखस्य
(स) शरीरस्य (द) देशस्य

(iv) आध्यात्मिक ज्ञानमपि लभते। इत्यत्र क्रिया पदः कः अस्ति?
(अ) स (ब) कः
(स) लभते (द) ज्ञानम्

15. भारतवर्षे 'ग्रीष्म-वर्षा-शरद्-हेमन्त-शिशिर-वसन्त' इति षड् ऋतवः भवन्ति। तेषु 'वसन्तः' ऋतुराजः कथ्यते। वसन्तः ऋतुः फाल्गुने चैत्रमासे च भवति। तदा शैत्यं न्यूनं भवति। वसन्ते द्वौ प्रमुखौ उत्सवौ स्तः वसन्तोत्सवः होलिकोत्सवश्च। अन्येषु उत्सवेषु बसंत पञ्चमी, नवरात्रि, रामनवमी, नव-संवत्सरः, हनुमान जयंती गुरुपूर्णिमा चापि अस्मिन् ऋतौ मन्यन्ते। वसन्ते सर्वत्र प्रमोदः भवति। सर्वत्र प्रकृतिः विविधवर्णैः कुसुमैः हरितपल्लवैश्च सुसज्जिता दृश्यते। आम्रवृक्षे कोकिलस्य मधुरध्वनिः सर्वान् जनान् आकर्षति। सर्वत्र रम्यं वातावरणं भवति। नराः, नार्यः, युवानः,

वृद्धाः च समुदं गायन्ति नृत्यन्ति च। धन्यः एषः ऋतुः य प्रकृतेः अलौकिकम् अद्भुतां रमणीयां रचनां च प्रदर्शयति। वयं प्रकृति नमामः।

I. एकपदेन उत्तरत। (एक पद में उत्तर दीजिए।)
   (i) ऋतुराजः कः कथ्यते?
   (ii) भारतवर्षे कति ऋतवः भवन्ति?
   (iii) वसन्ते सर्वत्र किं भवति?

II. पूर्णवाक्येन उत्तरत। (पूर्ण वाक्य में उत्तर दीजिए।)
   (i) वसन्ते कौ प्रमुखौ उत्सवौ भवतः?
   (ii) वसन्ते सर्वत्रप्रकृतिः कीदृशी दृश्यते?
   (iii) वसन्तकाले कीदृशं वातावरणं भवति?

III. अस्य अनुच्छेदस्य समुचितं शीर्षकं लिखत।
   (इस अनुच्छेद का उचित शीर्षक लिखिए।)

IV. यथानिर्देशम् उत्तरत। (निर्देशानुसार उत्तर दीजिए।)
   (i) 'नमामः' इति क्रियापदस्य कर्तृपदं किम्?
   (अ) नराः (ब) नार्यः
   (स) वयम् (द) युवानः
   (ii) अनुच्छेदे 'पुष्पैः' इत्यस्य समानार्थकं पदं किं प्रयुक्तम्?
   (अ) विविधवर्णैः (ब) कुसुमैः
   (स) पल्लवैः (द) ऋतुः
   (iii) 'अधिकम्' इति पदस्य विलोमपदं किं प्रयुक्तम्?
   (अ) न्यूनम् (ब) शैत्यम्
   (स) रम्यम् (द) वातावरणं
   (iv) 'प्रमोदः' पर्याय किम् अस्ति?
   (अ) दुखं (ब) आमोद
   (स) डर (द) भय

16. तरवः सर्वेषां जीवनं सुखमयं कुर्वन्ति। वृक्षाः अस्मभ्यं प्राणवायुं (आक्सीजनं) यच्छन्ति। ते फलं, पुष्पं, छायां, काष्ठं च अनेकानि उपयोगी वस्तु प्रदानेन सर्वेषां जनानाम् उपरि उपकारं कुर्वन्ति। वृक्षाः अस्माकं मित्राणि सन्ति। तान् प्रति अस्माकं अपि कर्त्तव्यं वर्तते। तरुणाम् आरोपणाय, तेषां संवर्धनाय संरक्षणाय च वयम् अपि प्रयत्नं कुर्याम्। पश्यामः यत् अद्यत्वे वृक्षाणां संख्या प्रतिदिनम् अल्पतरा संजायते। एषा हि शोचनीया स्थितिः। सम्प्रति हरितानां वृक्षाणां महती आवश्यकता। जीवितं वृक्षाश्रितं खलु। वृक्षाणां जीवनेन अस्माकं जीवनम्। तेषां संरक्षणेन अस्माकं संरक्षणम् इति न विस्मर्तव्यम्। अतः जीवनं रक्षितुं वृक्षाः रक्षितव्याः। प्राणिमात्रहिताय वृक्षाणां रक्षा अस्माकं परम कर्त्तव्यं।

I. एकपदेन उत्तरत। (एक पद में उत्तर दीजिए।)
   (i) केषां संख्या अल्पतरा संजायते?
   (ii) के सर्वेषां जीवनं सुखमयं कुर्वन्ति?
   (iii) वृक्षाः अस्माकं किं सन्ति?

II. पूर्णवाक्येन उत्तरत। (पूर्ण वाक्य में उत्तर दीजिए।)
   (i) सम्प्रति कीदृशानां वृक्षाणां महती आवश्यकता अस्ति?
   (ii) केषां जीवनेन अस्माकं जीवनम् अस्ति?
   (iii) वयं परमं कर्त्तव्यं किं सन्ति?

III. अस्य अनुच्छेदस्य समुचितं शीर्षकं लिखत।
   (इस अनुच्छेद का उचित शीर्षक लिखिए।)

IV. यथानिर्देशम् उत्तरत। (निर्देशानुसार उत्तर दीजिए।)
   (i) 'सुखमयं' इति विशेषणपदस्य विशेष्यपदं किम्?
   (अ) वृक्षाः (ब) जीवनं
   (स) न कोऽपि (द) अपि
   (ii) 'तरवः सर्वेषां जीवनं सुखमयं कुर्वन्ति' अत्र क्रियापदं किम्?
   (अ) सर्वेषां (ब) जीवनं
   (स) कुर्वन्ति (द) तरवः
   (iii) 'वृक्षाणाम्' इति पदाय पर्याय किं पदम् अत्र प्रयुक्तम्?
   (अ) तरुणाम् (ब) अस्माकम्
   (स) सर्वेषाम् (द) नराणाम्
   (iv) तरवः सर्वेषां जीवनं सुखपूर्वकं कुर्वन्ति। इत्यत्र कर्तृपदं किम्?
   (अ) तरवः (ब) कुर्वन्ति (स) सर्वेषां (द) जीवनं

17. शिक्षा मानव-विकासस्य परम साधनम्। शिक्षा ज्ञानोदयेन नैतिकं चारित्रिकं च विकासं संपादयति। शिक्षा सांस्कृतिकीं दृष्टिम् उद्बोधयति। वर्तमान-शिक्षा-पद्धतौ बालकस्य सर्वाङ्गीण-विकासस्य परिकल्पना अस्ति। अधुना बालाः आधुनिक विषयान् अपि अध्येतुं संप्रेरिताः दृश्यन्ते। यथा हि विज्ञानम्, गणितम्, भूगोलम्, इतिहासम्, अर्थशास्त्रम्, राजनीतिशास्त्रम्, संगीतम्, संगणकयन्त्रम् (Computer) आदयः।
वर्तमान-शिक्षा-पद्धतौ शिक्षिताः युवकाः युवत्यश्च कठिनं श्रमं कृत्वा स्व-स्व क्षेत्रे महत्त्वपूर्णम्। साफल्यं प्राप्तवन्तः। अतएव शिक्षा श्रमस्य महत्त्वमपि शिक्षयति। शिक्षिताः युवकाः मानवीयगुणान् प्रति आकर्षिताः भवन्ति। अस्माकं देशे शिक्षा प्राप्त्यै कोऽपि बालः कापि बाला व अर्थाभावं न अनुभवेत् इति शासनं प्रयतेत। यतः शिक्षा न केवलं मानवकल्याणाय अपेक्षिता अपितु सा राष्ट्रगौरवाय अपि महत्त्वपूर्णा।

I. एकपदेन उत्तरत। (एक पद में उत्तर दीजिए।)
   (i) शिक्षा कस्य महत्त्वं शिक्षयति?
   (ii) मानव-विकासस्य परमं साधनं किम्?
   (iii) शिक्षा किं दृष्टिम् उद्बोधयति?

II. पूर्णवाक्येन उत्तरत। (पूर्ण वाक्य में उत्तर दीजिए।)
   (i) शिक्षा कीदृशं विकासं संपादयति?
   (ii) शासनं किं प्रयतेत?
   (iii) मनुष्याणां कृते शिक्षा किमर्थम् आवश्यकं अस्ति?

III. अस्य अनुच्छेदस्य समुचिंत शीर्षकं लिखत।
   (इस अनुच्छेद का उचित शीर्षक लिखिए।)

IV. यथानिर्देशम् उत्तरत। (निर्देशानुसार उत्तर दीजिए।)
   (i) 'अस्ति' इति क्रियापदस्य कर्तृपदं किम्?
   (अ) शिक्षा (ब) परिकल्पना
   (स) बालकः (द) युवकाः
   (ii) 'शिक्षिताः' इति विशेषणपदस्य विशेष्यपदं किं प्रयुक्तम्?
   (अ) बालकाः (ब) युवकाः (स) प्रेरकाः (द) मानवाः

(iii) 'उद्यमः' इत्यर्थे किं पर्यायपदम् अत्र प्रयुक्तम्?
(अ) विकासम् (ब) श्रमः
(स) चारित्रिकम् (द) कल्याणम्

(iv) कोऽपि बालः काऽपि बाला च अर्थाभावं न अनुभवेत् इत्यस्मिन् वाक्ये बाला पदस्य विपर्ययः कः अस्ति?
(अ) बाला (ब) अर्थाभावं
(स) बालः (द) काऽपि

18. एकस्मिन् दिने सः पुनः मुनेः समक्षम् उपस्थितो भूत्वा प्रार्थनाम् अकरोत् – "महर्षे! अहं कुक्कुरात् भीतः अस्मि। मां रक्ष महर्षेः आशीर्वादेन सः विडालः कुक्कुरः अभवत्। एकदा सः वने भ्रमन्तं एकं सिंहं दृष्ट्वा भीतः सन् मुनिम् अवदत् – मुने! अहं सिंहात् भीतः अस्मि। मुनिः तं सिंहम् अकरोत्। सः गर्वेण शिरः उत्थाय वने इतस्ततः अभ्रमत्। वनस्य सर्वे पशवः तम् अनमन्। कदाचित् मदोन्मत्तः सः अचिन्तयत् –"यदि एषः मुनिः मां निन्देत् यत् अयं सिंहः तु पूर्वं मूषकः आसीत्, तदा कथं न एतमेव नाशयेयम्।" इति। तस्य सिंहस्य ईदृशं विचारम् अवगत्य मुनिः तम् अशपत्– 'पुनः मूषकः भव।' तदा सः सिंहः पुनः मूषकः अभवत्।

I. एकपदेन उत्तरत। (एक पद में उत्तर दीजिए।)
(i) विडालः कः अभवत्?
(ii) अन्ते सिंहः कः अभवत्?
(iii) अहं भीतः किम् अस्ति?

II. पूर्णवाक्येन उत्तरत। (पूर्ण वाक्य में उत्तर दीजिए।)
(i) मदोन्मत्तः सिंहः किम् अचिन्तयत्?
(ii) मुनिः सिहं किम् अशपत्?
(iii) कुक्कुरः साक्षात्कारः कस्यचित् अभवत्?

III. अस्य अनुच्छेदस्य समुचितं शीर्षकं लिखत।
(इस अनुच्छेद का उचित शीर्षक लिखिए।)

IV. यथानिर्देशम् उत्तरत। (निर्देशानुसार उत्तर दीजिए।)
(i) 'वनस्य सर्वे पशवः तम् अनमन्' अत्र 'अनमन्' इति क्रियापदस्य कर्तृपदं किम्?
(अ) वनस्य (ब) सर्वे
(स) पशवः (द) सिंहाः

(ii) 'मां रक्षेति' अत्र क्रियापदं किम् प्रयुक्तम्?
(अ) रक्षेति (ब) सिंहाय
(स) मुनये (द) कुक्कुराय

(iii) 'ज्ञात्वा' इति पदस्य पर्यायपदं चित्वा लिखत।
(अ) इच्छति (ब) उत्थाय
(स) अवगत्य (द) निश्चित्य

(iv) मुनिः शब्दः पर्याय किम्?
(अ) मानव (ब) जनक
(स) महात्मा (द) प्राणी

19. ये सत्यं पालयन्ति, ते सर्वोत्तमं धर्मं कुर्वन्ति। ये च सत्यं परित्यज्य असत्यं भजन्ते, ते महापातकं कुर्वन्ति। यतो हि असत्य भाषणेन स्वस्य हानिः नाशश्च भवतः। समाजस्य लोकस्य देशस्य च मिथ्याभाषणेन नाशः भवति। अतएव उच्यतेन हि सत्यात् परो धर्मों नानृतात् पातकं परम्। सत्यस्य पालनार्थमेव महाराजो दशरथः प्रियं पुत्रं रामं वनं प्रेषयत्। राजा हरिश्चन्द्रः सत्य पालनार्थमेव सर्वाणि दुःखानि असहत। युधिष्ठिरः सत्यभाषणस्य प्रभावादेव विजयमलभत। महात्मागान्धिमहोदयः सत्यस्यैव सदा शिक्षामदात्। भारतस्य राजचिह्नेऽपि "सत्यमेव जयते" इत्यादरेण उल्लिख्यते।

I. एकपदेन उत्तरत। (एक पद में उत्तर दीजिए।)
(i) सत्यपालनार्थं कः रामं वनं प्रेषयत्?
(ii) सत्यभाषणस्य प्रभावात् युधिष्ठिरः कम् अलभत्?
(iii) ते सर्वोत्तमं किं कुर्वन्ति?

II. पूर्णवाक्येन उत्तरत। (पूर्ण वाक्य में उत्तर दीजिए।)
(i) मिथ्या भाषणेन कस्य नाशः भवति?
(ii) के सर्वोत्तमं धर्मं कुर्वन्ति?
(iii) अतएव उच्यतेन हि किम्?

III. अस्य अनुच्छेदस्य कृते समुचितं शीर्षकं लिखत।
(इस अनुच्छेद का उचित शीर्षक लिखिए।)

IV. यथानिर्देशम् उत्तरत। (निर्देशानुसार उत्तर दीजिए।)
(i) ते सत्यं परित्यज्य असत्यं भजन्ते। इत्यस्मिन् वाक्ये क्रिया पदः कः अस्ति?
(अ) सत्यं (ब) भजन्ते
(स) असत्यं (द) ते

(ii) 'न हि सत्यात् परो धर्मो' इत्यत्र विशेषणपदं किमस्ति?
(अ) धर्मो (ब) सत्यात् परो
(स) हि (द) न

(iii) 'महात्मा सत्यस्यैव सदा शिक्षामदात्' अत्र कर्तृपदं किम् अस्ति?
(अ) अददात् (ब) सदा
(स) महात्मा (द) शिक्षाम्

(iv) राजा हरिश्चन्द्र अत्र विशेषणम् किम् अस्ति?
(अ) राजा (ब) हरिश्चन्द्र
(स) अत्र (द) अस्ति

20. सते अर्थात् कल्याणाय हितं सत्यं भवति। यद् वस्तु यथा विद्यते तस्य तेन एव रूपेण कथनं लेखनं वा सत्यम् उच्यते। सत्येन एव समाजस्य स्थितिः भवति। यदि सर्वे असत्यवादिनः भवेयुः तर्हि लोकस्य स्थितिः क्षणमात्रम् अपि भवितुं न शक्नोति। एष महिमा सत्यस्य एव अस्ति यद वयं समाजे मनुष्येषु विश्वासं कुर्मः। अतः सत्यम् एव लोकस्य आधारः अस्ति। समाजस्य सकलः कार्यव्यवहारः विश्वासेन चलति, विश्वासस्य आधारः सत्यमेव भवति। जीवनस्य सर्वेषु क्षेत्रेषु सत्यस्य अपेक्षा विद्यते। अस्माकं सकलम् आदानं प्रदानं च सत्ये एव अवलम्बितं भवति। राजनीतिक क्षेत्रे, सामाजिक क्षेत्रे, धार्मिक क्षेत्रे, आध्यात्मिक क्षेत्रे च सत्यस्य महती आवश्यकता वर्तते।

I. एकपदेन उत्तरत। (एक पद में उत्तर दीजिए।)
(i) सत्येन समाजस्य का भवति?
(ii) सत्यं कस्य आधारः अस्ति?
(iii) एष महिमा क अस्ति?

II. पूर्णवाक्येन उत्तरत। (पूर्ण वाक्य में उत्तर दीजिए।)
(i) किं सत्यम् उच्यते?
(ii) यदि सर्वे असत्यवादिनः भवेयुः तदा किं भवितुं नशक्नोति?
(iii) कस्य महती आवश्यकता वर्तते?

III. अस्य अनुच्छेदस्य कृते समुचितं शीर्षकं लिखत। (इस अनुच्छेद का उचित शीर्षक लिखिए।)

IV. यथानिर्देशम् उत्तरत। (निर्देशानुसार उत्तर दीजिए।)
(i) 'सत्यस्य' इति पदस्य विलोम पदं कः?
(अ) असत्यस्य (ब) कल्याणस्य
(स) समाजस्य (द) लोकस्य
(ii) 'सर्वेषु क्षेत्रेषु' इत्यत्र विशेषणपदं किम्?
(अ) मनुष्येषु (ब) सर्वेषु
(स) क्षेत्रेषु (द) कार्येषु
(iii) 'वयं समाजे मनुष्येषु विश्वासं कुर्मः' इत्यत्र कर्तृपदं किम्?
(अ) अहं (ब) तस्य
(स) वयं (द) सते
(iv) क्षण मात्रमपि न शक्नोति इत्यस्मिन् वाक्ये क्रिया पदं किम्?
(अ) भजते (ब) मात्रम्
(स) अपि (द) शक्नोति

21. कस्मिंश्चित् अरण्ये अनेके पशवः वसन्ति स्म। एकदा पशूनां राजा सिंहः रोगपीडितः अभवत्। एकं श्रृगालं विहाय सर्वे पशवः रोगपीडितं नृपं द्रष्टुमागताः। एकः उष्ट्रः नृपाय एतत् न्यवेदयत् यत् अहङ्कारिणं श्रृगालं विहाय सर्वे भवन्तं द्रष्टुमागताः। एतच्छ्रुत्वा सिंहः क्रोधितोऽभवत्। स्वमित्रैः एतज्ज्ञात्वा श्रृगालः शीघ्रमेव सिंहस्य समीपे प्राप्तः। क्रोधितेन सिंहेन विलम्बेन आगमनकारणं पृष्टः श्रृगालोऽवदत् यदहं तु सर्वप्रथममागन्तुम् ऐच्छं परं चिकित्सकात् औषधमपि आनेयमिति विचिन्त्य तत्रागच्छम्। तच्छ्रुत्वा प्रसन्नः सिंहः औषधिविषये पृष्टवान्। श्रृगालः अवदत् यत्तेन औषधं तु न दत्तं परं कृपापरो भूत्वा सः चिकित्साक्रमम् उक्तवान् यत् रक्तपानेनैव रोगस्य शान्तिः भविष्यति। तदा सिंहः उष्ट्रमाहूतवान् भक्त्या आगतं च तं मारयित्वा तस्य रक्तं पीतवान्। एवं स्वपिशुनतायाः दुष्फलम् उष्ट्रेण स्वयमेव प्राप्तम्।

I. एकपदेन उत्तरत। (एक पद में उत्तर दीजिए।)
(i) पशूनां राजा सिहंः कीदृशः अभवत्?
(ii) कं विहाय सर्वे पशवः नृपं द्रष्टुमागताः?
(iii) तच्छ्रुत्वा प्रसन्नः सिंहः किं पृष्टवान?

II. पूर्णवाक्येन उत्तरत। (पूर्ण वाक्य में उत्तर दीजिए।)
(i) क्रोधितेन सिंहेन श्रृगालं किं पृष्टम्?
(ii) श्रृगालः किम् अवदत्?
(iii) सः चिकित्साक्रमं किम् उक्तवान्?

III. अस्य अनुच्छेदस्य कृते समुचितं शीर्षकं लिखत। (इस अनुच्छेद का उचित शीर्षक लिखिए।)

IV. यथानिर्देशम् उत्तरत। (निर्देशानुसार उत्तर दीजिए।)
(i) 'एकः उष्ट्रः नृपाय न्यवेदयत्' इत्यत्र कर्तृपदं किम्?
(अ) एक: उष्ट्र: (ब) नृपाय
(स) एतत् (द) यत्
(ii) 'क्रोधितेन सिंहेन' इत्यत्र विशेषणपदं किम्?
(अ) सिंहेन (ब) क्रोधितेन
(स) मित्रैः (द) सर्वे
(iii) 'तं मारयित्वा तस्य रक्तं पीतवान्' इत्यत्र 'पीतवान्' इति क्रियापदस्य कर्तृपदं किम्?
(अ) श्रृगाल: (ब) नृप: (स) सिंह: (द) उष्ट्र:
(iv) 'भूत्वा' पदस्य प्रत्ययः किम्?
(अ) क्त (ब) क्त्वा (स) त्वत् (द) क्तवतु

22. कस्मिंश्चिद् ग्रामे एकः वृद्धः कृषकः अवसत्। सः परिश्रमी, दूरदर्शी तथा सरल स्वभावः आसीत्। तस्य चत्वारः पुत्राः आसन्, परं ते अलसा अभवन्। ते कृषिकार्ये पितुः सहयोगं न अकुर्वन्, न च तेषां कृषिकार्ये रुचिः आसीत्। अस्मात् कारणात् वृद्ध कृषकः चिन्तितवान्। मरणासन्नावसरे वृद्धः कृषकः स्वपुत्रान् अकथयत् यत्–मम क्षेत्रेषु गुप्तं धनं वर्तते, मम मरणानन्तरं क्षेत्रान् खनित्वा सुगुप्तं धनं प्राप्नुयात। पुत्राः एतत् श्रुत्वा प्रासीदन्। निजपितुः मृत्योः पश्चात् निजक्षेत्रान् अकर्षन्। परं सुगुप्तं धनं न लब्धम्। ते निराशाः संजाताः। अन्ते निजमातुः प्रेरणया, ते निजक्षेत्रेषु बीजानि अवपन्। परिणामस्वरूपम् प्रभूतं धान्यम् अभवत्। तस्य विक्रयैः ते समृद्धाः, धनिनः च संजाताः। अन्ते च ते स्वपितुः सुगुप्तधनस्य रहस्यम् अबोधन्।

I. एकपदेन उत्तरत। (एक पद में उत्तर दीजिए।)
(i) वृद्धः कृषकः कुत्र अवसत्?
(ii) कृषकस्य कति पुत्राः आसन्?
(iii) सः कः स्वभाव आसीत्?

II. पूर्णवाक्येन उत्तरत। (पूर्ण वाक्य में उत्तर दीजिए।)
(i) वृद्धः कृषकः कीदृशः आसीत्?
(ii) मरणासन्नावसरे कृषकः स्वपुत्रान् किम् अकथयत्?
(iii) अन्ते निजमातुः प्रेरणया किम्?

III. अस्य अनुच्छेदस्य कृते समुचितं शीर्षकं लिखत। (इस अनुच्छेद का उचित शीर्षक लिखिए।)

IV. यथानिर्देशम् उत्तरत। (निर्देशानुसार उत्तर दीजिए।)
(i) 'चत्वारः पुत्राः' इत्यत्र विशेषण पदम् अस्ति?
(अ) चत्वार: (ब) पुत्रा: (स) कृषक: (द) वृद्धः
(ii) 'पुत्राः एतत् श्रुत्वा प्रासीदन्' इत्यत्र कर्तृपदं किम्?
(अ) एतत् (ब) पुत्रा: (स) श्रुत्वा (द) प्रासीदन्
(iii) अस्मात् कारणात् कृषकः चिन्तितवान् अत्र क्रिया पदं किम्?
(अ) अस्मात् (ब) कृषक:
(स) चिन्तितवान् (द) कारणात्
(iv) 'क्षेत्रेषु' गुप्तं किं वर्तते?
(अ) लब्धम् (ब) बीजम्
(स) धनम् (द) धान्यम्

23. अथ एकदा केचित् पुरुषौ किमपि नगरं प्रस्थितौ। तयोः एकतरः स्थूलः अन्यश्च कृशः आसीत्। कियतपि कालेन तौ मार्गे निबिडं वनं प्राप्तौ। तद् शीतलं स्थलं दृष्ट्वा भृशं सन्तुष्टौ तौ पथिकौ कस्यापि वृक्षस्य छायायां उपाविशताम्। स्वच्छजलेन पूर्णो निर्झरः समीपमेवासीत्। तं दृष्ट्वा कृशोऽवदत्। 'अहो निर्मलमेतज्जलम्'। अस्य स्वादोऽपि बहु मधुरः। प्रशांतमेतत् स्थलं सुखकरं भवति इति। तं स्थूलः प्रत्यभाषत्। 'एवमेतद् आवां प्रवासेन श्रान्तौ। अत्र कश्चित् कालं विश्रांतिसुखं अनुभवावः। उपाहारं च कुर्वः इति। ततः तौ पथिकौ खाद्यानि गृहीत्वा तस्य निर्झरस्य समीपं आहारार्थं उपविष्टौ। अनन्तरं स्थूलो वदति। अतिसुखदं एतत्स्थलम्। अत्रैव वसितुं अहमिच्छामि। न पुनः कोलाहलेन आकुलिते ग्रामे।

I. एकपदेन उत्तरत। (एक पद में उत्तर दीजिए।)
   (i) पुरुषौ कुत्र निबिडं वनं प्राप्तौ?
   (ii) तौ पथिकौ कुत्र उपाविशताम्?
   (iii) तं दृष्ट्वा कृशोऽवदत्?

II. पूर्णवाक्येन उत्तरत। (पूर्ण वाक्य में उत्तर दीजिए।)
   (i) केचित् पुरुषौ कीदृशौ आस्ताम्?
   (ii) उपाहारं कृत्वा तौ पथिकौ कथम् उपविष्टौ?
   (iii) कस्य स्वादोऽपि इति भवति?

III. अस्य अनुच्छेदस्य कृते समुचितं शीर्षकं लिखत। (इस अनुच्छेद का उचित शीर्षक लिखिए।)

IV. यथानिर्देशम् उत्तरत। (निर्देशानुसार उत्तर दीजिए।)
   (i) 'आकुलिते ग्रामे' अनयोः विशेषणं किम्?
   (अ) आकुलिते (ब) ग्रामे
   (स) अतिसुखदं (द) नगरे
   (ii) "तयोः एकतरः स्थूलः अन्यश्च कृशः आसीत्।" अस्मिन् वाक्ये क्रियापदं किं प्रयुक्तम्?
   (अ) तयोः (ब) स्थूल (स) आसीत् (द) कृशः
   (iii) अनुच्छेदे 'उपविष्टौ' इति क्रियापदस्य कर्तृपदं किम्?
   (अ) पथिकौ (ब) पुरुषौ
   (स) केचित पुरुषौ (द) द्वौ पुरुषौ
   (iv) 'शीतलं' पदस्य पर्यायं किम्?
   (अ) ताप (ब) अहिम (स) प्रखर (द) सौम्य

24. बीरबलः राज्ञः अकबरस्य नवरत्नेषु एकं रत्नम् आसीत्। सः अतीव बुद्धिमान् वाक्पटुः चतुरः आसीत्। एकदा अकबरः बीरबलं अवदत्– "यदि भवान् एतावान् बुद्धिमान् अस्ति तदा तव पिता तु त्वत् अपि चतुरतरः भविष्यति, अहं तव पितरं द्रष्टुम् इच्छामि" इति। गृहं गत्वा बीरबलः पितरम् अवदत्–"राजा भवन्तं द्रष्टुम् इच्छति, परं भवान् तस्य समक्षं तूष्णीं तिष्ठेत्" इति। बीरबलस्य पिता राज्ञः अकबरस्य राजभवनम् अगच्छत्। अन्यस्मिन् अहनि यदा बीरबलः राजप्रासादम् आगच्छत् तदा राजा बीरबलम् अपृच्छत् "यदि कोऽपि मूर्खः तव समक्षम् आगच्छेत् तदा किं कर्तव्यम्"? बीरबल प्रत्यवदत् "तूष्णीं स्थातव्यम्" इति।

I. एकपदेन उत्तरत। (एक पद में उत्तर दीजिए।)
   (i) कः अकबरस्य नवरत्नेषु एकं रत्नम् आसीत्?
   (ii) एकदा बीरबलं कः अवदत्?
   (iii) राजा भवन्तं किम् इच्छति?

II. पूर्णवाक्येन उत्तरत। (पूर्ण वाक्य में उत्तर दीजिए।)
   (i) राजा बीरबलं किम् अपृच्छत्?
   (ii) राज्ञः अकबरस्य राजभवनं कः अगच्छत्?
   (iii) बीरबलस्य लक्षणं वदतु?

III. अस्य अनुच्छेदस्य समुचितं शीर्षकं लिखत। (इस अनुच्छेद का उचित शीर्षक लिखिए।)

IV. यथानिर्देशम् उत्तरत। (निर्देशानुसार उत्तर दीजिए।)
   (i) 'मूर्खः' इति पदस्य विलोमपदं विकल्पेभ्यः चित्वा लिखत।
   (अ) चतुरः (ब) बुद्धिमान्
   (स) समक्षम् (द) धूर्तः
   (ii) 'अहं तव पितरं द्रष्टुम् इच्छामि।' अत्र क्रियापदं किम्?
   (अ) पितरं (ब) तव (स) इच्छामि (द) अहं
   (iii) 'बीरबलः एकं रत्नम् आसीत्' ऐषु पदेषु एकम् इति विशेषणपदस्य किं विशेष्यपदं चिनुत?
   (अ) एकं (ब) रत्नम् (स) बीरबलः (द) आसीत्
   (iv) बीरबल राज्ञः अकबरस्य एकं नव रत्नम् आसीत्। अत्र कर्तृपदम् किम्?
   (अ) नवरत्नम् (ब) बीरबलः
   (स) अकबरस्य (द) आसीत्

25. अस्मिन् वर्षे वयं पञ्चसप्ततितमः गणतन्त्र दिवसः मानयामः। अस्मिन्नेव दिवसे भारतस्य संविधान स्वीकृतन्तः। अधुना वयं चतुर्विंशतितमे वर्षे राष्ट्रस्य स्वतन्त्रतायाः अमृत महोत्सवः अपि वर्तते। अस्मिन्नवसरे फ्रांस राष्ट्रस्य राष्ट्रपति महोदयः इमैनुअल मैक्रोन भारतस्य मुख्य अतिथि भविष्यति। संसारे अनेके शासन पद्धतयः वर्तन्ते किन्तु अस्माकं देशे प्रजातन्त्रः शासन पद्धतिः वर्तते। किं नाम प्रजातन्त्र शासनम्? उच्यते। प्रजायाः शासनम्, प्रजयाशासनम् प्रजायै वा शासनम् प्रजा तन्त्रम् उच्यते। प्रजातन्त्रे खलु वस्तुतः प्रजैव राजा भवति। अतः प्रजातन्त्र संविधानपि प्रजायाः संविधानम् वर्तते। स्वतन्त्रतायाः आन्दोलने एका संविधान निर्मात्री सभायाः गठनम् भारतीय सेनानिनः कृतवन्तः 'डॉ. भीमराव अम्बेडकरः तस्य अध्यक्षः आसीत्। तस्मिन् सभायाम् अन्येऽपि नेतारः आसन् किन्तु महती भूमिका डॉ. भीमराव अम्बेडकस्यैव आसीत्। अयं विश्वस्य उत्कृष्ट तमः संविधानम् आसीत्।

I. एकपदेन उत्तरत। (एक पद में उत्तर दीजिए।)
   (i) अस्मिन् वर्षे कः गणतन्त्र दिवसोत्सस्य मुख्य अतिथि भविष्यति?
   (ii) संविधान सभायाः अध्यक्षः कः आसीत्?
   (iii) अस्मिन् वर्षे स्वतन्त्रतायाः कः उत्सवः मन्यते?

II. पूर्णवाक्येन उत्तरत। (पूर्ण वाक्य में उत्तर दीजिए।)
   (i) कस्य राष्ट्रस्याध्यक्षः अस्मिन् वर्षे मुख्य अतिथिः भविष्यति?
   (ii) अस्माकं देशे का शासन पद्धति प्रचलितः?
   (iii) प्रजातन्त्रस्य कः अभिप्रायः वर्तते?

III. अस्य अनुच्छेदस्य समुचितं शीर्षकं लिखत। (इस अनुच्छेद का उचित शीर्षक लिखिए।)

IV. यथानिर्देशम् उत्तरत। (निर्देशानुसार उत्तर दीजिए।)

(i) वयं पञ्च सप्ततितमः गणतन्त्र दिवसः मानयामः। इत्यत्र कर्तृपदं किम्?
(अ) वयं (ब) मानयामः
(स) गणतन्त्रः (द) दिवसः

(ii) राष्ट्रस्य स्वतन्त्रतायाः अमृतमहोत्सवः अपि वर्तते। इत्यत्रः विशेषण पदं किम्?
(अ) अपि (ब) अमृतमहोत्सवः
(स) राष्ट्रस्य (द) वर्तते

(iii) गद्यांशे देशस्य कः पर्यायः वर्तते?
(अ) राष्ट्रस्य (ब) मानयामः
(स) स्वतन्त्रतायाः (द) भारतस्य

(iv) डॉ. भीमराव अम्बेडकर तस्य अध्यक्षः आसीत्। इत्यस्मिन् कर्तृपदम् किम् अस्ति?
(अ) डॉ. भीमराव अम्बेडकरः (ब) अध्यक्षः
(स) आसीत् (द) इत्यस्मिन्

26. अधुना स्वदेशे योगस्य अतीव प्रसारः वर्तते। वस्तुतः अद्यत्वे अस्य महती आवश्यकता अस्ति। अनेके महापुरुषाः योगस्य क्षेत्रे कार्यं कुर्वन्ति। एतस्मिन् बाबा रामदेवः प्रमुखः अस्ति। योगः वस्तुतः दर्शनम् अस्ति। अनेन वयं ईश्वरमपि प्राप्तुम् शक्नुमः। पल्लवग्राह्यता रूपेण वयं केवलं स्वास्थ्य लाभं प्राप्तुम् शक्नुमः। सूर्य नमस्कारः अस्मिन् विधायां मुख्य व्यायामः अस्ति। अस्मिन् व्यायामे द्वादश आसनाः भवन्ति तत्पश्चात् मुद्रा प्राणायामश्चापि सन्ति। अनेन वयं स्वास्थ्य लाभेन स रोगानाम् निदानमपि कर्तुम् शक्नुमः। अनेके असाध्य रोगाणां आदि निदानम् सम्भवः। छात्राणां कृते अस्य विद्या अतीव महत्त्वपूर्णा अस्ति।

I. एकपदेन उत्तरत। (एक पद में उत्तर दीजिए।)
(i) कस्य प्रसारः अधुना वर्तते?
(ii) योगः वस्तुतः कस्य विषय अस्ति?
(iii) रोगाणां अपि चिकित्सा केन माध्यमेन सम्भवति?

II. पूर्णवाक्येन उत्तरत। (पूर्ण वाक्य में उत्तर दीजिए।)
(i) योगस्य मुख्य व्यायामः कः अस्ति?
(ii) सूर्य नमस्कारस्य कति स्थितयः सन्ति।
(iii) अनेन वयं किम् प्राप्तुम् शक्नुमः?

III. अस्य अनुच्छेदस्य कृते समुचितं शीर्षकं लिखत। (इस अनुच्छेद का उचित शीर्षक लिखिए।)

IV. यथानिर्देशम् उत्तरत। (निर्देशानुसार उत्तर दीजिए।)

(i) एतस्मिन् बाबा रामदेवः प्रमुखः अस्ति। इत्यत्र क्रिया पदं किम् अस्ति?
(अ) एतस्मिन् (ब) अस्ति
(स) प्रमुखः (द) पदम्

(ii) असाध्य रोगाणाम् निदानं सम्भवः अस्ति। इत्यस्मिन् विशेष्य पदं किमस्ति?
(अ) रोगाणाम् (ब) अस्ति
(स) निदानं (द) सम्भवः

(iii) असाध्य रोगाणां निदानं सम्भवः इत्यस्मिन्। चिकित्सायाः कः पर्यायः अस्ति?
(अ) असाध्य (ब) सम्भव
(स) निदानम् (द) इत्यस्मिन्

(iv) गद्यांशे गहनतायाः कः विपर्ययः अस्ति?
(अ) पल्लव ग्राह्यता (ब) विहंगमः
(स) दर्शनः (द) प्राणायामः

उत्तराणि

1. I. (i) विमान यात्रां प्रति (ii) शिक्षेण सह
(iii) चिर स्मरणीया

II. (i) विमान पत्तन प्रवेश समये किञ्चिद् औपचारिकं सुरक्षा परीक्षणं जातम्।
(ii) गत सप्ताहे चेन्नईनगरेभाषा शिक्षणस्य विशिष्टः कार्यक्रमः सम्पन्नः जातः।
(iii) परिचारिकायाः व्यवहारः अतीव विनम्रः आसीत्।

III. सा प्रथमा विमानयात्रा

IV. (i) (ब) परिचारिका (ii) (ब) विमानयात्रा
(iii) (स) आकाशे (iv) (अ) विशिष्टः

2. I. (i) संस्कृतभाषा/संस्कृतम् (ii) ऋतवः
(iii) भारतम्/भारतदेशः

II. (i) भारतीयाः भारतं विश्वगुरुं कर्तुं प्रयतन्ते।
(ii) विविधतायाम् एकता एव अस्माकं संस्कृतेः प्रधानम् अभिधानम्।
(iii) भारतस्य वैशिष्ट्यमेतद् सर्वदा निरन्तरं च भवेद् इति सर्वैः भारतीयैः काम्यते।

III. विविधतायाम् एकता

IV. (i) (द) प्रकृतिः (ii) (ब) अभिधानम्
(iii) (स) अस्ति (iv) (अ) अनेकतायाम्

IV. अस्य अनुच्छेदस्य समुचितं शीर्षकं "अमर्त्यसेनः" अस्ति।

3. I. (i) शांतिनिकेतने
(ii) रवीन्द्रनाथवर्येण
(iii) संस्कृता

II. (i) 'अमर्त्यसेनः' इति नाम संस्कृतमयम्।
(ii) शांतिनिकेतने वसन् अमर्त्यसेनः बाल्ये संस्कृताभ्यासं कृतवान्।
(iii) अमर्त्यसेनस्य नाम गुरुदेवेन रवीन्द्रनाथवर्येण चितम्।

III. अस्य अनुच्छेदस्य समुचितं शीर्षकं "अमर्त्यसेनः" अस्ति।

IV. (i) (स) अभवत्
(ii) (अ) अहम्/अमर्त्यसेनः
(iii) (अ) जन्म
(iv) (अ) प्रसिद्धः

4. I. (i) गणतंत्रदिवसे (ii) सैनिका:
(iii) भारतस्य केन्द्रिय शासनम्।
II. (i) भारतस्य केन्द्रियशासनम् अपि पीडितेभ्य: बहुविधां सहायतां अयच्छत्।
(ii) विनाशकारिणा भूकंपेन महान् जनसंहार अभवत्।
(iii) द्विसहस्त्रैक तमे गणतन्त्र दिवसे भूकम्पस्य दुर्घटना अभवत्।
III. अस्य अनुच्छेदस्य समुचितं शीर्षकं 'मानवत्वभाव:/वसुधैव कुटुम्बकम्' अस्ति।
IV. (i) (स) महान् (ii) (ब) जना:
(iii) (ब) दिवसे (iv) (ब) मृत्युं

5. I. (i) विज्ञानप्रधानम् (ii) विज्ञानस्यैव
(iii) विज्ञानं
II. (i) 'विशिष्टं ज्ञानं विज्ञानम्' कथ्यते।
(ii) सर्वकार्यकलापेषु विज्ञानस्य प्रभाव: च सर्वत्रैवानुभूयते।
(iii) आवागमनं समाचार प्रेषणं दूरदर्शनं चिकित्सा क्षेत्रं च विज्ञानस्य प्रभाव क्षेत्राणि सन्ति।
III. अस्य अनुच्छेदस्य समुचितं शीर्षकं 'विज्ञान प्रधानयुगम्'/ 'विज्ञानस्य युगम्' अस्ति।
IV. (i) (स) युगम् (ii) (ब) विज्ञानस्य
(iii) (अ) अपेक्ष्यते (iv) (अ) प्रभाव:

6. I. (i) तिस्त्र (ii) उत्साह:
(iii) वयस:
II. (i) वयस: उत्साहस्य च नास्ति सम्बन्ध:।
(ii) उत्साह:, उदासीनता, निराशा चेति तिस्र: मनस: अवस्था:।
(iii) प्रतिबन्धे कृते बाल: रोदिति।
III. अस्य अनुच्छेदस्य समुचितं शीर्षकं ''मानव मनस: अवस्था:'' अस्ति।
IV. (i) (ब) अनेके (ii) (अ) युवान:
(iii) (अ) शिशु: (iv) (अ) वृद्धा:

7. I. (i) वसन्ते (ii) षड्
(iii) प्राकृतिक सुषमाया:
II. (i) भारतवर्ष: प्राकृतिकसुषमाया: भण्डारो वर्तते।
(ii) वसन्त-ऋतौ वसुन्धरा सुसज्जितं मनोरमं रूपं धारयति।
(iii) ऋतो वसन्त ऋतो: प्राधन्यं वर्तते।
III. अस्य अनुच्छेदस्य समुचितं शीर्षकं 'षडऋतव:' अस्ति।
IV. (i) (द) ऋतुराज: (ii) (द) नाटयति
(iii) (अ) वर्षे (iv) (स) अत्युष्णम्

8. I. (i) मनुष्यस्य (ii) प्रकृते: (iii) भूमि:
II. (i) निराशा: असहाया: जना: प्रकृते: आश्रयं प्राप्नुवन्ति?
(ii) प्रकृते: नेत्रे सूर्य: चन्द्र: च स्त:।
(iii) मनुष्यस्य उपकारिणी प्रकृतिरस्ति।
III. अस्य अनुच्छेदस्य समुचितं शीर्षकं 'रमणीया प्रकृति:' अस्ति।
IV. (i) (ब) सा (ii) (द) निराशा:
(iii) (स) सकलानि (iv) (ब) भूमि:

9. I. (i) उपवनम् (ii) पक्षिण:
(iii) हंस:
II. (i) पक्षिणां कलरवं श्रुत्वा सिद्धार्थ: प्रसन्न: अभवत्।
(ii) देवदत्त: आखेटनाय तत्र आगच्छत्।
(iii) हंसस्य परिचर्या देवदत्त: अकरोत्।
III. अस्य अनुच्छेदस्य समुचितं शीर्षकं 'सिद्धार्थ: तस्य भ्राता च/दयालु: सिद्धार्थ:' अस्ति।
IV. (i) (ब) सिद्धार्थ: (ii) (द) विद्ध:
(iii) (ब) श्रुत्वा (iv) (स) प्रसन्न:

10. I. (i) नारी (ii) स्वाधिकारान्
(iii) समीचीना
II. (i) भारतीय नारी उच्चशिक्षां भावनात्मिकाम् आर्थिकीं च सुरक्षां वाञ्छति।
(ii) भारतीय नारी त्यागस्य प्रतिमा, क्षमाशीला, मौनसहनशीला, आत्मिक आनन्दस्य स्रोत:, प्रेम्ण:, स्नेहस्य च दात्री सा भगिनी, पुत्री, पत्नी, माता रूपेण अस्माकं समक्षम् अस्ति।
(iii) सा आत्मविश्वासेन सह ब्राह्मसमाजे अपि प्रतियोगिनी अस्ति।
III. अस्य अनुच्छेदस्य समुचितं शीर्षकं 'आधुनिक भारतीया नारी' अस्ति।
IV. (i) (ब) नारी (ii) (स) वाञ्छति
(iii) (अ) सा (iv) (स) पितृं

11. I. (i) भरत: (ii) सिंहशावकै:
(iii) शकुन्तला
II. (i) भरत: सिंहशावकम् अवदत्- 'जृम्भस्व सिंह! दन्तान् ते गणयिष्यामि' इति।
(ii) सिंहशावक: अपि जानाति स्म यत् भरत: अपि मया सदृश: शिशु: अस्ति, मया सह च क्रीडति अत: स: भरताय नाक्रुध्यत् न च आक्राम्यत्।
(iii) भरत: तापस्यौ कथयति स्म-नाहं सिंहात् बिभेमि इति।
III. वीर: भरत:/भरतेन भारतम्/भरतस्य निर्भयता/वीरता।
IV. (i) (ब) आसीत् (ii) (द) शिशु:
(iii) (स) राजान: (iv) (अ) अहम्

12. I. (i) कल्पना चावला (ii) नासा
(iii) टैगोर बालनिकेतने।
II. (i) सा बाल्यादेव अन्तरिक्ष-विहारस्य विषये चिन्तयति स्म।
(ii) कल्पना चावला पंजाब-विश्वविद्यालयात् 'वैमानिक इंजीनियरिंग' इति विषयस्य अध्ययनम् अकरोत्।
(iii) सा कोलराड़े-विश्वविद्यालयात् 'डाक्टरेट' इति उपाधिना विभूषिता।
III. अस्य अनुच्छेदस्य समुचितं शीर्षकं 'कल्पना चावला' अस्ति।
IV. (i) (अ) सा (ii) (अ) अभवत्
(iii) (अ) कल्पना चावला (iv) (ब) अन्तरिक्ष:

13. I. (i) स्वभार्यया (ii) गोरक्षायै
(iii) पिता
II. (i) गुरु: वशिष्ठ: सन्ततिं प्राप्तुं राजानं दिलीपं नन्दिन्या: सेवार्थम् आदिशत्।
(ii) दिलीप: न्यायेनधर्मेण पितृवत् च प्रजापालनं करोति स्म।

(iii) सः सर्वदा अभिमानरहितः, पराक्रमी, परिश्रमी, क्षमाशीलः एवं न्यायपूर्वकं प्रजापालनं करोति स्म।

III. अस्य अनुच्छेदस्य समुचितं शीर्षकं 'दिलीपः/राजादिलीपः' अस्ति।

IV. (i) (स) सिंहः (ii) (ब) दिलीपः
(iii) (अ) कुले (iv) (स) सन्ततिः

14. I. (i) मानवः (ii) व्यायामाभावात्
(iii) पद्भ्यां

II. (i) कार्यवैफल्येन नैराश्यं भवति।
(ii) मानवैः यथाशक्तिः शारीरिकश्रमः कर्त्तव्यः।
(iii) स्वस्थ शरीरे स्वस्थ मस्तिष्कस्य वासं भवति।

III. अस्य अनुच्छेदस्य समुचितं शीर्षकं 'वर्तमानकाले मानवस्य जीवनशैली/मानवस्य जीवनशैली' अस्ति।

IV. (i) (ब) मानवः (ii) (अ) पीडितः
(iii) (स) शरीरस्य (iv) (स) लभते

15. I. (i) वसन्तः (ii) षड्
(iii) प्रमोदः

II. (i) वसन्ते द्वौ प्रमुखौ उत्सवौ—वसन्तोत्सवः होलिकोत्सवश्च भवतः।
(ii) वसन्ते सर्वत्र प्रकृतिः विविधवर्णैः कुसुमैः हरितपल्लवैश्च सुसज्जिता दृश्यते।
(iii) सर्वत्र रम्यं वातावरणं भवति।

III. अस्य अनुच्छेदस्य समुचितं शीर्षकं 'ऋतुराजः/वसन्त ऋतुः' अस्ति।

IV. (i) (स) वयम् (ii) (ब) कुसुमैः
(iii) (अ) न्यूनम् (iv) (ब) आमोद

16. I. (i) वृक्षाणां (ii) तरवः
(iii) मित्राणि

II. (i) सम्प्रति हरितानां वृक्षाणां महती आवश्यकता अस्ति।
(ii) वृक्षाणां जीवनेन अस्माकं जीवनम् अस्ति।
(iii) प्राणिमात्रहिताय वृक्षाणां रक्षा अस्माकं परमं कर्त्तव्यं।

III. अस्य अनुच्छेदस्य समुचितं शीर्षकं 'वृक्षैः एव जीवनं/तरवे नमोऽस्तु/वृक्षाणां रक्षा करणीया' अस्ति।

IV. (i) (ब) जीवनं (ii) (स) कुर्वन्ति
(iii) (अ) तरुणाम् (iv) (अ) तरवः

17. I. (i) श्रमस्य (ii) शिक्षा
(iii) सांस्कृतिकीं

II. (i) शिक्षा ज्ञानोदयेन नैतिकं चारित्रिकं च विकासं संपादयति।
(ii) अस्माकं देशे शिक्षा प्राप्त्यै कोऽपि बालः कापि बाला व अर्थाभावं न अनुभवेत् इति शासनं प्रयतेत।
(iii) शिक्षा मानवकल्याणाय अपेक्षिता अपितु सा राष्ट्रगौरवाय अपि महत्त्वपूर्णा।

III. अस्य अनुच्छेदस्य समुचितं शीर्षकं 'शिक्षायाः महत्त्वं/वर्तमान शिक्षा पद्धति' अस्ति।

IV. (i) (अ) शिक्षा (ii) (ब) युवकाः
(iii) (ब) श्रमः (iv) (स) बालः

18. I. (i) कुक्कुरः (ii) मूषकः (iii) सिंहात्

II. (i) मदोन्मत्तः सिंहः अचिन्तयत् यत् यदि मुनिः मां निन्देत् यत् अयं सिंहः तु पूर्वं मूषकः आसीत्, तदा कथं न एतमेव नाशयेयम्।
(ii) मुनिः तम् अशपत् 'पुनः मूषको भव।'
(iii) एकदा सः वने भ्रमन्तं एकं सिंह दृष्ट्वां भीतः।

III. अस्य अनुच्छेदस्य समुचितं शीर्षकं 'पुनः मूषकः भव' इति अस्ति।

IV. (i) (स) पशवः (ii) (अ) रक्षेति
(iii) (स) अवगत्य (iv) (स) महात्मा

19. I. (i) दशरथः (ii) विजयम् (iii) धर्मम्

II. (i) मिथ्याभाषणेन समाजस्य लोकस्य देशस्य च नाशः भवति।
(ii) ये सत्यं पालयन्ति, ते सर्वोत्तमं धर्मं कुर्वन्ति।
(iii) अतएव उच्यतेन हि सत्यात् परो धर्मो नानृतात् पातकं परम्।

III. सत्यमेव जयते

IV.(i) (ब) भजन्ते (ii) (ब) सत्यात् परो
(iii) (स) महात्मा (iv) (अ) राजा

20. I. (i) स्थितिः (ii) लोकस्य
(iii) सत्यस्य

II. (i) यद् वस्तु यथा विद्यते तस्य तेनैव रूपेण कथनं लेखनं वा सत्यम् उच्यते।
(ii) यदि सर्वे असत्यवादिनः भवेयुः तर्हि लोकस्य स्थितिः क्षणमात्रमपि भवितुं न शक्नोति।
(iii) राजनीतिक, सामाजिक, धार्मिक एवं आध्यात्मिक क्षेत्रे सत्यस्य महती आवश्यकता वर्तते।

III. सत्यम्/सत्यस्य महती आवश्यकता

IV. (i) (अ) असत्यस्य (ii) (ब) सर्वेषु (iii) (स) वयं
(iv) (द) शक्नोति

21. I. (i) रोगपीडितः (ii) श्रृगालम्
(iii) औषधिविषये

II. (i) क्रोधितेन सिंहेन श्रृगालं विलम्बेन आगमनकारणं पृष्टम्।
(ii) यदहं तु सर्वप्रथममागन्तुम् ऐच्छम् परं चिकित्सात् औषधमपि आनेयमिति विचिन्त्य तत्रागच्छम्।
(iii) यत रक्तपानेनैव रोगस्य शान्तिः भविष्यति।

III. पिशुनतायाः दुष्फलम्

IV. (i) (अ) एकः उष्ट्रः (ii) (ब) क्रोधितेन
(iii) (स) सिंहः (iv) (ब) क्त्वा

22. I. (i) ग्रामे (ii) चत्वारः
(iii) सरल

II. (i) वृद्धः कृषकः परिश्रमी, दूरदर्शी तथा सरलस्वभावः आसीत्।
(ii) यत् मम क्षेत्रेषु गुप्तं धनं वर्तते, मम मरणानन्तरं क्षेत्रान् खनित्वा सुगुप्तं धनं प्राप्नुयात्।
(iii) ते निजक्षेत्रेषु बीजानि अवपन्, परिणामस्वरूपं प्रभूतं धान्यम् अभवत्।

III. सुगुप्तधनस्य रहस्यम्

IV. (i) (अ) चत्वारः (ii) (ब) पुत्राः (iii) (स) चिन्तितवान्
(iv) (स) धनम्

23. I. (i) मार्गे
(ii) छायायां
(iii) अहो निर्मलमेतज्जलम्
II. (i) तयोः एकतरः स्थूलः अन्यश्च कृशः आसीत्।
(ii) उपाहारं कृत्वा तौ पथिकौ खाद्यानि गृहीत्वा तस्य निर्झरस्य समीपं आहारार्थम् उपविष्टौ।
(iii) अस्य स्वादोऽपि बहु मधुरः एवं प्रशांतमेतत् स्थलं सुखकरं भवति।
III. निर्मलं जलम्/वृक्षस्य छाया
IV. (i) (अ) आकुलिते (ii) (ब) स्थूल
(iii) (अ) पथिकौ (iv) (द) सौम्य

24. I. (i) बीरबलः (ii) अकबरः
(iii) द्रष्टुम्
II. (i) राजा बीरबलम् अपृच्छत् यदि कोऽपि मूर्खः तव समक्षम् आगच्छेत् तदा किं कर्त्तव्यम्?
(ii) राज्ञः अकबरस्य राजभवनं बीरबलस्य पिता अगच्छत्।
(iii) बीरबलस्य अतीव बुद्धिमान् , वाक्पटुः चतुरः एवं नवरत्नेषु एकं रत्नम् आसीत्।
III. अस्य अनुच्छेदस्य समुचितं शीर्षकं 'चतुरः बीरबलः' 'बीरबलस्य चातुर्यम्' अस्ति।
IV. (i) (ब) बुद्धिमान् (ii) (स) इच्छामि
(iii) (ब) रत्नम् (iv) (ब) बीरबलः

25. I. (i) इमैनुअल मैक्रोन
(ii) डॉ. भीमराव अम्बेडकरः
(iii) अमृत महोत्सवः
II. (i) फ्रांस राष्ट्रस्य राष्ट्राध्यक्षः अस्मिन् वर्षे अस्माकं मुख्य अतिथि भविष्यति।
(ii) अस्माकं देशे प्रजातन्त्रः शासन पद्धतिः प्रचलितः।
(iii) प्रजायाः शासनम्/प्रजयाशासनम्/प्रजैव शासनम्
III. गणतन्त्र दिवसः
IV. (i) (अ) वयं
(ii) (ब) अमृतमहोत्सवः
(iii) (अ) राष्ट्रस्य
(iv) (अ) डॉ. भीमराव अम्बेडकरः

26. I. (i) योगस्य (ii) दर्शनस्य
(iii) योगेन
II. (i) योगस्य मुख्य व्यायामः सूर्यनमस्कारः अस्ति।
(ii) सूर्य नमस्कारस्य द्वादश स्थितयः सन्ति।
(iii) अनेन वयं ईश्वरं प्राप्तुम् शक्नुमः।
III. गणतन्त्र दिवसः
IV. (i) (ब) अस्ति
(ii) (अ) रोगाणाम्
(iii) (स) निदानम्
(iv) (अ) पल्लव ग्राह्यता

अध्याय 1

पत्रलेखनम्

(औपचारिकं व अनौपचारिकं पत्रम्)

पत्र लेखनं अस्माकं जीवनस्य महत्त्वपूर्णम् अङ्गम् अस्ति, यः जनान् समाजेन योजयति। सामान्यतया पत्रस्य प्रकारद्वयम् औपचारिकं पत्रम् अनौपचारिकं पत्रम् च भवति।

पत्र लेखन हमारे जीवन का महत्त्वपूर्ण अंग है, जो लोगों को समाज से जोड़कर रखती है। पत्र के सामान्यतः दो प्रकार औपचारिक पत्र एवं अनौपचारिक पत्र होते हैं।

1.1 पत्रस्य अङ्गानि (पत्र के अंग)

यस्मिन् क्रमे पत्रं लिख्यते ते पत्रस्य अङ्गानि कथ्यन्ते। सामान्यतया: कस्यापि पत्रे निम्नलिखितानि अङ्गानि भवन्ति

पत्र को जिस क्रम में लिखा जाता है, वे पत्र के अंग कहलाते हैं। सामान्यतः किसी भी पत्र में निम्नलिखित अंग होते हैं।

शीर्षकम् (शीर्षक)

पत्रे सर्वप्रथम शीर्षक—रूपे यः पत्रं लिखति तस्य **नाम-पता लिख्यते**। पश्चात् तिथेः (दिनाङ्कस्य) उल्लेखं क्रियते। परीक्षायाम् औपचारिकम् एवं अनौपचारिकं पत्रे स्थानस्य उल्लेख स्थाने **परीक्षा भवनतः** इति लिख्यते। औपचारिक पत्रस्यान्तर्गते विषयस्य उल्लेखं सीमित शब्देषु स्पष्ट रूपेण क्रियते। अनौपचारिक पत्रेषु अस्योल्लेखः न भवति।

पत्र में सर्वप्रथम शीर्षक के रूप में पत्र लिखने वाले का **नाम** व **पता** लिखा जाता है। तत्पश्चात् पत्र लिखने की तिथि का उल्लेख किया जाता है। परीक्षा में पूछे गए औपचारिक एवं अनौपचारिक पत्र में स्थान की जगह **परीक्षा भवन** लिखा जाता है। औपचारिक पत्रों के अन्तर्गत विषय का उल्लेख सीमित शब्दों में स्पष्ट रूप से किया जाता है। अनौपचारिक पत्रों में इसका उल्लेख नहीं होता।

संबोधनस्य उल्लेखः (संबोधन का उल्लेख)

पत्रे संबोधनस्य महत्त्वपूर्णं स्थानं भवति। औपचारिक पत्रस्यान्तर्गते **मान्यवरः**, **महोदयः**, **महोदया**, **श्रीमान्** इत्यादयः संबोधनशब्दानां प्रयोगः क्रियते। अनौपचारिक पत्रस्यान्तर्गते **पूजनीयः**, **स्नेहमयी**, **प्रियः** आदि संबोधनशब्दानां प्रयोगः क्रियते।

पत्र में संबोधन का महत्त्वपूर्ण स्थान होता है। औपचारिक पत्र के अन्तर्गत **मान्यवर**, **महोदय**, **महोदया**, **श्रीमान** आदि संबोधन शब्दों का प्रयोग किया जाता है तथा अनौपचारिक पत्र के अन्तर्गत **पूजनीय**, **स्नेहमयी**, **प्रिय** आदि संबोधन शब्दों का प्रयोग किया जाता है।

अभिवादनम् अथवा शिष्टाचारं संबंधी शब्दानां उल्लेखः
(अभिवादन अथवा शिष्टाचार संबंधी शब्दों का उल्लेख)

पत्रे संबोधनस्य अनुरूपेणेव अभिवादनम् अथवा शिष्टाचारं संबंधी शब्दानां प्रयोगः क्रियते। अस्य प्रयोगः अनौपचारिक—पत्रेषु अग्रजानां/पूज्यजनानां कृते प्रणामं, नमस्कारं, सादर-चरण स्पर्शं तथा कनिष्ठाभ्यां कृते आशीर्वादं, शुभाशीषं, चिरंजीव भवतु इत्यादयः सूचक शब्दानां प्रयोगः क्रियते। औपचारिक पत्रेषु अस्य प्रयोगः न क्रियते।

पत्र में संबोधन के अनुरूप ही अभिवादन या शिष्टाचार संबंधी शब्दों का प्रयोग किया जाता है। इसका प्रयोग अनौपचारिक पत्रों में बड़ों के लिए प्रणाम, नमस्कार, सादर चरण-स्पर्श तथा छोटों के लिए आशीर्वाद, शुभाशीष, चिरंजीव रहो आदि शब्द-सूचक का प्रयोग किया जाता है। औपचारिक पत्रों में इसका प्रयोग नहीं किया जाता।

विषय-वस्तु (विषय-वस्तु)

विषय-वस्तु पत्र लेखनस्य महत्त्वपूर्णं अङ्गम् अस्ति। इयं पत्रस्य **मुख्य भागः** अपि कथ्यते। अस्मिन् भागे स्व भावानां विचाराणां च प्रकटीकरणं क्रियते।

विषय-वस्तु पत्र लेखन का महत्त्वपूर्ण अंग है। इसे पत्र का **मुख्य भाग** भी कहते हैं। इस भाग में अपने भावों एवं विचारों को प्रकट किया जाता है।

पत्रस्य समाप्ति (पत्र की समाप्ति अथवा अंत)

पत्रस्य अन्ते स्वयंविषये लिखन्तं पत्रं समाप्यते। औपचारिक पत्रे धन्यवाद लिखन्तं, **भवदीया**, **प्रार्थीः**, **आज्ञाकारी** इत्यादयः शब्द सूचकानां प्रयोगः क्रियते तथा अनौपचारिक पत्रेषु **प्रियः**, **स्नेहाकांक्षी**, **हितैषी**, **शुभाकांक्षी** इत्यादयः शब्दानां प्रयोगः क्रियते।

पत्र के अंत में अपने विषय में लिखते हुए पत्र को समाप्त किया जाता है। औपचारिक पत्र में धन्यवाद लिखते हुए **भवदीय**, **प्रार्थी**, **आज्ञाकारी** आदि शब्द-सूचक का प्रयोग किया जाता है तथा अनौपचारिक पत्र में **प्यारा**, **स्नेहाकांक्षी**, **हितैषी**, **शुभाकांक्षी** आदि शब्दों का प्रयोग किया जाता है।

पत्र-लेखने ध्यानयोग्या: बिंदव:

- पत्रलेखनस्य समये प्रेषकस्य यम् च पत्र प्रेषणीयः तस्य **नाम**, **पता**, **दिनाङ्कश्च** सार्धैव लेखनीयम्।
- स्थानस्य नाम्नः सह पञ्चमी-विभक्तेः स्थाने 'तसिल्' प्रत्ययस्य प्रयोगः अपि कर्तुं शक्यते; यथा—मयराष्ट्रात्/मयराष्ट्रतः।
- पत्रस्य विषयः स्पष्टं भवितव्यम्।
- पत्रस्य आकारः संक्षिप्त रूपेण विषयानुकूलं च भवितव्यम्।
- पत्रस्य समाप्ति स्पष्ट रूपेण भवितव्यम् यत् पत्रस्य संदेशं स्पष्टं भवेत्।
- पत्रलेखन-समये ध्यानं ददातु यत् विशेषण-विशेष्ययोः। लिङ्ग-वचन-विभक्तिः समोभवेयुः। 'समोभवेयुः' अस्य पदस्य अत्र एतत् अभिप्रायः अस्ति। यत् यदि संज्ञायाम् (विशेष्ये) पञ्चमी विभक्तिः अस्ति तर्हि तस्य विशेषणे अपि पञ्चमी विभक्तिः एव भविष्यति नान्यत्।

पत्र लेखन में ध्यान रखने योग्य बिंदु

- पत्र लिखते समय लिखने वाले तथा पत्र प्राप्त करने वाले का **नाम** व **पता**, **दिनांक** के साथ लिखा जाना चाहिए।
- स्थान के नाम के साथ पंचमी विभक्ति के स्थान पर 'तसिल्' प्रत्यय का प्रयोग भी किया जा सकता है;
  जैसे—मयराष्ट्रात्/मयराष्ट्रतः (मेरठ से/मेरठ से)
- पत्र का विषय स्पष्ट होना चाहिए।
- पत्र का आकार संक्षिप्त होना चाहिए तथा विषय के अनुकूल होना चाहिए।
- पत्र अधूरा नहीं होना चाहिए। पत्र को इस प्रकार समाप्त किया जाना चाहिए कि पत्र का संदेश स्पष्ट हो सके।
- पत्र लिखते समय ध्यान दीजिए कि विशेषण-विशेष्य का लिंग-वचन-विभक्ति समान होनी चाहिए। इस पद का यहाँ यह अभिप्राय है कि यदि संज्ञा में पंचमी विभक्ति है, तो उसके विशेषण में भी पंचमी विभक्ति ही होगी, अन्य नहीं।

साधित उदाहरणम्

औपचारिकं पत्रम्

प्रधानाचार्य, पदाधिकारियों, व्यापारियों, ग्राहकों, पुस्तक विक्रेता, संपादक आदि को लिखे गए पत्र 'औपचारिक-पत्र' कहलाते हैं। औपचारिक-पत्र उन लोगों को लिखे जाते हैं, जिनसे हमारा निजी या पारिवारिक संबंध नहीं होता है।
औपचारिक-पत्रों को निम्नलिखित वर्गों में विभाजित किया जा सकता है

1. आवेदन पत्र/प्रार्थना-पत्र 2. कार्यालय-पत्र 3. संपादकीय-पत्र 4. शिकायती-पत्र 5. व्यावसायिक-पत्र।

1. भवान् राधारमणः दिल्लीनगरे मयूरविहार क्षेत्रे निवसति। स्वक्षेत्रे पेयजलस्य सुव्यवस्थां कारयितुं मण्डलस्य स्वास्थाधिकारिणं प्रति लिखितं पत्रं मञ्जूषायां प्रदत्तपदैः पूरयत।

(आप दिल्लीनगर के मयूरविहार क्षेत्र में रहने वाले राधारमण हैं। अपने क्षेत्र में पेयजल की सुचारू व्यवस्था करवाने के लिए मण्डल के स्वास्थ्य अधिकारी को लिखे गए पत्र को मञ्जूषा में दिये गए शब्दों की सहायता से पूरा कीजिए।)

12/30 खुशीनगरः,
दिल्लीतः।
दिनाङ्कः ....
सेवायाम्,
(i).......... महोदयः,
मयूरविहारः,
दिल्ली।
विषयः पेयजलस्य सुव्यवस्थां कृते प्रार्थना-पत्रम्।
मान्यवरः,
सविनयं निवेदनम् अस्ति यत् अहम् भवतः ध्यान् मयूरविहारक्षेत्रे (ii).......... अपर्याप्त-जलापूर्तिम् प्रति आकृष्टं कर्तुम् इच्छामि। अस्मिन् (iii).......... प्रातः काले केवलं सार्धषड्वादने एव (iv).......... जलं आगच्छति। सायंकाले अपि पेयजलस्य आपूर्तिः अनियमिता एव भवति (v).......... अशुद्धम् च पेयजलं पीत्वा अत्रत्याः नागरिकाः (vi).......... भवन्ति स्थानीयाधिकारिणाम् (vii).......... निवेदितं परं अद्यापि अस्मिन् विषये न कोऽपि (viii)..........।
ग्रीष्मकाले तु जलसंकटं अति कष्टकरं। अतः प्रार्थये यत् अस्माकम् क्षेत्रे पेयजलस्य सुव्यवस्थां (ix).......... कुर्वन्तु। भवताम् विशेषः (x).......... भविष्यति।
सधन्यवादम्।

भवदीयः
राधारमणः (क्षेत्रीयः सचिवः)

- **मञ्जूषा** पेयजलस्य, क्षेत्रे, रुग्णाः, सुधारः, बहुवारं, यथाशीघ्रं, अनुग्रहः, स्वास्थ्याधिकारी, नलकूपेषु, दुर्गन्धियुक्तं।

उत्तराणि

(i) स्वास्थ्याधिकारी (ii) पेयजलस्य
(iii) क्षेत्रे (iv) नलकूपेषु
(v) दुर्गन्धियुक्तं (vi) रूग्णाः
(vii) बहुवारं (viii) सुधारः
(ix) यथाशीघ्रं (x) अनुग्रहः

2. भवती मधुरिमा स्वक्षेत्रस्य महिलाछात्राणां सुरक्षार्थं स्वक्षेत्रे स्थितं आरक्षीनिरीक्षकं (पुलिस इंस्पेक्टर) पत्रं लेखितुम् इच्छति। मञ्जूषायाः सहायतया तत् पत्रं सम्पूर्य लिखतु भवती।
(आप मधुरिमा हैं, अपने क्षेत्र में महिला छात्राओं की सुरक्षा के लिए अपने क्षेत्र के पुलिस इंस्पेक्टर को पत्र लिखना चाहती हैं। मञ्जूषा की सहायता से पत्र को पूर्ण कीजिए।)

(i) ....,
विवेक विहारः नवदिल्लीतः।

दिनाङ्कः ....

सेवायाम्,
प्रभारी आरक्षीनिरीक्षक महोदयाः,
(ii) ....,
विवेक विहारः,
नवदिल्ली।

विषयः स्वक्षेत्रस्य (iii).......... सुरक्षार्थं प्रबन्धं कर्तुं निवेदनम्।

महोदयाः,
अहं भवतां क्षेत्रस्य एका (iv).......... अस्मि। अस्मात् क्षेत्रात् अनेकाः छात्राः निकटे क्षेत्रे एव स्थिते विवेकानन्दः महिला महाविद्यालये (v).......... गच्छन्ति। तासु काश्चित् पदातिः, काश्चित् बसयानेन काश्चिच्च द्विचक्रिकाभिः गच्छन्ति। परम् अस्मिन् (vi).......... क्षेत्रस्य केचिद् असामाजिकाः तत्त्वाः ताः (vii)..........।
मार्गेषु ताः प्रति अभद्रतां कुर्वन्ति। अतः तेषां भयात् छात्राः (viii).......... गन्तुं त्रस्यन्ति। अतः भवतां कृते निवेदनं वर्तते यत् भवन्तः तासां (ix).......... समुचितां व्यवस्थां कारयन्तु, येन तासां पठनस्य हानिः न भवेत्। अहं भवताम् आभारिणी भविष्यामि।
सधन्यवादम्।
प्रार्थी
(x)............

- **मञ्जूषा** पठितुम् महाविद्यालयम्, 10/17 पञ्चवटी, मधुरिमा, छात्रा, सुरक्षार्थम्, समये, आरक्षीकार्यालयः, छात्राणाम्, पीडयन्ति।

उत्तराणि

(i) 10/17 पञ्चवटी	(ii) आरक्षीकार्यालयः
(iii) छात्राणाम्	(iv) छात्रा
(v) पठितुम्	(vi) समये
(vii) पीडयन्ति	(viii) महाविद्यालयम्
(ix) सुरक्षार्थम्	(x) मधुरिमा

3. भवतः नाम धनराजः वर्तते। भवान् स्वक्षेत्रस्य नगरनिगम–आयुक्ताय क्षेत्रे भ्रमणं कुर्वन्तः पशून् ग्राहयितुं पत्रं लेखितुम् इच्छति। अतः मञ्जूषायाः सहायतया तत्पत्रं सम्पूर्य लिखतु भवान्।
(आपका नाम धनराज है। आप अपने क्षेत्र के नगरनिगम आयुक्त को क्षेत्र में भ्रमण करते हुए पशुओं को पकड़वाने के लिए पत्र लिखना चाहते हैं। अतः मञ्जूषा की सहायता से पत्र को संपूर्ण करके लिखिए।)

10/40 एफ. अलकापुरी,
गाजियाबादः (उ. प्र.)।

दिनाङ्कः ....

सेवायाम्,
श्रीमन्तः (i) ....,
नगरनिगम, गाजियाबादः।

विषयः क्षेत्रे अनावश्यकं भ्रमणं कुर्वतः स्वामिहीनान् (ii) .... ग्राहयितुं पत्रम्।

महोदयः,
निवेदनम् अस्ति यत् अस्मिन् क्षेत्रे विगत केभ्यश्चित् (iii).......... केचित् स्वामिहीनाः पशवः इतस्ततः भ्रमन्ति। ते कदाचिदपि आगत्य जनानां (iv).......... हानिं कुर्वन्ति।
केचित् तु गृहेषु अपि बलपूर्वकं प्रविश्य (v).......... खादन्ति इतस्ततश्च विस्तीरयन्ति। कदाचित् तु मार्गेषु चलतः (vi).......... प्रहृत्य रुग्णान् अपि कुर्वन्ति।
अनेन तु क्षेत्रस्य जनाः अतीव (vii).......... सन्ति। अतः भवतां सेवायां निवेदनमस्ति यत् (viii).......... शीघ्रमेव स्वजनान् सम्प्रेष्य तान् पशून् ग्राहयन्तु भवन्तः येन क्षेत्रे (ix).......... भवेत्।
वयं भवताम् आभारिणः भविष्यामः।
सधन्यवादम्।
निवेदकः
(x)..........

- **मञ्जूषा** भयग्रस्ताः, पशूनः, आयुक्तमहोदयः, शरीराणाम्, शान्तिः, क्षेत्रे, अन्नानि, जनान्, धनराजः, समयेभ्यः।

उत्तराणि

(i) आयुक्तमहोदयः	(ii) पशूनः	(iii) समयेभ्यः
(iv) शरीराणाम्	(v) अन्नानि	(vi) जनान्
(vii) भयग्रस्ताः	(viii) क्षेत्रे	(ix) शान्तिः
(x) धनराजः		

4. भवतः नाम माधवः। अस्वस्थतायाः कारणात् पञ्चदिनपर्यन्तं विद्यालयं न गमिष्यति। अवकाशार्थं प्रधानाचार्यं प्रति लिखित। प्रार्थनापत्रे मञ्जूषातः उचितशब्दान् अवचित्य रिक्तस्थानानि पूरयत।
(तुम्हारा नाम माधव है। अस्वस्थ होने के कारण आप पाँच दिन तक विद्यालय नहीं जा सकते हो। अवकाश प्राप्ति के लिए अपने विद्यालय के प्रधानाचार्य को लिखे गए पत्र को मञ्जूषा से उचित शब्द चुनकर पूरा कीजिए।)

10/30 नई मण्डी,
मुरादनगरतः।

दिनाङ्कः ....

सेवायाम्,
माननीयः प्रधानाचार्यः,
केन्द्रीयः विद्यालयः,
केशवपुरम्,
दिल्लीतः।

विषयः अवकाशार्थं प्रार्थनापत्रम्।

महोदयः,
सविनयम् निवेदयामि यत् (i) .... अस्य विद्यालयस्य (ii).......... छात्रः अस्मि। अहम् (iii).......... ग्रस्तः अस्मि।

वैद्येन (iv).......... दत्तः यत् पञ्चदिनपर्यन्तम् (v).......... एव स्थातव्यम्। अतः अहम् विद्यालयं आगन्तुम् (vi).......... अस्मि। मह्यं पञ्चदिनानाम् (vii).......... प्रदाय (viii).......... अनुगृह्णन्तु। अध्ययनस्य या (ix).......... भविष्यति तां दूरीकर्तुम् यतिष्ये।

सधन्यवादम्।

भवदीयः शिष्यः

(x) ....

- **मञ्जूषा** गृहे, माधवः, हानिः, दशमकक्षायाः, परामर्शः, तीव्रज्वरेण, अहम्, अवकाशम्, असमर्थः, माम्।

उत्तराणि

(i) अहम्	(ii) दशमकक्षायाः	(iii) तीव्रज्वरेण
(iv) परामर्शः	(v) गृहे	(vi) असमर्थः
(vii) अवकाशम्	(viii) माम्	(ix) हानिः
(x) माधवः		

अनौपचारिकं पत्रम्

सगे-संबंधियों, मित्रों, रिश्तेदारों, परिचितों आदि को लिखे गए पत्र 'अनौपचारिक-पत्र' कहलाते हैं। इन्हें व्यक्तिगत-पत्र भी कहा जाता है। इस प्रकार के पत्रों में व्यक्ति से संबंधित सुख-दु:ख, हर्ष, उत्साह आदि का वर्णन किया जाता है।

1. भवतः नाम अब्दुलः अस्ति। छात्रावासे च भवान् वसति। विद्यालयपर्यटन कार्यक्रमस्य अनुमतिहेतोः पितरं प्रति लिखितं पत्रं मञ्जूषायां दत्तैः पदैः पूरयत।
(आपका नाम अब्दुल है। आप छात्रावास में रहते हैं। विद्यालय पर्यटन कार्यक्रम की अनुमति के लिए पिता को लिखे गए पत्र को मञ्जूषा में दिए गए शब्दों से पूर्ण कीजिए।)

परीक्षा भवनात्,
(i)..........।

दिनाङ्कः ....

आदरणीयाः पितृचरवाः
(ii)..........।

अत्र सर्वं कुशलम्। इदं निवेदनं अस्ति यत् अधुना प्रथम-सत्रीया परीक्षा (iii).......... । अतः सर्वे छात्राः मिलित्वा शिमलानगरम् पर्यटनस्थलं प्रति गमिष्यन्ति। तत्र अहमपि (iv).......... इच्छामि। व्ययार्थं मम (v).......... पर्याप्तं धनमस्ति। त्रयः (vi).......... अपि अस्माभिः सह गमिष्यन्ति। मनोरञ्जनेन सह अस्माकं ज्ञानम् अपि वर्धिष्यते अतः (vii).......... न करणीया। अतः अहम् (viii).......... अनुमतिं याचे। कृपया भवान् (ix).......... ददातु।

भवतः प्रियपुत्रः
(x)..........

- **मञ्जूषा** चिन्ता, गन्तुम्, समाप्ता, पार्श्वे, नमोनमः, अध्यापकाः, गाजियाबादतः, भवतां, अब्दुलः, अनुमतिं।

उत्तराणि

(i) गाजियाबादतः	(ii) नमोनमः	(iii) समाप्ता
(iv) गन्तुम्	(v) पार्श्वे	(vi) अध्यापकाः
(vii) चिन्ता	(viii) भवतां	(ix) अनुमतिं
(x) अब्दुलः		

2. भवान निखिलः। भवतः मित्राय रक्तदानशिविरविषयकं लिखितम् इदं पत्रं मञ्जूषायां लिखितैः उचितपदैः पूरयत।
(आप निखिल हैं। आपके मित्र को रक्त दान शिविर के विषय में लिखे गए इस पत्र को मञ्जूषा में लिखे उचित पदों से पूर्ण कीजिए।)

परीक्षा भवनात्,
मेरठतः।

दिनाङ्कः ....

प्रियमित्र अरुण!

(i)..........।

अत्र (ii).......... अस्ति। ह्यः अस्माकम् विद्यालयेन (iii).......... आयोजनम् कृतम्। अस्माकम् (iv).......... प्रथमं स्वरक्तम् (v).......... । छात्राणाम् उत्साहम् (vi).......... मया अपि (vii).......... कृतम्। आशास्ति भवान् अपि अस्मिन् (viii).......... योगदानं करिष्यति। शेषं कुशलम् विद्यते। (ix).......... नमः।

भवतः मित्रम्
(x)........

- **मञ्जूषा** दृष्ट्वा, रक्तदानम्, सर्वंकुशलम्, अयच्छत्, प्राचार्यः, सप्रेमनमः, रक्तदानशिविरस्य, कार्ये, निखिलः, पितृभ्यां।

उत्तराणि

(i) सप्रेमनमः	(ii) सर्वंकुशलम्
(iii) रक्तदानशिविरस्य	(iv) प्राचार्यः
(v) अयच्छत्	(vi) दृष्ट्वा
(vii) रक्तदानम्	(viii) कार्ये
(ix) पितृभ्यां	(x) निखिलः

3. भवान् प्रदीपः कुरुक्षेत्रे गुरुकुले वसति। वार्षिक परीक्षायाः सज्जायाः विषये भवान् स्वपितरं प्रति पत्रं लिखति। मञ्जूषातः पदानि चित्वा इदं पत्रं पूरयत।
(आप प्रदीप हैं, कुरुक्षेत्र में गुरुकुल में रहते हैं। वार्षिक परीक्षा की तैयारी के विषय में आप अपने पिता को पत्र लिख रहे हैं। मञ्जूषा से शब्द चुनकर इस पत्र को पूर्ण कीजिए।)

गुरुकुल छात्रावासतः,
चंढीगढ़तः।

दिनाङ्कः ....

आदरणीयाः पितृचरणाः

(i)..........।

अत्र सर्वविधं कुशलं तत्रापि (ii)........ कुशलं भवतु इति ईश्वरं प्रार्थये। समाचारोऽयं यत् मम वार्षिकी परीक्षा (iii)...... प्रथमे सप्ताहे भविष्यति परीक्षायाः कृतेऽहम् (iv)....... पूर्णतया संलग्नोऽस्मि। मम स्नेहिनः (v)......... अध्ययने मम सहायतां कुर्वन्ति। श्रीमतां (vi)..... परीक्षायां अवश्यमेव उत्तमांकान् प्राप्स्यामि। मार्चमासस्यैव अंतिमे दिवसे (vii)......... अस्माकं परीक्षापरिणामं घोषयिष्यति। विद्यालये ग्रीष्मावकाशः मईमासस्य (viii)......... भविष्यति। तदा अहं (ix)......... आगमिष्यामि। पूज्यमातृचरणेषु मम प्रणामः वाच्यः।

भवतां वंशवदः

(x).......

- **मञ्जूषा** प्रधानाचार्यः, अध्ययने, एवं विधम्, शिक्षकाः, पञ्चदशतारिकातः, प्रदीपः, मार्चमासस्य, आशीर्वादेन, गृहं, सादरं प्रणमामि।

उत्तराणि

(i) सादरं प्रणमामि (ii) एवं विधम् (iii) मार्चमासस्य
(iv) अध्ययने (v) शिक्षकाः (vi) आशीर्वादेन
(vii) प्रधानाचार्यः (viii) पञ्चदशतारिकातः
(ix) गृहं (x) प्रदीपः

4. भवती प्रभा अस्ति। स्वमातरं प्रति स्वस्वास्थ्यविषये लिखितम् इदं पत्रं मञ्जूषायाः सहायतया पुनः सम्पूर्णं लिखतु।
(आप प्रभा हैं। अपनी माता को अपने स्वास्थ्य के विषय में लिखे गए पत्र को मञ्जूषा की सहायता से पूरा करके पुनः लिखिए।)

विद्यालयपरिसरः
(i) ....

दिनाङ्कः ....

समादरणीयाः (ii) ....
सादरं प्रणामाः।

अत्र कुशलं तत्रास्तु। सम्प्रति मम (iii) .... परीक्षा सञ्चरति। अत्र छात्रावासे पठनस्य वातावरणं तु शोभनं वर्तते। अत्र अध्यापकाः अपि च अतीव कर्मठाः सन्ति। अतः पठनस्य कार्यं (iv) .... एवं भवति, परन्तु अध्ययनकारणात् शयनस्य भोजनस्य च (v) .... एव न प्राप्यते। अतः अद्यत्वे मम (vi) .... सुष्ठु नास्ति। अहं (vii)........ पीडिता अस्मि। परं काचिद् अपि (viii) .... नैव करणीया। आशासे अहं शीघ्रमेव पूर्णतया स्वस्था भविष्यामि। परीक्षायाः अनन्तरं (ix) .... आगमिष्यामि। तदा वयं मिलित्वा भ्रमणाय वाराणसीनगरं गमिष्यामः। पित्रे (x) ....।

भवत्याः पुत्री,
प्रभा

- **मञ्जूषा** वार्षिकी, शिमलातः ज्वरेण, मातृचरणाः, गृहम्, स्वास्थ्यम्, समुचितम्, नमः, समयः, चिन्ता।

उत्तराणि

(i) शिमलातः (ii) मातृचरणाः (iii) वार्षिकी
(iv) समुचितम् (v) समयः (vi) स्वास्थ्यम्
(vii) ज्वरेण (viii) चिन्ता (ix) गृहम्
(x) नमः

5. भवान् अनुरागः। भवतः अनुजः अक्षः सप्तकक्षायाः छात्रः अस्ति। तं समयस्य सदुपयोगाय लिखितम् इदं पत्रं मञ्जूषायां दत्तैः पदैः पूरयित्वा पुनःउत्तरपुस्तिकायां लिखतु।
(आप अनुराग हैं। आपका छोटा भाई अक्ष सातवीं कक्षा का छात्र है। उसको समय के सदुपयोग के लिए लिखे गए इस पत्र को मञ्जूषा में दिए गए शब्दों के द्वारा पूर्ण करके फिर से उत्तर पुस्तिका में लिखिए।)

बी 194, गीतामार्गः, श्रीनगरम्,
हरिपुरतः।

दिनाङ्कः ....

प्रियअक्ष!

(i) ....।

अत्र सर्वगतं (ii)..........। मन्ये तत्रापि सर्वं कुशलम्। त्वया विदितम् अस्ति यत् मानवजीवनस्य प्रत्येकं क्षणं (iii) .... अस्ति। जगति अपि प्रकृतेः सम्पूर्णानि कर्माणि नियमित-समये (iv)..........। उचितसमये यदि (v).......... न भवेत् तदा सर्वं क्षेत्रं शुष्येत्। तथैव बाल्यकाले यदि छात्रः न पठेत् तथा स्वकर्म नित्यं न कुर्यात् तदा असौ समस्त जीवने (vi).......... करोति। समयः तस्य एव जनस्य कार्येषु (vii)........ करोति यः समयस्य (viii).......... करोति। गते काले शोकः न कर्त्तव्यः यतः समयः कदापि कस्यचिदपि च (ix) .... न करोति। अतः त्वं समयस्य सदुपयोगं तथा कुरु यथा जीवने सफलं भविष्यसि।

तव (x)..........
अनुरागः

- **मञ्जूषा** अग्रजः, स्नेहाशिषः, पश्चातापं, भवन्ति, सहभागितां, प्रतीक्षां, महत्त्वपूर्णम्, कुशलम्, सदुपयोगं, वृष्टिः।

उत्तराणि

(i) स्नेहाशिषः (ii) कुशलम् (iii) महत्त्वपूर्णम्
(iv) भवन्ति (v) वृष्टिः (vi) पश्चातापं
(vii) सहभागितां (viii) सदुपयोगं (ix) प्रतीक्षां
(x) अग्रजः

अभ्यास प्रश्नाः

औपचारिक एवं अनौपचारिक पत्र
(मञ्जूषा की सहायता से)

औपचारिकं-पत्रम्

1. भवान् राजशेखरः सक्सेना स्वगृहे जलसंरक्षणं कर्तुम् इच्छति। एतदर्थं भवान् नगरनिगमस्य आयुक्तं सहायतायै पत्रं लिखति। मञ्जूषायाः समुचितानि पदानि चित्वा पत्रं पूरयत। **CBSE 2017**

(आप राजशेखर सक्सेना हैं, अपने घर में जल संरक्षण करना चाहते हैं। इसलिए आप नगर निगम के आयुक्त को सहायता के लिए मञ्जूषा में उचित शब्द चुनकर पत्र को पूरा कीजिए।)

(i)..........
राजस्थान प्रान्तम्।

दिनाङ्कः ....

सेवायाम्,
श्रीमान् आयुक्तः महोदयः,
(ii).......... जयपुरनगरम्।

विषयः जल संरक्षणार्थं कृते प्रार्थना-पत्रम्।

महोदयः,

अहं (iii)..........मालवीय नगरे निवसामि। इदानीम् अस्य क्षेत्रस्य जनाः (iv).......... अनुभवं कुर्वन्ति। भविष्ये अस्याः समस्यायाः (v).......... कर्तुम् अहं स्वगृहे जलस्य। (vi).......... कर्तुम् इच्छामि अतः शासनस्य (vii).......... इच्छामि। भवान् नगरनिगमात् साधनरूपे तकनीकरूपे च यां सहायतां कर्तुं (viii).......... अस्ति, कृपया शीघ्रमेव लिखतु। अहं भवताम् (ix)..........भविष्यामि। भवताम् पत्रोत्तरं प्रतीक्ष्यमाणः।

भवदीयः
(x)..........
सेक्टर-4,
वार्ड सं. 54 जयपुरनगरम्

- **मञ्जूषा** जलाभावस्य, समाधानम्, सहायताम्, अत्र, नगरनिगमः, आभारी, संरक्षणम्, जयपुरनगरम्, समर्थः, राजशेखरः।

2. रूग्णताकारणात् स्वप्रधानाचार्याय अवकाशार्थम् अधोलिखितं प्रार्थनापत्रं मञ्जूषायां प्रदत्तपदैः पूरयित्वा लिखत। **CBSE 2016**

(अस्वस्थ होने के कारण अपने प्रधानाचार्य को अवकाश के लिए लिखे गए प्रार्थना पत्र को मञ्जूषा में दिए गए शब्दों से पूरा कीजिए।)

परीक्षा भवनात्,
नवदिल्लीतः।

दिनाङ्कः ....

सेवायाम्,
(i).......... प्रधानाचार्याः महोदयाः,
राजकीय उच्च माध्यमिक विद्यालयः,
रामपुरम्।

विषयः—दिनत्रयस्य (ii).......... प्रार्थना-पत्रम्!

महोदयाः।

(iii)..........निवेदनमस्ति यदहं विगत (iv).......... ज्वरपीडितोऽस्मि। अतः (v).......... कारणादहं विद्यालये। (vi).......... न शक्नोमि। अतः (vii).......... अस्ति यत् दि. 15-12-20XX तः 17-12-20XX पर्यन्तं (viii).......... अवकाशं (ix)..........मामनुग्रहीष्यन्ति श्रीमन्तः।

भवदाज्ञाकारी शिष्यः

(x)..........
कक्षा-दशमी

- **मञ्जूषा** स्वीकृत्य, योगेशः, सविनयम्, अस्वस्थता, अवकाशाय, श्रीमत्यः, दिवसात्, आगन्तुं, प्रार्थना, दिनत्रयस्य।

3. भवान् राजेश सोलंकी जयपुरनगरस्य जगतपुरा क्षेत्रे निवसति। भवतः क्षेत्रे इदानीम् चौर्यकार्यं प्रवर्धितं वर्तते। तस्य निवारणाय स्वक्षेत्रस्य सुरक्षा अधिकारिणं लिखितम् इदं पत्रं भवान् मञ्जूषायाः सहायतया सम्पूरयतु। **CBSE 2016**

(आप जयपुर नगर के जगतपुरा क्षेत्र में रहने वाले राजेश सोलंकी हैं। आपके क्षेत्र में इस समय चोरी की वारदाते बढ़ रही हैं। उसके निवारण के लिए अपने क्षेत्र के सुरक्षा अधिकारी को लिखे गए इस पत्र को मञ्जूषा की सहायता से पूरा कीजिए।)

जगतपुरा क्षेत्रम्,
(i)..........।

दिनाङ्कः ....

सेवायाम्,
उपायुक्त महोदयः (दक्षिण),
सदर थाना (ii)..........
जयपुरम्।

विषयः चौर्यकार्यस्य निवारणाय पत्रम्।

महोदयः,

सविनयं (iii).......... वर्तते यत् अहं भवतः क्षेत्रस्य निवासी अस्मि। सम्प्रति कस्माच्चित् (iv).......... अस्माकं क्षेत्रे चौर्यकार्यं प्रवर्धितम् अस्ति। चौराः (v).......... कदाचिदपि जनानां गृहेषु प्रविश्य (vi).......... कुर्वन्ति। ते कदाचित् तु जनान् घ्नन्ति अपि। अतः सर्वत्र जनाः (vii).......... सन्ति। अहं भवन्तं निवेदयामि यत् अस्य (viii).......... निवारणाय समुचितं प्रयासं करोतु भवान्, येन क्षेत्रस्य निवासिषु सुरक्षां प्रति (ix)..........वर्धेत। अहं भवताम् आभारी भविष्यामि।

निवेदकः

(x)..........

- **मञ्जूषा** दिवानिशम्, भयभीताः, निवेदनम्, विश्वासम्, चौर्यम्, जगतपुरा, अपराधस्य, कारणात्, राजेशः सोलंकी, जयपुरम्।

4. शुल्कमुक्त्यर्थं स्वप्रधानाध्यापकाय लिखितमिदं प्रार्थनापत्रं मञ्जूषायां प्रदत्तपदैः पूरयित्वा लिखत। **CBSE 2016**

(शुल्कमुक्ति के लिए अपने प्रधानाचार्य को लिखें गए प्रार्थना-पत्र को मञ्जूषा से उचित शब्द चुनकर पूरा कीजिए।)

परीक्षा भवनात्,
नवदिल्लीतः।

दिनाङ्कः ....

सेवायाम्,
श्रीमत्यः (i).......... महोदयाः,
राजकीय पटेल उच्च माध्यमिक विद्यालयः,
(ii).......... ।

विषयः शुल्कमुक्त्यर्थं प्रार्थना-पत्रम्।

महोदयाः,

(iii)..........निवेदनमस्ति यदहं (iv).......... विद्यालये दशम्यां कक्षायां (v)..........। मम (vi).......... आर्थिकदशा समीचीना नास्ति। निर्धनता कारणात् मम पिता मदीयं विद्यालयशुल्कं प्रदानार्थं सक्षमो नास्ति, किन्तु मम अध्ययनस्य (vii).......... वर्तते। गतवर्षेऽपि छात्रकल्याणकोषतः सहायतां प्राप्य मया अध्ययनं विहितम्। अत एव (viii).......... वर्तते यन्मम निर्धनतां स्वाध्ययने च रूचिं (ix)..........शिक्षणशुल्कात् सर्वथामुक्तिं प्रदास्यान्ति श्रीमन्तः।

भवदाज्ञाकारी शिष्यः
(x)..........
कक्षा-दशमी

- **मञ्जूषा** विलोक्य, भवतां, प्रार्थना, रुचिः, परिवारस्य, रमणः, अजयमेरूः, प्रधानाचार्यः, सविनयं, पठामि।

5. स्वयं रमेशं मत्वा राजकीय. उच्च माध्यमिक विद्यालय भरतपुरस्य प्रधानाचार्याय स्थानान्तरण प्रमाण पत्र- प्राप्त्यर्थम् अधोलिखितं प्रार्थनापत्रं मञ्जूषायां प्रदत्तपदैः पूरयित्वा लिखत।

(स्वयं को रमेश मानकर राजकीय उच्च माध्यमिक विद्यालय भरतपुर के प्रधानाचार्य को स्थानान्तरण प्रमाण पत्र प्राप्त करने के लिए लिखे गए प्रार्थना पत्र को मञ्जूषा से शब्द चुनकर पूरा कीजिए।)

परीक्षा भवनात्,
नवदिल्लीतः।

दिनाङ्कः ....

सेवायाम्,
श्रीमत्यः प्रधानाध्यापिका महोदयाः,
राजकीय उच्च माध्यमिक विद्यालयः,
(i)..........।

विषयः-स्थानान्तरण-प्रमाण-पत्र-प्राप्त्यर्थम्।

महोदयाः,

सविनयं (ii).......... यद् मम पूज्यपितुः (iii)..........बीकानेरनगरे सञ्जातम्। अस्मात्कारणात् वयं सर्वेऽपि पारिवारिकजनाः तत्रैव (iv)..........। ममापि तैः सह तत्र (v)..........निश्चितमेव। अतः सम्प्रति अहमत्र (vi).......... सर्वथा असमर्थोऽस्मि अतः (vii).......... अस्ति यन्मह्यं स्थानान्तरण प्रमाणपत्रं (viii).......... अनुग्रहीष्यन्ति श्रीमन्तः। मम (ix)..........स्थानान्तरणस्य राज्यादेशप्रतिलिपिः भवतामवलोकनार्थं संलग्ना अस्ति।

प्रार्थी
(x)..........
कक्षा-दशमी

- **मञ्जूषा** पितुः, गमिष्यामः भरतपुरम्, रमेशः, प्रदाय, स्थानान्तरणं, पठितुं, गमनं, निवेदनमस्ति, प्रार्थना।

6. भवान् रजनीशः स्वबालकस्य कृते कक्षा षष्ठी संस्कृतस्य पुस्तकानि क्रेतुम् इच्छति। एतदर्थं सागर-प्रकाशन-संस्थानम् एकं पत्रं भवान् मञ्जूषायाः सहायतया लिखतु।

(आप रजनीश हैं अपने पुत्र के लिए कक्षा षष्ठी की संस्कृत की पुस्तक खरीदना चाहते हैं। इसलिए सागर-प्रकाशन संस्थान को मञ्जूषा की सहायता से पत्र लिखिए।)

4/210-A राधाकृष्णम्,
(i)..........
आगरातः।

दिनाङ्कः ....

सेवायाम्,
श्रीमन्तः (ii)..........।
सागर-प्रकाशन
संस्थानम्।

विषयः षष्ठी कक्षायै संस्कृतस्य पुस्तकानि क्रयार्थम्।

महोदयः,

सविनयं निवेद्यते यत् मम (iii).......... आजमनगस्य एकस्मिन् प्रतिष्ठिते विद्यालये (iv).......... कक्षायां पठति। अहं तस्य कृते संस्कृतस्य (v)..........क्रेतुम् इच्छामि। तानि पुस्तकानि भवद्भिः एव (vi).......... सन्ति। कृपया सूचयतु भवान् यत् तेभ्यः कति (vii).......... प्रदास्यन्ते। यदि भवान् प्रेषयिष्यति तर्हि कति (viii).......... भविष्यति।

कृपया शीघ्रमेव सूचयतु भवान् (ix).......... ।

पुस्तकानि सन्ति

1. सामान्यं संस्कृतम् (भाग-I) एका प्रति

2. संस्कृत व्याकरणम् (भाग-I) एका प्रति

भवदीय:

(x) ....

- मञ्जूषा प्रकाशितानि, सधन्यवादम्, रूप्यकाणि, षष्ठी, प्रकाशकमहोदया:, आजमनगरम्, मूल्यम्, रजनीश:, पुस्तकानि, पुत्र:।

7. स्वस्य विद्यालये क्रीडाव्यवस्थार्थं प्रधानाचार्यम् प्रति अधोलिखितं प्रार्थनापत्रं मञ्जूषायां प्रदत्तपदैः पूरयित्वा लिखत।
(अपने विद्यालय में क्रीडा व्यवस्था के लिए प्रधानाचार्य को लिखे गए इस प्रार्थना पत्र को मञ्जूषा की सहायता से पूरा कीजिए।)

परीक्षा भवनात्,
नवदिल्लीत:।

दिनाङ्क: ....

सेवायाम्,
श्रीमन्त: प्रधानाचार्या: महोदया:,
राजकीय उच्च माध्यमिक विद्यालय:,
(i)..........।

महोदय:,

सविनयं (ii).......... यदस्माकं (iii).......... क्रीडाया: समुचिता (iv).......... नास्ति। शारीरिक विकासाय क्रीडनमपि (v)..........भवति। अध्ययनेन सममेव क्रीडनमपि अस्मभ्यं (vi).......... । अत: विद्यालये (vii).......... सम्यक् व्यवस्थां (viii).......... अनुगृहणन्तु (ix) ....।

भवताम् आज्ञाकारी,
(x) ....
कक्षा-दशमी

- मञ्जूषा निवेद्यते, क्रीडाया:, अभ्युत्कर्ष:, रोचते, व्यवस्था, उदयपुरम्, विधाय, विद्यालये, आवश्यकं, श्रीमन्त:।

8. स्वं भूपेन्द्रः मत्वा राजकीय उच्च माध्यमिक विद्यालय जोधपुरस्य प्रधानाध्यापकाय चरित्र प्रमाणपत्राय अधोलिखितं प्रार्थनापत्रम् मञ्जूषायां प्रदत्तपदैः पूरचित्वा लिखत। **CBSE 2017**
(स्वयं को भूपेन्द्र मानकर राजकीय उच्च माध्यमिक विद्यालय जोधपुर के प्रधानाचार्य को चरित्र-प्रमाण-पत्र प्राप्त करने के लिए लिखे गए प्रार्थना पत्र को मञ्जूषा की सहायता से पूरा कीजिए।)

परीक्षा भवनात्,
नवदिल्लीत:।

दिनाङ्क: ....

सेवायाम्,
श्रीमन्त: प्रधानाध्यापका: महोदया:
राजकीय उच्च माध्यमिक विद्यालय:
(i)..........।

विषय: चरित्र-प्रमाण-पत्र-प्राप्त्यर्थम् प्रार्थना-पत्रम्।

महोदया:,

नम्रनिवेदनमस्ति यद् (ii).......... भवतां विद्यालये (iii).......... कक्षायां पठामि। अहं (iv).......... चरित्र-प्रमाण-पत्रं (v)..........। यतो हि प्रतियोगिता परीक्षायां (vi).......... आवश्यकता वर्तते। अत: (vii).......... अस्ति यन्मां (viii).......... प्रमाण पत्रं (ix) ....अनुगृहीष्यन्ति श्रीमन्त:।

प्रार्थी:,
(x) ....
कक्षा-दशमी

- मञ्जूषा प्रदाय, भूपेन्द्र:, प्रार्थना, जोधपुरम्, दशम्यां, स्वकीयं, तस्य, अहं, वांछामि, चरित्र।

9. स्वं अभिनवः मत्वा स्वस्य प्रधानाचार्याय दिन द्वयस्य अवकाशार्थं अधोलिखितं प्रार्थना पत्रं मञ्जूषायां प्रदत्तपदैः पूरयित्वा लिखत।
(स्वयं को अभिनव मानकर अपनें प्रधानाचार्य को दो दिन के अवकाश के लिए लिखे गए प्रार्थना पत्र को मञ्जूषा की सहायता से पूरा कीजिए।)

परीक्षा भवनात्,
नवदिल्लीत:।

दिनाङ्क: ....

(i)..........,
श्रीमत्य: प्रधानाचार्या महोदया:,
राजकीय उच्च माध्यमिक विद्यालय:,
उदयपुरम् ।

विषय: दिनद्वयस्य अवकाशार्थम्।

महोदय:

(ii).......... निवेदनमस्ति यद् मम (iii).......... पाणिग्रहण संस्कार: दिनद्वयं पश्चात् (iv)..........एतदत्कारणात् (v)..........यावद् अहं स्वकक्षायामुपस्थातुं न (vi).......... । अत: (vii).......... अस्ति यद् दि. 31.10.20×× त: 01.11.20×× पर्यन्तं (viii).......... अवकाशं स्वीकृत्य मामनुग्रहीष्यन्ति श्रीमन्त:।

भवदाज्ञाकारी (ix) ....
(x) ....
कक्षा-दशमी

- मञ्जूषा अभिनव:, दिनद्वयं, शक्नोमि, सेवायाम्, दिनद्वयस्य, भविष्यति, प्रार्थना, सविनयं, शिष्य:, ज्येष्ठभ्रातु:।

10. राजकुमारः मिश्र भवान् इण्टरनेट बैंकिंग माध्यमेन स्वभ्रातरं प्रति दशसहस्त्रं रूप्यकाणि प्रेषयितुम् इच्छति अतः धनादेशं दातुं स्वक्षेत्रस्य डाकपालम् इदं पत्रं मञ्जूषायाः सहायतया पूरयत।
(आप राजकुमार मिश्र इण्टरनेट बैंकिंग के माध्यम से अपने भाई को दस हजार रूपये भेजना चाहते हैं। अत: अपने क्षेत्र के डाकपाल महोदय को धनादेश देने के लिए लिखे गए पत्र को मञ्जूषा की सहायता पूरा कीजिए।)

मोदीनगरम्,
(i)..........,

दिनाङ्कः ....

सेवायाम्,
श्रीमन्तः (ii).........,
मोदीनगरम्, डाकगृहम्,
अहमदाबादम्।

विषय: इण्टरनेट-बैंकिंग-माध्यमेन धनादेशं प्रेषणाय।

महोदयः,

अहम् भवतां डाकगृहमाध्यमेन (iii).......... राज्यस्य निवासिनं स्वभ्रातरं प्रति इण्टरनेट बैंकिंग द्वारा (iv)..........रूप्यकाणि प्रेषयितुम् इच्छामि। कृपया कथयतु भवान् यत् इयं (v)..........कथं भविष्यति कति च रूप्यकाणि (vi).......... रूपे प्रदास्यन्ते कदा च (vii).......... तस्मै प्रदास्यति? अहं तस्मै शीघ्रं (viii).......... प्रेषयितुम् इच्छामि। कृपया शीघ्रमेव उत्तरं यच्छतु भवान्। अहं भवताम् (ix) .... भविष्यामि।

निवेदकः

(x) ....

- **मञ्जूषा** दशसहस्रम्, रूप्यकाणि, शुल्कस्य, प्रक्रिया, महाराष्ट्र, आभारी, धनम्, डाकपालमहोदयाः, राजकुमारः मिश्र, अहमदाबादम्।

अनौपचारिकं-पत्रम्

11. भवान् प्रगीतः, भवतः विद्यालये स्वतंत्रतादिवसस्य समारोहः भवति। समारोहं वर्णयन् स्वमित्रं दिवाकरं प्रति लिखितं पत्रं मञ्जूषायां प्रदत्तैः पदैः पूरयित्वा पुनः लिखत। CBSE 2024

(आप प्रगीत हैं, आपके विद्यालय में स्वतंत्रता दिवस का समारोह हो रहा है अपने मित्र को समारोह का वर्णन करते हुए मञ्जूषा में दिए गए पदों से पत्र पूरा करके पुनः लिखिए।)

मैत्रेयी छात्रावासः,
(i) ....।

दिनाङ्कः ....

प्रिय मित्र (ii) ....

अत्र सर्वगतं (iii) ....वर्तते। भवान् अपि तत्र कुशली इति अहं (iv) ....। अस्माकं विद्यालये गंतसप्ताहे स्वतन्त्रतादिवसस्य समारोहस्य (v) .... जातम्। तत्र अस्माकं विद्यालयस्य प्रधानाचार्येण ध्वजारोहणम् अपि कृतम्। अस्मिन् अवसरे सर्वे गर्वान्विताः अभवन्। मञ्चे एका (vi) .... अपि प्रस्तुता। अहं कार्यक्रमे एकं देशभक्तिगीतम् अगायम्। अन्ते सर्वे (vii) .... राष्ट्रगीतम् अगायन्। तत्पश्चात् सर्वेभ्यः मिष्टान्नस्य वितरणम् च (viii) ....।

(ix) ....मम प्रणामाः।

भवतः मित्रम्

(x) ....

- **मञ्जूषा** मातापितृभ्याम्, अमरपुरतः, मिलित्वा, दिवाकर!, अभवत्, कुशलम्, नृत्यनाटिका, मन्ये, प्रगीतः, आयोजनम्।

12. भवतः अनुजः तनिष्कः पठनं त्यक्त्वा चलदूरभाषयन्त्रेण क्रीडने सर्वदा व्यस्तः भवति। तं पठनार्थं प्रेरयन् लिखितं पत्रं मञ्जूषायां प्रदत्तैः पदैः पूरयित्वा पुनः लिखत CBSE SQP 2023-24

(आपका छोटा भाई तनिष्क पढ़ाई के बजाय हमेशा मोबाइल फोन से खेलने में व्यस्त रहता है। उसे पढ़ने के लिए प्रोत्साहित करते हुए पत्र को मञ्जूषा में दिए गए शब्दों से पूरा करें और पुनः लिखें।)

परीक्षा भवनात्,
नवदिल्लीतः।

दिनाङ्कः ....

प्रिय (i) ....!

शुभाशीषः।

ह्यः एव मातुः (ii).......... प्राप्तम्। माता अद्यत्वे पठने तव (iii) .... दृष्ट्वा चिन्तिता अस्ति। त्वं पठनं त्यक्त्वा चलदूरभाषयन्त्रेण (iv) .... रतः भवसि।

अर्धवार्षिक परीक्षायाम् अपि तव (v) .... न्यूनाः आगताः। एतद् तु न (vi) ....। यद्यपि क्रीडनम् अपि (vii) .... आवश्यकं परं तत् शारीरिकं भवेत्। क्रीडनेन सह पठनम् अपि अत्यावश्यकम्। ये चलदूरभाषयन्त्रेण अत्यधिकं समयं वृथा यापयन्ति ते न केवलं (viii) .... अस्वस्थाः भवन्ति अपितु जीवने असफलाः अपि भवन्ति। अतः मम (ix) .... अस्ति यत् समयस्य महत्त्वम् अवगत्य (x) .... ध्यानेन पठ।

मातृपितृचरणयोः मे प्रणामाः कथनीयाः।

तव अग्रजः
मोहितः

- **मञ्जूषा** त्वम्, मानसिकरूपेण, पत्रम्, स्वास्थ्याय, अरुचिम्, तनिष्क, अङ्काः, क्रीडेन्, उचितम्, परामर्शः।

13. भवान् जयपुरवासी राजेन्द्रः अस्ति। स्वमित्रं मुकेशं स्वभगिन्याः विवाहे निमन्त्रयितुं लिखितं पत्रं मञ्जूषायाः पदैः पूरयित्वा पुनः लिखत।

(आप जयपुरवासी राजेन्द्र हैं। अपने मित्र मुकेश को अपनी बहन के शुभविवाह के अवसर पर निमन्त्रित करने हेतु मञ्जूषा की सहायता से पत्र को पूरा करके पुनः लिखिए)

परीक्षा भवनात्,
जयपुरतः।

दिनाङ्कः ....

प्रियमित्र मुकेश!
सस्नेहं (i) ......।

अत्र कुशलं तत्रास्तु। भवान् इदं (ii) .... अत्यधिकः प्रसन्नः भविष्यति यत् मम (iii) .... दिव्यायाः विवाहः विजयनगरनिवासि-श्रीवेदप्रकाशस्य पुत्रेण (iv) .... सह दिसम्बर-मासस्य एकादशतिथौ निश्चितः जातः। (v) .... सायं सप्तवादने आगमिष्यति। अस्मिन् मङ्गलावसरे भवान् सपरिवारः सादरं निमन्त्रितः। भवता स्वपरिवारेण सह विवाहतः (vi) .... पूर्वमेव अत्र आगत्य व्यवस्थायां (vii) .... अपि करणीयम्। भवतः उपस्थितिः (viii) .... उत्साहं विश्वासं च वर्धिष्यते।

इतोऽपि भवतः जयपुरदर्शनस्य इच्छासिद्धिः अपि (ix) ……। गृहे पितृभ्यां मम प्रणामाः।

भवतः (x) ……

राजेन्द्रः

- **मञ्जूषा** भविष्यति, मम, नमः, वरयात्रा, राकेशेन, सहाय्यम्, भगिन्याः, अभिन्नहृदयः, त्रिदिनानि, ज्ञात्वा।

14. भवान् देवांशः। रामायणं पठनाय मित्रम् अक्षतं प्रोत्साहितं कर्तुं लिखिते पत्रे रिक्तस्थानानि पूरयित्वा पत्रं च पुनः उत्तरपुस्तिकायां लिखतु।

(आप देवांश हैं। रामायण पढ़ने के लिए मित्र अक्षत को प्रोत्साहित करने के लिए लिखे गए पत्र में रिक्त स्थानों को पूर्ण कीजिए और फिर से उत्तर पुस्तिका में लिखिए।)

76, हरिमार्गम्,

(i) …………………।

दिनाङ्कः ………………

प्रिय मित्र (ii) …………………!

नमोनमः।

अत्र (iii) ………… तत्रास्तु। गतसप्ताहे मम (iv) ……… आसीत्। तस्मिन् अवसरे मम पिता मह्यम् 'रामायणम्' इति (v) ………… उपहाररूपेण दत्तवान्। अद्यत्वे अहं तत् पुस्तकं (vi) ………… पठामि। अतः अधुना त्वां प्रति पुस्तकविषये लेखितुम् इच्छामि। रामायणं पुस्तकं वस्तुतः (vii) ………… शिक्षयति। एतस्य पठनेन अस्माकं मनसि भ्रातृभावस्य, मित्रतायाः, पितरं प्रति च (viii) …………… अपि विकासः भविष्यति। अस्मिन् आधुनिके युगे तु अस्य ज्ञानस्य अत्यावश्यकता वर्तते। मम निवेदनम् अस्ति यद् भवान् अपि अस्य पुस्तकस्य (ix) ………………… करोतु अन्यान् च अपि प्रोत्साहितं करोतु। पितृभ्यां मम प्रणामाः। तव (x) ……… देवांशः

- **मञ्जूषा** पुस्तकम्, कुशलम्, अक्षतः, सुन्दरनगरात्, जन्मदिवसः, मित्रम्, मनोयोगेन, जीवनपद्धतिं, भक्तिभावनायाः, अध्ययनम्।

15. भवती रुचिका। भवतीनां विद्यालये नूतनविधिना वार्षिकोत्सवः आयोजितः तस्य वर्णनम् अधिकृत्य सखीं निकितां प्रति लिखिते पत्रे मञ्जूषातः उचितपदानि चित्वा रिक्तस्थानानि पूरयित्वा पत्रं पुनः लिखत।

(आप रुचिका हैं। आपके विद्यालय में नई विधि से वार्षिक उत्सव आयोजित किया गया। उसका वर्णन करते हुए अपनी सखी निकिता को लिखे गए पत्र को मञ्जूषा से उचित शब्दों को चुनकर रिक्त स्थानों को पूर्ण करके पत्र को फिर से लिखिए।)

अंजनेय छात्रावासः,

सञ्जयविहारतः।

दिनाङ्कः ………

प्रिय सखी,

(i)………।

अत्र कुशलं तत्रास्तु। ह्यः एव अस्माकं विद्यालये वार्षिकोत्सव-समारोहः सम्पन्नः जातः। तस्मिन् एव अहं व्यस्ता (ii)………। अहं तस्य आयोजनं संक्षेपतः वर्णयामि।

अस्माकं कक्षा (iii)……… वर्गेषु विभक्ता। एकः वर्गः समीपस्थेषु निर्धनानां कुटीरेषु गत्वा आवश्यकतानुसारम् अन्नं वस्त्रम् औषधं च (iv)………। द्वितीयः वर्गः मदीयः आसीत्। अस्माभिः समीपवर्तिषु श्रमिकाणाम् आवासेषु (v)………सूची निर्मिता येन तेषां शिक्षाव्यवस्था भवेत्। तृतीयेन वर्गेण निःशुल्क चिकित्सा-शिविरस्य (vi)……… कृता। चतुर्थेन वर्गेण विद्यालयस्य (vii)……… वृक्षारोपणं कृतम्। अनेन सेवाकार्येण सर्वेषां छात्राणां मनसि दिव्य-आनन्दस्य अनुभूतिः जाता। यदि सर्वे (viii)……… एवं कुर्वन्तु तर्हि अस्माकं देशस्य शीघ्रम् एव (ix)……… प्रगतिश्च भवेत्। पितृभ्याम् नमः

भवदीया सखी,

(x)………

- **मञ्जूषा** व्यवस्था, वाटिकायाम्, आसम्, निकिते!, वितीर्णवान्, रुचिका, निरक्षरबालकानाम्, विकासः, विद्यालयाः, चतुर्षु।

16. त्वं भीमः असि। स्वास्थ्यरक्षां प्रति जागरणार्थम् अनुजं नमनं प्रति लिखिते पत्रे मञ्जूषातः पदानि चित्वा रिक्तस्थानानि पूरयित्वा पुनः लिखत।

(तुम भीम हो। स्वास्थ्य रक्षा के प्रति जाग्रत करने के लिए अपने छोटे भाई नमन को लिखे गए इस पत्र में मञ्जूषा से शब्द चुनकर रिक्त स्थानों को पूर्ण करके फिर से लिखिए।)

परीक्षा भवनात्,

गाजियाबादतः।

दिनाङ्कः ………

प्रिय नमन!

(i)………।

पूज्यायाः मातु पत्रेण ज्ञातं यत् गतसप्ताहे त्वंरुग्णः आसीः। ज्ञायते यत् त्वं स्वास्थ्यरक्षां प्रति जागृतः नासि। अनुज! स्वास्थ्यम् (ii)……… रत्नम् अस्ति। तद् विना जगति सर्वं धनं व्यर्थम् एव। अतएव स्वाथ्यस्य रक्षायै अधोलिखिताः नियमाः अवश्यमेव (iii)……… ।

प्रातः सूर्योदयात् (iv)……… एव उत्थातव्यम्। एवम् आलस्यं शरीरं न आक्रमति।

शुद्धे पवने व्यायामं योगासनादिकञ्चविधाय (v)……… पातव्यम् नित्यं भोजनं कृत्वा दन्ताः अवश्यमेव (vi)………। यतः यस्य दन्ताः (vii)……… भवन्ति, तस्य भोजनम् उदरे सम्यक् पचति। गरिष्ठ भोजनं नैव ग्रहणीयम्, (viii)……… शाकानि च खादितव्यानि। खेलनान्तरं, जलस्यपानं (ix)………। निशायां प्रथमे एव (x)……… शयनाय पर्यङ्कं गन्तव्यम्।

आशा अस्ति यत् त्वम् अवश्यमेव एतान् नियमान् पालयिष्यसि, यतः 'शरीरमात्रं खलु धर्मसाधनम्' इति गृहे पितृभ्यां प्रणामाः।

तव शुभचिन्तकः

भीमः

- **मञ्जूषा** अमूल्यम्, पूर्वम्, निर्मलाः, फलानि, दुग्धं, कर्त्तव्यम्, प्रहरे, शुभाशिषः, मार्जनीयाः, पालनीयाः।

17. **भवती श्यामला। भवती पितरं प्रति एकं पत्रं लिखति। मञ्जूषायाः उचितानि पदानि चित्वा पत्रं पूरयतु।**
(आप श्यामला हैं। आप पिता को एक पत्र लिख रही हैं। मञ्जूषा से उचित शब्द चुनकर पत्र को पूर्ण कीजिए।)

अंजनेय छात्रावासः,
(i)..........।

दिनाङ्कः ....

पितृश्रीचरणसन्निधौ।
सादरं (ii)..........।

भवतः पत्रं प्राप्तम्। पत्रं पठित्वा बहु आनन्दः (iii).......... । अहम् अत्र (iv).......... । भवतः मातुः च (v).......... अधिकं चिन्तयामि। अत्र मम प्रशिक्षणं सम्यक् प्रचलति। भवता दत्तं (vi).......... आगमनसमये मार्गे एव मया पठितम्। प्रशिक्षणस्य (vii).......... अहं शैक्षिकप्रवासाय गमिष्यामि। ततः (viii).......... गृहम् आगमिष्यामि। एतं विषयं पूज्यमातरम् अपि (ix).......... मातृचरणयोः अपि मम वन्दनानि अनुजाय च शुभाशिषः।

(x).......... प्रियपुत्री

श्यामला।

- **मञ्जूषा** अभवत्, श्रीनगरतः, स्वास्थ्यविषये, आगत्य, वन्दनानि, पश्चात्, पुस्तकं, कुशलिनी, भवदीया, सूचयतु।

18. **भवान् सुदीपः अस्ति। परीक्षापरिणामस्य विषये स्वपितरं प्रति लिखिते अस्मिन् पत्रे मञ्जूषायाः उचितपदानि चित्वा रिक्तस्थानानि पूरयतु।**
(आप सुदीप हैं। परीक्षा परिणाम के विषय में अपने पिता को लिखे इस पत्र में मञ्जूषा से उचित शब्द चुनकर रिक्त स्थानों को पूर्ण करो।)

महर्षिविद्यामन्दिरः,
नोएडातः।

दिनाङ्कः ....

पूज्य पितृमहोदय!
(i)..........।

अतीव हर्षस्य विषयोऽस्ति यत् मम अर्द्धवार्षिक्याः परीक्षायाः (ii)..........आगतः। अहं नवतिः (iii).......... अङ्कान् प्राप्तवान्। किन्तु इदं ज्ञात्वा (iv).......... अपि चिन्तितः भविष्यति यत् गणितविषये (v).......... सुष्ठु अङ्कान् प्राप्तुं समर्थः न अभवम्। अद्यतः अहम् (vi).......... अभ्यासं करिष्यामि।

आशासे यत् (vii).......... भवतः आशीर्वादेन च आगामिवार्षिक परीक्षायाम् अपि (viii).......... प्रतिशतं अङ्कान् प्राप्स्यामि। मातरम्–अग्रजम् प्रति अपि मम (ix).......... कथनीयः।

भवतः पुत्रः,

(x)..........

- **मञ्जूषा** नमोनमः, प्रतिशतं, अधिकम्, नवनवतिः, चरणस्पर्शः, अहं, भवान्, अभ्यासेन, परिणामः, सुदीपः।

19. **भवान् राहुलः। मातुः स्वास्थ्यं ज्ञातुं भगिनीं सुनीतां प्रति लिखितेऽस्मिन् पत्रे मञ्जूषातः उचितपदानि चित्वा रिक्तस्थानानि पूरयित्वा पुनः लिखतु।**
(आप राहुल हैं। माता के स्वास्थ्य को जानने के लिए बहन सुनीता को लिखे गए इस पत्र में मञ्जूषा से उचित शब्द चुनकर रिक्त स्थानों को पूर्ण करके पत्र को पुनः लिखिए।)

छात्रावासतः,
शिमलानगरातः।

दिनाङ्कः ....

प्रिय (i)..........!
सस्नेहं नमस्ते।

पत्रेण (ii).......... यत् माता (iii).......... अस्ति। अहम् अतीव (iv).......... अस्मि परम् परीक्षा कारणात् गृहम् (v).......... सक्षमः न अस्मि। भवती यथासमयम् (vi).......... औषधिम् यच्छतु। भगवत्कृपया सा (vii).......... एव स्वस्था भविष्यति। (viii).......... शीघ्रं प्रेषयतु सर्वेभ्यो (ix).......... ।

तव भ्राता,
(x)..........

- **मञ्जूषा** ज्ञातम्, तस्यै, शीघ्रम्, पत्रोत्तरम्, आगन्तुम्, ज्वरपीडिता, चिन्तितः, राहुलः, नमोनमः, सुनीते!।

20. **भवान् भ्रातुः उपनयनार्थं मित्रं प्रति पत्रं लिखति। मञ्जूषासहायतया रिक्तस्थानानि प्रपूर्य पत्रं पुनः लिखतु।**
(आप भाई के उपनयन के लिए मित्र को पत्र लिख रहे हैं। मञ्जूषा की सहायता से रिक्त स्थानों को पूर्ण करके पत्र को फिर से लिखिए।)

परीक्षा भवनात्,
(i)..........।

दिनाङ्कः ....

प्रिय मित्र (ii)..........!
सस्नेहं (iii).......... ।

इदानीं (iv).......... निवेदयामि यत् मम भ्रातुः (v).......... कार्यक्रमः आगामिनि सप्ताहे तिरुचिनगरे (vi).......... । तदानीं मम (vii).......... अपि तत्र आगमिष्यन्ति। त्वमपि द्वित्रिदिनेभ्यः पूर्वमेव (viii).......... आगत्य मम साहाय्यं कुरु इति प्रार्थये। तव (ix).......... मम नमस्कारान् निवेदयतु।

धन्यवादाः

तव प्रियमित्रम्
(x)..........

- **मञ्जूषा** चेन्नैतः, रामः, नमस्ते, क ख ग घ, भविष्यति, अहम्, उपनयनस्य, तत्र, बन्धुजनाः, मातृपितृभ्याम्।

21. भवान् 'गौरव'। भवतः भगिनी उमा सर्वश्रेष्ठप्रचारिकापुरस्कारं प्राप्तवती। तस्याः कृते लिखितं वर्धापनपत्रं पूरयित्वा पुनः लिखतु। सहायतायै मञ्जूषा दत्ता।

(आप गौरव हैं। आपकी बहन उमा ने सर्वश्रेष्ठ प्रचारिका पुरस्कार प्राप्त किया है। उसको लिखे गए बधाई पत्र को मञ्जूषा में दिए शब्दों की सहायता से पूर्ण करके फिर से लिखिए।)

एन् 37 श्यामनगरम्,
(i)..........।

दिनाङ्कः ....

प्रिये उमे!
(ii)..........नमः।

अत्र सर्वगतं कुशलं तत्रापि (iii).......... । मया दूरदर्शनात् वार्तां श्रुत्वा ज्ञातं यत् भवती संस्कृतक्षेत्रे 'सर्वश्रेष्ठप्रचारिका ' इति पुरस्कारं (iv).......... । मम तु शिरः स्वाभिमानेन (v).......... अभवत्। अहं जानामि यत् भवती बाल्यादेव प्रचारकार्ये संलग्ना। इदानीं ग्रामे-ग्रामे संस्कृतसाहित्यस्य प्रचारं (vi).......... भवती। भारतीयसंस्कृतेः रक्षणाय बहुपरिश्रमं (vii).......... । मम पक्षतः अनेकशः (viii).......... । ईश्वरः कृपया भवत्यै (ix).......... प्रयच्छेत् (x)..........भव।
गृहे सर्वेभ्यः मम प्रणामाञ्जलिः निवेदनीयः।
भवत्याः सद्भावी अग्रजः,
गौरवः।

- मञ्जूषा कुर्वन्ति, करोति, अस्तु, वाराणसीतः, लब्धवती, समुन्नतम्, सप्रेम, साधुवादाः, यशस्विनी, बहुशक्तिं।

22. भवान् अनमोलः। मित्राय 'शलभाय' स्वजन्मदिवसविषये लिखिते पत्रे मञ्जूषातः उचितानि पदानि चित्वा रिक्तस्थानानि पूरयित्वा पत्रं च पुनः लिखतु। **CBSE 2014**

(आप अनमोल हैं। मित्र शलभ को अपने जन्मदिवस के विषय में लिखे गए पत्र में मञ्जूषा से उचित शब्द चुनकर रिक्त स्थानों को पूर्ण करके पत्र को फिर से लिखिए।)

परीक्षा भवनात्,
(i)..........।

दिनाङ्कः ....

प्रियमित्र शलभ!
(ii)..........।

यद्यपि (iii).......... व्यस्ततया भवता मम जन्मदिवसोत्सवस्य आनन्दः न लब्धः तथापि आशासे यत् तस्य वर्णनं पठित्वा (iv).......... अपि किमपि आनन्दम् अवश्यमेव (v)..........। केककृन्तनस्य आधुनिकरीतिं विहाय यज्ञकथादिकस्य भारतीय-सरणिम् अवलम्ब्य अयम् (vi).......... मानितः। पुरोहितमहोदयेन आशीर्वचसा ममोपरि सर्वेषाम् (vii).......... अक्षतैः शुभकामना (viii)..........। तत्पश्चात् सर्वैः (ix).......... कृतम्। विस्तरेण तु अहं (x).......... एवं बोधयिष्यामि इति।

भवदीयं मित्रम्
अनमोलः

- मञ्जूषा मेरठतः, लप्स्यते, भवान्, सस्नेहं नमः, आगन्तुकानाम्, जलपानम्, मिलित्वा, उत्सवः, प्रदार्पिता, वार्षिक परीक्षायाः।

23. भवान् सोमेशः। भवतः ज्येष्ठा भगिनी रमा जयपुरे छात्रावासे निवसति। रक्षाबन्धनपर्वणि भवतां विद्यालये संस्कृतदिवसस्य भव्यम् आयोजनम् अस्ति। तदर्थं तां निमन्त्रयितुं लिखिते पत्रे मञ्जूषापदसाहाय्येन रिक्तस्थानपूर्तिं कृत्वा पत्रं पुनः लिखतु। **CBSE 2011**

(आप सोमेश हैं। आपकी बड़ी बहन रमा जयपुर में छात्रावास में रहती हैं। रक्षाबंधन के पर्व पर आपके विद्यालय में संस्कृत दिवस का भव्य आयोजन है। उसके लिए रमा को निमंत्रित करने के लिए लिखे गए पत्र में मञ्जूषा के शब्दों की सहायता से रिक्त स्थानों की पूर्ति करके पत्र को फिर से लिखिए।)

115, शालीमार बागः,
दिल्लीतः।

दिनाङ्कः ....

पूज्ये (i)..........!
सस्नेहं (ii)..........

अत्र कुशलं (iii).......................... । मन्ये भवती सर्वथा स्वस्था (iv).......... च भविष्यति। भवती (v).......... एव यत् श्रावणमासस्य पूर्णिमायां रक्षाबन्धनपर्वणि अस्माकं विद्यालये (vi).......... संस्कृतदिवसस्य आयोजनं भवति। अस्मिन् वर्षे (vii).......... नाटकस्य मञ्चनं भविष्यति। अहं तत्र (viii)..........अभिनयं करिष्यामि। भवत्याः आगमनेन 'रक्षाबन्धन' इति पर्वणः अपि (ix) .... भविष्यति, विद्यालये भवत्याः उपस्थित्या मम (x)..........अपि भविष्यति।
भवत्याः स्नेहपात्रः,
सोमेशः

- मञ्जूषा चारुदत्तमिति, चारुदत्तस्य, भगिनि, तत्रास्तु, अभिवादनम्, प्रतिवर्षम्, जानाति, प्रसन्नचित्ता, उत्साहवर्द्धनम्, आयोजनम्।

24. भवान् प्रणवः। स्वमित्रं सौरभं प्रति पशुपक्षिभिः सह क्रूरव्यवहारात् निषेधयितुं लिखितं पत्रं मञ्जूषायां प्रदत्तपदैः पूरयतु।

(आप प्रणव हैं। अपने मित्र सौरभ को पशु-पक्षियों के साथ निर्दयी व्यवहार को रोकने के लिए लिखे गए पत्र को मञ्जूषा में दिए गए शब्दों से पूर्ण कीजिए।)

परीक्षा भवनात्,
जयपुरतः।

दिनाङ्क ....

प्रियमित्र (i)..........

सस्नेहं नमस्ते!

त्वया लिखितं पत्रम् इदानीमेव मया प्राप्तम्। एतत् (ii).......... अहम् अतीव प्रसन्नः अस्मि यत् त्वया वार्षिकक्रीडा समारोहे शूटिंग (iii).......... प्रथमस्थानं प्राप्तम्। मम हार्दिकम् (iv).......... स्वीकरोतु परं सार्धमेव मम एकं (v).......... अपि अस्ति यत् स्वाभिरुचेः पूरणार्थं वराकस्यः निर्बलेभ्यः पशुपक्षिभ्यः (vi).......... तु नैव हर्तव्यः। क्षणं विचारय। मित्र ! यत् एतैः

पशुपक्षिभिः कः अपराधःकृतः? एते तु सर्वदैव प्रकृतेः (vii)·········· वर्द्धयन्ति। यदि सर्वे एव स्वाभिरुचिं पूरयितुम् एतेषां वधं करिष्यन्ति, तर्हि एते तु (viii)··········दुर्लभः भविष्यन्ति अतः कृपया मम (ix)·········· अन्यथा न ग्राह्यम् अपितु अस्मिन् विषये चिन्तनीयम्। गृहे सर्वेभ्यः यथायोग्यम् अभिवादनम्।

तव अभिन्नमित्रम् (x)··········

- मञ्जूषा शोभाम्, प्रकृतौ, सौरभः, कथनम्, प्रतिस्पर्धायाम्, ज्ञात्वा, जीवनाधिकारः, प्रणवः, वर्धापनं, निवेदनम्।

25. **भवती सीमा। भोपालनगरे छात्रावासे निवसति। स्व-भ्रातरं स्वास्थ्यवर्धकं भोजनं विषये लिखितं। इदं पत्रं मञ्जूषापदैः सहायतया पूरयित्वा लिखत।**

(आप सीमा हैं। भोपाल नगर छात्रावास में रहती हैं। अपने भाई को स्वास्थ्य वर्धन भोजन के विषय में लिखे गए इस पत्र को मञ्जूषा के शब्दों की सहायता से पूरा करके पुनः लिखिए।)

परीक्षा भवनात्,
गुरुग्रामातः।

दिनाङ्कः ··········

प्रिय हार्दिक!
(i) ·············· ।

मया मात्रा लिखितं पत्रं प्राप्तम्। तेन (ii) ········ मया ज्ञातं यत् भवान् सन्तुलितभोजनं न (iii) ········ , प्रतिदिनं च 'चाऊमीन-बर्गर' इति खादति। (iv) ······ भोजनं स्वास्थ्याय सम्यक् न अस्ति। यदा कदा तु अस्य (v) ······ कर्तुं शक्यते, परं प्रतिदिनं (vi) ······ सेवनं स्वास्थ्याय हानिकरम्।

स्वास्थ्याय तु सन्तुलितभोजनम् एव (vii) ······ यतः 'स्वस्थशरीरे एव स्वस्थमनसः विकासः' भवति। अतः भवान् त्वरितभोजनस्य सेवनं (viii) ······। स्वास्थ्यवर्धकं भोजनमेव खादतु। अनेन भवान् कदापि (ix) ······ न भविष्यति। भवान् स्व-स्वास्थ्य विषये जागरूकः तिष्ठतु इति मे अनुरोधः।

भवदीया (x) ······
हिमांशी

- मञ्जूषा त्वरितभोजनस्य, त्यजतु, पत्रेण, सेवनम्, ईदृशम्, ग्रहीतव्यम्, स्नेहाशिषः, सेवते, रुग्णः, अग्रजा।

26. **पितरं प्रति लिखितम् अधः पत्रं मञ्जूषापदसहायता पूरयित्वा पुनः लिखत।** **CBSE 2020**

(पिता को लिखे गए निम्नलिखित पत्र को मञ्जूषा में दिए गए शब्दों की सहायता से पूर्णकर पुनः लिखिए।)

परीक्षा भवनात्,
(i) ···········

दिनाङ्कः ··········

पूज्याः (ii) ··············!
सादरं प्रणामाः।

अत्र कुशलं तत्रास्तु। इदं विज्ञाय भवान् अतिप्रसन्नः भविष्यति यद् गतदिवसे अन्तर्विद्यालयीय भाषणप्रतिस्पर्धायां मया (iii) ······ स्थानं लब्धम्। क्रीडादिवसे (iv) ······· अहमेव प्रथमः आसम्। अस्मिन् वर्षे वार्षिकोत्सवे अहं नाट्याभिनयं (v) ·······। अयं वार्षिकोत्सवः आगामि-सोमवासरे (vi)·······। विद्यालयस्य पक्षतः ह्य एव (vii)·······प्रेषितम्। अहमपि (viii)·······सूचयामि, भवान् अवश्यम् आगच्छतु। मम (ix)·······भविष्यति।

भवतः आज्ञाकारी पुत्रः
(x)·······।

- मञ्जूषा निमन्त्रणपत्रम्, धावनप्रतियोगितायाम्, पीयूषः, उत्साहवर्धनम्, भवन्तम्, प्रयागराजतः, प्रथमम्, करिष्यामि, पितृमहोदयाः, आयोजयिष्यते।

उत्तराणि

1.	(i) जयपुरनगरम्	(ii) नगरनिगमः	(iii) अत्र	(iv) जलाभावस्य	(v) समाधानम्
	(vi) संरक्षणम्	(vii) सहायताम्	(viii) समर्थः	(ix) आभारी	(x) राजशेखरः
2.	(i) श्रीमत्यः	(ii) अवकाशाय	(iii) सविनयम्	(iv) दिवसात्	(v) अस्वस्थता
	(vi) आगन्तुं	(vii) प्रार्थना	(viii) दिनत्रयस्य	(ix) स्वीकृत्य	(x) योगेशः
3.	(i) जयपुरम्	(ii) जगतपुरा	(iii) निवेदनम्	(iv) कारणात्	(v) दिवानिशम्
	(vi) चौर्यम्	(vii) भयभीताः	(viii) अपराधस्य	(ix) विश्वासम्	(x) राजेशः सोलंकी
4.	(i) प्रधानाचार्याः	(ii) अजयमेरूः	(iii) सविनयं	(iv) भवतां	(v) पठामि
	(vi) परिवारस्य	(vii) रुचिः	(viii) प्रार्थना	(ix) विलोक्य	(x) रमणः
5.	(i) भरतपुरम्	(ii) निवेदनमस्ति	(iii) स्थानान्तरणं	(iv) गमिष्यामः	(v) गमनं
	(vi) पठितुं	(vii) प्रार्थना	(viii) प्रदाय	(ix) पितुः	(x) रमेशः
6.	(i) आजमनगरम्	(ii) प्रकाशकमहोदयाः	(iii) पुत्रः	(iv) षष्ठी	(v) पुस्तकानि
	(vi) प्रकाशितानि	(vii) रूप्यकाणि	(viii) मूल्यम्	(ix) सधन्यवादम्	(x) रजनीशः

7. (i) उदयपुरम् (ii) निवेद्यते (iii) विद्यालये (iv) व्यवस्था (v) आवश्यकं
(vi) रोचते (vii) क्रीडाया: (viii) विधाय (ix) श्रीमन्त: (x) अभ्युत्कर्ष:

8. (i) जोधपुरम् (ii) अहं (iii) दशम्यां (iv) स्वकीयं (v) वांछामि
(vi) तस्य (vii) प्रार्थना (viii) चरित्र (ix) प्रदाय (x) भूपेन्द्र:

9. (i) सेवायाम् (ii) सविनयं (iii) ज्येष्ठभ्रातु: (iv) भविष्यति (v) दिनद्वयं
(vi) शक्नोमि (vii) प्रार्थना (viii) दिनद्वयस्य (ix) शिष्य: (x) अभिनव:

10. (i) अहमदाबादम् (ii) डाकपालमहोदया: (iii) महाराष्ट्र (iv) दशसहस्रम् (v) प्रक्रिया
(vi) शुल्कस्य (vii) धनम् (viii) रूप्यकाणि (ix) आभारी (x) राजकुमार: मिश्र

11. (i) अमरपुरत: (ii) दिवाकर! (iii) कुशलम् (iv) मन्ये (v) आयोजनम्
(vi) नृत्यनाटिका (vii) मिलित्वा (viii) अभवत् (ix) मातापितृभ्याम् (x) प्रगीत:

12. (i) तनिष्क (ii) पत्रम् (iii) अरुचिम् (iv) क्रीडेन् (v) अङ्का:
(vi) उचितम् (vii) स्वास्थ्याय (viii) मानसिकरूपेण (ix) परामर्श: (x) त्वम्

13. (i) नम: (ii) ज्ञात्वा (iii) भगिन्या (iv) राकेशेन (v) वरयात्रा
(vi) त्रिदिनानि (vii) सहाय्यम् (viii) मम (ix) भविष्यति (x) अभिन्नहृदय:

14. (i) सुन्दरनगरात् (ii) अक्षत: (iii) कुशलम् (iv) जन्मदिवस: (v) पुस्तकम्
(vi) मनोयोगेन (vii) जीवनपद्धतिं (viii) भक्तिभावनाया: (ix) अध्ययनम् (x) मित्रम्

15. (i) निकिते! (ii) आसम् (iii) चतुर्षु (iv) वितीर्णवान् (v) निरक्षरबालकानाम्
(vi) व्यवस्था (vii) वाटिकायाम् (viii) विद्यालया: (ix) विकास: (x) रुचिका

16. (i) शुभाशिष: (ii) अमूल्यम् (iii) पालनीया: (iv) पूर्वम् (v) दुग्धं
(vi) मार्जनीया: (vii) निर्मला: (viii) फलानि (ix) कर्त्तव्यम् (x) प्रहरे

17. (i) श्रीनगरत: (ii) वन्दनानि (iii) अभवत् (iv) कुशलिनी (v) स्वास्थ्यविषये
(vi) पुस्तकं (vii) पश्चात् (viii) आगत्य (ix) सूचयतु (x) भवदीया

18. (i) नमोनम: (ii) परिणाम: (iii) प्रतिशतं (iv) भवान् (v) अभ्यासेन
(vi) अधिकम् (vii) अहं (viii) नवनवति: (ix) चरणस्पर्श: (x) सुदीप:

19. (i) सुनीते! (ii) ज्ञातम् (iii) ज्वरपीडिता (iv) चिन्तित: (v) आगन्तुम्
(vi) तस्यै (vii) शीघ्रम् (viii) पत्रोत्तरम् (ix) नमोनम: (x) राहुल:

20. (i) चेन्नैत: (ii) राम: (iii) नमस्ते (iv) अहम् (v) उपनयनस्य
(vi) भविष्यति (vii) बन्धुजना: (viii) तत्र (ix) मातृपितृभ्याम् (x) क ख ग घ

21. (i) वाराणसीत: (ii) सप्रेम (iii) अस्तु (iv) लब्धवती (v) समुन्नतम्
(vi) कुर्वन्ति (vii) करोति (viii) साधुवादा: (ix) बहुशक्तिं (x) यशस्विनी

22. (i) मेरठत: (ii) सस्नेहं नम: (iii) वार्षिक परीक्षाया: (iv) भवान् (v) लप्स्यते
(vi) उत्सव: (vii) आगन्तुकानाम् (viii) प्रदार्पिता (ix) जलपानम् (x) मिलित्वा

23. (i) भगिनि (ii) अभिवादनम् (iii) तत्रास्तु (iv) प्रसन्नचित्ता (v) जानाति
(vi) प्रतिवर्षम् (vii) चारुदत्तमिति (viii) चारुदत्तस्य (ix) आयोजनम् (x) उत्साहवर्द्धनम्

24. (i) सौरभ: (ii) ज्ञात्वा (iii) प्रतिस्पर्धायाम् (iv) वर्धापनं (v) निवेदनम्
(vi) जीवनाधिकार: (vii) शोभाम् (viii) प्रकृतौ (ix) कथनम् (x) प्रणव:

25. (i) स्नेहाशिष: (ii) पत्रेण (iii) सेवते (iv) ईदृशम् (v) सेवनम्
(vi) त्वरितभोजनस्य (vii) ग्रहीतव्यम् (viii) त्यजतु (ix) रुग्ण: (x) अग्रजा

26. (i) प्रयागराजत: (ii) पितृमहोदया: (iii) प्रथमम् (iv) धावनप्रतियोगितायाम् (v) करिष्यामि
(vi) आयोजयिष्यते। (vii) निमन्त्रणपत्रम् (viii) भवन्तम् (ix) उत्साहवर्धनम् (x) पीयूष:

चित्रवर्णनम्

अध्याय 2

चित्रवर्णने ध्यानयोग्याः बिंदवः

चित्राधारित वर्णनं प्रारूप समये अधोलिखितानाम् बिंदुनां ध्यातव्यम्।

- प्रदत्तचित्रं सम्यक् प्रकारेण अवलोकनीयं येन चित्रे स्थितं प्रत्येकं विषयं सम्यक् प्रकारेण मनसि आगच्छेत्।
- चित्रेण सह प्रदत्त **मञ्जूषामपि** ध्यानेन पठनीयं तथा च चित्रस्य वर्णनेन सम्मेलनं करणीयम्। रोचकतायाः ध्यानम् अपि करणीयम्।।
- मञ्जूषायां प्रदत्तशब्देषु आवश्यकतानुसारेण लिङ्गं, वचनं, पुरुषः विभक्तिः च परिवर्तितुं शक्यते।
- वाक्यलेखने सरला शुद्धा च भाषा प्रयोक्तव्या।
- वाक्यानि सरलानि, लघूनि च अन्योन्येन सह संबंधीनि भवितव्यानि।
- एक प्रकारस्यैव **भावं, विचारं** वा प्रस्तोतव्यम्।
- भूमिका, उपसंहारं वा न कदापि लेखनीयम्।

चित्र वर्णन करते समय ध्यान रखने योग्य बिंदु

चित्र आधारित वर्णन करते समय निम्नलिखित बिंदु/बातें ध्यान में रखनी चाहिए

- दिए गए चित्र को भली-भाँति देख लेना चाहिए, जिससे चित्र में स्थित प्रत्येक बिंदु भली-भाँति समझ में आ जाए।
- चित्र के साथ दी गई **शब्द-सूची** को भी ध्यानपूर्वक पढ़ना चाहिए और चित्र के वर्णन से मिलान करना चाहिए।
- मञ्जूषा में दिए गए शब्दों में आवश्यकतानुसार **लिङ्ग**, **वचन**, **पुरुष**, **विभक्ति** आदि में परिवर्तन किया जा सकता है।
- वाक्य लिखते समय **सरल** व **शुद्ध** भाषा का प्रयोग करना चाहिए।
- वाक्य सरल, लघु तथा एक-दूसरे से संबंधित होने चाहिए।
- एक प्रकार का ही **भाव** अथवा **विचार** प्रस्तुत करना चाहिए।
- भूमिका अथवा उपसंहार कभी भी नहीं लिखना चाहिए।

साधित उदाहरणम्

1. अधोदत्तचित्रस्य वर्णनं मञ्जूषायां प्रदत्तपदानां सहायतया पञ्चवाक्येषु कुरुत। **CBSE 2024**
(नीचे दिए गए चित्र का वर्णन मञ्जूषा में दिए गए शब्दों की सहायता से पाँच वाक्यों में कीजिए।)

• मञ्जूषा पुस्तकप्रदर्शनी, आगच्छन्ति, प्रतिवर्षं, रोचकपुस्तकानि, छात्राः, प्रसन्नाः, लेखकाः, उचितमूल्यम्, देश-विदेशेभ्यः, विद्यालयात्, कार्यक्रमाः, महिला, जनाः, क्रेतुम्।

उत्तराणि

(i) एषा एका पुस्तकप्रदर्शनी अस्ति।
(ii) एषा प्रतिवर्षम् नवंबर मासे आगच्छन्ति।
(iii) एतस्याम् देश-विदेशेभ्यः छात्राः लेखकाः च उचित-मूल्येन रोचक-पुस्तानि क्रेतुम् आगच्छन्ति।
(iv) विद्यालयात् एका महिला शिक्षिकाऽपि अत्र आगच्छति।
(v) अत्र विविधाः कार्यक्रमाः अपि भवन्ति।

2. अधोदत्तचित्रस्य वर्णनं मञ्जूषायां प्रदत्तपदानां सहायतया पञ्चवाक्येषु कुरुत। **CBSE 2017**
(नीचे दिए गए चित्र का वर्णन मञ्जूषा में दिए गए शब्दों की सहायता से पाँच वाक्यों में कीजिए।)

• मञ्जूषा अत्र, अस्मिन्, विशालं, पुष्पाणि, विद्यालयः, बालः, भवनम्, कन्दुकः, वृक्षाः, पक्षी, क्रीडा, आनन्दः, क्रीडादिवसः, पारितोषिकोत्सवः, धावन्ति, सन्ति, परस्परम्, चित्रे, इदम्, अस्ति।

उत्तराणि

(i) इदं चित्रं विद्यालयस्य अस्ति।
(ii) अस्मिन् चित्रे बालाः कन्दुकेन क्रीडन्ति।
(iii) विद्यालये बालिकाः आनन्देन धावन्ति।
(iv) अत्र विशालं भवनम् अस्ति।
(v) अस्मिन् चित्रे वृक्षाः पुष्पाणि च सन्ति।

3. अधोदत्तचित्रस्य वर्णनं मञ्जूषायां प्रदत्तपदानां सहायतया पञ्चवाक्येषु कुरुत। **CBSE 2011**
(नीचे दिए गए चित्र का वर्णन मञ्जूषा में दिए गए शब्दों की सहायता से पाँच वाक्यों में कीजिए।)

• मञ्जूषा नद्याः, एका, जले, अस्ति, नदी, वृक्षाः, रजकः, बालौ, क्षालयति, वस्त्राणि, तरतः, ग्रामाद्, प्रवहति, तटे, रमणीयः, कुटीरः, पर्वत, बहिः, सन्ति, अस्याः।

उत्तराणि

(i) ग्रामाद् बहिः एका नदी प्रवहति। (ii) नद्याः तटे वृक्षाः सन्ति। (iii) अस्याः जले रजकः वस्त्राणि क्षालयति।
(iv) नद्याः जले बालौ तरतः। (v) नद्याः तटे रमणीयः कुटीरः अस्ति।

4. **अधोदत्तचित्रस्य वर्णनं मञ्जूषायां प्रदत्तपदानां सहायतया पञ्चवाक्येषु कुरुत।**
(नीचे दिए गए चित्र का वर्णन मञ्जूषा में दिए गए शब्दों की सहायता से पाँच वाक्यों में कीजिए।)

- मञ्जूषा अस्मिन्, कुर्वन्ति, वञ्चिताः, गृहकार्यं, बाल्यसुखात्, कार्ये, संलग्नौ, श्रमं, बालश्रमिकाः, पात्राणि, स्वच्छतां, करोति, कारयति, चित्रं, महिला, इदम्, अस्ति, सन्ति।

उत्तराणि

(i) इदं चित्रं बालश्रमिकाणाम् अस्ति। (ii) अस्मिन् चित्रे बालश्रमिकाः कार्ये संलग्नाः सन्ति। (iii) बालाः बाल्यसुखात् वञ्चिताः सन्ति।
(iv) बालश्रमिकाः स्वच्छतां कुर्वन्ति। (v) महिला गृहकार्यं कारयति।

5. **अधोदत्तचित्रस्य वर्णनं मञ्जूषायां प्रदत्तपदानां सहायतया पञ्चवाक्येषु कुरुत।**
(नीचे दिए गए चित्र का वर्णन मञ्जूषा में दिए गए शब्दों की सहायता से पाँच वाक्यों में कीजिए।)

- मञ्जूषा इदं, पृष्ठे, उन्नतौ, पक्षौ, नृपः, शुकः, राजभवनस्य, आम्रद्वयम्, हरितवर्णः, नृपस्य, भवति, तल्लीनः, आश्चर्यचकितः, मन्त्री, हस्तसंकेतम्, चञ्च्वा, भक्षयति, विशालः, पृच्छः, अत्र, चित्रं, अस्ति।

उत्तराणि

(i) इदं चित्रं राजभवनस्य अस्ति। (ii) अत्र आम्रद्वयम् अस्ति। (iii) नृपस्य पृष्ठे मन्त्री अस्ति।
(iv) शुकः चञ्च्वा आम्रद्वयं भक्षयति। (v) शुकः हरितवर्णः अस्ति।

अभ्यास प्रश्नाः

मञ्जूषा की सहायता से चित्र वर्णन

1. प्रदत्तं चित्रं दृष्ट्वा मञ्जूषायां प्रदत्तशब्दानां सहायतया पञ्च वाक्यानि संस्कृतेन लिखत। **CBSE SQP 2023-24**
(नीचे दिए गए चित्र को देखकर मञ्जूषा में दिए गए शब्दों की सहायता से पाँच संस्कृत वाक्यों में वर्णन कीजिए।)

- **मञ्जूषा** यज्ञपात्रम्, अग्निः, बालकाः, मन्त्रोच्चारणम्, विद्यालयः, श्रद्धया, आसनानि, तिष्ठन्ति, प्रज्वलति, भवनम्, पादपाः, यज्ञं कुर्वन्ति।

2. अधोदत्तचित्रस्य वर्णनं मञ्जूषायां प्रदत्तपदानां सहायतया पञ्चवाक्येषु कुरुत। **CBSE 2016**
(नीचे दिए गए चित्र का वर्णन मञ्जूषा में दिए गए शब्दों की सहायता से पाँच वाक्यों में कीजिए।)

- **मञ्जूषा** इदं, उत्पतन्ति, फलन्ति, विकसन्ति, अस्मिन्, कुर्वन्ति, आकाशे, जनाः, अनेकानि, मेघाः, कृषकाः, वृक्षाः, मृत्तिकागृहाणि, कमलानि, सन्ति, जलाशयः, ग्राम्यजीवनस्य, चित्रं, एतस्मिन्, अस्ति, एकः।

3. अधोदत्तचित्रस्य वर्णनं मञ्जूषायां प्रदत्तपदानां सहायतया पञ्चवाक्येषु कुरुत। **CBSE 2016**
(नीचे दिए गए चित्र का वर्णन मञ्जूषा में दिए गए शब्दों की सहायता से पाँच वाक्यों में कीजिए।)

- **मञ्जूषा** इदं, चिकित्सकः, अत्र, चित्रं, निरीक्षणं, ददाति, स्थालिकायां, औषधिं, रुग्णौः, मातापितरौ, करोति, जलपात्रम्, कदलीफले, स्तः, द्वौ, चिकित्सालयस्य अस्मिन्, अस्ति, द्वे, रुग्णाय।

4. अधोदत्तचित्रस्य वर्णनं मञ्जूषायां प्रदत्तपदानां सहायतया पञ्चवाक्येषु कुरुत। **CBSE 2013**
(नीचे दिए गए चित्र का वर्णन मञ्जूषा में दिए गए शब्दों की सहायता से पाँच वाक्यों में कीजिए।)

- **मञ्जूषा** स्तः, उपनेत्रं, जनान्, एकः, ग्रंथालयस्य, दर्शयति, पुस्तकानि, चित्रं, जनाः, इदं, पठन्ति, अत्र, अनेकानि, दृश्यं, समाचार-पत्राणि, व्यजनानि, पंक्तिबद्धानि, ग्रंथपालौ, एतत्, पुस्तककपाटिका, द्वौ, धारयन्, ईक्षत, उपरि, अध, पठन्ति, चलन्ति, सज्जितानि, ग्रंथपाल।

5. अधोदत्तचित्रस्य वर्णनं मञ्जूषायां प्रदत्तपदानां सहायतया पञ्चवाक्येषु कुरुत।
(नीचे दिए गए चित्र का वर्णन मञ्जूषा में दिए शब्दों की सहायता से पाँच वाक्यों में कीजिए।)

- **मञ्जूषा** अस्मिन्, आसन्दाः, चषकाः, बालिकाः, इदं, चर्चायां, पञ्च, मग्नाः, उत्पीठिकायां, सप्त, सर्वा, चत्वारः, सन्ति, अतिथिकक्षस्य, चित्रं, अस्ति।

6. अधोदत्तचित्रस्य वर्णनं मञ्जूषायां प्रदत्तपदानां सहायतया पञ्चवाक्येषु कुरुत।
(नीचे दिए गए चित्र का वर्णन मञ्जूषा में दिए गए शब्दों की सहायता से पाँच वाक्यों में कीजिए)

- **मञ्जूषा** इदं, पति, पत्नी, पात्राणि, वस्त्रासनम्, गृहम्, प्रेम्णा, परस्परम्, चमसः, परिवेषयति, सूपादिकम्, भोजनम्, कदलीपत्रम्, परिवारस्य, करोति, वार्तालापं, चित्रे, अस्ति, अस्मिन् सन्ति, चित्रे।

7. अधोदत्तचित्रस्य वर्णनं मञ्जूषायां प्रदत्तपदानां सहायतया पञ्चवाक्येषु कुरुत।
(नीचे दिए गए चित्र का वर्णन मञ्जूषा में दिए गए शब्दों की सहायता से पाँच वाक्यों में कीजिए।)

- **मञ्जूषा** चित्रं, प्रमुख, अस्मिन्, दण्डौ, पक्षिणौ, वृक्षः, धारयतः, आकाशे, न्यायं, मालाम्, शिशुः, पादपः, प्रमुखस्य, कण्ठे, पत्राणि, रक्षकौ, करोति, वनस्य, गच्छतः, अस्ति।

8. अधोदत्तचित्रस्य वर्णनं मञ्जूषायां प्रदत्तपदानां सहायतया पञ्चवाक्येषु कुरुत।
(नीचे दिए गए चित्र का वर्णन मञ्जूषा में दिए गए शब्दों की सहायता से पाँच वाक्यों में कीजिए।)

- **मञ्जूषा** शिरस्त्राणस्य, दण्डशुल्कम्, आरक्षकः, सुरक्षायै, धारयित्वा, दुर्घटनायै, निर्षाधम्, आमन्त्रणम्, शुल्कप्राप्तिपत्रम्, मोटरसाइकिलचालकः, आत्मरक्षायै।

9. अधः प्रदत्तं चित्रं दृष्ट्वा मञ्जूषायां प्रदत्तशब्दानां सहायतया पञ्च वाक्यानि संस्कृतेन लिखत।
(नीचे दिए गए चित्र को देखकर मञ्जूषा में दिए गए शब्दों की सहायता से पाँच संस्कृत वाक्यों में वर्णन कीजिए।)

- मञ्जूषा पति, पत्नी, बालिका, वृक्षाः, बहवः, जनाः, परस्परं, वार्तालापं, कुर्वन्ति, लिखति, वृद्धासनाः, अपि, सन्ति, स्त्रियः, पुरुषाः।

10. अधोदत्तचित्रस्य वर्णनं मञ्जूषायां प्रदत्तपदानां सहायतया पञ्चवाक्येषु कुरुत।
(नीचे दिए गए चित्र का वर्णन मञ्जूषा में दिए गए शब्दों की सहायता से पाँच वाक्यों में कीजिए।)

- मञ्जूषा अस्मिन्, चित्रं, कूपस्य, घटः, कुटीरद्वयम्, भवति, दृष्ट्वा, गर्तः, कश्चित्, विप्रः, शिरसि, जलपूर्णम्, विस्मितः, महिलायाः, शिलाखण्डे, परिश्रमः, इदं, ग्राम्य, जीवनस्य, निकटे, अस्ति।

उत्तराणि

1. (i) चित्रे एकम् भवनम् अस्ति। अस्मिन् एकस्य विद्यालयस्य बालका: तिष्ठन्ति।
(ii) सर्वे बालका: श्रद्धया आसनानि तिष्ठन्ति।
(iii) तेषाम् मध्ये यज्ञपात्रम् अस्ति।
(iv) यज्ञ पात्रे अग्नि प्रज्वलति।
(v) आचार्य मन्त्रोच्चारणं कुर्वन्ति। भवनस्य प्रांगणे पादपा: अपि अस्ति।

2. (i) इदं चित्रं ग्राम्यजीवनस्य अस्ति।
(ii) अस्मिन् चित्रे मृत्तिकागृहाणि सन्ति।
(iii) एतस्मिन् चित्रे एक: जलाशय: अस्ति।
(iv) जलाशये अनेकानि कमलानि विकसन्ति।
(v) मेघा: आकाशे उत्पतन्ति।

3. (i) इदं चित्रं चिकित्सालयस्य अस्ति।
(ii) अस्मिन् चित्रे चिकित्सक: निरीक्षणं करोति।
(iii) चित्रे द्वौ रुग्णौ स्त:।
(iv) मातापितरौ रुग्णाय औषधिं ददाति।
(v) अत्र स्थालिकायां द्वे कदलीफले स्त:।

4. (i) एतत् चित्रं ग्रंथालयस्य अस्ति।
(ii) पुस्तककपाटिकायाम् पंङ्क्तिबद्धानि पुस्तकानि सज्जितानि।
(iii) उपरि व्यजनानि चलन्ति अध: च जना: पुस्तकानि समाचार-पत्राणि वा पठन्ति।
(iv) उपनेत्रं धारयन् एक: ग्रंथपाल: जनान् ईक्षते।
(v) अत्र द्वौ ग्रंथपालौ स्त:।

5. (i) इदं चित्रं अतिथिकक्षस्य अस्ति।
(ii) सर्वा: बालिका: चर्चायां मग्ना: सन्ति।
(iii) उत्पीठिकायां सप्त चषका: सन्ति।
(iv) अस्मिन् चित्रे चत्वार: आसन्दा: सन्ति।
(v) चित्रे पञ्च बालिका: सन्ति।

6. (i) इदं चित्रं परिवारस्य अस्ति।
(ii) अस्मिन् चित्रे पत्नी भोजनं परिवेषयति।
(iii) पति प्रेम्णा भोजनं करोति।
(iv) अस्मिन् चित्रे पात्राणि कदलीपत्रं सूपादिकं च सन्ति।
(v) पति पत्नी परस्परं वार्तालापं कुरुत:।

7. (i) एतत् चित्रं वनस्य अस्ति।
(ii) अस्मिन् चित्रे प्रमुख: न्यायं करोति।
(iii) प्रमुखस्य कण्ठे माला अस्ति।
(iv) रक्षकौ दण्डौ धारयत:।
(v) पक्षिणौ आकाशे उड्डीयेते।

8. (i) इदं चित्रं सडकसुरक्षासप्ताहस्य अस्ति।
(ii) राजमार्गे वाहनानां सङ्कुलं दृश्यते।
(iii) केचन जना: यातायात नियमान् उलंघयन्ति।
(iv) द्वे आरक्षिके जनान् दण्डरूपेण चालानं कर्तयत:।
(v) राजमार्गस्य अभित: भवनानि वृक्षाणि च सन्ति।

9. (i) अस्मिन् चित्रे एकं रमणीयम् उद्यानम् अस्ति।
(ii) उद्याने बालक:, बालिका, नारी वृद्धा: च भ्रमन्ति।
(iii) उद्याने बहव: विशाल वृक्षा: सन्ति।
(iv) केचन जना: संगणकयंत्रे (लैपटॉप) कार्यं कुर्वन्ति।
(v) अत्र जना: परस्पर वार्तालापं कुर्वन्ति केचन् च पठन्ति लिखन्ति च।

10. (i) इदं चित्रं ग्राम्य जीवनस्य अस्ति।
(ii) महिलाया: शिरसि जलपूर्णं घट: अस्ति।
(iii) अस्मिन् चित्रे शिलाखण्डे गर्त: अस्ति।
(iv) विप्र: गर्तं दृष्ट्वा विस्मित: भवति।
(v) कूपस्य निकटे घट: अपि अस्ति।

अध्याय 3

अनुच्छेद-लेखनम्

अनुच्छेद लेखने ध्यानयोग्याः बिंदवः

अनुच्छेद लेखनसमये अधोलिखितानां बिंदुनां ध्यातव्यम्

- अनुच्छेदे एक एव **भावः विचारो** वा प्रस्तोतव्याः।
- अनुच्छेदलेखने **भूमिका, उपसंहारो** वा ना भवति। विषयस्य सद्यः एव आरंभः क्रियते।
- अनुच्छेदस्य वाक्यानि परस्परं संबन्धानि भवेयुः। रोचकता अनुच्छेदस्य विशिष्टा गुणा भवितव्या।
- अनुच्छेदस्य भाषा सरला, **स्पष्टा प्रभावपूर्णा** च भवितव्या।
- अनुच्छेदे प्रस्तुत विषयस्य **केन्द्रिय भावम्** प्रारंभे अंते वा अवश्यं दातव्यम्।
- अनुच्छेदः अतिविस्तृतः अतिलघु वा ना स्यात्, प्रायः पञ्चवाक्यानि पर्याप्तानि भवन्ति।

अनुच्छेद-लेखन करते समय ध्यान रखने योग्य बिंदु

अनुच्छेद लेखन करते समय निम्नलिखित बिंदुओं को ध्यान में रखना चाहिए।

- अनुच्छेद में एक ही **भाव** या **विचार** प्रस्तुत करना चाहिए।
- अनुच्छेद-लेखन में **भूमिका** या **उपसंहार** नहीं होता है। विषय को तुरंत आरंभ किया जाता है।
- अनुच्छेद के वाक्य परस्पर संबंधित होने चाहिए। रोचकता का गुण अनुच्छेद की विशेषता है।
- अनुच्छेद की भाषा **सरल, स्पष्ट** और **प्रभावमयी** होनी चाहिए।
- अनुच्छेद में प्रस्तुत विषय का **केंद्रीय भाव** प्रारंभ में अथवा अंत में अवश्य देना चाहिए।
- अनुच्छेद बहुत बड़ा अथवा बहुत छोटा नहीं होना चाहिए, प्रायः पाँच वाक्य पर्याप्त होते हैं।

साधित उदाहरणम्

- **मञ्जूषायाः उचितपदैः निम्नलिखितानि अनुच्छेदानि विविधं विषयम् अधिकृत्य पञ्चवाक्यानि लिखत।**
(मञ्जूषा के उचित पदों से निम्नलिखित अनुच्छेदों के विविध विषयों को आधार बनाकर पाँच वाक्य लिखिए।)

1. 'स्वसंस्कृत-अध्यापकस्य विषये' मञ्जूषायाः उचितशब्दान् चित्वा पञ्चवाक्यानि रचयत। **CBSE 2017**
('अपने संस्कृत के अध्यापक के विषय में' मञ्जूषा से उचित शब्द लेकर पाँच वाक्यों की रचना कीजिए।)

- **मञ्जूषा** शिक्षकः, अतः, भवति, छात्रैः, सः, अध्यापयति, मित्रस्य, शोभनम्, अहम्, मम, तव, तस्य, समीपे, प्रसीदन्ति, वार्ता, प्रियः, ज्ञायते, संस्कारी, संस्कृतभाषी, वर्तते, कृत्वा, वात्सल्यः, श्री रविशंकरः, संस्कृतं, अस्मान्, समः, आचरति, सह, छात्राः, गत्वा।

उत्तराणि

(i) श्री रविशंकर: 'वात्सल्य:' मम प्रिय: शिक्षक: वर्तते।
(ii) स: अस्मान् संस्कृतं अध्यापयति।
(iii) स: छात्रै: सह मित्रस्य सम आचरति।
(iv) छात्रा: तम् समीपं गत्वा वार्तां च कृत्वा प्रसीदन्ति।
(v) संस्कृतभाषा संस्कारी भाषा भवति।

2. मञ्जूषायां प्रदत्तशब्दानां सहायतया 'गणतंत्र दिवस:' इति विषयम् अधिकृत्य पञ्चवाक्यानि संस्कृतेन लिखत। **CBSE 2016**
(मञ्जूषा में दिए गए शब्दों की सहायता से 'गणतंत्र दिवस' इस विषय को आधार बनाकर पाँच वाक्य संस्कृत में लिखिए।)

- **मञ्जूषा** गणतंत्रदिवसः, राष्ट्रपतिना, प्रतिवर्षे, वाहनानि, तारिकायां, भारतद्वारस्य, उभयतः, मान्यते, क्रियते, आयोज्यते, 26 जनवरी, अनेके, मासस्य, तदा, समीपे, दिल्लीनगरे, वायुयानानि,अस्माकं, आयोजनं, देशवासिनः मिलित्वा, अंतर्राष्ट्रियाः पुष्पवर्षा, भारते, राष्ट्रिय-ध्वजारोहणं, च, भवन्ति, कुर्वन्ति, तत्र, अनेकानि, जनाः।

उत्तराणि

(i) भारते प्रतिवर्षे जनवरी मासस्य 26 तारिकायां गणतंत्रदिवस: मान्यते।
(ii) तदा दिल्लीनगरे भारतद्वारस्य समीपं राष्ट्रपतिना राष्ट्रिय-ध्वजारोहणं क्रियते।
(iii) अनेके राष्ट्रिया:, अंतर्राष्ट्रिया: च जना: तत्र भवन्ति।
(iv) तत्र अनेकानि वाहनानि भवन्ति, वायुयानानि च पुष्पवर्षां कुर्वन्ति।
(v) अस्माकं देशवासिन: मिलित्वा गणतंत्रदिवसस्य आयोजनं कुर्वन्ति।

3. मञ्जूषायां प्रदत्तशब्दानां सहायतया 'वृक्षारोपणम्' इति विषयम् अधिकृत्य पञ्चवाक्यानि संस्कृतेन लिखत। **CBSE 2015**
(मञ्जूषा में दिए गए शब्दों की सहायता से 'वृक्षारोपण' इस विषय को आधार बनाकर पाँच वाक्य संस्कृत में लिखिए।)

- **मञ्जूषा** वृक्षाः, फलानि, छाया, पुष्पाणि, संरक्षणम्, मित्राणि, पर्यावरणस्य, शोभा, भूमौ संरक्षणं, यच्छन्ति, मनुष्याणां, भवन्ति, वर्धयन्ति, प्रकृतेः, अस्मभ्यं, फलानि रक्षकाः।

उत्तराणि

(i) वृक्षा: मनुष्याणां मित्राणि भवन्ति।
(ii) वृक्षा: प्रकृते: शोभां वर्धयन्ति।
(iii) वृक्षा: अस्मभ्यं फलानि, पुष्पाणि, छाया च यच्छन्ति।
(iv) वृक्षा: पर्यावरणस्य रक्षका: भवन्ति।
(v) वृक्षाणां रोपणेन भूमौ संरक्षणं सम्यक् वृष्टि: च भवति।

4. 'कन्याया: कष्टकारणम्' इति विषयम् अधिकृत्य मञ्जूषात: उचितानि पदानि चित्वा पञ्चवाक्यानि लिखत।
('कन्याया: कष्टकारणम्' इस विषय को आधार मानकर मञ्जूषा से उचित शब्दों को चुनकर पाँच वाक्य लिखिए।)

- **मञ्जूषा** सा, मानवः, तस्याः, ततः, एकस्याः, गच्छति, स्वस्थः, पिता, पीडितः, उदररोगेण, आनेतुं, इदानीम्, औषधिं, भविष्यति, सः, कन्यायाः, रुग्णः, वर्तते, सुखी, अधः, भवति, एव।

उत्तराणि

(i) अद्य एकस्या: कन्याया: पिता रुग्ण: वर्तते।
(ii) स: उदररोगेण पीडित: अस्ति।
(iii) सा इदानीम् औषधिं आनेतुं गच्छति।
(iv) तत: तस्या: पिता स्वस्थ: भविष्यति।
(v) स्वस्थ: मानव: एव सुखी भवति।

5. मञ्जूषात: उचितानि पदानि चित्वा 'पुस्तकाधिकार:' इति विषये सरलसंस्कृते पञ्चवाक्यानि लिखत।
(मञ्जूषा से उचित शब्द चुनकर 'पुस्तकाधिकार' इस विषय पर सरल संस्कृत में पाँच वाक्य लिखिए।)

- **मञ्जूषा** छात्राः, चित्रितं, अधः, पुस्तकं, मसीं, केचित्, पृष्टाः, केचित् च, पुस्तकाधिकारदिवसः, इव, मानवाधिकारदिवसः, तस्य, उपरि, पातयन्ति, भग्नाः, बालकाः, इतस्ततः, नानावर्णैः, मानयेत्, अपि, जीवनरक्षा, संसारे, कुर्वन्ति, पुस्तकानां, सदा, करणीया।

उत्तराणि

(i) संसारे मानवाधिकारदिवस: इव पुस्तकाधिकारदिवस: अपि मानयेत्।
(ii) अध: छात्रा: नानावर्णै: चित्रितं पुस्तकम् इतस्तत: पातयन्ति।
(iii) केचित् बालका: तस्य उपरि मसीं च पातयन्ति।
(iv) केचित् च तस्य पृष्टा: भग्ना: कुर्वन्ति।
(v) पुस्तकानां सदा जीवनरक्षा करणीया।

6. 'यथा दृष्टि: तथा सृष्टि:' इति विषये मञ्जूषाया: सहायतया पञ्चवाक्यानि उत्तरपुस्तिकायां लिखत।
('यथा दृष्टि: तथा सृष्टि:' इस विषय पर मञ्जूषा की सहायता से पाँच वाक्य उत्तरपुस्तिका में लिखिए।)

- **मञ्जूषा** अवदत्, परं, भ्रष्टः, नगर, आहूय, गुरोः, जनम्, आदिष्टवान्, गुरुः, नास्ति, आनेतुम्, कोऽपि, मतः, आदेशेन, युधिष्ठिरः, अमिलत्, भ्रान्त्वा, सत्यवादी, गुरुम्, सर्वभ्रष्टः, एकदा, अपश्यत्, जनः, आसीत्, सः।

उत्तराणि

(i) एकदा गुरु: युधिष्ठिर: आहूय सर्वभ्रष्टं जनम् आनेतुम् आदिष्टवान्।
(ii) स: गुरो: आदेशेन नगरं भ्रान्त्वा अपश्यत्।
(iii) परं कोऽपि भ्रष्ट: जन: न अमिलत्।
(iv) युधिष्ठिर: गुरुम् अवदत् – नगरे मत: भ्रष्ट: जन: नास्ति।
(v) युधिष्ठिर: सत्यवादी आसीत्।

7. मञ्जूषापदसहायतया 'वर्षाया: ऋतो:' विषये पञ्चवाक्यानि संस्कृतेन लिखत।
(वर्षाया: ऋतो: इस विषय पर मञ्जूषा के शब्दों की सहायता से संस्कृत में पाँच वाक्य लिखिए।)

- **मञ्जूषा** सर्वे, वृष्ट्या, जलेन, महती, वृष्टिः, मार्गाः, बालकाः, गच्छन्ति, दृश्यते, अवरुद्धाः, विद्यालयं, जलं, भीताः, वर्षे, जलं, एव, अस्मिन्, सर्वत्र, अभवत्, सन्ति।

उत्तराणि

(i) अस्मिन् वर्षे महती वृष्टि: अभवत्।
(ii) सर्वत्र जलम् एव जलं दृश्यते।
(iii) सर्वे मार्गा: जलेन अवरुद्धा: सन्ति।
(iv) बालका: विद्यालयं गच्छन्ति।
(v) बालका: वृष्टया भीता: सन्ति।

8. **'मम प्रियकविः' इति विषयम् अधिकृत्य मञ्जूषायाः सहायतया पञ्चसंस्कृतवाक्यानि लिखत।**
('मम प्रियकवि' इस विषय को आधार मानकर मञ्जूषा के शब्दों की सहायता से पाँच संस्कृत वाक्य लिखिए।)

- **मञ्जूषा** प्रियः, कवि, सः, नाटककारश्च, कालिदासः, संस्कृतस्य, अद्वितीयः, कवीनां, उपमा, जनानां, समग्रे, प्रसिद्धः, स्थानम्, विश्वे, इति, मध्ये, महाकवितुल्यं, अलंकारस्य, अभिज्ञानशाकुन्तलम्, प्रकृतिवर्णनम्, कविकुलगुरुः, मम, तस्य, वर्तते, अपूर्वा, रचना, अस्ति, कालिदासस्य।

उत्तराणि

(i) कविकुलगुरुः कालिदासः मम प्रियः कविः अस्ति।
(ii) सः संस्कृतस्य अद्वितीयः कविः नाटककारश्च वर्तते।
(iii) अभिज्ञानशाकुन्तलम् तस्य अपूर्वा रचना अस्ति।
(iv) जनानां मध्ये 'उपमा कालिदासस्य' इति प्रसिद्धः वर्तते।
(v) समग्रे विश्वे कालिदासस्य महाकवितुल्यं स्थानम् अस्ति।

9. **मञ्जूषापदसहायताया 'ग्रंथालयः' इति विषये सरल-संस्कृते पञ्चवाक्यानि लिखत।**
(मञ्जूषा के शब्दों की सहायता से 'ग्रंथालय' इस विषय पर सरल संस्कृत में पाँच वाक्य लिखिए।)

- **मञ्जूषा** एकः, ग्रंथालयः, पुस्तकानि, एषः, छात्राः, सन्ति, अस्ति, पठन्ति, सज्जितानि, अत्र, ग्रंथपालः, समाचार-पत्राणि पुस्तककपाटिकायां, संस्कृत-पत्रिका, पंक्तिबद्धानि, अपि।

उत्तराणि

(i) एषः एकः ग्रंथालयः अस्ति।
(ii) पुस्तककपाटिकायां पंक्तिबद्धानि पुस्तकानि सज्जितानि।
(iii) अत्र एकः ग्रन्थपालः अपि अस्ति।
(iv) ग्रंथालये: छात्राः पठन्ति।
(v) अत्र पुस्तकानि, समाचार-पत्राणि, संस्कृत-पत्रिकाः च सन्ति।

10. **'रक्षाबंधनपर्व' इति विषयम् अधिकृत्य मञ्जूषायाः सहायतया पञ्चसंस्कृतवाक्यानि लिखत।**
('रक्षाबन्धन पर्व' इस विषय को आधार मानकर मञ्जूषा की सहायता से पाँच संस्कृत वाक्य लिखिए।)

- **मञ्जूषा** रक्षाबंधनपर्व, स्वभगिनीं, भ्राताः, भगिन्यः, भवति, राखीबंधनम्, अपि, करोति, आशीर्वादं, बध्नन्ति, रक्षासूत्रं, स्वभ्रातृन्, उपसंहारं, श्रावणमासे, पौर्णमास्या, यच्छन्ति, रूपे, मान्यते, प्रमुदितमनः, तेभ्यः, देशे, भारते, देशे, यच्छति।

उत्तराणि

(i) रक्षाबंधनपर्व भारते 'रक्षाबंधनं रूपे मान्यते।
(ii) भगिन्यः स्वभ्रातृन् रक्षासूत्रं बध्नन्ति।
(iii) प्रमुदितमन सा भ्राता स्वभगिनीं उपहारं यच्छति।
(iv) भगिन्यः अपि तेभ्यः आशीर्वादं यच्छन्ति।
(v) रक्षाबंधनपर्व श्रावणमासे पौर्णमास्यां तिथौ भवति।

अभ्यास प्रश्नाः

मञ्जूषा की सहायता से अनुच्छेद लेखन

- **मञ्जूषायाः उचितपदैः अधोलिखितं अनुच्छेदानां विविधान् विषयान् अधिकृत्य पञ्चवाक्यानि लिखत।**
(मञ्जूषा के उचित शब्दों से निम्नलिखित अनुच्छेदों के विविध विषयों को आधार मानकर पाँच वाक्य लिखिए।)

1. **अधोलिखित विषयम् अधिकृत्य मञ्जूषाप्रदत्तशब्दानां साहय्येन न्यूनातिन्यूनं पञ्चभिः संस्कृतवाक्यैः एकम् अनुच्छेदं लिखत।**
(निम्नलिखित विषय पर आधारित मञ्जूषा में दिए गए शब्दों की सहायता से कम-से-कम पाँच वाक्यों का एक अनुच्छेद लिखिए।) **CBSE 2024**

'अतिवृष्टिः' (वर्षा की अधिकता)

- **मञ्जूषा** प्रकृतेः, जलप्लावनम्, सर्वत्र, कठिनम् यानानि, भवन्ति, शिशवः, नौका, मार्गाः, वृष्टिः, अवरुद्धाः, यातायातम्, निमज्जितम्, वर्षा, रक्षणम्, सहायताकेन्द्रम्, अहर्निशम्।

2. **'दिल्ली-विश्वपुस्तकमेलकम्' इति विषयम् अधिकृत्य मञ्जूषापदसाहाय्येन पञ्च संस्कृतवाक्यानि लिखत।** **CBSE SQP 2023-24**
('दिल्ली-विश्व पुस्तक मेला' इस विषय को आधार मानकर मञ्जूषा के शब्दों की सहायता से पाँच वाक्य संस्कृत में लिखिए।)

- **मञ्जूषा** प्रतिवर्षम्, प्रगतिमैदान इति स्थले, फरवरी-मार्चमासे, विविधानि पुस्तकानि, आपणिकाः, आयोज्यते, जनसम्मर्दः, विभिन्नाः प्रकोष्ठाः, पुस्तकप्रेमिणः, साहित्यिक-गोष्ठयः, भवन्ति, सांस्कृतिककार्यक्रमाः अल्पमूल्येन।

3. **मञ्जूषाप्रदत्तशब्दानां साहाय्येन अधोलिखितं विषयम् अधिकृत्य पञ्चभिः संस्कृतवाक्यैः एकम् अनुच्छेदं लिखत।**
(मञ्जूषा में दिए गए शब्दों की सहायता से निम्नलिखित विषय को आधार मानकर पाँच संस्कृत वाक्यों में एक अनुच्छेद लिखिए।)

'शाक-आपणः' (सब्जी की दुकान)

- **मञ्जूषा** विविधानि शाकानि, पलाण्डुः, आलुकं, कारवेल्लम्, मरीचिका, वृन्ताकं, वार्तिकी इत्यादीनि, क्रेतारः, विक्रेतारः, जनसम्मर्दः, धनपत्राणि, कोलाहलम्, उच्चैः, आह्यन्ति/आह्वायन्ति, पङ्कयुक्ता भूमिः, अस्वच्छता, अवकरः, मक्षिकाः, महार्घ, फलानि।

4. मञ्जूषापदसहायतया 'उद्यानम्' इति विषये सरल-संस्कृते पञ्चवाक्यानि लिखत।
(मञ्जूषा के शब्दों की सहायता से 'उद्यानम्' इस विषय पर सरल संस्कृत में पाँच वाक्य लिखिए।)

- **मञ्जूषा** एकं, उद्यानं, अत्र, मनोहरं, पुष्पाणि, प्रातःकाले, भ्रमणार्थं, भ्रमन्ति, क्रीडन्ति, बालकाः, भवति, शीतलवायुः, सूर्योदयः, विकसन्ति, जनाः, आगच्छन्ति, अस्ति, उद्याने।

5. मञ्जूषायां प्रदत्तशब्दानां सहायतया 'समुद्राः' इति विषयम् अधिकृत्य संस्कृते पञ्चवाक्यानि लिखत।
(मञ्जूषा में दिए गए शब्दों की सहायता से 'समुद्राः' इस विषय को आधार करके संस्कृत में पाँच वाक्य लिखिए।)

- **मञ्जूषा** ते, व्यापारस्य, सहायकाः, विश्वे, इति, सन्ति, समुद्राः, जलनिधिः, सन्ति, नामभ्यां, पूर्णिमायाः, सागराणां, उद्भवन्ति, पूर्णिमातिथौ, चन्द्रः, पूर्णाकारयुक्त, भवति, उन्नताः, तरङ्गाः, सृष्टिः, जलचराः, रत्नाकरः, यातायातस्य, संसारस्य, रात्रौ, जले, उत्तुङ्गा, प्रसिद्धाः, सागरेषु, अनेके, वसन्ति।

6. 'महाभारतम्' इति विषयम् अधिकृत्य मञ्जूषापदसाहाय्येन पञ्च संस्कृतवाक्यानि लिखत।
('महाभारतम्' इस विषय को आधार करके मञ्जूषा के शब्दों की सहायता से पाँच संस्कृत वाक्य लिखिए।)

- **मञ्जूषा** पाण्डवैः, इति, प्रसिद्धो, श्रीकृष्णः, वर्तते, कौरवाः, पाण्डवाः, सह, युद्धम्, दुर्योधनस्यः, वर्णितम्, नेतृत्वे, अस्ति, गृहीता, महाभारतात्, ग्रन्थः, विश्वे, अस्मिन्, महाभारतं, चरितं, अकुर्वन्, अन्ते, विजेयम्, अलभन्, परामर्शेण, कौरवेषु, गीता, नाम, अति, कौरवपाण्डवानां।

7. 'आदर्शः छात्रः' इति विषयम् अधिकृत्य मञ्जूषापदसाहाय्येन पञ्च संस्कृतवाक्यानि लिखत।
('आदर्शः छात्रः' इस विषय को आधार करके मञ्जूषा के शब्दों की सहायता से पाँच संस्कृत वाक्य लिखिए।)

- **मञ्जूषा** छात्रः, आदर्श, विद्यालयः, सः, गुरुं, भवति, प्रतिदिनं, व्यवहारकुशलः, प्रियः, सत्यवादी, गुण, निपुणः, अध्ययने, सर्वेषाम्, करोति, पुस्तकानाम्, आदरं, नमन्ति, अस्ति, अनादेशः।

8. मञ्जूषाप्रदत्तशब्दानां साहाय्येन निम्नलिखितं विषयम् अधिकृत्य पञ्चभिः संस्कृतेवाक्यैः एकम् अनुच्छेदं लिखत।
(मञ्जूषा में दिए गए शब्दों की सहायता से निम्नलिखित विषय पर पाँच संस्कृत वाक्यों में एक अनुच्छेद लिखिए।)

'वायुप्रदूषणम्' (वायुप्रदूषण)

- **मञ्जूषा** स्वास्थ्यम्, पर्यावरणस्य, रक्षकाः, उद्योगानाम्, प्राणवायुम्, वृक्षारोपणम्, उपायाः, निर्माणार्थम्, सहायकाः, वाहनानां धूम्रः, श्वासरोगाः।

9. 'वृक्षाणां महत्त्वं' इति विषयम् आधृत्य मञ्जूषापदसहायतया पञ्चवाक्यानि संस्कृतेन लिखत।
('वृक्षाणां महत्त्व' इस विषय को आधार मानकर मञ्जूषा के शब्दों की सहायता से पाँच वाक्य संस्कृत में लिखिए।)

- **मञ्जूषा** वृक्षाः, जीवने, अनेके, अस्माकं, लाभाः, भवन्ति, विश्रमन्ति, जनाः, छायायां, सर्वेभ्यः, यच्छन्ति, सहायकाः, मित्राणि, पर्यावरणशुद्धौ, सन्ति, फलानि, काष्ठं, वृक्षाणां।

10. मञ्जूषाप्रदत्तशब्दानां साहाय्येन निम्नलिखितं विषयम् अधिकृत्य पञ्चभिः संस्कृतवाक्यैः एकम् अनुच्छेदं लिखत।
(मञ्जूषा में दिए गए शब्दों की सहायता से निम्नलिखित विषय पर पाँच संस्कृत वाक्यों में एक अनुच्छेद लिखिए।)

'पुस्तकमेलकम्' (पुस्तक मेला)

- **मञ्जूषा** चित्राणि, पुस्तकानि, मित्राणि, लोकार्पणम्, अभवत्, अतीव प्रसन्ना, ध्वनिमुद्रिकाः, संगणकम्, अन्तःप्रवेशः, विविधं साहित्यं, विभिन्नानि, प्रकोष्ठानि, संस्कृत-पुस्तकानि, जनाः, पश्यन्ति।

11. 'राष्ट्रीयः पक्षी मयूरः' इति विषयम् आधृत्य मञ्जूषा पद सहायतया पञ्चवाक्यानि संस्कृतेन लिखत। **CBSE 2016**
('राष्ट्रीय पक्षी मयूर' इस विषय को आधार करके मञ्जूषा के शब्दों की सहायता से पाँच वाक्य संस्कृत में लिखिए।)

- **मञ्जूषा** मयूरस्य, वृक्षः, नृत्यं, सुंदरः, वर्षाकाले, राष्ट्रीयः, अस्माकं, पक्षी, नृत्यति, अत्र, जनाः, वाहनं, मन्यते, कार्तिकेयस्य, अपि, महत्त्वं, आध्यात्मिक, मनमोहक।

12. स्वपुस्तकं 'मणिकाम्' अधिकृत्य मञ्जूषापदसहायतया पञ्चवाक्यानि संस्कृते लिखत।
(अपनी पुस्तक 'मणिका' को आधार मानकर मञ्जूषा के शब्दों की सहायता से पाँच वाक्य संस्कृत में लिखिए।)

- **मञ्जूषा** मणिका, प्रियं, पाठ्यपुस्तकं, तस्याः, भाषा, सरला, कथा, अस्माकं, एतस्या, रोचकाः, प्रहेलिकाः, आनंददायिकाः, अभ्यासकार्यं, पठनम्, भवतः, खेलमाध्यमेन, बोधगम्या, मणिकामाध्यमेन, पठन्ति, आनंदेन, चास्ति, पठित्वा, सन्ति, अस्ति, बालाः।

13. 'होलिकोत्सवः' इति विषयम् अधिकृत्य मञ्जूषापदसाहाय्येन पञ्च संस्कृतवाक्यानि लिखत।
('होलिकोत्सवः' इस विषय को आधार मानकर मञ्जूषा के शब्दों की सहायता से पाँच वाक्य संस्कृत में लिखिए।)

- **मञ्जूषा** भोजनं, होलिकोत्सवे, जनाः, हिरण्यकश्यपुं, स्मरन्ति, परस्परं, आनन्देन, प्रसन्नाः, अस्मिन्, रंगै, मिलन्ति, खादन्ति, वैरभावम्, आलिङ्गनम्, भवन्ति, कुर्वन्ति, स्वादिष्टं, अवसरे, त्यक्त्वा, ते, अस्मिन्, खादयन्ति, खेलन्ति, भक्त प्रहलादं।

14. 'वर्षा ऋतुः' इति विषयम् अधिकृत्य मञ्जूषापदसाहाय्येन पञ्च संस्कृतवाक्यानि लिखत।
('वर्षा ऋतु' इस विषय को आधार मानकर मञ्जूषा के शब्दों की सहायता से पाँच संस्कृत वाक्य लिखिए।)

- **मञ्जूषा** दृश्यन्ते, नृत्यन्ति, जलं, सर्वत्र, दादुराः, दीव्यति, बालाः, आकाशे, दामिनी, नौका, भवति, भूत्वा, जनानां, कृषकाः, प्रसन्नाः, वर्षाकाले, चालयन्ति, कृते, वर्षा-ऋतुः, सुखदायकः, ऋतौ।

15. मञ्जूषाप्रदत्तशब्दानां साहाय्येन निम्नलिखितं विषयम् अधिकृत्य पञ्चभिः संस्कृतवाक्यैः एकम् अनुच्छेदं लिखत।
(मञ्जूषा में दिए गए शब्दों की सहायता से निम्नलिखित विषय पर पाँच संस्कृत वाक्यों में एक अनुच्छेद लिखिए।)

'पर्यावरणम्' (पर्यावरण)

- **मञ्जूषा** वृक्षाः, वातावरणम्, सन्ति, ऑक्सीजनं, जीवनवायुः, आरोपयेत्, हरीतिमा, सर्वत्र, जागरूकाः, संरक्षणम्, वनमहोत्सवः, मान्यते।

16. 'स्वच्छ भारत अभियान' एष (i)···· अस्ति। महात्मा गाँधिनः पञ्च चत्वारि शतोत्तरशततमी जयन्त्यवसरे प्रधानमन्त्रि महोदयेन (ii)···· अभियानस्य प्रारम्भः कृतः। अक्टूबर द्वय चतुर्दशोत्तर अधिक द्वय सहस्रतमे वर्षे प्रधानमन्त्रि महोदयेन (iii)···· सम्बोधितं (iv)···· सर्व राष्ट्र वासिनां कृते अस्य कार्यक्रमे प्रतिभागं कुर्वन्तु। अक्टूबर मासस्य द्वय तारिकायां। चतुर्दश वर्षे ख्रीष्टाब्दे प्रधानमन्त्रि महोदयेन महात्मा गाँधिन प्रति श्रद्धांजलि असमपर्यत् तदुपरान्त नई दिल्लीस्थः वाल्मीकिं बस्ती (v)···· मार्जनं अकरोत्।

दिल्लीस्थः वाल्मीकि बस्ती गाँधी महोदयस्य सर्वप्रिय स्थानम् आसीत्। स बहुधा तत्र अतिष्ठत्। (vi)···· प्रधानमन्त्रिणः जनान् ग्रहणमकारियत शपथ ग्रहणमकारयत्। यत् न्यूनतम् शतम् जनान् श्रमदानार्थम् (vii)···· प्रेरितवान् प्रधानमन्त्रिणः (viii)···· विद्यालयेषु (ix)···· च शौचालयानाम् निर्माणे अपि बल अयच्छत्। इत्थं अनेके (x)···· ऽपि सम्मिलितं अभवत्।

- **मञ्जूषा** कुर्वन्, उद्देश्याः, जनपथे, सर्वव्यापक, अस्योपरान्तः, अस्य, ग्रामेषु, गत्वा, स्वभाषणे, अहम्।

17. 'योग' (i)···· उत्पत्ति संस्कृतस्य 'युज्' धातोः अभवत्। यस्य अर्थः भवति (ii)···· (क्रिया) योगस्य (iii)···· अस्माकं शरीरः मस्तिष्कं च द्वयोः (iv)···· सम्बन्ध भवति। 'येन अस्माकं मस्तिष्कः अनुशासितं भवति।' योगः सदैव स्वस्थ जीवनस्य एकः प्रकार अस्ति। एषः औषध समं भवति। यः अस्माकं शरीरस्य अङ्गानि व्यवस्थितं कुर्वन् विविधान् रोगान् अस्मान् रक्षति। अधुना जीवने तनावः एका (v)···· समस्या वर्तते। यस्य औषधमपि योगे (vi)···· अस्ति। योगस्य वैज्ञानिक व्यवस्थितज्य परिणामः शारीरिक मानसिक च प्राप्नोति। अद्यत्वे सर्वे बालक बालिकाश्च अव्यवस्थित दिनचर्यया कारणेन जीवन (vii)···· समस्याग्रस्ताः जाताः। योगस्य माध्यमेन अस्माकं जीवने (viii)···· संचारः भवति।

- **मञ्जूषा** ऊर्जायाः, पदस्य, मध्ये, विविधाः, कथ्यते, योगः, महती, अभ्यासेन, अयमेव, सन्निहितः।

18. (i)···· जनवरी वयं राष्ट्र वासिनां कृते अति शुभ (ii)···· गौरवूपर्णः दिवसः अस्ति। स्वतन्त्रतायाः (iii)···· वर्षान्तरं (iv)···· दिवसे जनवरी (v)···· षट्विंशति तारिकां डॉ. राजेन्द्र प्रसाद महोदयः भारतस्य प्रथम राष्ट्र पतिः नियुक्तोऽभवत्। स्वतन्त्र भारतस्य (vi)···· वायसराय श्री सी. राजगोपालाचारी विधिवत् रूपेण स्वाधिकारं (vii)···· डॉ. भीमरावः अम्बेडकरः तस्य सहयोगिनश्च अथक प्रयासेन निर्मित संविधानं (viii)···· भारतः पूर्ण सम्प्रभुता सम्पन्नः गणराज्यः अभूत। गणतन्त्र दिवसः अस्माकं राष्ट्रीय पर्वः अस्ति। गणतन्त्र दिवसस्य पूर्व सन्ध्यायां राष्ट्रपति महोदयः राष्ट्रस्य नाम स्व संदेशं यच्छति। यस्य प्रसारणं (ix)···· दूरदर्शनेन च भवति। कस्मिंश्चित् राष्ट्रस्य राष्ट्राध्यक्षः अस्माकं मुख्य अतिथि भवति। सेनायाः अङ्गेण (x)···· पुरतः परेड कार्यक्रमम् प्रदर्शयति। विविधः प्रदेशानां 'झाँकी' (हिन्द्यां) प्रदर्शनम् या मनोहारिणः सन्ति।

- **मञ्जूषा** रक्त दुर्गस्य, एवञ्च, हस्तगतवान्, अस्मिन्नेव, निर्गत्य, सार्धद्वयोः षट्विंशति, आकाशवाण्या, मासस्य, तत्कालीन।

उत्तराणि

1. (i) अस्माकं देशे कदा अनावृष्टिः कदा अतिवृष्टिः भवति।
(ii) ऋतौ प्रकृते असन्तुलनं सदैव भवति।
(iii) अतिवृष्ट्या सर्वत्र जलप्लावनं भवति, मार्गाः अवरुद्धा भवन्ति, यातायातं कठिनं भवति।
(iv) शिशवः कर्गदस्य नौकां चालयन्ति।
(v) वर्षायाः रक्षणम् सहायता केन्द्रं अहर्निशं सेवायाम् तत्पराः भवन्ति। सर्वाणि भवनानि जले निमज्जितं भवन्ति।

2. (i) को न जानाति दिल्ली विश्व-पुस्तकमेलकम्?
(ii) एषः प्रतिवर्षम् प्रगतिमैदान स्थले फरवरी मार्च मासे आयोज्यते।
(iii) एतस्मिन् विविध प्रकाशनस्य आपणिकाः भवन्ति।
(iv) विभिन्नाः प्रकोष्ठाः अत्र सन्ति यस्मिन साहित्यिक गोष्ठ्यः सांस्कृतिक कार्यक्रमाः च भवति।
(v) पुस्तकप्रेमिणः अत्र जनसम्मर्द भवति च अल्पमूल्ये पुस्तकानि क्रीणन्ति।

3. (i) इदम् अस्माकं नगरस्य शाक-आपणमस्ति।
(ii) अत्र पलाण्डुः आलुकम्, कारवेल्लं, भिण्डिः, हरीतिः मरीचिकम्, वृन्ताकः, गृञ्जनम् इत्यादयः विविधाः शाकाः सन्ति।
(iii) विक्रेतारः उच्चैः जनान् आह्वयन्ति।
(iv) जनानां सम्मर्दः क्रेतारः च कोलाहलं कुर्वन्ति।
(v) अत्र इतस्ततः पङ्कयुक्ता भूमि दृश्यते येन च अस्वच्छता दृश्यते।

4. (i) अत्र एकं मनोहरम् उद्यानम् अस्ति।
(ii) प्रातः काले सूर्योदयः भवति।
(iii) उद्याने पुष्पाणि विकसन्ति।
(iv) जनाः अत्र भ्रमन्ति।
(v) बालकाः भ्रमणार्थम् आगच्छन्ति क्रीडन्ति च।

5. (i) समुद्राः विश्वे जलनिधिः रत्नाकरः इति नामभ्यां प्रसिद्धाः सन्ति।
(ii) ते संसारस्य व्यापारस्य यातायातस्य च सहायकाः सन्ति।
(iii) सागरेषु महासागरेषु च अनेके जलचराः वसन्ति।
(iv) पूर्णिमायाः रात्रौ सागराणां जले उत्तुङ्गाः तरङ्गाः उद्भवन्ति।
(v) पूर्णिमातिथौ चंद्रः पूर्णाकारयुक्तः भवति।

6. (i) 'महाभारतम्' इति नाम ग्रंथः विश्वे अति प्रसिद्धो वर्तते।
(ii) अस्मिन् कौरवपाण्डवानां चरितं वर्णितम् अस्ति।
(iii) कौरवाः दुर्योधनस्य नेतृत्वे पाण्डवैः सह युद्धम् अकुर्वन्।
(iv) अंते श्रीकृष्णस्य परामर्शेण पाण्डवाः कौरवेषु विजयम् अलभन्।
(v) महाभारतात् गीता गृहीता वर्तते।

7. (i) आदर्शः छात्रः प्रतिदिनं गुरुं नमति।
(ii) सः व्यवहारकुशलः सत्यवादी च भवति।
(iii) आदर्शः छात्रः पुस्तकानाम् अध्ययने निपुणः भवति।
(iv) सः सर्वेषाम् आदरं करोति।
(v) आदर्शः छात्रः सर्वेषां कृते प्रियः भवति।

8. (i) वायोः प्रदूषणं वायुप्रदूषणं अस्ति।
(ii) वाहनानां धूमः वायुं दूषयति।
(iii) उद्योगानां धूमः अपि वायुं दूषयति।
(iv) वायु प्रदूषणेन श्वासरोगाः भवन्ति।
(v) शुद्ध पर्यावरणं प्राणवायुं ददाति।

9. (i) वृक्षाः अस्माकं मित्राणि सन्ति।
(ii) वृक्षाणां जीवने अनेके लाभाः सन्ति।
(iii) वृक्षाः सर्वेभ्यः काष्ठं, फलानि च यच्छन्ति।
(iv) वृक्षाः पर्यावरणशुद्धौ सहायकाः भवन्ति।
(v) वृक्षाणां छायायां जनाः विश्रमन्ति।

10. (i) पुस्तकमेलकं मया प्रवेशपत्रं गृहीत्वा अन्तः प्रवेशः कृतः।
(ii) तत्र विभिन्नानि प्रकोष्ठानि आसन्।
(iii) तेषु विविधं साहित्यं, कथापुस्तकानि, बृहदाकारचित्राणि, ध्वनिमुद्रिकाः, दृश्यमुद्रिकाः चासन्।
(iv) पुस्तकानि अस्माकं मित्राणि भवन्ति।
(v) पुस्तकमेलकं दृष्ट्वा अहं अतीव प्रसन्न जातः।

11. (i) मयूरः अस्माकं राष्ट्रीयः पक्षी वर्तते।
(ii) मयूरः वर्षा काले नृत्यति।
(iii) मयूरस्य आध्यात्मिक महत्त्वं अपि वर्तते।
(iv) मयूरः कार्तिकेयस्य वाहनं अपि मन्यते।
(v) मयूरः मनमोहक पक्षी वर्तते।

12. (i) 'मणिका' अस्माकं प्रिय पाठ्यपुस्तकम् अस्ति।
(ii) एतस्याः भाषा सरला, रोचका बोधगम्या चास्ति।
(iii) तस्याः कथाः रोचकाः प्रहेलिकाः च आनन्ददायिकाः सन्ति।
(iv) खेलमाध्यमेन पठित्वा एव तस्याः पठनम् अभ्यासकार्यं च भवतः।
(v) बालाः आनंदेन मणिकामाध्यमेन संस्कृतभाषां पठन्ति।

13. (i) होलिकोत्सवे जनाः प्रसन्नाः भवन्ति।
(ii) ते रंगैः खेलन्ति परस्परं आनन्देन मिलन्ति।
(iii) अस्मिन् अवसरे जनाः वैरभावं त्यक्त्वा आलिङ्गनम् कुर्वन्ति।
(iv) जनाः स्वादिष्टं भोजनं मिष्टानानि च खादन्ति।
(v) होलिकोत्सवे जनाः भक्त प्रह्लादं स्मरन्ति।

14. (i) वर्षा-ऋतुः जनानां कृते सुखदायकः भवति।
(ii) वर्षा ऋतौ दादुराः दृश्यन्ते।
(iii) कृषकाः प्रसन्नाः भूत्वा नृत्यन्ति।
(iv) आकाशे दामिनी दीव्यति।
(v) वर्षाकाले बालाः नौकां चालयन्ति।

15. (i) वातावरणं कृते वृक्षाः अतीव आवश्यका सन्ति।
(ii) वृक्षाणां हरीतिमा अतीव मनोहारी भवति।
(iii) वृक्षाः आक्सीजनं ददति।
(iv) आक्सीजनं प्राणीनाम् कृते जीवनवायु भवति।
(v) सर्वत्र एव जनैः वन महोत्सव मान्यते।

16. (i) सर्वव्यापकः (ii) अस्य (iii) जनपथे
(iv) कुर्वन् (v) गत्वा (vi) अस्योपरान्त
(vii) अहम् (viii) स्वभाषणे (ix) ग्रामेषु
(x) उद्देश्याः

17. (i) पदस्य (ii) योगः (iii) अभ्यासेन
(iv) मध्ये (v) महती (vi) सन्निहितः
(vii) विविधाः (viii) ऊर्जायाः

18. (i) षड्विंशति (ii) एवञ्च (iii) सार्धद्वयोः
(iv) अस्मिन्नेव (v) मासस्य (vi) तत्कालीन
(vii) हस्तगतवान् (viii) निर्गत्य (ix) आकाशवाण्याः
(x) रक्तदुर्गस्य

संवादपूर्तिः

अध्याय 4

संवादपूर्तिः ध्यानयोग्या बिंदवः

संवादपूर्त्यान्तर्गत रिक्तस्थानात् पूर्वात् निम्नांकित बिन्दवः ध्यातव्यः

- रिक्तस्थान पूर्त्याम् मञ्जूषायाः पदाः ध्यातव्याः येन उचित रूपेण जिज्ञासा पूर्तिं भवेत्।
- संवादान् विषयवस्तुनिविचित्य उपयुक्तवाक्यान् शब्दान् वा समुचित स्थाने प्रयोगं कुर्यात्।
- संवादपूर्त्याम् मञ्जूषायाम् क्रमशः दत्तानि पदानि वाक्यानि वा क्रमानुसारेण अङ्कयत्। येन क्षिप्रेण कोऽपि शब्दान् वाक्यानि वा अनुपयुक्तेन न भवेत्।
- अन्ते संवादान् निरीक्षणं भवेत्। कोऽपि त्रुटिः न भूयात्।

संवाद पूर्ति करते समय ध्यान रखने योग्य बिंदु

संवाद पूर्ति के अन्तर्गत रिक्त स्थान भरने से पहले निम्नलिखित बातों का ध्यान रखना चाहिए

- संवाद में रिक्त स्थान की पूर्ति करते समय यह ध्यान रखना चाहिए कि मंजूषा में दिए गए वाक्यांश अथवा शब्द को उचित जिज्ञासा पूर्ति के रूप में ही भरना चाहिए।
- संवाद की विषयवस्तु को ध्यान से समझते हुए सही एवं उपयुक्त वाक्यांश अथवा शब्द को निर्धारित रिक्त स्थान में भरना चाहिए।
- संवाद पूर्ति के अन्तर्गत रिक्त स्थान भरने से पहले शब्द-सूची में दिए गए सभी शब्दों या वाक्यों पर क्रम लिख लेना चाहिए, जिससे अनुपयुक्त शब्द या वाक्यांश रिक्त स्थान में भरने से बचा जा सके।
- संवाद पूर्ति के बाद वाक्यों का भली-भाँति निरीक्षण करना चाहिए, जिससे कोई त्रुटि न रह जाए।

साधित उदाहरणम्

1. रिक्तस्थानानि पूरयित्वा अधोलिखित संवादं पुनः लिखत। (रिक्तस्थान को पूरा करके निम्नलिखित संवाद को पुनः लिखिए।) **CBSE SQP 2023-24**

जनकः पुत्र केशव (i) .... ।

पुत्रः हे जनक! अहं गीताम् पठामि।

जनकः शोभनम्, 'गीता' इति बहुमूल्यः उत्तमः च ग्रन्थः अस्ति। गीता महाभारतस्य भागः अस्तिः यस्मिन् सप्तशतं श्लोकाः सन्ति।

पुत्रः आम् (ii) .... ।

जनकः सत्यम्, किं त्वं जानासि यत् महाभारतस्य लेखकः कः अस्ति?

पुत्रः आम् जनक! (iii) .... ।

जनकः उत्तमम्, संस्कृतस्य प्रसिद्धौ ग्रन्थौ कौ?

पुत्रः अहं मन्ये, (iv) .... ।

जनकः सत्यम् , त्वं बहु जानासि। अहं बहु प्रसन्नः अस्मि।

पुत्रः धन्यवादः पितः (v) .... ।

- **मञ्जूषा** अस्य लेखकः महर्षि वेदव्यासः अस्ति।
  त्वं एतावद् ध्यानेन् किं पठसि?
  अहं पठामि अतएव जानामि।
  एतौ प्रसिद्धौ ग्रन्थौ रामायणम् महाभारतम् स्तः।
  एतेषु श्लोकेषु श्रीकृष्णस्य ज्ञानवर्धकाः श्लोकाः सन्ति।

उत्तराणि

(i) त्वं एतावद् ध्यानेन किं पठसि?
(ii) एतेषु श्लोकेषु श्रीकृष्णस्य ज्ञानवर्धकाः श्लोकाः सन्ति।
(iii) अस्य लेखकः महर्षि वेदव्यासः अस्ति।
(iv) एतौ प्रसिद्धौ ग्रन्थौ रामायणम् महाभारतम् स्तः।
(v) अहं पठामि अतएव जानामि।

2. रिक्तस्थानानि पूरयित्वा अधोलिखित संवादं पुनः लिखत।
(रिक्तस्थान को पूरा करके निम्नलिखित संवाद को पुनः लिखिए।)

देवशर्मा त्वं कुत्र आगच्छसि?
सुरेशः अहम् गृहात् आगमिष्यामि।
देवशर्मा त्वं कुत्र निवसति।
सुरेशः अहं (i) .... ।
देवशर्मा ऋषिकेशः तु योग नगरी अस्ति।
सुरेशः आम् (ii) .... ।
देवशर्मा अत्र वैदेशिका¿पि योगस्यशिक्षां प्राप्नुवन्ति।
सुरेशः अत्रत्या वातावरणमपि स्वास्थ्यकरः भवति।
देवशर्मा अत्र जनाः (iii) .... ।
सुरेशः अत्र अनेके दर्शिनिकाः अपि आश्रमेषु निवसन्ति।
देवशर्मा जीवने (iv) .... ।
सुरेशः (v) .... ।

- **मञ्जूषा** अहं गंगा तीरे ऋषिकेषः नगरे निवसामि।
  आम्! अतीव स्वच्छः रमणीक चापि अस्ति।
  अत्र जनाः आध्यात्मिकी साधनामपि कुर्वन्ति।
  वयमपि साधनां कुर्मः।
  साधनापूर्णः जीवनः धन्यः भवति।

उत्तराणि

(i) अहं गंगा तीरे ऋषिकेष नगरे निवसामि।
(ii) आम्! अतीव स्वच्छः रमणीक चापि अस्ति।
(iii) अत्र जनाः आध्यात्मिकी साधनामपि कुर्वन्ति।
(iv) साधनापूर्णः जीवनः धन्यः भवति।
(v) वयमपि साधनां कुर्मः।

3. रिक्तस्थानानि पूरयित्वा अधोलिखित संवादं पुनः लिखत।
(रिक्तस्थान को पूरा करके निम्नलिखित संवाद को पुनः लिखिए।)

उमेशः रमे! पश्य एतत् चित्रम्। कः एषः वृक्षः?
रमा (i) .... ।
उमेशः आम् पश्यामि। वट एव अयम् । परन्तु कोऽयम् ऋषिः बालकः च।
आचार्या (ii) .... ।
उमेशः आचार्ये कोऽयम् ऋषि?
आचार्या सः अत्रैव (iii) .... ।
रमा आचार्ये कुतः गृहीतः एषः पाठः?
आचार्या (iv) .... ।
उमेशः आचार्ये उपनिषदः किं भवति?
आचार्या उपनिषदः (v) .... ।

- **मञ्जूषा** उपनिषदः नाम ते ग्रन्थाः येषु अमूल्यम्/
  आत्मविज्ञानम् उपदिष्टम्।
  छान्दोग्योपनिषदतः गृहीतः एषः पाठः।
  पाठं पठित्वा ज्ञास्यामः।
  आगच्छति अयं तु तमेव पृच्छामः।
  अयं तु वट वृक्षः प्रतीयते। किं न पश्यसि।
  अस्य दीर्घाः शाखा पृथ्वीं स्पृशन्ति।

उत्तराणि

(i) अयं तु वट वृक्षः प्रतीयते। किं न पश्यसि अस्य दीर्घाः शाखाः पृथ्वीं स्पृशन्ति।
(ii) पाठं पठित्वा ज्ञास्यामः
(iii) आगच्छति तमेव पृच्छामः
(iv) छान्दोग्योपनिषदतः ग्रहीतः एषः पाठः।
(v) उपनिषदः नाम ते ग्रन्थाः येषु अमूल्यम् आत्मविज्ञानम् उपदिष्टम् ।

4. रिक्तस्थानानि पूरयित्वा अधोलिखित संवादं पुनः लिखत।
(रिक्तस्थान को पूरा करके निम्नलिखित संवाद को पुनः लिखिए।)

अंगदः अहं श्रीरामस्य दूतो¿स्मि।
रावणः रे (i) .... ।
अंगदः तर्हि त्वम् श्रीरामस्य चरणयोः गच्छ।
रावणः रे बालकः (ii) .... ।
अंगदः जानामि रावणः जानामि मम पित्रा त्वं षट्मास पर्यन्तम् स्वकुक्षौ अधारयत् ।
रावणः रे (iii) .... ।
अंगदः यदि त्वं बलवान् असि तद् मम पदं भूमेः दोलय।
रावणः अंगदस्य (iv) .... ।
अंगदः मम चरणयोः कदापि न स्पर्शय श्रीरामस्य चरणयोः अपतत्।
रावणः रे बालकः त्वं (v) .... ।

- **मञ्जूषा** अंगदः त्वम् पिता मम् मित्रम् आसीत्।
  माम् न जानासि।
  बालकः अतीव वाचालोऽङ्कसि त्वं।
  चरणौ गृहीत्वार्थम् अग्रे आगच्छति।
  वाचालो असि। युद्ध क्षेत्रे वदिष्यामि।

उत्तराणि

(i) अंगदः त्वम् पिता मम् मित्रम् आसीत्।
(ii) माम् न जानासि।
(iii) बालकः अतीव वाचालोऽङ्कसि त्वं।
(iv) चरणौ गृहीत्वार्थम् अग्रे आगच्छति।
(v) वाचालो असि। युद्ध क्षेत्रे वदिष्यामि।

5. **रिक्तस्थानानि पूरयित्वा अधोलिखित संवादं पुनः लिखत।**
(रिक्तस्थान को पूरा करके निम्नलिखित संवाद को पुनः लिखिए।)

विकासः एहि विनीत! त्वं अधुना प्रातः कालैव कुत्र गच्छसि?
विनीतः अहं (i) .... ।
विकासः अद्यत्वे तु बहुत अधिकं शैत्यं भवति। अस्मिन् काले किं करोति?
विनीतः अधुना (ii) .... ।
विकासः अपरं तु तत्र कानि-कानि स्थानानि सन्ति।
विनीतः अपरं (iii) .... ।
विकासः तत्र प्रसिद्धं शस्य कः अस्ति।
विनीतः (iv) .... ।
विकासः तत्र कोऽपि सखाऽपि तत्र सन्ति?
विनीतः आम् (v) .... ।

- **मञ्जूषा** अहं श्रीनगरस्य यात्रायाः पूर्वव्यवस्थायां करोमि।
अधुना तत्र हिमपातं भवति। हिमपातस्य दृश्यः अतीव मनोहरः भवति।
शालीमार उद्यानम् निशात उद्यानम् च अपराणि स्थानानि सन्ति।
तत्र प्रसिद्धः केसरः शस्यः अस्ति।
आम् मुहम्मदः गुलः मम प्रियम् मित्रम् अस्ति।

उत्तराणि

(i) अहं श्रीनगरस्य यात्रायाः पूर्वव्यवस्थायां करोमि।
(ii) अधुना तत्र हिमपातं भवति। हिमपातस्य दृश्यः अतीव मनोहरः भवति।
(iii) शालीमार उद्यानम् निशात उद्यानम् च अपराणि स्थानानि सन्ति।
(iv) तत्र प्रसिद्धः केसरः शस्यः अस्ति।
(v) आम् मुहम्मदः गुलः मम प्रियम् मित्रम् अस्ति।

अभ्यास प्रश्नाः

मञ्जूषा की सहायता से संवाद पूर्ति

1. **रिक्तस्थानानि पूरयित्वा अधोलिखित संवादं पुनः लिखत।** **CBSE 2024**
(रिक्तस्थान को पूरा करके निम्नलिखित संवाद को पुनः लिखिए।)

छात्रा आचार्य ! नमो नमः।
योगाचार्यः शुभमस्तु। (i) ....।
छात्रा मम नाम अनुप्रिया अस्ति। योगशिक्षां प्रति मम रुचिः अस्ति।
योगाचार्यः शोभनम् (ii) ....।
छात्रा अहं दशमकक्षायां पठामि। आचार्य! (iii) ....।
योगाचार्यः योगः तु सर्वेभ्य एव अतीव लाभकरः। विद्याध्ययने तु योगशिक्षा उपयोगिनी एव।
छात्रा मया श्रुतं यद् अधुना सम्पूर्ण विश्वे योगदिवसः मान्यते।
योगाचार्यः (iv) ....।
छात्रा मम अनुजः किञ्चिद् अस्वस्थः वर्तते। किं तस्य कृते अपि योगः लाभकरः?
योगाचार्यः (v) ....।

- **मञ्जूषा** आम् स्वास्थ्याय योगः अनिवार्यः अतः तेन अपि योगः कर्त्तव्यः।
भवत्याः नाम किम्?
किं योगः छात्राणां कृते उपयोगी अस्ति?
भवती कस्यां कक्षायां पठति?
सम्यक् श्रुतं त्वया, जूनमासस्यं एकविंशतितमे दिवसे प्रतिवर्षम् अन्तर्राष्ट्रिय योगदिवसः मन्यते?

2. **रिक्तस्थानानि पूरयित्वा अधोलिखित संवादं पुनः लिखत।**
(रिक्तस्थान को पूरा करके निम्नलिखित संवाद को पुनः लिखिए।)

कृष्णपालः हे! गिरिराज: अद्य त्वं कुत्र गच्छसि?
गिरिराजः अहम् (i) .... ।
कृष्णपालः तत्र का अस्ति?
गिरिराजः तत्र (ii) .... ।
कृष्णपालः अस्य किः महत्त्वमस्ति?
गिरिराजः अस्य (iii) .... ।
कृष्णपालः त्वम् केन गच्छसि रेलयानेन वायुयानेन वा?
गिरिराजः अहं (iv) .... ।
कृष्णपालः ततः मम कृते सरयोः जलम् आनय।
गिरिराजः अवश्यं (v) .... ।

- **मञ्जूषा** अहं अयोध्याम् गच्छामि।
महत्त्वम् अस्ति यत् श्रीरामचन्द्रः पञ्चाशतवर्षानन्तरम् स्वगृहे अस्थापयत् ।
अवश्यं आनयामि।
अहं वन्दे भारतेन गच्छामि।
तत्र भगवतः श्रीरामचन्द्रस्य मन्दिरः अस्ति।

3. **रिक्तस्थानानि पूरयित्वा अधोलिखित संवादं पुनः लिखत।**
(रिक्तस्थान को पूरा करके निम्नलिखित संवाद को पुनः लिखिए।)

पिता पुत्रः माधव! (i) .... ।
पुत्रः हे पिता! अहं रामचरितमानसं पठामि।
पिता साधु! रामचरितमानसः इति श्रेष्ठः ग्रन्थः अस्ति। अयं तु भगवदः श्रीरामचन्द्रस्य जीवन गाथा अस्ति।
पुत्र आम् (ii) .... ।

पिता अस्य लेखकः गोस्वामी तुलसीदासः अस्ति।
पुत्र अहं प्रतिदिनं सुन्दर काण्डस्य पाठम् करोमि।
पिता सुन्दर काण्डे (iii) .... ।
पुत्रः सुन्दर काण्डे भगवतः हनुमते चर्चा अस्ति।
पिता रामचरित (iv) .... ।
पुत्रः एषः ग्रन्थः अवधी भाषायामः अस्ति।
पिता अवधी भाषायाः अपरः कविः कः अस्ति?
पुत्रः अवधी (v) .... ।

- **मञ्जूषा** त्वम् ध्यानेन किं पठसि?
अस्य लेखकः कः अस्ति?
का कथा अस्ति?
मानसः कस्मिन् भाषायाम् अस्ति?
भाषायाः अपरः कविः मलिक मुहम्मदः जायसि अस्ति।

4. रिक्तस्थानानि पूरयित्वा अधोलिखित संवादं पुनः लिखत।
(रिक्तस्थान को पूरा करके निम्नलिखित संवाद को पुनः लिखिए।)

शकुन्तला कोऽयम् द्वारि?
दुष्यन्तः अहं (i) .... ।
प्रियंवदा हे राजन् स्वागतोऽसि। महाराज भवान्
प्रियंवदा (ii) .... ।
दुष्यन्तः अहम् हस्तिनापुरस्य नृपोऽस्मि।
प्रियंवदा (iii) .... अस्ति।
दुष्यन्तः अहं (iv) .... ।
प्रियंवदा भवान् (v) .... ।

- **मञ्जूषा** अतिथिरूपेण द्वारि तिष्ठामि।
कथय किम् वृत्तान्तम् अस्ति।
अस्माकं अतिथयः (अतिथि) देवो भव।
अहं अस्य प्रान्तरे विश्रामं कर्तुम् इच्छामि।
अस्मिन् प्रान्ते आगच्छन् कः देशः शून्यम् अकरोत्।

5. रिक्तस्थानानि पूरयित्वा अधोलिखित संवादं पुनः लिखत।
(रिक्तस्थान को पूरा करके निम्नलिखित संवाद को पुनः लिखिए।)

शिक्षकः सर्वे छात्राः उपाविशत्।
छात्राः आचार्य (i) .... ?
शिक्षक छात्राः वदत (ii) .... ।
छात्राः (iii) .... ।
शिक्षकः अस्या राजधानी कुत्रास्ति?
छात्राः अस्या (iv) .... ।
शिक्षकः अस्या नगरी कस्या नद्या तीरे अस्ति।
छात्राः अस्या (v) .... ।

- **मञ्जूषा** असम प्रदेशः कुत्र स्थितः।
असम प्रदेशः पूर्वोत्तर भारते स्थितः।
असम प्रदेशः कुत्रास्ति।
अस्यां नगरी ब्रह्मपुत्रस्य तीरे अवसत्।
अस्या राजधानी दिसपुर नगरे अस्ति।

6. रिक्तस्थानानि पूरयित्वा अधोलिखित संवादं पुनः लिखत।
(रिक्तस्थान को पूरा करके निम्नलिखित संवाद को पुनः लिखिए।)

प्रेम अवधी भाषायामेः आचार्यवरः नमस्ते।
प्रधानाचार्यः (i) .... ।
प्रधानाचार्यः प्रेम तव पिता कुत्र अस्ति।
प्रेमः श्रीमन्तः सः (ii) .... ।
प्रधानाचार्यः स कदा आगमिष्यति?
प्रेमः स (iii) .... ।
प्रधानाचार्यः अहं शुक्रवासरं पुनः आगमिष्यामि।
प्रेमः भवेतः किम् नाम् अस्ति।
प्रधानाचार्यः (iv) .... ।
प्रेमः (v) .... ।

- **मञ्जूषा** नमस्ते
स शुक्रवारे आगमिष्यति।
श्रीमन्तः सः बहिरगच्छत्।
श्रीमन् शर्मणः शोभनम्

7. रिक्तस्थानानि पूरयित्वा अधोलिखित संवादं पुनः लिखत।
(रिक्तस्थान को पूरा करके निम्नलिखित संवाद को पुनः लिखिए।)

अनिलः हे मित्र तव किं अभिधानमस्ति?
केशवः मम अभिधानम् (i) .... ।
अनिलः त्वं कुतः आगतः?
केशवः अहं (ii) .... ।
अनिलः किम् त्वं अस्मिन् विद्यालये नवागन्तुकः अस्ति?
केशवः आम्! (iii) .... ।
अनिलः त्वं कस्मिन् कक्षायाम् पठसि?
केशवः आम्! नवम् (iv) .... ।
अनिलः आवाम् अधुना मित्रे स्तः।
केशवः आम्! (v) .... ।

- **मञ्जूषा** अधुना आवाम् मित्रे स्तः।
अहं अस्मिन् विद्यालये नवागन्तुकः अस्मि।
अहं मुम्बई नगरात् आगच्छामि।
अहं नवम् कक्षायाम् पठामि।
मम अभिधानम् केशवः अस्ति।

8. रिक्तस्थानानि पूरयित्वा अधोलिखित संवादं पुनः लिखत।
(रिक्तस्थान को पूरा करके निम्नलिखित संवाद को पुनः लिखिए।)

अलक्षेन्द्रः पौरुष! त्वया सह कीदृशः व्यवहारः कर्त्तव्यः।
पौरुषः यादृशः (i) .... ।
अलक्षेन्द्रः अहो! त्वं अद्यापि स्वं राजा मन्यते।
पौरुषः आम् (ii) .... ।
अलक्षेन्द्रः किन्तु पञ्जरबद्ध बाघः किमपि कर्तुं न शक्नोति।
पौरुषः शक्नोति (iii) .... ।
अलक्षेन्द्रः वयं त्वया सह प्रसन्नाः जाताः।
पौरुषः साधु भगवन् (iv) .... ।
अलक्षेन्द्रः अहं भवतः राज्यं मुञ्चामि।
पौरुषः अधुना (v) .... ।

- **मञ्जूषा** बाघः तु बाघः भवति।
  यादृशः एकः नृपः अपरेण नृपेन सह करोति।
  श्रीमन्तः यदि सः अवसरः प्राप्तः।
  आवाम् मित्रे स्तः।
  त्वं वीरः असि।

9. रिक्तस्थानानि पूरयित्वा अधोलिखित संवादं पुनः लिखत।
(रिक्तस्थान को पूरा करके निम्नलिखित संवाद को पुनः लिखिए।)

शिक्षकः सर्वे छात्राः वदत। हिमालयस्य उन्नतानिशिखराणि कः नाम?
छात्राः माउण्ट (i) .... ।
शिक्षकः एषः हिन्द्यां नाम कः अस्ति।
छात्राः अस्य (ii) .... ।
शिक्षकः एषः कुत्र स्थितः?
छात्राः एषः (iii) .... ।
शिक्षकः भारतस्य सर्वोच्चः शिखरः कः अस्ति।
छात्राः (iv) .... ।
शिक्षकः माउण्ट एवरेस्टस्य प्रथम विजेता कः आसीत् ।
छात्राः (v) .... ।

- **मञ्जूषा** शिखराणि अस्ति।
  एवरेस्टः हिमालयस्य उन्नतानि
  नेपाल राष्ट्रे स्थितः।
  हिन्द्यां नाम सागर माथा अस्ति।
  शेरपा तेनजिंग माउण्ट एवरेस्टस्य प्रथम विजेता आसीत् ।
  भारतस्य कंचनजंघा सर्वोच्च उन्नतः शिखरः अस्ति।

10. रिक्त स्थानानि पूरयित्वा अधोलिखित संवादं पुनः लिखत।
(रिक्तस्थान को पूरा करके निम्नलिखित संवाद को पुनः लिखिए।)

सरिता एहि ज्योत्स्ने अद्य त्वं विद्यालयं न अगच्छत्?
ज्योत्स्ना अद्य तु (i) .... ।
सरिता अद्य कस्मिन् उपलक्ष्ये अवकाशः अस्ति।
ज्योत्स्ना (ii) .... ।
सरिता अस्य पर्वस्य कः महत्त्व मस्ति?
ज्योत्स्ना अद्य (iii) .... ।
सरिता एषः पर्वः निर्धनानां कृते महत्त्वपूर्णम् अस्ति। अहमपि किंचित् दास्यामि।
ज्योत्स्ना अहमपि (iv) .... ।
सरिता भारतीय संस्कृते सर्वान् पर्वणान् महत्त्वपूर्णम् अस्ति।
ज्योत्स्ना आम् एतद् (v) .... ।

- **मञ्जूषा** अद्य तु अवकाशः भवति।
  अद्य मकरसंक्रान्त्याः पर्वः अस्ति। जनाः अस्मिन् दिने गंगायाम् स्नानं कुर्वन्ति।
  अद्य भगवतः सूर्यः रश्मिः मकर रेखायाम् ऋजु रूपेण भवति।
  अतः अस्मिन् दिवसे जनाः निर्धनान् वस्त्राणि अन्नानि च दानं कुर्वन्ति।
  देश प्राचीन काले एवं विश्वगुरु अस्ति।
  किंचित् दस्यामि।

11. रिक्तस्थानानि पूरयित्वा अधोलिखित संवादं पुनः लिखत।
(रिक्तस्थान को पूरा करके निम्नलिखित संवाद को पुनः लिखिए।)

भासुरकः रे शशकः कथम् विलम्बयसि?
शशकः महाराज! (i) .... ।
भासुरकः तदा बिलम्बमं कथं अभवत्।
शशकः मार्गे (ii) .... ।
भासुरकः तदा किम अभवत्?
शशकः महाराज (iii) .... ।
भासुरकः कुत्र (iv) .... ।
भासुरकः मम सायकं चल (v) .... ?

- **मञ्जूषा** कुत्र अस्ति सः अपरः सिंहः?
  महाराज अहं समयेन एव आगच्छन् आसीत् ।
  सः कथयति स्म अहम् तव राजा अस्मि।
  मार्गे एकः अपरः सिंहः अमिलत।
  माम् दर्शय। अहं अधुनैव तं हनिष्यामि।

12. रिक्तस्थानानि पूरयित्वा अधोलिखित संवादं पुनः लिखत।
(रिक्तस्थान को पूरा करके निम्नलिखित संवाद को पुनः लिखिए।)

शिक्षकः भो छात्राः! अद्य तु वसन्तोत्सवः भवति।
छात्राः हे गुरो! (i) .... ।
शिक्षकः अद्य तु मातृ शारदायाः जन्मोत्सवः भवति।
छात्राः (ii) .... ।
शिक्षकः अस्मिन् दिवसे वयं (iii) .... ।
छात्राः काः सन्ति मातृ शारदा!
शिक्षकः मातृ शारदाः विद्यायाः ज्ञानस्य च देवी अस्ति।
छात्राः वयं (iv) .... ।
शिक्षकः सर्वे (v) .... ।

- **मञ्जूषा** हे गुरोः नहि जानीमः। भवान् वदत्
  हे गुरोः! अस्मिन् किम् भवति?
  मातृ शारदायाः पूजनं कुर्मः पीतानि वस्त्राणि धारयामः। पीतोत्दकं च खादिष्यामः।
  सर्वे छात्रा पीतवस्त्राणि अवश्यं धारयिष्यन्ति।
  मानयिष्याम वसन्तोत्सवं।

13. रिक्तस्थानानि पूरयित्वा अधोलिखित संवादं पुनः लिखत।
(रिक्तस्थान को पूरा करके निम्नलिखित संवाद को पुनः लिखिए।)

वानरः रे मित्र! अस्य वृक्षस्य मधुराणि फलानि त्वमपि भक्षय।
मगरमच्छः आम् (i) .... ।
वानरः त्वम् कुत्र निवससि?
मगरमच्छः अहं अस्यैव नद्यौ निवसामि।
वानरः अधुना (ii) .... ।
मगरमच्छः किंचित् फलानि मम भार्यामपि देहि।
वानरः आम् ददामि सा अपि प्रसन्ना भूत्वा खादिष्यति।
मगरमच्छः गृहम् गत्वा फलानि यच्छति।
मगरमच्छी: यः वानरः एतादृशम् मधुरं फलम् प्रतिदिनम् खादति तस्य (iii) .... ।
मगरमच्छः अहम् प्रतिदिनं तुभ्यं मधुराणि फलानि आनयिष्यामि।
मगरमच्छी: अहं तु तस्य मगरमच्छं हृदयं खादयिष्यामि। (iv) .... ।
मगरमच्छः धैर्यं धारय त्वम् आनयामि। (v) .... ।

- **मञ्जूषा** आवाम् मित्रे स्तः।
  तस्य हृदयमपि मधुरैव भवति।
  इदं तु अतीव मधुराणि सन्ति।
  श्वः अहं मगरमच्छस्य हृदयं आनेष्यामि।
  मम् कृते मगरमच्छस्य हृदयं आनय।

14. रिक्तस्थानानि पूरयित्वा अधोलिखित संवादं पुनः लिखत।
(रिक्तस्थान को पूरा करके निम्नलिखित संवाद को पुनः लिखिए।)

प्रभाकरः कुत्रासि भद्रे?
कमलेशः अत्रैव अस्मि? का वार्ता?
प्रभाकरः अद्यत्वे (i) .... ।
कमलेशः तदा किं करवाणि?
प्रभाकरः मम (ii) .... ।
कमलेशः आम् प्रेषयामि।
प्रभाकरः कश्चित् स्वनुपयोगं अपि वाञ्छामि।
कमलेश अहं (iii) .... ।
प्रभाकरः आम् क्षिप्र कुरु। अहं श्वः दुहितायाः गृहम् गमिष्यामि।
कमलेशः अहं (iv) .... ।
प्रभाकरः त्वं अन्यस्मिन् (v) .... ।

- **मञ्जूषा** अहमपि भवतः सह चलिष्यामि।
  मम दौहित्रस्य कृते तिल मोदकानि निर्मित्वा तस्य सकाशे प्रेषय।
  अहं अस्मिन् अलसी बीजानि अपि मेलयामि। तानि अपि लाभप्रदानि भवति।
  अद्यत्वे तु शैत्यं अधिकं भवति।
  दिने गच्छानि। श्वः तु अहमेव गमिष्यामि।

उत्तराणि

1. (i) भवत्या: नाम किम्?
(ii) भवती कस्यां कक्षायां पठति?
(iii) किं योग: छात्राणां कृते उपयोगी अस्ति?
(iv) सम्यक् श्रुतं त्वया, जूनमासस्यं एकविंशतितमे दिवसे प्रतिवर्षम् अन्तर्राष्ट्रीय योगदिवस: मन्यते?
(v) आम् स्वास्थ्याय योग: अनिवार्य: अत: तेन अपि योग: कर्त्तव्य:।

2. (i) अहं अयोध्याम् गच्छामि।
(ii) तत्र भगवत: श्रीरामचन्द्रस्य मन्दिर: अस्ति।
(iii) महत्त्वम् अस्ति यत् श्रीरामचन्द्र: पञ्चाशत वर्षानन्तरम् स्वगृहे अस्थापयत्।
(iv) अहं वन्दे भारतेन गच्छामि।
(v) अवश्यं आनयामि।

3. (i) त्वम् ध्यानेन किं पठसि?
(ii) अस्य लेखक: क: अस्ति?
(iii) का कथा अस्ति?
(iv) मानस: कस्मिन् भाषायाम् अस्ति?
(v) भाषाया: अपर: कवि: मलिक मुहम्मद: जायसि अस्ति।

4. (i) अतिथिरूपेण द्वारि तिष्ठामि।
(ii) अस्मिन् प्रान्ते आगच्छन् क: देश: शून्यम् अकरोत्।
(iii) कथय किम् वृत्तान्तम् अस्ति।
(iv) अहं अस्य प्रान्तरे विश्राम कर्तुम् इच्छामि।
(v) अस्माकं अतिथय: (अतिथि) देवो भव।

5. (i) असम प्रदेश: कुत्रास्ति?
(ii) असम प्रदेश: कुत्र स्थित:?
(iii) असम प्रदेश: पूर्वोत्तर भारते स्थित:।
(iv) अस्या: राजधानी दिसपुर नगरे अस्ति।
(v) अस्या: नगरी ब्रह्मपुत्रस्य तीरे अवसत्।

6. (i) नमस्ते
(ii) श्रीमन्त: स: बहिरगच्छत्।
(iii) स शुक्रवारे आगमिष्यति।
(iv) श्रीमन् शर्मण:
(v) शोभनम्

7. (i) मम अभिधानम् केशव: अस्ति।
(ii) अहं मुम्बई नगरात् आगच्छामि।
(iii) अहं अस्मिन् विद्यालये नवागन्तुक: अस्मि।
(iv) कक्षायाम् पठामि।
(v) अधुना आवाम् मित्रे स्त:।

8. (i) यादृश: एक: नृप: अपरेण नृपेन सह करोति।
(ii) बाघ: तु बाघ: भवति।
(iii) शक्नोति श्रीमन्त: यदि स: अवसर: प्राप्त:।
(iv) साधु भगवन् त्वं वीर: असि।
(v) आवाम् आवाम् मित्रे स्त:

9. (i) एवरेस्ट: हिमालयस्य उन्नतानि शिखराणि अस्ति।
(ii) हिन्द्यां नाम सागर माथा अस्ति।
(iii) नेपाल राष्ट्रे स्थित:।
(iv) भारतस्य कंचनजंघा सर्वोच्च उन्नत: शिखर: अस्ति।
(v) शेरपा तेजजिंग माउण्ट एवरेस्टस्य प्रथम विजेता आसीत् ।

10. (i) अद्य तु अवकाश: भवति।
(ii) अद्य भगवत: सूर्य: रश्मि: मकर रेखायाम् ऋजु रूपेण भवति। अत: अस्मिन् दिवसे जना: निर्धनान् वस्त्राणि अन्नानि च दानं कुर्वन्ति।
(iii) अद्य मकरसंक्रान्त्या: पर्व: अस्ति। जना: अस्मिन् दिने गंगायाम् स्नानं कुर्वन्ति।
(iv) किंचित् दास्यामि।
(v) देश प्राचीन काले एवं विश्वगुरु अस्ति।

11. (i) अहं समयेन एव आगच्छन् आसीत्।
(ii) मार्गे एक: अपर: सिंह: अमिलत।
(iii) स: कथयति स्म अहम् तव राजा अस्मि।
(iv) माम् दर्शय। अहं अधुनैव तं हनिष्यामि।
(v) कुत्र अस्ति स: अपर: सिंह:?

12. (i) हे गुरो:! नहि जानीम:। भवान् वदत्।
(ii) हे गुरो:! अस्मिन् किम् भवति?
(iii) मातृ शारदाया: पूजनं कुर्म: पीतानि वस्त्राणि धारयाम:। पीतोत्दकं च खादिष्याम:।
(iv) वयं ················· मानयिष्याम वसन्तोत्सवं।
(v) सर्वे छात्रा पीतवस्त्राणि अवश्यं धारयिष्यन्ति।

13. (i) इदं तु अतीव मधुराणि सन्ति।
(ii) आवाम् मित्रे स्त:।
(iii) तस्य हृदयमपि मधुरैव भवति।
(iv) मम कृते मगरमच्छस्य हृदयं आनय।
(v) श्व: अहं मगरमच्छस्य हृदय आनेष्यामि।

14. (i) अद्यत्वे तु शैत्यं अधिकं भवति।
(ii) दौहित्रस्य कृते तिल मोदकानि निर्मित्वा तस्य सकाशे प्रेषय।
(iii) अस्मिन् अलसी बीजानि अपि मेलयामि। तानि अपि लाभप्रदानि भवति।
(iv) अहं मपि भवत: सह चलिष्यामि।
(v) त्वं अन्यस्मिन् दिने गच्छानि। श्व: तु अहमेव गमिष्यामि।

कथापूर्तिः

अध्याय 5

कथायाम् कश्चित् घटना विशेषायाः भावनात्मकं दृश्यम् प्रस्तोयते। छात्रान् कथापूर्तौ कान्चित् रिक्तस्थानाम् दीयते। यान् मञ्जूषायाः सहायतया या पूरयते।

कथा अथवा लघु कहानी में किसी विशेष घटना या भावात्मक दृश्य को प्रस्तुत किया जाता है। छात्रों को कथापूर्ति में कुछ रिक्त स्थान दिए जाते हैं, जिनको मञ्जूषा की सहायता से भरा जाता है।

कथापूर्तिः ध्यानयोग्या बिंदवः

कथापूर्तिन्तर्गत रिक्तस्थानात् पूर्वत् निम्नांकित बिन्दवः ध्यातव्यः

- छात्रान् कथापूर्तौ तानेव वाक्यानां शब्दानां वा चयनं कुर्यात्। येन कथायाः क्रमः न अवरुद्धः जातः। तस्य भावाऽपि यथावत् भवेत्।
- कथापूर्तौ रिक्तस्थानानां पूर्तिः मञ्जूषायाः सहायतया एव कुर्यात्।
- रिक्तस्थानेषु पदान् वाक्यान् वा प्राकै व मन्जूषायां क्रममङ्गयत् भावेन शैल्या चैव पदानां चयनम् कुर्युः।

कथापूर्ति करते समय ध्यान रखने योग्य बातें

कथापूर्ति के अंतर्गत रिक्तस्थान भरने से पहले निम्न बातों का ध्यान रखें

- छात्रों को कथापूर्ति में रिक्त स्थानों को भरते समय उन्हीं वाक्यों या शब्दों का चयन करना चाहिए, जिनसे कथा का क्रम न टूटे और उसका भाव यथावत् चलता रहे।
- कथापूर्ति में रिक्त स्थानों की पूर्ति मञ्जूषा में दिए शब्दों की सहायता से ही करनी चाहिए।
- रिक्त स्थानों में शब्दों/वाक्यांशों को भरने से पहले मञ्जूषा में ही क्रम डाल लेना चाहिए तथा भावात्मक शैली से कथा को पढ़कर ही शब्दों का चयन करना चाहिए।

साधित उदाहरणम्

1. अधोलिखितां कथां मञ्जूषायाः सहायतया पूरयित्वा पुनः लिखत। (निम्नलिखित कथा को मञ्जूषा की सहायता से पूरा करके पुनः लिखिए।)

एकदा (i) ····· एकः बालकः एकम् (ii) ····· नामक नाटकः अपश्यत्। तदा स अचिन्तयत् यत् (iii) ····· जीवने महाराजा हरिश्चन्द्रस्य (iv) ····· जीवन यापनं संभवति। यदि आम् तु अहम् हरिश्चन्द्रो सदृशैव (v) ·····। सः सत्यस्य वृतं धारणमकरोत् एकदा तस्मिन् विद्यालये निरीक्षक महोदयस्य (vi) ····· अभवत्। तेन बालकेन श्रुतलेखे (vii) ····· शब्दं अशुद्धं अलिखत्। शिक्षकः शब्दं शुद्धं कर्तुम् संकेतमकरोत् किन्तु सः बालकः (viii) ····· न स्वीकृतवान्। स बालकः स्व जीवने सत्यस्य अहिंसायाः च सजीव प्रतिमा आसीत्। भारतीय स्वतन्त्रता (ix) ····· स मुख्यः स्तम्भः आसीत्। तस्य सञ्चालितः चर्खा आन्दोलनः खादी आन्दोलनः अतीव प्रसिद्ध आसीत्। (x) ····· बालकः अस्माकं बापू महात्मा गाँधी आसीत्। तस्य पूर्ण नाम् मोहनदासः करमचन्द गाँधी आसीत्।

- मञ्जूषा अनुलेखं, भविष्यामि, सदृशः, बाल्यकाले, सैव, वास्तविकेः, निरीक्षणः, हरिश्चन्द्रः, आन्दोलनस्य, केटिल।

उत्तराणि

(i) बाल्यकाले	(ii) हरिश्चन्द्रः	(iii) वास्तविकः
(iv) सदृशः	(v) भविष्यामि	(vi) निरीक्षणः
(vii) केटिल	(viii) अनुलेखं	(ix) आन्दोलनस्य
(x) सैव		

2. **अधोलिखितां कथां मञ्जूषायाः सहायतया पूरयित्वा पुनः लिखत। (निम्नलिखित कथा को मञ्जूषा की सहायता से पूरा करके पुनः लिखिए।)**

एकलव्यः एकः (i) ····· बालकः आसीत्। स (ii) ····· सह अरण्य प्रान्ते निवसति स्म। तस्य पितरौ अतीव (iii) ····· आसीत्। एकलव्यः धनुर्विद्यायाः शिक्षा (iv) ····· स्म। गुरु द्रोणाचार्यः अस्त्र-शस्त्र विद्यायाः प्रसिद्धः आचार्यः आसीत्। ते केवलं (v) ····· पाण्डवानां च आचार्यः आसीत्। एकलव्यः तस्य समीपं गत्वा (vi) ····· प्रार्थयत्। द्रोणाचार्यः तस्य भिल्ल जात्याः कारणेन तम् शिष्यत्वं न स्वीकृतवान्। एकलव्यः नैराश्यं न स्वीकृतवान्। स द्रोणाचार्यस्य प्रतिमा समक्षे धनुर्विद्यायाः अभ्यासमकरोत्। अल्पसमयेऽपि सः कुशलः जातः। कश्चित् समयान्तराले द्रोणाचार्यः स्वशिष्येण सह वनं गतः। तस्य (vii) ····· अपि तेन सार्धः आसीत्। सः एकलव्यं दृष्ट्वा बुक्कतिस्म। एकलव्यः श्वानस्य मुखं (viii) ····· पूरितम् अकरोत् केनापि रक्तपातः न अभवत्। द्रोणाचार्यः एकलव्यस्य (ix) ····· स्तभितः जातः। वस्तुतः एकलव्यः (x) ····· स्वस्थानम् निर्धारणम् करोत्।

- **मञ्जूषा** श्वानः, शिक्षार्थम्, दरिद्रः, बाणेन, वाञ्छति, जनजातीयः, कौशलेन, स्वपितृभ्याम्, परिश्रमेणैव, कौरवानां।

उत्तराणि

(i) जनजातीयः	(ii) स्वपितृभ्याम्
(iii) दरिद्रः	(iv) वाञ्छति
(v) कौरवानां	(vi) शिक्षार्थम्
(vii) श्वानः	(viii) बाणेन
(ix) कौशलेन	(x) परिश्रमेणैव

3. **अधोलिखितां कथां मञ्जूषायाः सहायतया पूरयित्वा पुनः लिखत। (निम्नलिखित कथा को मञ्जूषा की सहायता से पूरा करके पुनः लिखिए।)**

बाल्यकाले (i) ····· साँदीपन (ii)····· गुरुकुले अध्ययनं कृत्वा अगच्छत्। तत्र स सुदामा सह अपठत्। एकस्मिन् दिने (iii)····· काले (iv)····· मेघाः अवर्षत्। आश्रमे भोजन पचनार्थं काष्ठं नासीत्। गुरुमात्रा आज्ञया सुदामा कृष्णश्च वनम् अगच्छताम्। गुरुमाता तौ कश्चिद् (v)····· अयच्छत्। कृष्णः सुदामा अकथयत् अहम् वृक्षस्य उपरि आरूढं भूत्वा काष्ठानि भूमौ अपतन् त्वं तान् (vi)····· एकत्रीकरणं कुरु। सुदामा अचिन्तयत् यावत् कृष्णः (vii)····· त्रोटयन्तितावत् अहम् स्वभागस्य चणकं भक्षयिष्यामि। काष्ठानि त्रोटयित्वा कृष्णः अवदत्। अहं बुभुक्तोऽस्मि। अधुना आवाम् चणकं खादावः। सुदामा (viii)····· अहं तु पूर्वमेव सर्वे चणकः अखादम्। श्रीकृष्णः क्रुद्धः (ix)····· दारिद्रयस्य शापं अददात्। अनन्तरं कृष्णः अवदत् सुदामा शाप काले त्वं मया (x)····· आगच्छानि अहं त्वाम् शापात् मोक्षषिष्यामिः

- **मञ्जूषा** सकाशे, श्रीकृष्णः, चित्वा, प्रावृट्, अकथयत्, ऋषेः, भीषणाः, भूत्वा, काष्ठानि, चणकः।

उत्तराणि

(i) श्रीकृष्णः	(ii) ऋषेः	(iii) प्रावृट्
(iv) भीषणाः	(v) चणकः	(vi) चित्वा
(vii) काष्ठानि	(viii) अकथयत्	(ix) भूत्वा
(x) सकाशे।		

4. **अधोलिखितां कथां मञ्जूषायाः सहायतया पूरयित्वा पुनः लिखत। (निम्नलिखित कथा को मञ्जूषा की सहायता से पूरा करके पुनः लिखिए।)**

एकदा (i)····· वने एकः (ii)····· आसीत्। स गह्वरे (iii)····· अपतत्। यदा एका अजा गर्ते (iv)····· तदा सा अपृच्छत्। त्वम् अत्र किं करोषि। श्रृगालः अवदत् अत्र (v)····· गर्ते शीतलम् जलमस्ति। शीतलं मन्दं पवनं चापि अत्र वहति। (vi)····· तस्यैव आनन्दं अनुभवामि। त्वमपि अत्र आगच्छ। अजा तस्मिन् गर्ते कूर्दितवान्। तदैव श्रृगालस्य कुटिलता जागृता स धूर्तः श्रृगालः अजायाः (vii)····· चयित्वा गर्तस्य बहिः (viii)····· । समयेन तु अजायाः स्वामी आगतः (ix)····· च अनयत्। मार्गे अजा अपश्यत् श्रृगलः एकस्य व्याधस्य तीरेण विद्धः कण्टके च अन्तिम् (x)····· गणपति।

- **मञ्जूषा** अस्मिन्, श्रृगालः, अपश्यत्, अजां, गर्ते, एकस्मिन्, अहं तु, श्वासान् पृष्ठं, आगतः।

उत्तराणि

(i) एकस्मिन्	(ii) श्रृगालः
(iii) गर्ते	(iv) अपश्यत्
(v) अस्मिन्	(vi) अहं तु
(vii) पृष्ठं	(viii) आगतः
(ix) अजां	(x) श्वासान्

5. **अधोलिखितां कथां मञ्जूषायाः सहायतया पूरयित्वा पुनः लिखत। (निम्नलिखित कथा को मञ्जूषा की सहायता से पूरा करके पुनः लिखिए।)**

गुर्जर प्रदेशे (i)····· नामकः एकः ग्रामः अस्ति। एकदा महाशिवरात्रिणः पर्वणावसरे सर्वे ग्राम वासिनः उत्साह पूर्णेन (ii)····· आसन् (iii)····· सर्वे कीर्तनं कुर्वन्ति। श्रूयते यत् भगवान् शिवः रात्रौ आगमिष्यति सर्वान् भक्तान् वर प्रदानं करिष्यति च। रात्रौ सर्वे सुप्तः जातः किन्तु (iv)····· नाम बालक रात्रौ कदापि न सुप्तः। रात्रौ मूलशंकरेण (v)····· एकः मूषकः शिवलिङ्गस्योपरि स्थित प्रसादं खादितवान्। मूलशंकरः अचिन्तयन् (vi)····· शिवलिङ्गः स्वरक्षार्थमपि समर्थः न अस्ति तदा (vii)····· रक्षा कथं (viii)····· अग्रे (ix)····· अयमेव बालक स्वामी (x)····· नाम्ना विख्यातः जातः।

- **मञ्जूषा** अस्माकं, करिष्यति, टंकारा, मूलशंकरः, रात्रौ, चलयित्वा, दृष्टः, दयानन्दः, एषः, व्यस्तः।

उत्तराणि

(i) टंकारा	(ii) व्यस्तः
(iii) रात्रौ	(iv) मूलशंकरः
(v) दृष्टः	(vi) एषः
(vii) अस्माकं	(viii) करिष्यति
(ix) चलयित्वा	(x) दयानन्दः

अभ्यास प्रश्नाः

मञ्जूषा की सहायता से कथापूर्ति

1. अधोलिखितां कथां मञ्जूषायाः सहायतया पूरयित्वा पुनः लिखत। (निम्नलिखित कथा को मञ्जूषा की सहायता से पूरा करके पुनः लिखिए।)

एकस्मिन् (i)········ एकः सर्पः वसति स्म। (ii)······· भयात् कोऽपि जनः उद्यानं गन्तुं न शक्नोति स्म। एकदा एकः महात्मा तत्र आगत्य तं सर्पं (iii)······· त्यक्तुम् अवदत्। तस्य महात्मनः प्रभावेन हिंसकप्रवृत्तिं (iv)··········· सः सर्पः शान्त-स्वभावः अभवत्। एतद् ज्ञात्वा सर्वे विस्मिताः अभवन्। बालकाः प्रस्तरेण शाखया च प्रहारं कृत्वा सर्पम् (v) ········· अकुर्वन् सर्पः शान्तभावेन (vi) ······· किमपि न अकरोत्। यदा सः महात्मा (vii) ·······तत्र आगच्छत् तदा सर्पस्य ईदृशीं (viii)············ दृष्ट्वा दुःखी अभवत्। सः सर्पात् सर्वं वृत्तान्तं ज्ञात्वा अवदत् 'हिंसा सर्वथा (ix) ········ परं स्वरक्षार्थं कृते कार्ये न काचित् हानिः। एतत् श्रुत्वा भयमुक्तः सर्पः स्वकोटरम् (x) ············।

- **मञ्जूषा** त्याज्या, उद्याने, हिंसा, सर्पस्य, अगच्छत्, परित्यज्य, आहतं, दशां, पुनः, स्थितः।

2. अधोलिखितां कथां मञ्जूषायाः सहायतया पूरयित्वा पुनः लिखत। (निम्नलिखित कथा को मञ्जूषा की सहायता से पूरा करके पुनः लिखिए।)

CBSE SQP 2023-24

एकः टोपिकाविक्रेता आसीत्। सः एकदा (i) ··········· विक्रेतुं ग्रामान्तरं गच्छन् आसीत्। (ii) ··········· सः श्रान्तः अभवत्, अतः (iii) ··········· अधः स्थित्वा शयनम् अकरोत्। तत्र बहवः वानराः आसन्। (iv) ··········· तस्य टोपिकाः स्वीकृत्य वृक्षस्य उपरि अतिष्ठन्। (v) ··········· टोपिकाविक्रेता जागृतः अभवत् तदा सः टोपिकाः न दृष्ट्वा बहु (vi) ··········· अभवत्। सः एकम् (vii) ··········· अकरोत्। सः वानराणां पुरतः स्थित्वा स्वस्य टोपिकां दूरम् अक्षिपत्। (viii) ··········· वानराः अपि स्वस्य स्वस्य टोपिकाः अधः (ix) ···········। चतुरः टोपिकाविक्रेता टोपिकाः एकत्रीकृत्य प्रसन्नः भूत्वा ततः (x) ···········। अतः कथ्यते-बलात् बुद्धिः श्रेष्ठा।

- **मञ्जूषा** अगच्छत्, अनुकरणशीलाः, वृक्षस्य, दुःखी, यदा, उपायम्, मार्गे, अक्षिपन्, टोपिकाः, ते।

3. अधोलिखितां कथां मञ्जूषायाः सहायतया पूरयित्वा पुनः लिखत। (निम्नलिखित कथा को मञ्जूषा की सहायता से पूरा करके पुनः लिखिए।)

एकदा (i)····· कश्यपस्य (ii)····· प्रान्ते राजा दुष्यन्तः अगच्छत्। तत्र सः एकम् बालकमपश्यत्। सः बालकः अतीव सुन्दरः (iii)····· आसीत्। तम् दृष्ट्वा दुष्यन्तस्य हृदये (iv)····· जातः। आश्रमस्य द्वे तपस्विनी अपि तत्र स्थितौ। अकस्मात् (v)····· भुजायाः मन्त्रपूतः गण्डा भूमौ अपतत्। दुष्यन्तः तम् उत्थानार्थं प्रयासं कृतवान्। एका तपस्विनी अकथयत्। मा स्पर्शया। तदेव राजा (vi)····· तम् गण्डां उत्थायित्वा बालकस्य भुजायाम् बन्धनं कृतवान्। तदा (vii)····· अकथयत्। महाराज! किं त्वं महाराज दुष्यन्तः। दुष्यन्तः अवदत्-आम्! कथं जानासि? सा अकथयत्। यदि अस्य बालकस्य (viii)····· विहाय कोऽपि अन्य स्पर्शं करोति तदा अयम् गण्डा सर्पः (ix)····· तम् दशति एषः शकुन्तलायाः पुत्रः अस्य नाम (x)····· ।

- **मञ्जूषा** तपस्विनी, भूत्वा, दुष्यन्तः, महर्षेः, बालकस्य, मनोहरञ्च, आश्रमः, भरतः, पितरौ, वात्सल्यः।

4. अधोलिखितां कथां मञ्जूषायाः सहायतया पूरयित्वा पुनः लिखत। (निम्नलिखित कथा को मञ्जूषा की सहायता से पूरा करके पुनः लिखिए।)

एकदा महाभारते समये सर्वे (i)····· युद्धस्य विषये (ii)····· चिन्तिताः जाताः। तदैव एकः किशोर वय बालकः (iii)····· अवदत् च प्रणमामि पितृव्याः कथम् चिन्तितोऽसि? का (iv)····· वर्तते। युधिष्ठरः अवदत् पुत्र त्वं अधुनैव बालोऽसि स बालकः अवदत् पितृव्याः व्यस्य कापि न चिन्ता। युधिष्ठरः अवदत् अद्य तव पिता अर्जुनः अत्र नास्ति। इयमेव चिन्तायाः विषयः अस्ति। दुर्योधनेन अद्य (v)····· चक्रव्यूह रचितः। चक्रव्यूह भेदनस्य विद्या वयम् न जानीमः। सः बालकः अर्जुनस्यः पुत्रः (vi)····· आसीत्। सः अवदत्। अहम् जानामि। यदा अहम् (vii)····· । अहं तदैवश्रुतोऽस्मि अस्य विद्यायाः विषये। चिन्ता (viii)····· कुरु। अभिमन्युः चक्रव्यूहस्य षट्द्वाराः अभेदत्। सप्तमः (ix)····· सर्वे कौरवानां छलेन तम् वीर (x)····· वीरगतिं अप्राप्नुत।

- **मञ्जूषा** युद्धे, तत्रागच्छत्, गर्भस्थोऽस्मि, द्वारि, पाण्डवाः, समस्याः, बालकं, अतीव मा अभिमन्युः।

5. अधोलिखितां कथां मञ्जूषायाः सहायतया पूरयित्वा पुनः लिखत। (निम्नलिखित कथा को मञ्जूषा की सहायता से पूरा करके पुनः लिखिए।)

एकदा राजा (i)····· अश्वमेधः नामकं (ii)····· अकरोत्। तस्मिन् यज्ञे एकं (iii)····· मुमोच। तस्य रक्षितत्वेन नियुक्तो रघोः अनुययौ दिलीपः शतं यज्ञान् विधाय में ····· (iv) ग्रहीष्यति इति भयेन प्रच्छन्न रूपो देवेन्द्रस्य वाजिनम् अपजाहर। नन्दिनी प्रसादात् विदित वृत्तो रघुः प्रथमं साम्ना देवेन्द्र अश्वं ययाचे। अनुपलब्धेऽश्वे तेन (v)····· योद्धुम् प्रवृते। तयोर्मिथं युद्धे संवृत्ते रघुरेव पूर्व देवेन्द्रं बाणे हृदि (vi)·····। तत्प्रहारेण संक्रुद्धो देवेन्द्रोऽपि रघुं बाणेन प्रत्यविध्यत। (vii)····· रघुपतिस्वनामाङ्कित (viii)····· देवेन्द्रस्य भुजे निचरवान (ix)····· च तस्य पताकां विच्छेद। तयोरेव तुमुलं युद्धमजनि तस्य पार्श्वे सिद्धायाः रथोः

समीपे च तस्य (x)····· आसीत् युद्धेन रघोः अलौकिक वीरतां दृष्ट्वा इन्द्र प्रसन्नः जातः।

- मञ्जूषा पदवीं, अश्वः, सैनिकाः, दिलीपः, कुमारो, यज्ञं, सायकं, सह, इषुणां, विभेदः।

6. अधोलिखितां कथां मञ्जूषायाः सहायतया पूरयित्वा पुनः लिखत।
(निम्नलिखित कथा को मञ्जूषा की सहायता से पूरा करके पुनः लिखिए।)

पुरा (i)····· नाम राजा आसीत्। तस्य द्वयो (ii)····· स्तः एकस्या नाम (iii)····· अपरा नाम सुनीति आसीत्। सुरुचि (iv)····· तथा सुनीति सुशीला च आसीत्। सुनीत्याः एकः पुत्रः आसीत्, यस्य नाम ध्रुवः आसीत्। एकदा (v)····· स्वपितरम् क्रोडे उपाविशत्। तदा सुरुच्याः प्रताडितः बालकः ध्रुवः अपमानित्वं भूत्वा वनं गतः। स तत्र कठोरतपः अकरोत्। तस्य तपेन प्रसन्नोभूत्वा भगवदः (vi)····· तं दर्शनम् अयच्छत्। बालक ध्रुवस्य नाम अद्यापि श्रूयते। स (vii)····· संकल्पवान् भूत्वा संसारे लक्ष्यं प्राप्तवान् (viii)····· अस्मात् आकाशमण्डले ध्रुवस्य नाम (ix)····· दृश्यते सः (x)····· स्थिरो भवति।

- मञ्जूषा उत्तानपादः, अटलः, विष्णोः, चञ्चला, महिष्यौ, सुरुचि, तारा, अद्यापि, सदैव, ध्रुवः।

7. अधोलिखितां कथां मञ्जूषायाः सहायतया पूरयित्वा पुनः लिखत।
(निम्नलिखित कथा को मञ्जूषा की सहायता से पूरा करके पुनः लिखिए।)

एकस्मिन् दिने (i)····· पत्नी सुदाम्न अवदत् हे भर्तुः (ii)····· यत् श्रीकृष्णः भवान् सखा अस्ति। भवान् (iii)····· द्रारिद्रयमस्ति। अस्माकं गृहे अशितव्यम् किञ्चिदापि नास्ति। अतः भवान् (iv)····· सकाशे गच्छ कश्चित् सहायतां आनय। अहम् (v)····· यत् ते दीनान् दयां कुर्वन्ति। ते (vi)····· अस्माकं सहायतां करिष्यन्ति। भवान् इदानीम् (vii)····· अवस्थायाम् लज्जा न कुरु। ते अवश्यमेव सहायतां कुर्वन्तु। कथ्यते यत् (viii)····· मित्रमेव मित्रस्य सहायतां करोति। भवान् तेन सहायतां प्राप्नुवन्ति। येन (ix)····· निर्वाहं पूर्णरूपेण भविष्यति। आशासे भवान् मम प्रार्थनां (x)····· तत्र गमिष्यति च।

- मञ्जूषा सुदाम्नः, विपत्तौ, शृणोति, श्रूयते, इदानीम्, त्वमकथयत्, श्रीकृष्णस्य, अस्माकं, अस्यामेव, अवश्यमेव।

8. अधोलिखितां कथां मञ्जूषायाः सहायतया पूरयित्वा पुनः लिखत।
(निम्नलिखित कथा को मञ्जूषा की सहायता से पूरा करके पुनः लिखिए।)

एकदा एकः (i)····· काकः आसीत्। सः (ii)····· इतस्ततः (iii)····· वने अभ्रमतः तं कुत्रैव जलम् न (iv)·····। चिर् समयादनन्तरं सः एकं घटं प्राप्तवान् किन्तु तस्मिन् घटे अल्प मात्रया (v)·····। स अतीव निराशः अभवत्। स अनेके प्रयासाः जलम् प्राप्तुम् (vi)····· स घट त्रोटन् अपि समर्थ न आसीत्। तदा स वने दूरात् प्रस्तर खण्डात् (vii)····· घटे च (viii)·····। अस्य (ix)····· घटस्ट जलम् उपरि आगतः। सः जलम् (x)····· तृप्तः अभवत्। कथञ्च 'संकल्पेन सर्वाणि कार्याणि सिद्धयन्ति।'

- मञ्जूषा आनयित्वा, कृतवान्, तृषार्तः, अक्षिपत, पीत्वा, प्राप्तवान्, जलमासीत्, जलार्थं, भ्रमित्वा, कारणस्य।

9. अधोलिखितां कथां मञ्जूषायाः सहायतया पूरयित्वा पुनः लिखत।
(निम्नलिखित कथा को मञ्जूषा की सहायता से पूरा करके पुनः लिखिए।)

कश्चित् (i)····· एका अजा (ii)····· शावकेन (iii)····· प्रतिवसति स्म। तस्मिन् वने (iv)····· हिंसकः (v)····· अपि सन्ति। (vi)····· दिने सा अजा घासं (vii)····· बहिरगच्छता। सा स्वशावकं अवदत्-अहम् वने (viii)·····, त्वं द्वारम् अनावृतम् न विधेयम। कोऽपि वृकः सकाशे एव तस्य वार्ता अश्रृण्वन्। अजायाम् प्रस्थितायां स वृकः द्वारि आगतः अवदत्– (ix)····· द्वारं धेहि। शावकः अपृच्छत् कः अस्ति। वृकः अवदत्-अहं तव जननी वत्सः। माम् न जानासि? शावकः अवदत्-रे धूर्तः (x)····· तु त्वं वृकः एव अस्ति। माम् वञ्चसि इतः गच्छ। वृकः ततः दूरं गतः। सत्यमेव उक्तं मनसि राम अङ्के छुरिका।

- मञ्जूषा अनावृतम्, जन्तवः, आकृत्या, चरितुम्, वने, अनेके, गच्छामि, एकस्मिन्, सह, स्वः।

10. अधोलिखितां कथां मञ्जूषायाः सहायतया पूरयित्वा पुनः लिखत।
(निम्नलिखित कथा को मञ्जूषा की सहायता से पूरा करके पुनः लिखिए।)

प्राचीन काले (i)····· वणिकः (ii)····· पृष्ठं भारं स्थापयन् (iii)····· करोति स्म। मार्गे स गर्दभं सिंहस्य (iv)····· आच्छादितं कृत्वा धान्ये न्यस्य, (v)····· च क्षेत्रे मुञ्चति स्म। क्षेत्रस्य रक्षकः तम सिंहम् ज्ञात्वा किमपि न कथयति। स गृहम् गत्वा (vi)····· सूचितवान् (vii)····· दण्डान् आदाय (viii)····· भेर्यश्च अवादयन्। तस्मात् (ix)····· गर्दभः स्व यथार्थ रूपेण प्रकटितः चीत्कारं च अकरोत्। चीत्कारं कुर्वन् ग्रामीणाः तं दण्डेन प्राहारयत् अमारयत् च। वणिकः अपि शिक्षां प्राप्तवान्। शठे (x)····· समाचरेत्।

- मञ्जूषा भीत्वा, शाठ्यं, कश्चित्, चर्मात्, ग्रामवासिनः, गर्दभस्य, शंखश्च, व्यापारं, ग्रामीणाः, यवस्य।

11. अधोलिखितां कथां मञ्जूषायाः सहायतया पूरयित्वा पुनः लिखत।
(निम्नलिखित कथा को मञ्जूषा की सहायता से पूरा करके पुनः लिखिए।)

कस्मिंश्चित् वने (i)····· नामक सिंहः (ii)····· स्म। (iii)····· काकः शृगालश्च तस्य भृत्याः आसन्। एकदा सिंहः इतस्ततः (iv)····· व्यापारिणां सह भ्रमतः एकं उष्ट्रम् अपश्यत्। स अवदत् (v)····· आश्चर्यः। एषः अद्भुतः प्राणिनः। अन्वेषय अयम् वनस्य ग्रामस्य वा। एतच्छ्त्वा काकः अवदत्-हे स्वामिन्! एषः उष्ट्रः (vi)····· प्राणि विशेषः अस्ति। (vii)····· खादितव्यः अतएव एतान् हन्तव्य। सिंहः अवदत्-अहं अतिययम् न हनिष्यामि एषः अभय दानं (viii)····· मम (ix)····· आनय। येन अहं अस्य इतः आगमनस्य (x)····· पृच्छानि। तदा काकः तम् उष्ट्रम् आकारयत्।

- मञ्जूषा दत्त्वा, मदोत्कटः कीदृशः, प्रतिवसति, ग्रामस्य, कारणं, द्वीपिनः, सकाशे, भवादृशेन, भ्रमन्।

12. अधोलिखितां कथां मञ्जूषायाः सहायतया पूरयित्वा पुनः लिखत। (निम्नलिखित कथा को मञ्जूषा की सहायता से पूरा करके पुनः लिखिए।)

पंच पुर नगरे एकः (i)····· प्रतिवसति स्म। (ii)····· पुत्रः देवशर्मा आसीत्। स शास्त्रं (iii)····· अपरं देशम् अगच्छत् भागीरथी (iv)····· च तपश्चर्यां कर्तुम् आरभत्। एकस्मिन् दिने सः (v)····· गङ्गायाः तीरे जपार्थं च असीदत्। तेन (vi)····· आकाशे उत्पतन् एका बलाका तस्योपरि विष्ठा कृतवती। येन सः क्रुद्धः (vii)·····। सः आकाशे (viii)····· च। तस्य क्रोधाग्निना सा बलाका दग्धाः जाताः। भूमौ च अपतत्। एतादृशीं घटनां दृष्ट्वा स तपश्चर्यायाः दर्पः अभवत्। तत्पश्चात् स भिक्षाटनार्थम् एकस्मिन् ग्रामे अगच्छत्। तत्र (ix)····· एका पतिव्रता नार्याः अमिलत् स अवदत्–भिक्षां देहि। तत्र सा स्त्री स्वभर्तारम् (x)····· लग्ना आसीत् अतः सा विलम्बितोऽभवत्। देवशर्माणः तस्योपरि क्रुद्धः जातः किन्तु पतिवृतस्य कारणेन तस्यः प्रभावः निष्क्रियः अभवत्।

- **मञ्जूषा** जातः, समयेन, पठित्वा, अपश्यत्, तीरे, सेवायाम्, कोऽपि, ब्राह्मणः, तपस्विनः, तस्य।

13. अधोलिखितां कथां मञ्जूषायाः सहायतया पूरयित्वा पुनः लिखत। (निम्नलिखित कथा को मञ्जूषा की सहायता से पूरा करके पुनः लिखिए।)

नद्यास्तीरे (i)····· भरद्वाजस्य (ii)····· अस्ति। कथ्यते यत् (iii)····· श्री रामचन्द्रः (iv)····· अत्र आगच्छत् (v)····· अनेक ऋषयः अत्र निवसति एतेषाम् दर्शनार्थं बहवः (vi)····· अत्र आगच्छन्ति। आश्रमस्य दर्शनं (vii)····· जनानां मनः प्रसन्नः अभवत्। ये जनाः अत्र (viii)····· ते पूर्वाणां विचाराणां आदाय (ix)····· सत्यमस्ति। आश्रमस्य (x)····· सौभाग्येन प्राप्नोति।

- **मञ्जूषा** जनाः, गच्छन्ति, जीवनं, ऋषिः, आगच्छन्ति, भगवतः, अद्यत्वेऽपि, आश्रमः, कृत्वा, एकदा।

14. अधोलिखितां कथां मञ्जूषायाः सहायतया पूरयित्वा पुनः लिखत। (निम्नलिखित कथा को मञ्जूषा की सहायता से पूरा करके पुनः लिखिए।)

रामः (i)····· अजयत् (ii)····· च अप्राप्तम्। स (iii)····· राज्यं विभीषणं (iv)·····। स सीतया लक्ष्मेण सह पुष्पकविमानेन अयोध्याम् आगच्छत्। यत्र भरतः तस्य (v)····· आसीत्। (vi)····· प्राप्तवा रामः स्व मातृन् (vii)····· अभिवादयन्। एषः (viii)····· श्रुत्वाऽयोह ध्यावासिनः अतीव प्रसन्नाः अभवन्। (ix)····· नगरे दीपान् प्रज्वलयन्। ततः विशालेन (x)····· रामस्य राज्याभिषेकं अभवत्।

- **मञ्जूषा** गुरुञ्च, समस्ते, सीतां, अयोध्याम्, अपच्छत्, समारोहेण, प्रतीक्षायाम् रावणं, लङ्कायाः वृत्तान्तं।

15. अधोलिखितां कथां मञ्जूषायाः सहायतया पूरयित्वा पुनः लिखत। (निम्नलिखित कथा को मञ्जूषा की सहायता से पूरा करके पुनः लिखिए।)

"रम्या (i)····· कथा" रामायणम् (ii)····· पवित्रतमा पुस्तकम् अस्ति। (iii)····· भगवतः रामचन्द्रस्य कथा (iv)····· भारत वर्षे अस्या (v)····· भवति। इदम् पुस्तक (vi)····· वाल्मीकिना कृता। (vii)····· इदम् पुस्तकं पठन्ति। महर्षिणा वाल्मीकिना संस्कृत भाषायाम् अलिखत्। भगवद् (viii)····· आदि कविः मन्यते। (ix)····· एव अस्य नाम (x)····· अभववत्।

- **मञ्जूषा** आबालवृद्धः, रामायणात्, वर्तते, रामायणी, समादरं, अमरः, महर्षिणा, अस्माकं, वाल्मीकिः, अस्याम्।

उत्तराणि

1. (i) उद्याने (ii) सर्पस्य (iii) हिंसा (iv) परित्यज्य (v) आहतं (vi) स्थितः (vii) पुनः (viii) दशां (ix) त्याज्या (x) अगच्छत्

2. (i) टोपिकाः (ii) मार्गे (iii) वृक्षस्य (iv) ते (v) यदा (vi) दुःखी (vii) उपायम् (viii) अनुकरणशीलाः (ix) अक्षिपन् (x) अगच्छत्

3. (i) महर्षेः (ii) आश्रमः (iii) मनोहरञ्च (iv) वात्सल्यः (v) बालकस्य (vi) दुष्यन्तः (vii) तपस्विनी (viii) पितरौ (ix) भूत्वा (x) भरतः

4. (i) पाण्डवाः (ii) अतीव (iii) तत्रागच्छत् (iv) समस्याः (v) युद्धे (vi) अभिमन्युः (vii) गर्भस्थोऽस्मि (viii) मा (ix) द्वारि (x) बालकं

5. (i) दिलीपः (ii) यज्ञं (iii) अश्वः (iv) पदवीं (v) सह (vi) विभेदः (vii) कुमारो (viii) सायकं (ix) इषुणां (x) सैनिकाः

6 (i) उत्तानपादः (ii) महिष्यौ (iii) सुरुचि (iv) चञ्चला (v) ध्रुवः (vi) विष्णोः (vii) अटलः (viii) अद्यापि (ix) तारा (x) सदैव

7. (i) सुदाम्नः (ii) त्वमकथयत् (iii) इदानीम् (iv) श्रीकृष्णस्य (v) श्रूयते (vi) अवश्यमेव (vii) अस्यामेव (viii) विपत्तौ (ix) अस्माकं (x) शृणोति

8. (i) तृषार्तः (ii) जलार्थं (iii) भ्रमित्वा (iv) प्राप्तवान् (v) जलमासीत् (vi) कृतवान् (vii) आनयित्वा (viii) अक्षिपत (ix) कारणस्य (x) पीत्वा

9. (i) वने (ii) स्व: (iii) सह
(iv) अनेके (v) जन्तव: (vi) एकस्मिन्
(vii) चरितुम् (viii) गच्छामि (ix) अनावृतम्
(x) आकृत्या

10. (i) कश्चित् (ii) गर्दभस्य (iii) व्यापारं
(iv) चर्मात् (v) यवस्य (vi) ग्रामवासिन:
(vii) ग्रामीणा: (viii) शंखश्च (ix) भीत्वा
(x) शाठ्यं

11. (i) मदोत्कट: (ii) प्रतिवसति (iii) द्वीपिन:
(iv) भ्रमन् (v) कीदृश: (vi) ग्रामस्य
(vii) भवादृशेन (viii) दत्त्वा (ix) सकाशे
(x) कारणं

12. (i) ब्राह्मण: (ii) तस्य (iii) पठित्वा
(iv) तीरे (v) तपस्विन: (vi) समयेन
(vii) जात: (viii) अपश्यत् (ix) कोऽपि
(x) सेवायाम्

13. (i) ऋषि: (ii) आश्रम: (iii) भगवत:
(iv) एकदा (v) अद्यत्वेऽपि (vi) जना:
(vii) कृत्वा (viii) आगच्छन्ति (ix) गच्छन्ति
(x) जीवनं

14. (i) रावणं (ii) सीतां (iii) लङ्कायाः
(iv) अपच्छत् (v) प्रतीक्षायाम् (vi) अयोध्याम्
(vii) गुरुञ्च (viii) वृत्तान्तं (ix) समस्ते
(x) समारोहेण

15. (i) रामायणी (ii) अस्माकं (iii) अस्याम्
(iv) वर्तते (v) समादरं (vi) महर्षिणा
(vii) आबालवृद्धः (viii) वाल्मीकि: (ix) रामायणात्
(x) अमर:

भाग 'ग' अनुप्रयुक्त-व्याकरणम्

अध्याय 1

संधिकार्यम्

1.1 संधि से अभिप्राय

दो वर्णों या ध्वनियों के मेल से होने वाले विकार (परिवर्तन) को संधि कहते हैं;

जैसे–	गिरि	+	ईश	=	गिरीश	→	इ	+	ई	=	ई
	नर	+	ईश	=	नरेश	→	अ	+	ई	=	ए
	सु	+	आगत	=	स्वागत	→	उ	+	आ	=	वा
	उत्	+	लास	=	उल्लास	→	त्	+	ल्	=	ला

संधि विच्छेद

यदि मिले हुए वर्णों को अलग-अलग करके संधि से पूर्व की स्थिति में पहुँचा दिया जाए, तो यह प्रक्रिया 'संधि-विच्छेद' कहलाती है;

जैसे–	जगन्नाथ	=	जगत्	+	नाथ
	निषेध	=	निः	+	सेध
	निर्द्वंद्व	=	निः	+	द्वंद्व
	उच्चारण	=	उत्	+	चारण
	हिमालय	=	हिम	+	आलय
	गणेश	=	गण	+	ईश
	निश्चल	=	निः	+	चल
	संलाप	=	सम्	+	लाप
	निष्पाप	=	निः	+	पाप

1.2 संधि के भेद

संधि के तीन भेद हैं

1. स्वर संधि 2. व्यंजन संधि 3. विसर्ग संधि

1. स्वर संधि

दो स्वरों के परस्पर मेल से होने वाले परिवर्तन को स्वर संधि कहते हैं;

जैसे–	सदा	+	एव	=	सदैव
	यदि	+	अपि	=	यद्यपि

स्वर संधि के भेद

स्वर संधि के भेद निम्नलिखित हैं

(i) दीर्घ संधि (ii) गुण संधि
(iii) वृद्धि संधि (iv) यण संधि
(v) अयादि संधि (vi) पूर्णरूप संधि
(vii) प्रकृति-भाव

नोट यहाँ पाठ्यक्रम के अनुसार ही स्वर संधि के निम्नलिखित भेदों पर ही प्रकाश डाला गया है

(i) **वृद्धि संधि** यदि अ या आ स्वर के सामने ए, ऐ, ओ, औ, ऋ स्वर आएँ, तो दोनों के स्थान पर क्रमशः ऐ, ओ, आर् हो जाता है। वृद्धि संधि को इस प्रकार समझ सकते हैं

अ, आ + ए, ऐ → ऐ
अ, आ + ओ, औ → औ
अ, आ + ऋ → आर्

जैसे–	देव	+	ऐश्वर्यम्	=	देवैश्वर्यम्
	जल	+	ओघः	=	जलौघः
	उप	+	ऋच्छति	=	उपार्च्छीति

(ii) **यण संधि (इकोयणचि)** यदि ह्रस्व या दीर्घ स्वर इ, ई, उ, ऊ, ऋ, लृ के सामने कोई असमान स्वर आए, तो इनके स्थान पर क्रमशः य, व, र, ल हो जाता है। यण संधि को इस प्रकार समझ सकते हैं

इ + आ → या
उ + अ → व
ऋ + आ → रा
लृ + अ → ल

जैसे–	इति	+	आदि	=	इत्यादि
	साधु	+	आदेशः	=	साध्वादेशः
	मातृ	+	आज्ञा	=	मात्राज्ञा
	लृ	+	अकारः	=	लकारः

(iii) **अयादि संधि (एचोऽयवायावः)** यदि ए, ऐ, ओ, औ के बाद इनसे अतिरिक्त कोई स्वर आ जाता है, तो अयादि संधि हो जाती है। अयादि संधि को इस प्रकार समझ सकते हैं

ए + ए → अये

ऐ + अ → आय

ओ + अ → अव

औ + अ → आव

जैसे— हरे + ए = हरये

नै + अकः = नायकः

पौ + अकः = पावकः

नौ + इकः = नाविकः

(iv) **पूर्वरूप संधि** (एङः पदांतादति)

जब किसी शब्द के अंत में 'ए' या 'ओ' होता है और उसके सामने ह्रस्व 'अ' आता है, तो ह्रस्व स्वर 'अ' अपना रूप छोड़कर पूर्व वर्ण जैसा हो जाता है और 'अ' का संकेत (ऽ) अवग्रह रह जाता है। पूर्वरूप संधि को इस प्रकार समझ सकते हैं

ए + अ → ऽ

ओ + अ → ऽ

जैसे— ग्रामे + अस्मिन = ग्रामेऽस्मिन

नगरे + अत्र = नगरेऽत्र

ग्रामो + अयम् = ग्रामोऽयम्

विष्णो + अव = विष्णोऽव

2. व्यंजन (हल् संधि)

व्यंजन के बाद स्वर अथवा व्यंजन के आने से व्यंजन में जो परिवर्तन आता है, उसे व्यंजन संधि कहते हैं;

जैसे— जगत् + नाथः = जगन्नाथः (त् को न)

वाक् + अस्ति = वागस्ति (क् को ग)

व्यंजन संधि के भेद

व्यंजन संधि के मुख्य रूप से श्चुत्व, ष्टुत्व, जश्त्व, चर्त्व, अनुनासिक, अनुस्वार, परसवर्ण, लत्व, छत्व तथा शत्व दस भेद होते हैं, लेकिन हमारे पाठ्यक्रम में तुकागम, अनुस्वार तथा जशत्व संधियाँ हैं।

नोट यहाँ पर पाठ्यक्रमानुसार निम्नलिखित भेदों पर ही प्रकाश डाला गया है।

(i) **परस्वर्ण संधि** (अनुस्वारस्थाने पञ्चमवर्णस्य प्रयोगः)

यदि वर्ग के पहले वर्ण के बाद अथवा अनुस्वार के बाद किसी भी वर्ग का पंचम वर्ण हो, तो प्रथम वर्ण उसी वर्ग का पाँचवाँ वर्ण हो जाता है।

जैसे— सत् + नाम = सन्नाम

वाक् + मयम् = वाङ्मयम्

शाम् + तः = शान्तः

- यदि शब्द के अंत में 'म्' आए और उसके बाद कोई व्यंजन आए तो 'म्' का अनुस्वार (.) हो जाता है, लेकिन स्वर आने पर वह उसमें मिल जाता है;

  जैसे— सत्यम् + वद = सत्यं वद

  पाठम् + पठ = पाठं पठ

  धर्मम् + चर = धर्मं चर

  भारतम् + वन्दे = भारतं वन्दे

  कार्यम् + कुरु = कार्यं कुरू

  एषाम् + एव = एषामेव

  त्वम् + अत्र = त्वमत्र

  वयम् + अपि = वयंमपि

  सम् + आयान्ति = समायान्ति

(ii) **तुकागम संधि**

तुकागम संधि को निम्न प्रकार से विभक्त किया जाता है

(क) **'तुक्' आगम की विधि** ('शि तुक्') शब्द के अंत में स्थित 'न्' के पश्चात् यदि 'श्' हो, तो उन दोनों के बीच 'तुक्' का आगम होता है अर्थात् न् के स्थान पर 'ञ्' तथा 'श' के स्थान पर 'छ' हो जाता है और श्चुत्व-संधि का नियम भी लगता है;

जैसे— तिष्ठन् + शब्दायते = तिष्ठञ्छब्दायते

सन् + शम्भुः = सञ्छम्भुः

गच्छन् + शेते = गच्छञ्छेते

(ख) **'छ्' से पहले 'च्' का आगम** (छेच) यदि ह्रस्व स्वर के बाद 'छ्' हो, तो 'तुक्' का आगम होता है। 'तुक्' का 'त्' शेष रहता है और श्चुत्व संधि के नियमानुसार 'त्' का 'च्' हो जाता है;

जैसे— स्व + छंदः = स्वच्छंदः

वृक्ष + छाया = वृक्षच्छाया

- यदि प्रथम पद के अंत में दीर्घ स्वर हो और उसके बाद 'छ्' हो, तो 'छ्' से पहले 'च्' को जोड़कर 'च्छ' बना दिया जाता है;

  जैसे— माता + छाया = माताच्छाया

  लता + छाया = लताच्छाया

(iii) **जशत्व सन्धि**

(वर्गीय प्रथमवर्णस्य तृतीय वर्णे परिवर्तनम्)

(क) यदि वर्गों के प्रथम अक्षर (क्, च्, ट्, त्, प्) के बाद घोष-वर्गों (ङ, ञ, ण्, न, म्, य्, र्, ल्, व्, ह) छोड़कर कोई भी स्वर या व्यंजन वर्ण आता है तो वह प्रथम अक्षर (क्, च्, ट्, त्, प्) अपने वर्ग का तीसरा अक्षर (ग्, ज्, ड्, द्, ब्) हो जाता है;

जैसे— वाक् + दानम् = वाग्दानम्

वाक् + ईशः = वागीशः

अच् + अन्तः = अजन्तः

षट् + आननः = षडाननः

जगत् + ईशः = जगदीशः

चित् + आनंदः = चिदानंदः

सुप् + अंतः = सुबंतः

(ख) यदि पद के मध्य में किसी भी वर्ग के चौथे (घ्, झ्, ढ्, ध्, भ) व्यंजन वर्ण के ठीक बाद किसी वर्ग का चौथा वर्ण आता है, तो वह पूर्व वाला चौथा व्यंजन वर्ण अपने ही वर्ग का तीसरा व्यंजन वर्ण हो जाता है;

जैसे— लभ् + धः = (भ् का तीसरा वर्ण ब् होने पर) लब्धः

दुध् + धम् = दुग्धम्

बुध् + धिः = बुद्धिः

क्षुभ् + धः = क्षुब्धः

सिध् + धिः = सिद्धिः

वृध् + धिम् = वृद्धिम्

3. विसर्ग संधि

विसर्ग (:) के साथ किसी स्वर या व्यंजन के मेल से जो परिवर्तन होता है, उसे विसर्ग संधि कहते है;

जैसे– प्रथम: + अध्याय: = प्रथमोध्याय: (विसर्ग को उ, अ + उ = ओ)
मन: + हर: = मनोहर: (विसर्ग को उ, अ + उ = ओ)
नि: + बल: = निर्बल: (विसर्ग को र्)

विसर्ग संधि के भेद

पाठ्यक्रम में विसर्ग संधि के उत्व, रत्व, विसर्गलोप तथा विसर्ग स्थाने स्, श्, ष भेद लिए गए हैं। अत: यहाँ इन्हीं चारों का अध्ययन किया गया है।

(i) उत्व सन्धि (विसर्ग के स्थान पर 'उ' करने का नियम)

यदि विसर्ग से पूर्व 'अ' हो और उसके बाद 'अ' अथवा किसी भी वर्ग का तृतीय, चतुर्थ, पंचम, अक्षर अथवा य्, र्, ल्, व् हो तो विसर्ग का 'उ' हो जाता है तथा पूर्व 'अ' और 'उ' मिलकर 'ओ' हो जाता है;

जैसे– अ +: + अ = अ + उ + अ = ओ + अ = ओऽ
कृष्ण: + अवदत् = कृष्णोऽवदत्
स: + अपि = सोऽपि

(ii) रत्व सन्धि (विसर्ग के स्थान पर 'र' करने का नियम)

यदि विसर्ग से पहले 'अ', 'आ' से भिन्न कोई स्वर हो और बाद में कोई स्वर या किसी वर्ग का तृतीय, चतुर्थ, पंचम वर्ण 'य्', 'र्', 'ल्', 'व'अथवा कोई स्वर हो, तो विसर्ग का 'र्' हो जाता है;

जैसे– नि: + बल: = निर्बल:
पितु: + इच्छा = पितुरिच्छा

(iii) विसर्गलोप

यदि विसर्ग के बाद 'र' आता है तो विसर्ग का लोप हो जाता है और विसर्ग के लोप हो जाने के कारण उससे पहले आने वाले अ, इ, उ, का दीर्घ रूप आ, ई, ऊ हो जाता है;

जैसे– पुन: + रमते = पुनारमते
कवि: + राजते: = कवी राजते
हरि: + रम्य: = हरीरम्य:
शम्भु: + राजते = शम्भू राजते

(iv) सत्व सन्धि (विसर्गस्य स्थाने स्, श्, ष्)

विसर्ग के बाद च, छ आने पर विसर्ग का श् और ट, ठ आने पर ष् और त, थ आने पर स् बन जाता है;

जैसे– क: + चित् = कश्चित्
धनु: + टंकार: = धनुष्टंकार:
घट: + तावत् = घटस्तावत्
नम: + ते = नमस्ते
राम: + चलति = रामश्चलति
नि: + ठुर: = निष्ठुर:
मन: + तापम् = मनस्तापम्

साधित उदाहरणम्

अधोलिखितेषु वाक्येषु स्थूलपदानां समुचितं संधि विच्छेदं वा कृत्वा लिखत।
(निम्नलिखित वाक्यों में स्थूल (मोटे छपे) शब्दों की उचित संधि अथवा संधि-विच्छेद करके लिखिए।)

स्वर संधि

1. **तत्र + एव** मम मित्रम् आगमिष्यति।
   उत्तराणि तत्रैव
2. विवेक: **अद्यैव** उद्यानं गमिष्यति।
   उत्तराणि अद्य + एव
3. स्वाध्यायाभ्यसनं **चैव** तप: उच्यते।
   उत्तराणि च + एव
4. यथा गुरु: आदिशति तथा **करोमि + अहम्**।
   उत्तराणि करोम्यहम्
5. स: तु स्वपरिवारस्य **नयनम्** अस्ति।
   उत्तराणि ने + अनम्
6. पश्य पश्य रमणीयं **भवनम्**।
   उत्तराणि भो + अनम्
7. सह नौ + **अवतु** सह नौ भुनक्तु।
   उत्तराणि नाववतु।
8. अस्य नाटकस्य **नै + अक:** क: अस्ति?
   उत्तराणि नायक:
9. विशालौ **पर्वताविव**।
   उत्तराणि पर्वतौ + इव।
10. वेदानां **सामवेदोऽस्मि**।
    उत्तराणि सामवेदो + अस्मि।
11. **कीटो + अपि** सुमन: सङ्गादाओहति सतां शिर:।
    उत्तराणि कीटोऽपि।
12. जगत-विद्याताय जायन्ते मानवा: **केऽपि** भूतले।
    उत्तराणि के + अपि।

व्यंजन संधि

1. एकम् **अनु + छेदं** लिखत।
   उत्तराणि अनुच्छेदं
2. **तच्छुत्वा** तेषु एक: बालक: उवाच – अयि भो:। **CBSE 2009**
   उत्तराणि तत् + श्रुत्वा

3. अधुना **वागीशः** विद्यालये अस्ति।
उत्तराणि वाक् + ईशः

4. पर्वतीय वातावरणं **स्व + छं** भवति।
उत्तराणि स्वच्छं

5. **तच्छरेण** तरुशाखा छिन्ना अभवत्।
उत्तराणि तत् + शरेण

6. पश्य **एतच्चित्रम्** लिखत।
उत्तराणि एतत् + चित्रम्

7. **त्यागात् + शान्तिः** भवति।
उत्तराणि त्यागाच्छान्तिः

8. **गम् + गा** गङ्गेति यो ब्रूयात् योजनानां शतैरपि।
उत्तराणि गङ्गा

9. तर्हि **मत् + शिरः** ददामि।
उत्तराणि मच्छिरः

10. **सदाचारः** सदैव आचरणीयः।
उत्तराणि सत् + आचारः

11. **जगदीश्वरः** बालकान् रक्षति।
उत्तराणि जगत् + ईश्वरः

12. **सम् + रक्षकः** कुत्र गतः?
उत्तराणि संरक्षकः

13. **सकलं + जगद्** ध्वस्तं भविष्यति।
उत्तराणि सकलञ्जगद्

14. **तत् + शक्यम्**।
उत्तराणि तच्छक्यम्

15. त्वम् एकम् **अनुच्छेदं** लिख।
उत्तराणि अनु + छेदम्

विसर्ग संधि

16. **रामः + च** लक्ष्मणश्च वनं गतौ।
उत्तराणि रामश्च लक्ष्मणश्च

17. वने **मृगाः + चरन्ति**। CBSE 2011
उत्तराणि मृगाश्चरन्ति

18. मूर्खेण पुत्रेण **कोऽर्थः**?
उत्तराणि कः + अर्थः

19. **इतः + ततः** वृथा न भ्रमितव्यम्।
उत्तराणि इतस्ततः

20. मनः **दुर्निग्रहं** भवति।
उत्तराणि दुः + निग्रहम्

21. आर्य! अयथाकालं **समागतः + असि**। CBSE 2013
उत्तराणि समागतोऽसि

22. भारति! तव अयम् अपूर्वः **कः + अपि** कोषः विद्यते।
उत्तराणि कोऽपि

23. **कोऽनर्थः** फलः ? मानः। CBSE 2011
उत्तराणि कः + अनर्थः

24. **कोऽनर्थफलः** संसारे भवति।
उत्तराणि कः + अनर्थफलः

25. कपी **इतस्ततः** भ्रमतः।
उत्तराणि इतः + ततः

26. **कीटोऽपि** सुमनः सङ्गात् सतां शिरः आरोहति।
उत्तराणि कीटः + अपि

27. भगवन्! **नमस्कारम्**।
उत्तराणि नमः + कारम्

28. **बालः + अपि** गच्छति।
उत्तराणि बालोऽपि

29. तस्य विद्यालयः दयानन्दः **विद्यालयः + अस्ति**।
उत्तराणि विद्यालयोऽस्ति

30. मन्ये **वायोः + इव** सुदुष्करम्। CBSE 2011
उत्तराणि वायोरिव

31. एतैः **जनैः + गम्यते**।
उत्तराणि जनैर्गम्यते

अभ्यास प्रश्नाः

बहुविकल्पीय एवं
वर्णनात्मक प्रश्नोत्तर

बहुविकल्पीय प्रश्नाः

I. अधोलिखित वाक्येषु रेखाङ्कित पदानां संधिपदं/संधि-विच्छेद पदं वा चिनुत।
(निम्नलिखित वाक्यों में रेखांकित पदों के संधि पद अथवा संधि-विच्छेद पद चुनिए।)

1. महानगरमध्ये चलदनिशं कालायसचक्रम्।
(अ) चलद + निशम् (ब) चलत् + अनिशम्
(स) चलद् + अनिशम् (द) चल + दनिशम्

2. त्वया महत्कौतुकम् आवेदितं यत् + मानुषादपि विभेषि?
(अ) यत्मानुषादपि (ब) यदमानुषादपि
(स) यन्मानुषादपि (द) यतमानुषादपि

3. अतिदीर्घः प्रवासः + अयं दारुणश्च।
(अ) प्रवासोऽसम् (ब) प्रवासरयम्
(स) प्रवास अयम् (द) प्रवासोयम्

4. अचिरादेव चण्डवातेन मेघरवैश्च प्रवर्षः समजायत।
(अ) मेघः + रवैश्च (ब) मेघरवै + च
(स) मेघ + रवैश्च (द) मेघरवैः + च

5. अयमेकः + तावत् विभज्य भुज्यताम्।
(अ) अयमेकश्तावत् (ब) अयमेकष्तावत्
(स) अयमेकस्तावत् (द) अयमेको तावत्

6. पाषाणी सभ्यता निसर्गे स्यान्न समाविष्टा।
(अ) स्यान् + न (ब) स्यात् + न
(स) स्याम् + न (द) स्यात + न

7. तनुः पेषयद् भ्रमति सदा वक्रम्।
(ब) पेषयन् + भ्रमति (ब) पेषयद + भ्रमति
(स) पेषयत + भ्रमति (द) पेषयत् + भ्रमति

8. भयाकुलं व्याघ्रं दृष्ट्वा कश्चित् धूर्तः शृगालः हसन्नाह।
(अ) कः + चित् (ब) कश् + चित्
(स) को + चित् (द) कस् + चित्

9. तच्छुत्वा तेषु एकः बालकः उवाच- अमि भोः। CBSE 2009
(अ) तम् + श्रुत्वा (ब) तत् + स्त्रोत्वा
(स) तत् + श्रुत्वा (द) तत् + श्रोत्वा

लघु उत्तरीय प्रश्नाः

II. अधोलिखितेषु वाक्येषु स्थूलपदेषु उचितरूपेण संधि विच्छेदं वा लिखत।
(निम्नलिखित वाक्यों में स्थूल (मोटे छपे) शब्दों में उचित संधि अथवा संधि विच्छेद लिखिए।)

1. क्रुद्धः सिंहः **इतस्ततः** धावति।
2. **प्रकृतिः + एव** शरणम्।
3. **उदीरितः + अर्थः** पशुनापि गृह्यते।
4. **अचिरादेव** चण्डवातेन सह प्रवर्षः समजायत।
5. माम् नय **अस्मातः + नगरात्** बहुदूरम्।
6. **चित् + आनन्द** : ब्रह्मः।
7. **वाग्दानम्**।
8. **क : + चित्** चौरः धावति।
9. सः **निष्ठुरः** अस्ति।
10. बालकः **निः + बलः** अस्ति।
11. अथ महाकाव्यस्य **प्रथमः+अध्यायः**
12. **मनोहरः** स्वरूपः अस्ति।
13. **सः + अपि** विद्यालयं गच्छति।
14. चतुर्भुजो **जगत् + नाथः** अस्ति।
15. बालकः **दुध् + धम** पिबति।
16. सा एव कीर्तिं **धनम् + च** प्राप्नोति। CBSE 2009
17. **सिद्धिः** विनायकः। CBSE 2009
18. व्ययकृते विद्या **वृध् + धिम्** आयाति।
19. प्रयाग गमनं मम **पितुरिच्छा** नास्ति।
20. **तच्छुत्वा** सः जनः उच्चैः अहसत्।
21. **जगदीश्वरः** कुत्र न विराजते।
22. **मृगाश्चरन्ति**। CBSE 2012
23. सन्तोषः एवं **सत् + निधानम्** भवति।
24. **हयाः + च** वहन्ति बोधिताः।
25. **श्रेष्ठम् + कर्म** एव कर्त्तव्यम्।
26. अस्माभिः **सत् + मार्गे** चलितव्यम्।
27. सम्पूर्णभारते **एकच्छत्रं** राज्यम् अस्ति।
28. **एतयोः + जननी** तेनावमानिता।
29. **सङ्कोचमञ्चति सरः + त्वयि** दीनदीनो।
30. ते **चक्षुर्नामनी** मते।
31. सः कृच्छ्रेण भारम् **उत् + वहति**।
32. पाषाणी सभ्यता निसर्गे **स्यान्न** समाविष्टा।
33. किं **नामधेयः + भवतोः** गुरुः?
34. अस्ति कर्मपुरनगरे प्रच्छन्नभाग्य-नामधेयः **कश्चित्** कुमारः।
35. **पाण्डवास्त्वं** च राष्ट्रं च सदा संरक्ष्यमेव हि।
36. **स हेतुः** सर्वविद्यानाम्।
37. **मृगाश्चरन्ति**।
38. **शुष्कवृक्षाश्च** मूर्खाश्च न नमन्ति कदाचन।
39. वैकुण्ठे **हरिः + शेते**।

उत्तराणि

I. 1. (ब) चलत् + अनिशम्
2. (स) यन्मानुषादपि
3. (अ) प्रवासोऽसम्
4. (द) मेघरवैः + च
5. (स) अयमेकस्तावत्
6. (ब) स्यात् + न
7. (द) पेषयत् + भ्रमति
8. (अ) कः + चित्
9. (स) तत् + श्रुत्वा

II. 1. इतः + ततः
2. प्रकृतिरेव
3. उदीरितोऽर्थः
4. अचिरात् + एव
5. अस्मादनगरात
6. चिदानन्दः
7. वाक् + दानम्
8. कश्चित्
9. निः + ढुरः
10. निर्बलः
11. प्रथमोध्यायः
12. मनः + हरः
13. सोऽपि
14. जगन्नाथः
15. दुग्धम्
16. धनञ्च
17. सिध् + धिः
18. वृद्धिम्
19. पितुः + इच्छा
20. तत् + श्रुत्वा
21. जगत् + ईश्वरः
22. मृगाः + चरन्ति
23. सन्निधानम्
24. हयाश्च
25. श्रेष्ठं कर्म
26. सन्मार्गे
27. एक + छत्रं
28. एतयोर्जननी
29. सरस्त्वयि
30. चक्षुः + नामनी
31. उद्वहति
32. स्यात् + न
33. नामधेयो भवतोः
34. कः + चित्
35. पाण्डवाः + त्वं
25. सः + हेतु
37. मृगाः + चरन्ति
38. शुष्कवृक्षाः + च
39. हरिस् + शेते

समासा:

अध्याय 2

2.1 समास का अर्थ

दो-या-दो से अधिक शब्दों के मेल से नए शब्द बनाने की क्रिया को 'समास' कहते हैं। इस विधि से बने शब्दों को समस्त पद कहते हैं। समास शब्द का शाब्दिक अर्थ है—संग्रह, सम्मिलन, संक्षेप, मिश्रण आदि।

समास का प्रयोजन

कम-से-कम शब्दों में अधिक अर्थ प्रकट करना ही समास का मुख्य प्रयोजन है; जैसे—

परीक्षा का अर्थी	परीक्षार्थी
लोक में प्रिय	लोकप्रिय
शुभ है जो आगमन	शुभागमन
कमल के समान नयन	कमलनयन
चक्र है, पाणि (हाथ) में जिसके	चक्रपाणि (विष्णु)
माता और पिता	माता-पिता (पितरौ)

पूर्व एवं उत्तर पद

समास में दो पद होते हैं—पूर्व पद और उत्तर पद। कभी पूर्व पद, कभी उत्तर पद और कभी दोनों पद प्रधान होते हैं। कभी-कभी दोनों ही पद अप्रधान हो जाते हैं और उनका एक विशिष्ट अर्थ महत्त्वपूर्ण हो जाता है; जैसे—

कृष्णावतार:	—	कृष्णस्य अवतार: (कृष्ण का अवतार)
पत्रोत्तरम्	—	पत्रस्य उत्तरम् (पत्र का उत्तर)
गंगाजलम्	—	गंगाया: जलम् (गंगा का जल)
पथभ्रष्ट:	—	पथात् भ्रष्ट: (पथ से भ्रष्ट)
देशभक्ति:	—	देशाय भक्ति (देश के लिए भक्ति)

समास-विग्रह

समस्त पद में प्रयुक्त पदों को पुन: अलग-अलग लिखने की प्रकिया 'समास-विग्रह' कहलाती है।

जैसे— देशभक्तम् = देशस्य भक्तम् (देश का भक्त)
क्रीडाक्षेत्र = क्रीडाया: क्षेत्रे (खेल का मैदान)

2.2 समास के भेद

समास के मुख्यत: छ: भेद होते हैं

1. तत्पुरुष समास
2. बहुव्रीहि समास
3. अव्ययीभाव समास
4. द्वंद्व समास
5. द्विगु समास
6. कर्मधारय समास

नोट पाठ्यक्रम में तत्पुरुष, अव्ययीभाव और द्वंद्व समास को ही समावेशित किया गया है। अतएव उनका वर्णन उदाहरण सहित यहाँ किया गया है।

तत्पुरुष समास

इसमें उत्तर पद प्रधान होता है तथा पूर्वपद गौण होता है। जैसे-राज्ञ: पुरुष: (राजपुरुष अर्थात् राजा का पुरुष) यहाँ उत्तर पद पुरुष है उसी की प्रधानता है। समस्तपद का पहला पद संज्ञा या सर्वनाम होता है। तत्पुरुष समास में विभक्ति, नञ् तथा उपपद सम्मिलित होते हैं।

विभक्ति तत्पुरुष

इस समास में समासिक क्रिया करते समय कारक-विभक्ति (एक या एक से अधिक) शब्दों का लोप होता है, इसलिए लुप्त (गायब हुई) विभक्ति के शब्दों के अनुसार इस समास के निम्नलिखित भेद किए जाते हैं।

(i) कर्म (द्वितीया) तत्पुरुष समास

कर्म तत्पुरुष समास के अंतर्गत पूर्व पद द्वितीया विभक्ति में होता है तथा समस्तपद बनाते समय कर्म कारक की द्वितीया विभक्ति 'को' का लोप होता है; जैसे—

समस्तपद	विग्रह	
यशप्राप्त:	यशं प्राप्त:	(यश को प्राप्त)
शरणागत:	शरणम् आगत:	(शरण को लेने आया हुआ)
परलोकगमन:	परलोक गमन	(परलोक को गमन)
ग्रामगत:	ग्रामम् गत:	(ग्राम को गया हुआ)
स्वर्गगत:	स्वर्गं गत:	(स्वर्ग को गया हुआ)

(ii) करण (तृतीया) तत्पुरुष समास

करण तत्पुरुष के अंतर्गत समस्तपद में करण कारक की विभक्ति 'से, द्वारा' का लोप होता है, इसमें विग्रह करते समय पूर्वपद में तृतीय विभक्ति होती है; जैसे—

समस्तपद	विग्रह	
गुणयुक्तः	गुणेन युक्तः	(गुणों से युक्त)
रोगमुक्तः	रोगेन मुक्तः	(रोग से मुक्त)
रोगपीडितः	रोगेन पीडितः	(रोग से पीडित)
रेखांकितः	रेखया अंकितः	(रेखा से अंकित)
मासपूर्वः	मासेन पूर्वः	(माह से पहले)

(iii) सम्प्रदान (चतुर्थी) तत्पुरुष समास

सम्प्रदान तत्पुरुष समास के अंतर्गत समस्तपद में सम्प्रदान कारक की विभक्ति 'के लिए' का लोप होता है; जैसे—

समस्तपद	विग्रह	
भूतबलिः	भूताय बलिः	(जीव के लिए बलि)
गोरक्षितम्	गवे रक्षितम्	(गाय के लिए रखा गया)
द्विजार्थसूपः	द्विजाय सूपम्	(द्विज के लिए दाल)
गुरुदक्षिणा	गुरवे दक्षिणा	(गुरु के लिए दक्षिणा)
पुण्यदानम्	पुण्याय दानम्	(पुण्य के लिए दान)

(iv) अपादान (पञ्चमी) तत्पुरुष समास

अपादान तत्पुरुष समास के अंतर्गत समस्तपद में अपादान कारक की विभक्ति 'से' का लोप होता है एवं पूर्वपद का उत्तरपद से संबंध स्थापित नहीं किया जाता है; जैसे—

समस्तपद	विग्रह	
श्रापमुक्तः	श्रापात् मुक्तः	(श्राप से मुक्त)
शक्तिहीनः	शक्त्याः हीनः	(शक्ति से हीन)
लक्ष्यभ्रष्टः	लक्ष्यात् भ्रष्टः	(लक्ष्य से भ्रष्ट)
पथभ्रष्टः	पथात् भ्रष्टः	(पथ से भ्रष्ट)
धर्मविमुखः	धर्मात् विमुखः	(धर्म से विमुख)
भयभीतः	भयाद् भीतः	(भय से भीत)

(v) संबंध (षष्ठी) तत्पुरुष समास

संबंध तत्पुरुष समास के अंतर्गत समस्तपद में संबंध कारक की विभक्ति 'का, के, की' का लोप होता है; जैसे—

समस्तपद	विग्रह	
गंगातटः	गंगायाः तटः	(गंगा का तट)
कलामर्मज्ञः	कलायाः मर्मज्ञः	(कला का मर्मज्ञ)
राष्ट्रपतिः	राष्ट्रस्य पतिः	(राष्ट्र का पति)
सेनानायकः	सेनायाः नायकः	(सेना का नायक)
राजमाताः	राज्ञः माता	(राजा की माता)

(vi) अधिकरण (सप्तमी) तत्पुरुष समास

अधिकरण तत्पुरुष के अंतर्गत समस्तपद में अधिकरण कारक की विभक्ति 'में, पर' का लोप होता है; जैसे—

समस्तपद	विग्रह	
गृहप्रवेशः	गृहे प्रवेशः	(गृह में प्रवेश)
कुलश्रेष्ठः	कुले श्रेष्ठः	(कुल में श्रेष्ठ)
आनंदमग्नः	आनन्दे मग्नः	(आनंद में मग्न)
कर्मकुशलः	कर्माणि कुशलः	(कर्म में कुशल)
व्यवहारचपलः	व्यवहारे चपलः	(व्यवहार में चपल)

नञ् तत्पुरुष

जिस समस्तपद में पहला पद निषेधवाचक होता है, उसे नञ् तत्पुरुष कहते हैं, इसमें समस्त पद करते समय 'न' विग्रह करने पर 'अ' या 'अन' हो जाता है; जैसे—

समस्तपद	विग्रह	
अनंतः	न अंतः	(न अंत)
अनुचितम्	न उचितम्	(न उचित)

उपपद-तत्पुरुष समास

इसमें उत्तर पद की प्रधानता होती है तथा इसमें उत्तर पद में क्रिया का संक्षिप्त रूप में प्रयोग होता है; जैसे—

समस्तपद	विग्रह	
जलजम्	जले जायते इति।	(जल में उत्पन्न)
वारिदः	वारि ददाति इति।	(यह पानी देता है)
यूथपः	यूथं पति इति।	(झुंड का पति)

अव्ययीभाव समास

अव्ययीभाव समास का प्रथम पद अव्यय और द्वितीय संज्ञा होता है। अव्यय शब्द के पूर्व पद की प्रधानता होती है। इसके अंतर्गत समास के दोनों (पूर्व और उत्तर) पद मिलकर अव्यय बन जाते हैं। अव्ययीभाव समास नपुंसकलिंग के एकवचन में होता है; जैसे—

समस्तपद	विग्रह	
यथाशक्ति	शक्तिम् अनतिक्रम्य	(शक्ति के अनुसार)
प्रत्येक	दिनं-दिनं प्रति	(प्रत्येक दिन)

शब्दों को नपुंसकलिंग एकवचन बनाने की विधि

- अकारांत व आकारांत शब्दों को नपुंसकलिंग एकवचन में परिवर्तित करने पर उन शब्दों के अंत में 'अम्' हो जाता है; जैसे-राम को रामम्, गंगा को गंगम्।
- इकारांत व ईकारांत शब्दों को नपुंसकलिंग एकवचन में परिवर्तित करने पर उन शब्दों के अंत में 'इ' हो जाता है; जैसे- हरिः को हरि, नदी को नदि।
- उकारांत व ऊकारांत शब्दों को नपुंसकलिंग एकवचन में परिवर्तित करने पर उन शब्दों के अंत में 'उ' हो जाता है। जैसे- गुरुः को गुरु, वधू को वधु।

कुछ महत्त्वपूर्ण उपसर्ग व अव्यय

1. **अनु** ('पश्चात् तथा योग्यम्') (प्रथम पद में षष्ठी विभक्ति) 'पश्चात्' का अर्थ है 'पीछे'। समास करते समय 'पीछे' के अर्थ में 'अनु' उपसर्ग का प्रयोग किया जाता है;

जैसे—विष्णोः पश्चात्

विग्रह	समस्तपद	
इति	अनुविष्णु	(विष्णु के पीछे)
रथानां पश्चात् इति	अनुरथम्	(रथ के पीछे)
पुत्रस्य पश्चात् इति	अनुपुत्रम्	(पुत्र के पीछे)

'योग्यता' के अर्थ में भी 'अनु' उपसर्ग का प्रयोग होता है; जैसे—

रूपस्य योग्यम् इति	अनुरूपम्	(रूप के योग्य)
गुणानां योग्यम् इति	अनुगुणम्	(गुणों के योग्य)

2. **उप** (समीपम्) (प्रथम पद में षष्ठी विभक्ति)
   समीप का अर्थ है—पास। इसके लिए समास होने पर पूर्वपद में प्रायः 'उप' अव्यय का प्रयोग होता है; जैसे—

विग्रह	समस्तपद	
कृष्णस्य समीपम् इति	उपकृष्णम्	(कृष्ण के पास)
यमुनायाः समीपम् इति	उपयमुनम्	(यमुना के पास)
गंगायाः समीपम् इति	उपगंगम्	(गंगा के पास)
तटस्य समीपम् इति	उपतटम्	(तट के पास)

3. **सह** (सहित) (प्रथम पद में तृतीया विभक्ति)
   सहित अर्थात् के साथ का प्रयोग होने पर पूर्वपद में प्रायः 'स' अव्यय का प्रयोग होता है; जैसे—

विग्रह	समस्तपद	
सचित्रम्	चित्रेण सहितम्	(चित्र के साथ)
समित्रम्	मित्रेण सहितम्	(मित्र के साथ)
सहृदयम्	हृदयेण सहितम्	(हृदय के साथ)
सधनम्	धनेन सहितम्	(धन के साथ)

4. **निर्** (अभाव) (प्रथम पद में षष्ठी विभक्ति)
   अभाव अर्थ के लिए अव्ययीभाव समास में 'निर्' का प्रयोग होता है; जैसे—

विग्रह	समस्तपद	
मक्षिकाणाम् अभावः	निर्मक्षिकम्	(मक्खियों का अभाव)
जलस्य अभावः	निर्जलम्	(जल का अभाव)
विघ्नानाम् अभावः	निर्विघ्नम्	(विघ्नों का अभाव)
मनुष्याणाम् अभावः	निर्मनुष्यम्	(मनुष्यों का अभाव)

यदि प्रथम शब्द का पहला अक्षर क् ख् तथा प् फ् हो तो निर् का निष् हो जाता है; जैसे—

कण्टकानाम् अभावः — निष्कण्टकम्

नोट यहाँ पर निर् के र् का संधि के नियमानुसार 'ष' हो गया है।

5. **प्रति** (वीप्सा) (प्रथम पद द्वितीया/सप्तमी विभक्ति)
   लगातार किसी क्रिया के बाद उसी क्रिया की पुनरावृत्ति के लिए 'प्रति' अव्यय का उपयोग किया जाता है; जैसे—

विग्रह	समस्तपद	
दिनं दिनम् इति	प्रतिदिनम्	(प्रत्येक दिन)
पादं पादम् इति	प्रतिपादम्	(प्रत्येक पाद)
अर्थम् अर्थम् प्रति	प्रत्यर्थम्	(प्रत्येक अर्थ)
गृहं गृहम् इति	प्रतिगृहम्	(प्रत्येक गृह)

6. **यथा** (अनतिक्रम्य) (प्रथम पद में द्वितीया विभक्ति)
   यथा का अर्थ है किसी पदार्थ का उल्लंघन न करना अर्थात् किसी पदार्थ का उसकी क्षमता के अनुसार प्रयोग करना; जैसे—

अन्य उदाहरण

विग्रह	समस्तपद	
मतिम् अनतिक्रम्य	यथामति	(मति के अनुसार)
विधिम् अनतिक्रम्य	यथाविधि	(विधि के अनुसार)
शास्त्रम् अनतिक्रम्य	यथाशास्त्रम्	(शास्त्र के अनुसार)
क्रमम् अनतिक्रम्य	यथाक्रमम्	(क्रम के अनुसार)

द्वंद्व समास:

द्वंद्व समास में दो पदों के मध्य में 'च' (और, अथवा) आता है, इसलिए द्वंद्व समास में प्रथम पद व उत्तर पद दोनों ही पद प्रधान होते हैं; जैसे—धर्मः च अर्थः च = धर्मार्थो।

यहाँ पूर्व पद 'धर्मः' और उत्तर पद 'अर्थः' इन दोनों की ही प्रधानता है। द्वंद्व समास के निम्न तीन प्रकार होते हैं।

1. **इतरेतर द्वंद्व समास** जहाँ शब्दों के बीच में 'और' का अर्थ होता है, वहाँ इतरेतर द्वंद्व समास होता है। शब्दों की संख्या के अनुसार अंत में वचन होता है; जैसे—

विग्रह	समस्तपद	
रामश्च कृष्णश्च	रामकृष्णौ	(राम और कृष्ण)
पत्रं च पुष्पं च फलं	पत्रपुष्पफलानि	(पत्र, पुष्प और फल)
हरिः च हरौः च	हरिहरौ	(हरि और हर)
रामः च लक्ष्मणः च	रामलक्ष्मणौ	(राम और लक्ष्मण)
भीमः चः अर्जुनः च	भीमार्जुनौ	(भीम और अर्जुन)

2. **समाहार द्वंद्व समास** इसका अर्थ है- समूह में। इसमें प्रायः नपुंसकलिंग एकवचन अंत में रहता है; जैसे—

विग्रह	समस्तपद	
हस्तौ च पादौ च	हस्तपादम्	(हाथ-पैर)
सर्पश्च नकुलश्च	सर्पमकुलम्	(सर्प और नेवला)
उष्ट्रारोहश्च पदाति च	उष्ट्रारोहपदाति	(ऊँट सवार और पैदल)
यमुना च घग्घरश्च	यमुनाघग्घरम्	(यमुना और घग्घर)
यूकाः कृमिश्च	यूकाकृमिश्च	(जुएँ और कीड़े)
मूषकश्च कुक्कुरश्च	मूषककुक्कुरम्	(चूहे और कुत्ते)

3. **एकशेष द्वंद्व समास** समान आकार वाले शब्दों में से एक शब्द शेष रहता है और संख्या के अनुसार द्विवचन या बहुवचन होता है; जैसे—

विग्रह	समस्तपद	
वृक्षश्च	वृक्षश्च वृक्षौ	(दो पेड़)
भगिनी च भ्रातरश्च	भगिनीभ्रातरौ	(बहन और भाई)
श्वश्रूश्यालश्च	श्वश्यालौ	(सास और साला)
वणिकी वणिकश्च	वणिकौ	(बनैनी और बनिया)
गौ च महिण्यश्च	गोमहिण्यौ	(गाय और भैंस)
एडः एडकश्च	एडएकौ	(भेड़ और भेड़ा)
मेहतरी मेहतरः च	मेहतरौ	(मेहतरानी और मेहतर)
शंखः च चँवरः च	चँवरौ	(शंख और चँवर)

साधित उदाहरणम्

बहुविकल्पीय प्रश्ना:

I. अधोलिखितेषु वाक्येषु स्थूलपदेषु समासं विग्रहं वा चित्वा लिखत।
(निम्नलिखित वाक्यों के स्थूल (मोटे छपे) शब्दों में समास अथवा समास-विग्रह चुनकर लिखिए।)

तत्पुरुष समास:

1. सूपकारा: भोजनं पचन्ति।
(अ) सूपं करोति इति ते (ब) सूपं कुर्वन्ति इति ते
(स) सूपानां कुर्वन्ति इति ते (द) सूपं कुर्वन्ति इति ते
उत्तराणि (द) सूपं कुर्वन्ति इति ते

2. अहं **देवाधिपति:** शक्र: अस्मि।
(अ) देवानाम् अधिपति: (ब) देवाभ्याम् अधिपति:
(स) देवाय अधिपति: (द) देवात् अधिपति:
उत्तराणि (अ) देवानाम् अधिपति:

3. दैवगति: विचित्रा भवति।
(अ) दैवानां गति: (ब) दैवात् गति:
(स) देवस्य गति: (द) देवाय गति:
उत्तराणि (स) देवस्य गति:

4. सत्यसमम् तप: न अस्ति।
(अ) सत्येन समम् (ब) सत्यस्य समम्
(स) सत्यात् समम् (द) सत्याय समम्
उत्तराणि (अ) सत्येन समम्

5. अहं भवत: **शरणम् आगता।**
(अ) शरणागता (ब) शरणेगता
(स) शरणगता (द) शरणा आगता
उत्तराणि (अ) शरणागता

6. सर्वे छात्रा: प्रात: **विद्यालयं** गच्छन्ति।
(अ) विद्याया: आलयम् (ब) विद्यायायाम आलयम्
(स) विद्यास्य आलयम् (द) विद्यायै आलयम्
उत्तराणि (अ) विद्याया: आलयम्

7. कोकिल: **आम्रस्य वृक्षे** स्थित्वा पञ्चमस्वरेण गायति।
(अ) आम्रवृक्षे (ब) आम्रानां वृक्षायाम्
(स) आम्राय वृक्षाया (द) आम्रात वृक्षात्
उत्तराणि (अ) आम्रवृक्षे

8. परिहीयते **विद्यालयगमनवेला।**
(अ) विद्यालयस्य गमन वेला (ब) विद्यालय गमन वेला
(स) विद्यालये गमन वेला (द) विद्यालयम् गमन वेला
उत्तराणि (अ) विद्यालयस्य गमन वेला

9. अन्यथा **राजकुले** निवेदयिष्यमि।
(अ) राज कुले (ब) राज्ञ: कुले
(स) राजा कुले (द) राजाम् कुले
उत्तराणि (ब) राज्ञ: कुले

10. हिमालय: **भारतस्य गौरवम्** अस्ति।
(अ) भारतम्गौरव (ब) गौरव भारत
(स) भारतगौरवम् (द) भारतस्यगौरव
उत्तराणि (स) भारतगौरवम्

11. स: **मदान्ध:** अस्ति।
(अ) मदस्य अन्ध: (ब) मदात् अन्ध:
(स) मदान् अन्ध: (द) मदेन अन्ध:
उत्तराणि (द) मदेन अन्ध:

12. सदैव **सदाचारस्य:** पालनीय:।
(अ) सताम् आचार: (ब) सज्जनानाम् आचार:
(स) सत् आचारम (द) सदा चारम्
उत्तराणि (अ) सताम् आचार:

13. अश्वत्थामा **द्रोणपुत्र:** आसीत्।
(अ) द्रोणातपुत्र: (ब) द्रोणाय पुत्र:
(स) द्रोणस्य पुत्र: (द) द्रोणि पुत्र:
उत्तराणि (स) द्रोणस्य पुत्र:

14. भवान् किम् उपादेयम्? **गुरुवचनम्।**
(अ) गुरुवचनम् (ब) गुरूवचनम्
(स) गुरो: वचनम् (द) गुरोवचनम्
उत्तराणि (स) गुरो: वचनम्

15. अहं काल: **विश्वस्य आत्मा** अस्मि।
(अ) विश्वात्मा (ब) विश्वस्यात्मा
(स) विश्वेत्मा (द) विश्वे आत्मा
उत्तराणि (अ) विश्वात्मा

16. भारत भूमि: **वीरजननी** अस्ति।
(अ) वीरा: जननी (ब) वीराणां जननी
(स) वीरस्य जननी (द) वीरेषु जननी
उत्तराणि (ब) वीराणां जननी

17. त्यागसमं सुखं न अस्ति।
(अ) त्यागेन समम् (ब) त्यागेण समम्
(स) त्यागात् समम (द) त्यागै: समम
उत्तराणि (अ) त्यागेन समम्

18. कर्ण: **राधाया: पुत्र:** आसीत्।
(अ) राधानपुत्र: (ब) राधायैपुत्र:
(स) राधेपुत्र: (द) राधापुत्र:
उत्तराणि (द) राधापुत्र:

19. स: **प्रज्ञाहीन:** अस्ति।
(अ) प्रज्ञा: हीन: (ब) प्रज्ञाया: हीन:
(स) प्रज्ञया हीन: (द) प्रज्ञेन हीन:
उत्तराणि (स) प्रज्ञया हीन:

20. अस्माकं क्षेत्रे **सुवर्णपूरित:** कलश: विद्यते।
(अ) सुवर्णेन पूरित: (ब) सुवर्णे पूरित:
(स) सुवर्णे पूरित: (द) सुवर्ण पूरित:
उत्तराणि (अ) सुवर्णेन पूरित:

21. काकः स्व **कटुभिः क्वणितैः** जलजागरणं करोति।
(अ) कटक्वणितैः (ब) कटउक्वणितैः
(स) कटोवक्वणितैः (द) कटुक्वणितैः
उत्तराणि (द) कटुक्वणितैः

22. मिथुनः एकः **राजपशुः** वर्तते।
(अ) राजाय पशु (ब) राज्ञः पशु
(स) राजस्य पशु (द) राजानाम् पशु
उत्तराणि (ब) राज्ञः पशु

23. **चित्रानक्षत्रयुता** पूर्णिमा चैत्रमासस्य भवति।
(अ) चित्रायाः नक्षत्रायाः युता (ब) चित्रानक्षत्रात् युता
(स) चित्रनक्षत्राभिः युता (द) चित्रानक्षत्रेण युता
उत्तराणि (द) चित्रानक्षत्रेण युता

24. मयूरस्य नृत्यं तु **प्रकृतेः आराधना** भवति।
(अ) प्रकृत्याराधना (ब) प्रकृति आराधना
(स) प्रकृते आराधना (द) प्रकृताराधना
उत्तराणि (अ) प्रकृत्याराधना

25. इंद्रप्रस्थमहानगरं **यमुनातीरे** वर्तते।
(अ) युमनुम तीरे (ब) यमुनात तीरे
(स) यमुनायाः तीरे (द) यमुनः तीरे
उत्तराणि (स) यमुनायाः तीरे

26. तवाङ्गोम्पा एकः प्रसिद्धः **बौद्धानां मठः** अस्ति।
(अ) बौद्धमठः (ब) बौद्धामठः
(स) बौद्धाममठः (द) बौद्धायमठः
उत्तराणि (अ) बौद्धमठः

27. शारदा **सर्वदा** अस्ति।
(अ) सर्वां दत्तः इति (ब) सर्वं ददाति इति
(स) सर्वं दत्ता इति (द) सर्वाम् ददाति
उत्तराणि (ब) सर्वं ददाति इति

28. **सूपकाराः** भोजनं पचन्ति।
(अ) सूपम् कुर्वन्ति इति ते (ब) सूपं करोति इति
(स) सूपानां कुर्वन्ति (द) सूपकाराः कुर्वन्ति इति ते
उत्तराणि (ब) सूपं करोति इति

29. **जलदः** आकाशे आच्छादि तानि सन्ति।
(अ) जले ददाति इति (ब) जलं ददाति इति
(स) अम्बु ददाति इति (द) जले जायते इति
उत्तराणि (ब) जलं ददाति इति

अव्ययीभाव समास

30. अत्र **निर्मक्षिकम्** अस्ति।
(अ) मक्षिकाणाम् अभावः (ब) मक्षिकाभाव
(स) निर् मक्षिका (द) मक्षिकम् आभाव
उत्तराणि (अ) मक्षिकाणाम् अभावः

31. सा **अनुरूपम्** अस्ति।
(अ) रूपम् योग्यम् (ब) योग्य रूपम्
(स) रूपस्य योग्यम् (द) रूपात् योग्यः
उत्तराणि (स) रूपस्य योग्यम्

32. सः **उपग्रामम्** गच्छति।
(अ) ग्रामम् उप (ब) ग्रामस्य समीपम्
(स) उप ग्रामस्य (द) समीपम् ग्रामस्य
उत्तराणि (ब) ग्रामस्य समीपम्

33. सः **शक्तिम् अनतिक्रम्य** परिश्रमं करोति।
(अ) यथाशक्ति (ब) शक्तिअनति
(स) शक्तिनति (द) शक्तियथा
उत्तराणि (अ) यथाशक्ति

34. सर्वेषामेव महत्त्वं विद्यते **यथासमयम्।**
(अ) समये क्रम्य (ब) समयम् अनतिक्रम्य
(स) समय अतिक्रम्य (द) समयाय अनतिक्रम्य
उत्तराणि (ब) समयम् अनतिक्रम्य

35. बालकः **प्रतिदिनं** उद्याने विहरति।
(अ) दिनस्य-दिनस्य इति (ब) दिन-दिन प्रति
(स) दिनं-दिनं प्रति (द) प्रति-प्रति दिनं
उत्तराणि (स) दिनं-दिनं प्रति

36. सर्वेषामेव महत्त्वं विद्यते **समयम् अनतिक्रम्य**।
(अ) यथासमयम् (ब) समयानसारेण
(स) अनतिक्रम्यसमयेन (द) यथासमयात्
उत्तराणि (अ) यथासमयम्

37. ये परिश्रमं कुर्वन्ति ते **निर्विघ्नां** जीवन्ति।
(अ) विघ्नैः सहितम् (ब) विघ्नानां पश्चात्
(स) विघ्नानाम् अभावः (द) विघ्नम् अनतिक्रम्य
उत्तराणि (स) विघ्नानाम् अभावः

38. सर्वे **उपगंगम्** एव गच्छन्ति।
(अ) गंगायाः समीपम् (ब) गंगायाः पार्श्वे
(स) गंगायाः तटे (द) गंगायाः तीरे
उत्तराणि (अ) गंगायाः समीपम्

39. **सचित्रं** पुस्तकम् आनय
(अ) चित्रस्य भावम् (ब) चित्रेण सहितम्
(स) चित्रम् अनतिक्रम्य् (द) चित्रस्य समीपम्
उत्तराणि (ब) चित्रेण सहितम्

द्वंद्व समासः

40. **रामलक्ष्मणौ** वनं गच्छतः।
(अ) राम च लक्ष्मण च (ब) रामलक्ष्मण च
(स) च राम च लक्ष्मण (द) लक्ष्मण रामः
उत्तराणि (अ) राम च लक्ष्मण च

41. व्यवहारेण **दोषगुणाः** भवन्ति।
(अ) च दोष गुणा (ब) दोषः गुणः
(स) दोषाः च गुणाः च (द) गुणा दोषः च
उत्तराणि (स) दोषाः च गुणाः च

42. **मातापितरौ** पूज्यनीयाः भवन्ति।
(अ) पिता माता (ब) माता च पिता च
(स) च माता पिता (द) पितरौ माता
उत्तराणि (ब) माता च पिता च

43. तस्य **पितरौ** पूजनीयौ स्तः
(अ) माता च पिता च (ब) पिता च पिता च
(स) माता च माता च (द) मातृ च पितृ च
उत्तराणि (अ) माता च पिता च

44. **पिककाकौ** उड्डीयते।
(अ) पिकाः च काकाः च (ब) पिकः च काकः च
(स) पिकः च काकः इति (द) पिक् च काक च
उत्तराणि (ब) पिकः च काकः च

45. वने **पशवः च पक्षिणः** च निवसन्ति।
(अ) पशवः पक्षिणः (ब) पशुपक्षि
(स) पशुपक्षिणः (द) पक्षिपशुः
उत्तराणि (स) पशुपक्षिणः

46. कैलाशे **उमाशंकरौ** तिष्ठतः।
(अ) उमौ शंकरौ (ब) उमा च शंकर च
(स) उमाः शंकरः च (द) उमा च शंकरः च
उत्तराणि (ब) उमा च शंकर च

47. तौ **दंपति** परस्परम् अवलोकयन्तौ अतिष्ठताम्।
(अ) पति (ब) जाया च पतिः च
(स) पतिपत्न्यौ (द) दंपत्यौ
उत्तराणि (ब) जाया च पतिः च

48. **चक्रपाणिः** आसीत् अर्जुनस्य सारथिः?
(अ) चक्रम् पाणौ यस्य सः (ब) चक्रम् पाणौ
(स) चक्रंपाणौ (द) चक्रः पाणौ यस्य सः
उत्तराणि (अ) चक्रम् पाणौ यस्य सः

49. अयं संसारः **मरणशीलः** अस्ति।
(अ) मरणम् एव शीलं यस्य सः (ब) मरणं शीलं यस्य सः
(स) मरणशीलं यस्य सः (द) मरणम् एव शीलः
उत्तराणि (अ) मरणम् एव शीलं यस्य सः

लघु उत्तरीय प्रश्नाः

II अधोलिखितेषु वाक्येषु स्थूलपदेषु समासं विग्रहं वा चित्वा लिखत।
(निम्नलिखित वाक्यों के स्थूल (मोटे छपे) शब्दों में समास अथवा समास-विग्रह चुनकर लिखिए।)

1. काकः **सक्रोधं** प्रविश्य कथयति।
उत्तराणि क्रोधेन सहितम्

2. कृष्णः **अनुमृगम्** धावति स्म।
उत्तराणि मृगस्य पश्चात्

3. अस्मिन् विद्यालये **प्रत्येकम्** छात्रः परिश्रमी अस्ति।
उत्तराणि एकम्-एकम् प्रति

4. त्वं **यथासमयं** विद्यालयं गच्छसि।
उत्तराणि समयम् अनतिक्रम्य

5. **उपनगरम्** एव सा वरयात्रा अतिष्ठत्।
उत्तराणि नगरस्य पश्चात्

6. **रामलक्ष्मणौ** विश्वामित्रस्य शिष्यौ आस्ताम्।
उत्तराणि रामः च लक्ष्मणः च

7. **लक्ष्मणशत्रुघ्नौ** सुमित्रायाः पुत्रौ आस्ताम्।
उत्तराणि लक्ष्मणः शत्रुघ्नः च

8. **नकुलसहदेवौ** मायाः पुत्रौ आस्ताम्।
उत्तराणि नकुलः सहदेवः च

9. **युधिष्ठिरभीमार्जुनाः** कुन्त्याः पुत्राः आसन्।
उत्तराणि युधिष्ठिरः भीमः अर्जुनः च

10. **वसिष्ठविश्वामित्रौ** आचार्यौ आस्ताम्।
उत्तराणि वसिष्ठ च विश्वामित्रः च

11. सत्यम् अहिंसा च भारतस्य **विशिष्टगुणद्वयम्** अस्ति।
उत्तराणि विशिष्टं गुणद्वयम् (कर्मधारयः)

12. वयं भारतीयाः **सर्वान् प्राणिनः** आत्मवत् पश्यामः।
उत्तराणि सर्वप्राणिनः (कर्मधारयः)

13. वयं निरंतरं **मानवकल्याणाय** उद्यताः भवेम्।
उत्तराणि मानवानाम् कल्याणाय (षष्ठी तत्पुरुषः)

14. तृणानि **भूमिरुदकं** वाक् चतुर्थी च सुनृता।
उत्तराणि भूमिः च उदकं च तयोः समाहारः (द्वंद्वः)

15. **अहिंसया** च भूतात्मा शुध्यति।
उत्तराणि न हिंसया (नञ् तत्पुरुषः)

अभ्यास प्रश्नाः

बहुविकल्पीय एवं
वर्णनात्मक प्रश्न

बहुविकल्पीय प्रश्नाः

I. अधोलिखितेषु वाक्येषु स्थूलपदानां समुचितं समासाः विग्रहः वा प्रदत्त विकल्पेभ्यः चित्वा लिखत।
(निम्नलिखित वाक्यों में स्थूल (मोटे छपे) शब्दों में उचित समास अथवा समास-विग्रह दिए हुए विकल्पों से चुनकर लिखिए।)

1. दुष्कर्मणः **कुपरिणामं** सर्वे प्राप्यन्ते।
(अ) कुकर्मात परिणाम् (ब) कुकर्मस्य परिणामम्
(स) कुकर्मणः परिणाम् (द) कुत्सितं परिणामम्

2. कर्णस्य **त्यागवृत्तिं** कः न जानाति?
(अ) त्यागात् वृत्तिम् (ब) त्यागस्य वृत्तिम्
(स) त्यागंवृत्तिम् (द) त्यागेनवृत्तिम्

3. सः **भारवेदनया** क्रन्दति स्म।
(अ) भारम् वेदनया (ब) भारस्य वेदनया
(स) भारेण वेदनया (द) भाराय वेदनया

4. वयम् आगन्तुकानां **हार्दिकम् अभिनन्दनं** कुर्मः।
(अ) हार्दिकाभिनन्दनम् (ब) हार्दिकेऽभिनन्दनं
(स) हार्दिकयाभिनन्दनं (द) हार्दिकं अभिनन्दनं

5. मुनिः राजानं **इष्टम् अनतिक्रम्य** अभ्यनन्दत्।
(अ) यथिष्टम् (ब) यथाष्टम्
(स) यथेष्टम् (द) यथाटमः

6. सर्वे छात्राः प्रातः **विद्यालये** गच्छेयुः।
(अ) विद्यायैः आलय (ब) विद्यायाः आलये
(स) विद्यायायाम् आलये (द) विद्यस्य आलये

7. सर्वथा समरूपः **कुटुम्बवृत्तान्तः**।
(अ) कुटुम्बः वृत्तान्तः (ब) कुटुम्बाय वृत्तान्तः
(स) कुटुम्बस्य वृत्तान्तः (द) कुटुम्बकम् वृत्तान्तम्

8. सरस्तीरे **बकध्वनिः** भवति।
(अ) बकः ध्वनिः (ब) बकस्य ध्वनिः
(स) बकाय ध्वनि (द) बकेन ध्वनिः

9. शिक्षकः **प्रश्नोत्तरमाध्यमेन** छात्रान् सम्बोधयति।
(अ) प्रश्नोत्तरस्य माध्यमेन (ब) प्रश्नोत्तराणां माध्यमेन
(स) प्रश्न उत्तरस्य माध्यमेन (द) प्रश्नस्य उत्तरेण माध्यमेन

10. प्रस्तरतले **लतातरुगुल्मा** में भवन्तु पिष्टाः।
(अ) लता च तरुः च
(ब) लता च तरवः च
(स) लताः च गुल्माः च
(द) लताः च तरवः च गुल्माः च

11. प्रपश्यामि **ग्रामान्ते** निर्झर-नदी-पयः-पूरम्।
(अ) ग्राम अन्ते (ब) ग्रामस्य अन्ते
(स) ग्रामे अन्ते (द) ग्रामात् अन्ते

12. **वार्तालापं** मा कुरु।
(अ) वार्तायाः अलापम् (ब) वार्तेः अलापम्
(स) वार्ताम् आलापम् (द) वार्ता आलापम्

13. **रामस्य समीपम्** उपसृत्य प्रणम्य च।
(अ) उपरामम् (ब) उपरामेण
(स) उपरामः (द) उपरामस्य

14. सर्वेषामपि महत्त्वं विद्यते **समयम् अनतिक्रम्य**। **CBSE SQP 2023-24**
(अ) समयम् यथा (ब) यथासमयम्
(स) समयानुसारम् (द) यथासमयः

15. रामः **लवकुशौ** उपवेशयितुम् कथयति।
(अ) लवम् च कुशम् च
(ब) लवाय च कुशाय च
(स) लवाः च कुशः च
(द) लवः च कुशः च

16. सः **सकरुणम्** उच्चैः अक्रन्दत्। **CBSE SQP 2023-24**
(अ) करुणया सह (ब) सह करुणम्
(स) करुणा सह (द) सा करुणा

17. **राष्ट्रपति भवनम्**।
(अ) राष्ट्रपतिः भवनः (ब) राष्ट्रपतेः भवनम्
(स) राष्ट्रपतेः भवने (द) राष्ट्रपतस्य भवने

18. को भेदः **पिकः च काकः च** तयोः।
(अ) पिककाकम् (ब) पिककाकयोः
(स) पिककाकस्य (द) पिककाकाः

19. सः नृपः **प्रजापालकः** आसीत्।
(अ) प्रजानां पालकः (ब) प्रजायः पालकः
(स) प्रजया पालकः (द) प्रजाम् पालकः

20. न हि **निर्मलं** जलम्।
(अ) मलस्य योग्यम् (ब) मलस्य अभावः
(स) मलं प्रति (द) मलम् अनतिक्रम्य

21. ततः प्रविशतः **व्यासनारदौ**। **CBSE SQP 2023-24**
(अ) व्यासः नारदः (ब) व्यासौ नारदौ च
(स) व्यासः नारदौ च (द) व्यासः च नारदः च

22. कुत्सितवस्तुमिश्रितं भक्ष्यं **समलं** धरातलम्।
(अ) मलस्य योग्यम् (ब) मलं मलं प्रति
(स) मलेन सहितम् (द) मलस्य अभावः

23. रमेशः **कार्येषु निपुणः** अस्ति।
(अ) कार्येषुनिपुणः (ब) कार्यनिपुणः
(स) कार्योनिपुणः (द) कार्येषुनिपुणम्

24. मोहनः **दिन-दिन** समाचार पत्रं पठति।
(अ) प्रतिदिनम् (ब) प्रतिदिने
(स) प्रतिदिनानि (द) प्रत्येकदिनम्

25. **विद्याहीना** रमा अस्ति।
(अ) विद्यया हीना (ब) विद्येन हीनः
(स) विद्यां हीनः (द) विद्यायै हीनः

26. किं द्वयोरप्येकमेव **प्रतिवचनम्**।
(अ) वचनं वचने प्रति (ब) वचनं-वचनं प्रति
(स) वचने वचनं इति (द) वचनेन-वचनेन इति

27. **व्याघ्रचित्रकौ** नदीजलं पातुम् आगतौ।
(अ) व्याघ्रौ चित्रकौ च (ब) व्याघ्रः च चित्रकौ च
(स) व्याघ्रौ च चित्रकः च (द) व्याघ्रः च चित्रकः च

28. काकः मेध्यम् **अमेध्यं** सर्वं भक्षयति।
(अ) न अमेध्यम् (ब) अनमेध्यम्
(स) अमेध्यम् न (द) न मेध्यम्

29. मयूरः **राष्ट्रपक्षी** अस्ति।
(अ) राष्ट्राणां पक्षी (ब) राज्ञः पक्षी
(स) राष्ट्रस्य पक्षी (द) राष्ट्रेः पक्षी

30. **भयेन आकुलं** व्याघ्रं दृष्ट्वा कश्चित् धूर्तः शृगालः हसन्नाह।
(अ) भयेनाकुलम् (ब) भयाकुलम्
(स) भयकुलम् (द) भयाआकुलम्

31. मयूरस्य नृत्यं तु **प्रकृतेः आराधना** भवति।
(अ) प्रकतिः आराधना (ब) प्रकृतेः आराधना
(स) प्रकृत्याराधना (द) प्रकृतिराधना

32. बकः एव **वर्षाभिनन्दनं** करोति।
(अ) वर्षाः अभिनन्दनम् (ब) वर्षायाः अभिनन्दनम्
(स) वर्षे अभिनन्दनम् (द) वर्षस्य अभिनन्दनम्

33. भारत भूमि **वीरजननी** अस्ति।
(अ) वीरस्य जननी (ब) वीराणाम् जननी
(स) वीरयोः जननी (द) वीरेषु जननी

34. **सदाचारं** हितकरं भवति।
(अ) सज्जनानाम् आचारः (ब) सतां आचारः
(स) सत् आचरणम् (द) सदा चारम्

35. क्रोधो हि शत्रुः **देहस्यविनाशनाय**।
(अ) देहविनाशनाय (ब) देहनाशने
(स) देहोनाशनाय (द) देहनाशनायाम्

36. अश्वत्थामा **द्रोणपुत्रः** आसीत्।
(अ) द्रोणस्य पुत्रः (ब) द्रोणेन पुत्रः
(स) द्रोणात् पुत्रः (द) द्रोणेः पुत्रः

37. अहं काल **विश्वात्मा** अस्मि।
(अ) विश्वस्य आत्मा (ब) विश्वे आत्मा
(स) विश्वेन आत्मा (द) विश्वाय आत्मा

38. इदमस्त्रम् **अपाण्डवाय** अस्ति।
(अ) पाण्डस्य न (ब) पाण्डवाय न
(स) न पाण्डवाय (द) पाण्डवेन न

39. ततः प्रविशतः विदूषकेनोपदिश्यमानमार्गौ तापसौ **कुशलवौ**।
(अ) कुशः च लवः च (ब) लवः च कुशः च
(स) लवयोः च कुशयोः च (द) कुशस्य च लवस्य च

40. **वीरजननी** त्वं शोचितुं न अर्हसि। CBSE 2006
(अ) वीरी जननी (ब) वीरात् जननी
(स) वीरत्वं जननी (द) वीरस्य जननी

41. द्रौपदी **पुत्रशोकविह्वलः** आसीत्।
(अ) पुत्रशोकाय विह्वलः (ब) पुत्रशोकेन विह्वलः
(स) पुत्राय शोकः विह्वलः (द) पुत्रशोकात विह्वलः

42. बालाः **उपवृक्षं** क्रीडन्ति। CBSE 2013
(अ) वृक्षस्य समीपम् (ब) वृक्षं वृक्षं प्रति
(स) वृक्षात दूरम् (द) वृक्षे एव

43. अये! कथं **श्रीकृष्णार्जुनौ** युधिष्ठिरः च? CBSE 2013, 2014
(अ) श्रीकृष्णौ अर्जुनौ च (ब) श्रीकृष्णः च अर्जुनः च
(स) श्रीकृष्णम् अर्जुनं च (द) श्रीकृष्णः अर्जुनौ च

44. युधिष्ठिरः श्रीकृष्णस्य **दिव्यशक्ति** जानाति। CBSE 2014
(अ) दिव्यः शक्तिः (ब) दिव्यं शक्तिम्
(स) दिव्यां शक्तिम् (द) दिव्याः शक्तेः

45. न गर्वो न दैन्यं न च **क्रोधलोभौ**। CBSE 2015
(अ) क्रोधस्य लोभस्य च (ब) क्रोधः च लोभः च
(स) क्रोधौः च लोभौ च (द) क्रोधाय लोभः

46. **पिककाकौ** उड्डीयेते। CBSE 2014, 2016
(अ) पिकाः च काकाः च
(ब) पिकः च काकः च
(स) पिकः च काकः तयोः समाहारः
(द) पिके च काके च

47. वने **पशवः च पक्षिणः च** निवसन्ति। CBSE 2016
(अ) पशवः पक्षिणः (ब) पशुपक्षिणः
(स) पशुपक्षी (द) पशुपक्षौ

48. ततः सः **यूथं पाति इति** सर्वान् कपीन् आहूय रहसि अवदत्। CBSE 2014
(अ) यूथपः (ब) यूथप्
(स) यूथ्य (द) यूथयम्

49. अन्धः कः? यः **अकार्ये** रतः अस्ति। CBSE 2014
(अ) नकार्येम् (ब) न कार्ये
(स) नकार्ये (द) न कार्यम्

50. एकलव्यः **धनुर्विद्यायां** पारङ्गतः आसीत्। CBSE 2014
(अ) धनो विद्याय् (ब) धनो विद्याय
(स) धनो विद्यायां (द) धनो विद्यायः

लघु उत्तरीय प्रश्नाः

II. अधोलिखितेषु वाक्येषु स्थूलपदेषु समासं विग्रहं वा चित्वा लिखत।
(निम्नलिखित वाक्यों के स्थूल (मोटे छपे) शब्दों में समास अथवा समास-विग्रह चुनकर लिखिए।)

1. अहं **देवाधिपतिः** शक्रः अस्मि।
2. **त्यागसमं** सुखं नास्ति।
3. **राजासनं** खलु एतत्।

4. संसारे अनेके **दानवीराः** सन्ति।

5. दिल्ली महानगरं **यमुनातीरे** स्थितः अस्ति।

6. अहो **न ज्ञानं** भवत्याः। CBSE 2013

7. हिमाद्रितुङ्गशृङ्गैः सुशोभिता **सूर्योदयभूमिः** इयम्।

8. **मातापितरौ** पूजनीयौ। CBSE 2009, 15

9. वानराणां **यूथपः** सर्वान् वानरान् अवदत्।

10. **पुत्रस्य दैन्यं** दृष्ट्वां अहं रोदिमि।

11. तत **सचित्रं** पुस्तकम् अत्र आनय।

12. पिता पुत्राय बाल्ये **विद्याधनं** ददाति।

13. सः अपि तत् नेत्रं **स्थानम् अनतिक्रम्य** अस्थापयत्।

14. श्री कृष्णः **मोहग्रस्तम्** अर्जुनमुपादिशत्।

15. **सः वृषभं च वृषभं च** नीत्वा गृहमगात्।

उत्तराणि

I.
1. (द) कुत्सितं परिणामम्
2. (ब) त्यागस्य वृत्तिम्
3. (ब) भारस्य वेदनया
4. (अ) हार्दिकाभिनन्दनम्
5. (स) यथेष्टम्
6. (ब) विद्यायाः आलये
7. (स) कुटुम्बस्य वृत्तान्तः
8. (ब) बकस्य ध्वनिः
9. (अ) प्रश्नोत्तरस्य माध्यमेन
10. (द) लताः च तरवः च गुल्माः च
11. (ब) ग्रामस्य अन्ते
12. (स) वार्ताम् आलापम्
13. (अ) उपरामम्
14. (ब) यथासमयम्
15. (स) लवः च कुशः च
16. (अ) करुणया सह
17. (ब) राष्ट्रपतेः भवनम्
18. (ब) पिककाकयोः
19. (अ) प्रजानां पालकः
20. (ब) मलस्य अभावः
21. (द) व्यासः च नारदः च
22. (स) मलेन सहितम्
23. (ब) कार्यनिपुणः
24. (अ) प्रतिदिनम्
25. (अ) विद्यया हीना
26. (ब) वचनं वचनं प्रति
27. (द) व्याघ्रः च चित्रकः च
28. (द) न मेध्यम्
29. (स) राष्ट्रस्य पक्षी
30. (ब) भयाकुलम्
31. (स) प्रकृत्याराधना
32. (ब) वर्षायाः अभिनन्दनम्
33. (ब) वीराणाम् जननी
34. (ब) सतां आचारः
35. (अ) देहविनाशनाय
36. (अ) द्रोणस्य पुत्रः
37. (अ) विश्वस्य आत्मा
38. (स) न पाण्डवाय
39. (अ) कुशः च लवः च
40. (द) वीरस्य जननी
41. (स) पुत्राय शोकः विह्वलः
42. (अ) वृक्षस्य समीपम्
43. (ब) श्रीकृष्णः च अर्जुनः च
44. (स) दिव्यां शक्तिम्
45. (ब) क्रोधः च लोभः च
46. (ब) पिकः च काकः च
47. (ब) पशुपक्षिणः
48. (अ) यूथपः
49. (ब) न कार्ये
50. (स) धनोः विद्यायां

II.
1. देवानाम् अधिपतिः
2. त्यागेन समम्
3. राज्ञः आसनम्
4. दानाय वीराः
5. यमुनायाः तीरे
6. अज्ञानम्
7. सूर्योदयस्य भूमिः
8. माता च पिता च
9. यूथं पति इति
10. पुत्रदैन्यम्
11. चित्रेण सहितम्
12. विद्यायाः धनम्
13. यथास्थानम्
14. मोहेन ग्रस्तम्
15. वृषभौ

अध्याय 3

प्रत्यया:

3.1 प्रत्यय का अर्थ

वे शब्द या शब्दांश जिनका अपना कोई स्वतंत्र अर्थ नहीं होता, लेकिन किसी भी शब्द अथवा धातु के पीछे जुड़कर उस शब्द या धातु के अर्थ और रूप में परिवर्तन कर देते हैं, प्रत्यय कहलाते हैं;
जैसे—

धातु +	प्रत्यय		सिद्ध रूप	अर्थ
गुण +	मतुप (वत्)	=	गुणवान्	गुण वाला
शक्ति +	मतुप् (मत्)	=	शक्तिमान्	शक्ति वाला

प्रत्यय के भेद

प्रत्यय के निम्नलिखित तीन भेद होते हैं

1. तद्धित प्रत्यय
2. स्त्री प्रत्यय
3. कृदन्त प्रत्यय

नोट यहाँ पाठ्यक्रम में तद्धित और स्त्री प्रत्यय का ज्ञान अपेक्षित है। अतः इन्हें यहाँ विस्तार से समझाया गया है।

1. तद्धित प्रत्यय

जो प्रत्यय क्रिया के धातु-रूपों को छोड़कर अन्य शब्दों; जैसे—संज्ञा, विशेषण, सर्वनाम, क्रिया-विशेषण तथा अव्यय आदि के साथ लगकर नए शब्द बनाते हैं, वे तद्धित प्रत्यय कहलाते हैं;
जैसे—बंगाल + ई = बंगाली। यहाँ 'ई' तद्धित प्रत्यय है, क्योंकि यह बंगाल नामक संज्ञा के साथ मिलकर नया शब्द बना रहा है। तद्धित प्रत्यय के निम्नलिखित भेद हैं

(i) मतुप् प्रत्यय

'मतुप्' प्रत्यय का प्रयोग 'वाला' अथवा 'वाली' अर्थ में होता है। 'मतुप्' प्रत्यय में केवल 'मत्' ही शेष रहता है। पुल्लिंग में वान्, मान् और स्त्रीलिंग में वती, मती हो जाता है; जैसे—धी + मतुप् = धीमान् (बुद्धि वाला)।

नियम

- जिन शब्दों के अंत में अ, आ के अतिरिक्त कोई अन्य स्वर होता है, उनमें 'मतुप्' प्रत्यय का मत् जुड़ जाता है एवं शेष का लोप हो जाता है;

जैसे—

इकारान्त शब्दः

शब्द + मतुप्	रूप	पुंल्लिग	स्त्रीलिंग	नपुंसकलिंग
हरि + मतुप्	हरिमत्	हरिमान्	हरिमती	हरिमत्
सखि + मतुप्	सखिमत्	सखिमान्	सखिमती	सखिमत्
भूमि + मतुप्	भूमिमत्	भूमिमान्	भूमिमती	भूमिमत्
बुद्धि + मतुप्	बुद्धिमत्	बुद्धिमान्	बुद्धिमती	बुद्धिमत्

ईकारान्त शब्दः

शब्द + मतुप्	रूप	पुंल्लिग	स्त्रीलिंग	नपुंसकलिंग
लक्ष्मी + मतुप्	लक्ष्मीवत्	लक्ष्मीवान्	लक्ष्मीवती	लक्ष्मीवत्
नीति + मतुप्	नीतिमत्	नीतिमान्	नीतिमती	नीतिमत्
नदी + मतुप्	नदीमत्	नदीमान्	नदीमती	नदीमत्
स्त्री + मतुप्	स्त्रीमत्	स्त्रीमान्	स्त्रीमती	स्त्रीमत्

उकारान्त शब्दः

शब्द + मतुप्	रूप	पुंल्लिग	स्त्रीलिंग	नपुंसकलिंग
भानु + मतुप्	भानुमत्	भानुमान्	भानुमती	भानुमत्
वसु + मतुप्	वसुमत्	वसुमान्	वसुमती	वसुमत्
शिशु + मतुप्	शिशुमत्	शिशुमान्	शिशुमती	शिशुमत्
हनु + मतुप्	हनुमत्	हनुमान्	हनुमती	हनुमत्

ऊकारान्त शब्दः

शब्द + मतुप्	रूप	पुंल्लिग	स्त्रीलिंग	नपुंसकलिंग
वधू + मतुप्	वधूमत्	वधूमान्	वधूमती	वधुमत्

ओकारान्त शब्दः

शब्द + मतुप्	रूप	पुंल्लिग	स्त्रीलिंग	नपुंसकलिंग
गो + मतुप्	गोमत्	गोमान्	गोमती	गोमत्

हलन्त् + शब्दः

शब्द + मतुप्	रूप	पुंल्लिग	स्त्रीलिंग	नपुंसकलिंग
सरस् + मतुप्	सरस्वत्	सरस्वान्	सरस्वती	सरस्वत्

भास् + मतुप्	भास्वत्	भास्वान्	भास्वती	भास्वत्
यशस् + मतुप्	यशस्वत्	यशस्वान्	यशस्वती	यशस्वत्
धनुष् + मतुप्	धनुष्मत्	धनुष्मान्	धनुष्मती	धनुष्मत्
धैर्य् + मतुप्	धैर्यवत्	धैर्यवान्	धैर्यवती	धैर्यवत्

- जिन शब्दों के अन्त में तथा उपधा में 'म्' हो अथवा अ या आ हो, तो उनके पश्चात् 'मतुप्' के 'म्' का 'व्' होकर 'मत्' के स्थान पर 'वत्' का प्रयोग होता है। अर्थात् पुल्लिंग में शब्द के अंत में वान्, मान् हो जाएगा एवं स्त्रीलिंग में वती, मती हो जाएगा; जैसे—

अकारान्त + शब्दः

शब्द + मतुप्	रूप	पुल्लिंग	स्त्रीलिंग	नपुंसकलिंग
बल + मतुप्	बलवत्	बलवान्	बलवती	बलवत्
फल + मतुप्	फलवत्	फलवान्	फलवती	फलवत्
भाग्य + मतुप्	भाग्यवत्	भाग्यवान्	भाग्यवती	भाग्यवत्
ज्ञान + मतुप्	ज्ञानवत्	ज्ञानवान्	ज्ञानवती	ज्ञानवत्

आकारान्त + शब्दः

शब्द + मतुप्	रूप	पुल्लिंग	स्त्रीलिंग	नपुंसकलिंग
विद्या + मतुप्	विद्यावत्	विद्यावान्	विद्यावती	विद्यावत्
शोभा + मतुप्	शोभावत्	शोभावान्	शोभावती	शोभावत्
मेधा + मतुप्	मेधावत्	मेधावान्	मेधावती	मेधावत्
कृपा + मतुप्	कृपावत्	कृपावान्	कृपावती	कृपावत्

(ii) ठक् प्रत्यय

संस्कृत भाषा में 'ठक्' प्रत्यय का प्रयोग 'संबंधी' अर्थ में भाववाचक संज्ञा बनाने के लिए किया जाता है। शब्द के साथ जुड़ने पर 'ठक्' का 'इक्' हो जाता है और शब्द के प्रथम स्वर में वृद्धि (अ को आ, इ को ऐ, उ को औ) हो जाती है; जैसे—

शब्द		प्रत्यय		सिद्ध रूप
धर्म	+	ठक् (इक)	=	धार्मिकः
दर्शन	+	ठक् (इक)	=	दार्शनिकः
आत्मन्	+	ठक् (इक)	=	आत्मिकः
दिन	+	ठक् (इक)	=	दैनिकः
परदारा	+	ठक् (इक)	=	पारदारिकः
भूमि	+	ठक् (इक)	=	भौमिकः
मास	+	ठक् (इक)	=	मासिकः
समाज	+	ठक् (इक)	=	सामाजिकः

(iii) त्व तथा तल् प्रत्यय

विशेषणवाची शब्दों से भाववाचक संज्ञाएँ बनाने के लिए 'त्व' तथा 'तल्' प्रत्यय लगाए जाते हैं। 'त्व' प्रत्यय के लगाने से बनने वाले शब्द नपुंसकलिंग/एकवचन में होते हैं तथा उनके 'फल' के समान रूप बनते हैं। तल् के स्थान पर 'ता' लगता है। इस प्रत्यय के लगाने से बनने वाले शब्द स्त्रीलिंग/एकवचन में होते हैं तथा उनके 'लता' के समान रूप बनते हैं; जैसे—

शब्द	त्व प्रत्यय (त्वं)	तल् प्रत्यय (ता)
बंधु	बंधुत्वं	बंधुता
मृदु	मृदुत्वं	मृदुता
सुंदर	सुंदरत्वं	सुंदरता
मूर्ख	मूर्खत्वं	मूर्खता
कुशल	कुशलत्वं	कुशलता
चतुर	चुतरत्वं	चतुरता
दक्ष	दक्षत्वं	दक्षता
चपल	चपलत्वं	चपलता
मनुष्य	मनुष्यत्वं	मनुष्यता

2. स्त्री प्रत्यय

जिस प्रत्यय को लगाकर पुल्लिंग शब्द स्त्रीलिङ्ग बन जाते हैं, वे स्त्री प्रत्यय कहलाते हैं। ये प्रत्यय मुख्य रूप से निम्न दो प्रकार के होते हैं

(i) टाप् प्रत्यय

सामान्य रूप से अकारान्त शब्दों में स्त्रीलिङ्ग बनाने के लिए टाप् (आ) प्रत्यय लगाया जाता है; जैसे—

अजादिगण शब्दाः

शब्द		टाप् प्रत्यय		सिद्ध रूप
पंडित	+	टाप् (आ)	=	पंडिता
मन्द	+	टाप् (आ)	=	मन्दा
चटक	+	टाप् (आ)	=	चटका

अकारान्त - शब्दाः

शब्द		टाप् प्रत्यय		सिद्ध रूप
सरल	+	टाप् (आ)	=	सरला
प्रथम	+	टाप् (आ)	=	प्रथमा
वृद्ध	+	टाप् (आ)	=	वृद्धा

नोट कुछ शब्द 'अजादिगण' में न होने पर भी उनके साथ 'टाप्' प्रत्यय लगता है; जैसे– आचार्य + टाप् (आ) = आचार्या
उपाध्याय + टाप् (आ) = उपाध्याया

- जिन पुल्लिंग शब्दों के अंत में 'अक' होता है, उनको स्त्रीलिंग बनाते समय 'आ' प्रत्यय का प्रयोग किया जाता है, किंतु शब्द के अंतिम 'क' से पूर्व शब्द में 'इ' की मात्रा लगाई जाती है; जैसे—

मूषक	+	इ +	टाप् (आ)	=	मूषिका
कारक	+	इ +	टाप् (आ)	=	कारिका
बालक	+	इ +	टाप् (आ)	=	बालिका
साधक	+	इ +	टाप् (आ)	=	साधिका

(ii) ङीप् प्रत्यय (ई)

- ऋकारान्त तथा नकारान्त पुल्लिंग शब्दों को स्त्रीलिंग बनाने के लिए ङीप् प्रत्यय लगाया जाता है। ङीप् प्रत्यय में 'ङ' व 'प्' का लोप होकर केवल 'ई' शेष रहता है। 'ङीप्' प्रत्यय का प्रयोग निम्नलिखित स्थानों पर किया गया है

• ऋकारान्त शब्दों को स्त्रीलिंग बनाने के लिए 'ङीप्' प्रत्यय का प्रयोग होता है; जैसे—

शब्द		ङीप्		सिद्ध रूप
अभिनेतृ	+	ङीप् (ई)	=	अभिनेत्री
विधातृ	+	ङीप् (ई)	=	विधात्री
भर्तृ	+	ङीप् (ई)	=	भर्त्री
धातृ	+	ङीप् (ई)	=	धात्री

• नकारात्मक शब्दों को स्त्रीलिंग बनाने के लिए 'ङीप्' प्रत्यय का प्रयोग करने पर 'न' का आगम होता है; जैसे—

शब्द		ङीप्		सिद्ध रूप
कामिन्	+	ङीप् (ई)	=	कामिनी
गुणिन्	+	ङीप् (ई)	=	गुणिनी
प्रियवादिन्	+	ङीप् (ई)	=	प्रियवादिनी
मनोहारिन्	+	ङीप् (ई)	=	मनोहारिनी

• अकारान्त पुल्लिंग शब्द और कुछ जातिवाचक शब्दों को स्त्रीलिंग बनाने में भी 'ङीप्' (ई) प्रत्यय का प्रयोग होता है; जैसे—

शब्द		ङीप्		सिद्ध रूप
नद	+	ङीप् (ई)	=	नदी
देव	+	ङीप् (ई)	=	देवी
ब्राह्मण	+	ङीप् (ई)	=	ब्राह्मणी
मृग	+	ङीप् (ई)	=	मृगी
शूकर	+	ङीप् (ई)	=	शूकरी

• मतुप् प्रत्यय वाले शब्दों को स्त्रीलिंग बनाने के लिए ङीप् (ई) प्रत्यय का प्रयोग होता है; जैसे—

शब्द		ङीप्		सिद्ध रूप
कृतिमत्	+	ङीप् (ई)	=	कृतिमती
गतिमत्	+	ङीप् (ई)	=	गतिमती
श्रीमत्	+	ङीप् (ई)	=	श्रीमती

• वतुप् (वत्) प्रत्यय वाले शब्दों को स्त्रीलिंग बनाने के लिए 'ङीप्' (ई) प्रत्यय का प्रयोग होता है; जैसे—

शब्द		ङीप्		सिद्ध रूप
गुणवत्	+	ङीप् (ई)	=	गुणवती
फलवत्	+	ङीप् (ई)	=	फलवती
रूपवत्	+	ङीप् (ई)	=	रूपवती

• क्वस् (वस्) प्रत्यय वाले शब्दों को स्त्रीलिंग बनाने के लिए 'ङीप्' (ई) प्रत्यय का प्रयोग होता है; जैसे—

शब्द		ङीप्		सिद्ध रूप
विदस्	+	ङीप् (ई)	=	विदुषी
जग्मिवस्	+	ङीप् (ई)	=	जग्मुषी

• शतृ प्रत्ययान्त शब्दों को स्त्रीलिंग बनाने के लिए ङीप् (ई) प्रत्यय का प्रयोग होता है; जैसे—

शब्द		ङीप्		सिद्ध रूप
गच्छन्	+	ङीप् (ई)	=	गच्छन्ती
पठन्	+	ङीप् (ई)	=	पठन्ती
पश्यन्	+	ङीप् (ई)	=	पश्यन्ती
मिलन्	+	ङीप् (ई)	=	मिलन्ती

• गुणवाचक उकारान्त पुल्लिग शब्दों को स्त्रीलिंग बनाने में 'ङीप्' (ई) का प्रयोग होता है; जैसे—

शब्द		ङीप्		सिद्ध रूप
साधुः	+	ङीप् (ई)	=	साध्वी
मृदुः	+	ङीप् (ई)	=	मृद्वी
गुरुः	+	ङीप् (ई)	=	गुर्वी

• अकारान्त शब्दों को स्त्रीलिंग बनाने के लिए 'ङीप्' (ई) प्रत्यय का प्रयोग होता है; जैसे—

शब्द		ङीप्		सिद्ध रूप
रजकः	+	ङीप् (ई)	=	रजकी
नर्तकः	+	ङीप् (ई)	=	नर्तकी
गौरः	+	ङीप् (ई)	=	गौरी

• निम्नलिखित पुल्लिग शब्दों को स्त्रीलिंग बनाने के लिए 'ङीप्' (ई) प्रत्यय के 'आन' का आगम होता है; जैसे—

शब्द		ङीप्		सिद्ध रूप
क्षत्रिय	+	आन्	+	ङीप् (ई) = क्षत्रियाणी
रूद्र	+	आन्	+	ङीप् (ई) = रूद्राणी
उपाध्याय	+	आन्	+	ङीप् (ई) = उपाध्यायानी
मातुल	+	आन्	+	ङीप् (ई) = मातुलानी

तव्यत् प्रत्यय/अनीयर् प्रत्यय

'चाहिए' के अर्थ में शब्दों से 'तव्यत्' और अनीयर् प्रत्ययों का प्रयोग किया जाता है। इन प्रत्ययों का प्रयोग सकर्मक शब्दों के कर्मवाच्य में और अकर्मक शब्दों के भाववाच्य में किया जाता है। कर्तृवाच्य में इनका प्रयोग नहीं किया जाता है। ये दोनों प्रत्यय योग्य के अर्थ में भी प्रयोग किए जाते हैं।

• **तव्यत् प्रत्यय से निर्मित शब्दों के उदाहरण**

धातु	+	प्रत्यय	=	सिद्धरूप
पठ्	+	तव्यत्	=	पठितव्यः
गम्	+	तव्यत्	=	गन्तव्यः
कृ	+	तव्यत्	=	कर्त्तव्यः
पूज्	+	तव्यत्	=	पूजितव्यः
हस्	+	तव्यत्	=	हसितव्यः
नी	+	तव्यत्	=	नेतव्यः

• **अनीयर् प्रत्यय से निर्मित शब्दों के उदाहरण**

धातु	+	प्रत्यय	=	सिद्धरूप
कथ्	+	अनीयर्	=	कथनीयः
पठ्	+	अनीयर्	=	पठनीयः
लिख्	+	अनीयर्	=	लेखनीयः
कृ	+	अनीयर्	=	करणीयः

विशेष 'तव्यत्' प्रत्यय में अन्तिम 'त' का लोप होकर 'तव्य' शेष बचता है, जिसका प्रयोग शब्द के मूल रूप के अन्त में किया जाता है।

• 'अनीयर्' प्रत्यय का 'अनीय' शेष रहता है और 'र' का लोप हो जाता है। शब्द के मूल रूप के अन्त में 'अनीय' ही जोड़ा जाता है।

इन प्रत्ययों से बने शब्दों का प्रयोग लिंग, वचन और विभक्ति के अनुसार किया जाता है।

साधित उदाहरणम्

अधोलिखित वाक्येषु स्थूलपदानां प्रकृति प्रत्ययौ संयोज्यविभज्य वा समुचितम् उत्तरं विकल्पेभ्यः चित्वा लिखत।
(निम्नलिखित वाक्यों में स्थूल (मोटे छपे) शब्दों में मूलशब्द और प्रत्यय को जोड़कर या अलग करके उचित उत्तर विकल्पों में से चुनकर लिखिए।)

तद्धित प्रत्यय

1. **श्रद्धा + मतुप्** ज्ञानं लभते। **CBSE 2017**
(अ) श्रद्धावान् (ब) श्रद्धवानम्
(स) श्रद्धायामं (द) श्रद्धवान्
उत्तराणि (अ) श्रद्धावान्

2. **अस्ति + ठक्** एव ईश्वरं मन्यते।
(अ) आस्तिकः (ब) आस्तिकम्
(स) आस्तिकौः (द) आस्तिकाः
उत्तराणि (अ) आस्तिकः

3. भगवान् वाल्मीकिः वधूः इति।
(अ) भग + वन् (ब) भग + मतुप्
(स) भग + वतुप (द) भग + क्तवतु
उत्तराणि (ब) भग + मतुप्

4. मनुष्यः **समाज + ठक्** प्राणी अस्ति। **CBSE 2014**
(अ) सामाजिकाः (ब) सामाजिकं
(स) सामाजिकः (द) सामाजिकौ
उत्तराणि (स) सामाजिकः

5. **गुण + मतुप्** सर्वत्र पूज्यते।
(अ) गुणवान् (ब) गुणमान (स) गुणमतुप् (द) गुणीमान
उत्तराणि (अ) गुणवान्

6. ते एव **बुद्धि + मतुप्** सन्ति।
(अ) बुद्धिम् (ब) बुद्धिमन्तः
(स) बुद्धिनः (द) बुद्धिमतुप्
उत्तराणि (ब) बुद्धिमन्तः

7. सर्वेषामेव मत्कृते महत् + त्व विद्यते।
(अ) महत्ता (ब) महत्त्वम् (स) महत्त्वः (द) महात्वम्
उत्तराणि (ब) महत्त्वम्

8. **बुद्धिमान्** नरः सर्वत्र मानं लभते।
(अ) बुद्धि + मतुप् (ब) बुद्धि + शतृ
(स) बुद्धि + शानच् (द) बुद्धि + ङीप्
उत्तराणि (अ) बुद्धि + मतुप्

9. **साप्ताहिकः** अवकाशः रविवारे भवति।
(अ) सप्ताह + ठक् (ब) साप्ताहिक + ठक्
(स) साप्ताहिक् + ठक् (द) सप्ताहम् + ठक्
उत्तराणि (अ) सप्ताह + ठक्

10. किं नामधेया युवयोर्जननी?
(अ) नामधेय + तल् (ब) नामधेव + त्व
(स) नामधेय + कत्वा (द) नामधेय + टाप्
उत्तराणि (द) नामधेय + टाप्

11. संसारे **नर + त्व** दुर्लभम्।
(अ) नरत्वं (ब) नारत्व (स) नरता (द) नरताम्
उत्तराणि (अ) नरत्वं

12. जीवने उद्योगस्य **महत्त्वं** भवति।
(अ) महतवं + त्व (ब) महत् + त्व
(स) महता + त्व (द) महानता + त्व
उत्तराणि (ब) महत् + त्व

13. अस्माकं जीवने विद्यायाः **महत् + त्व** वर्तते।
(अ) महानता (ब) महता
(स) महत्त्वं (द) महतत्ता
उत्तराणि (स) महत्त्वं

14. नगरे **जन + तल्** वसति।
(अ) जनता (ब) जनतल
(स) जानता (द) जनतम्
उत्तराणि (अ) जनता

15. सा मधुरा **कवि + तल्** गायति।
(अ) कवि (ब) कवित्वम्
(स) कविता (द) कवितम्
उत्तराणि (स) कविता

16. उद्यानस्य **रमणीयता** दृष्ट्वाः विस्मिता भवन्ति।
(अ) रमणीय + तल् (ब) रमण् + ता
(स) रमणीय + ताल (द) रमणम् + तम्
उत्तराणि (अ) रमणीय + तल्

17. देवालयस्य **सुंदर + तल्** दर्शनीया अस्ति।
(अ) सुंदरम् (ब) सुंदरतल् (स) सुंदरतम् (द) सुंदरता
उत्तराणि (द) सुंदरता

स्त्री प्रत्यय

18. तस्य माता **चतुर + टाप्** अस्ति।
(अ) चतुरा (ब) चतुर (स) चतुरतरा (द) चतुरतमा
उत्तराणि (अ) चतुरा

19. सा **बालिका** मधुरं गायति।
(अ) बालिकाः + टाप् (ब) बालकः + टाप्
(स) बालक + टाप् (द) बालिका + टाप्
उत्तराणि (स) बालक + टाप्

20. सा **चपल + टाप्** बालिका अस्ति।
(अ) चपलटाप् (ब) चपला
(स) चपलान् (द) चपलम्
उत्तराणि (ब) चपला

21. अस्या **अनुज + टाप्** दया अस्ति।
(अ) अनुजा (ब) अनुटाप् (स) अनुजम (द) अनुजटाप्
उत्तराणि (अ) अनुजा

22. **कुमार + ङीप्** इयं बालिका।
(अ) कुमारम् (ब) कुमारी (स) कुमारि (द) कुमारङीप्
उत्तराणि (ब) कुमारी

23. सिंहं दृष्ट्वा सा **चिन्तितवत् + ङीप्**।
(अ) चिन्तयति (ब) चिन्तितवती
(स) चिन्तति (द) चिन्तयन्ति
उत्तराणि (ब) चिन्तितवती

24. **दानी** मानं त्यजेत्।
(अ) दान + ङीप्
(ब) दानी + ङीप्
(स) दानीन् + ङीप्
(द) दानिना + ङीप्
उत्तराणि (अ) दान + ङीप्

25. **शिष्य + टाप्** जलेन लताः सिञ्चति।
(अ) शिष्यः (ब) शिष्या
(स) शिष्यम् (द) शिष्यता
उत्तराणि (ब) शिष्या

अभ्यास प्रश्नाः

बहुविकल्पीय एवं वर्णनात्मक प्रश्न

अधोलिखितवाक्येषु स्थूलपदानां प्रकृति प्रत्ययौ संयोज्यविभज्य वा समुचितम् उत्तरं लिखत।
(निम्नलिखित वाक्यों में स्थूल (मोटे छपे) शब्दों के मूल शब्द और प्रत्यय को जोड़कर या अलग करके उचित उत्तर लिखिए।)

1. पञ्चशतानां बौद्धभिक्षूणां निवासयोग्या **स्थल + ङीप्** इयम्। **CBSE 2024**
(अ) स्थला (ब) स्थली
(स) स्थलिन् (द) स्थलिः

2. महात्मानः तदैव **समत्वम्** इति आहुः। **CBSE 2024**
(अ) सम + क्त्वा (ब) सम + त्वम्
(स) सम + तल् (द) सम + त्व

3. वाक्पटुः **धैर्य + मतुप्** मन्त्री। **CBSE 2024**
(अ) धैर्यमत् (ब) धैर्यवान्
(स) धैर्यमान् (द) धैर्यवत्

4. देशस्य सेवा सर्वेषां **नीति + ठक्** कर्त्तव्यम् भवेत्।
(अ) नैतिकम् (ब) नैतिकी
(स) नैतिकः (द) नैतिक

5. पर्यावरणस्य **महत् + त्व** सर्वे जानन्ति।
(अ) महता (ब) महत्त्वम्
(स) महत्तता (द) महानता

6. परश्वः वयम् **ऐतिहासिक** स्थलानि द्रष्टुं गमिष्यामः।
(अ) इतिहास + घञ् (ब) इतिहास + ठक्
(स) इतिहास + तल् (द) इतिहास + ताल्

7. **बुद्धि + मतुप्** सा भयात् विमुक्ता।
(अ) बुद्धिवान् (ब) बुद्धिमानः
(स) बुद्धिमान् (द) बुद्धिमती

8. **जन् + तल्** जागरूकाः भवितव्या।
(अ) जनत्वम् (ब) जानता
(स) जनतल् (द) जनता

9. कुसुमावलिः **समीरचालिता** में वरणीया।
(अ) समीरचालित + टाप् (ब) समीरचालित + त्व
(स) समीरचालित + तल् (द) समीरचालित + क्त

10. नृत्यातिरिक्तं का तव **विशेषतां**?
(अ) विशेष + टाप् (ब) विशेष + क्त
(स) विशेष + तल् (द) विशेष + क्तवतु

11. जलस्य **महत्त्वम्** सर्वे जानन्ति।
(अ) महत् + त्व (ब) महत्व + तल्
(स) महतम् + तव (द) महत्व + त्व

12. सः बालकः **बुद्धि + मतुप्** अस्ति।
(अ) बुद्धिमान् (ब) बुद्धिम्
(स) बुद्धम् (द) बुद्धिमतुप्

13. अस्य कोकिलस्य **रम् + त्व** पश्य।
(अ) रमतव (ब) रम्यत्वम्
(स) रमणीयम् (द) रम्यतल

14. तदेव **सम + त्व** कथ्यते।
(अ) समत्वम् (ब) समत्वः (स) समता (द) समत्त्वम्

15. अस्या **अनुज + टाप्** सीता अस्ति।
(अ) अनुजा (ब) अनुजता
(स) अनुटाप् (द) अनुजम्

16. हिमकरस्य **शीतल + त्व** लोके प्रसिद्धम् अस्ति।
(अ) शीतलत्व (ब) शीतलत्वम्
(स) शीतलता (द) शीतलत्वाम्

17. कृष्णा **चपला** बालिका अस्ति।
(अ) चपला + त्व (ब) चपल + टाप्
(स) चपला + टाप् (द) चपलता + टाप्

18. ग्रामे **जनता** वसति।
(अ) जनता + तल् (ब) जन + त्वम
(स) जनता + त्व (द) जन + तल्

19. जनाः प्रातः **दिन + ठक्** समाचारपत्रं पठन्ति।
(अ) दैनिकः (ब) दैनिकी
(स) दैनिकम् (द) दैनिकाः

20. व्याघ्रजाद भयात् **बुद्धिमती** मुक्ता जाता।
(अ) बुद्धि + ङीप् (ब) बुद्धिमत् + टाप्
(स) बुद्धिमत् + ङीप् (द) बुदेधिम् + टाप्

21. रामस्य माता **चतुरा** अस्ति।
(अ) चतुर + टाप् (ब) चतुरम् + टाप्
(स) चतुरता + टाप् (द) चतुरतम् + टाप्

22. अध्ययने परिश्रमस्य **महत् + त्व** भवति।
(अ) महत्ता (ब) माहत्मय
(स) महत्वता (द) महत्त्व

23. अन्योऽपि **बुद्धिमान्** लोके मुच्यते महतो भयात्।
(अ) बुद्धि + तल् (ब) बुद्धि + टाप्
(स) बुद्धि + मतुप् (द) बुद्धि + त्व

24. सम्पत्तौ विपत्तौ च महताम् **एकरूपता**।
(अ) एकरूप + त्व (ब) एकरूप + तल्
(स) एकरूपत + टाप् (द) एकरूप + ता

25. लोके **नरत्वं** दुर्लभम्।
(अ) नर + त्व (ब) नर + तल्
(स) नर् + शानच् (द) नर + मतुप्

26. सा **बालक + टाप्** तीव्रं धावति।
(अ) बालकः (ब) बालिका
(स) बालकम् (द) बालकाः

27. सा जलाभावं दृष्ट्वा **चिन्तितवती**।
(अ) चिन्तन + ङीप् (ब) चिन्तवान् + ङीप्
(स) चिन्तम् + ङीप् (द) चिन्तितवत् + ङीप्

28. नवमालिका रसालं **मिलिता** रुचिरं संगमनम्।
(अ) मिलित + टाप् (ब) मिल् + टाप्
(स) मिल् + त्व (द) मिल् + क्त

29. तेन शङ्कराचार्यस्य **शिष्य + त्व** स्वीकृतम्।
(अ) शिष्यत्वम् (ब) शिश्यता
(स) शिश्यत्वम् (द) शिष्याता

30. जानकी रामानन्दाचार्यस्य **शिष्य + टाप्** आसीत्।
(अ) शिष्यम् (ब) शिष्या
(स) शिष्यय (द) शिष्यता

31. जलस्य **महत्त्वम्** सर्वे जनाः जानन्ति।
(अ) महता + तव (ब) महत्वं + त्वं
(स) महत् + त्व (द) महानतम् + तवं

32. बुद्धिः **बल + मतुप्** तन्वि सर्वकार्येषु सर्वदा।
(अ) बलमती (ब) बलवान्
(स) बलवती (द) बलवत्यः

33. **बल + मतुप्** .... + ... हि आशा।
(अ) बलवतीः (ब) बलवतीम्
(स) बलवती (द) बालवती

34. **तपस्विनी** .... + ... तपोवने तपति।
(अ) तापस् + ङीप् (ब) तपस् + ङीप्
(स) तपस् + डीप् (द) तपसः + ङीप्

35. भक्ताः **श्रद्धावान्** .... + ... भवन्ति।
(अ) श्रद्धा + मतुप (ब) श्रद्धा + मतुप्
(स) श्रद्धम् + मतुप् (द) श्रद्धां + मतुप

36. अयं सन्दर्भः प्रथमम् अवतीर्णः **वसुमतीम्**।
(अ) वसु + मतुप् (ब) वसु + तल्
(स) वसु + तवत् (द) वसु + ङीप्

37. **मास + ठक्** .... पत्रम् एतत् वर्तते।
(अ) मासिकाम् (ब) मासिकाः
(स) मासिकः (द) मासिकम्

38. इयम् **इतिहास + ठक्** .... घटना अस्ति।
(अ) ऐतिहासिकी (ब) ऐतिहासिकः
(स) ऐतिहासिकम् (द) ऐतिहासिकौ

39. **बुद्धिमान्** जनः सदैव सफलः भवति।
(अ) बुद्धि + मतुप् (ब) बुद्धि + शानच्
(स) बुद्धि + त्व (द) बुद्धि + मत्

40. **हनुमान्** .... + ... रामस्य परम भक्तः आसीत्।
(अ) हनु + मनुपः (ब) हनु + मतुप्
(स) हनुः + मनुपम् (द) हनुम् + मुतुप

41. अद्य अस्माकं **वर्ष + ठक्** .... परीक्षा आरभते।
(अ) बार्षिकाः (ब) वार्षिकम्
(स) वार्षिकः (द) वार्षिकाम्

42. **मतिमान्** .... + ... एव धनवान् भवितुं शक्यते।
(अ) मतिः + मनुप् (ब) मति + मनुप
(स) मति + मतुप् (द) मतिः + मनुपं

43. हरिततरूणां ललितलतानां माला **रमणीया**।
(अ) रमणीय + आ (ब) रमणीया + आ
(स) रमणीय + टाप् (द) रमणी + टाप्

44. **विपुला** च अत्र वन सम्पदा।
(अ) विपुला + टाप् (ब) विपुल + टाप्
(स) विपुल + ङीप् (द) विपुल + इक

45. एकदा राजा तं **बुद्धि + मतुप्** द्रष्टुं तस्य कुटीरम् अगच्छतः।
(अ) बुद्धिमन्तः (ब) बुद्धिमन्तं
(स) बुद्धिमन्ताः (द) बुद्धिमन्तया:

46. **आस्तिक** ...... + ... एव ईश्वरं मन्यते।
(अ) अस्ति + ठक् (ब) अस्तिः + ठक्
(स) अस्तिम् + ठक (द) अस्ति + ठकः

47. तस्य दानशीलता **लौकिकी** ...... + ... न आसीत्।
(अ) लोकः + ठक् (ब) लोकं + ठक्
(स) लोक + ठक् (द) लोकाः + ठक्

48. **आकारस्य लघु + त्व** कार्यबाधकः न भवेत्।
(अ) लघुत्ता (ब) लघुत्वम्
(स) लघुत्वा (द) लघुत्वः

49. **मानवता** एव मानवस्य भूषणम् अस्ति। **CBSE 2015**
(अ) मानव + त्व (ब) मानव् + तल्
(स) मानव + टाप् (द) मानव + तल्

50. वानरस्य **चपल + त्व** बालेभ्यः रोचते। **CBSE 2015**
(अ) चपलत्व (ब) चपलत्वम्
(स) चपलता (द) चपलत्व

51. **तपस्विन् + ङीप्** गीतं गायति।
(अ) तपस्विनी (ब) तपस्विनि
(स) तापस्विनी (द) तपस्विनीः

52. वेदानां **महत्त्वं** को न जानाति।
(अ) महत् + त्तवा (ब) मह + त्व
(स) महत्त् + त्व (द) महत् + त्व

53. किं **कुपिता** एव भणति?
(अ) कुपिता + टाप् (ब) कुपित + टाप्
(स) कुपितः + ङीप (द) कुपित + इक्

54. परिश्रमस्य **महत् + त्व** सर्वे जानन्ति। **CBSE 2016**
(अ) महत्त्व (ब) महत्त्वः
(स) महत्त्वम् (द) महत्त्वता

55. एषा मम **पुत्र + ङीप्** विद्यालयं गच्छति। **CBSE 2016**
(अ) पुत्रः (ब) पुत्रणी
(स) पुत्री (द) पूत्री

उत्तराणि

1. (ब) स्थली
2. (ब) सम + त्वम्
3. (स) धैर्यमान्
4. (अ) नैतिकम्
5. (ब) महत्त्वम्
6. (ब) इतिहास + ठक्
7. (द) बुद्धिमती
8. (द) जनता
9. (अ) समीरचालित + टाप्
10. (स) विशेष + तल्
11. (अ) महत् + त्व
12. (अ) बुद्धिमान्
13. (ब) रम्यत्वम्
14. (अ) समत्वम्
15. (अ) अनुजा
16. (ब) शीतलत्वम्
17. (ब) चपल + टाप्
18. (द) जन + तल्
19. (स) दैनिकम्
20. (स) बुद्धिमत् + ङीप्
21. (अ) चतुर + टाप्
22. (द) महत्त्व
23. (स) बुद्धि + मतुप्
24. (ब) एकरूप + तल्
25. (अ) नर + त्व
26. (ब) बालिका
27. (द) चिन्तितवत् + ङीप्
28. (अ) मिलित + टाप्
29. (अ) शिष्यत्वम्
30. (ब) शिष्या
31. (स) महत् + त्व
32. (स) बलवती
33. (स) बलवती
34. (ब) तपस् + ङीप्
35. (ब) श्रद्धा + मतुप्
36. (अ) वसु + मतुप्
37. (द) मासिकम्
38. (अ) ऐतिहासिकी
39. (अ) बुद्धि + मतुप्
40. (ब) हनु + मतुप्
41. (स) वार्षिकः
42. (स) मति + मतुप्
43. (स) रमणीय + टाप्
44. (ब) विपुल + टाप्
45. (ब) बुद्धिमन्तं
46. (अ) अस्ति + ठक्
47. (स) लोक + ठक्
48. (ब) लघुत्वम्
49. (द) मानव + तल्
50. (ब) चपलत्वम्
51. (अ) तपस्विनी
52. (द) महत् + त्व
53. (ब) कुपित + टाप्
54. (स) महत्त्वम्
55. (स) पुत्री

वाच्यपरिवर्तनम्

अध्याय 4

4.1 वाच्य

वाक्य में कर्ता द्वारा प्रधान रूप से जो कहा जाता है, वही क्रिया का वाच्य होता है अर्थात् वाक्य निर्माण की शैली को **वाच्य** कहते हैं।

वाच्य के भेद

वाच्य के निम्नलिखित तीन भेद होते हैं

1. कर्तृवाच्य 2. कर्मवाच्य 3. भाववाच्य

वाच्य परिवर्तन के नियम

वाच्य परिवर्तन के निम्नलिखित नियम हैं

1. कर्तृवाच्य में कर्ता की प्रधानता होती है। कर्ता के अनुसार ही क्रिया का पुरुष तथा वचन होता है।
2. कर्मवाच्य में कर्म की प्रधानता होती है। कर्म के अनुसार क्रिया का पुरुष तथा वचन आत्मनेपदी में होते हैं।
3. भाववाच्य में भाव की प्रधानता होती है। क्रिया हमेशा नपुंसकलिंग एकवचन या प्रथम पुरुष एकवचन आत्मनेपदी में होती है।

वाच्य परिवर्तनम्	कर्ता	कर्म	क्रिया
कर्तृवाच्य	प्रथमा विभक्तिः	द्वितीया विभक्तिः	कर्तानुसारं (परस्मैपदी) वचन, पुरुष।
कर्मवाच्ये	तृतीया विभक्तिः	प्रथमा विभक्तिः	कर्मानुसारं (आत्मनेपदी) लिंग पुरुष, विभक्ति वचन।
भाववाच्ये	तृतीया विभक्तिः	प्रथमा विभक्तिः	(क) लकारेषु प्रथम पुरुष एकवचन आत्मनेपदी। (ख) प्रत्यस्य योगे-नपुंसकलिंग, प्रथमा विभक्ति एकवचन।

4.2 कर्मवाच्य से क्रिया बनाने की विधि

कर्मवाच्य से क्रिया बनाने के लिए निम्नलिखित नियम को ध्यान में रखना चाहिए

1. मूल धातु के बाद वर्ण 'य' लगाया जाता है।
2. धातुओं में आत्मनेपदी के रूप लगते हैं;

जैसे—

	परस्मैपदी	आत्मनेपदी
	लिखति	लिख्यते
	पठति	पठ्यते
	गच्छति	गम्यते
	भक्षयति	भक्ष्यते

3. सभी लकारों में क्रमशः प्रथम पुरुष और एकवचन का ही प्रयोग किया जाता है।
4. ऋकारांत धातुओं के अंतिम 'ऋ' का 'रि' हो जाता है;
   जैसे— कृ — क्रि = क्रियते, मृ — म्रि = म्रियते,
   भृ — भ्रि = भ्रियते
5. धातुओं में स्मृ तथा जागृ के अंतिम 'ऋ' का 'अर्' हो जाता है;
   जैसे— स्मृ — स्मर्यते, जागृ — जागर्यते
6. वच्, वस्, वप्, स्वप्, ह्वे के व का 'उ' हो जाता है। यज् तथा व्यध् के 'य' को 'इ' और 'प्रच्छ्' तथा 'ग्रह के 'र्' को ऋ हो जाता है;
   जैसे— वच् — उच्यते यज् — इज्यते
   वस् — उष्यते व्यध् — विध्यते
7. धातु के अंतिम 'इ' तथा 'उ' दीर्घ हो जाते हैं;
   जैसे— जि — जीयते श्रु — श्रूयते
   चि — चीयते दु — दूयते
8. आकारांत धातुओं के 'आ' का 'ई' हो जाता है;
   जैसे— दा — दीयते पा — पीयते
   स्था — स्थीयते

9. धातु के अंतिम अक्षर के पहले यदि कोई अनुनासिक (किसी वर्ग का पाँचवाँ वर्ण) हो, तो उसका लोप हो जाता है;
जैसे— बन्ध — बध्यते रञ्ज — रज्यते
मन्थ — मथ्यते

4.3 वाच्य परिवर्तनम्

वाच्य परिवर्तन करते समय वाच्य के अनुसार कर्तृ से कर्म में, कर्म से कर्तृ में और कृर्त से भाव में परिवर्तन करने के भिन्न-भिन्न नियम हैं। जिनका वर्णन निम्न प्रकार है

कर्तृवाच्य से कर्मवाच्य में परिवर्तन के नियम

कर्तृवाच्य से कर्मवाच्य में परिवर्तन के निम्नलिखित नियम हैं

1. कर्तृवाच्य के कर्ता की प्रथमा विभक्ति के स्थान पर तृतीया विभक्ति का प्रयोग किया जाता है।
2. कर्तृवाच्य के 'कर्म' की द्वितीया विभक्ति के स्थान पर प्रथमा विभक्ति का प्रयोग किया जाता है।
3. कर्मवाच्य में क्रिया का पुरुष, वचन, लिंग, विभक्ति, कर्म के पुरुष, लिंग, विभक्ति, वचन के अनुसार हो जाता है।
4. कर्तृवाच्य के क्तवतु (तवत्) प्रत्यय के स्थान पर कर्मवाच्य में क्त (त) प्रत्यय हो जाता है;

कर्तृवाच्य से कर्मवाच्य में परिवर्तन

कर्तृवाच्य	कर्मवाच्य
रामः पाठं पठति।	रामेण पाठः पठ्यते। (राम के द्वारा पाठ पढ़ा जाता है।)
सः मां पश्यति।	तेन अहं दृश्ये। (उसके द्वारा मुझे देखा जाता है।)
त्वं पुष्पाणि चिनोषि।	त्वया पुष्पाणि चीयन्ते। (तुम्हारे द्वारा फूलों को चुना जाता है।)
सः किं कृतवान्?	तेन किं कृतम्? (तुम्हारे द्वारा क्या किया गया?)
युवां किं कुरुथ?	युवाभ्यां किं क्रियते? (तुम दोनों के द्वारा क्या किया जाता है?)
हं त्वां पश्यामि।	मया त्वं दृश्यते। (मेरे द्वारा तुमको देखा जाता है।)
ते मां पश्यतः।	ताभ्याम् अहं दृश्ये। (तुम दोनों के द्वारा मुझे देखा जाता है।)

कर्मवाच्य से कर्तृवाच्य में परिवर्तन के नियम

कर्मवाच्य से कर्तृवाच्य में परिवर्तन के निम्नलिखित नियम हैं

1. कर्मवाच्य के कर्ता की तृतीया विभक्ति, कर्तृवाच्य में प्रथमा विभक्ति में बदल जाती है।
2. कर्मवाच्य के कर्म की प्रथमा विभक्ति, कर्तृवाच्य में द्वितीया विभक्ति में बदल जाती है।
3. क्रिया के पुरुष व वचन कर्म के अनुसार न होकर कर्ता के अनुसार होते हैं।
4. कर्मवाच्य की आत्मनेपद की क्रिया परस्मैपद क्रिया में बदल जाती है।

कर्मवाच्य से कर्तृवाच्य में परिवर्तन

कर्मवाच्य	कर्तृवाच्य
रामेण पाठः पठ्यते।	रामः पाठं पठति। (राम पाठ पढ़ता है।)
मया त्वं दृश्यते।	अहं त्वां पश्यामि। (मैं तुम्हें देखता हूँ।)
युष्माभिः पाठः पठ्यते।	यूयं पाठं पठथ। (तुम सब पाठ पढ़ते हो।)
तेन पठ्यते।	सः पठति। (वह पढ़ता है।)
त्वया पठ्यते।	त्वं पठसि। (तुम पढ़ते हो।)
मया हस्यते।	अहं हसामि। (मैं हँसता हूँ।)
मया आपणः गम्यते।	अहं आपणं गच्छामि। (मैं बाजार जाता हूँ।)
रामेण अजा ग्रामं नयते।	रामः अजां ग्रामं नयति। (राम बकरी को गाँव को ले जाता है।)

कर्तृवाच्य से भाववाच्य में परिवर्तन के नियम

कर्तृवाच्य से भाववाच्य में परिर्वतन के निम्नलिखित नियम हैं

1. भाववाच्य में प्रयुक्त होने वाली धातुओं के रूप कर्मवाच्य की क्रियाओं के समान ही होते हैं।
2. भाववाच्य का कर्ता भी कर्मवाच्य के कर्ता के समान तृतीया विभक्ति में रहता है।
3. इस वाच्य की क्रिया हमेशा प्रथम पुरुष एकवचन में ही रहती है।
4. जहाँ क्रिया की प्रधानता होती है, वहाँ भाववाच्य होता है।

कर्तृवाच्य से भाववाच्य में परिवर्तन

कर्तृवाच्य	भाववाच्य
सः हसति।	तेन हस्यते। (उसके द्वारा हँसा जाता है।)
सिंहः गर्जति।	सिंहेन गर्ज्यते। (सिंह द्वारा गर्जना की जाती है।)
नर्तकः मञ्चे नृत्यति।	नर्तकेण मञ्चे नृत्यते। (नर्तक के द्वारा मंच पर नाचा जाता है।)
छात्रः धनं ददाति।	छात्रेण धनः दीयते। (छात्र के द्वारा धन दिया जाता है।)
अहं स्वपिमि।	मया सुप्यते। (मेरे द्वारा सोया जाता है।)
सः हसति।	तेन हस्यते। (उसके द्वारा हँसा जाता है।)
सः त्वां पश्यति।	तेन त्वं दृश्यते। (उनके द्वारा तुम्हें देखा जाता है।)
अहं पठामि।	मया पठ्यते। (मेरे द्वारा पढ़ा जाता है।)

साधित उदाहरणम्

बहुविकल्पीय प्रश्नाः

I. अधोलिखितसंवादेषु रिक्तस्थानानि समुचितं क्रिया-कर्म-कर्तृपदैः च पूरयित्वा लिखत।
(निम्नलिखित संवादों में रिक्त स्थानों को उचित क्रिया, कर्म और कर्ता पद द्वारा पूरा करके लिखिए।)

1. (i) **कविता–सुदेश** .... (चित्र) त्वं पश्य। CBSE 2017
(अ) चित्र (ब) चित्रं
(स) चित्रः (द) चित्रस्य

(ii) **सुदेशः–**आम कविते! मया चित्रं .... (दृश्)।
(अ) दृश्यते (ब) दृश्यन्ते
(स) दृश्यसे (द) दृश्ये

(iii) **कविता–**अस्मिन् चित्रे एषः बालकः किं .... (कृ)।
(अ) क्रियते (ब) करोषि
(स) कुर्वन्ति (द) करोति

(iv) **सुदेशः–**अस्मिन् चित्रे एतेन .... (बालक) पुस्तकं पठ्यते।
(अ) बालकः (ब) बालकौ:
(स) बालकेन (द) बालकेन्

(v) **कविता–**अत्र एषा मालाम् अपि रचयति।
सुदेशः–अहो सत्यम्! अनया तु माला अपि .... (रच्)।
(अ) रच्यन्ते (ब) रच्येते
(स) रच्येत (द) रच्यते

उत्तराणि
(i) (ब) चित्रं (ii) (अ) दृश्यते
(iii) (द) करोति (iv) (स) बालकेन
(v) (द) रच्यते

2. (i) **रामः** .... (युष्मद्) कुत्र गच्छसि?
(अ) अहम् (ब) सः
(स) त्वं (द) ते

(ii) **श्यामः** अहं तु आपणं .... ।
(अ) गभ्यते (ब) गच्छामि
(स) गच्छसि (द) गच्छति

(iii) **रामः** तत्र त्वया किमर्थं .... ?
(अ) गम्यते (ब) गच्छन्ति
(स) गम्यन्ते (द) गच्छन्ते

(iv) **श्यामः** .... (अस्मद्) फलानि क्रेतुं गच्छामि?
रामः अहं तु फलानि न क्रीणामि।
(अ) आवाम् (ब) अहं
(स) अस्माभिः (द) मया

(v) **श्यामः** तर्हि .... (युष्मद्) किं क्रीण्यते?
(अ) तेन (ब) तया (स) त्वया (द) मया

उत्तराणि
(i) (स) त्वं (ii) (ब) गच्छामि
(iii) (अ) गम्यते (iv) (ब) अहं
(v) (स) त्वया

3. (i) **रामः–**त्वं कुत्र .... (गम्)।
(अ) गच्छसि (ब) गच्छामि
(स) गच्छन्ति (द) गच्छति

(ii) **श्यामः–**अहं तु आपणं .... (गम)।
(अ) गच्छते (ब) गच्छम्
(स) गच्छथः (द) गच्छामि

(iii) **रामः–**तत्र .... (युष्मद्) किमर्थं गम्यते?
श्यामः–अहं फलानि क्रेतुं गच्छामि।
(अ) तया (ब) तेन
(स) त्वया (द) मया

(iv) **रामः–**अहं तु .... (फल) क्रीणामि।
(अ) फले (ब) फलान्
(स) फलानि (द) फलम्

(v) **श्यामः–**तर्हि .... (युष्मद्) क्रेष्यसि?
(अ) त्वं (ब) अहं
(स) सः (द) तैः

उत्तराणि
(i) (अ) गच्छसि (ii) (द) गच्छामि
(iii) (स) त्वया (iv) (स) फलानि
(v) (अ) त्वं

4. **शिक्षकः** भवान् कुत्र भ्रमति?
(i) **छात्रः** मया तु क्रीडाक्षेत्रं .... (गम्)।
(अ) गम्यन्ते (ब) गच्छन्ते
(स) गम्यते (द) गच्छन्ति

(ii) **शिक्षकः** त्वया तत्र किमर्थं .... (गम्)?
(अ) गच्छसि (ब) गच्छामि
(स) गच्छति (द) गम्यते

(iii) **छात्रः** अहं तत्र क्रीडितुं .... (गम्)।
शिक्षकः भवान् कं खेलं क्रीडति?
(अ) गच्छति (ब) गच्छथः
(स) गच्छसि (द) गच्छामि

(iv) **छात्रः** .... (अस्मद्) हॉकी खेल क्रीडयते।
(अ) मया (ब) अस्माभि
(स) अहम् (द) आवाभ्याम्

(v) **शिक्षकः** त्वया पुस्तकानि कदा .... (पठ्)?
(अ) पठ्यसे (ब) पठ्यन्ते
(स) पठ्येते (द) पठ्यते

उत्तराणि

(i) (स) गम्यते
(ii) (द) गम्यते
(iii) (द) गच्छामि
(iv) (अ) मया
(v) (द) पठ्यते

5. (i) **प्रथमः छात्रः** त्वं किं ·········· (पठ्)?

(अ) पठमि (ब) पठथ
(स) पठसि (द) पठति

(ii) **द्वितीयः छात्रः** मया पाठ्यक्रमः ·········· (पठ्)।
प्रथमः छात्रः किं विद्यालये शिक्षकाः पाठ्यपुस्तकानि सम्यग् न पाठयन्ति?

(अ) पठ्यते (ब) पठ्येते
(स) पठ्यन्ते (द) पठ्यन्ति

(iii) **द्वितीयः छात्रः** न, शिक्षकैः पाठ्यपुस्तकानि सम्यग् ·········· (पाठ्)।

(अ) पाठ्यन्ते (ब) पाठ्यसे
(स) पाठ्येते (द) पाठ्यते

(iv) **प्रथमः छात्र** अहं पाठं कण्ठस्थं ·········· (कृ)।

(अ) करोमि (ब) करोति
(स) करोषि (द) कुर्वन्ति

(v) **द्वितीयः छात्रः** परं ·········· (अस्मद्) तु पाठः कण्ठस्थः न क्रियते।

(अ) त्वम् (ब) अहम्
(स) त्वया (द) मया

उत्तराणि

(i) (स) पठसि
(ii) (अ) पठ्यते
(iii) (अ) पाठ्यन्ते
(iv) (अ) करोमि
(v) (द) मया

लघु उत्तरीय प्रश्नाः

II. अधोलिखितेषु संवादेषु मञ्जूषायाः संवादं चित्वा रिक्तस्थानानि समुचितं क्रिया-कर्म-कर्तृपदैः पूरयित्वा लिखत।
(निम्नलिखित संवादों में मञ्जूषा की सहायता से उचित, क्रिया, कर्म, कर्ता पदों से रिक्त स्थानों को पूरा करके लिखिए।)

1. **विक्रान्तः** नित्ये! किं त्वं गणितविषयं (i)········? **CBSE 2024**
नित्या आम्, (ii) ········ गणितविषयः पठ्यते।
विक्रान्तः किं त्वं गणितस्य सूत्राणि स्मरसि?
नित्या मया गणितस्या (iii) ········ न स्मर्यन्ते।
विक्रान्तः तदा विद्यालये अध्यापकः सम्यक् एव पाठयति।
नित्या आम् ! (iv)················ सम्यक् पाठ्यते।

• **मञ्जूषा** अध्यापकेन, सूत्राणि, पठसि, मया।

उत्तराणि

(i) पठसि
(ii) मया
(iii) सूत्राणि
(iv) अध्यापकेन

2. **कनिका** सुगंधे! अद्य समारोहे किं (i) ·········· (भू)?
सुगंधा अद्य मेधाविनः छात्राः (ii) ··········(सम्+मान्)।
कनिका कः छात्रान् सम्मानयति?
सुगंधा अस्माकं राज्यस्य शिक्षानिदेशकः (iii) ·········· (छात्र) सम्मानयति।
कनिका किं छात्राः तत्र सांस्कृतिकं कार्यक्रमम् अपि प्रस्तौष्यन्ति?
सुगंधा आम् (iv) ·········· सांस्कृतिकः कार्यक्रमः अपि प्रस्तूयते।
कनिका तदा अहम् अपि त्वया सह चलामि।
सुगंधा अवश्यमेव। (v) ·········· मया सह आगच्छ।

• **मञ्जूषा** सम्मानन्यन्ते, भवति, त्वं, छात्रान्, छात्रैः।

उत्तराणि

(i) भवति
(ii) सम्मानन्यन्ते
(iii) छात्रान्
(iv) छात्रैः
(v) त्वं

3. **लता** सीते! त्वं कुत्र (i) ··········· (गम्)?
सीता मया तु कुत्रापि न (ii) ··········· (गम्)।
लता किं (iii) ··········· (युष्मद्) प्रदर्शिनी न दृश्यते?
सीता नहि मया तु (iv) ··········· (पुस्तक) पठ्यते, श्वः परीक्षा अस्ति।
लता भवती सम्यक् (v) ···········(कृ)।

• **मञ्जूषा** करोति, पुस्तकं, त्वया, गच्छसि, गम्यते।

उत्तराणि

(i) गच्छसि
(ii) गम्यते
(iii) त्वया
(iv) पुस्तकं
(v) करोति

4. तेन (i) ··········· (छात्र) कथा लिख्यते।
(ii) ··········· (अस्मद्) अपि रामायणम् एव दृश्यते।
बालकेन पत्रं (iii) ··········· (दृश्)।
पत्रं नीत्वा (iv) ··········· (बालक) गम्यते।
पत्रं महेशस्य (v) ··········· (अस्)।

• **मञ्जूषा** मया, छात्रेण, दृश्यते, बालकेन, अस्ति।

उत्तराणि

(i) छात्रेण
(ii) मया
(iii) दृश्यते
(iv) बालकेन
(v) अस्ति

5. **गुरुः** राघव! गत्वा पश्य किम् उद्याने छात्राः (i) ···········(क्रीड्)?
राघवः आम् आचार्य! उद्याने (ii) ··········· (छात्र) क्रीडयते।
गुरुः शोभनम्। किं ते तत्र (iii) ··········· (पुष्प) तु न त्रोटयन्ति?
राघवः नहि, नहि, श्रीमन् (iv) ··········· (तत्) तत्र पुष्पाणि न त्रोट्यन्ते।
कक्षायां (v) ··········· (छात्र) स्थीयते।

• **मञ्जूषा** पुष्पाणि, क्रीडन्ति, छात्रैः, तै, छात्रैः।

उत्तराणि

(i) क्रीडन्ति (ii) छात्रैः (iii) पुष्पाणि
(iv) तै (v) छात्रैः

6. **रमा** सीते! त्वं कुत्र (i) ………… (विद्यालय) गच्छसि।
सीता आम् रमे! मया विद्यालयः (ii) ………… (गम्)।
रमा किं त्वं तत्र संस्कृत (iii) ………… (पठ्)?
सीता आम् (iv) ………… (युष्मद्) तत्र संस्कृतं पठ्यते।
रमा किं त्वं तत्र चित्राणि अपि रचयसि?
सीता आम्! मया तत्र (v) ………… (चित्र) अपि रच्यन्ते।

- मञ्जूषा गम्यते, विद्यालयं, त्वया, पठसि, चित्राणि।

उत्तराणि

(i) विद्यालयं (ii) गम्यते (iii) पठसि
(iv) त्वया (v) चित्राणि

7. **श्यामः** सोहन किं त्वं पत्रालयं (i) ………(गम्)?
सोहनः न (ii) ……… (अस्मद्) तु स्वपाठं स्मरामि।
श्यामः शोभनम्! अधुना त्वं निबन्धं (iii) ……… (लिख्) किम्?
सोहनः मया तु अधुना गणितस्य अभ्यासः (iv) ………… (कृ)।
श्यामः अहं तु संस्कृतं (v) ………… (पठ्)।

- मञ्जूषा अहं, गच्छसि, क्रियते, पठामि, लेखसि।

उत्तराणि

(i) गच्छसि (ii) अहं
(iii) लेखसि (iv) क्रियते
(v) पठामि

8. **लता** रमे! त्वं कुत्र (i) ………… (गम्)?
रमा तु (ii) ………… (अस्मद्)? कुत्र अपि न गम्यते?
लता किं (iii) ………… (युष्मद्) प्रदर्शनी न दृश्यते?
रमा न हि मया तु पुस्तकं (iv) ……… (पठ्) श्वः परीक्षा अस्ति।
लता अहम् अपि परीक्षायाः सज्जां (v) ………… (कृ)।

- मञ्जूषा त्वया, पाठ्यते, करोमि, गच्छसि, मया।

उत्तराणि

(i) गच्छसि (ii) मया
(iii) त्वया (iv) पाठ्यते
(v) करोमि

9. **प्रत्यूषः** किं विद्यालये छात्राः पादपान् सिञ्चन्ति?
राघवः आम् (i) ………… (तत्) पादपाः सिच्यन्ते।
प्रत्यूषः आचार्यः कुत्र (ii) ………… (संध्या) करोति?
राघवः आचार्येण स्वप्रकोष्ठे संध्या (iii) ………… (कृ)।
प्रत्यूषः किम् उद्याने नम्रता गायति?
राघवः अथ किम्! उद्याने (iv) ………… (नम्रता) गीयते?
प्रत्यूषः त्वं तत्र किं करोषि?
राघवः मया तत्र (v) ………… (पठ्)। **CBSE 2017**

- मञ्जूषा संध्यां, तै, क्रियते, नम्रतया, पठ्यते।

उत्तराणि

(i) तै (ii) संध्यां
(iii) क्रियते (iv) नम्रतया
(v) पठ्यते

10. **सुरेशः** मालति! किम् अतिथयः भोजनं (i) ………… (कृ)।
मालती आम् भ्रातः! अतिथिभिः भोजनं (ii) ………… (कृ)।
सुरेशः मालति! किं जनकेन अपि तत्र (iii) ………… (उप-विश्)।
मालती भ्रातः! (iv) ………… (जनक) तत्र उपविश्यते।
सुरेशः मालति! किं माता फलानि आनयति?
मालती आम्! मात्रा (v) ………… (फल) आनीयन्ते।

- मञ्जूषा उपविश्यते, कुर्वन्ति, क्रियते, जनकेन, फलानि।

उत्तराणि

(i) कुर्वन्ति (ii) क्रियते
(iii) उपविश्यते (iv) जनकेन
(v) फलानि

अभ्यास प्रश्ना:

बहुविकल्पीय एवं वर्णनात्मक प्रश्न

बहुविकल्पीय प्रश्ना:

I. अधोलिखितसंवादेषु रिक्तस्थानानि समुचितं क्रिया-कर्म-कर्तृपदैः च पूरयित्वा लिखत।
(निम्नलिखित संवादों में रिक्त स्थानों को उचित क्रिया, कर्म और कर्ता पद द्वारा पूरा करके लिखिए।)

1. (i) **लता** सुदेशः! त्वं किं ………?
(अ) करोति (ब) कुर्मः
(स) करोषि (द) कुरुथः

(ii) **सुदेशः** अधुना तु ……… पुस्तकं पठ्यते।
(अ) माम् (ब) मया
(स) तेन (द) तया

(iii) **लता** शोभनम्! अधुना त्वं पुस्तकं ………।
(अ) पठथः (ब) पठसि
(स) पठतः (द) पठति

(iv) **सुदेशः** त्वया किं ………?
(अ) करोति (ब) करोषि
(स) कुरुथः (द) क्रियते

(v) **लता** अहं तु दूरदर्शनं ………।
(अ) पश्यति (ब) पश्यसि
(स) पश्यामि (द) पश्य

2. (i) **अम्बा** रोहित! जानासि ……… विशालः कः वृक्षः अस्ति?
(अ) एतत् (ब) एषः
(स) एवम् (द) एतान्

(ii) **पुत्रः** आम्, मया ……… एषः तु वटवृक्षः अस्ति।
(अ) ज्ञायते (ब) जानन्ति
(स) जानामि (द) ज्ञास्यामः

(iii) **अम्बा** किं वृक्षाः अस्मभ्यं छायां यच्छन्ति?
पुत्रः आम्, तैः अस्मभ्यं शीतलाच्छाया ………।
(अ) दीयन्ते (ब) दीयताम्
(स) दीयते (द) ददाति

(iv) **अम्बा** किं वयं वृक्षान् रक्षेम।
पुत्रः आम् ……… वृक्षाः रक्षितव्या;
(अ) वयम् (ब) अस्मत्
(स) अस्मान् (द) अस्माभिः

(v) **अम्बा** पुत्र वृक्षाः फलानि अपि ………।
(अ) ददाति
(ब) ददासि
(स) ददामि
(द) यच्छन्ति

3. (i) **रामः** त्वं किं चिन्तयसि?
लक्ष्मणः अहं भरतस्य विषये ……….. ।
(अ) चिन्तयसि (ब) चिन्तयथः
(स) चिन्तयामि (द) चिन्तयति

(ii) **रामः** ……….. तु अयोध्यायां भूयते।
(अ) भरतम् (ब) भारतम्
(स) भरतेन (द) भरतया

(iii) **लक्ष्मणः** सः तु अयोध्यायां नैव ……….. ।
(अ) भवति (ब) भवव्यते
(स) भूयते (द) भुयते

(iv) **रामः** तेन कुत्र ……….. ?
(अ) उष्यते (ब) वसते
(स) वसंति (द) वससि

(v) **लक्ष्मणः** सः तु नन्दी ग्रामे ……….. ।
(अ) वस् (ब) वसति
(स) वसामि (द) वससि

4. (i) **रंजना** रमेश! ……….. (युष्मद्) किं करोषि?
रमेशः अधुना तु मया पुस्तकं पठ्यते।
(अ) त्वं (ब) त्वाम्
(स) यूयम् (द) अहं

(ii) **रंजना** शोभनं! अधुना त्वं पुस्तकं ……….. (पठ्)।
(अ) पठति (ब) पठामि
(स) पठथः (द) पठसि

(iii) **रमेशः** ……….. (युष्मद्) किं क्रियते?
(अ) मया (ब) तया
(स) तेन (द) त्वया

(iv) **रंजना** मया अपि ……….. (पुस्तक) पठ्यते।
रमेशः शोभनं पुस्तकं पठ।
(अ) पुस्कान् (ब) पुस्कानि
(स) पुस्तकं (द) पुस्तके

(v) **रंजना** पुस्तकं पठित्वा मया ……… (लेख) लिख्यते।
(अ) लेखानि (ब) लेखान्
(स) लेखः (द) लेखम्

5. (i) **भ्राता** भगिनि! किं भवत्याः विद्यालये विदेशीयाः ………..(छात्र) अपि पठन्ति?
(अ) छात्रः (ब) छात्राः (स) छात्रैः (द) छात्रेभ्यः

(ii) **भगिनी** आम् भ्रातः! अस्माकं विद्यालये विदेशीयाभिः छात्राभिः अपि ………..(पठ्)।
(अ) पठ्यन्ति (ब) पठ्येते
(स) पठ्यते (द) पठ्यन्ते

(iii) **भ्राता** ताः कस्यां भाषायां वार्तालापं ········· (कृ)?

(अ) क्रियते (ब) कुर्वन्ति

(स) करोति (द) कुरुतः

(iv) **भगिनी ताभिः संस्कृतेन एव ··········(वार्तालाप) क्रियते।**

भ्राता किं ताः युष्माभिः सह मैत्रीं कुर्वन्ति।

(अ) वार्तालापं (ब) वार्तलाप

(स) वार्तालापः (द) वार्तलापम्

(v) **भगिनी** आम् ············ (तत्) अस्माभिः सह मैत्री क्रियते।

(अ) त्वम् (ब) तभि

(स) ताभिः (द) तभयाम्

6. (i) बालकः ········· खादति।

(अ) पायसं (ब) पायसः

(स) पायसेन (द) पायसस्य

(ii) ······· चित्राणि दृश्यन्ते।

(अ) अहम् (ब) माम्

(स) मया (द) मह्यम्

(iii) मात्रा रोटिकाः ········।

(अ) पचति (ब) पच्यन्ते

(स) पच्यते (द) पचन्ति

(iv) ·········· फलानि आनयति।

(अ) पितरः (ब) पितरौ

(स) पित (द) पिता

लघु उत्तरीय प्रश्नाः

II अधोलिखितेषु संवादेषु मञ्जूषायाः संवादं चित्वा रिक्तस्थानानि समुचितं क्रिया-कर्म-कर्तृपदैः पूरयित्वा लिखत।
(निम्नलिखित संवादों में मञ्जूषा की सहायता से उचित क्रिया, कर्म, कर्ता पदों से रिक्त स्थानों को पूरा करके लिखिए।)

1. **आदित्यः** वैभव! इदानीं त्वया किं क्रियते? **CBSE SQP 2023-24**

वैभवः आदित्य! अधुना तु मया (i) ······· क्रियते। का वार्ता?

आदित्यः नास्ति विशेषः। (ii) ········ क्रीडितुं बहिः गम्यते, त्वमपि आगच्छ।

वैभवः न। श्वः मम परीक्षा भविष्यति अतः अद्य (iii) ······· सम्पूर्ण दिने पठामि।

आदित्यः अस्तु, किन्तु त्वं किं पठसि?

वैभवः गणितविषयस्य परीक्षा भविष्यति अतः मया गणितविषयः (iv) ·········· ।

- **मञ्जूषा** अस्माभिः, पठ्यते, अध्ययनम्, अहम्।

2. **नमन** लते! किं त्वं बालोत्सवं द्रष्टुं गमिष्यसि?

लता आम्। अहं (i) ········· द्रष्टुं गमिष्यामि परंतु न जानामि यत् अहं कदा गमिष्यामि?

नमन किं कारणम्! अधुना किं करोषि?

लता अधुना (ii) ··········· गृह कार्यं करोमि। त्वं किं करोषि?

नमन (iii) ········ तु अधुना एकः लेखः लिख्यते।

लता लिख। अहम् अपि पठामि।

नमन (iv) ········· अपि लिख्यते।

लता आम्। अहम् अपि (v) ········· ।

- **मञ्जूषा** मया, बालोत्सवं, अहम्, त्वया, लिखामि।

3. **रोहितः** श्वेते! अधुना कस्यां कक्षायां (i) ·········।

श्वेता (ii) ········· नवं कक्षायां पठ्यते।

रोहितः किं (iii) ···· मणिकायाः पदानुशीलनीम् अपि पश्यसि?

श्वेता आम् मया (iv) ········· अपि दृश्यते।

रोहितः अहम् अपि पदानुशीलनीं (v) ·········।

- **मञ्जूषा** मया, पठसि, पदानुशीलनी, पठामि, त्वं।

4. **निरुपमा** विनिते! अधुना किं करोषि?

विनिता (i) ········· नवीनं पुस्तकं मणिका पठ्यते।

निरुपमा कीदृशः संयोगः/अहम् अपि (ii) ········· एव पठितुम् उपविशामि।

निरुपमा कः कार्यक्रमं दूरदर्शने (iii) ·········?

विनिता (iv) ········· तु समाचाराः श्रूयन्ते।

निरुपमा दूरदर्शने खेल समाचारः (v) ········किम्?

- **मञ्जूषा** मणिकां, चलति, मया, चलति, मया।

5. **पिता** भवान् किं लिखति?

पुत्रः (i) ········· तु पाठाः लिख्यन्ते।

पिता भवान् (ii) ········· पाठान् लिखति?

पुत्रः अहं इतिहासस्य पाठान् (iii) ·········।

पिता (iv) ········· तदन्तरं किं क्रियते?

पुत्रः अहं कंदुकेन (v) ·········।

- **मञ्जूषा** भवता, मया, लिखामि, क्रीडामि, कान्।

6. **एकः** महिला किम् आनयति?

द्वितीयः महिला (i) ········· आनयति।

एकः (ii) ········ जलं कुतः आनीयते?

द्वितीयः ताः जलं (iii) ··········· आनयन्ति।

द्वितीयः आम् (iv) ········· भोजनं अपि पच्यते।

एकः किं ताः भोजनं स्वयमेव पचन्ति?

द्वितीयः आम्! ताः भोजनं स्वयमेव (v) ·········।

- **मञ्जूषा** कूपात्, जलं, महिलाभिः, ताभिः पचन्ति।

7. तान्या (i) ·········· खादति।

(ii) ··········चित्राणि दृश्यन्ते।

भगिनी ओदनं (iii) ···········।

त्वया किं (iv) ··········?

- **मञ्जूषा** अस्माभिः, पचति, क्रियते, फलं।

8. **शिक्षिका** कक्षायां (i) ········· किं कुर्वन्ति?

छात्रा कक्षायां (ii) ········· कोलाहलं क्रियते।

शिक्षिका किं ताभिः (iii) ········· क्रियते?

शिक्षिका अहं कक्षायाम् आगच्छामि।
छात्रा मया तु (iv) ………। भवती अपि आगच्छतु।
शिक्षिका आम्! अहम् (v) ………।

- मञ्जूषा छात्राभिः, कोलाहलः, गम्यते, छात्राः, आगच्छामि।

9. रमेशः यूयं कुत्र गच्छथ?
सर्वे (i) ……… देवालयः गम्यते।
रमेशः तत्र किं करिष्यथ?
सर्वे तत्र वयं (ii) ……… नमामः।
'सर्वे देवान् नमन्ति' अस्य वाच्यपरिवर्तनं कुरुत।
सर्वे-सर्वैः देवाः (iii) ………।
युवां किं खादथः? अस्य वाच्यपरिवर्तनं कुरुत।
आवाभ्याम् आम्रफलानि (iv) ………।
आम्रफलानि मधुराणि (v) ………।

- मञ्जूषा अस्माभिः, सन्ति, खाद्यन्ते, नम्यन्ते, देवान्।

10. रामः किं हन्ति?
(i) ……… रावणः हन्यते।
शिक्षकः पृथ्वी किं ददाति?
शिष्यः पृथिव्याः अन्नं उत्पन्नं (ii) ………।
शिक्षकः का राष्ट्रगीतं गायति?
शिष्यः (iii) ……… राष्ट्रगीतं गीयते।
शिक्षकः मालाकारः कान् (iv) ………?
शिष्यः मालाकारः (v) ……… सिञ्चति।

- मञ्जूषा भवति, रामेण, लतया, वृक्षान्, सिञ्चति।

11. मोहनः त्वं कुत्र गच्छसि?
रोहनः अहं तु आपणं (i) ………।
मोहनः तत्र (ii) ……… किमर्थं गम्यते?
रोहनः अहं (iii) ……… क्रेतुं गच्छामि।
रोहन तर्हि त्वं किं (iv) ………।
मोहनः अहं तु वस्त्राणि (v) ………।

- मञ्जूषा क्रीणसि, त्वया, क्रीणामि, गच्छामि, वस्त्राणि।

12. जनकः त्वं किं करोषि?
पुत्रः (i) ……… पाठः स्मर्यते।
जनकः त्वं कं पाठं (ii) ………?
पुत्रः अहं भगतसिंहः इति नामधेयं (iii) ……… स्मरामि।
जनकः भगतसिंहः कः आसीत्?
पुत्रः सः एकः वीरः (iv) ……… च आसीत्।
जनकः त्वया सुंदरः पाठः (v) ………।

- मञ्जूषा स्मरसि, पाठम्, पठ्यते, मया, देशभक्तः।

13. मालिका प्रतिष्ठे! किं त्वं संस्कृतस्य विज्ञानप्रदर्शनीं द्रष्टुं (i) ………?
प्रतिष्ठा न मालिके! (ii) ……… तत्र न गम्यते।
मालिका अधुना त्वया गृहे किं (iii) ………?
प्रतिष्ठा श्वः मम परीक्षा भविष्यति अतः मया अधुना (iv) ……… पठ्यन्ते। **CBSE SQP 2023**

- मञ्जूषा मया, गच्छसि, पुस्तकानि, क्रियते।

14. अम्बा पुत्रि! बहिः (i) ……… आगच्छन्ति?
पुत्री अम्बे! बहिः (ii) ……… याच्यते।
अम्बा पुत्रि! किं ते भोजनं याचति?
पुत्री अम्बे! भिक्षुकैः भोजनं न (iii) ………।
अम्बा तर्हि भिक्षुकाः किं वाञ्छन्ति?
पुत्री अम्बे! भिक्षुकैः वस्त्राणि (iv) ………।
अम्बा अहं (v) ……… भिक्षुकेभ्यः वस्त्राणि।

- मञ्जूषा वाञ्छयन्ते, भिक्षुकैः, ददामि, के, याच्यते।

15. लता सीते! (i) ……… कुत्र गच्छसि?
सीता मया तु कुत्रापि न (ii) ………।
लता किं (iii) ……… प्रदर्शनी न दृश्यते।
सीता न, हि मया तु (iv) ……… पठ्यते।
लता सीते! त्वं सम्यक् कार्यं (v) ……… ।

- मञ्जूषा गम्यते, त्वया, त्वं, करोषि, पुस्तकं।

उत्तराणि

I. 1. (i) (स) करोषि (ii) (ब) मया
(iii) (ब) पठसि (iv) (द) क्रियते
(v) (स) पश्यामि

2. (i) (ब) एषः (ii) (अ) ज्ञायते
(iii) (स) दीयते (iv) (द) अस्माभिः
(v) (द) यच्छन्ति

3. (i) (स) चिन्तयामि (ii) (स) भरतेन
(iii) (स) भूयते (iv) (अ) उष्यते
(v) (ब) वसति

4. (i) (अ) त्वं (ii) (द) पठसि
(iii) (द) त्वया (iv) (स) पुस्तकं
(v) (स) लेखः

5. (i) (ब) छात्राः (ii) (स) पठ्यते
(iii) (ब) कुर्वन्ति (iv) (स) वार्तालापः
(v) (स) ताभिः

6. (i) (अ) पायसं (ii) (स) मया
(iii) (ब) पच्यन्ते (iv) (द) पिता

II. **1.** (i) अध्ययनम् (ii) अस्माभिः (iii) अहम् (iv) पठ्यते

2. (i) बालोत्सवं (ii) अहम् (iii) मया (iv) त्वया (v) लिखामि

3. (i) पठसि (ii) मया (iii) त्वं (iv) पदानुशीलनी (v) पठामि

4. (i) मया (ii) मणिकां (iii) चलति (iv) मया (v) चलति

5. (i) मया (ii) कान् (iii) लिखामि (iv) भवता (v) क्रीडामि

6. (i) जलं (ii) महिलाभिः (iii) कूपात् (iv) ताभिः (v) पचन्ति

7. (i) फलं (ii) अस्माभिः (iii) पचति (iv) क्रियते

8. (i) छात्राः (ii) छात्राभिः (iii) कोलाहलः (iv) गम्यते (v) आगच्छामि

9. (i) अस्माभिः (ii) देवान् (iii) नम्यन्ते (iv) खाद्यन्ते (v) सन्ति

10. (i) रामेण (ii) भवति (iii) लतया (iv) सिञ्चति (v) वृक्षान्

11. (i) गच्छामि (ii) त्वया (iii) वस्त्राणि (iv) क्रीणसि (v) क्रीणामि

12. (i) मया (ii) स्मरसि (iii) पाठम् (iv) देशभक्तः (v) पठ्यते

13. (i) गच्छसि (ii) मया (iii) क्रियते (iv) पुस्तकानि

14. (i) के (ii) भिक्षुकैः (iii) याच्यते (iv) वाञ्छयन्ते (v) ददामि

15. (i) त्वं (ii) गम्यते (iii) त्वया (iv) पुस्तकं (v) करोषि

अध्याय 5

समय-लेखनम्

जब घड़ी में समय देखकर बताते हैं, तब 'वादनम्' शब्द का प्रयोग किया जाता है; जैसे—

अधुना कः समयः? (अब कितने बजे हैं?)

अधुना पञ्चवादनम्। (अब पाँच बजे हैं।)

5.1 समय संबंधी ध्यान रखने योग्य नियम

समय का वृहत विभाजन चार भागों में किया जाता है, जिनका वर्णन इस प्रकार है— पूर्ण (सामान्य), सपाद, सार्ध, पादोन।

1. **पूर्ण** पूरे के लिए 'पूर्ण' संख्या का प्रयोग किया जाता है; जैसे—'सात बजे' लिखना है, तो उसके लिए हम लिखेंगे-**'सप्तवादनम्'**।

सामान्य

पञ्चवादनम् | सप्तवादनम् | चतुर्वादनम्

2. **सवा अर्थात् सपाद** पूर्ण समय में 15 मिनट और जोड़ने पर 'सपाद' शब्द का प्रयोग किया जाता है। यदि हमें 'सवा पाँच बजे' लिखना है, तो इसके लिए हम लिखेंगे–**'सपादपञ्चवादनम्।'**

सपाद

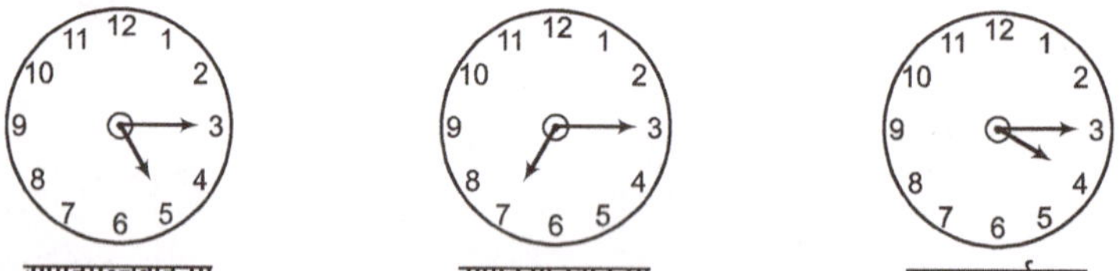

सपादपञ्चवादनम् | सपादसप्तवादनम् | सपादचतुर्वादनम्

3. **आधे अर्थात् सार्ध** पूर्ण समय में 30 मिनट और जोड़ने पर 'सार्ध' शब्द का प्रयोग किया जाता है। यदि हमें 'साढ़े पाँच बजे' लिखना है, तो इसके लिए हम लिखेंगे—**'सार्धपञ्चवादनम्।'**

सार्ध

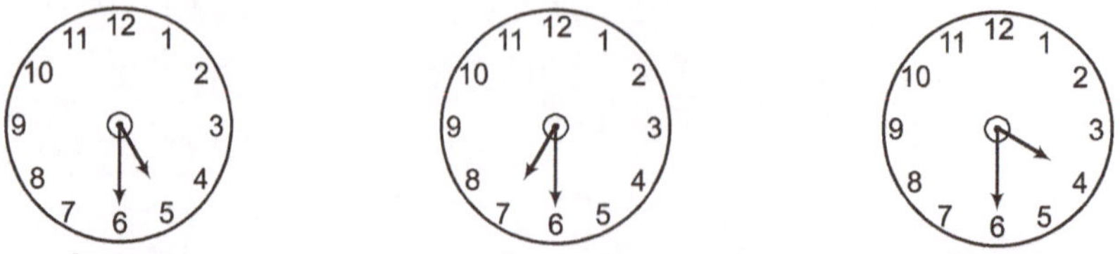

सार्धपञ्चवादनम् | सार्धसप्तवादनम् | सार्धचतुर्वादनम्

4. **पौने अर्थात् पादोन** किसी पूर्ण समय में 45 मिनट जोड़ने या किसी पूर्ण समय होने में 15 मिनट पहले के लिए 'पादोन' शब्द का प्रयोग किया जाता है। यदि हमें पौने पाँच (चार बजकर पैंतालीस मिनट) लिखना है, तो इसके लिए हम लिखेंगे—**'पादोनपञ्चवादनम्'** ।

पादोन

पादोनषड्वादनम्

पादोनअष्टवादनम्

पादोनपञ्चवादनम्

संख्याभि: सह लेखनसमय: (संख्या की सहायता से समय लेखन)

एकवादने	1.00 बजे	सपाद एकवादने	1.15	सार्ध एकवादने	1.30	पादोन द्विवादने	1.45
द्विवादने	2.00 बजे	सपाद द्विवादने	2.15	सार्ध द्विवादने	2.30	पादोन त्रिवादने	2.45
त्रिवादने	3.00 बजे	सपाद त्रिवादने	3.15	सार्ध त्रिवादने	3.30	पादोन चतुर्वादने	3.45
चतुर्वादने	4.00 बजे	सपाद चतुर्वादने	4.15	सार्ध चतुर्वादने	4.30	पादोन पञ्चवादने	4.45
पञ्चवादने	5.00 बजे	सपाद पञ्चवादने	5.15	सार्ध पञ्चवादने	5.30	पादोन षडवादने	5.45
षट्/षड्वादने	6.00 बजे	सपाद षडवादने	6.15	सार्ध षडवादने	6.30	पादोन सप्तवादने	6.45
सप्तवादने	7.00 बजे	सपाद सप्तवादने	7.15	सार्ध सप्तवादने	7.30	पादोन अष्टवादने	7.45
अष्ट्वादने	8.00 बजे	सपाद अष्टवादने	8.15	सार्ध अष्टवादने	8.30	पादोन नववादने	8.45
नववादने	9.00 बजे	सपाद नववादने	9.15	सार्ध नववादने	9.30	पादोन दशवादने	9.45
दशवादने	10.00 बजे	सपाद दशवादने	10.15	सार्ध दशवादने	10.30	पादोन एकादशवादने	10.45
एकादशवादने	11.00 बजे	सपाद एकादशवादने	11.15	सार्ध एकादशवादने	11.30	पादोन द्वादशवादने	11.45
द्वादशवादने	12.00 बजे	सपाद द्वादशवादने	12.15	सार्ध द्वादशवादने	12.30	पादोन एकवादने	12.45

समय संबंधी वाक्य प्रयोग करते समय ध्यान रखने योग्य बिंदु

- 'बजे से' 'बजे के लिए' 'वादनत:' शब्द का प्रयोग किया जाता है।
- 'तक' के लिए 'पर्यन्तं' शब्द का प्रयोग किया जाता है; जैसे–
  राम: पञ्चवादनत:षड्वादनपर्यन्तं पठिष्यति। (राम पाँच बजे से छ: बजे तक पढ़ेगा।)
- समय सारिणी बताते समय 'वादने' शब्द का प्रयोग किया जाता है; जैसे–
  त्वं कतिवादने विद्यालयं गच्छसि? (तुम कितने बजे विद्यालय जाते हो?)
  अहं पञ्चवादने विद्यालयं गच्छामि। (मैं पाँच बजे विद्यालय जाता हूँ।)
  समयं कृते संख्या–'एक, द्वि, त्रि, चतुर्, पञ्च, षड्, सप्त, अष्ट, नव, दश, एकादश, द्वादश' शब्दानां प्रयोग: क्रियते।

साधित उदाहरणम्

बहुविकल्पीय प्रश्ना:

I. प्रदत्तविकल्पेभ्य: समुचितं कालबोधकशब्दं चिनुत।
(दिए गए विकल्पों में से उचित कालबोधक शब्द चुनिए।)

1. **मम माता प्रात: (07 : 30) ·········· उतिष्ठति।**
(अ) सार्धसप्तवादने (ब) सपादसप्तवादने
(स) पादोनसप्तवादने (द) सप्तवादने

उत्तराणि (अ) सार्धसप्तवादने

2. **सा प्रात: उत्थाय (08 : 00) ·········· योगाभ्यासं करोति।**
(अ) सार्धअष्टवादने (ब) अष्टवादने
(स) पादोनअष्टवादने (द) नववादने

उत्तराणि (ब) अष्टवादने

3. **सा (08:45) ·········· स्नानं करोति।**
(अ) सार्धअष्टवादने (ब) सपादअष्टवादने
(स) पादोननववादने (द) अष्टवादने

उत्तराणि (स) पादोननववादने

4. तदा पूजां कृत्वा सा (09:30) ………… प्रातराशं करोति।
(अ) नववादने (ब) सपादनववादने
(स) पादोन-नववादने (द) सार्धनववादने

उत्तराणि (द) सार्धनववादने

5. तदन्तरं सा गृहकार्याणि समाप्य (12:15) ………… भोजनं पचति।
(अ) सपादद्वादशवादने (ब) सार्धद्वादशवादने
(स) पादोनद्वादशवादने (द) द्वादशवादने

उत्तराणि (अ) सपादद्वादशवादने

लघु उत्तरीय प्रश्ना:

II. घटिकां दृष्टवा कतिवादने किं भविष्यति इति समयं संस्कृतेन लिखत।
(घड़ी को देखकर कितने बजे क्या होगा? समय संस्कृत में लिखिए।)

1. अधः रेलयानानां प्रस्थानसमयः अङ्केषु लिखत। अङ्कानां स्थाने संस्कृत पदैः समयं लिखत।
(नीचे रेलगाड़ियों के प्रस्थान का समय अंकों में लिखा गया है। अंकों के स्थान पर संस्कृत शब्दों में समय लिखिए।)
(i) प्रातः (6:00) ……… वादने शताब्दी रेलयानं चलति।
(ii) अपराह्णे (12:45) ……… वादने गोमती रेलयानं चलति।
(iii) सायं (8:15) ……… वादने वैशाली रेलयानं चलति।
(iv) रात्रौ (10:30) ……… वादने लखनऊ मेलयानं चलति।

उत्तराणि
(i) षड् (ii) पादोनैक
(iii) सपादअष्ट (iv) सार्धदश

2. कालबोधकशब्दैः अधोलिखित-विद्यालयदिनचर्यां पूरयत।
(नीचे दी गई स्कूल की दिनचर्या को समय बोध शब्द के साथ पूरा करें।) **CBSE 2024**
(i) विद्यालये (8 : 00) ………… वादने प्रार्थनासभा भवति।
(ii) तदा (9 : 15) ………… वादने अल्पावकाशः भवति।
(iii) मध्याह्ने (12 : 30) ………… वादने क्रीडाः भवन्ति।
(iv) अपराह्ने (1 : 45) ………… वादने छात्राः गृहं गच्छन्ति।

उत्तराणि
(i) अष्ट (ii) सपादनव
(iii) सार्धद्वादश (iv) पादोन द्वय

3. लतायाः प्रातःकालिक दिनचर्यायां अङ्काना स्थाने संस्कृतपदेषु लिखत।
(लता की प्रातःकाल की दिनचर्या को अंकों के स्थान पर संस्कृत शब्दों में लिखिए।)
(i) लता (4:00) ……… वादने उत्तिष्ठति।
(ii) सा (4:30) ……… वादने भ्रमणाय गच्छति।
(iii) सा (5:00) ……… वादने गृहं प्रत्यागच्छति।
(iv) सा (5:30) ……… वादने पठनं करोति।

उत्तराणि
(i) चतुर् (ii) सार्धचतुर्
(iii) पञ्च (iv) सार्धपञ्च

4. विद्यालयस्य समयसारिण्याम् अधोलिखिते कार्यक्रम उत्तरपुस्तिकायाम् अङ्कानां स्थाने संस्कृतपदेषु समयं लिखत।
(विद्यालय समय सारिणी में नीचे लिखे कार्यक्रम को उत्तरपुस्तिका में अंकों के स्थान पर संस्कृत शब्दों में समय लिखिए।)
(i) प्रातः (7:30) ……………… वादने प्रार्थना-सभा अस्ति।
(ii) प्रातः (10:00) ………… वादने अर्धवकाशः भवति।
(iii) मध्याह्ने (11:45) ………… वादने विविधाः क्रीडाः आयोज्यन्ते।
(iv) मध्याह्ने (1:15) ………… वादने पूर्णावकाशः भवति।

उत्तराणि
(i) सार्धसप्त (ii) दश
(iii) पादोनद्वादश (iv) सपादैक

5. मैट्रो रेलयानस्य समयम् अङ्कानां स्थाने संस्कृतशब्देषु लिखत।
(मैट्रो रेलयान के समय को अंकों के स्थान पर संस्कृत शब्दों में लिखिए।)
(i) मैट्रोरेलयानं (9:00 प्रातः) ………… वादने शहादरा मैट्रोरेलस्थाने तिष्ठति।
(ii) एतत् (9:15) ………… वादने कश्मीरीगेट आगच्छति।
(iii) एतत् (9:30) ………… वादने तीसहजार्याम् आगच्छति।
(iv) एतत् (11:45) ………… वादने रिठालारेलयानस्थाने आगमिष्यति।

उत्तराणि
(i) नव (ii) सपादनव
(iii) सार्धनव (iv) पादोनद्वादश

6. रमेशस्य प्रातः कालिक दिनचर्यायां अङ्कानां स्थाने संस्कृतशब्देषु लिखत।
(रमेश की प्रातः काल की दिनचर्या को अंकों के स्थान पर संस्कृत शब्दों में लिखिए।)
(i) रमेशः प्रातः (6:00) ………… वादने शय्यां त्यजति।
(ii) प्रातः (6:45) ………… वादने विद्यालयं गच्छति।
(iii) मध्याह्ने (12:45) ………… वादने विद्यालयात् गृहम् आगच्छति।
(iv) रात्रौ (9:00) ………… वादने भोजनं करोति।

उत्तराणि
(i) षड् (ii) पादोनसप्त
(iii) पादोनैक (iv) नव

7. अधोलिखित कार्यक्रमे अङ्कानां स्थाने संस्कृतपदेषु समयम् उत्तरपुस्तिकायां लिखत।
(नीचे लिखे कार्यक्रम में अंकों के स्थान पर संस्कृत शब्दों में समय उत्तर पुस्तिका में लिखिए।)
(i) प्रातः (7:30) ………… वादने योगाभ्यासः भवति।
(ii) प्रातः (8:45) ………… वादने संगीत प्रस्तुतिः।

(iii) प्रातः (10:15) ·········· वादने मुख्यातिथेः आशीर्वचनम् अददात्।

(iv) प्रातः (11:00) ········ वादने प्रसादवितरणं समापनं च अभवत।

उत्तराणि

(i) सार्धसप्त (ii) पादोननव
(iii) सपाददश (iv) एकादश

8. मोहनस्य प्रातःकालिक दिनचर्यायां अङ्कानां स्थाने संस्कृतपदेषु लिखत।
(मोहन की प्रातः काल की दिनचर्या को अंकों के स्थान पर संस्कृत शब्दों में लिखिए।) **CBSE 2016**

(i) मोहनः (2:45) ·········· वादने अध्ययनं करोति।
(ii) सः (3:00) ·········· वादने विश्रामं करोति।
(iii) सः (3:45) ·········· वादने दूरदर्शनम् पश्यति।
(iv) सः (4:00) ·········· वादने क्रीडति।

उत्तराणि

(i) पादोनत्रि (ii) त्रि
(iii) पादोनचतुर् (iv) चतुर्

9. कनिकायाः प्रातः कालिक दिनचर्यायां अङ्कानां स्थाने संस्कृतपदेषु लिखित।
(कनिका की प्रातः काल की दिनचर्या को अंकों के स्थान पर संस्कृत शब्दों में लिखिए।)

(i) कनिका प्रातः (5:15) ······· वादने उत्तिष्ठति।
(ii) सा प्रातः (5:45) ······· वादने भ्रमणार्थं गच्छति।
(iii) सा (2:30) ······· वादने गृहं प्रत्यागच्छति।
(iv) सा सायं (4:30) ······· वादने उद्याने क्रीडति।

उत्तराणि

(i) सपादपञ्च (ii) पादोनषड्
(iii) सार्धद्वि (iv) सार्धचतुर्

10. रामू प्रातःकाले किं-किं कार्यं कति वादने करोति इति? अङ्कानां स्थाने संस्कृतपदेषु लिखत।
(रामू प्रातः काल क्या-क्या कार्य कितने बजे करता है? अंकों के स्थान पर संस्कृत शब्दों में लिखिए।)

(i) रामू (4:45) ······· वादने पशुभ्यः घासं ददाति।
(ii) सः (5:15) ······· वादने गां दोग्धि।
(iii) सः (6:00) ······· वादने क्षेत्रं गच्छति।
(iv) सः (6:30) ······· वादने हलकार्यं करोति।

उत्तराणि

(i) पादोनपञ्च (ii) सपादपञ्च
(iii) षड् (iv) सार्धषड्

11. अधोलिखितकार्यक्रमे अङ्कानां स्थाने संस्कृतपदेषु समयं लिखत।
(नीचे लिखे कार्यक्रम में अंकों के स्थान पर संस्कृत शब्दों में समय लिखिए।)

(i) प्रातः (8:30) ········ वादने प्रार्थना भवति।
(ii) प्रातः (8:45) ········ वादने ध्वजारोहणं, भाषाणानि च भवन्ति।
(iii) प्रातः (11:15) ········ वादने जलपानम् अस्ति।
(iv) मध्याह्ने (12:00) ········ वादने भ्रमणाय प्रस्थानं करिष्यन्ति।

उत्तराणि

(i) सार्धअष्ट (ii) पादोननव
(iii) सपादैकादश (iv) द्वादश

12. रविमोहनः प्रातःकाले किं-किं कार्यं कति वादने करोति इति? अङ्कानां स्थाने संस्कृतपदेषु लिखत।
(रविमोहन प्रातः काल क्या-क्या कार्य कितने बजे करता है? अंकों के स्थान पर संस्कृत शब्दों में लिखिए।)

(i) रविमोहनः (2:00) ·········· वादने विद्यालयात् गृहम् आगच्छति।
(ii) सः (3:30) ·········· वादने भोजनं करोति।
(iii) सः (4:15) ·········· वादने स्वपुत्रं पाठयति।
(iv) सः (8:45) ·········· वादने दूरदर्शनं पश्यति।

उत्तराणि

(i) द्वि (ii) सार्धत्रि
(iii) सपादचतुर् (iv) पादोननव

13. रमायाः प्रातःकालिक दिनचर्यायां अङ्कानां स्थाने संस्कृतपदेषु लिखत।
(रमा की प्रातः काल की दिनचर्या को अंकों के स्थान पर संस्कृत शब्दों में लिखिए।)

(i) रमा (12:15) ·········· वादने विद्यालयात् आगच्छति।
(ii) सा (3:30)·········· वादने नृत्यं करोति।
(iii) सा (5:00) ··········वादने विश्रामं करोति।
(iv) सा (6:45) ·········· वादने दूरदर्शनं पश्यति।

उत्तराणि

(i) सपादद्वादश (ii) सार्धत्रि
(iii) पञ्च (iv) पादोनसप्त

14. अर्चितस्य प्रातः कालिक दिनचर्यायां अङ्कानां स्थाने संस्कृतपदेषु लिखत।
(अर्चित की प्रातः काल की दिनचर्या को अंकों के स्थान पर संस्कृत शब्दों में लिखिए।)

(i) अर्चितः (1:45) ·········· वादने विद्यालयात् आगच्छति।
(ii) रामः प्रातः (4:00) ·········· वादने उत्तिष्ठति।
(iii) सः (5:30) ·········· वादने स्नानं करोति।
(iv) सः (6:45) ·········· वादने जलपानं करोति।

उत्तराणि

(i) पादोनद्वि (ii) चतुर्
(iii) सार्धपञ्च (iv) पादोनसप्त

15. स्वदिनचर्याम् अङ्कानां स्थाने संस्कृतपदेषु लिखत। **CBSE 2016**
(अपनी दिनचर्या को अंकों के स्थान पर संस्कृत शब्दों में लिखिए।)

(i) प्रातः (6:00) ·············· वादने शय्यां त्यजामि।
(ii) प्रातः (7:15) ·············· वादने विद्यालयं गच्छामि।

(iii) मध्याह्ने (12:45) .... वादने विद्यालयात् गृहम् आगच्छामि।

(iv) मध्याह्ने (2:30) .... वादने क्रीडायै गच्छामि।

उत्तराणि

(i) षड् (ii) सपादसप्त

(iii) पादोनैक (iv) सार्धद्वि

16. स्वदिनचर्यायस्य अङ्कानां स्थाने संस्कृतपदेषु लिखत।
(अपनी दिनचर्या को अंकों के स्थान पर संस्कृत शब्दों में लिखिए।)

जैसे–  मध्याह्ने (12:15) सपादद्वादश वादने।

(i)  मध्याह्ने (2:30) .... वादने।

(ii)  प्रातः (8:00) .... वादने।

(iii)  मध्याह्ने (1:15) .... वादने।

(iv)  प्रातः (11:30) .... वादने ।

उत्तराणि

(i) सार्धद्वि (ii) अष्ट

(iii) सपादैक (iv) सार्धैकादश

अभ्यास प्रश्नाः

बहुविकल्पीय एवं वर्णनात्मक प्रश्न

बहुविकल्पीय प्रश्नाः

I. अधोलिखितकार्यक्रमे अङ्कानां स्थाने संस्कृतपदेषु समयं लिखत।
(नीचे लिखे कार्यक्रम में अंकों के स्थान पर संस्कृत शब्दों में समय लिखिए।) **CBSE 2008**

1. प्रातः (8.30) .... वादने प्रार्थना भवति।
(अ) अष्ट (ब) सार्द्धाष्ट
(स) पादोनाष्ट (द) सपादाष्ट

2. प्रातः (8.45) .... ध्वजारोहणं, भाषाणानि च भवन्ति।
(अ) पादोननव (ब) पादोनाष्ट
(स) सार्द्धाष्ट (द) सपादाष्ट

3. प्रातः (11.15) .... जलपानम् अस्ति।
(अ) एकादश (ब) सपादएकादश
(स) पादोनएकादश (द) पादोनद्वादश

4. मध्याह्ने (12.00) .... भ्रमणाय प्रस्थानम् करिष्यन्ति।
(अ) द्वादश (ब) सपादद्वादश
(स) सार्द्धद्वादश (द) द्वादश

लघु उत्तरीय प्रश्नाः

II. घटिकां दृष्ट्वा कतिवादने किं भविष्यति इति? समयं संस्कृतेन लिखत।
(घड़ी को देखकर कितने बजे क्या होगा? समय संस्कृत में लिखिए।) **CBSE SQP 2023-24**

1. (i) विद्यालये (8 : 00) .... वादने प्रार्थनासभा भवति।
(ii) तदा (9:15) .... वादने अल्पावकाशः भवति।
(iii) मध्याह्ने (12 : 30) .... वादने क्रीडाः भवन्ति।
(iv) अपराह्ने (1 : 45) .... वादने छात्राः गृहं गच्छन्ति।

2. (i) सौम्या प्रातः (4 : 00) .... वादने उत्तिष्ठति।
(ii) ततः सा (05 : 15) .... वादने योगाभ्यासं करोति।
(iii) तदनन्तरं सा (7 : 45) .... वादने विद्यालयं गच्छति।
(iv) (2:30) .... वादने आगत्य सा पुनः भोजनं करोति।

3. (i) मोहनः (6:00) .... वादने शय्यां त्यजति।
(ii) सः (7:15) .... वादने विद्यालयं गच्छति।
(iii) सः (12:45) मध्याह्ने .... वादने विद्यालयात् गृहम् आगच्छति।
(iv) सः (2:30) मध्याह्ने .... वादने क्रीडास्थै गच्छति।

4. (i) प्रसूनः (7:30) .... वादने स्नानं करोति।
(ii) सः (7:45) .... वादने विद्यालयं गच्छति।
(iii) सः (2:45) .... वादने विद्यालयात् गृहम् आगच्छति।
(iv) सः (5:30) सायं .... वादने गृहकार्यं करोति।

5. विद्यालयस्य समयासरिणीम् उचितसमयवाचकैः पदैः पूरयित्वा लिखत।
(विद्यालय की समय सारणी को उचित समयवाचक शब्दों से पूरा करके लिखिए।)
(i) (7:30) प्रातः .... वादने प्रार्थना भविष्यति।
(ii) (10:00) प्रातः .... वादने अर्द्धावकाशः भवति।
(iii) (10:15) प्रातः .... वादने पञ्चमः कालांशः।
(iv) (12:45) मध्याह्ने .... वादने पूर्णः अवकाशः भवति।

6. स्वदिनचर्याम् अङ्कानां स्थाने संस्कृतपदेषु लिखत।
(अपनी दिनचर्या को अंकों के स्थान पर संस्कृत शब्दों में लिखिए।)

(i) स्वामी दयानन्दः (5:00) ·········· वादने यावत् समाधौ तिष्ठति स्म।

(ii) तत्पश्चात् सः (6:00) ·········· वादने भ्रमणाय गच्छति स्म।

(iii) ततः सः (7:30) ·········· वादने स्नात्वा सन्ध्वां करोति स्म।

(iv) पश्चात् सः (8:15) ········ वादने प्रातराशं करोति स्म।

7. (i) शिवदत्तः प्रातः (5:30) ········ वादने उत्तिष्ठति।

(ii) सः (6:15) ········ वादने उद्याने भ्रमणाय गच्छति।

(iii) तत्पश्चात् सः (8:00) ········ वादने स्नात्वा प्रातराशं करोति।

(iv) ततः सः (8:30) ·········· वादने विद्यालयं गच्छति।

8. (i) शिल्पिका (7:15)········· वादने स्वपुत्रं स्नापयति।

(ii) सा (7:30) ········· वादने तस्मै प्रातराशं यच्छति।

(iii) तत्पश्चात् सा (7:45) ········· वादने गृहकार्याणि करोति।

(iv) ततः सा (8:30) ·········· वादने तं विद्यालयं नयति।

9. सभागारे पारितोषिक वितरणस्य अधोलिखिते कार्यक्रमे उत्तरपुस्तिकायाम् अङ्कानां स्थाने संस्कृतपदेषु समयं लिखत।
(सभागार में पारितोषिक वितरण के नीचे लिखे कार्यक्रम को उत्तर पुस्तिका में अंकों के स्थान पर संस्कृत के शब्दों में समय लिखिए।)

(i) प्रातः (10:30) ·········· वादने मुख्यातिथेः आगमनम्।

(ii) प्रातः (11:00) ·········· वादने पारितोषिक -वितरणम्।

(iii) मध्याह्ने (12:15) ·········· वादने मुख्यातिथेः भाषणम्, सांस्कृतिक-कार्यक्रमश्च।

(iv) मध्याह्ने (1:45) ·········· प्रीतिभोजनम्।

10. स्वदिनचर्याम् अङ्कानां स्थाने संस्कृतपदेषु लिखत।
(अपनी दिनचर्या को अंकों के स्थान पर संस्कृत शब्दों में लिखिए।)

(i) मोहिनी स्वगृहकार्यं कृत्वा (6:00) ·········· वादने सेवार्थं स्वामिनः गृहं गच्छति।

(ii) सा तत्र (7:30) ········ वादने यावत् तिष्ठति।

(iii) तत्पश्चात् सा (9:00) ········ वादने अन्यद् गृहं गच्छति।

(iv) ततः सा (11:45) ········ वादने स्वगृहम् आयाति।

11. (i) महात्मा (5:30) ········ वादने यावत् ईश्वरध्यानं करोति स्म।

(ii) सः (8:00)········ वादने सज्जितः भूत्वा विद्यालयं गच्छति।

(iii) तत्पश्चात् (4:00)········ वादने यावत् सः तत्रातिष्ठत्।

(iv) ततः सः (5:45) ········वादने स्वाध्यायं करोति स्म।

12. (i) छात्रैः (5:00)········ वादने पाठः कण्ठस्थः कर्त्तव्यः।

(ii) तत्पश्चात् (6:45) ········ वादने प्रातराशं खादनीयम्।

(iii) (7:15) ·········· वादने छात्रैः विद्यालयः गन्तव्यः।

(iv) वाहनै तैः विद्यालयात् (1:30) ······ वादने गृहम् आगन्तव्यम्।

13. अधोलिखितकार्यक्रमे अङ्कानां स्थाने संस्कृतपदेषु समयम् उत्तरपुस्तिकायां लिखत।
(निम्नलिखित कार्यक्रम में अंकों के स्थान पर संस्कृत पदों में समय को उत्तरपुस्तिका में लिखिए।)

(i) प्रातः (9:30) ·········· वादने प्रार्थना भक्तिसङ्गीतम्।

(ii) प्रातः (10:15) ·········· वादने मुख्यातिथेः आगमनं स्वागतम्।

(iii) प्रातः (11:00) ·········· वादने प्रतियोगितायाः प्रारम्भः।

(iv) मध्याह्ने (12:45) ·········· वादने निर्णयः।

(v) उमा प्रातः (8 : 30) ·········· वादने गृहकार्यं करोति।

14. (i) विद्यालये मुख्यातिथिः (10:00)·········· वादने आगमिष्यति।

(ii) मुख्यातिथेः आगमने प्रथमं (10:15) ·········· वादने पुष्पगुच्छैः तस्य स्वागतं भविष्यति।

(iii) (10:45)·········· वादने सांस्कृतिकः कार्यक्रमः आरप्स्यते।

(iv) (12:30)·········· वादने मुख्यातिथिः पुरस्कारवितरणं करिष्यति।

(v) सः (8:30) ······ वादने समाचारान् आकर्णयति।

15. (i) अहं प्रातः (6:00) ········ वादने शय्यां त्यजामि।

(ii) अहं प्रातः (7:15) ········ वादने विद्यालयं गच्छामि।

(iii) अहं मध्याह्ने (12:45) ······वादने विद्यालयात् गृहं आगच्छामि।

(iv) अहं मध्याह्ने (2:30) ········ वादने क्रीडायै गच्छामि।

(v) कमला रात्रौ (9 : 45) ········ वादने स्वपिति।

16. कालबोधकशब्दैः अधोलिखितं दिनचर्यां पूरयत।
(कालबोधक शब्दों से निम्नलिखित दिनचर्या को पूरा कीजिए।)

(i) मम माता प्रातः (4:15) ······ वादने उत्तिष्ठति।

(ii) सा (5:00) ······ वादने योगाभ्यासं करोति।

(iii) तदन्तरम् सा स्नात्वा (6:45) ······ वादने भोजनं पचति।

(iv) भोजनं गृहीत्वा अहं (7:30) ······ वादने विद्यालयं गच्छामि।

(v) अहं (2:00) ······ वादने आगत्य पुनः भोजनं करोमि।

17. अधोलिखितकार्यक्रमे अङ्कानां स्थाने संस्कृतपदेषु समयम् उत्तरपुस्तिकायां लिखत। **CBSE 2007**
(निम्नलिखित कार्यक्रम में अंकों के स्थान पर संस्कृत पदों में समय को उत्तरपुस्तिका में लिखिए।)

(i) प्रातः (9:30) ········ वादने प्रार्थना भक्तिसङ्गीतम्।

(ii) प्रातः (10:15) ········ वादने मुख्यातिथेः आगमनम् स्वागतम्।

(iii) प्रातः (11:00) ········ वादने प्रतियोगितायाः प्रारम्भः।

(iv) मध्याह्ने (12:45) ········ वादने निर्णयः।

18. अधोलिखितेषु वाक्येषु अङ्कानां स्थाने संस्कृतसंख्यापदानि लिखत।
(निम्नलिखित वाक्यों में अंकों के स्थान पर संस्कृत में संख्यावाची पद लिखिए।) **CBSE 2014**

(i) श्रेया रविवासरे (9 : 00) ········ वादने उत्तिष्ठति।

(ii) (10 : 45) ········ वादने प्रातराशं करोति।

(iii) (11 : 30) ········ वादने दूरदर्शने नाटकं पश्यति।

(iv) (12 : 15) ········ वादने गृहकार्यं करोति।

19. अधोलिखितेषु वाक्येषु अङ्कानां स्थाने समयसूचकसंस्कृतसंयापदानि लिखत।
(निम्नलिखित वाक्यों में अंकों के स्थान पर संस्कृत में समयवाचक शब्द लिखिए।) **CBSE 2016**

(i) मम माता प्रातः (5 : 30) ……… वादने उत्तिष्ठति।
(ii) (6 : 15) ……… वादने पाकशालायाः कार्यं करोति।
(iii) (6 : 45) ……… वादने स्वाकार्यं प्रति गन्तुं सज्जा भवति।
(iv) (7 : 00) ……… वादने विद्यालयं प्रति गच्छति।

20. अधोलिखितेषु वाक्येषु अङ्कानां स्थाने समयसूचकसंस्कृतपदानि लिखत।
(निम्नलिखित वाक्यों में अंकों के स्थान पर संस्कृत में समयवाचक शब्द लिखिए।) **CBSE 2016**

(i) गोपालः (7 : 30) ……… वादने विद्यालयं गच्छति।
(ii) दिव्या (8 : 00) ……… वादने विद्यालयं गच्छति।
(iii) गोपालः (2 : 15) ……… वादने गृहं प्रत्यागच्छति।
(iv) दिव्या (2 : 45) ……… वादने गृहं प्रत्यागच्छति।

उत्तराणि

I. 1. (ब) सार्द्धाष्ट **2.** (अ) पादोननव
3. (ब) सपादएकादश **4.** (अ) द्वादश

II. 1. (i) अष्ट (ii) सपाद नव (iii) सार्ध द्वादश (iv) पादोन द्वय
2. (i) चतुर् (ii) सपादपञ्च (iii) पादोनाष्ठ (iv) सार्धद्वि
3. (i) षड् (ii) सपादसप्त (iii) पादोनैक (iv) सार्धद्वि
4. (i) सार्धसप्त (ii) पादोनअष्ट (iii) पादोनत्रि (iv) सार्धपञ्च
5. (i) सार्धसप्त (ii) दश (iii) सपाददश (iv) पादोनैक
6. (i) पञ्च (ii) षड् (iii) सार्धसप्त (iv) सपादअष्ट
7. (i) सार्धपञ्च (ii) सपादषड् (iii) अष्ट (iv) सार्धअष्ट
8. (i) सपादसप्त (ii) सार्धसप्त (iii) पादोनअष्ट (iv) सार्धअष्ट
9. (i) सार्धदश (ii) एकादश (iii) सपादद्वादश (iv) पादोनद्विवादने
10. (i) षड् (ii) सार्धसप्त (iii) नव (iv) पादोनद्वादश
11. (i) सार्धपञ्च (ii) अष्ट (iii) चतुर् (iv) पादोनषड्
12. (i) पञ्च (ii) पादोनसप्त (iii) सपादसप्त (iv) सार्धएक
13. (i) सार्धनव (ii) सपाददश (iii) एकादश (iv) पादोनैक (v) सार्धअष्ट
14. (i) दश (ii) सपाददश (iii) पादोनैकादश (iv) सार्धद्वादश (v) सार्धअष्ट
15. (i) षड् (ii) सपादसप्त (iii) पादोनैक (iv) सार्धद्वि (v) पादोनदश
16. (i) सपादचतुर् (ii) पञ्च (iii) पादोनसप्त (iv) सार्धसप्त (v) द्वि
17. (i) सार्धनव (ii) पादोनैकादश (iii) एकादश (iv) सपादद्वादश
18. (i) नव (ii) पादोनैकादश (iii) सार्धएकादश (iv) पादोनैक
19. (i) सार्धपञ्च (ii) सपादषड् (iii) पादोनसप्त (iv) सप्त
20. (i) सार्धसप्त (ii) अष्ट (iii) सपादद्वि (iv) पादोनत्रि

अव्यया:
(अव्ययपदानि)

अध्याय 6

6.1 अव्यय की परिभाषा

'अव्यय' का शाब्दिक अर्थ है—'जो व्यय न हो'। इन्हें अविकारी शब्द भी कहते हैं। 'अविकारी' का अर्थ है—'जिसमें विकार या परिवर्तन न आए'। अत: ऐसे शब्द जिनके रूप में लिंग, वचन, कारक, काल, पुरुष आदि के कारण कोई परिवर्तन नहीं आता है तथा सदैव अपने मूल रूप में ही बने रहते हैं, उन्हें अव्यय या अविकारी शब्द कहते हैं;

जैसे—

अव्यय:	अर्थ	वाक्य प्रयोग	अनुवाद
इव	ही	मातृभूमि: माता **इव** भवति।	मातृभूमि माता ही होती है।
उच्चै:	ऊँचा/जोर से	मेघा: **उच्चै:** गर्जन्ति	मेघ जोर से गरजते हैं।
एव	ही	सत्कर्म **एव** करणीयम्।	सत्यकर्म ही करने चाहिएं।
नूनम्	निश्चय ही	स: **नूनम्** मातरम् सेवते।	वह निश्चय ही माता की सेवा करता है।
इतस्तत:	इधर-उधर	त्वम् **इतस्तत:** भ्रमति।	तुम इधर-उधर घूमते हो।
विना	बिना	पुस्तकं **विना** कथं पठिष्यसि?	पुस्तक के बिना कैसे पढ़ोगे?
सहसा	अचानक	**सहसा** राम: अवदत्।	अचानक राम ने कहा।
वृथा	व्यर्थ/बेकार	मूर्खाय उपदेशो **वृथा** भवति।	मूर्ख के लिए उपदेश व्यर्थ होता है।
शनै:	धीरे	उद्याने वृद्धा: **शनै:-शनै:** चलन्ति।	उद्यान में वृद्ध धीरे-धीरे चलते हैं।
इति	इस प्रकार	**इति** मया निश्चितम्।	इस प्रकार मेरे द्वारा निश्चित है।
मा	मत/नहीं	ध्वनि **मा** कुरु।	शोर मत करो।
यत्	जो/कि	अयं छात्र: **यत्** मेधावी अस्ति।	यह छात्र जो मेधावी है।
इदानीम्	इस समय	**इदानीम्** शान्ति: न स्थापिता।	इस समय शांति स्थापित नहीं है।
सम्प्रति	अब/इस समय	**सम्प्रति** शीतं प्रतिभाति।	अब सर्दी का समय है।
अधुना	अब	**अधुना** देशे अपमूल्यन अस्ति।	अब देश में महँगाई है।
यावत्/तावत्	जब तक/तब तक	**यावत्** अहं पठामि **तावत्** त्वं शयनं कुरु।	जब तक मैं पढ़ूँ तब तक तुम शयन करो।
बहि:	बाहर	ग्रामात् **बहि:** देवालय: अस्ति।	गाँव के बाहर देवालय है।
कदापि	कभी भी	अहं **कदापि** असत्यं न वदिष्यामि।	मैं कभी भी झूठ नहीं बोलूँगा।
च	और	राम: श्याम: **च** विद्यालयं गच्छत:।	राम और श्याम विद्यालय गए।
अपि	भी	त्वम् **अपि** पठ।	तुम भी पढ़ो।
पुरा	पहले	**पुरा** अशोक: नाम नृपति: आसीत्।	पहले अशोक नामक राजा था।

तत्र	वहाँ	**तत्र** एक मन्दिरम् आसीत्।	वहाँ एक मंदिर था।
अत्र	यहाँ	**अत्र** आगच्छ।	यहाँ आओ।
यथा-तथा	जैसे-वैसे	यथा कर्म: **तथा** फलम्।	जैसा कर्म वैसा फल।
कदा	कब	स: गृहं **कदा** गच्छति?	वह घर कब जाता है?
अद्य	आज	**अद्य** मम जन्मदिवस: अस्ति।	आज मेरा जन्मदिन है।
श्व:	आने वाला कल	**श्व:** शनिवासर: भविष्यति।	कल शनिवार होगा।
परश्व:	परसों (आने वाला)	**परश्व:** बुधवासर: भविष्यति	परसो बुधवार होगा।
ह्य:	बीता हुआ कल	**ह्य:** शुक्रवार: आसीत्।	कल शुक्रवार था।
परह्य:	बीता हुआ कल (परसो)	**परह्य:** गुरुवासर: आसीत्।	परसों गुरुवार था।
किमर्थम्	किसलिए	त्वं **किमर्थम्** आगत:?	तुम किसलिए आए हो?
कुत्र	कहाँ	त्वं **कुत्र** गच्छसि?	तुम कहाँ जाते हो?
यदि	अगर	स: **यदि** उन्नतवृक्षम् आरोहति।	वह अगर ऊँचे वृक्ष पर चढ़ता है।
तर्हि	तब, तो	यदा त्वं श्रमं करिष्यसि **तर्हि** त्वं सुखेन वत्स्यसि।	जब तुम श्रम करोगे तब तुम सुख से रहोगे।
अथ	प्रारम्भ (मंगल सूचक)	अथ श्री रामायनी कथा।	यह रामायण की कथा है।
अत:	इसलिए	अहं वैदेशिका: अस्मि अत: एष: महाशय: क: इदं पृच्छामि?	मैं विदेशी हूँ, इसलिए यह पूछता हूँ कि यह महाशय कौन है?
तु	तो/परन्तु	उदार चरितानां तु वसुधैव कुटुम्बकम्।	महापुरुषों के लिए तो सारा संसार ही परिवार है।

साधित उदाहरणम्

बहुविकल्पीय प्रश्ना:

I. प्रदत्त विकल्पेभ्य: उचितं अव्ययपदं चित्वा रिक्त स्थानानि पूयरत।
(दिए गए विकल्पों से उचित अव्यय पद चुनकर रिक्त स्थानों की पूर्ति कीजिए।)

1. अहं पश्यामि यद् वृद्धा: तु ······· चलन्ति।
(अ) शनै: (ब) शीघ्रम् (स) नीचै: (द) नूनम्
उत्तराणि (अ) शनै:

2. मूर्खा: जना: संसारे ······· जलपन्ति।
(अ) एव (ब) बहुधा (स) अपि (द) वृथा
उत्तराणि (द) वृथा

3. ······· गृहं गच्छाव: श्व: पुन: आगमिष्याव:।
(अ) ह्य: (ब) श्व: (स) अधुना (द) वृथा
उत्तराणि (स) अधुना

4. यत्र कमलानि ······· भ्रमरा:।
(अ) तत्र (ब) यत्र-तत्र
(स) अत्र-तत्र (द) यथा
उत्तराणि (अ) तत्र

5. ······· एकं विशाल भवनम् अस्ति।
(अ) उपरि (ब) तत्र (स) नीचै: (द) अत्र-तत्र
उत्तराणि (ब) तत्र

6. ······· एक: जलाशय: आसीत्।
(अ) उपरि (ब) नीचै (स) अत्र (द) पुरा
उत्तराणि (द) पुरा

7. त्वम् ······· पठ।
(अ) अपि (ब) तदा (स) न (द) नूनम्
उत्तराणि (अ) अपि

8. छात्रा: ······· किं करिष्यन्ति?
(अ) ह्य: (ब) सहसा (स) इदानीम् (द) वृथा
उत्तराणि (स) इदानीम्

9. ······· ईश्वरभक्ता: तादृशा: न सन्ति।
(अ) ह्य: (ब) अधुना (स) श्व: (द) शनै:
उत्तराणि (ब) अधुना

10. यथा देश: ······· वेश:।
(अ) तदा (ब) यदा (स) तथा (द) तत्र
उत्तराणि (स) तथा

11. त्वमपि रामम् ······· भव।
(अ) अधुना (ब) सहसा (स) पुरा (द) इव
उत्तराणि (द) इव

12. संस्कारात् ······· जन: द्विज उच्यते।
(अ) एव (ब) अपि
(स) इव (द) अत्र-तत्र
उत्तराणि (अ) एव

13. चन्द्रगुप्तः सम्राट् चाणक्य ······ किमपि न अकरोत्।

(अ) पुरा (ब) विना

(स) इतस्ततः (द) सहसा

उत्तराणि (ब) विना

14. ······ देवासुर-संग्रामोऽभवत्।

(अ) सम्प्रति (ब) इदानीम्

(स) पुरा (द) अधुना

उत्तराणि (स) पुरा

15. ईश! ······ त्वमेव मम पिता वर्तसे।

(अ) वृथा (ब) पुरा

(स) अपि (द) नूनम्

उत्तराणि (द) नूनम्

16. केनचिदपि समयं ······ न कर्त्तव्यम्।

(अ) नूनम् (ब) वृथा

(स) विना (द) सहसा

उत्तराणि (ब) वृथा

17. सहसा उत्थाय भीमः ······ अवदत्।

(अ) शनैः (ब) एव

(स) उच्चैः (द) विना

उत्तराणि (स) उच्चैः

18. त्वाम् ······ को उद्धरिष्यति माम्?

(अ) एव (ब) विना

(स) इतस्ततः (द) पुरा

उत्तराणि (ब) विना

19. प्रातः उद्याने ······ न चलितव्यम्।

(अ) उच्चैः (ब) नूनम्

(स) शनैः (द) इदानीम्

उत्तराणि (स) शनैः

लघु उत्तरीय प्रश्नाः

II. उचितम् अव्ययपदेन वाक्येषु रिक्तस्थानानि पूरयत।
(उचित अव्यय पद से वाक्यों में रिक्त स्थानों को पूरा कीजिए।)

1. नृपः बाल्यात् ········· वृद्धोपसेवी विनयशीलः च आसीत्।
उत्तराणि एव

2. मनुष्यः अनिच्छन् ········· पापं करोति।
उत्तराणि अपि

3. वने पशवः ········· भ्रमन्ति।
उत्तराणि इतस्ततः

4. तदा ······· समारोहारम्भे कश्चन् विद्वान् सङ्कल्पवाचनं करोति।
उत्तराणि एव

5. कुक्कुराः जीवान् दृष्ट्वा ········· शब्दं कुर्वन्ति।
उत्तराणि उच्चैः

6. अस्य वर्णः ········· कृष्णः कर्म अपि कृष्णम्।
उत्तराणि अपि

7. ········· वने पशुमहोत्सवः अस्ति।
उत्तराणि अद्य

8. तच्छ्रुत्वा वन्याः पशवः ········· धावन्ति। **CBSE 2014**
उत्तराणि इतस्ततः

9. ········· रविवासरः आसीत्।
उत्तराणि ह्यः

10. अस्य प्रदेशस्य न केवलं प्रकृतिः अपितु संस्कृतिः ········· विविधा मनोहरा च अस्ति।
उत्तराणि अपि

11. ············ एकं विशालम् उपवनम् अस्ति।
उत्तराणि अत्र

12. वयं ········· कार्यं न कुर्याम।
उत्तराणि सहसा

13. उपवने अनेके वृक्षाः सन्ति। वृक्षेषु वानराः ········· कूर्दन्ति।
उत्तराणि इतस्ततः

14. भारति! तव अयं कोशः कः ········· अपूर्वः विद्यते।
उत्तराणि अपि

15. ज्वालमालाकुलाः अश्वाः प्राणत्राणाय ········· अधावन्।
उत्तराणि इतस्ततः

16. त्वं ········· भोजनं खादसि।
उत्तराणि शनैः

17. त्वं तत्र पश्य, उपवने महिलाः ········· भ्रमन्ति।
उत्तराणि अपि

18. बालकाः ········· क्रीडाक्षेत्रे क्रीडन्ति।
उत्तराणि इदानीम्

19. पुनः मुनिः ········· अपृच्छत्।
उत्तराणि उच्चैः

20. सिंहः वने ········· गर्जति।
उत्तराणि उच्चैः

21. ········ तिष्ठ। **CBSE 2015**
उत्तराणि अधुना

22. तर्हि अहम् ········· दूरदर्शने एकं नाटकं पश्यामि।
उत्तराणि अपि

23. ········· क्रियां न विद्धीत।
उत्तराणि सहसा

24. भवती ········· पठति?
उत्तराणि कुत्र

25. वयं ········· समयं न यापयेम्।
उत्तराणि वृथा

26. त्वं ········· कुत्र गच्छसि?
उत्तराणि अधुना

27. ········· मम मातुलः जयपुरात् आगमिष्यति।
उत्तराणि श्वः

28. कच्छपः ········· चलति।
उत्तराणि शनैः

29. ········· मंगलवासरः भविष्यति।
उत्तराणि श्वः

30. ········· गुरुवासरः आसीत्।
उत्तराणि ह्यः

31. ············ छात्राः पुस्तकानि अपठन्।
उत्तराणि अत्र

32. वने सिंहः ········· भ्रमति।
उत्तराणि इतस्ततः

33. तावत् अहम् आगच्छामि ········· अत्र तिष्ठ।
उत्तराणि यावत्

34. ········· वसन्तः तावत् पिकः कूजति।
उत्तराणि यावत्

35. कथा श्रूयते ········· मा गच्छ।
उत्तराणि यावत्

36. तस्य कीर्तिः सूर्यः ········· भाति।
उत्तराणि इव

37. ········· अयं भगवान् विष्णुः।
उत्तराणि नूनम्

38. मत्स्याः जलं ········· न जीवन्ति।
उत्तराणि विना

39. पयः ददाति ········· पयोदः।
उत्तराणि इति

40. त्वम् एवं ········· वद।
उत्तराणि मा

41. सः अवदत् ········· अहं श्व विद्यालयं न गमिष्यामि।
उत्तराणि यत्

42. ग्रामात् ········· देवालयः अस्ति।
उत्तराणि बहिः

43. अहं ········· असत्यं न वदिष्यामि।
उत्तराणि कदापि

44. ········· अशोकः नामः नृपतिः आसीत्।
उत्तराणि पुरा

45. ········· कर्म ········· फलम्।
उत्तराणि यथा, तथा

46. त्वं ········· न वदसि?
उत्तराणि किमर्थं

47. ········· दीपावली भविष्यति अतः विद्यालये अवकाशः भविष्यति।
उत्तराणि परश्वः

48. ह्यः रविवासरः आसीत् ········· शनिवासरः आसीत्।
उत्तराणि परह्य

49. त्वम् ········· विद्यालयं गच्छ।
उत्तराणि अधुना

III. अधोलिखितवाक्येषु रिक्तस्थानानि मञ्जूषायाः प्रदत्तैः उचितैः अव्ययपदैः पूरयित्वा लिखत।
(निम्नलिखित वाक्यों में मञ्जूषा में दिए गए अव्यय पदों से रिक्त स्थानों की पूर्ति कीजिए।)

1. (i) ············मधुरभाषिणी वाणी प्रह्लादयति न तथा चन्दनरसः।
(ii) ·············तव पुत्राः वीरगतिम् एव प्राप्ताः।
(iii) दुष्टबुद्धिः दग्धमानसः सकरुणम् ·········अक्रन्दत्।
(iv) मञ्चे पर्यटनाधिकारी अध्यापकाः ········· उपविष्टाः सन्ति।
(v) मनसः निग्रहं वायोः ·········सुदुष्करम्। **CBSE 2024**
• मञ्जूषा उच्चैः, च, नूनम्, इव, यथा।

उत्तराणि
(i) यथा (ii) नूनम् (iii) उच्चैः (iv) च (v) इव

2. रमा–रवि! मेघाः (i) ······· गर्जन्ति।
रवि–आम् (ii) ······· वृष्टिः भविष्यति।
रमा–अवश्यम्, त्वं गृहात् (iii) ······· मा गच्छ।
रवि–तर्हि अहम् (iv) ······· दूरदर्शने एव नाटकं पश्यामि।
रमा–रवि! समाचारम् अपि शृणु, दशमकक्षायाः परीक्षा-परिणामस्य सूचना (v) ······ संभवेत्।
• मञ्जूषा अधुना, अपि, बहिः, नूनम्, उच्चैः।

उत्तराणि
(i) उच्चैः (ii) नूनम् (iii) बहिः (iv) अधुना (v) अपि

3. माता–पुत्र! एषः कोलाहल (i) ······ भवति?
पुत्र–(ii) ······ एका नटी स्वनृत्य कौशलं प्रदर्शयति।
माता–किं कश्चित् गायति, वादयति (iii) ······?
पुत्र–आम्, नटः (iv) ······ गायति, ढोलक वादयति च।
माता–अभ्यासेन (v) ······ कौशलं प्राप्यते।
• मञ्जूषा उच्चैः, किमर्थं, एव, बहिः, अपि।

उत्तराणि
(i) किमर्थं (ii) बहिः (iii) अपि (iv) उच्चैः (v) एव

4. मृदुलः–(i) ········ एक विशालम् उपवनम् अस्ति।
गर्वितः–तत्र वृक्षेषु वानराः ········ कूर्दन्ति।
मृदुलः–पश्य, (iii) ········ मयूराः अपि नृत्यन्ति।
गर्वितः–शृणु, वृक्षेषु शाखासु कोकिलाः (iv) ········ मधुरं गायन्ति।
मृदुलः–आगच्छ, अधुना गृहं गच्छाव। (v) ········ पुनः आगमिष्यावः।
• मञ्जूषा श्वः, तत्र, अत्र, इतस्ततः, अपि।

उत्तराणि
(i) अत्र (ii) इतस्ततः (iii) तत्र (iv) अपि (v) श्वः

अभ्यास प्रश्ना:

बहुविकल्पीय एवं
वर्णनात्मक प्रश्न

बहुविकल्पीय प्रश्ना:

I. वाक्यानुगुणम् उचिताव्ययपदं चिनुत।
(वाक्य के अनुसार उचित अव्यय पद चुनिए।)

1. व्याघ्रोऽपि ………… नष्टः गलबद्धः श्रृगालकः।
(अ) तर्हि (ब) शनैः (स) सहसा (द) अत्र

2. यत्रास्ते सा धूर्ता ………… गम्यताम् ।
(अ) तत्र (ब) अत्र
(स) अन्यत्र (द) अपि

3. सः दीनः इति जानन् ………… कृषकः तं बहुधा पीडयति।
(अ) श्वः (ब) कुतः
(स) अपि (द) ह्यः

4. षड् ऋतवः ……. मे नाभयः सन्ति। **CBSE 2008**
(अ) इव (ब) इति
(स) एव (द) अधुना

5. त्वं ……. श्लोकं पठ। **CBSE 2008**
(अ) विना (ब) सहसा
(स) उच्चैः (द) पुरा

6. त्वम् ……. पुरस्कारं प्राप्स्यसि। **CBSE 2008**
(अ) उच्चैः (ब) अधः
(स) अपि (द) कदापि

7. त्वं ……. मा भ्रम। **CBSE 2008**
(अ) इतस्ततः (ब) तथा
(स) विना (द) यथा

8. एताः बालिकाः ……. असत्यं न वदन्ति। **CBSE 2008**
(अ) तथा (ब) कदापि
(स) उच्चैः (द) विना

9. सः ……. पठितुम् इच्छति? **CBSE 2015**
(अ) किम (ब) कस्मिन्
(स) कुत्र (द) अत्र

10. तत्र ……. गच्छ। **CBSE 2015**
(अ) मत (ब) मा
(स) यदा (द) श्वः

11. ते सर्वे ……. नाटिकां द्रष्टुम् अगच्छथ। **CBSE 2015**
(अ) श्वः (ब) परश्वः
(स) ह्यः (द) कुत्र

12. ते ……. नूतनं पुस्तकं पठिष्यन्ति। **CBSE 2015**
(अ) ह्यः (ब) श्वः
(स) मा (द) अधुना

13. त्वं कथयितुम् इच्छसि ……. सः श्वः आगमिष्यति। **CBSE 2015**
(अ) तत् (ब) य
(स) यत् (द) मत

14. सः सिंहः ……. अवदत्। **CBSE 2016, 14**
(अ) एव (ब) इव
(स) तत्र (द) अत्र

15. उपवने जनाः ……. चलन्ति। **CBSE 2016**
(अ) शनैः शनैः (ब) शीघ्रम्
(स) एव (द) किमर्थम्

लघु उत्तरीय प्रश्ना:

II. उचितम् अव्ययपदेन वाक्येषु रिक्तस्थानानि पूरयत।
(उचित अव्यय पद से वाक्यों में रिक्त स्थानों को पूरा कीजिए।)

1. उपवने जनाः ………… चलन्ति। **CBSE 2016**
2. तत्र महिलाः ………… भ्रमन्ति।
3. ………… एकं विशालम् उपवनम् अस्ति।
4. अनिल! ………… आगच्छ।
5. वने मृगाः ………… धावन्ति।
6. ते सभायां ……. मा वदेयुः।
7. अत्र कः ………… मानवः न अस्ति।
8. त्वं ………… श्लोकं पठ। **CBSE 2008**
9. तदेव श्रुत्वा ………… काकः प्रविशति।
10. यदि त्वं मां मुक्त्वा यासि ……. वेलाप्यवेला स्यात्।
11. विराटनगरे ………… त्वं मां प्राणसंकटान् उद्धृतवान्।
12. लोहितजनपदे ………… अनेके बौद्धविहाराः सन्ति।
13. चक्रस्य प्रत्येकम् अरम् ……. उत्कीर्णम्।
14. श्रमेण च ……. प्रभूतं धनं अर्जितवान्।
15. युवाम् ……. प्रयासं कुरुत।
16. मम केकारवं श्रुत्वा कोकिलः ………… लज्जते।
17. इति उक्त्वा शक्रः ततः ……. अन्तर्हितः अभवत्।
18. तेन अश्वत्थामा ……. तच्छिक्षया वञ्चितः।
19. मार्गेषु ……. अवकरं न क्षिपेयुः।
20. त्वं ……. निज-अस्त्रं संहर।
21. सः ……. पठितुम् इच्छति।
22. ते सर्वे ……. नाटिकां द्रष्टुम् अगच्छन्। **CBSE 2015**
23. ते ……. नूतनं पुस्तकं पठिष्यन्ति।
24. ……. भवान् प्रीतः ……. त्वत्तः एकस्य चक्षुषः दानम् इच्छामि।
25. ……. पवनस्य वेगेन एकं नारिकेल फलं तस्य शिरसि अपतत्।
26. ………… वने वसंत महोत्सवः अस्ति।

27. पशवः ………… भ्रमन्ति।
28. कोलाहलं श्रुत्वा शिक्षकः ………… कथयति भो! छात्राः।
29. बालिका ………… गायति।
30. ………… वृक्षाः सन्ति तत्र हरीतिमा वर्तते।
31. ………… निर्जने वने तण्डुलकणानां सम्भवः?
32. ………… एषा केसरिणी त्वं लंघयिष्यति।
33. बाल ………… हसति।
34. ………… वा मम माता?
35. ………… त्वं कदा आगमिष्यसि?
36. सिंहः ………… गर्जति।
37. सः क्रीडति अहम् ………… क्रीडामि।
38. भवती ………… गच्छति?
39. सः गायकः ………… गायति।
40. ………… विद्धीत न क्रियाम्।
41. अहम् ………… त्वया सह गन्तुमिच्छामि।
42. वृद्धः जनः ………… गच्छति।
43. आशीषः ………… अत्र आगमिष्यति।
44. उर्मिला सीता ………… गीतं गायतः।
45. परीक्षकः ………… परीक्षणं कृतवान्।
46. सोहनः त्वया ………… क्रीडितुम् इच्छति।
47. अहो! मम सखा ………… आगतः।
48. ………… सर्वत्र वायुः विद्यमानोऽस्ति।
49. ………… भवान् किं खादति?
50. केचिद् अम्भोदाः ……… गर्जन्ति।
51. यदि अहं कृष्णवर्णः ……… त्वं किं गौराङ्गः?
52. अयं प्रवासः अतिदीर्घः दारुणः ………।

III. अधोलिखितवाक्येषु रिक्तस्थानानि मञ्जूषाप्रदत्तपदसहायतया उचितैः अव्ययपदैः पूरयित्वा लिखत।
(निम्नलिखित वाक्यों में मञ्जूषा में दिए गए अव्यय पदों से रिक्त स्थानों की पूर्ति कीजिए।)

1. (i) प्राणत्राणाय अश्वाः ………… अधावन्। **CBSE SQP 2023-24**
(ii) यूयं सर्वे ………… मम प्रियाः।
(iii) अभ्यासेन तु कौन्तेय वैराग्येण ………… गृह्यते।
(iv) अर्जुन! त्वम् ………… मुञ्च ब्रह्मास्त्रम् एतत् निवारयितुम्।
(v) ………… विषादं त्यक्तवा उद्यमः क्रियताम्।
• मञ्जूषा इदानीम्, अपि, इतस्ततः, एव, च।

2. (i) अहं नाटकं द्रष्टुं ………… गमिष्यामि।
(ii) ………… सर्वे छात्राः कक्षासु सन्ति।
(iii) विद्यालयाद् ………… एकं सुन्दरम् उद्यानम् अस्ति।
(iv) ते बालाः ग्रामं ………… अगच्छन्?
(v) किं त्वं न जानासि ………… अस्माकं पाठ्यपुस्तके एकः गीताधारितः पाठः अस्ति?
• मञ्जूषा किमर्थम्, सम्प्रति, यत् बहिः, श्वः।

3. (i) प्रणवः अद्य ………… गच्छति? **CBSE 2013**
(ii) 'अहम् इदं कार्यं करिष्यामि' ………… राः दृढतया अवदत्।
(iii) ग्रामाद् ………… एका सुन्दरा वाटिका अस्ति।
(iv) किं त्वं जानासि ………… भारतीया संस्कृतिः अतिप्राचीना अस्ति?
(v) अहं ………… सायं चतुर्वादने गीतायाः स्वाध्यायं करिष्यामि।
• मञ्जूषा श्वः, बहिः, कुत्र, यत्, इति।

4. (i) अहं ………… दिल्लीनगरं गमिष्यामि। **CBSE 2014**
(ii) ध्वनिं ………… कुरु।
(iii) भवती अधुना ………… आगच्छति?
(iv) ………… परोपकारः क्रियते तावत् शरीरस्य सदुपयोगः।
(v) नगरात् ………… एकः आश्रमः अस्ति।
• मञ्जूषा मा, बहिः, कुतः, यावत्, श्वः।

5. (i) तस्मिन् गृहे एकः ………… जनः वसति। **CBSE 2014**
(ii) अस्माकं वार्षिकोत्सवे मम पितामही ………… आगच्छत्।
(iii) ………… संस्कृतव्याकरणप्रणेता पाणिनिः मुनिः अभवत्।
(iv) वयम् उद्यमं ………… सफलताम् न प्राप्नुमः।
(v) गृहे ………… कलहं मा कुरुत।
• मञ्जूषा वृथा, विना, पुरा, अपि, एव।

6. (i) कक्षायां छात्राः ………… वदन्ति।
(ii) रामः तु पुरुषेषु ऋषभः ………… अस्ति।
(iii) ………… त्वमेव मम सुहृद असि।
(iv) श्रमं ………… विजयः न।
(v) कच्छपः ………… चलति।
• मञ्जूषा शनैः, उच्चैः, इव, नूनं, विना।

7. (i) मित्र सौरभ! ……… ग्रीष्मावकाशे त्वं किं करोषि?
(ii) अहं ……… दिल्लीनगरं गमिष्यामि।
(iii) किं त्वं जानासि ………… गीतायां कर्मयोगस्य शिक्षा वर्तते?
(iv) अस्य याच्ञा वृथा ………… अस्तु।
(v) आचार्यः नगरात् अत्र ………… आगमिष्यति?
• मञ्जूषा मा, श्वः, सम्प्रति, कदा, यत्।

8. (i) सः ………… पठितुम् इच्छति? **CBSE 2015**
(ii) तत्र ………… गच्छः।
(iii) ते सर्वे ………… नाटिकां द्रष्टुम् अगच्छन्।
(iv) ते ………… नूतनं पुस्तकं पठिष्यन्ति।
(v) त्वं कथयितुम् इच्छसि ……… सः श्वः आगमिष्यति।
• मञ्जूषा यत्, मा, श्वः, कुत्र, ह्यः।

9. (i) सः ………… गन्तुम् इच्छति? **CBSE 2015**
(ii) अत्र ………… लिख।
(iii) ताः ………… क्रीडां द्रष्टुम् अगच्छन्।
(iv) सर्वे ………… एकं लेखं लेखिष्यन्ति।
(v) सा कथयति ……… अहं गन्तुं न इच्छामि।
• मञ्जूषा श्वः, यत्, ह्यः, मा, कदा।

10. (i) .... दुष्यन्तः नाम नृपः अभवत्। **CBSE 2016**
(ii) जलेन .... जीवनम् असम्भवम्।
(iii) यथा राजा .... प्रजाः।
(iv) पशवः .... भ्रमन्ति।
(v) .... मा वदत।
• **मञ्जूषा** पुरा, तथा, विना, उच्चैः, इतस्ततः।

11. (i) श्वः परीक्षा भविष्यति .... ध्यानेन अध्ययनं कुरुत। **CBSE 2016**
(ii) बुद्धिप्रयोगं .... समस्यानिवारणं कठिनम् अस्ति।
(iii) .... महाकविः कालिदासः संस्कृतस्य महान् कविः अभवत्।
(iv) कक्षायां कर्गदान् .... न क्षिपत।
(v) अहम् .... शैक्षिकभ्रमणाय आगरानगरं प्रति गच्छामि।
• **मञ्जूषा** पुरा, अधुना, विना, अपि, इतस्ततः।

12. (i) सः .... वाराणसीं गमिष्यति? **CBSE 2016**
(ii) त्वम् .... समागतोऽसि?
(iii) ग्रामात् .... एक सुन्दरम् उद्यानम् अस्ति।
(iv) .... परोपकारः क्रियते तावत् शरीरस्य उपयोगः।
(v) ध्वनिं .... कुरु।
• **मञ्जूषा** बहिः, मा, किमर्थं, यावत्, कुतः।

13. (i) सः .... वाराणसीं गमिष्यति। **CBSE 2016**
(ii) ग्रामात् .... एक नदी प्रवहति।
(iii) त्वं स्वनगरं .... अगच्छः?
(iv) .... अहं पुस्तकं पठामि।
(v) सः जनः .... इतस्ततः भ्रमति?
• **मञ्जूषा** सम्प्रति, श्वः, किमर्थम्, कदा, बहिः।

उत्तराणि

I.

1. (स) सहसा	2. (अ) तत्र	3. (स) अपि
4. (स) एव	5. (द) पुरा	6. (स) अपि
7. (अ) इतस्ततः	8. (ब) कदापि	9. (स) कुत्र
10. (ब) मा	11. (स) ह्यः	12. (ब) श्वः
13. (स) यत्	14. (ब) इव	15. (अ) शनैः शनैः

II.

1. शनैः शनैः	2. अपि	3. अत्र
4. अत्र	5. इतस्ततः	6. वृथा
7. अपि	8. उच्चैः	9. सहसा
10. तर्हि	11. अपि	12. अपि
13. अपि	14. शनैः	15. अपि
16. अपि	17. सहसा	18. अपि
19. इतस्ततः	20. अपि	21. कुत्र
22. ह्यः	23. श्वः	24. यदि-तर्हि
25. सहसा	26. इदानीम्	27. इतस्ततः
28. उच्चै	29. उच्चै	30. यत्र-यत्र
31. कुत्र	32. सम्प्रति	33. उच्चै
34. कुत्र	35. तर्हि	36. उच्चै
37. अपि	38. कुत्र	39. उच्चै
40. सहसा	41. अपि	42. शनैः
43. श्वः	44. च	45. ह्यः
46. सह	47. अपि	48. यत्र-तत्र
49. इदानीम्	50. वृथा	51. तर्हि
52. च		

III.

1.	(i) इतस्ततः	(ii) एव	(iii) च
	(iv) अपि	(v) इदानीम्	
2.	(i) श्वः	(ii) सम्प्रति	(iii) बहिः
	(iv) किमर्थम्	(v) यत्	
3.	(i) कुत्र	(ii) इति	(iii) बहिः
	(iv) यत्	(v) श्वः	
4.	(i) श्वः	(ii) मा	(iii) कुतः
	(iv) यावत्	(v) बहिः	
5.	(i) एव	(ii) अपि	(iii) पुरा
	(iv) विना	(v) वृथा	
6.	(i) उच्चैः	(ii) इव	(iii) नूनं
	(iv) विना	(v) शनैः	
7.	(i) सम्प्रति	(ii) श्वः	(iii) यत्
	(iv) मा	(v) कदा	
8.	(i) कुत्र	(ii) मा	(iii) ह्यः
	(iv) श्वः	(v) यत्	
9.	(i) कदा	(ii) मा	(iii) ह्यः
	(iv) श्वः	(v) यत्	
10.	(i) पुरा	(ii) विना	(iii) तथा
	(iv) इतस्ततः	(v) उच्चैः	
11.	(i) अधुना	(ii) विना	(iii) पुरा
	(iv) इतस्ततः	(v) अपि	
12.	(i) किमर्थं	(ii) कुतः	(iii) बहिः
	(iv) यावत्	(v) मा	
13.	(i) श्वः	(ii) बहिः	(iii) कदा
	(iv) सम्प्रति	(v) किमर्थम्	

अशुद्धि संशोधनम्

(वचन–लिङ्ग-पुरुष-लकार-विभक्ति-दृष्ट्या संशोधनम्)

अध्याय 7

संस्कृत भाषा में वाक्यों में संशोधन के लिए व्याकरण के नियमों को ध्यान में रखना अति आवश्यक होता है। वाक्यों में मुख्यत: वचन, लिंग, पुरुष व लकार की दृष्टि से अशुद्धियाँ होती हैं जिन्हें संशोधित किया जाता है।

7.1 वचन से तात्पर्य

संख्या निर्धारित करने के लिए वचन का प्रयोग किया जाता है। संस्कृत में निम्न तीन प्रकार के वचन होते हैं

1. एकवचन 2. द्विवचन 3. बहुवचन

वाक्य शुद्धि करते समय ध्यान रखने योग्य बातें

वचन में अशुद्ध वाक्यों को शुद्ध करने के लिए निम्नलिखित नियमों को स्मरण रखना चाहिए

1. वाक्य किस काल का है, जिस काल का वाक्य होगा क्रिया भी उस काल की ही लगेगी।
2. वाक्य में कर्ता कौन है? कर्ता जिस **पुरुष** और **वचन** का होगा क्रिया भी उस वचन और पुरुष की ही लगेगी।
3. **कारक विभक्ति** और **उपपद विभक्ति** का नियमानुसार उचित प्रयोग हुआ है अथवा नहीं। यदि नहीं हुआ है; तो कारक विभक्ति या उपपद विभक्ति को बदलकर उचित रूप बना लें।
4. क्या विभक्ति का रूप सही प्रयुक्त हुआ है तथा क्रिया रूप सही है? यदि नहीं तो शब्द रूप या क्रिया रूपों के शुद्ध रूप का प्रयोग कर लेना चाहिए।
5. क्या **विशेषण** में उसी लिंग और वचन का प्रयोग हुआ है, जो विशेष्य के लिंग और वचन है? यदि नहीं तो विशेषण में भी वहीं लिंग और वचन होगा, जो उसके विशेष्य (संज्ञा) का है।
6. क्रिया सभी लिंगों के लिए समान होती है, अलग-अलग नहीं होती; जैसे-
   सा रमा अस्ति, स: राम: अस्ति, एतत् पत्रम् अस्ति।
   राम: गच्छति। सीता गच्छति।
7. कर्ता और कर्म की लिंग व विभक्ति अलग-अलग होती है।

7.2 कर्ता तथा क्रिया संबंधी अशुद्धियाँ

कर्ता तथा क्रिया किसी भी वाक्य का महत्त्वपूर्ण तत्त्व है। इनमें आपस में समन्वय आवश्यक है। अत: इनके प्रयोग में किसी भी प्रकार की त्रुटि नहीं होनी चाहिए। अन्य भाषाओं के वाक्यों में कर्ता और क्रिया का एक निश्चित क्रम होता है। जिसके अनुसार पहले कर्ता आता है और फिर क्रिया, परंतु संस्कृत में स्थान संबंधी कोई बाध्यता नहीं है, लेकिन कर्ता के लिंग, पुरुष और वचन तथा क्रिया से उनके समन्वय संबंधी अनेक नियम संस्कृत में हैं।

इसलिए हमें कर्ता और क्रिया के समन्वय से संबंधित निम्नलिखित मुख्य बातों का ध्यान रखना चाहिए

1. एकवचन के कर्ता के साथ **एकवचन** की ही क्रिया का प्रयोग किया जाता है। सभी संज्ञाओं के साथ प्रथम पुरुष की क्रियाएँ उनके वचन के अनुरूप ही प्रयुक्त की जाती हैं अर्थात् एक वचन के साथ एकवचन, द्विवचन के साथ द्विवचन तथा बहुवचन के साथ बहुवचन की क्रिया का प्रयोग किया जाता है।
2. 'आप' हिंदी में बहुवचन का कर्ता है, लेकिन संस्कृत में इसके तीनों लिंगों और तीनों वचनों में रूप चलते हैं, इसलिए उपयुक्त वचन के रूप के साथ उपयुक्त वचन की ही क्रिया लगाई जाती है।
3. **अप्रत्यक्ष कर्ता** अर्थात् स:, तौ, ते, सा, ता: आदि के लिए प्रथम पुरुष के कर्ता का ही प्रयोग किया जाता है।
4. कर्ता जिस पुरुष व वचन का होता है, उसी पुरुष और वचन की क्रिया का प्रयोग किया जाता है।
5. यदि तीनों पुरुष के कर्ताओं का प्रयोग एक साथ हो रहा है, तो क्रिया **उत्तम पुरुष** के कर्ता के अनुसार प्रयोग की जाती है।
6. यदि बहुत से कर्ताओं के मध्य 'वा' 'अथवा' 'या' शब्द लगे हों तो क्रिया अंतिम कर्ता के अनुसार प्रयोग की जाती है।
7. यदि प्रथम और मध्यम पुरुष के कर्ताओं का एक साथ प्रयोग हुआ है, तो क्रिया मध्यम पुरुष के कर्ता के अनुसार प्रयोग की जाती है।

वचन, पुरुष व लिंग के अनुसार धातु के अंत में प्रयुक्त प्रत्यय

प्रथम पुरुष

वचन	कर्ता पुल्लिग	धातुनां अंते प्रयुक्त प्रत्ययः	कर्ता स्त्रीलिंग	धातुनां अंते प्रयुक्तः	कर्ता नपुंसकलिंग	धातुनां अंते प्रयुक्त प्रत्ययः
एकवचन	भवान्, सः कोई भी संज्ञा शब्द (नाम)	ति	सा, लता, भवती, नदी	ति	फलम, तत्, इदम्	ति
द्विवचन	तौ, श्यामौ भवन्तौ	तः	ते, लते, भवत्यौ	तः	फले, ते, इमे	तः
बहुवचन	ते, श्यामाः, भवन्तः	अन्ति	ताः, लताः भवत्यः	अन्ति	फलानि, तानि, इमानि	अन्ति

मध्यम एवं उत्तम पुरुष

पुरुष/वचन	एकवचन	धातु अंते प्रयुक्त प्रत्यय	द्विवचन	धातु अंते प्रयुक्त प्रत्यय	बहुवचन	धातु अंते प्रयुक्त प्रत्यय
मध्यम (कर्ता)	त्वम	सि	युवाम्	थः	यूयम्	थ
उत्तम (कर्ता)	अहम्	आमि	आवाम्	आवः	वयम्	आमः

उपरोक्त तालिका के अनुसार वाक्य प्रयोग

पुरुष	एकवचन	द्विवचन	बहुवचन
प्रथम	सः पुस्तकं पठति।	तौ पुस्तकं पठतः।	ते पुस्तकं पठन्ति।
मध्यम	त्वं फलं खादसि।	युवां फलं खादथः।	यूयं फलं खादथ।
उत्तम	अहं पुस्तकं पठामि।	आवां पुस्तकं पठावः।	वयं पुस्तकं पठामः।

अशुद्ध वाक्यों को शुद्ध करना

कर्ता-क्रिया संबंधी अशुद्धयः

अशुद्धवाक्यानि	शुद्धवाक्यानि
1. रामः कृष्णः च गच्छति।	रामः कृष्णः च **गच्छतः**।
2. ते वृक्षात् पतेम।	ते वृक्षात् **पतेयुः**।
3. भवान् कुत्र गच्छन्ति?	भवान् कुत्र **गच्छति**?
4. रमा गीता वा पठत।	रमा गीता वा **पठति**।
5. कमलानि विकसतः।	कमलानि **विकसन्ति**।
6. भवन्तौ तत्र पठतम्।	भवन्तौ तत्र **पठताम्**।
7. वयं छात्राः सन्ति।	वयं छात्राः **स्मः**।
8. त्वम् कुत्र पठामि?	त्वं कुत्र **पठसि**?
9. बालकाः सोपानात् अपतत्।	बालकाः सोपानात् **अपतन्**।
10. ते बालकाः विद्यालयम् गच्छति।	ते बालकाः विद्यालयं **गच्छन्ति**।

लिङ्ग संबंधी अशुद्धयः

अशुद्धवाक्यानि	शुद्धवाक्यानि
1. मोहनः मम मित्रः अस्ति।	मोहनः मम **मित्रम्** अस्ति।
2. इदं मम विद्यालयम् अस्ति।	**अयं** मम विद्यालयम् अस्ति।
3. शीतलं वायु प्रवहति।	**शीतला** वायु प्रवहति।
4. सः फलं सुंदरं अस्ति।	**तत्** फलं सुंदरं अस्ति।
5. अद्य आकाशं स्वच्छः अस्ति।	अद्य आकाशं **स्वच्छम्** अस्ति।

वचन संबंधी अशुद्धयः

अशुद्धवाक्यानि	शुद्धवाक्यानि
1. मम समीपे त्रयः पुस्तकानि सन्ति।	मम समीपे **त्रीणि** पुस्तकानि सन्ति।
2. बालकाः उद्याने विचरति।	बालकाः उद्याने **विचरन्ति**।
3. साधवः तत्र गच्छतु।	साधवः तत्र **गच्छन्तु**।
4. ते अत्रैव तिष्ठति।	ते अत्रैव **तिष्ठन्ति**।
5. बालकौ कंदुकेन क्रीडन्ति।	**बालकाः** कंदुकेन क्रीडन्ति।

लकार संबंधी अशुद्धयः

अशुद्धवाक्यानि	शुद्धवाक्यानि
1. सः पुस्तकं ददासि।	सः पुस्तकं **ददाति**।
2. द्वौ छात्रौ आगच्छन्ति।	द्वौ छात्रौ **आगच्छतः**।
3. आवाम् वदामः।	आवां **वदावः**।
4. वयम् धावामि।	वयं **धावामः**।
5. युवाम् शृणोषि।	युवां **शृणुथः**।
6. त्वम् कुत्र निवसति?	त्वं कुत्र **निवससि**?
7. ते क्रीडा क्षेत्रे धावव्य।	ते क्रीडा क्षेत्रे **धावन्ति**।
8. गुरवः विद्यालयम् गच्छामः।	गुरवः विद्यालयं **गच्छन्ति**।
9. तौ विद्यालयम् चलन्ति।	तौ विद्यालयं **चलतः**।
10. भवान् पत्रम् लिखसि।	भवान् पत्रं **लिखति**।

पुरुष संबंधी अशुद्धय:

अशुद्धवाक्यानि	शुद्धवाक्यानि
1. अहं पत्रं लेखिष्यन्ति।	अहं पत्रं **लेखिष्यामि**।
2. भवान् कुत्र गच्छसि?	भवान् कुत्र **गच्छति**।
3. त्वं किं क्रियसे?	त्वया किं **क्रियते**?
4. अहं चरणाभ्याम् चलन्ति।	अहं चरणाभ्यां **चलामि**।
5. ते परधनं न चोरयथ।	ते परधनं न **चोरयन्ति**।
6. भवान् कुत्र पठसि?	भवान् कुत्र **पठति**?
7. त्वं प्रतिदिनं पठति।	त्वम् प्रतिदिनं **पठसि**।
8. भवान् कुत्र वससि?	भवान् कुत्र **वसति**?

विभक्ति संबंधी अशुद्धय:

अशुद्धवाक्यानि	शुद्धवाक्यानि
1. राधाया: भोजनं पचति।	**राधा** भोजनं पचति।
2. धर्माचरणेषु सुखं लभते।	**धर्माचरणेन** सुखं लभते।
3. ता: जलं पास्यति।	**सा** जलं पास्यति।
4. अहं ग्रामस्य गमिष्यामि।	**अहं ग्रामं** गमिष्यामि।
5. सेवकात् हसति।	**सेवक:** हसति।
6. धृतम् आयु: वर्धते।	**धृतेन** आयु: वर्धते।
7. स: मम मित्राणि अस्ति।	स: मम **मित्रम्** अस्ति।
8. इदं पुस्तकानि कस्य अस्ति?	इदं **पुस्तकं** कस्य अस्ति?

गणना संबंधी अशुद्धय:

अशुद्धवाक्यानि	शुद्धवाक्यानि
1. एकम् बालक: पठति।	**एक:** बालक: पठति।
2. एक: बालिका: पठति।	**एका** बालिका पठति।
3. एका फलं पतति।	**एकं** फलं पतति।
4. द्वे बालकौ तत्र गच्छत:।	**द्वौ** बालकौ तत्र गच्छत:।
5. त्रय: नार्य: मार्गे गच्छन्ति।	**तिस्र:** नार्य: मार्गे गच्छन्ति।
6. त्रिषु छात्रासु रमा योग्या।	**तिसृषु** छात्रासु रमा योग्या।
7. वृक्षे चत्वार: फलानि सन्ति।	वृक्षे **चत्वारि** फलानि सन्ति।

विशेष्य-विशेषण संबंधी अशुद्धय:

अशुद्धवाक्यानि	शुद्धवाक्यानि
1. सर्वा: बालका: गमिष्यन्ति।	**सर्वे** बालका: गमिष्यन्ति।
2. अस्य बालिकाया: किं नाम अस्ति?	**अस्या:** बालिकाया: किं नाम अस्ति?
3. स सुंदरं फलानि खादति।	स: **सुंदराणि** फलानि खादति।
4. तस्मिन् निशायां वृष्टि: अभवत्।	**तस्यां** निशायां वृष्टि: अभवत्।
5. इयं पुस्तकं कस्य अस्ति?	**इदं** पुस्तकं कस्य अस्ति?
6. तत: एक: वृद्धश्रृगालेन चिन्तितम्।	तत: **एकेन** वृद्धश्रृगालेन चिन्तितम्।
7. द्वारे कानि जना: सन्ति?	द्वारे **के** जना: सन्ति?
8. तत् अश्व: कस्य अस्ति?	**स:** अश्व: कस्य अस्ति?
9. योग्या: मित्राणि हसन्ति।	**योग्यानि** मित्राणि हसन्ति।
10. तस्य कलत्रं गुणवान् अस्ति।	तस्य कलत्रं **गुणवद्** अस्ति।

साधित उदाहरणम्

बहुविकल्पीय प्रश्ना:

I. अधोलिखितेषु वाक्येषु रेखाङ्कितपदेषु अशुद्धय: सन्ति तेषां शुद्धं रूपं विकल्पेभ्य: चित्वा लिखत।
(निम्नलिखित वाक्यों के रेखांकित पदों में अशुद्धियाँ हैं। उनके शुद्ध रूप विकल्पों में से चुनकर लिखिए।)

1. मन: हि चञ्चल:।
(अ) चञ्चला (ब) चञ्चल
(स) चञ्चलम् (द) चञ्चलस्य
उत्तराणि (स) चञ्चलम्

2. स: बालिका भोजनं खादति। **CBSE 2012**
(अ) ता: (ब) तेन (स) सा (द) तम
उत्तराणि (स) सा

3. अहं पत्रं लिखाव:। **CBSE 2012**
(अ) स: (ब) तौ
(स) युवाम् (द) आवाम्
उत्तराणि (द) आवाम्

4. राम: अतीव वीरा: अस्ति। **CBSE 2012**
(अ) वीरम् (ब) वीर: (स) वीरेण (द) वीरौ
उत्तराणि (ब) वीर:

5. जलं शुद्ध: अस्ति।
(अ) शुद्धा: (ब) शुद्धम्
(स) शुद्धया (द) शुद्धै:
उत्तराणि (ब) शुद्धम्

6. भवान् कुत्र गच्छसि?
(अ) गच्छत: (ब) गच्छन्ति (स) गच्छति (द) गच्छथ:
उत्तराणि (स) गच्छति

7. किं सा श्व: आगच्छत्?
(अ) आगच्छथ: (ब) आगमिष्यति
(स) आगच्छत: (द) आगमिष्यत:
उत्तराणि (ब) आगमिष्यति

8. स: रामं नमति।
(अ) रामस्य (ब) रामेण (स) रामाय (द) रामाम्
उत्तराणि (स) रामाय

9. स: बालकं पश्यसि।
(अ) युवाम् (ब) त्वम्
(स) यूयम् (द) अहम्
उत्तराणि (ब) त्वम्

10. बालक: विद्यालयं गच्छत:।
(अ) बालकेन (ब) बालका:
(स) बालकौ (द) बालकम्
उत्तराणि (स) बालकौ

11. राम: हसामि।
(अ) आवाम् (ब) अहम्
(स) तौ (द) त्वम्
उत्तराणि (ब) अहम्

12. स: कलमात् लिखति।
(अ) कलमं (ब) कलमस्य
(स) कलमेन (द) कलमे
उत्तराणि (स) कलमेन

13. सा बालिका स्त:।
(अ) सन्ति (ब) अस्ति
(स) असि (द) अस्मि
उत्तराणि (ब) अस्ति

14. स: मोहनस्य सह गच्छति।
(अ) मोहनाय (ब) मोहनम्
(स) मोहनेन (द) मोहनात्
उत्तराणि (स) मोहनेन

15. अयं वनं सुंदरम् अस्ति।
(अ) तत् (ब) इदम्
(स) इयम् (द) इमौ
उत्तराणि (ब) इदम्

16. बालका: पुस्तकान् पठन्ति।
(अ) पुस्तकम (ब) पुस्तकस्य
(स) पुस्तके (द) पुस्तकानि
उत्तराणि (द) पुस्तकानि

17. सा बालक: भोजनं खादति।
(अ) तौ (ब) ते
(स) स: (द) ता:
उत्तराणि (स) स:

18. तत्र तिस्र: फलानि सन्ति। **CBSE 2013**
(अ) त्रय: (ब) त्रीन्
(स) त्रीणि (द) त्रिभि:
उत्तराणि (स) त्रीणि

19. तौ बालिके क्रीडत:। **CBSE 2013**
(अ) सा (ब) ता:
(स) ते (द) तौ
उत्तराणि (स) ते

20. त्वया सह के गच्छति? **CBSE 2013**
(अ) किम् (ब) कम्
(स) क: (द) केन
उत्तराणि (स) क:

21. किं त्वम् अपि खादिष्यति?
(अ) खादिष्यथ: (ब) खादिष्यसि
(स) खादिष्यथ (द) खादिष्यन्ति
उत्तराणि (ब) खादिष्यसि

22. अहं तस्या: सहायतां करिष्यति।
(अ) करिष्यसि (ब) करिष्यत:
(स) करिष्याव: (द) करिष्यामि
उत्तराणि (द) करिष्यामि

23. सीता रामस्य सह वनं अगच्छत।
(अ) रामम (ब) रामम
(स) रामौ (द) रामेण
उत्तराणि (द) रामेण

24. स: पादात खञ्ज: अस्ति।
(अ) पादाभ्याम् (ब) पादस्य
(स) पादेन (द) पादेभ्य:
उत्तराणि (स) पादेन

25. गजा: चलति।
(अ) चलन्ति (ब) चलसि
(स) चलत् (द) चलाभि
उत्तराणि (अ) चलन्ति

26. अहं मित्रस्य प्रति पत्रं लिखामि।
(अ) मित्रेण (ब) मित्राय
(स) मित्रम् (द) मित्र:
उत्तराणि (स) मित्रम्

27. तेन रामायणं पठितवान्।
(अ) तौ (ब) ते (स) ता: (द) स:
उत्तराणि (द) स:

28. सा मम भ्राता अस्ति।
(अ) तौ (ब) ते
(स) स: (द) त्वम्
उत्तराणि (स) स:

29. मम मित्रं मूर्खम् अस्ति।
(अ) मूर्खेण (ब) मूर्खा:
(स) मूर्ख: (द) मूर्खान्
उत्तराणि (स) मूर्ख:

30. श्वेतवर्णम् अश्व: वेगेन धावति।
(अ) श्वेतवर्णा: (ब) श्वेतवर्ण:
(स) श्वेतवर्णेन (द) श्वेतवर्णात्
उत्तराणि (ब) श्वेतवर्ण:

31. ते मूर्खौ स्त:।
(अ) स: (ब) तौ
(स) ता: (द) तानि
उत्तराणि (ब) तौ

32. अहं सज्जन: अस्ति।
(अ) स्त: (ब) सन्ति
(स) अस्मि (द) स्व:
उत्तराणि (स) अस्मि

33. सः वृक्षे आरोहति।
(अ) वृक्षान्
(ब) वृक्षस्य
(स) वृक्षम्
(द) वृक्षात्
उत्तराणि (स) वृक्षम्

34. ह्यः विमला आगमिष्यति।
(अ) परश्वः (ब) श्वः (स) अद्य (द) सम्पति
उत्तराणि (ब) श्वः

35. उपवने बहवः आम्रवृक्षाणि सन्ति।
(अ) वृक्षः (ब) वृक्षौ (स) वृक्षाः (द) वृक्षम्
उत्तराणि (स) वृक्षाः

36. छात्राः विद्यालयं गच्छसि।
(अ) गच्छति
(ब) गच्छथः
(स) गच्छतः
(द) गच्छन्ति
उत्तराणि (द) गच्छन्ति

37. इदं मम विद्यालयः अस्ति।
(अ) अयम् (ब) इयम् (स) इमाः (द) इमम्
उत्तराणि (अ) अयम्

38. अयं वस्त्राणि स्वच्छानि न सन्ति।
(अ) इयम (ब) इमे (स) इमौ (द) इमानि
उत्तराणि (द) इमानि

39. उपवनेन पुष्पाणि आनयति।
(अ) उपवनस्य
(ब) उपवनम्
(स) उपवनात्
(द) उपवनैः
उत्तराणि (स) उपवनात्

40. सः व्याघ्रेण विभेति।
(अ) व्याघ्रम्
(ब) व्याघ्रान्
(स) व्याघ्रात्
(द) व्याघ्रस्य
उत्तराणि (स) व्याघ्रात्

लघु उत्तरीय प्रश्नाः

II. अधोलिखित वाक्येषु रेखाङ्कितपदानि संशोध्य वाक्यानि पुनः लिखत। (निम्नलिखित वाक्यों में रेखांकित पदों को संशोधित करके वाक्य पुनः लिखिए।)

1. जन्तुशालायाम् अनेकाः पशवः वसन्ति।
उत्तराणि जन्तुशालायाम् अनेके पशवः वसन्ति।

2. अद्य पर्यावरणदिवसः भविष्यति।
उत्तराणि अद्य पर्यावरण दिवसः अस्ति।

3. एषा मम विद्यालयः अस्ति।
उत्तराणि एषः मम विद्यालयः अस्ति।

4. त्वया सह के गच्छति?
उत्तराणि त्वया सह के गच्छन्ति?

5. किं त्वम् अपि पठिष्यति?
उत्तराणि किं त्वम् अपि पठिष्यसि?

6. सः बालकः खादसि।
उत्तराणि सः बालकः खादति।

7. किं त्वं तत्र श्वः गच्छति?
उत्तराणि किं त्वं तत्र श्वः गमिष्यसि?

अभ्यास प्रश्नाः

बहुविकल्पीय एवं वर्णनात्मक प्रश्न

बहुविकल्पीय प्रश्नाः

I. अधोलिखितेषु वाक्येषु रेखाङ्कितपदेषु अशुद्धयः सन्ति। तेषां शुद्धरूपं विकल्पेभ्यः चित्वा लिखत। (निम्नलिखित वाक्यों के रेखांकित पदों में अशुद्धियाँ हैं। उनके शुद्ध रूप विकल्पों में से चुनकर लिखिए।)

1. भवान् द्रौणेः चपलां प्रकृतिं न जानासि। **CBSE 2024**
(अ) जानाति
(ब) ज्ञानाति
(स) जानामि
(द) ज्ञानम्

2. ह्यः अत्र वर्षा भवति। **CBSE 2024**
(अ) भवतु
(ब) भविष्यति
(स) अभवत्
(द) भवेत्

3. प्रबुद्धौ ते दम्पती आश्चर्येण अतिष्ठताम्। **CBSE SQP 2023-24**
(अ) सा
(ब) तौ
(स) ताः
(द) तानि

4. ह्यः अवकाशम् आसीत्।
(अ) अवकाशाः
(ब) अवकाशः
(स) अवकाशेन
(द) अवकाशस्य

5. तारकाः आकाशं शोभन्ते।
(अ) आकाशाः
(ब) आकाशे
(स) आकाशेन
(द) आकाशौ

6. विद्या विनयं ददति।
(अ) ददासि
(ब) ददाति
(स) ददमि
(द) दत्तः

7. अहं आम्रं खादति।
(अ) खादामि
(ब) खादतः
(स) खादसि
(द) खादामः

8. पशुः चरन्ति।
(अ) पशौ
(ब) पशु
(स) पशवः
(द) पशवाः

9. माता <u>पुत्रं</u> भोजनं यच्छति। **CBSE 2015**

(अ) पुत्रेण (ब) पुत्रान

(स) पुत्रस्य (द) पुत्राय

10. तडागे <u>कमलं</u> शोभन्ते। **CBSE 2015**

(अ) कमले (ब) कमला:

(स) कमलानि (द) कमलान्

11. मृगा: <u>मृगेण</u> सह चरन्ति।

(अ) मृगम् (ब) मृगै:

(स) मृगात् (द) मृगस्य

12. भारतीय विज्ञानं <u>सर्वहितस्य</u> अस्ति। **CBSE 2015**

(अ) सर्वहितेषी (ब) सर्वहिताय

(स) सर्वहितेभ्य: (द) सर्वहिता:

13. रमा <u>विद्यालये</u> गत्वा पठति।

(अ) विद्यालय: (ब) विद्यालयम्

(स) विद्यालयेन (द) विद्यालयात्

14. अस्मिन् <u>चित्रं</u> एक: विद्यालय: अस्ति।

(अ) चित्राणि (ब) चित्रस्य

(स) चित्रे (द) चित्राणि

15. चत्वार: छात्रा: <u>कंदुकम्</u> क्रीडन्ति।

(अ) कंदुकया (ब) कंदुकात्

(स) कंदुकेन (द) कंदुकस्य

16. <u>मोहन:</u> गृहं तत्रास्ति।

(अ) मोहनम् (ब) मोहनात्

(स) मोहने (द) मोहनस्य

17. <u>स:</u> छात्रा: पुस्तकं पठन्ति। **CBSE 2016**

(अ) तत् (ब) तौ

(स) ते (द) सा

18. अहं भोजनं <u>खादिष्यति</u>।

(अ) खादिष्याव: (ब) खादिष्यसि

(स) खादिष्यथ: (द) खादिष्यामि

19. नर्तकी रङ्गमञ्चे <u>नृत्यत:</u>।

(अ) नृत्यति (ब) नृत्यसि

(स) नृत्यथ: (द) नृत्यथ

20. <u>छात्र:</u> कक्षायाम् उपविशन्ति।

(अ) छात्रौ (ब) छात्रा:

(स) छात्राय (द) छात्रै:

21. अहं श्व: इंद्रप्रस्थं <u>गमिष्याम:</u>।

(अ) गमिष्याव: (ब) गमिष्यति

(स) गमिष्यसि (द) गमिष्यामि

22. बालक: <u>जनकं</u> सह आपणं गच्छति।

(अ) जनकस्य (ब) जनकात्

(स) जनकेन (द) जनकाय

23. भवान् श्व: कुत्र <u>गच्छति</u>?

(अ) गमिष्यति (ब) अगच्छत्

(स) गच्छतु (द) आगमिष्यति

24. <u>सा</u> पुस्तकम् अपठन्।

(अ) ते (ब) स:

(स) तौ (द) ता:

25. आत्मा अविनाशी <u>सन्ति</u>।

(अ) स्त: (ब) अस्ति

(स) आसीत् (द) आसी

26. मालाकार: <u>पुष्पाणि</u> स्रजं रचयति।

(अ) पुष्पेन (ब) पुष्पेभ्य:

(स) पुष्पाय (द) पुष्पै:

27. छात्रा <u>उपवने</u> गच्छति।

(अ) उपवनस्य (ब) उपवनात्

(स) उपवनं (द) उपवनाय्

28. शिष्य: <u>गुरुं</u> पुष्पाणि यच्छति।

(अ) गुरु: (ब) गुरव:

(स) गुरुन (द) गुरवे

29. <u>शिशव:</u> मोदकं दृष्ट्वा प्रसीदति।

(अ) शिशु: (ब) शिशू

(स) शिशुना (द) शिशुम्

30. <u>आवाम्</u> फलानि क्रेतुम इच्छाम:?

(अ) अहं (ब) वयम्

(स) त्वम् (द) यूयम्

31. <u>बालकं</u> मोदकं रोचते।

(अ) बालकै: (ब) बालकाय

(स) बालकस्य (द) बालकात्

32. प्रात: <u>जन:</u> भ्रमणं कुर्वन्ति।

(अ) जनम् (ब) जनौ

(स) जने (द) जना:

33. <u>हरित:</u> वृक्षा: शोभन्ते।

(अ) हरिम् (ब) हरितै:

(स) हरिता: (द) हरिणा

34. कुमार्गम् आश्रितस्य मम <u>कीदृश:</u> इयं क्लेशपरम्परा? **CBSE SQP 2023-24**

(अ) कीदृशम् (ब) कीदृश्य:

(स) कीदृशा: (द) कीदृशी

35. <u>मेघ:</u> उच्चै: गर्जन्ति।

(अ) मेघम् (ब) मेघा:

(स) मेघान् (द) मेघै:

36. स: प्रतिदिनं <u>पितरं</u> नमति।

(अ) पित्रा (ब) पित्रे

(स) पित्रै: (द) पित्रेभ्य:

37. सर्वत्र <u>भानुस्य</u> प्रकाश: प्रसरति।

(अ) भानुम् (ब) भानुना

(स) भानो: (द) भानवे

38. <u>यूयम्</u> अत्र आगच्छ।

(अ) त्वया (ब) त्वम्

(स) तेन (द) तया

39. त्वं नर्तनात् अन्यत् किम् अपरं जानाति? **CBSE SQP 2023-24**
(अ) जानन्तु (ब) जानन्ति
(स) जानामि (द) जानासि

40. बालकः दुग्धः पिबति।
(अ) दुग्धम् (ब) दुग्धेन
(स) दुग्धाः (द) दुग्धया

41. देवदत्तः कर्णः बधिरः अस्ति।
(अ) कर्णया (ब) कर्णाभ्याम्
(स) कर्णम (द) कर्णाया

42. भवान् शीघ्रं उन्नतिं करिष्यन्ति।
(अ) करिष्यतः (ब) करिष्यसि
(स) करिष्यति (द) करिष्यावः

43. चत्वारः स्त्रयः जलं आनयन्ति। **CBSE 2011**
(अ) चत्वारि (ब) चतस्रः
(स) चतुर्भ्यः (द) चतुस्मै

44. सः तत्र अतिष्ठ।
(अ) अतिष्ठताम् (ब) अतिष्ठत्
(स) अतिष्ठताम् (द) अतिष्ठावः

45. सिंहः वनम् अवसत। **CBSE 2016**
(अ) वनः (ब) वने
(स) वनानि (द) वनस्य

46. छात्रः कविताः स्मरति।
(अ) कवितया (ब) कवितां
(स) कविताया: (द) कविता

47. सः प्रातः उत्थाय भ्रमणं कुरुतः। **CBSE 2016**
(अ) करोति (ब) कुर्वन्ति
(स) करोषि (द) कुरुथः

48. त्वं ज्ञानवान् अस्ति।
(अ) सन्ति (ब) असि
(स) स्तः (द) स्थः

49. छात्रः गुरुकुलं पठित्वा ज्ञानवान् भवति।
(अ) गुरुकुलस्य (ब) गुरुकुलेन
(स) गुरुकुले (द) गुरुकलायाः

50. ब्राह्मणाः नकुलं हन्ति।
(अ) ब्राह्मणेन (ब) ब्राह्मणस्य
(स) ब्राह्मणः (द) ब्राह्मणौ

51. शुकः वृक्षं तिष्ठति। **CBSE 2015**
(अ) वृक्षस्य (ब) वृक्षेन
(स) वृक्षे (द) वृक्षान्

52. पृथिव्यां तिस्रः रत्नानि सन्ति।
(अ) त्रीनः (ब) त्रीणि (स) त्रयः (द) त्रिभिः

53. मूढः पाषाणं रत्नं मन्यते।
(अ) मूढेन (ब) मूढा
(स) मूढैः (द) मूढभिः

54. सीता क्षेत्रेण जाता आसीत्।
(अ) क्षेत्रेणः (ब) क्षेत्रस्य
(स) क्षेत्रात् (द) क्षेत्रया

55. राजा वैद्यान् आहूय पृच्छतु। **CBSE SQP 2023-24**
(अ) अपृच्छत् (ब) प्रक्ष्यन्ति
(स) अपृच्छः (द) अपृच्छन्

56. वृक्षे अनेकानि आम्रम् सन्ति।
(अ) आम्रे (ब) आम्रस्य
(स) आम्राणि (द) आम्रेषु

57. वानराः अकूर्दः।
(अ) अकूर्दत् (ब) अर्कूताम्
(स) अकूर्दन् (द) अकूर्दत

58. अहम् सेवफलं खादति।
(अ) आवाम् (ब) वयम्
(स) त्वम् (द) सः

59. वयं जंतुशालां ह्यः गमिष्यामः।
(अ) गमिष्यामि (ब) अगच्छाम
(स) अगच्छाव (द) गच्छामः

60. अयम् मम सखी अस्ति।
(अ) इदम् (ब) इयम्
(स) एषः (द) एतत्

61. यूयं गृहं गच्छथः।
(अ) त्वम् (ब) युवाम्
(स) तौ (द) ते

62. वानरः कुत्र न कूर्दन्ति?
(अ) कूर्दसि (ब) कूर्दति
(स) कूर्दतः (द) कूर्दिष्यन्ति

63. सः बालिका अत्र क्रीडति।
(अ) ताः (ब) ते
(स) तौ (द) सा

64. राधा श्वः मम गृहम् आगच्छत् ।
(अ) गमिष्यति (ब) आगच्छति
(स) गच्छतु (द) आगमिष्यति

65. अश्वाः धावति।
(अ) धावन्ति (ब) धावसि
(स) धावामि (द) धावन्

66. नृपः विप्रं गां ददति।
(अ) विप्रेण (ब) विप्रात् (स) विप्रस्य (द) विप्राय

67. त्वं पाठं पठति।
(अ) पठथ (ब) पठसि (स) पठन्ति (द) पठथः

68. सः भिक्षुकं वस्त्रं ददाति।
(अ) भिक्षुकस्य (ब) भिक्षुकः
(स) भिक्षुकाय (द) भिक्षुकैः

69. वृक्षं फलं पतति।
(अ) वृक्षस्य (ब) वृक्षेण
(स) वृक्षाय (द) वृक्षात्

70. आवां कंदुकाय क्रीडावः।
(अ) कंदुकम् (ब) कंदुकेन
(स) कंदुकात (द) कंदुकस्य

71. बालक: हसत:।
(अ) बालका: (ब) बालकेन
(स) बालकौ (द) बालकाय

72. त्वं कदा नाटकं द्रक्ष्यन्ति। **CBSE 2016**
(अ) पश्यन्ति (ब) पश्याव:
(स) द्रक्ष्यसि (द) पश्यथ

73. त्वम् मम मित्र: असि। **CBSE 2016**
(अ) मित्रम् (ब) मित्रौ (स) मित्रा (द) मित्रा:

74. अहं नेत्रयो: पश्यामि। **CBSE 2016**
(अ) नेत्रेभ्य: (ब) नेत्रै:
(स) नेत्रेषु (द) नेत्राभ्याम्

75. मम समीपे द्वादश पुस्तक: सन्ति। **CBSE 2013**
(अ) पुस्तका: (ब) पुस्तके
(स) पुस्तकानि (द) पुस्तकेषु

76. सर्वेषां दीनजनस्य सेवां करोतु। **CBSE 2013**
(अ) दीनजनयो: (ब) दीनजनानाम्
(स) दीनजनेभ्य: (द) दीनजनेन

77. ह्य: अस्माकं विद्यालये वार्षिकोत्सव: भविष्यति। **CBSE 2014**
(अ) अभवत् (ब) अभव:
(स) भवेत् (द) भविष्यत:

78. ते श्व: वाराणसीम् अगच्छन्। **CBSE 2014**
(अ) अगच्छथ (ब) गमिष्यत:
(स) अगच्छताम् (द) गमिष्यन्ति

79. ते बालिका: कुत्र गमिष्यन्ति? **CBSE 2015**
(अ) बालिके (ब) बाले
(स) बालका: (द) बालकौ

80. अहं गीतां पठिष्याम:। **CBSE 2016**
(अ) पठिष्यामि (ब) पठिष्यति
(स) पठिष्याव: (द) पठिष्यथ

लघु उत्तरीय प्रश्ना:

II. अधोलिखित वाक्येषु काश्चन् अशुद्धय: सन्ति। तासां संशोधनं कृत्वा लिखत।
(निम्नलिखित वाक्यों में कुछ अशुद्धियाँ हैं। उनका संशोधन करके लिखिए।)

1. उपवने बालका: क्रीडति।
2. ते श्व: विद्यालयं गच्छन्ति।
3. स: श्व: आगच्छत्।
4. स: भोजनं पचामि।
5. यत्रास्ते सा धूर्ता: तत्र गम्यताम्।
6. जना: ह्य: आपणं गमिष्यन्ति।
7. स: बालिका क्रीडति।
8. तौ बालकौ गच्छति।
9. राधा श्व: गच्छति।
10. यूयं पाठं पठति।
11. फला: करण्डके सन्ति।
12. त्वां पितु: नाम किम् अस्ति?
13. स: बुद्धिमती कानने एकं व्याघ्रं ददर्श।
14. तौ महिले गच्छत:।
15. ते अत्र भोजनम् अकुर्व:।
16. सा बालक: भोजनं खादति।
17. त्वया सह के गच्छति?
18. किं सा श्व: आगच्छत?
19. किं त्वम् अपि खादिष्यति?

उत्तराणि

1. (अ) जानाति	2. (स) अभवत्	21. (द) गमिष्यामि	22. (स) जनकेन
3. (ब) तौ	4. (ब) अवकाश:	23. (अ) गमिष्यति	24. (द) ता:
5. (ब) आकाशे	6. (ब) ददाति	25. (ब) अस्ति	26. (द) पुष्पै:
7. (अ) खादामि	8. (स) पशव:	27. (स) उपवनं	28. (द) गुरवे
9. (द) पुत्राय	10. (स) कमलानि	29. (अ) शिशु:	30. (ब) वयम्
11. (ब) मृगै:	12. (ब) सर्वहिताय	31. (ब) बालकाय	32. (द) जना:
13. (ब) विद्यालयम्	14. (स) चित्रे	33. (स) हरिता:	34. (द) कीदृशी
15. (स) कंदुकेन	16. (द) मोहनस्य	35. (ब) मेघा:	36. (ब) पित्रे
17. (स) ते	18. (द) खादिष्यामि	37. (स) भानो:	38. (ब) त्वम्
19. (अ) नृत्यति	20. (ब) छात्रा:	39. (द) जानासि	40. (अ) दुग्धम्

41. (ब) कर्णाभ्याम्
42. (स) करिष्यति
43. (ब) चतस्र:
44. (ब) अतिष्ठत्
45. (ब) वने
46. (ब) कवितां
47. (अ) करोति
48. (ब) असि
49. (स) गुरुकुले
50. (स) ब्राह्मण:
51. (स) वृक्षे
52. (ब) त्रीणि
53. (स) मूढै:
54. (स) क्षेत्रात्
55. (अ) अपृच्छत्
56. (स) आम्राणि
57. (स) अकूर्दन्
58. (द) स:
59. (ब) अगच्छाम
60. (ब) इयम्
61. (ब) युवाम्
62. (ब) कूर्दति
63. (द) सा
64. (द) आगमिष्यति
65. (अ) धावन्ति
66. (द) विप्राय
67. (ब) पठसि
68. (स) भिक्षुकाय
69. (द) वृक्षात्
70. (ब) कंदुकेन
71. (स) बालकौ
72. (स) द्रक्ष्यसि
73. (अ) मित्रम्
74. (द) नेत्राभ्याम्
75. (स) पुस्तकानि
76. (ब) दीनजनानाम्
77. (अ) अभवत्
78. (द) गमिष्यन्ति
79. (स) बालका:
80. (अ) पठिष्यामि

II. 1. क्रीडन्ति
2. गमिष्यन्ति
3. आगमिष्यति
4. अहं
5. धूर्ता
6. अगच्छन्
7. बालक:
8. गच्छत:
9. गमिष्यति
10. पठथ
11. फलानि
12. तव
13. सा
14. पुरुषौ
15. अकुर्वन्
16. स:
17. गच्छन्ति
18. आगमिष्यति
19. खादिष्यसि

अथ स्वागतम्

आचार्यः प्रियच्छात्राः। स्वागतं सर्वेषां भवतां दशमकक्षायाम्।

छात्राः आचार्य! किं दशमकक्षायाम् अपि 'मणिका' पुस्तकमेव पठामः किल?

आचार्यः आम्! मणिकामेव पठामः परन्तु अस्याः द्वितीयं भागम्।

छात्राः एवम् द्वितीयं भागम्! अत्र किं वैशिष्ट्यम्?

आचार्यः पठित्वा ज्ञायताम्। पाठान्ते दत्ताः प्रस्तावितक्रियाकलापाः अपि करणीयाः। प्रहेलिकाः, विनोद-कणिकाः च पठित्वा ज्ञानवर्धनेन सहितं मनोरञ्जनमपि क्रियताम्।

छात्राः उत्सुकाः वयम् एतत् पुस्तकं पठितुम्।

आचार्यः सफलं भवतु युष्माकं ज्ञानमयं तपः। वयं मिलित्वा एव गायामः ऋग्वेदस्य एतां प्रार्थनां 'समानमस्तु वो मनः'।

शब्दार्थाः सर्वेषां = सभी का, वैशिष्ट्यम् = विशेषता, ज्ञायताम् = जानेंगे, दत्ताः = दी हुई, क्रियाकलापाः = गतिविधियाँ, मिलित्वा = मिलकर।

हिंदी अनुवाद

आप सभी का स्वागत है।

आचार्य प्रिय छात्रों, आप सभी का दसवीं कक्षा में स्वागत है।

सभी छात्र आचार्य! क्या दसवीं कक्षा में 'मणिका' पुस्तक ही निश्चित रूप से पढ़ेंगे?

आचार्य हाँ! मणिका ही पढ़ेंगे, परंतु इसका दूसरा भाग पढ़ेंगे।

सभी छात्र इस प्रकार (अच्छा) दूसरा भाग! इसमें क्या विशेष है?

आचार्य पढ़कर ही जानेंगे। पाठ के अंत में दी हुई प्रस्तावित गतिविधियाँ भी करनी चाहिए। पहेलियाँ और मनोरंजक श्लोक पढ़कर ज्ञानवर्धन के साथ-साथ मनोरंजन भी करना चाहिए।

सभी छात्र हम सब इस पुस्तक को पढ़ने के लिए उत्सुक हैं।

आचार्य तुम्हारा ज्ञान के प्रति यह तप सफल हो। हम सब मिलकर ही ऋग्वेद की इस प्रार्थना को गाते हैं। 'हम सबके मन परस्पर समान हों।'

समानमस्तु वो मन:

सङ्गच्छध्वं संवदध्वं
सं वो मनांसि जानताम्।
देवा भागं यथा पूर्वे
सञ्जानाना उपासते।।१।।
समानो मन्त्र: समिति: समानी,
समानं मन: सह चित्तमेषाम्।
समानं मन्त्रमभिमन्त्रये व:,
समानेन वो हविषा जुहोमि।।२।।
समानी व आकूति:,
समाना हृदयानि व:।
समानमस्तु वो मनो,
यथा व: सुसहासति।।३।।

शब्दार्था: सङ्गच्छध्वं = साथ चलना, संवदध्वं = साथ बोलना, मनांसि = मन, मन्त्रः = प्रार्थना, हविषा = हवि (हवन में प्रदान करना), जुहोमि = प्रदान करता हूँ, आकूतिःसंकल्प।

हिंदी अनुवाद

- हम सब एकसाथ चले, एकसाथ बोलें, हमारे मन एक हों। प्राचीन समय में देवताओं का ऐसा आचरण रहा, इसी कारण वे वंदनीय हैं अर्थात् हमें भी अपने पूर्वजों के समान आचरण करना चाहिए।
- हम सबकी प्रार्थना (मंत्र) एक समान हो, हम सब परस्पर मिलकर रहें, हम सबके अंत:करण- मन-चित्त व विचार समान हों। मैं सबके हित के लिए समान मंत्रों को अभिमंत्रित करके हवि प्रदान करता हूँ।
- हम सबके संकल्प एक समान हों, हमारे हृदय एक समान हों। हमारे मन एक समान हों, जिससे हमारा कार्य पूर्ण रूप से परस्पर संगठित हो।

भाग 'घ'
पठित अवबोधनम् : मणिका

वाङ्मयं तपः
(वाणी का तप)

अध्याय 1

पाठ परिचय

आचार्यः प्रियच्छात्राः! पठिताः अस्माभिः ऋग्वेदस्य मन्त्राः। ज्ञायते किम् ऋग्वेदस्तु विश्वसाहित्ये आदिमः आलेखः। सार्वकालिकाः सार्वभौमिकाः च अस्य उपदेशाः।

छात्राः आम्! तथैव कथितं सङ्गच्छध्वं संवदध्वम्।

आचार्यः साधु! जानन्ति किं भवन्तः वाचः महत्त्वम्?

सुमेधा अहं वदानि। वाण्येका समलङ्करोति पुरुषं या संस्कृता धार्यते।

आचार्यः शोभनम्। विद्यावतां वाचि सरस्वती विराजते। इदमेव शिक्षयति अयं पाठः वाङ्मयं तपः।

शब्दार्थाः आदिमः = सबसे प्राचीन, सार्वकालिकः = प्रत्येक समय का, सार्वभौमिकः = सर्वदेशीय, सङ्गच्छध्वं = साथ-साथ चलें, संवदध्वम् = साथ-साथ बोलें।

हिंदी अनुवाद

आचार्य प्रिय छात्रो! हमारे द्वारा ऋग्वेद के मंत्र पढ़े गए। क्या आप जानते हैं– ऋग्वेद विश्व साहित्य में सबसे प्राचीन रचना है। इसके उपदेश प्रत्येक समय में तथा सभी मनुष्यों के लिए उपयोगी हैं।

छात्रा हाँ! कहा भी गया है कि सङ्गच्छध्वं संवदध्वम् अर्थात् हम साथ-साथ चलें और साथ-साथ बोलें।

आचार्य बिल्कुल सही! आप लोग जानते हैं कि वाणी का क्या महत्त्व होता है?

सुमेधा मैं बताऊँ। वाण्येका समङ्करोति पुरुषं या संस्कृता धार्यते अर्थात् जो मनुष्य सुंदर वचनों के साथ वाणी का प्रवाह करता है वह मनुष्य ही सभी स्थानों पर शोभा पाता है।

आचार्य बहुत सुंदर! विद्वानों की वाणी में सरस्वती विराजती है। यह पाठ 'वाङमयं तप यही शिक्षा देता है।

पाठ का सार

प्रस्तुत पाठ ऋग्वेद के मंत्रों का भावानुवाद दिया गया है। प्रस्तुत पाठ में वाणी के प्रभाव तथा उसके महत्त्व का वर्णन किया गया है। विद्वानों की वाणी एक तप होती है। इनकी वाणी में माँ सरस्वती सदैव विराजमान रहती हैं। इसीलिए कवि प्रथम श्लोक में माँ शारदा से साथ रहने की प्रार्थना करता है। कवि श्लोकों के माध्यम से बताता है कि माँ शारदा अर्थात् ज्ञान की देवी का खजाना अपूर्व है। यह खर्च करने से बढ़ता है तथा जोड़ने से घटता है। मधुर वाणी सदैव शीतलता प्रदान करने वाली होती है। वाणी में मधुरता, पदों का लयात्मक गायन और धैर्यपूर्ण पढ़ना पाठक के गुण होते हैं। दूसरों को संतुष्टि देने वाले वाक्य, सत्य वचन और स्वाध्याय वाणी का तप कहे जाते हैं।

पाठ का हिंदी अनुवाद

1. शारदा शारदाम्भोजवदना वदनाम्बुजे।
सर्वदा सर्वदाऽस्माकं सन्निधिं सन्निधिं क्रियात्।।1।।

शब्दार्था: शारदा = विद्या की देवी, शारदाम्भोज = शरत्कालीन कमल के समान, वदना = मुख वाली, वदनाम्बुजे = कमल के समान मुख में, सर्वदा = सब कुछ देने वाली/हमेशा, अस्मांक = हमारे, सन्निधिम् = उपस्थित होना (समीप निवास करें), क्रियात् = होवें।

अन्वय: शारद अम्भोज-वदना सर्वदा शारदा अस्माकम् वदन-अम्बुजे सर्वदा सत् निधिम् सन्निधिम् क्रियात्।

हिंदी अनुवाद शरत्कालीन कमल के समान मुख वाली, सब कुछ देने वाली सरस्वती देवी हमारे कमलरूपी मुख में हमेशा श्रेष्ठ निधि (खजाने) से युक्त होकर निवास करें।

2. अपूर्व: कोऽपि कोशोऽयं विद्यते तव भारति।
व्ययतो वृद्धिमायाति क्षयमायाति सञ्चयात्।।2।।

शब्दार्था: अपूर्वः = अनोखा, विशेष, कोशः = खजाना, विद्यते = है, भारति = हे देवी! सरस्वती, व्ययतः = उपयोग करने से, खर्च करने से, आयाति = प्राप्त करता है, क्षयम् = क्षीण (नष्ट) होना, सञ्चयात् = इकट्ठा करने से।

अन्वय: भारति! तव अयं कोश: क: अपि अपूर्व: विद्यते। व्ययत: वृद्धिम् आयाति सञ्चयात् च क्षयम् आयाति।

हिंदी अनुवाद हे सरस्वती! आपका यह कोश (ज्ञान का खजाना) कितना अनोखा है, जो खर्च करने से वृद्धि को प्राप्त होता है और इकट्ठा करने से क्षीणता को प्राप्त हो जाता है अर्थात् घट जाता है।

3. नास्ति विद्यासमं चक्षु: नास्ति सत्यसमं तप:।
नास्ति रागसमं दु:खं नास्ति त्यागसमं सुखम्।।3।।

शब्दार्था: नास्ति = नहीं है, विद्यासमम् = विद्या के समान, चक्षुः = आँखें, सत्यसमम् = सत्य के समान, रागसमम् = राग के समान (आसक्ति), दुःखम् = दुख, त्यागसमम् = त्याग के समान, सुखम् = सुख।

अन्वय: विद्यासमम् चक्षु: न अस्ति, सत्यसमम् तप: न अस्ति, त्यागसमम् सुखं न अस्ति।

हिंदी अनुवाद विद्या के समान नेत्र नहीं हैं, सत्य के समान तपस्या नहीं है, राग (आसक्ति) के समान कोई दु:ख नहीं है तथा त्याग के समान सुख नहीं है।

4. न तथा शीतलसलिलं न चन्दनरसो न शीतला छाया।
प्रह्लादयति च पुरुषं यथा मधुरभाषिणी वाणी।।4।।

शब्दार्था: शीतलसलिलम् = ठंडा पानी, चन्दनरसः = चंदन का रस, प्रह्लादयति = प्रसन्न करता है, पुरुषम् = मनुष्य, मधुरभाषिणी = मीठी वाणी।

अन्वय: यथा मधुर भाषिणी वाणी पुरुषम् प्रह्लादयति तथा शीतल-सलिलम् न, चन्दनरस: न शीतला छाया च न।

हिंदी अनुवाद मीठी वाणी मनुष्य को जो प्रसन्नता प्रदान करती है, वैसी प्रसन्नता न तो ठंडा जल, न चंदन का रस और न ही शीतल छाया प्रदान करते हैं।

5. शुश्रूषा श्रवणं चैव ग्रहणं धारणं तथा।
ऊहापोहार्थविज्ञानं तत्त्वज्ञानं च धीगुणा:।।5।।

शब्दार्था: शुश्रूषा = सुनने की इच्छा, श्रवणम् = ध्यान से सुनना, चैव = ये, ग्रहणम् = ग्रहण करना, धारणम् = धारण करना, ऊहः = चिंतन करना, अनुमान लगाना, अपोहः = निषेधात्मक चिंतन, अर्थविज्ञानम् = अर्थ का विवेचन, अर्थ का ज्ञान, तत्त्वज्ञानं = तत्त्व ज्ञान, धीगुणाः = बुद्धि के लक्षण (गुण)।

अन्वय: शुश्रूषा श्रवणम् च एव ग्रहणम् तथा धारणम्, ऊह अपोह-अर्थविज्ञानम्, तत्त्वज्ञानम् च धीगुणा: (सन्ति)।

हिंदी अनुवाद सुनने की इच्छा होना, ध्यान से सुनना, ग्रहण करना, धारण करना, पक्ष में चिंतन करना, विपक्ष में चिंतन करना, अर्थ विज्ञान से संबंधित विशिष्ट ज्ञान का होना तथा तत्त्वों का ज्ञान होना, ये सभी बुद्धि के गुण हैं।

6. माधुर्यमक्षरव्यक्ति: पदच्छेदस्तु सुस्वर:।
धैर्यं लयसमर्थं च षडेते पाठक: गुणा:।।6।।

शब्दार्था: माधुर्यम् = मिठास, अक्षरव्यक्तिः = वर्णों का स्पष्ट उच्चारण, पदच्छेदः = पदों को अलग करना, सुस्वरः = अच्छे स्वर में, धैर्यम् = धैयपूर्वक, लयसमर्थम् = उचित लय के साथ उच्चारण, प्रयत्न और बलाघात के साथ उच्चारण का सामर्थ्य, षडेते = ये छः, पाठकः गुणाः = पाठकों के गुण।

अन्वय: माधुर्यम्, अक्षरव्यक्ति:, पदच्छेद: तु सुस्वर:, धैर्यम्, लयसमर्थम् च एते षट् पाठका: गुणा: (सन्ति)।

हिंदी अनुवाद मधुरता, अक्षरों का स्पष्ट उच्चारण, शब्दों (पदों) का पृथक्-पृथक् उच्चारण करना, अच्छे स्वर में बोलना, धैर्य रखना और उचित लय के साथ (उतार-चढ़ाव के साथ) उच्चारण करना, ये छ: पाठक के गुण होते हैं।

7. आचार्यात्पादमादत्ते पादं शिष्यः स्वमेधया।
कालेन पादमादत्ते पादं सब्रह्मचारिभिः।।7।।

शब्दार्थाः आचार्यात् = उपाध्याय से, आचार्य से, पादम् = चौथाई, चतुर्थ भाग को, स्वमेधया = अपनी बुद्धि के द्वारा, कालेन = समय से, आदत्ते = ग्रहण करना, सब्रह्मचारिभिः = सहपाठियों से।

अन्वयः शिष्यः आचार्यात् पादम् आदत्ते (शिष्यः) स्वमेधया पादम् (आदत्ते), (शिष्यः) कालेन पादम् आदत्ते, (शिष्यः) सब्रह्मचारिभिः पादम् आदत्ते।

हिंदी अनुवाद शिष्य अपनी विद्या का एक-चौथाई अंश आचार्य से ग्रहण करता है, एक-चौथाई अंश अपनी बुद्धि से ग्रहण करता है, एक-चौथाई अंश समय के साथ सीखता है तथा शेष चौथाई अंश अपने सहपाठियों से सीखता है।

8. अनुद्वेगकरं वाक्यं सत्यं प्रियहितं च यत्।
स्वाध्यायाभ्यसनं चैव वाङ्मयं तप उच्यते।।8।।

शब्दार्थाः अनुद्वेगकरम् = व्याकुलता उत्पन्न न करने वाला, वाक्यं = वचन, बोलने वाले, प्रियहितम् = प्रिय लगने वाला और हितकारी, स्वाध्यायाभ्यसनम् = स्वाध्याय और अभ्यास, वाङ्मयम् = वाणी का, वाणी से संबंधित, उच्यते = कहा जाता है/कहलाता है।

अन्वयः यत् वाक्यम् अनुद्वेगकरम् सत्यम् प्रियहितम् च (तथा) स्वाध्याय-अभ्यसनम् च एव वाङ्मयं तपः उच्यते।

हिंदी अनुवाद व्याकुलता न उत्पन्न करने वाला, सत्य बोलना, प्रिय बोलना, हितकारी शब्दों को बोलना, स्वाध्याय करना और अपने ज्ञान का अभ्यास करना। ये सभी (वाणी से संबंधित) वाणी के तप कहलाते हैं।

मणिका-पाठ्यपुस्तकम् प्रश्नोत्तराः

मणिका पाठ्य-पुस्तक के प्रश्नोत्तर

प्र.1 निम्नलिखितप्रश्नानाम् उत्तराणि एकपदेन उत्तरत।
(निम्नलिखित प्रश्नों के उत्तर एक पद में दीजिए।)

(क) का अस्माकं सन्निधिं कुर्यात्?
(ख) कोशः कथम् अस्ति?
(ग) सत्यसमं किम् अस्ति?
(घ) कीदृशी वाणी पुरुषं प्रह्लादयति?
(ङ) पाठकानां कति गुणाः श्लोके वर्णिताः?
(च) स्वस्य मेधया कः पादम् आदत्ते?

उत्तराणि

(क) शारदा (ख) अपूर्वः (ग) तपः
(घ) मधुरभाषिणी (ङ) षड् (च) शिष्यः

प्र.2 अधोलिखितप्रश्नानाम् उत्तराणि पूर्णवाक्येन लिखत।
(निम्नलिखित प्रश्नों के उत्तर पूर्ण वाक्य में दीजिए।)

(क) भारत्याः कोशः कीदृशः विद्यते?
(ख) के पाठकाः गुणाः सन्ति?
(ग) धियः गुणाः के के सन्ति?
(घ) शिष्यः विद्यायाः अर्जनं कथं करोति?
(ङ) कीदृशी शारदा सन्निधिं क्रियात्?
(च) वाङ्मयं तपः किम् उच्यते?

उत्तराणि

(क) भारत्याः कोशः 'अपूर्वः' विद्यते।
(ख) "माधुर्यम्, अक्षरव्यक्तिः, पदच्छेदः, सुस्वरः, धैर्यम्, लयसमर्थं च" पाठकाः गुणाः सन्ति।
(ग) "शुश्रुषा, श्रवणं, ग्रहणं, धारणं, ऊहः, अपोहः, अर्थविज्ञानं, तत्त्वज्ञानं च" इत्येते धियः गुणाः सन्ति।
(घ) शिष्यः आचार्यात् पादम्, स्वमेधया पादम्, कालेन पादम्, पादम् च, सब्रह्मचारिभिः गृहीत्वा विद्यायाः अर्जनं करोति।
(ङ) "शारदाम्भोजवदना" शारदा सर्वदा सन्निधिं क्रियात्।
(च) अनुद्वेगकरम्, सत्यम्, प्रियहितम् च वाक्यं स्वाध्याय-अभ्यसनम् च वाङ्मयं तपः एव उच्यते।

प्र.3 अधोलिखित वाक्येषु स्थूलपदानि आधृत्य प्रश्ननिर्माणं कुरुत।
(निम्नलिखित वाक्यों में स्थूल पदों के आधार पर प्रश्ननिर्माण कीजिए।)

(क) **शारदा** सर्वदा अस्माकं समीपे वसेत्।
(ख) **भारत्याः** कोशः अपूर्वः।
(ग) मधुरभाषिणी वाणी **पुरुषं** प्रह्लादयति।
(घ) पाठकस्य **षट्** गुणाः सन्ति।
(ङ) **सत्येन** समं सुखं नास्ति।
(च) **अनुद्वेगकरं** वाक्यं वाङ्मयं तपः उच्यते।
(छ) **रागस्य** विलोमः त्यागः।

उत्तराणि

(क) **का** सर्वदा अस्माकं समीपे वसेत्?
(ख) **कस्याः** कोशः अपूर्वः?
(ग) मधुरभाषिणी वाणी **कं** प्रह्लादयति?
(घ) पाठकस्य **कति** गुणाः सन्ति?
(ङ) **केन** समं सुखं नास्ति?
(च) **कीदृशं** वाक्यं वाङ्मयं तपः उच्यते?
(छ) **कस्य** विलोमः त्यागः?

प्र.4 अधोलिखितान् प्रश्नान् यथानिर्देशम् उत्तरत।
(निम्नलिखित प्रश्नों के उत्तर निर्देशानुसार दीजिए।)

(क) 'अपूर्वः कोशोऽयं विद्यते तव भारति।' अत्र क्रियापदं किम् ?
(ख) प्रथमे श्लोके कर्तृपदं किम्?
(ग) 'शीतला छाया' अनयोः पदयोः विशेष्यपदं किम्?
(घ) 'उद्वेगकरम्' इति पदस्य विलोमपदं पाठात् चित्वा लिखत।
(ङ) 'शुश्रूषा श्रवणं चैव ग्रहणं धारणं तथा।' अस्मिन् वाक्ये 'श्रोतुम् इच्छा' इत्यर्थे किं पदं प्रयुक्तम्?
(च) 'व्ययतः' इति पदस्य विलोमपदं पाठात् चित्वा लिखत।

उत्तराणि

(क) विद्यते	(ख) शारदा
(ग) छाया	(घ) अनुद्वेगकरम्
(ङ) शुश्रूषा	(च) सञ्चयात्

प्र.5 स्तम्भद्वये लिखितानां समानार्थकशब्दानां समुचितं मेलनं कृत्वा लिखत।
(दो स्तम्भो में दिए गए समानार्थक शब्दों का समुचित मेल करके लिखिए।)

सूची (अ)	सूची (ब)
(क) शुश्रूषा	(i) चतुर्थांशम्
(ख) ऊहः	(ii) निवासम्
(ग) अपोहः	(iii) मुखम्
(घ) पादम्	(iv) वाणी
(ङ) सन्निधिम्	(v) श्रोतुमिच्छा
(च) वदनम्	(vi) सरस्वती
(छ) वाक्	(vii) पक्षे तर्कः
(ज) भारती	(viii) शङ्कानिवारणम्

उत्तराणि

सूची (अ)	सूची (ब)
(क) शुश्रूषा	(v) श्रोतुमिच्छा
(ख) ऊहः	(vii) पक्षे तर्कः
(ग) अपोहः	(viii) शङ्कानिवारणम्
(घ) पादम्	(i) चतुर्थांशम्
(ङ) सन्निधिम्	(ii) निवासम्
(च) वदनम्	(iii) मुखम्
(छ) वाक्	(iv) वाणी
(ज) भारती	(vi) सरस्वती

प्र.6 अत्र पठितेभ्यः श्लोकेभ्यः कानिचित् पदानि सन्ति। तेषां विशेषणानि अधः मञ्जूषायां दत्तानि। ततः उपयुक्तं विशेषणं चित्वा विशेष्येण सह योजयित्वा लिखत।
(यहाँ पढ़े हुए श्लोकों से कुछ पद दिए गए है। उनके विशेषण नीचे मञ्जूषा में दिए गए है। इसके उपयुक्त विशेषण चुनकर विशेष्य के साथ जोड़कर लिखिए।)

(क) .... वाणी
(ख) .... सलिलम्
(ग) .... छाया
(घ) .... तपः
(ङ) .... शारदा
(च) .... कोशः
(छ) .... चक्षुः
(ज) .... वाक्यम्

- **मञ्जूषा** शीतला, वाङ्मयम्, शीतलम्, विद्यासमम, अपूर्वः, प्रियहितम्, सर्वदा, मधुरभाषिणी।

उत्तराणि

(क) मधुरभाषिणी	वाणी
(ख) शीतलम्	सलिलम्
(ग) शीतला	छाया
(घ) वाङ्मयम्	तपः
(ङ) सर्वदा	शारदा
(च) अपूर्वः	कोशः
(छ) विद्यासमम्	चक्षुः
(ज) प्रियहितम्	वाक्यम्

प्र.7 समानभावमयीः पङ्क्तीः योजयत।
(समान भावमयी पंक्तियाँ जोड़कर लिखिए।)

यथा (i) नास्ति विद्यासमं चक्षुः।	(क) मुखकमले निवासं कुर्यात्।
(ii) व्ययतः वृद्धिमायाति।	(ख) वाङ्माधुर्यात् नान्यदस्ति प्रियत्वम्।
(iii) वदनाम्बुजे सन्निधिं क्रियात्।	(ग) सर्वस्य लोचनं शास्त्रम्।
(iv) मधुरभाषिणी वाणी पुरुषं प्रह्लादयति।	(घ) शिक्ष्यते सहपाठिभिः।
(v) पादं सब्रह्मचारिभिः	(ङ) दत्ता भवति विस्तृता।

उत्तराणि

(i) (ग) सर्वस्य लोचनं शास्त्रम्।
(ii) (ङ) दत्ता भवति विस्तृता।
(iii) (क) मुखकमले निवासं कुर्यात्।
(iv) (ख) वाङ्माधुर्यात् नान्यदस्ति प्रियत्वम्।
(v) (घ) शिक्ष्यते सहपाठिभिः।

प्र.8 रेखाचित्रं पूरयत। (रेखाचित्र को पूर्ण कीजिए।)

(क) **यथा**

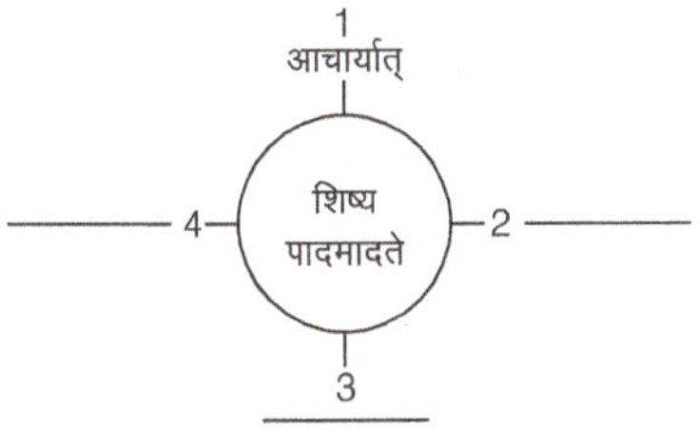

(ख) **यथा**

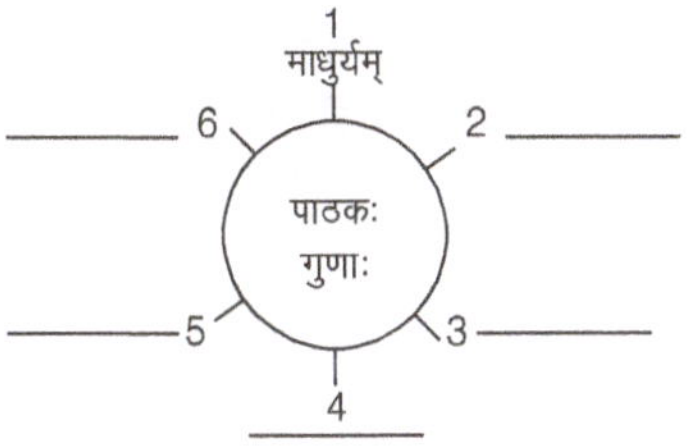

(ग) **यथा**

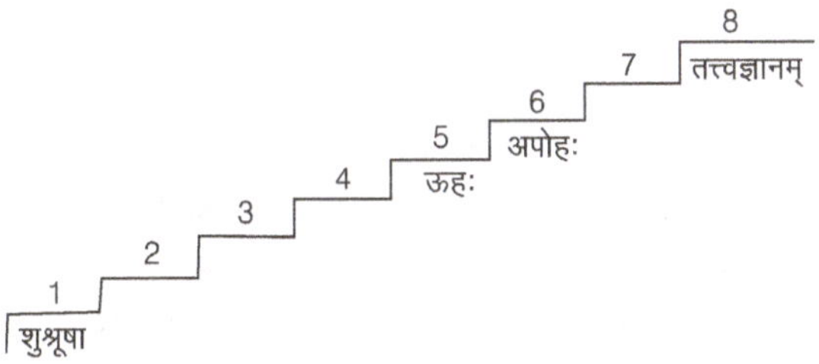

उत्तराणि

(क) 2. स्वमेघया　　3. कालेन
4. सब्रह्मचारिभिः

(ख) 2. अक्षरव्यक्तिः　　3. पदच्छेदः
4. सुस्वरः　　5. धैर्यम्
6. लयसमर्थम्

(ग) 2. श्रवणम्　　3. ग्रहणम्
4. धारणम्　　7. अर्थविज्ञान

प्र.9 वाक्यांशं पूरयत। (वाक्यांश को पूरा कीजिए।)

(क) व्ययतः वृद्धिमायाति

(ख) नास्ति रागसमं दुःखम्

(ग) नास्ति-नास्ति विद्यासमं चक्षुः

(घ) आचार्यात्पादमादत्ते

उत्तराणि

(क) व्ययतः वृद्धिमायाति क्षयमायाति सञ्चयात्।

(ख) नास्ति रागसमं दुःखं नास्ति त्यागसमं सुखम्।

(ग) नास्ति-नास्ति विद्यासमं चक्षुः नास्ति सत्यसमं तपः।

(घ) आचार्यात्पादमादत्ते पादं शिष्यः स्वमेधया।

प्र.10 श्लोकमाश्रित्य समुचितक्रमेण अन्वयं पूरयत।
(श्लोक पर आधारित समुचित क्रम से अन्वय की पूर्ति कीजिए।)

(क) हे भारति! तव अयम् कोशः कः अपि .... विद्यते। (अयम्) व्ययतः वृद्धिम् ...., सञ्चयात् च .... आयाति।

(ख) विद्यासमम् .... न अस्ति, सत्यसमम् तपः न ...., रागसमम् .... न अस्ति .... सुखम् न अस्ति।

(ग) यत् वाक्यम् .... सत्यम् .... च (तथा) स्वाध्याय-अभ्यसनम् च एव .... तपः उच्यते।

उत्तराणि

(क) हे भारति! तव अयम् कोशः कः अपि **अपूर्वः** विद्यते। (अयम्) व्ययतः वृद्धिम् **आयाति** सञ्चयात् च **क्षयम्** आयाति।

(ख) विद्यासमम् **चक्षुः** न अस्ति, सत्यसमम् तपः न **अस्ति**, रागसमम् **दुःखम्** न अस्ति **त्यागसमं** सुखम् न अस्ति।

(ग) यत् वाक्यम् **अनुद्वेगकरम्** सत्यम् **प्रियहितम्** च (तथा) स्वाध्याय-अभ्यसनम् च एव **वाङ्मयम्** तपः उच्यते।

प्र.11 अधोलिखितपङ्क्तिषु स्थूलाक्षरपदानां प्रसङ्गानुसारं शुद्धम् अर्थं चिनुत। (निम्नलिखित पंक्तियों में स्थूल अक्षर पदों के प्रसंगानुसार शुद्ध अर्थ चुनिए।)

(क) स्वाध्यायाभ्यसनं चैव वाङ्मयं तपः उच्यते।
(i) साहित्यम्　(ii) वाचिकम्　(iii) मनोमयम्

(ख) आचार्यात् पादम् आदत्ते।
(i) श्लोकस्य पङ्क्तिम्　(ii) चरणम्　(iii) चतुर्थांशम्

(ग) माधुर्यम् अक्षरव्यक्तिः पदच्छेदस्तु सुस्वरः।
(i) शर्करायुक्तम्　(ii) कोमलतया वर्णोच्चारणम्
(iii) मधुरतायाः अभावः

(घ) सर्वदा सर्वदाऽस्माकं सन्निधिं-सन्निधिं क्रियात्।
(i) सर्वं ददाति इति　(ii) सर्वाधिका　(iii) सर्वं वदति इति

उत्तराणि

(क) (ii) वाचिकम्　(ख) (iii) चतुर्थांशम्
(ग) (ii) कोमलतया वर्णोच्चारणम्　(घ) (i) सर्वं ददाति इति

प्र.12 रेखाङ्कितपदानां समस्तपदं विग्रहं वा लिखत।
(रेखांकित पदों का समस्तपद या विग्रह लिखिए।)

(क) नास्ति विद्यासमं चक्षुः।

(ख) नास्ति त्यागेन समं सुखम्।

(ग) न तथा शीतलसलिलं पुरुषं प्रह्लादयति।

(घ) न चन्दनस्य रसः मानवं तथा तर्पयति।

(ङ) सर्वदा शारदा अस्माकं सन्निधिं क्रियात्।

(च) शारदाम्भोजम् इव वदनं यस्याः सा अस्माकं वदनाम्बुजे सन्निधिं क्रियात्।

(छ) अनुद्वेगकरं वाक्यं वाङ्मयं तपः उच्यते।

उत्तराणि

(क) विद्यया समं
(ख) त्याग समं
(ग) शीतलं च तत् सलिलं
(घ) चन्दनरसः
(ङ) सर्वं ददाति या सा
(च) शारदाम्भोजनवदना
(छ) उद्वेगं करोति इति उद्वेगकरम्।

13. **पठितः पाठः। इदानीं क्रीडामः। सर्वे छात्राः वर्गद्वये विभक्ताः स्युः। वाल्मीकिवर्गः व्यासवर्गश्च। वाल्मीकिवर्गात् एकः छात्रः प्रश्नं पृच्छति व्यासवर्गात् च कश्चित् उत्तरति। पुनश्च व्यासवर्गात् प्रश्नः पृच्छ्यते वाल्मीकिवर्गात् उत्तरं दीयते। शिक्षकः अङ्कप्रदानं करोति। सर्वाधिकान् अङ्कान् लभमानः वर्गः विजेता घोष्यते।**

(पाठ को पढ़ लिया है। अब हम खेलते हैं। सभी छात्र दो वर्गों में विभक्त हों। वाल्मीकि वर्ग और व्यास वर्ग। वाल्मीकि वर्ग से एक छात्र प्रश्न पूछता है और व्यास वर्ग से कोई उत्तर देता है। फिर व्यास वर्ग से कोई प्रश्न पूछता है फिर वाल्मीकि वर्ग से उत्तर देता है। शिक्षक अंक प्रदान करता है। सर्वाधिक अंक पाने वाला वर्ग विजेता घोषित किया जाता है।)

	वाल्मीकिवर्गः	**व्यासवर्गः**
(क)	'अम्भोजः' इति शब्दस्य पर्यायः कः?	....
(ख)	....	'शरत्कालीन' इति कस्य अर्थः?
(ग)	सरस्वत्याः कोशः कथं वर्धते?	....
(घ)	....	कया समं चक्षुर्न विद्यते.?
(ङ)	कीदृशी वाणी पुरुषं प्रसन्नं करोति?	....
(च)	....	शारदा सर्वदा कुत्र निवसेत्?
(छ)	उद्वेगकरम् इत्यस्य कः विलोमः?	....
(ज)	....	सप्तमे श्लोके 'चतुर्थांशः' कस्य अर्थः?
(झ)	'ऊहः' शब्दस्य कः विलोमः?	....
(ञ)	....	बुद्धेः प्रथमः गुणः कः?

उत्तराणि

	वाल्मीकिवर्गः	**व्यासवर्गः**
(क)	'अम्भोजः' इति शब्दस्य पर्यायः कः?	'अम्भोजः' इति शब्दस्य पर्यायः **अम्बुजम्।**
(ख)	'शरत्कालीन' इति **शारदस्य** अर्थः।	'शरत्कालीन' इति कस्य अर्थः?
(ग)	सरस्वत्याः कोशः कथं वर्धते?	सरस्वत्याः कोशः **व्ययतः** वर्धते।
(घ)	**विद्यया** समं चक्षुर्न विद्यते।	कया समं चक्षुर्न विद्यते.?
(ङ)	कीदृशी वाणी पुरुषं प्रसन्नं करोति?	**मधुरभाषिणी** वाणी पुरुषं प्रसन्नं करोति।
(च)	शारदा सर्वदा **वदनाम्बुजे** निवसेत्।	शारदा सर्वदा कुत्र निवसेत्?
(छ)	उद्वेगकरम् इत्यस्य कः विलोमः?	**उद्वेगकरम्** इत्यस्य विलोमः अनुद्वेगकरम्।
(ज)	सप्तमे में श्लोके ''चतुर्थांशः'' **पादस्य** अर्थः।	सप्तमे श्लोके 'चतुर्थांशः' कस्य अर्थः?
(झ)	'ऊहः' शब्दस्य कः विलोमः?	'ऊह' शब्दस्य विलोमः **अपोहः।**
(ञ)	बुद्धेः प्रथमः गुणः **शुश्रूषा।**	बुद्धेः प्रथमः गुणः कः?

योग्यताविस्तारः (योग्यता–विस्तार)

(क) लेखकपरिचयः (लेखक परिचय)

एते श्लोकाः विभिन्नेभ्यः ग्रन्थेभ्यः सङ्कलिताः। प्रथमश्लोकद्वयं सुभाषितरत्नभाण्डागारतः तृतीयः, पञ्चमः सप्तमः च श्लोकः महाभारतात्, चतुर्थः कामन्दकीयनीतेः, षष्ठः पाणिनिशिक्षातः, अष्टमः च गीतायाः।

ये श्लोक विभिन्न ग्रंथों से संकलित किए गए हैं। पहले दो श्लोक 'सुभाषितरत्नभाण्डागारः' नामक पुस्तक से लिए गए हैं। तीसरा, पाँचवाँ और सातवाँ श्लोक 'महाभारत' से चौथा श्लोक 'कामन्दकीयनीति' से, छठा 'पाणिनिशिक्षा' से और आठवाँ श्लोक 'गीता' से लिया गया है।

(ख) भाव-विकासः (भाव-विकास)

माधुर्यम् — **श्रवणमधुरता, कोमलतया वर्णोच्चारणम्।**
अक्षरव्यक्तिः — **कोमलत्वेऽप्यक्षराणां स्पष्टतयोच्चारणम्।**
पदच्छेदः — **पदानां पार्थक्येनोच्चारणम्।**
लयसमर्थञ्च — **धैर्यं तच्च स्वरताललयादिप्रदर्शने।**
मधुरता — सुनने में मधुर, कोमलता से वर्णों का उच्चारण करना।
अक्षरों की स्पष्टता — कोमल होने पर भी अक्षरों का स्पष्टता से उच्चारण करना।
पदच्छेद — पदों को अलग-अलग करके उच्चारण करना।
लयसमर्थ — स्वर-ताल-लय आदि के उच्चारण में धैर्य होना।

1. **अधोलिखिताः पठनस्य दोषाः**
(निम्नलिखित पढ़ने के दोष हैं)

गीती शीघ्री शिरःकम्पी यथालिखितपाठकः।
अनर्थज्ञोऽल्पकण्ठश्च षडेते पाठकाऽधमाः।।

गाते हुए पढ़ना, शीघ्र पढ़ना, सिर हिलाते हुए पढ़ना, जैसा लिखा गया हो वैसा ही पढ़ने वाला, अर्थ को अनर्थ मानने वाला, धीमी आवाज वाला, ये छः प्रकार के निम्न स्तर के पाठक के गुण होते हैं।

2. **विद्याविषयकसूक्तयः**
(विद्या से संबंधित सूक्तियाँ)

ज्ञातिभिर्वण्ट्यते नैव चौरेणापि न नीयते।
न दानेन क्षयं याति विद्यारत्नं महाधनम्।। 1।।
रूपयौवनसम्पन्ना विशालकुलसम्भवाः।
विद्याहीना न शोभन्ते निर्गन्धा इव किंशुकाः ।। 2।।

विद्यारूपी धन महाधन है, जो संबंधियों द्वारा बाँटा नहीं जा सकता, चोरों द्वारा चुराया नहीं जा सकता और दान देने पर घटता भी नहीं है।

रूप तथा यौवन से सम्पन्न होने पर भी तथा विशाल कुल में उत्पन्न होने पर भी विद्याहीन व्यक्ति उसी प्रकार सुशोभित नहीं होते हैं, जिस प्रकार गंधहीन पलाश के फूल सुशोभित नहीं होते हैं।

3. **सरस्वतीविषयकसूक्तयः (सरस्वती विषयक सूक्तियाँ)**
चतुर्मुखमुखाम्भोजवनहंसवधूर्मम।
मानसे रमतां नित्यं सर्वशुक्ला सरस्वती।।
इदमन्धन्तमः कृत्स्नं प्रजायते भुवस्तलम्।
यदि शब्दाह्वयं ज्योतिरासंसारं न दीप्यते।।
ब्रह्माजी के मुख रूपी कमल से उत्पन्न सबको प्रकाशित करने वाली हंसवाहिनी सरस्वती मेरे मन में सदा निवास करें। यदि शब्दात्मक ज्योति संपूर्ण संसार को प्रकाशित न करे, तो ये तीनों लोक घोर अज्ञानांधकार में डूब जाएँ।

4. **उच्चारणविषयकपद्यम् (उच्चारणविषयक पद्य)**
व्याघ्री यथा हरेत् पुत्रान् दंष्ट्राभ्यां न च पीडयेत्।
भीता पतनभेदाभ्यां तद्वद् वर्णान् प्रयोजयेत्।।
एवं विद्याविषयकपद्यानां सरस्वतीविषयकपद्यानां च सङ्कलनं क्रियताम्।
जिस प्रकार शेरनी अपने बच्चों को दाँतों से उठाकर ले जाती है तथा पीड़ा नहीं पहुँचाती और उनके गिरने से डरती है। उसी प्रकार हमें वर्णों का प्रयोग करना चाहिए।

भाषा-विस्तारः (भाषा-विस्तार)

(क) तृतीयान्तपदं सम-सदृश-ऊन-मिश्रशब्दैः समस्यते
यथा- मात्रा समः- मातृसमः (बालकः)
मात्रा सदृशः-मातृसदृशः
माषेण ऊनम्-माषोणम्
गुडेन मिश्रः-गुडमिश्रः।
अत्र तृतीयातत्पुरुषः समासः वर्तते।

तृतीया विभक्ति युक्त पद का सम, सदृश, ऊनम् और मिश्र आदि शब्दों के साथ समास होता है।

जैसे—मातृसमः – माता के समान
मातृसदृशः – माता के समान दिखना
माषोणम् – एक मास से कम
गुडमिश्रः – गुड़ से मिला हुआ
इन सब में तृतीया तत्पुरुष समास है।

(ख) 1. **कुम्भं करोति इति कुम्भकारः**
2. **निशां करोति इति निशाकरः**
3. **प्रियं वदति इति प्रियंवदः**
4. **भयं करोति इति भयङ्करः**
5. **द्वाभ्यां पिबति इति द्विपः (हस्ती)**
6. **उरसा गच्छति इति उरगः (सर्पः)**
अत्र उपपदतत्पुरुषः समासः।
1. जो घड़ा बनाता है वह कुंभकार (कुम्हार)।
2. जो रात्रि करे वह निशाकर (चंद्रमा)।
3. जो प्रिय बोलता है वह प्रियंवद।
4. जो भय उत्पन्न करता है वह भयंकर।
5. जो दो से पीता है वह द्विप (हाथी)।
6. जो छाती से सरककर चलता है वह उरग (सर्प)।
इन सब में उपपद तत्पुरुष समास है।

अभ्यास प्रश्नाः

मणिका पाठ्य-पुस्तक पर आधारित प्रश्नोत्तर

पद्यांश आधारित प्रश्नाः

1. अधोलिखितानां पद्यांशानां पठित्वा निर्देशानुसारम् उत्तरं लिखत। (निम्नलिखित पद्यांशों को पढ़कर निर्देशानुसार प्रश्नों के उत्तर लिखिए।)

(क) शारदा शारदाम्भोजवदना वदनाम्बुजे।
सर्वदा सर्वदाऽस्माकं सन्निधिं सन्निधिं क्रियात्
अपूर्वः कोऽपि कोशोऽयं विद्यते तव भारति।
व्ययतो वृद्धिमायाति क्षयमायाति सञ्चयात्।

I. अधोलिखितानां प्रश्नानाम् उत्तराणि एकपदेन लिखत। (निम्नलिखित प्रश्नों के उत्तर एक पद में लिखिए।)
(i) शारदा कुत्र निवसेत्?
(ii) अस्माकं मुखं केन सदृशम् अस्ति?
(iii) सञ्चयात किं भवति?

II. अधोलिखितानां प्रश्नानाम् उत्तराणि पूर्णवाक्येन लिखत। (निम्नलिखित प्रश्नों के उत्तर पूर्ण वाक्य में लिखिए।)
(i) सरस्वती कुत्र निवासं कुर्यात्?
(ii) भारत्याः कोशः अपूर्वः इति किमर्थम् उक्तः?
(iii) सरस्वत्याः कोशः कथं क्षयमायाति?

III. अधोलिखितानां प्रश्नानाम् उत्तराणि निर्देशानुसारं लिखत। (निम्नलिखित प्रश्नों के उत्तर निर्देशानुसार लिखिए।)
(i) 'शारदाम्भोजवदना' इति पदस्य विशेष्यं किम्?
(ii) अत्र 'सम्बोधनपदम्' किम् अस्ति?
(iii) 'व्ययतः' इति पदस्य विलोमपदं लिखत?

उत्तराणि

I. (i) वदनाम्बुजे (ii) अम्बुजेन
(iii) क्षयम्

II. (i) सरस्वती अस्माकं वदनाम्बुजे निवासं कुर्यात्।
(ii) भारत्या: कोश: अपूर्व: विद्यते, यतेहि अयं व्ययत: वृद्धिम् आयाति सञ्चयात् च क्षयमायाति।
(iii) सरस्वत्या: कोश: सञ्चयात् क्षयमायाति।

III. (i) शारदा (ii) भारति
(iii) सञ्चयात्

(ख) **अपूर्वः कोऽपि कोशोऽयं विद्यते तव भारति।**
व्ययतो वृद्धिमायाति क्षयमायाति सञ्चयात्।।
पापिनाञ्च सदा दुःखं सुखं वै पुण्यकर्मणाम्।
एवं स्थिरतरं ज्ञात्वा साधुवृत्तिं समाचरेत्।। **CBSE SQP 2023-24**

I. **अधोलिखितानां प्रश्नानाम् उत्तराणि एकपदेन लिखत।**
(निम्नलिखित प्रश्नों के उत्तर एक पद में लिखिए।)
(i) **सरस्वत्याः कोशः कीदृशः मन्यते?**
(ii) **अयं कोशः कथं क्षयमायाति?**
(iii) **पुण्यकर्मणां फलं किम्?**

II. **अधोलिखितानां प्रश्नानाम् उत्तराणि पूर्णवाक्येन लिखत।**
(निम्नलिखित प्रश्नों के उत्तर पूर्णवाक्य में लिखिए।)
(i) **केषां सदा दुःखं भवति?**
(ii) **भारत्याः कोशः कथं वर्धते?**
(iii) **मनुष्यः कां समाचरेत्?**

III. **अधोलिखितानां प्रश्नानाम् उत्तराणि निर्देशानुसारं लिखत।**
(निम्नलिखित प्रश्नों के उत्तर निर्देशानुसार लिखिए।)
(i) **"अपूर्वः कोऽपि कोशोऽयं विद्यते तव भारति।" अत्र वाक्ये क्रियापदं किम्?**
(ii) **'दुःखम्' इत्यस्य किं विपर्ययपदं प्रयुक्तम्?**
(iii) **'अपूर्वः' इत्यस्य विशेष्यपदं चित्वा लिखत।**

उत्तराणि

I. (i) अपूर्व: (ii) सञ्चयात्
(iii) सुखम्

II. (i) पापिनां सदा दुखं भवति।
(ii) भारत्या: कोश: व्ययतो वर्धते।
(iii) मनुष्य: साधुवृत्तिं समाचरेत्।

III. (i) विद्यते (ii) सुखम् (iii) कोश:

(ग) **"नास्ति विद्यासमं चक्षुः नास्ति सत्यसमं तपः**
नास्ति रागसमं दुःखं नास्ति त्यागसमं सुखम्।
न तथा शीतल सलिलं न चन्दनरसो न शीतला छाया
प्रह्लादयति च पुरुषं यथा मधुरभाषिणी वाणी।"

I. **अधोलिखितानां प्रश्नानाम् उत्तराणि एकपदेन लिखत।**
(निम्नलिखित प्रश्नों के उत्तर एक पद में लिखिए।)
(i) **विद्या समं किम् नास्ति?**
(ii) **कीदृशी भाषा पुरुषं प्रह्लादयति?**
(iii) **दुःखं केन समं नास्ति?**

II. **अधोलिखितानां प्रश्नानाम् उत्तराणि पूर्णवाक्येन लिखत।**
(निम्नलिखित प्रश्नों के उत्तर पूर्णवाक्य में लिखिए।)
(i) **मनुष्याय सुखं किं ददाति?**
(ii) **तपः केन समम् अस्ति?**
(iii) **शीतला का भवति?**

III. **अधोलिखितानां प्रश्नानाम् उत्तराणि निर्देशानुसारं लिखत।**
(निम्नलिखित प्रश्नों के उत्तर निर्देशानुसार लिखिए।)
(i) **'शीतला छाया' इति अनयोः पदयोः विशेषण पदं किम्?**
(ii) **"नास्ति रागसमं दुःखं"–अत्र वाक्ये क्रियापदं किम्?**
(iii) **'रागः' इति पदस्य विपर्यय पदं किम्?**

उत्तराणि

I. (i) चक्षु: (ii) मधुर भाषा (iii) रागेण

II. (i) मनुष्याय सुखं मधुर भाषिणी वाणी ददाति।
(ii) तप: सत्येन समम् अस्ति।
(iii) शीतला वाणी भवति।

III. (i) शीतला (ii) नास्ति (iii) त्याग:

(घ) **शुश्रूषा श्रवणं चैव ग्रहणं धारणं तथा।**
ऊहापोहार्थविज्ञानं तत्त्वज्ञानं च धीगुणाः
माधुर्यमक्षरव्यक्तिः पदच्छेदस्तु सुस्वरः।
धैर्यं लयसमर्थं च षडेते पाठकः गुणाः

I. **अधोलिखितानां प्रश्नानाम् उत्तराणि एकपदेन लिखत।**
(निम्नलिखित प्रश्नों के उत्तर एक पद में लिखिए।)
(i) **अस्मिन् श्लोके कस्य गुणाः वर्णिताः?**
(ii) **धियः प्रथमः गुणः कः अस्ति?**
(iii) **पाठकस्य चतुर्थः गुणः कः अस्ति?**

II. **अधोलिखितानां प्रश्नानाम् उत्तराणि पूर्णवाक्येन लिखत।**
(निम्नलिखित प्रश्नों के उत्तर पूर्ण वाक्य में लिखिए।)
(i) **धीगुणाः के के सन्ति?**
(ii) **पाठकस्य के गुणाः वर्णिताः?**
(iii) **पाठकस्य कति गुणाः सन्ति?**

III. **अधोलिखितानां प्रश्नानाम् उत्तराणि निर्देशानुसारं लिखत।**
(निम्नलिखित प्रश्नों के उत्तर निर्देशानुसार लिखिए।)
(i) **'तर्कवितर्कौ ' इत्यर्थे अत्र किं पदं प्रयुक्तम्?**
(ii) **सर्वेषां विशेषणानां क्रियापदं किं भविष्यति?**
(iii) **'कर्कशस्वरः' इति पदस्य विलोमपदं किम् अस्ति?**

उत्तराणि

I. (i) धिय: (ii) शुश्रूषा
(iii) सुस्वर:

II. (i) धीगुणा: शुश्रूषा, श्रवणम् च एव, गृहणम् तथा धारणम्, ऊह-अपोह-अर्थविज्ञानम्, तत्त्वज्ञानम् च धीगुणा: सन्ति।
(ii) माधुर्यम्, अक्षरव्यक्ति:, पदच्छेद: सुस्वर: आदि पाठकस्य गुणा वर्णिता:।
(iii) पाठकस्य षट् गुणा: सन्ति।

III. (i) ऊहापोह: (ii) सन्ति/भवन्ति
(iii) सुस्वर:

(ङ) "आचार्यत्पादमादत्ते पादं शिष्यः स्वमेधया
कालेन पादमादत्ते पादं सब्रह्मचारिभिः।
अनुद्वेगकरं वाक्यं सत्यं प्रियहितं च यत्
स्वाध्यायाभ्यसनं चैव वाङ्मयं तप उच्यते।"

I. अधोलिखितानां प्रश्नानाम् उत्तराणि एकपदेन लिखत।
(निम्नलिखित प्रश्नों के उत्तर एक पद में लिखिए।)
(i) स्वाध्याय किम् भवति?
(ii) कः स्वमेधया शिक्षां गृह्णाति?
(iii) शिक्षायाः द्वितीय चतुर्थांशं कस्मात् गृह्यते?

II. अधोलिखितानां प्रश्नानाम् उत्तराणि पूर्णवाक्येन लिखत।
(निम्नलिखित प्रश्नों के उत्तर पूर्णवाक्य में लिखिए।)
(i) आचार्यात् कियत् भागम् आदत्ते?
(ii) वाङ्मयं तपः किम् उच्यते?
(iii) वाक्यं कीदृशम् स्यात्?

III. अधोलिखितानां प्रश्नानाम् उत्तराणि निर्देशानुसारं लिखत।
(निम्नलिखित प्रश्नों के उत्तर निर्देशानुसार लिखिए।)
(i) 'उद्वेगकरम्' इति विपर्ययरूपे किं पदं प्रयुक्तम्?
(ii) 'कालेन'पदे विभक्ति कः?
(iii) 'सत्यं वाक्यं' इति विशेष्य पदम् किम्?

उत्तराणि

I. (i) तपः (ii) शिष्यः
(iii) स्वमेधया
II. (i) आचार्यात् पादम् आदत्ते।
(ii) वाङ्मयं तपः 'स्वाध्यायाभ्यसनं' उच्यते।
(iii) वाक्यं सत्यं स्यात्।
III. (i) अनुद्वेगकरम् (ii) तृतीया
(iii) वाक्यं

अन्वयः पूर्ति

2. **मञ्जूषातः समुचितपदानि चित्वा अधोलिखितस्य श्लोकस्य अन्वयं पूरयित्वा पुनः लिखत।**
(मञ्जूषा से समुचित पद चुनकर निम्नलिखित श्लोक का अन्वय पूर्ण करके पुनः लिखिए।)

(क) अपूर्वः कोऽपि कोशोऽयं विद्यते तव भारति।
व्ययतो वृद्धिमायाति क्षयमायाति सञ्चयात्।।

अन्वयः भारित! तव (i) ······ कोशः (ii) ······ अपि अपूर्वः विद्यते। व्ययतः (iii) ······ आयाति सञ्चयात् च (iv) ······ आयाति।।

• मञ्जूषा कः, क्षयम्, वृद्धिम्, अयम्।

(ख) न तथा शीतलसलिलं न चन्दनरसो न शीतला छाया।
प्रह्लादयति च पुरुषं यथा मधुरभाषिणी वाणी।।

अन्वयः यथा मधुरभाषिणी (i) ····· पुरुषम् प्रह्लादयति (ii) ····· शीतल-सलिलम् न, (iii) ····· न, शीतला (iv) ····· च न (v) ·····।

• मञ्जूषा प्रह्लादयति, छाया, वाणी, तथा, चन्दनरसः।

(ग) "शुश्रूषा श्रवणं चैव ग्रहणं धारणं तथा।
ऊहापोहार्थविज्ञानं तत्त्वज्ञानं च धीगुणाः"।।

अन्वयः शुश्रूषा, (i) ······· च एव, (ii) ······· तथा धारणम् ऊह, (iii) ······· अर्थविज्ञानं तत्त्व ज्ञानम् च (iv) ······· भवन्ति।

• मञ्जूषा अपोह, धीगुणाः, श्रवणम्, ग्रहणम्।

(घ) अनुद्वेगकरं वाक्यं सत्यं प्रियहितं च यत्।
स्वाध्यायाभ्यसनं चैव वाङ्मयं तप उच्यते।। **CBSE 2024**

अन्वयः यत् , (i) ······· अनुद्वेगकरम्, सत्यम् (ii) ······· च (तथा) स्वाध्याय (iii) ······· च एव वाङ्मयम् (iv) ·······उच्यते।

• मञ्जूषा अभ्यसनम्, वाक्यम्, तपः, प्रियहितम्।

उत्तराणि

(क) (i) अयम् (ii) कः
(iii) वृद्धिम् (iv) क्षयम्
(ख) (i) वाणी (ii) तथा
(iii) चन्दनरसः (iv) छाया
(v) प्रह्लादयति
(ग) (i) श्रवणम् (ii) ग्रहणम्
(iii) अपोह (iv) धीगुणाः
(घ) (i) वाक्यम् (ii) प्रतिहितम्
(iii) अभ्यसनम् (iv) तपः

भावार्थ पूर्ति

3. **मञ्जूषायाः साहाय्येन श्लोकस्य भावार्थे रिक्तस्थानानि पूरयित्वा पुनः लिखत।**
(मञ्जूषा की सहायता से श्लोक के भावार्थ में रिक्त स्थान पूर्ण करके पुनः लिखिए।)

(क) "माधुर्यमक्षर व्यक्तिः पदच्छेदस्तु सुस्वरः।
धैर्यं लयसमर्थं च षड़ेते पाठका गुणाः"।।

भावार्थः सः एव उत्तम पाठकः मन्यते यस्मिन् एते गुणाः (i) ······ समये सम्मिलताः सन्ति। माधुर्यम्, अक्षरव्यक्तिः, (ii) ······ सुष्ठु स्वरः (iii) ······ लयसमर्थं च अर्थात् पाठकाः भाषां मधुरतया पठेयुः, वर्णानाम् स्पष्टया। कुर्यः, पदानाम् विच्छेदं कृत्वा पठेयुः, पठने सुष्ठु (iv) ······ स्यात्, धैर्यं कदापि न त्यजेयुः तदैव स्वरं शोभा भवति।

• मञ्जूषा पठन, धैर्यं, उच्चारणं, पदच्छेदः।

(ख) "नास्ति विद्यासमं चक्षुः नास्ति सत्यसमं तपः।
नास्ति रागसमं दुःखं नास्ति त्यागसमं सुखम्।।"

भावार्थः अस्मिन् संसारे (i) ······ समम् किमपि (ii) ······ न वर्तते। सत्येन समं किमपि (iii) ······ न अस्ति। रागेण सत्यम् किमपि
(iv) ······ न भवति। एवमेव त्यागेन समम् किमपि सुखम् न अस्ति। अतः अस्माभिः सदैव विद्याप्राप्त्यर्थं सत्यसंपादनार्थं च प्रयत्नः करणीयः। एवमेव रागविमुक्तये त्यागार्थं च सचेष्ट भवेत्।

• मञ्जूषा विद्यया, दुःखं, तपः, नेत्रम्।

उत्तराणि

(क) (i) पठन (ii) पदच्छेद:
(iii) धैर्यं (iv) उच्चारणं
(ख) (i) विद्यया (ii) नेत्रम्
(iii) तप: (iv) दु:खं

प्रश्ननिर्माणं कुरुत

4. रेखाङ्कित-पदानि आधृत्य प्रश्ननिर्माणं कुरुत।
(रेखांकित पदों के आधार पर प्रश्न निर्माण कीजिए।)
(क) त्यागसमं सुखं नास्ति।
(ख) शीतला छाया अपि पुरुषं न प्रह्लादयति।
(ग) शीतलं सलिलं भवति।
(घ) विद्यासमं चक्षुः नास्ति।
(ङ) स्वाध्यायः अपि तपः।
(च) अयं पुरुषः पापं चरति। **CBSE SQP 2023-24**

उत्तराणि

(क) किम् (ख) कीदृशी (ग) किम्
(घ) किम् (ङ) किम् (च) किं

प्रसङ्गानुकूलम् प्रश्ना:

5. अधोलिखित वाक्येषु रेखांङ्किकतपदानां प्रसङ्गानुकूलम् उचितार्थं चित्वा लिखत।
(निम्नलिखित वाक्यों में रेखांकित पदों के प्रसंगों के अनुकूल उचित अर्थ चुनकर लिखिए।)

(i) सर्वदा शारदा सदैव अस्माकं मुखे निवसेत्। **CBSE SQP 2023-24**
(अ) सर्वदायिनी (ब) सर्वम्
(स) सर्वहितम् (द) वीणासहिता

(ii) शीतलसलिलम् शान्ति ददाति।
(अ) रसं (ब) अमृतम् (स) पवन: (द) जलम्

(iii) शिष्यः आचार्यात् पादम् आधत्ते।
(अ) अर्धम् (ब) अंशम् (स) चतुर्थांम् (द) पूर्णांशम्

(iv) शिष्य स्वमेधया पठ्यते।
(अ) विवेकेन (ब) परिश्रमेण (स) मस्तिष्केन (द) बुद्धया

(v) विद्यार्थी कालेन अपि आदत्ते।
(अ) समयेन (ब) विद्यालयेन
(स) गुरुकुलेन (द) आश्रमेण

(vi) प्रियं वाक्यं वाङमयं तप उच्यते।
(अ) वाणी (ब) साहित्य:
(स) पुस्तकम् (द) ग्रन्थ:

(vii) नास्ति विद्यासमम् चक्षुः अस्ति।
(अ) ज्ञानम् (ब) नेत्रम्
(स) कर्णम् (द) नासिका

(viii) अयं तव कोशः अद्भुतः अस्ति।
(अ) मुद्रा (ब) भण्डार:
(स) स्वर्णम् (द) हीरक:

उत्तराणि

(i) (अ) सर्वदायिनी (ii) (द) जलम्
(iii) (स) चतुर्थांम् (iv) (द) बुद्धया
(v) (अ) समयेन (vi) (अ) वाणी
(vii) (ब) नेत्रम् (viii) (ब) भण्डार:

मेलनं कुरुत

6. शब्दनाम् पर्यायाः सह मेलनं कार्यम्।
(शब्दों को उनके पर्याय शब्द से मेल कीजिए।)

सूची (क) (शब्दा:)	**सूची** (ख) (पर्याय)
(i) ऊहः	(अ) भारती
(ii) अपोह:	(ब) पक्षे तर्क:
(iii) वाक्	(स) वदनम्
(iv) मुखम्	(द) वाणी
(v) सरस्वती	(य) विपक्षे तर्क:

उत्तराणि

सूची (क) (शब्दा:)	**सूची** (ख) (पर्याय)
(i) ऊह:	(ब) पक्षे तर्क:
(ii) अपोह:	(य) विपक्षे तर्क:
(iii) वाक्	(द) वाणी
(iv) मुखम्	(स) वदनम्
(v) सरस्वती	(अ) भारती

7. निम्नलिखित शब्दानां विपरीत शब्दानां मेलनं कुर्वन्तु।
(निम्नलिखित शब्दों को उनके विलोम शब्द से मिलान कीजिए।)

सूची (क) (शब्दा:)	**सूची** (ख) (विलोम)
(i) अपूर्व:	(अ) विरक्ति:
(ii) राग:	(ब) अस्ति
(iii) सुखं	(स) दु:खं
(iv) नास्ति	(द) पूर्व:

उत्तराणि

सूची (क) (शब्दा:)	**सूची** (ख) (विलोम)
(i) अपूर्व:	(द) पूर्व:
(ii) राग:	(स) दु:खं
(iii) सुखं	(अ) विरक्ति:
(iv) नास्ति	(ब) अस्ति

नास्ति त्यागसमं सुखम्

अध्याय 2

(त्याग के समान कोई सुख नहीं है)

पाठ परिचय

राजीवः सोम! पश्य एतत् चित्रम्।

सोमः अतीव सुन्दरम्।

शोभा एतत् तु अजन्ता-गुहानां चित्रं प्रतीयते।

राजीवः आम्! महाराष्ट्रप्रदेशे स्थिताः एताः अजन्ता-गुहाः एव।

सौरभः अहो! दृष्टम्। अत्र तु अनेकानि जातक-चित्राणि उट्टङ्कितानि सन्ति।

देविका जातकं किं भवति?

राजीवः अहं न जाने! आचार्यं प्रक्ष्यामः। (तत्र गत्वा)

छात्राः गुरुवर! जातकं किं भवति?

आचार्यः जातकम् अर्थात् जन्म। 'जातकमाला' इति नाम्नि पुस्तके भगवतः बुद्धस्य पूर्वजन्मनः विविधाः कथाः सन्ति। एतासु परहिताय सर्वस्वं त्यक्तव्यम् इत्येव शिक्षितम्। एतादृशीम् एकां कथां कथयामि।

छात्राः एवम्! वयम् एतादृशीं कथां श्रोतुम् उत्सुकाः।

आचार्यः श्रूयतां तावत्। बौद्धाचार्यस्य आर्यशूरस्य जातकमालायाः शिविजातक-आधारिता एषा कथा।

शब्दार्था: एतत् = इस, अतीव = बहुत, सुन्दरम् = सुंदर, गुहाः = गुफा, अत्र = यहाँ, भवतिः = होता है, प्रक्ष्याम = पूछना, सर्वस्वम् = सब कुछ, एतादृशीम् = इस प्रकार, श्रोतुम् = सुनना।

हिंदी अनुवाद

राजीव सोम! इस (मणिका पाठ्यपुस्तक में दिए गए) चित्र को देखो।

सोम बहुत सुंदर।

शोभा यह तो अजंता की गुफाओं का चित्र है।

राजीव हाँ! महाराष्ट्र प्रदेश में स्थित ये अजंता की गुफाएँ ही हैं।

सौरभ ओह! देखो। यहाँ तो अनेक जातक चित्र उभरे हुए हैं।

देविका जातक क्या होता है?

राजीव मैं नहीं जानता हूँ! आचार्य जी से पूछते हैं। (वहाँ जाकर)

छात्र गुरुवर! जातक क्या होता है?

आचार्य जातक अर्थात् जन्म। जातकमाला नाम की इस पुस्तक में भगवान बुद्ध के पूर्व जन्म की विभिन्न कथाएँ हैं। इसमें यह शिक्षा दी गई है कि परहित के लिए सब कुछ त्याग देना चाहिए इस प्रकार की एक कथा सुनाता हूँ।

छात्रा ऐसा है! हम भी इसी प्रकार की कथा सुनना चाहते हैं।

आचार्य तब सुनो। यह कथा बौद्धाचार्य आर्यशूर की जातकमाला की शिविजातक पर आधारित है।

पाठ का सार

यह पाठ आर्यशूर द्वारा रचित 'जातकमाला' से संकलित है। इस जातकमाला ग्रंथ में भगवान बुद्ध के पूर्वजन्म का वर्णन किया गया है। इस पाठ में बताया गया है कि शिवियों के राजा के रूप में भगवान बुद्ध अपने याचकों को इच्छित वस्तुओं का दान करते थे। एक दिन अपनी दानशालाओं में घूमते हुए राजा को विचार आया कि मात्र धन-अन्न के दान के अतिरिक्त भी मेरे द्वारा शरीर के अंगों का दान भी करना चाहिए।

राजा का यह विचार जानकर देवताओं के राजा इंद्र शिवियों के राजा की परीक्षा लेने के लिए नेत्रहीन याचक के रूप में पृथ्वी पर आते हैं और राजा से नेत्रदान की याचना करते हैं। इंद्र (जो नेत्रहीन याचक के रूप में आये थे) की इस याचना को राजा स्वीकार कर लेते हैं और निश्चित समय पर दोनों आँखों को दान कर देते हैं। शिवियों के राजा के धैर्य और हित की भावना को देखते हुए इंद्र उनके नेत्र वापस करते हैं और प्रसन्न होकर उन्हें 100 योजन दूर तक और पर्वतों के पार देखने का वरदान देते हैं।

पाठ का हिंदी अनुवाद

1. अथ एकदा भगवान् बोधिसत्त्वः बहुजन्मार्जितपुण्यफलैः शिवीनां राजा अभवत्। स बाल्यात् एव वृद्धोपसेवी, विनयशीलः, शास्त्रपारङ्गतः च आसीत्। जनकल्याणकर्मसु रतः असौ पुत्रवत् प्रजाः पालयति स्म। कारुण्य-औदार्यादिसद्गुणोपेतः स नगरस्य समन्ततः धन-धान्यसमृद्धाः दानशालाः अकारयत्। तत्र अर्थिनां समूहः अन्न-पान-वसन-रजत-सुवर्णादिकानि अभीष्टानि वस्तूनि प्राप्य सन्तुष्टः अभवत्! राज्ञः दानशीलताम् आकर्ण्य देशान्तरेभ्योऽपि जनाः तं देशम् आयान्ति स्म।

शब्दार्थाः एकदाः = एक बार, बोधिसत्त्व = ज्ञान प्राप्ति के लिए प्रयत्नशील प्राणी, बहुजन्मार्जितपुण्यफलैः = अनेक जन्मों में अर्जित पुण्यों से संचित फलों के द्वारा, अभवत् = हुए, स = वह, बाल्यात् = बचपन से, वृद्धोपसेवी = बड़े-बुढ़ों की सेवा करने वाले, शास्त्रपारङ्गत = शास्त्रों में दक्ष, आसीत् = थे, जनकल्याणकर्मसु = मानवहित के कर्मों में, पालयति = पालन करना, कारुण्य-औदार्यादिसद्गुणोपेतः = करुणा, उदारता आदि सद्गुणों से युक्त, नगरस्य = नगर के समन्ततः = चारों ओर, तत्र = वहाँ, अर्थिनाम् = भिखारियों का, पान = पानी, वसन = वस्त्र, रजत = चाँदी, सुवर्ण = सोना, अभीष्टानि = चाही हुई, राज्ञः = राजा, जनाः = लोग, तम् = उस।

हिंदी अनुवाद एक बार भगवान बोधिसत्व अनेक जन्मों में कमाए हुए पुण्य फलों के प्रताप से शिवियों के राजा हुए। वह बचपन से ही बड़े-बूढ़ों की सेवा करने वाले, विनम्र तथा शास्त्रों में पारंगत थे। जन कल्याण के कर्मों में लीन वह, प्रजा का पालन पुत्र के समान करते थे। करुणा, उदारता आदि गुणों से युक्त उन्होंने नगर के चारों ओर धन और धान्य से सम्पन्न दानशालाएँ बनवाईं। वहाँ पर याचकों के समूह अनाज, पानी, वस्त्र, चाँदी और सोना आदि अभीष्ट वस्तुओं को प्राप्त करके संतुष्ट होते थे। राजा की दानशीलता को सुनकर दूसरे देशों से भी लोग उस देश में आते थे।

2. अथ कदाचित् दानशालासु विचरन् स राजा बहुधनलाभेन सन्तुष्टानाम् अर्थिनां विरलसंख्यां विलोक्य अचिन्तयत् 'मम अर्थिनः तु धनलाभमात्रेण सन्तोषं भजन्ते। नूनं ते दानवीराः सौभाग्यशालिनः, यान् याचकाः शरीरस्य अङ्गानि अपि याचन्ते।' एवं राज्ञः स्वेषु गात्रेष्वपि निरासक्तिं विज्ञाय सकलं ब्रह्माण्डं व्याकुलं सञ्जातम्।

शब्दार्थाः कदाचित् = कभी, विचरन् = घूमते हुए, बहुधन = बहुत धन, लाभेन = प्राप्त करने से, विरलसङ्ख्याम् = कम संख्या, विलोक्य = देखकर, नूनम् = निश्चित, याचकाः = याचक, माँगने वाले, शरीरस्य = शरीर के, अङ्गानि = अंग, अपि = भी, गात्रेषु = अंगों में, निरासक्तिम् = वैराग्य को, विज्ञाय = जानकर, ब्रह्माण्डम् = समस्त सृष्टि, सञ्जातम् = हुआ/हो गई।

हिंदी अनुवाद एक बार कभी दानशालाओं में घूमते हुए उस राजा ने बहुत धन प्राप्त करने के पश्चात् संतुष्ट हुए माँगने वालों (याचकों) की संख्या में कमी को देखकर सोचा- "मेरे याचक तो केवल धन-लाभ से ही संतुष्ट हो जाते हैं। निश्चय ही वे दानवीर सौभाग्यशाली होते हैं, जिनसे याचक शरीर के अंग भी माँग लेते हैं।" इस प्रकार राजा की अपने शरीर में भी निरासक्ति अर्थात वैराग्य को देखकर संपूर्ण ब्रह्मांड व्याकुल हो गया।

3. राज्ञि एवं विचारयति सति तस्य दानशीलतां परीक्षितुं देवाधिपतिः शक्रः नेत्रहीनयाचकस्य रूपं धारयित्वा तत्पुरतः अवदत्-हे राजन्! भवतः दानवीरताम् आकर्ण्य आशान्वितः भवत्समीपम् आगतोऽस्मि। देव! रवि-शशि-तारा-मण्डलभूषितं जगत् एतत् कथमिव पश्येयं चक्षुर्हीनः।

शब्दार्थाः राज्ञि = राजा, विचारित = विचार करने पर, तस्य = उसका, परीक्षितुम् = परीक्षा लेने के लिए, देवाधिपति = देवो के राजा, शक्रः = इंद्र, धारयित्वा = धारण करके, तत्पुरतः = उसके आगे, भवतः = आपका/आपकी, आशान्वितः = आशा से युक्त, राशि = चंद्र, चक्षुर्हीनः = आँखों से हीन।

हिंदी अनुवाद राजा के इस प्रकार विचार करने पर उनकी दानशीलता की परीक्षा लेने के लिए देवों के राजा इंद्र एक नेत्रहीन याचक का रूप धारण करके उनके (राजा के) सामने आकर बोले-हे राजन्! मैंने आपकी दानवीरता को बहुत सुना है और एक आशा लेकर आपके पास आया हूँ। हे देव (राजा)! सूर्य, चंद्र एवं तारामंडलों से सजे हुए इस संसार को मैं नेत्रहीन कैसे देखूँ।

4. राजा उवाच-भगवन्! भवन्मनोरथं पूरयित्वा आत्मानम् अनुगृहीतं कर्तुम् इच्छामि। आदिश्यतां किं करवाणि? विप्रः अकथयत् यदि भवान् प्रीतः, तदा त्वतः एकस्य चक्षुषः दानम् इच्छामि येन मम लोकयात्रा निर्बाधा भवेत्। तत् श्रुत्वा राजा अचिन्तयत्—"लोके चक्षुर्दानं दुष्करमेव। नूनम् ईदृशं दानम् इच्छन् अयं याचकः केनापि प्रेरितः स्यात्! अथवा भवतु नाम किं बहुत चिन्तनेन?" इति विचार्य राजा अभाषत- "भो मित्र! किमेकेन चक्षुषा, अहं भवते चक्षुर्द्वयमेव प्रयच्छामि इति।"

राज्ञः नेत्रदानार्थं निश्चयं ज्ञात्वा अमात्याः विषण्णाः भूत्वा अवदन्-महाराज! अलम् एतावता दुस्साहसेन, प्रभूतं धनमेव दीयताम्।

अथ स राजा तान अवदत्—

दास्यामीति प्रतिज्ञाय योऽन्यथा कुरुते मनः।
कार्पण्यानिश्चितमतेः कः स्यात् पापतरस्ततः॥

शब्दार्थाः उवाच = बोला, कर्तुम = करना, इच्छामि = चाहता हूँ, विप्रः = ब्राह्मण, प्रीतः = प्रसन्न होना, त्वतः = तुम से, येन = जिससे,

लोकयात्रा = संसार की यात्रा, निर्बाधा = बाधा से रहित, केनापि = किसी के द्वारा, विचार्य = सोचकर, इति = ऐसा, ज्ञात्वा = जानकर, विषण्णाः = दुखी, व्यक्ति, भूत्वा = होकर, प्रभूतम् = अधिक/अत्यधिक, अमात्याः = मन्त्रीगण, कार्पण्यम् = हृदय की दुर्बलता।

अन्वयः दास्यामि इति प्रतिज्ञाय यः मनः अन्यथा कुरुते कार्पण्य-अनिश्चितमतेः ततः पापतरः कः स्यात्?

हिंदी अनुवाद राजा बोले—हे भगवन्! आपकी इच्छा को पूर्ण करके मैं अपने आप को अनुगृहीत करना चाहता हूँ। आदेश दीजिए, मैं क्या करूँ? ब्राह्मण बोले—यदि आप प्रसन्न हो, तो मैं आपसे एक आँख दान में चाहता हूँ, जिससे मेरी सांसारिक यात्रा बिना किसी रुकावट के सम्पन्न हो सके। उसे सुनकर राजा ने सोचा, "संसार में आँख का दान कठिन ही है। निश्चित रूप से इस प्रकार का दान चाहने वाला यह याचक किसी के द्वारा प्रेरित किया गया है अथवा जो भी बात हो अधिक सोचने से क्या लाभ।" ऐसा सोचकर राजा बोले-अरे मित्र! एक आँख से क्या होगा, मैं आपको दोनों ही आँखें देता हूँ।

राजा के नेत्रदान के निश्चय को जानकर मंत्री दु:खी होकर बोले-हे महाराज! ऐसा दुस्साहस न करें। बहुत-सा धन ही दे दीजिए।

इसके बाद राजा उनसे बोला—

"मैं दान दूँगा" ऐसी प्रतिज्ञा करके जो व्यक्ति अपने मन को परिवर्तित कर लेता है, कंजूसी से युक्त उस अस्थिर बुद्धि वाले व्यक्ति से बड़ा पापी और कौन हो सकता है?"

5. नाहं स्वर्गं न मोक्षं वा कामये किन्तु आर्त्तानां परित्राणाय एव मे निश्चयः। अस्य याच्ञा वृथा मा अस्तु इत्युक्त्वा स राजा वैद्योक्तविधिना नीलोत्पलम् इव एकं चक्षुः शनैः अक्षतम् उत्पाट्य प्रीत्या याचकाय समर्पितवान्। सः अपि तत् नेत्रं यथास्थानम् अस्थापयत्। ततो महीपालः द्वितीयं नेत्रमपि शनैः निष्कास्य तस्मै अयच्छत्। अथ विस्मितः शक्रः अचिन्तयत्—

अहो धृतिः! अहो सत्त्वम्!
अहो सत्वहितैषिता!

शब्दार्थाः परित्राणाय = रक्षा करने का, याच्ञा = प्रार्थना, वैद्योक्तविधिना = वैद्य द्वारा बताई गई विधि से, नीलोत्पलम् = नीला कमल, इव = समान, शनै = धीरे से, प्रीत्या = प्रसन्नतापूर्वक, विस्मितः = आश्चर्य चकित हुए, धृतिः = धैर्य, सत्वहितैषिता = जीवों के कल्याण की इच्छा करना।

हिंदी अनुवाद मैं स्वर्ग अथवा मोक्ष प्राप्त करना नहीं चाहता हूँ, परंतु दु:खी व्यक्तियों की रक्षा करने का मैंने निश्चय किया है। इसकी याचना व्यर्थ नहीं होनी चाहिए। ऐसा कहकर राजा ने वैद्यों द्वारा बताई गई विधि के अनुसार नीलकमल के समान अपनी एक आँख धीरे से निकालकर प्रसन्नतापूर्वक याचक को सौंप दी। उसने भी उस आँख को उचित स्थान पर लगा दिया, फिर राजा ने दूसरी आँख भी धीरे से निकालकर उसे दे दी।

आश्चर्यचकित इंद्र ने सोचा—

"अहा! (कितना) धैर्य है। (कितना) साहस है। अहा! (कितनी) प्राणियों का हित चाहने की इच्छा है।

6. नायं चिरं परिक्लेशम् अनुभवितुम् अर्हति। अतः प्रयतिष्ये चक्षुषोऽस्य पुनः प्रत्यारोपणाय इति।

कतिपयैः दिनैः व्रणविरोपणे जाते एकदा राजा सरोवरस्य समीपे विहरति स्म। तदा तस्य पुरतः पुनः देवराजः शक्रः उपस्थितः भूत्वा तस्य त्यागवृत्तिं प्रशंसन् अवदत्—

शक्रोऽहमस्मि देवेन्द्रस्त्वत्समीपमुपागतः।
वरं वृणीष्व राजर्षे! यदिच्छसि तदुच्यताम्।

शब्दार्थाः चिरम् = लंबे समय तक, प्रयतिष्ये = प्रयत्न करूँगा, प्रत्यारोपणाय = पुनः लगाने के लिए, व्रणविरोपणे = घाव के भरने पर, सरोवर = तालाब, समीपम् = पास, विहरति = घूमते हुए, व्रणः = घाव, यदिच्छसि = जो इच्छा हो, तदुच्यताम् = वह बोलों।

अन्वयः राजर्षे! अहम् देवेन्द्रः शक्रः त्वत् समीपम् उपागतः अस्मि। वरम् वृणीष्व यत् इच्छसि तत् उच्यताम्।

हिंदी अनुवाद यह (राजा) लंबे समय तक कष्ट सहन करने योग्य नहीं है। इसलिए मैं इसकी आँखों को फिर से लगाने का प्रयत्न करूँगा। कुछ दिनों के बाद घाव भर जाने के पश्चात् एक बार तालाब के समीप घूमते हुए राजा के सामने फिर से देवराज इंद्र उपस्थित होकर उसकी त्यागवृत्ति की प्रशंसा करते हुए बोले— "मैं देवराज इंद्र आपके पास आया हूँ। हे राजर्षि! वरदान माँगो, जो चाहते हो वह बोलो।"

7. एवम् उक्तेन राज्ञा नेत्रार्थं प्रार्थिते सति शक्रस्य प्रभावेण आत्मनः सत्यपुण्यबलेन च तस्य प्रथमम् एकं चक्षुः प्रतिष्ठितम् अभवत् ततः द्वितीयमपि। भूयः प्रीतः शक्रः वरम् अयच्छत्—

शतयोजनपर्यन्तं शैलानां पारं च द्रष्टुं समर्थः भव इति।

इति उक्त्वा शक्रः तत्रैव अन्तर्हितः अभवत्।

अतः सत्यमेव उक्तम्—

धनस्य निःसारलघोः स सारो यद् दीयते लोकहितोन्मुखेन।
निधानतां याति हि दीयमानम् अदीयमानं निधनैकनिष्ठम्।।

शब्दार्थाः प्रभावेण = प्रभाव से, सत्यपुण्यबलेन = सत्य व पुण्य के बल से, तस्य = उसकी, प्रतिष्ठितम् = स्थापित, द्वितीयमपि = दूसरी भी, प्रीतः = प्रसन्न, शैलानाम् = पर्वतों के, पारम् = पार, अन्तर्हितः = अदृश्य/नहीं देखा, धनस्य = धन का, सारः = लाभ, निधानताम् = समृद्धि सम्पन्नता, निधनैकनिष्ठम् = विनाश ही ऐसी नियति है।

अन्वयः निःसारलघोः धनस्य सः सारः यत् लोकहित-उन्मुखेन दीयते। दीयमानम् (धनम्) निधानताम् हि याति। अदीयमानम् (धनम्) निधन-एकनिष्ठम् (भवति)।

हिंदी अनुवाद इंद्र के द्वारा ऐसा कहे जाने पर राजा ने नेत्रों के लिए प्रार्थना की। परिणामस्वरूप इंद्र के प्रभाव से तथा अपने सत्य व पुण्य के बल से पहले उसकी (राजा की) एक आँख स्थापित हो गई, फिर दूसरी भी। तत्पश्चात् प्रसन्न हुए इंद्र ने (राजा को) वर दिया-चारों ओर सौ योजन तक पर्वतों के पार भी देखने के लिए समर्थ हो जाओ। यह कहकर इंद्र अन्तर्धान हो गए। इसलिए सच ही कहा गया है

"सारहीन और तुच्छ धन यदि लोक कल्याण के लिए दिया जाए, तो वह धन सम्पन्नता को प्राप्त हो जाता है, जबकि दान न दिया गया धन एक दिन विनाश को प्राप्त हो जाता है।"

मणिका-पाठ्यपुस्तकम् प्रश्नोत्तरा:

मणिका पाठ्य-पुस्तक के प्रश्नोत्तर

प्र.1 एकपदेन उत्तरत। (एक पद में उत्तर दीजिए।)

(क) भगवान् बोधिसत्त्वः कथं शिवीनां राजा अभवत्?

(ख) सकलं ब्रह्माण्डं कीदृशं सञ्जातम्?

(ग) के सौभाग्यशालिनः यान् याचकाः शरीरस्य अङ्गानि याचन्ते?

(घ) राजा वैद्योक्तविधिना नीलोत्पलम् इव किम् अक्षतम् उद्पाटयत्?

(ङ) राजा कस्य समीपे विहरति स्म?

(च) राज्ञः काम् आकर्ण्य देशान्तरेभ्योऽपि जनाः आयान्ति स्म?

(छ) भूयः प्रीतः शक्रः किम् अयच्छत्?

उत्तराणि

(क) बहुजन्मार्जितपुण्यफलैः	(ख) व्याकुलम्
(ग) दानवीराः	(घ) चक्षुः
(ङ) सरोवरस्य	(च) दानवीरताम्
(छ) वरम्	

प्र.2 पूर्णवाक्येनउत्तरत। (पूर्ण वाक्य में उत्तर दीजिए।)

(क) बोधिसत्त्वः शैशवात् एव कीदृशः आसीत्?

(ख) शिवेः राज्ये याचकाः किं लब्ध्वा सन्तुष्टाः अभवन्?

(ग) नेत्रहीनयाचकस्य रूपं धृत्वा शक्रः बोधिसत्त्वं किम् अवदत्?

(घ) सकलं ब्रह्माण्डं किं ज्ञात्वा व्याकुलं जातम्?

(ङ) राजा प्रीत्या याचकाय किं समर्पितवान्?

(च) शक्रः किं वरम् अयच्छ्त्?

उत्तराणि

(क) बोधिसत्त्वः शैशवात् एव वृद्धोपसेवी, विनयशीलः, शास्त्रपारङ्गतः च आसीत्।

(ख) शिवेः राज्ये याचकाः अन्न-पान-वसन-रजत-सुवर्णादिकानि अभीष्टं वस्तूनि लब्ध्वाः सन्तुष्टाः अभवन्।

(ग) नेत्रहीन याचकस्य रूपं धृत्वा शक्रः बोधिसत्त्वम् अवदत्-भवतः दानवीरताम् आकर्ण्य आशान्वितः भवत्समीपम् आगतो अस्मि।

(घ) राज्ञः स्वेषु गात्रेश्वपि निरासक्तिं विज्ञाय सकलं ब्रह्माण्डं व्याकुलं जातम्।

(ङ) राजा प्रीत्या याचकाय नीलोत्पलम् इव एकं चक्षुः शनैः अक्षतम् उत्पाट्य समर्पितवान्।

(च) शक्रः वरम् अयच्छत्- "शतयोजनपर्यन्तम् शैलानां पारं च द्रष्टुं समर्थः भव" इति।

प्र.3 अधोलिखिततेषु-कथनेषु स्थूलपदानि आधृत्य उदाहरणानुसारं प्रश्ननिर्माणं क्रियताम्।

(निम्नलिखित कथनों में स्थूलपदों को आधार मानकर उदाहरण के अनुसार प्रश्न निर्माण कीजिए।)

यथा राजा **नगरस्य** समन्ततः दानशालाः अकारयत्।

राजा **कस्य** समन्ततः दानशालाः अकारयत्?

(क) अभीष्ट वस्तूनि प्राप्य **याचकाः** सन्तुष्टाः आसन्।

(ख) **दानशालासु** विचरन् राजा अचिन्तयत्।

(ग) राजा पुत्रवत् **प्रजाः** पालयति स्म।

(घ) स राजा **तान्** अकथयत्।

(ङ) राजा **याचकेभ्यः** दानं ददाति स्म।

उत्तराणि

(क) अभीष्ट वस्तूनि प्राप्य **के** सन्तुष्टाः आसन्?

(ख) **कुत्र** विचरन् राजा अचिन्तयत्?

(ग) राजा पुत्रवत् **काः** पालयति स्म?

(घ) स राजा **कान्** अकथयत्?

(ङ) राजा **केभ्यः** दानं ददाति स्म?

प्र.4 अधोलिखितान् प्रश्नानाम् यथानिर्देशम् उत्तरत।

(निम्नलिखित प्रश्नों के निर्देशानुसार उत्तर दीजिए।)

(क) 'शक्रः तत्रैव अन्तर्हितः अभवत्।' अस्मिन् वाक्ये विशेषणपदं किम्?

(ख) 'सत्यबलेन तस्य चक्षुः प्रतिष्ठितम् अभवत्।' अस्मिन् वाक्ये कर्त्तृपदम् किम्?

(ग) 'जनाः तं देशम् आयान्ति स्म।' अस्मिन् वाक्ये विशेष्यपदं किम्?

(घ) 'अर्थिनः तु धनलाभमात्रेण सन्तोषं भजन्ते।' अत्र 'परितोषः' अस्मिन् अर्थे किं पदं प्रयुक्तम्?

(ङ) 'शतयोजनपर्यन्तं शैलानां पारं च द्रष्टुं समर्थः भव।' अत्र 'असमर्थः' अस्य विलोमपदं किं प्रयुक्तम्?

(च) 'बोधिसत्त्वः शिवीनां राजा अभवत्।' अत्र क्रियापदं किम्?

उत्तराणि

(क) अन्तर्हितः	(ख) चक्षुः
(ग) देशम्	(घ) सन्तोषः
(ङ) समर्थः	(च) अभवत्।

प्र.5 समुचितम् अर्थं मेलयत। (सही अर्थ के साथ मिलान कीजिए।)

शब्दाः	अर्थाः
(क) शैलानाम्	(i) नेत्रम्
(ख) शक्रः	(ii) स्वस्य
(ग) आत्मनः	(iii) पर्वतानाम्
(घ) चक्षुः	(iv) इन्द्रः
(ङ) उत्पाट्य	(v) भूपतिः
(च) महीपालः	(vi) निष्कास्य

उत्तराणि

शब्दाः	अर्थाः
(क) शैलानाम्	(iii) पर्वतानाम्
(ख) शक्रः	(iv) इन्द्रः
(ग) आत्मनः	(ii) स्वस्य
(घ) चक्षुः	(i) नेत्रम्
(ङ) उत्पाट्य	(vi) निष्कास्य
(च) महीपालः	(v) भूपतिः

प्र.6 अधोलिखितानि वाक्यानि कथाक्रमानुसारं लिखत।
(निम्नलिखित वाक्यों को कथा के क्रमानुसार लिखिए।)

(क) स बाल्यात् एव वृद्धोपसेवी, विनयशीलः शास्त्रपारङ्गतः च आसीत्।
(ख) राज्ञः दानशीलताम् आकर्ण्य देशान्तरेभ्योऽपि जनाः तं देशम् आयान्ति स्म।
(ग) कारुण्य-औदार्यादिसद्गुणोपेतः स नगरस्य समन्ततः धन-धान्यसमृद्धाः दानशालाः अकारयत्।
(घ) मम अर्थिनः तु धनलाभमात्रेण सन्तोषं भजन्ते।
(ङ) अथ कदाचित् दानशालासु विचरन् स राजा बहुधनलाभेन सन्तुष्टानाम् अर्थिनां विरलसङ्ख्यां विलोक्य अचिन्तयत्।
(च) जनकल्याणकर्मसु रतः असौ पुत्रवत् प्रजाः पालयति स्म।
(छ) तत्र अर्थिनां समूहः अन्न-पान-वसन-रजत-सुवर्णादिकानि अभीष्टानि वस्तूनि प्राप्य सन्तुष्टः अभवत्।
(ज) अथ एकदा भगवान् बोधित्त्वः बहुजन्मार्जितपुण्यफलैः शिवीनां राजा अभवत्।

उत्तराणि

(क) अथ एकदा भगवान् बोधिसत्त्वः बहुजन्मार्जितपुण्यफलैः शिवीनां राजा अभवत्।
(ख) स बाल्यात् एव वृद्धोपसेवी, विनयशीलः, शास्त्रपारङ्गतः च आसीत्।
(ग) जनकल्याणकर्मसु रतः असौ पुत्रवत् प्रजाः पालयति स्म।
(घ) कारुण्य-औदार्यादिसद्गुणोपेतः स नगरस्य समन्ततः धन-धान्यसमृद्धाः दानशालाः अकारयत्।
(ङ) तत्र अर्थिनां समूहः अन्न-पान-वसन-रजत-सुवर्णादिकानि अभीष्टानि वस्तूनि प्राप्य सन्तुष्टः अभवत्।
(च) राज्ञः दानशीलताम् आकर्ण्य देशान्तरेभ्योऽपि जनाः तं देशम् आयान्ति स्म।
(छ) अथ कदाचित् दानशालासु विचरन् स राजा बहुधनलाभेन सन्तुष्टानाम् अर्थिनां विरलसङ्ख्यां विलोक्य अचिन्तयत्।
(ज) मम अर्थिनः तु धनलाभमात्रेण सन्तोषं भजन्ते।

प्र.7 प्रसङ्गानुसारम् अर्थं चिनुत। (प्रसंग के अनुसार अर्थ चुनिए।)

(क) राज्ञः दानशीलताम् आकर्ण्य जनाः तं देशम् आयान्ति स्म।
(i) श्रुत्वा (ii) मत्वा (iii) प्राप्य

(ख) राज्ञः नेत्रदानार्थं निश्चयं ज्ञात्वा अमात्याः विषण्णाः भूत्वा अवदन्।
(i) विमुखाः (ii) खिन्नाः (iii) प्रसन्नाः

(ग) यदि भवान् प्रीतः, तदा त्वत्तः एकस्य चक्षुषः दानम् इच्छामि।
(i) श्रोत्रस्य (ii) गात्रस्य (iii) नेत्रस्य

(घ) एकदा राजा सरोवरस्य समीपे विहरति।
(i) तडागस्य (ii) नगरस्य (iii) नद्याः

(ङ) न अयं चिरं परिक्लेशम् अनुभवितुम् अर्हति।
(i) एषः (ii) सः (iii) तत्

(च) सकलं ब्रह्माण्डं व्याकुलं सञ्जातम्।
(i) सम्पूर्णम् (ii) परिपूर्णम् (iii) गभीरम्

उत्तराणि

(क) (i) श्रुत्वा (ख) (ii) खिन्नाः
(ग) (iii) नेत्रस्य (घ) (i) तडागस्य
(ङ) (i) एषः (च) (i) सम्पूर्णम्

प्र.8 अधः केचन विग्रहाः दत्ताः। कोष्ठकात् चित्वा क्रमानुसारं समस्तपदानि लिखत।
(नीचे कुछ विग्रह दिए गए हैं। कोष्ठक से समस्तपद चुनकर क्रमानुसार लिखिए।)

समास-विग्रहाः		समस्तपदानि
(क) निर्गता बाधा यस्याः सा	....	वृद्धोपसेवी
(ख) धान्येन समृद्धाः	....	विनयशीलः
(ग) विनयः शीलं यस्य सः	....	धान्यसमृद्धाः
(घ) वृद्धान् उपसेवितुं शीलं यस्य सः	....	निर्बाधा
(ङ) शक्रस्य प्रभावेण	....	शक्रप्रभावेण
(च) शास्त्रेषु पारङ्गतः यः सः	....	शास्त्रपारङ्गतः

उत्तराणि

समास-विग्रहाः	समस्तपदानि
(क) निर्गता बाधा यस्याः सा	निर्बाधा
(ख) धान्येन समृद्धाः	धान्यसमृद्धाः
(ग) विनयः शीलं यस्य सः	विनयशीलः
(घ) वृद्धान् उपसेवितुं शीलं यस्य सः	वृद्धोपसेवी
(ङ) शक्रस्य प्रभावेण	शक्रप्रभावेण
(च) शास्त्रेषु पारङ्गतः यः सः	शास्त्रपारङ्गतः

प्र.9 अधोलिखितानां सूक्तीनाम् अधः सम्बद्धाः पाठान्तर्गतपङ्क्तयः लिख्यन्ताम्।
(निम्नलिखित सूक्तियों से संबंधित पाठ में दी गई सूक्तियों को लिखिए।)

(क) न त्वहं कामये राज्यं न स्वर्गं नापुनर्भवम्।
(ख) हुतं च दत्तं च सदैव तिष्ठति।
(ग) क्षयम् आयाति सञ्चयात्।

उत्तराणि

(क) नाहं स्वर्गं च मोक्षं वा कामये किन्तु आर्तानां परित्राणाय एव मे निश्चयः।
(ख) निधानतां याति हि दीयमानम्।
(ग) अदीयमानं निधनै कनिष्ठम्।

प्र.10 अधोलिखितानां वाक्यानां सम्मुखे दत्तेषु भावेषु उचित-भावस्य सम्मेलनं क्रियताम्।
(निम्नलिखित वाक्यों के सामने लिखे गए भावों को उचित वाक्य से मिलान कीजिए या उचित वाक्यों के सामने लिखिए।)

वाक्यानि	भावः
(क) असौ पुत्रवत् प्रजाः पालयति स्म।	दानवीरता
(ख) सः नगरस्य समन्ततः दानशालाः अकारयत्।	दुःखम्
(ग) ममार्थिनस्तु धनलाभमात्रेण सन्तोषं लभन्ते।	स्नेहः
(घ) राज्ञः नेत्रदान निश्चयं ज्ञात्वा अमात्याः विषण्णाः जाताः।	उदारता
(ङ) अहं भवते चक्षुर्द्वयमेव प्रयच्छामि।	निराशा

उत्तराणि

वाक्यानि	भावः
(क) असौ पुत्रवत् प्रजाः पालयति स्म।	स्नेहः
(ख) सः नगरस्य समन्ततः दानशालाः अकारयत्।	उदारता
(ग) ममार्थिनस्तु धनलाभमात्रेण सन्तोषं लभन्ते।	निराशा
(घ) राज्ञः नेत्रदान निश्चयं ज्ञात्वा अमात्याः विषण्णाः जाताः	दुःखम्
(ङ) अहं भवते चक्षुर्द्वयमेव प्रयच्छामि।	दानवीरता

योग्यताविस्तारः (योग्यता-विस्तार)

(क) ग्रन्थ-परिचयः

इयं कथा श्रीमदार्यशूरेण विरचितायाः जातकमालायाः संकलिता अस्ति। अस्मिन् ग्रन्थे भगवतः बुद्धस्य पूर्वजन्मना कथाः सन्ति।

जातक (जात + कन्) अर्थात् उत्पन्नः।

ग्रंथ-परिचय

यह कथा श्रीमान् आर्यशूर द्वारा रचित जातकमाला से संकलित है। इस ग्रंथ में भगवान् बुद्ध के पूर्व जन्मों की कथाएँ हैं।

जातक—जातक शब्द का अर्थ है उत्पन्न।

(ख) बोधिसत्त्वः

बोधि-ज्ञानम्। सत्त्वम्-मनः। ज्ञानाय यः प्रयतते सः बोधिसत्त्वः।

बोधिसत्व

बोधि शब्द का अर्थ है-ज्ञान तथा सत्त्वम शब्द का अर्थ है - मन। अतः बोधिसत्त्व का अर्थ है-वह प्राणी जो ज्ञान प्राप्ति के लिए प्रयत्न करता है।

दानमहिमा

(क) **दानं भोगो नाशस्तिस्रो गतयो भवन्ति वित्तस्य।**
यो न ददाति न भुङ्क्ते तस्य तृतीया गतिर्भवति।।

धन की तीन ही गतियाँ होती हैं-दान, भोग और नाश। जो व्यक्ति न धन का दान देता है, न भोग करता है, उसके धन की तीसरी गति हो जाती है अर्थात् धन नष्ट हो जाता है।

(ख) **गौरवं प्राप्यते दानान्न तु वित्तस्य सञ्चयात्।**
स्थितिरुच्चैः पयोदानां पयोधीनामधः स्थितिः।।

व्यक्ति दान देने से ही गौरव प्राप्त करता है, धन को संग्रह करने से नहीं। जल के दान से ही बादलों की स्थिति ऊँची है व जल संग्रह करने से समुद्र की स्थिति नीचे है।

(ग) **दातव्यमिति यद्दानं दीयतेऽनुपकारिणे।**
देशे काले च पात्रे च तद्दानं सात्त्विकं विदुः।।

दान देना चाहिए, यह सोचकर जो कुछ दान अनुपकारी व्यक्ति को उचित देशकाल में और उचित पात्र को दिया जाता है उसी दान को सात्विक दान कहा जाता है।

अभ्यास प्रश्नाः

मणिका पाठ्य-पुस्तक पर आधारित प्रश्नोत्तर

गद्यांश आधारित प्रश्नाः

1. अधोलिखितं गद्यांशं पठित्वा प्रदत्त प्रश्नानाम् उत्तराणि संस्कृतेन लिखत। (निम्नलिखित गद्यांश को पढ़कर दिए गए प्रश्नों के उत्तर संस्कृत में लिखिए।)

(क) अथ एकदा भगवान् बोधिसत्त्वः बहुजन्मार्जितपुण्यफलैः शिवीनां राजा अभवत्। स बाल्यात् एव वृद्धोपसेवी, विनयशीलः, शास्त्रपारङ्गतः च आसीत्। जनकल्याणकर्मसु रतः असौ पुत्रवत् प्रजाः पालयति स्म। कारुण्य-औदार्यादिसद्गुणोपेतः स नगरस्य समन्ततः धन-धान्यसमृद्धाः दानशालाः अकारयत्। तत्र अर्थिनां समूहः अन्न-पान-वसन-रजत-सुवर्णादिकानि। अभीष्टानि वस्तूनि प्राप्य सन्तुष्टः अभवत्। राज्ञः दानशीलताम् आकर्ण्य देशान्तरेभ्योऽपि जनाः तं देशम् आयान्ति स्म। **CBSE 2024**

I. अधोलिखितानां प्रश्नानाम् उत्तराणि एकपदेन लिखत। (निम्नलिखित प्रश्नों के उत्तर एक पद में लिखिए।)
(i) भगवान् बोधिसत्त्वः केषां राजा अभवत्?
(ii) राजा नगरस्य समन्ततः काः अकारयत्?
(iii) कः पुत्रवत् प्रजाः पालयति स्म?

II. अधोलिखितानां प्रश्नानाम् उत्तराणि पूर्णवाक्येन लिखत। (निम्नलिखित प्रश्नों के उत्तर पूर्णवाक्य में लिखिए।)
(i) राजा बाल्यात् एव कीदृशः आसीत्?
(ii) अर्थिनां समूहः किं प्राप्य सन्तुष्टः अभवत्?
(iii) कस्य दानशीलताम् आकर्ण्य जनाः देशान्तरेभ्यः अपि तं देशम् आयान्ति स्म?

III. अधोलिखितानां प्रश्नानाम् उत्तराणि निर्देशानुसारं लिखत।
(निम्नलिखित प्रश्नों के उत्तर निर्देशानुसार लिखिए।)
(i) 'आयान्ति' क्रियापदस्य कर्तृपदं किं प्रयुक्तम्?
(ii) 'अभीष्टानि' इति पदस्य किं विशेष्यपदं प्रयुक्तम्?
(iii) 'श्रुत्वा' इत्यस्य किं पर्यायपदं प्रयुक्तम्?

उत्तराणि

I. (i) शिवीनां (ii) दानशाला:
(iii) राजा

II. (i) राजा बाल्यात् एव वृद्धोपसेवी, विनयशील: शास्त्र पारङ्गत च आसीत्।
(ii) आर्थिनां समूह: अन्न: पानवसन रजत सुवर्णादिकानि प्राप्त सन्तुष्ट: अभवत्।
(iii) राज्ञ: दानशीलतां आकर्ण्य जना: देशान्तरेभ्य: अपि तं देशं आयान्त्रिस्यम।

III. (i) जना: (ii) वस्तूनि
(iii) आकर्ण्य

(ख) अथ कदाचित् दानशालासु विचरन् स राजा बहुधन लाभेन सन्तुष्टानाम् अर्थिनां विरलसंख्यां विलोक्य अचिन्तयत् 'मम अर्थिन: तु धनलाभ-मात्रेण सन्तोषं भजन्ते। नूनं ते दानवीरा: सौभाग्यशालिन: यान् याचका: शरीरस्य अङ्गानि अपि याचन्ते' एव राज्ञ: स्वेषु गात्रेष्वपि निरासक्तिं विज्ञाय सकलं ब्रह्माण्डं व्याकुलम् सञ्जातम्।

I. अधोलिखितानां प्रश्नानाम् उत्तराणि एकपदेन लिखत।
(निम्नलिखित प्रश्नों के उत्तर एक पद में लिखिए।)
(i) दानशालासु क: विचरति स्म?
(ii) के सन्तोषं भजन्ते स्म?
(iii) नेत्रहीन याचक: किम आकर्ण्य राज्ञ: समीपम् आगत:?

II. अधोलिखितानां प्रश्नानाम् उत्तराणि पूर्णवाक्येन लिखत।
(निम्नलिखित प्रश्नों के उत्तर पूर्णवाक्य में लिखिए।)
(i) के सौभाग्यशालिन:?
(ii) कथं सकलं ब्रह्माण्डं व्याकुलं सञ्जातम्?
(iii) राज्ञ: दानशीलतां परीक्षितुं क: आगच्छत्?

III. अधोलिखितानां प्रश्नानाम् उत्तराणि निर्देशानुसारं लिखत।
(निम्नलिखित प्रश्नों के उत्तर निर्देशानुसार लिखिए।)
(i) 'भजन्ते' अस्य क्रियापदस्य कर्त्तृपदम् किम्?
(ii) 'समस्तम्' इत्यर्थे अत्र किं पदं प्रयुक्तम्?
(iii) 'अर्थिन:' पदे क: प्रत्यय?

उत्तराणि

I. (i) राजा (ii) अर्थिन:
(iii) दानशीलताम्

II. (i) ते दानवीरा: सौभाग्यशालिन: यान् याचका: शरीरस्य अङ्गानि अपि याचन्ते।
(ii) राज्ञ: स्वेषु गात्रेस्वपि निरासक्तिं विज्ञाय सकलं ब्रह्माण्डं व्याकुलम् सञ्जातम्।
(iii) राज्ञ: दानशीलतां परीक्षितुम् इन्द्र: आगच्छत्।

III. (i) अर्थिन: (ii) सकलम् (iii) इन

(ग) राज्ञि एव विचारयति सति तस्य दानशीलतां परीक्षितुं देवाधिपति: शक्र: नेत्रहीन याचकस्य रूपं धारयित्वा तत्पुरत: अवदत्–हे राजन्! दानवीरताम् आकर्ण्यम् आशान्वित: भवत्समीपाम् आगतोऽस्मि। देव। रवि-शशि-तारा-मण्डलभूषितं जगत् एतत् कथमिव पश्येयं चक्षुर्हीन:। **CBSE 2015 Modified**

I. अधोलिखितानां प्रश्नानाम् उत्तराणि एकपदेन लिखत।
(निम्नलिखित प्रश्नों के उत्तर एक पद में लिखिए।)
(i) नेत्रहीन याचक: किम् आकर्ण्यं आगत:?
(ii) अत्र सम्बोधन पदं किम्?
(iii) शक्र: कस्य रूपं धारयित्वा राज्ञ: समीपम् आगच्छत्?

II. अधोलिखितानां प्रश्नानाम् उत्तराणि पूर्णवाक्येन लिखत।
(निम्नलिखित प्रश्नों के उत्तर पूर्णवाक्य में लिखिए।)
(i) क: राज्ञ: दानशीलतां परीक्षितुम् आगच्छत्।
(ii) शक्र: क: आसीत्?
(iii) रवि-शशि-तारा-मण्डलभूषितं क:?

III. अधोलिखितानां प्रश्नानाम् उत्तराणि निर्देशानुसारं लिखत।
(निम्नलिखित प्रश्नों के उत्तर निर्देशानुसार लिखिए।)
(i) 'भवत:' इति सर्वनाम पदस्य प्रयोग: कस्मै अभवत्?
(ii) विचारयति पदे क: प्रत्यय?
(iii) 'देवाधिपति: शक्र': अत्र विशेषणं पदं किम्?:

अथवा

I. अधोलिखितानां प्रश्नानाम् उत्तराणि एकपदेन लिखत।
(निम्नलिखित प्रश्नों के उत्तर एक पद में लिखिए।)
(i) शक्र: कस्य दानवीरताम् आकर्ण्य आगत:?
(ii) नेत्रहीनयाचकस्य रूपे क: आसीत्?
(iii) राज: दानशीलतां परीक्षितुम् क: आगच्छत्?

II. अधोलिखितानां प्रश्नानाम् उत्तराणि पूर्णवाक्येन लिखत।
(निम्नलिखित प्रश्नों के उत्तर पूर्णवाक्य में लिखिए।)
(i) देवाधिपति: शक्र: कथं नेत्रहीनयाचकस्य रूपम् अधारयत्?
(ii) शक्र: राजानं किम् अवदत्?
(iii) ब्रह्मांडं किमर्थं व्याकुलं सञ्जातम्?

III. अधोलिखितानां प्रश्नानाम् उत्तराणि निर्देशानुसारं लिखत।
(निम्नलिखित प्रश्नों के उत्तर निर्देशानुसार लिखिए।)
(i) 'अवदत' इति क्रियापदस्य वर्त्तृपदं किम्?
(ii) 'रवि-शशि-तारा-मण्डलभूषितं जगत' इति विशेषणस्य विशेष्य: क:?
(iii) 'नेत्रवान:' इत्यस्य पदस्य विपर्यय: अनुच्छेदे किं प्रयुक्तम्?

उत्तराणि

I. (i) दानवीरताम् (ii) देव/हे राजन्
(iii) नेत्रहीन याचकस्य

II. (i) शक्र: राज्ञ: दानशीलतां परीक्षितुम् आगच्छत्।
(ii) शक्र: देवाधिपति: आसीत्।
(iii) रवि-शशि-तारा-मण्डलभूषितं जगत:।

III. (i) राज्ञे (ii) शतृ
(iii) देवाधिपति:

अथवा

I. (i) राज्ञः (ii) शक्रः (iii) इन्द्रः

II. (i) देवाधिपतिः शक्रः नृपस्य दानशीलतां परीक्षितुं नेत्रहीनयाचकस्य रूपं अधारयत्।

(ii) शक्रः राजानम् अवदत्—हे राजन्! भवतः दानवीरताम् आकर्ण्य आशान्वितः भवत्समीपम् आगतः अस्मि।

(iii) राज्ञः स्वेषु गात्रेष्वपि निरासक्तिं विज्ञाय सकलं ब्रह्माण्डं व्याकुलं सञ्जातम्।

III. (i) शक्रः (ii) जगत्

(iii) चक्षुर्हीनः

अन्वयः पूर्ति

2. **मञ्जूषातः समुचितपदानि चित्वा अधोलिखितस्य श्लोकस्य अन्वयं पूरयित्वा पुनः लिखत।**
(मञ्जूषा से समुचित पद चुनकर निम्नलिखित श्लोक का अन्वयः पूर्ण करके पुनः लिखिए।)

(क) "दास्यामीति प्रतिज्ञा योऽन्यथा कुरुते मनः।
कार्पण्यानिश्चितमतेः कः स्यात् पापतरस्ततः।।"

अन्वयः दास्यामि इति (i) ...... यः मनः अन्यथा (ii) ..... कार्पण्य (iii) ..... ततः (iv) ..... कः स्यात्?

- मञ्जूषा कुरुते, पापतरः, अनिश्चितमतेः, प्रतिज्ञाय।

(ख) "शक्रोऽहमस्मि देवेन्द्रस्त्वत्समीपमुपागतः।
वरं वृणीस्व राजर्षे। यदिच्छसि तदुच्यताम्।"

अन्वयः राजर्षे अहं (i) .... शक्रः त्वत् (ii) .... उपागतः अस्मि। वरं (iii) .... यत् इच्छसि (iv) .... उच्चयताम्।

- मञ्जूषा वृणीस्व, समीपम्, तत्, देवेन्द्र।

उत्तराणि

(क) (i) प्रतिज्ञाय (ii) कुरुते
(iii) अनिश्चितमतेः (iv) पापतरः

(ख) (i) देवेन्द्र (ii) समीपम्
(iii) वृणीस्व (iv) तत्

भावार्थ पूर्ति

3. **मञ्जूषायाः साहाय्येन श्लोकस्य भावार्थे रिक्तस्थानानि पूरयित्वा पुनः लिखत।**
(मञ्जूषा की सहायता से श्लोक के भावार्थ में रिक्त स्थान पूर्ण करके पुनः लिखिए।)

(क) "धनस्य निःसारलघोः स सारो यद् दीयते लोकहितोन्मुखेन।
निधानतां याति हि दीयमानम्, अदीयमानं निधनैकनिष्टम्।।"

भावार्थः "अस्य भावोऽस्ति यत् धनस्य (i) ...... अस्ति। यदि अयम् (ii) ...... संसारस्य दीयते तत् (iii) .... सुरक्षितं भवति, यत् धनं न दीयते तस्य तु एक पदे एव (iv) .... सञ्जायते।

- मञ्जूषा सारः, धनम्, हिताय, नाशः।

(ख) "दास्यामीति प्रतिज्ञाय योऽन्यथा कुरुते मनः।
कार्पण्यानिश्चिमतेः कः स्यात् पापतरस्ततः।।"

भावार्थः (i) ...... प्रतिज्ञां कृत्वा यः नरः तस्याः (ii) ...... न करोति। कार्पण्यात् (iii) ...... तस्मात्नरात् अधिकः (iv) ...... कोऽपि न भवति।

- मञ्जूषा पापी, दानस्य, पालनं, अनिश्चितमतेः।

उत्तराणि

(क) (i) सारः (ii) हिताय
(iii) धनम् (iv) नाशः

(ख) (i) दानस्य (ii) पालनं
(iii) अनिश्चितमतेः (iv) पापी

प्रश्ननिर्माणं कुरुत

4. **रेखाङ्कित पदानि आधृत्य प्रश्ननिर्माणं कुरुत।**
(रेखांकित पदों को आधार मानकर प्रश्न निर्माण कीजिए।)

(i) भगवान बोधिसत्त्वः <u>शिवीनां</u> राजा बभूव।
(ii) राजा <u>शक्राय</u> चक्षुः समर्पितवान्। **CBSE SQP 2023-24**
(iii) शक्रः <u>नेत्रहीनस्य</u> रूपं धृत्वा आगच्छत्।
(iv) महाराज! अहं <u>नेत्रहीनं</u> जगत् कथं पश्ययेम्।
(v) <u>अमात्याः</u> विषण्णाः भूत्वा अवदन्।
(vi) त्यागसमं <u>सुखं</u> नास्ति। **CBSE 2024**

उत्तराणि

(i) केषाम् (ii) कस्मै
(iii) कस्य (iv) कीदृशम्
(v) के (vi) किम्

5. **अधोदत्तम् उदाहरणानुसारं स्थूलपदानिआधृत्य प्रश्ननिर्माणं प्रदत्तवाक्यानां कुरुत।**
(दिए गए उदाहरण के अनुसार मोटे छपे शब्दों का आधार करके दिए गए वाक्यों का प्रश्न निर्माण कीजिए।) **CBSE 2016**

यथा

राजा **नगरस्य** समन्ततः दानशालाः अकारयत्।
राजा **कस्य** समन्ततः दानशालाः अकारयत्?

(i) **अभीष्टवस्तूनि** प्राप्य याचकाः तुष्टाः आसन्। **CBSE 2016**
(अ) काः (ब) कानि
(स) के (द) कथम्

(ii) **दानशालासु** विचरन् राजा अचिन्तयत्। **CBSE 2016**
(अ) कस्याः (ब) किम्
(स) कुत्र (द) का

(iii) राजा पुत्रवत् **प्रजाः** पालयति स्म। **CBSE 2016**
(अ) काः (ब) कान्
(स) कया (द) काम्

(iv) स राजा **तान्** उवाच। **CBSE 2016**
(अ) कुत्र (ब) कान्
(स) केभ्यः (द) काः

(v) राजा **याचकेभ्यः** दानम् ददाति स्म। **CBSE 2016**

(अ) केषाम् (ब) कैः
(स) कथम् (द) केभ्यः

(vi) **दानशालासु** विचरन् राजा अचिन्तयत्।

(अ) कासु (ब) केषु
(स) कुत्र (द) केन्

(vii) भूयः प्रीतः **शक्रः** वरम् अददात्?

(अ) कः (ब) कीदृशम्
(स) कस्य (द) कुत्र

(viii) अहं देवेन्द्रः **शक्रः** अस्मि।

(अ) कः (ब) का
(स) के (द) किम्

(ix) अयम् चिरं **क्लेशम्** अनुभवितुं न अर्हति।

(अ) किम् (ब) कः
(स) केन (द) कुत्र

(x) राजा **सरोवरस्य** समीपे विरहति स्म।

(अ) कस्मात् (ब) कस्य
(स) कुत्र (द) किम्

(xi) अस्य याञ्चा **वृथा** मा अस्तु।

(अ) कीदृशः (ब) कीदृशी
(स) कीदृशाः (द) किम्

(xii) अहं **स्वर्गं** मोक्षं वा न कामये।

(अ) कुत्र (ब) किम्
(स) कम् (द) कः

उत्तराणि

(i) (ब) कानि (ii) (स) कुत्र
(iii) (अ) काः (iv) (ब) कान्
(v) (द) केभ्यः (vi) (स) कुत्र
(vii) (अ) कः (viii) (अ) कः
(ix) (अ) किम् (x) (ब) कस्य
(xi) (ब) कीदृशी (xii) (स) कम्

घटनाक्रमअनुसारेण प्रश्नाः

6. अधोलिखितानि वाक्यानि कथाक्रमानुसार लिखत।
(निम्नलिखित वाक्यों को कथा के क्रमानुसार लिखिए।)

(i) सः नगरस्य समन्ततः दानशाला, धन धान्य समृद्धा आकारयत्।
(ii) सः बाल्यात् एव वृद्धोपसेवी, विनयशीलः च आसीत्।
(iii) तत्र अभीष्टानि वस्तूनि प्राप्य सन्तुष्टः अभवत्।
(iv) यान् याचकाः शरीरस्य अङ्गानि अपि याचन्ते।
(v) जनकल्याण कर्मः रतः असौ पुत्रवत् प्रजापालयन्ति स्म।
(vi) हे राजन्। भवतः दानवीरताम् आकर्ण्यं आशान्वितः।
(vii) मम अर्थिनः तु धनलाभमात्रेण सन्तोषं भजन्ते।
(viii) अथ एकदा भगवान बोधिसत्त्व बहुजन्मार्जित-पुण्यफलैः शिवीनां राजा अभवत्।

उत्तराणि

(i) अथ एकदा भगवान बोधिसत्त्वः बहुजन्मार्जित पुण्यफलैः शिवीनां राजा अभवत्।
(ii) सः बाल्यात् एव वृद्धोपसेवी, विनयशीलः च आसीत्।
(iii) जनकल्याण कर्मः रतः असौ पुत्रवत् प्रजापालयन्ति स्म।
(iv) सः नगरस्य समन्ततः दानशाला, धन धान्य समृद्धाः आकारयत्।
(v) तत्र अभीष्टानि वस्तूनि प्राप्य सन्तुष्टः अभवत्।
(vi) मम अर्थिनः तु धनलाभमात्रेण सन्तोषं भजन्ते।
(vii) यान् याचकाः शरीरस्य अङ्गानि अपि याचन्ते।
(viii) हे राजन्! भवतः दानवीरताम् आकर्ण्यं आशान्वितः।

प्रसङ्गानुकूलं प्रश्नाः

7. अधोलिखितेषु रेखाङ्कितपदानां प्रसङ्गानुकूलम् उचितार्थं चित्वा लिखत।
(निम्नलिखित वाक्यों में रेखांकित पदों के प्रसंगों के अनुकूल उचित अर्थ चुनकर लिखिए।)

(i) जनकल्याण कर्मसु रतः असौ पुत्रवत् प्रजाः पालयति स्म।

(अ) तल्लीनः (ब) तत्परः
(स) रति (द) मग्नः

(ii) आकर्ण्य देशान्तरेभ्योऽपि जनाः तं देशम् आयान्ति स्म्।

(अ) आगतः (ब) श्रुत्वा
(स) आयामः (द) न कोऽपि

(iii 'चक्षुर्हीनः' कथमिव पश्येयं।

(अ) चक्षुयुक्तः (ब) चक्षुहीनः
(स) उभौ (द) न कोऽपि

(iv) धनस्य निःसारलघोः यद् दीयते

(अ) सारयुक्तं धनम् (ब) चञ्चलम् धनम्
(स) अपवित्रं धनम् (द) तुच्छाधनम्

उत्तराणि

(i) (अ) तल्लीनः (ii) (ब) श्रुत्वा
(iii) (ब) चक्षुहीनः (iv) (द) तुच्छाधनम्

कथापूर्ति

8. अधोलिखित-कथां रिक्तस्थानानि पूरयित्वा पुनः लिखत।
(निम्नलिखित कथा में रिक्त स्थान को पूर्ण करके दोबारा लिखिए।)

(क) एकदा भगवान् बोधिसत्त्वः (i) .... राजा अभवत्। सः महान् दानी, विनयशीलः, वृद्धोपसेवी च (ii) ....। तस्य दानशीलताम् श्रुत्वा (iii) .... देशेभ्योऽपि। जनाः तस्य देशम् आयान्ति स्म। एकदा शक्रः अपि तस्य (iv) .... परीक्षितुम् आगच्छत्। सः नेत्रहीनयाचक-रूपेण आगत्य तं राजानम् एकं (v) .... अयाचत। राजा तस्मै चक्षुर्द्वयमेव प्रायच्छत्। प्रसन्नः (vi) .... कतिपयेभ्यः दिनेभ्यः पश्चात् पुनः राज्ञः पुरतः उपस्थितः अभवत्। सः राज्ञः त्यागवृत्तिं प्रशंसन् नेत्रद्वयमपि प्रत्यस्थापयत्। अपि च शतयोजनपर्यन्तं (vii) .... पारं द्रष्टुं

समर्थः भव इति तस्मै वरम् अयच्छत्। उच्यते अपि– नास्ति त्यागसमं (viii) …………। CBSE SQP 2023-24

- मञ्जूषा आसीत्, शिवीनाम्, सुखम्, शैलानाम् अन्येभ्यः, दानशीलताम्, शक्रः, नेत्रम्।

(ख) राजा उवाच (i) ……! भवन्मनोरथं पूरयित्वा आत्मानम् (ii) …… कर्तुम् इच्छामि। आदिश्यता किं (iii) ……? विप्रः अकथयत्–यदिभवान् प्रीतः, (iv) …… त्वत्तः (v) …… चक्षुषः दानम् इच्छामि येन मम (vi) …… निर्बाधा भवेत्। तत् श्रुत्वा राचा (vii) …… "लोके चक्षुर्दानं दुष्कर मेव। नूनम् ईदृशं (viii) …… इच्छन् अयं याचकः (ix) …… प्रेरितः स्यात्। अथवा भवतु नाम किं (x) …… चिन्तनेन?" अहं भवते चक्षुर्द्वयमेव प्रयच्छामि इति।

- मञ्जूषा करवाणि, भगवन्, तदा, अचिन्तयत्, केनापि एकस्य, अनुगृहीत, लोकयात्रा, बहु, दानम्।

उत्तराणि

(क) (i) शिवीनां (ii) आसीत्
(iii) अन्येभ्यः (iv) दानशीलतां
(v) नेत्रम् (vi) शक्रः
(vii) शैलानां (viii) सुखम्

(ख) (i) भगवन् (ii) अनुगृहीत
(iii) करवाणि (iv) तदा
(v) एकस्य (vi) लोकयात्रा
(vii) अचिन्तयत् (viii) दानम्
(ix) केनापि (x) बहु

मेलनं कुरुत

9. निम्नलिखित 'क' वर्गस्य पदानां 'ख' वर्गस्य पदेभ्यः विपर्ययचयनं कृत्वा लिखत।
(निम्नलिखित (क) सूची में दिए गए पदों को (ख) सूची में दिए विलोम पदों से मिलान कीजिए।)

सूची (क)	सूची (ख)
(i) राजा	(अ) रुष्टः
(ii) एकदा	(ब) चिरम्
(iii) चक्षुर्हीनः	(स) बहुधा
(iv) प्रीतः	(द) विषण्णाः
(v) दानम्	(य) विस्मृत्य
(vi) शीघ्रम्	(र) चक्षुष्मान्
(vii) प्रसन्नाः	(ल) ग्रहणम्
(viii) श्रुत्वा	(व) प्रजा

उत्तराणि

सूची (क)	सूची (ख)
(i) राजा	(व) प्रजा
(ii) एकदा	(स) बहुधा
(iii) चक्षुर्हीनः	(र) चक्षुष्मान्
(iv) प्रीतः	(अ) रुष्टः
(v) दानम्	(ल) ग्रहणम्
(vi) शीघ्रम्	(ब) चिरम्
(vii) प्रसन्नाः	(द) विषण्णाः
(viii) श्रुत्वा	(य) विस्मृत्य

10. शब्दानां पर्यायाः सह मेलनं कार्यम्।
(शब्दों के पर्यायों के साथ मेल कीजिए।)

सूची (क)	सूची (ख)
(i) चक्षुः	(अ) भूपतिः
(ii) महीपालः	(ब) नेत्रम्
(iii) इन्द्रः	(स) आत्मनः
(iv) स्वस्य	(द) निष्क्रास्य
(v) उत्पाट्य	(य) शक्रः

उत्तराणि

सूची (क)	सूची (ख)
(i) चक्षुः	(ब) नेत्रम्
(ii) महीपालः	(अ) भूपतिः
(iii) इन्द्रः	(य) शक्रः
(iv) स्वस्य	(स) आत्मनः
(v) उत्पाट्य	(द) निष्क्रास्य

रमणीया हि सृष्टिः एषा

(यह सृष्टि बहुत मनोहर है।)

अध्याय 3

पाठ परिचय

(विद्यालयस्य प्राङ्गणे रङ्गमञ्चः। नटः नटी च प्रविशतः।)

उभौ (करौ बद्ध्वा) नमः सर्वेभ्यः। अस्माकं विद्यालयस्य प्राङ्गणे भवतां हार्दिकम् अभिनन्दनम्।

नटः अद्य जूनमासस्य पञ्चमी तारिका।

नटी आम् सत्यम्। अद्य तु विश्वपर्यावरणदिवसः।

उभौ एवम्। अस्मिन् शुभावसरे वयं रम्यां सृष्टिम् अधिकृत्य एकस्याः लघुनाटिकायाः प्रस्तुतिं करिष्यामः।

नटी इदं तु सत्यमेव यत् इयं सृष्टिः अति सौन्दर्यमयी अस्ति।

नटः अतः परस्परं कलहेन विवादेन एषा दूषिता न कर्त्तव्या।

नटी सर्वेषाम् एव अत्र महत्त्वं विद्यते।

नटः कोऽपि इह संसारे कनिष्ठः वरिष्ठः वा नास्ति।

उभौ सर्वे समानाः।

नटी प्रकृतिः माता सर्वान् स्नेहेन परिपालयति।

उभौ अतः प्रस्तूयते लघुनाटिका **'रमणीया हि सृष्टिः एषा।'** (गच्छतः)

शब्दार्थाः प्राङ्गणम् = आँगन, रङ्गमञ्च = जहाँ नाटक आदि खेले जाते हैं, तारिका = तिथि, सर्वभ्य = सभी को, भवताम् = आपका, अद्य = आज, रम्याम् = सुन्दर, कारिष्याम् = करेंगे, कनिष्ठः = सबसे छोटा, वरिष्ठः = अत्यंत श्रेष्ठ, प्रमुख।

हिंदी अनुवाद

(विद्यालय के प्रांगण में रंग मंच होता है। नट और नटी प्रवेश करते हैं।)

दोनों (हाथ जोड़कर) सभी को नमस्कार। हमारे विद्यालय के प्रांगण (आँगन) में आपका हार्दिक अभिनंदन है।

नट आज जून माह की पाँचवीं तारीख है।

नटी हाँ सत्य है। आज तो पर्यावरण दिवस है।

दोनों और। इस शुभ अवसर पर हम सुंदर प्रकृति पर आधारित एक लघु नाटिका प्रस्तुत करेंगे।

नटी यह तो सत्य है कि यह सृष्टि बहुत ही सुंदर है।

नट अतः एक-दूसरे से कलह और विवाद करके इसे दूषित नहीं करना चाहिए।

नटी यहाँ सभी का महत्त्व है।

नट कोई भी इस संसार में छोटा या बड़ा नहीं है।

दोनों सभी समान हैं।

नटी प्रकृति माता सभी का स्नेह से पालन करती है।

दोनों अतः लघु नाटिका **'रमणीयाः हि सृष्टिः एषा'** प्रस्तुत की जाती है। (दोनों जाते हैं।)

पाठ का सार हमारे देश में पाँच जून को पर्यावरण दिवस मनाया जाता है। इसी पर्यावरण दिवस के अवसर पर विद्यालय में अभिनीत नाटिका पर यह पाठ आधारित है। इसमें संवादों के माध्यम से बताया जाता है कि प्रकृति हम सभी की माँ है। इसका प्रत्येक घटक महत्त्वपूर्ण है। नाटिका का प्रारंभ कौए तथा हंस के संवाद से होता है। कौआ, हंस, मोर, कोयल, बगुला आदि सभी पक्षी अपनी-अपनी प्रशंसा करते हैं तथा स्वयं के गुणों की व्याख्या करके अपना महत्त्व बताते हैं। अंत में प्रकृति प्रकट होती है तथा सभी पक्षियों को समझाती है कि सभी मेरे प्रिय हैं। सभी की अपनी शोभा है। देशकाल परिस्थिति के अनुसार सभी का महत्त्व बराबर है। इसलिए सभी को मिल-जुलकर रहना चाहिए।

पाठ का हिंदी अनुवाद

1. (स्थानम् सरस्तीरम्! समयः-प्रभातवेला। तत्र राजहंसः हंसी च विहरतः। नेपथ्ये काकध्वनिः श्रूयते।)

राजहंसः अये! किन्तु खलु सरस्तीरे विहरति मयि केनापि कर्कशैः 'का-का' शब्दैः वातावरणम् आकुलीक्रियते?

राजहंसी भर्तः! काकात् अन्यः को भवितुमर्हति? अस्य वर्णः अपि कृष्णः, कर्म अपि कृष्णम्। मेध्यम् अमेध्यं सर्वमेव भक्षयति। कर्णकटुशब्दैः .....

काकः (प्रविश्य, सक्रोधम्) आः! किम् उक्तवती भवती? यदि अहं कृष्णवर्णः तर्हि श्रीरामस्य वर्णः कीदृशः? श्रीवासुदेवस्य वर्णः कीदृशः? मुग्धे! अहं तु अतीव कर्तव्यपरायणः। प्रभाते 'का-का' ध्वनिना सुप्तान् प्रबोधयामि कर्मसु च विनियोजयामि।

राजहंसः हूँ! किमनेन? एतत् कार्यं तु कुक्कुटोऽपि करोति।

काकः (विहस्य) कुक्कुटः। अरे अद्य कुतः कुक्कुटाः नगरेषु। अहमेव सर्वत्र सुलभः।

राजहंसी भोः-भो वाचाल! स्वीयैः कटुभिः क्वणितैः जनजागरणात् अन्यत् तु किमपि न करोषि?

शब्दार्थाः प्रभातवेला = सुबह का समय, तत्र = वहाँ, विहरतः = भ्रमण, नेपथ्ये = परदे के पीछे से, कर्कशैः = क्रूर, आकुलीक्रियते = व्याकुल किया जाता है, अस्य वर्ण = इसका रंग, मेध्यम् = शुद्ध, स्वच्छ, अमेध्यम् = अशुद्ध, अपवित्र, भक्षयति = खाता है, प्रविश्य = प्रवेश करके, कीदृशः = कैसा, अतीव = बहुत, प्रबोधयामि = जगाता हूँ, विहस्य = हँसकर, वाचाल = बातूनी, क्वणितैः = अस्पष्ट स्वरों से।

हिंदी अनुवाद (स्थान-तालाब का किनारा, समय-सुबह का समय। वहाँ राजहंस और राजहंसी भ्रमण कर रहे हैं। परदे के पीछे से कौए की आवाज सुनाई देती है।)

राजहंस अहो! निश्चय ही मेरे द्वारा सरोवर के किनारे घूमने पर कौन 'का-का' क्रूर (कठोर) शब्दों से वातावरण की शांति को व्याकुल (भंग) कर रहा है।

राजहंसी स्वामी! कौए के अतिरिक्त यह दूसरा कौन हो सकता है। इसका रंग भी काला है और कर्म भी काला है। यह शुद्ध-अशुद्ध सब कुछ ही खाता है। कानों में चुभने वाले शब्दों से .....।

कौआ (प्रवेश करके, क्रोध के साथ) अरे! क्या कह रही हैं आप? यदि मैं काले रंग का हूँ तो श्रीराम का रंग कैसा है? भगवान श्रीकृष्ण का रंग कैसा है? अरी भोली! मैं तो बहुत ही कर्त्तव्यनिष्ठ हूँ। मैं सुबह-सुबह सोए हुए लोगों को 'का-का' की ध्वनि के माध्यम से जगाता हूँ और उन्हें कार्यों में लगाता हूँ।

राजहंस हूँ। इससे क्या? यह कार्य तो मुर्गा भी करता है।

कौआ (हँसकर) मुर्गा! अरे आज नगरों में मुर्गे कहाँ हैं? मैं ही सब जगह आसानी से मिलता हूँ।

राजहंसी अरे-अरे! बातूनी बहुत अधिक बोलने वाले तुम! अपने अस्पष्ट स्वरों से लोगों को जगाने के अतिरिक्त और कुछ भी नहीं करते हो।

2. **काकः** अहो अज्ञानं भवत्याः! अरे! यस्य गृहस्य भित्तौ स्थित्वा आलपामि, जनाः प्रियस्य आगमनसङ्केतं मत्वा हृष्यन्ति। किं बहुना! अहं तु एतादृशः सत्यप्रियः यत् मातरः शिशून् कथयन्ति- "अनृतं वदसि चेत् काकः दशेत्।" अस्माकम् ऐक्यं तु जगतिप्रसिद्धम्। सर्वथा जागरूकोऽहं छात्राणां कृते आदर्शः एव। किं न श्रुतं काकचेष्टा, बकोध्यानम् ....

राजहंसः विरम-विरम! श्रूयतां यत् जनैः सर्वदा गीयते तव विषये

काकस्य गात्रं यदि काञ्चनस्य माणिक्यरत्नं यदि चञ्चुदेशे।
एकैकपक्षे ग्रथितं मणीनां तथापि काको न तु राजहंसः॥1॥

अपि च

हंस श्वेतः बकः श्वेतः को भेदः बकहंसयोः।
नीरक्षीरविवेके तु हंसो हंसः बको बकः॥2॥

शब्दार्थाः भित्तौ = दीवार पर, स्थित्वा = बैठकर, मत्वा = मानकर, अहं = मैं, एेतादृशः = ऐसा, कथयन्ति = कहता है, अनृतम् = असत्य/झूठ, ऐक्यम् = एकता, काकचेष्टा = कौवे जैसी सक्रियता, गात्रम् = शरीर, चञ्चुदेशे = चोंच के हिस्से में, ग्रथितम् = गुँथा हुआ, नीरक्षीरविवेके = सूक्ष्म या विवेचनात्मक बुद्धि।

अन्वयः यदि काकस्य गात्रम् काञ्चनस्य, यदि चञ्चुदेशे माणिक्यरत्नम्, एकैकपक्षे मणीनाम् ग्रथितम् तथापि (सः) काकः (एव) न तु राजहंसः।

अन्वयः हंसः श्वेतः बकः श्वेतः, बकहंसयोः कः भेदः? नीरक्षीरविवेके तु हंसः हंस, बकः बकः।

हिंदी अनुवाद

कौआ ओह! यह तो आपका अज्ञान है, अरे! जिनके घर की दीवार पर मैं बैठकर बोलता हूँ, वे लोग अपने प्रियजन के आगमन (आने) का संकेत मानकर प्रसन्न होते हैं। मैं अधिक क्या कहूँ? मैं तो ऐसा सत्यप्रिय हूँ कि माताएँ अपने बच्चों से कहती हैं—"यदि झूठ बोलोगे तो कौआ काटेगा"। हमारी एकता तो संसार भर में प्रसिद्ध है। मैं हमेशा जागरुक रहता हूँ और छात्रों के लिए एक आदर्श

भी हूँ। क्या आपके द्वारा नहीं सुना गया है कि कौवे जैसी सक्रियता और बगुले का ध्यान .....

राजहंस रुको-रुको। वह सुनिए जो लोगों के द्वारा हमेशा तुम्हारे विषय में कहा जाता है।

"कौए का शरीर यदि सोने का हो, चोंच पर माणिक्य रत्न हो और एक-एक पंख को मणियों से गूँथा गया हो, फिर भी वह कौआ ही होता है न कि राजहंस।"

और भी .....

"हंस सफेद होता है और बगुला भी सफेद होता है। फिर हंस और बगुले में क्या भेद है? पानी और दूध को अलग-अलग करने के विवेक में हंस, हंस होता है और बगुला, बगुला होता है।"

3. **बकः** (प्रविश्य, स्वपक्षौ अवधूय) कथं माम् अपि अधिक्षिपसि? किं ते महत्त्वम्?

वर्षतौं तु मानसं पलायसे। अहम् एव अत्र वृष्टेः अभिनन्दनं करोमि। कीदृशी तव मैत्री? आपत्काले सरांसि त्यक्त्वा दूरं व्रजसि। वस्तुतः अहमेव शीतले जले बहुकालपर्यन्तम् अविचलं ध्यानमग्नः 'स्थितप्रज्ञः' इव तिष्ठामि। दुग्धधवला में पक्षाः। न जाने कथं माम् अपरिगणयन्तः जनाः चित्रवर्णम् अहिभुजं मयूरं 'राष्ट्र-पक्षी' इति मन्यते। अहमेव योग्यः .....

मयूरः (प्रविश्य साट्टहासम्) सत्यं सत्यम्। अहमेव राष्ट्रपक्षी। को न जानाति तव ध्यानावस्थाम्? मौनं धृत्वा वराकान् मीनान् छलेन अधिगृह्य क्रूरतया भक्षयसि। धिक् त्वाम्! अवमानितं खलु सर्वं पक्षिकुलं त्वया।

शब्दार्थाः स्वपक्षौ = अपने पंखों से, अवधूय = हिला करके, अधिक्षिपसि = निंदा करते हो, अत्र = यहाँ, पलायसे = भागते हो, वृष्टेः = वर्षा, त्यक्त्वा = त्याग करके, बहुकालपर्यन्तम् = बहुत लम्बे समय तक, अविचलम् = स्थिर रहित/अविचल, स्थितप्रज्ञः = निश्चित बुद्धि वाला, इव = समान, तिष्ठमि = खड़ा रहता हूँ, अपरिगणयन्तः = न मानते हुए, अहिभुजम् = गरुड़ को, अहमेव = मै ही, जानाति = जानता हूँ, वराकान् = बेचारों को/अभागों को, अधिगृह्य = पकड़कर, अवमानितम् = अपमानित किया गया, पक्षिकुलं = पक्षियों का समूह।

हिंदी अनुवाद

बगुला (प्रवेश करते हुए, अपने पंखों को हिला करके) मेरी निंदा क्यों करते हो, तुम्हारा क्या महत्त्व है? वर्षा ऋतु में तुम तो मान-सरोवर भाग जाते हो, मैं ही यहाँ वर्षा का स्वागत करता हूँ। तुम्हारी मित्रता कैसी है? विपत्ति के समय सरोवरों को छोड़कर दूर भाग जाते हो। वास्तव में, मैं ही शीतल जल में बहुत लंबे समय तक निश्चल, ध्यान में मग्न, निश्चित बुद्धि वाले के समान खड़ा रहता हूँ। मेरे पंख दूध के समान सफेद हैं। पता नहीं क्यों लोग मेरा महत्त्व न मानते हुए विभिन्न रंगों वाले तथा साँपों को खाने वाले मोर को राष्ट्रपक्षी मानते हैं। मैं ही योग्य हूँ ....।

मोर (प्रवेश करके, ठहाके की हँसी के साथ) सत्य है, सत्य है, मैं ही राष्ट्रीय पक्षी हूँ। तुम्हारे ध्यान की अवस्था को कौन नहीं जानता है? मौन धारण करके बेचारी मछलियों को छल से पकड़कर बड़ी निर्दयता से खा जाते हो, तुम्हें धिक्कार है, तुम्हारे द्वारा निश्चय ही संपूर्ण पक्षी समुदाय को अपमानित कर दिया जाता है।

4. **काकः** रे सर्पभक्षक! नर्तनात् अन्यत् किम् अपरं जानासि?

मयूरः श्रूयतां-श्रूयताम्! मम नृत्यं तु प्रकृतेः आराधना। पश्य! चारुवर्तुलचन्द्रिकाशोभितानां मम पिच्छानाम् अपूर्वं सौन्दर्यम्। मम केकारवं श्रुत्वा कोकिलः अपि लज्जते। मम शिरसि राजमुकुटमिव शिखां स्थापयता विधात्रा एव अहं पक्षिराजः कृतः।

कोकिलः (प्रविश्य) रे मयूर! अलम् अतिविकत्थनेन। मधुमासे आम्रवृक्षे स्थित्वा यदा अहं पञ्चमस्वरेण गायामि तदा श्रोतारः कथयन्ति।

काकः **कृष्णः पिकः कृष्णः काकः को भेदः पिककाकयोः।**
वसन्तसमये प्राप्ते काकः काकः पिकः पिकः॥3॥

काकः रे परभृत्! अहं यदि तव सन्ततिं न पालयामि तर्हि कुत्र स्युः पिकाः? अतः अहम् एव करुणापरः पक्षिसम्राट काकः।

राजहंसः शान्तं शान्तम्! अहमेव नीरक्षीरविवेकी पक्षिणां राजा।

बकः धिक् युष्मान! अहमेव सर्वशिरोमणिः।

शब्दार्थाः सर्पभक्षकः = साँप को खाने वाला (मोर), श्रूयताम् = सुनिए, चारुवर्तुलचन्द्रिका- शोभितानाम् = सुंदर गोलार्ध चंद्राकार से सुशोभित के, पिच्छानाम् = पंखों का (मोर के), अपूर्वं सौंदर्यम् = अनोखा सौंदर्य, केकारवम् = मोर की आवाज को, विकत्थनेन = आत्म प्रशंसा के द्वारा, पञ्चमस्वरेण = सरगम का पाँचवाँ स्वर, परभृत् = दूसरों द्वारा पालित (कोयल), करुणापरः = दया करने वाला, पक्षिसम्राट = पक्षियों को सम्राट, युष्मान् = तुम सबको, धिक = धिक्कार है।

अन्वयः काकः कृष्णः पिकः कृष्णः, पिककाकयोः कः भेदः? वसन्तसमये प्राप्ते काकः काकः पिकः पिकः।

हिंदी अनुवाद

कौआ अरे! साँप को खाने वाले (मोर)! नाचने के अतिरिक्त और क्या जानते हो?

मोर सुनिए-सुनिए! मेरा नाच तो प्रकृति की आराधना है, मेरे सुंदर गोलार्द्ध और चंद्राकार से सुशोभित पंखों की अपूर्व सुंदरता को देखो। मेरी आवाज सुनकर कोयल भी लज्जित हो जाती है, मेरे सिर पर राजमुकुट के समान चोटी को स्थापित करने वाले विधाता के द्वारा मैं ही पक्षियों का राजा बनाया गया हूँ।

कोयल (प्रवेश करके) अरे मोर! अपनी प्रशंसा बंद करो। बसन्त मास में आम के वृक्ष पर बैठकर जब मैं सरगम के पाँचवे स्वर में गाती हूँ, तो सुनने वाले कहते हैं .... ।

"कौआ काला होता है और कोयल भी काली होती है (फिर) कोयल और कौए में क्या अंतर है, वसंत ऋतु के आने पर ही कौआ, कौआ होता है और कोयल, कोयल होती है।" अर्थात् कौए और कोयल में अन्तर ज्ञात होता है।

कौआ अरे! दूसरों के द्वारा पालित (कोयल), यदि मैं तुम्हारी संतान का पालन न करूँ, तो कोयलें कहाँ से हो? इसलिए मैं ही दूसरों पर दया करने वाला पक्षियों का सम्राट कौआ हूँ।

राजहंस शांत, शांत हो जाओ! पानी और दूध को अलग करने की सद्बुद्धि से युक्त मैं ही पक्षियों का राजा हूँ।

बगुला तुम सबको धिक्कार है, मैं ही सर्वश्रेष्ठ हूँ।

5. (ततः प्रकृतिमाता प्रविशति)

प्रकृतिः (सस्नेहम्) अलम् अलं मिथः कलहेन। अहं प्रकृतिः एव युष्माकं जननी। यूयं सर्वे एव मम प्रियाः। सर्वेषामेव महत्त्वं विद्यते यथासमयम्। सर्वैः एव मे शोभा। न तावत् कलहेन समयं वृथा यापयेत। मिलित्वा एव मोदध्वं जीवनं च रसमयं कुरुध्वम्। सर्वे मिलित्वा गायन्ति।

आयुषः क्षण एकोऽपि न लभ्यः स्वर्णकोटिकैः।
स चेन्निरर्थकं नीतः का नु हानिस्ततोऽधिका॥4॥
अधुना रमणीया हि सृष्टिरेषा जगत्पतेः।
जीवाः सर्वेऽत्र मोदन्तां भावयन्तः परस्परम्॥5॥

शब्दार्थाः मिथः = आपस में, जननी = माता, यूयम् = तुम, सर्वे = सभी, ममप्रियाः = मेरे प्रिय, यथासमयम् = समय के अनुसार, कलहेन = लड़ाई में, वृथा = व्यर्थ, यापयेत = बिताएँ, मिलित्वा = मिलकर, गायन्ति = गाते हैं, आयुषः = आयु का, रमणीया = सुन्दर, सृष्टिः = संसार की रचना, भावयन्तः = सद्भावना रखते हुए।

अन्वयः आयुषः एकः क्षणः अपि स्वर्णकोटिकैः न लभ्यः। स चेत् निरर्थकम् नीतः ततः अधिका नु हानिः का?

अन्वयः एषा जगत्पतेः सृष्टिः हि अधुना रमणीया। सर्वे जीवाः अत्र परस्परम् भावयन्तः मोदन्ताम्।

हिंदी अनुवाद (तभी प्रकृति माता प्रवेश करती हैं।)

प्रकृति (प्रेम सहित) आपस में झगड़ा करना बंद करो। मैं प्रकृति ही तुम सबकी माता हूँ। तुम सभी मेरे प्रिय हो। समय के अनुसार सबका ही महत्त्व है। आप सभी से ही मेरी शोभा है। लड़ाई में व्यर्थ ही अपना समय नष्ट नहीं करना चाहिए। तुम सब मिलकर ही प्रसन्न रहो और जीवन को आनंदमय बनाओ। सभी मिलकर गाते हैं ………।

आयु का एक क्षण भी करोड़ों स्वर्ण मुद्राओं द्वारा प्राप्त नहीं किया जा सकता। यदि वह क्षण व्यर्थ ही बिता दिया गया, तो निश्चित रूप से उससे अधिक हानि क्या होगी? निश्चित रूप से विधाता की यह रचना (प्रकृति) अति सुंदर है। आपस में सद्भावना रखते हुए सभी जीव यहाँ प्रसन्न रहें।

मणिका-पाठ्यपुस्तकम् प्रश्नोत्तराः

मणिका पाठ्य-पुस्तक के प्रश्नोत्तर

प्र.1 अधोलिखितान् प्रश्नानाम् 'आम्' अथवा 'नहि' माध्यमेन उत्तरत।
(अधोलिखित प्रश्नों के उत्तर 'आम्' अथवा 'नहि' के माध्यम से दीजिए।)

(क) किं 'का-का' इति राजहंसस्य ध्वनिः?
(ख) किं काकः मेध्यम् अमेध्यं वा सर्वमेव भक्षयति?
(ग) किं कुक्कुटाः नगरेषु सर्वत्र सुलभाः एव?
(घ) किं राजहंसी श्लोकद्वयं पठति?
(ङ) किं बकः श्वेतः भवति?
(च) किं वर्षाणाम् अभिनन्दनं बकः करोति?
(छ) किं मयूरः एव अस्माकं राष्ट्रपक्षी?
(ज) किं मयूरः क्रोधेन प्रविशति?
(झ) किं कोकिलः एव मधुमासे आम्रवृक्षे स्थित्वा गायति?
(ञ) किं राजहंसः एव नीरक्षीरविवेकी मन्यते?

उत्तराणि

(क) नहि	(ख) आम्	(ग) नहि
(घ) नहि	(ङ) आम्	(च) आम्
(छ) आम्	(ज) नहि	(झ) आम्
(ञ) आम्		

प्र.2 अधोलिखितप्रश्नानां पूर्णवाक्येन उत्तरत।
(निम्नलिखित प्रश्नों का पूर्णवाक्य में उत्तर दीजिए।)

(क) राजहंसः राजहंसी च काकध्वनिं कस्यां वेलायां शृणुतः?
(ख) मयूरः केन पक्षिराजः कृतः?
(ग) कोकिलः कुत्र स्थित्वा पञ्चमस्वरेण गायति?
(घ) मातरः शिशून् किं कथयन्ति?
(ङ) केषाम् ऐक्यं जगति प्रसिद्धम्?
(च) काकपिकयोः भेदः कदा ज्ञायते?
(छ) कीदृशी सृष्टिः एषा?
(ज) केन समयः वृथा न यापयितव्यः?

उत्तराणि

(क) राजहंसः राजहंसी च काकध्वनिं प्रभातवेलायां शृणुतः।
(ख) मयूरः विधात्रा पक्षिराजः कृतः।
(ग) कोकिलः आम्रवृक्षे स्थित्वा पञ्चमस्वरेण गायति।
(घ) मातरः शिशून् कथयन्ति-'अनृतं वदसि चेत् काकः दशेत्'।
(ङ) काकानाम् ऐक्यं जगति प्रसिद्धम्।
(च) काकपिकयोः भेदः वसन्तकाले ज्ञायते।
(छ) रमणीया सृष्टिः एषा।
(ज) कलहेन समयः वृथा न यापयितव्यः।

प्र.3 अधोलिखितवाक्येषु स्थूलपदम् आधृत्य प्रश्ननिर्माणं कुरुत।
(निम्नलिखित वाक्यों में स्थूलपदों को आधार मानकर प्रश्न निर्माण कीजिए।)

(क) नेपथ्ये काकध्वनिः श्रूयते।

(ख) काकः प्रभाते 'का-का' ध्वनिना सुप्तान् प्रबोधयति।

(ग) मयूरस्य पिच्छानां सौंदर्यम् अद्भुतम् अस्ति।

(घ) बकः मीनान् छलेन अधिगृह्य क्रूरतया भक्षयति।

(ङ) जगत्पतेः एषा सृष्टिः रमणीया अस्ति।

(च) मयूरस्य नृत्यं प्रकृतेः आराधना।

(छ) आयुषः एकः अपि क्षणः स्वर्णकोटिकैः न लभ्यते।

(ज) हंसः वर्षर्तौ तु मानसं पलायते।

उत्तराणि

(क) **कुत्र** काकध्वनिः श्रूयते?

(ख) काकः प्रभाते 'का-का' ध्वनिना **कान्** प्रबोधयति?

(ग) मयूरस्य **केषां** सौंदर्यम् अद्भुतम् अस्ति।

(घ) बकः मीनान् छलेन अधिगृह्य **केन प्रकारेण** भक्षयति?

(ङ) जगत्पतेः एषा सृष्टिः **कीदृशी** अस्ति?

(च) मयूरस्य नृत्यं **कस्याः** आराधना?

(छ) **कस्य** एकः अपि क्षणः स्वर्णकोटिकैः न लभ्यते?

(ज) हंसः **कदा** तु मानसं पलायते?

प्र.4 यथानिर्देशम् उत्तरत। (निर्देशानुसार उत्तर दीजिए।)

(क) 'जनाः प्रियस्य आगमनसङ्केतं मत्वा हृष्यन्ति।' अस्मिन् वाक्ये कर्तृपदं किम् अस्ति?

(ख) 'अलम् अलं मिथः कलहेन।' वाक्येऽस्मिन् 'परस्परम्' इति पदस्य किं पर्यायपदं प्रयुक्तम्?

(ग) 'आपत्काले सरांसि त्यक्त्वा दूरं व्रजसि।' वाक्येऽस्मिन् किं क्रियापदं प्रयुक्तम्?

(घ) 'सत्यम्' इति पदस्य किं विलोमपदं पाठे प्रयुक्तम्?

(ङ) 'दुग्धधवलाः' इति विशेषणपदस्य किं विशेष्यपदं पाठे प्रयुक्तम्?

(च) 'पिच्छानाम्' इति पदस्य विशेषणपदं पाठात् चित्वा लिखत।

(छ) 'विचित्रा खलु दैवगतिः।' अत्र विशेष्यपदं किम् अस्ति?

उत्तराणि

(क) जनाः　　(ख) मिथः

(ग) व्रजसि　　(घ) अनृतम्

(ङ) पक्षाः　　(च) चारुवर्तुलचन्द्रिका-शोभितानां

(छ) दैवगतिः

प्र.5 अधोलिखितपदानां समुचितं पर्यायपदं पाठात् चित्वा लिखत।
(अधोलिखित पदों के समुचित पर्यायवाची शब्द पाठ से चुनकर लिखिए।)

(क) असत्यम्　　(ख) शरीरम्

(ग) गृहीत्वा　　(घ) प्रातःकालः

(ङ) प्रसीदन्ति

उत्तराणि

(क) असत्यम्-अनृतम्　(ख) शरीरम्-गात्रम्

(ग) गृहीत्वा-अधिगृहीतम्　(घ) प्रातःकालः-प्रभातवेला

(ङ) प्रसीदन्ति-मोदन्ते

प्र.6 अत्र उदाहरणम् अनुसृत्य रिक्तस्थानानि पूरयत।
(इस उदाहरण का अनुसरण करके रिक्त स्थानों की पूर्ति कीजिए।)

यथा

राजहंसी राजहंसं कथयति यत् काकस्य कर्म अपि कृष्णम्।

(क) काकः ………………… कथयति यत् यदि सः (काकः) कृष्णवर्णः तर्हि श्रीरामस्य वर्णः कीदृशः?

(ख) राजहंसः ………………… कथयति यत् एतत् कार्यं तु कुक्कुटोऽपि करोति।

(ग) बकः ………… कथयति यत् तस्य किं महत्त्वम्?

(घ) मयूरः ………… कथयति यत् तस्य ध्यानावस्थां को न जानाति?

(ङ) कोकिलः …………… कथयति यत् अलम् 'अतिविकत्थनेन'।

(च) काकः ………… कथयति यत् सः एव करुणापरः पक्षिसम्राटः।

उत्तराणि

(क) काकः राजहंसी कथयति यत् यदि सः (काकः) कृष्णवर्णः तर्हि श्रीरामस्य वर्णः कीदृशः।

(ख) राजहंसः काकं कथयति यत् एतत् कार्यं तु कुक्कुटोऽपि करोति।

(ग) बकः राजहंस कथयति यत् तस्य किं महत्त्वम्?

(घ) मयूरः बकं कथयति यत् तस्य ध्यानावस्थां को न जानाति?

(ङ) कोकिलः मयूरं कथयति यत् अलम् 'अतिविकत्थनेन'।

(च) काकः कोकिलं कथयति यत् सः एव करुणापरः पक्षिसम्राटः।

प्र.7 अधोलिखितेषु वाक्येषु समुचितं पदं लिखत।
(अधोलिखित वाक्यों में समुचित पद लिखिए।)

यथा

राजहंसः **काकस्य** ध्वनिं श्रुत्वा व्याकुलः भवति।

(क) काकः ………………… कथनं श्रुत्वा तु क्रुद्धः भवति परं ………………… वचनं श्रुत्वा विहसति।

(ख) राजहंसी ………………… वचनं श्रुत्वा तं 'वाचाल' इति कथयति।

(ग) मयूरः ………………… वचांसि श्रुत्वा प्रविशति।

(घ) कोकिलः ………………… वाचांसि श्रुत्वा प्रविशति।

(ङ) अन्ते ………………… प्रविशति।

उत्तराणि

(क) काकः राजहंस्याः कथनं श्रुत्वा तु क्रुद्धः भवति परं राजहंसस्य वचनं श्रुत्वा विहसति।

(ख) राजहंसी काकस्य वचनं श्रुत्वा तं 'वाचाल' इति कथयति।

(ग) मयूरः बकस्य वचांसि श्रुत्वा प्रविशति।

(घ) कोकिलः मयूरस्य वचांसि श्रुत्वा प्रविशति।

(ङ) अन्ते प्रकृतिमाता प्रविशति।

प्र.8 पाठगतश्लोकानां भावस्पष्टीकरणम् उचितपदैः कुरुत।

(पाठ में दिए गए श्लोकों का भाव उचित पदों के द्वारा स्पष्ट कीजिए।)

(क) यदि .... चञ्चुदेशे माणिक्यरत्नम् अपि भवेत् तथापि सः .... न मन्यते अपितु .... एव! एवमेव यदि .... पक्षाः मणिभिः ग्रथिताः भवेयुः तथापि सः .... एव न ....।

(ख) हंसः श्वेतवर्णः बकस्य अपि च वर्णः .... एव। अतः बकहंसयोः वर्णदृष्ट्या कोऽपि न भेदः परं .... एव विवेकशीलः मन्यते न तु .... ।

(ग) काकस्य वर्णः कृष्णः .... अपि वर्णः .... । एतयोः भेदः तु .... एव ज्ञायते यत् काकः .... पिकः च पिकः अस्ति।

उत्तराणि

(क) यदि **काकस्य** चञ्चुदेशे माणिक्यरत्नम् अपि भवेत् तथापि सः **राजहंसः** न मन्यते अपितु **काकः** एव! एवमेव यदि **प्रत्येकं** पक्षाः मणिभिः ग्रथिताः भवेयुः तथापि सः **काकः** एव न **राजहंसः**।

(ख) हंसः श्वेतवर्णः बकस्य अपि च वर्णः **श्वेतः** एव। अतः बकहंसयोः वर्णदृष्ट्या कोऽपि न भेदः परं **हंसः** एव विवेकशीलः मन्यते न तु **बकः**।

(ग) काकस्य वर्णः कृष्णः **पिकस्य** अपि वर्णः **कृष्णः**। एतयोः भेदः तु **वसन्तकाले** एव ज्ञायते यत् काकः **काकः** पिकः च पिकः अस्ति।

प्र.9 निम्नलिखितकथनेषु स्थूलानि सर्वनामपदानि 'कस्मै प्रयुक्तानि' इति लिखत।

(निम्नलिखित कथनों में सर्वनाम पद किसके स्थान पर प्रयुक्त किए गए हैं?)

कथनानि	कस्मै प्रयुक्तं सर्वनामपदम्
यथा सर्वथा जागरूकः अहम्।	काकाय
(क) सरस्तीरे विहरति मयि।	राजहंसाय
(ख) कथं माम् अधिक्षिपसि?	....
(ग) अहम् एव वृष्टेः अभिनन्दनं करोमि।	....
(घ) मम नृत्यं तु प्रकृतेः आराधना।	....
(ङ) अहं पञ्चमस्वरेण गायामि।	....
(च) अहमेव सर्वशिरोमणिः।	....
(छ) सर्वैः एव मे शोभा।	....
(ज) अहमेव नीरक्षीरविवेकी।	....

उत्तराणि

कथनानि	कस्मै प्रयुक्तं सर्वनामपदम्
(क) सरस्तीरे विहरति मयि	राजहंसाय
(ख) कथं माम् अधिक्षिपसि	बकाय
(ग) अहम् एव वृष्टेः अभिनन्दनं करोमि।	बकाय
(घ) मम नृत्यं तु प्रकृतेः आराधना	मयूराय
(ङ) अहं पञ्चमस्वरेण गायामि	कोकिलाय
(च) अहमेव सर्वशिरोमणिः	बकाय
(छ) सर्वैः एव मे शोभा	प्रकृतिमात्रे
(ज) अहमेव नीरक्षीरविवेकी	राजहंसाय

प्र.10 केन कथितानि एतानि कथनानि?

(ये कथन किसके द्वारा कहे गए हैं?)

कथनानि	वक्ता
(क) अहं तु अतीव कर्त्तव्यपरायणः।	....
(ख) नीरक्षीरविवेके तु हंसो हंसः बको बकः।	....
(ग) दुग्धधवलाः मे पक्षाः।	....
(घ) अहमेव सर्वशिरोमणिः।	....
(ङ) सर्वेषामेव महत्त्वं विद्यते यथासमयम्।	....

उत्तराणि

कथनानि	वक्ता
(क) अहं तु अतीव कर्त्तव्यपरायणः	काकः
(ख) नीरक्षीरविवेके तु हंसो हंसः बको बकः	राजहंसः
(ग) दुग्धधवलाः में पक्षाः	बकः
(घ) अहमेव सर्वशिरोमणिः	बकः
(ङ) सर्वेषामेव महत्त्वं विद्यते यथासमयम्	प्रकृति-माता

प्र.11 अधोलिखितवाक्येषु समस्तपदैः रिक्तस्थानानि पूरयत।

(निम्नलिखित वाक्यों में समस्त पद के द्वारा रिक्त स्थान पूर्ण कीजिए।)

(क) राजहंसः हंसी च (सरसः तीरे) .... विहरतः।

(ख) तत्र (काकस्य ध्वनिः) .... अपि श्रूयते।

(ग) काकः (क्रोधेन सहितम्) .... प्रविशति।

(घ) काकः आत्मानं (सत्यं प्रियं यस्य तम्) .... कथयति।

(ङ) काकस्य चञ्चुदेशे (माणिक्यानि च रत्नानि च तेषां समाहारः) .... भवेत् तथापि सः राजहंसः न भवति।

(च) बकः (स्थिता प्रज्ञा यस्य सः) .... इव जले बहुकालपर्यन्तं तिष्ठति।

(छ) (समयम् अनतिक्रम्यः) .... सर्वेषां महत्त्वं विद्यते।

उत्तराणि

(क) राजहंसः हंसी च (सरसः तीरे) <u>सरस्तीरे</u> विहरतः।

(ख) तत्र (काकस्य ध्वनिः) <u>काकध्वनिः</u> अपि श्रूयते।

(ग) काकः (क्रोधेन सहितम्) <u>सक्रोधं</u> प्रविशति।

(घ) काकः आत्मानं (सत्यं प्रियं यस्य तम्) <u>सत्यप्रियं</u> कथयति।

(ङ) काकस्य चञ्चुदेशे (माणिक्यानि च रत्नानि च तेषां समाहारः) <u>माणिक्यरत्नं</u> भवेत् तथापि सः राजहंसः न भवति।

(च) वकः (स्थिता प्रज्ञा यस्य सः) <u>स्थितप्रज्ञः</u> इव जले बहुकाल पर्यन्तं तिष्ठति।

(छ) (समयम् अनतिक्रम्यः) <u>यथा समयं</u> सर्वेषां महत्त्वं विद्यते।

प्र.12 प्रसङ्गानुसारम् उचितम् अर्थं चित्वा लिखत।
(प्रसंग के अनुसार उचित अर्थ चुनकर लिखिए।)

(क) मेध्यम् अमेध्यं सर्वमेव भक्षयति।
(i) मेधाविनम् (ii) अभक्षणीयम् (iii) विशुद्धम्

(ख) अस्माकम् ऐक्यं तु जगत्प्रसिद्धम्।
(i) एकता (ii) भिन्नता (iii) क्रूरता

(ग) काकस्य गात्रं यदि काञ्चनस्य।
(i) गोत्रम् (ii) कुटुम्बम् (iii) शरीरम्

(घ) आपत्काले सरांसि त्यक्त्वा दूरं व्रजसि।
(i) वदसि (ii) भजसि (iii) गच्छसि

(ङ) बकः मीनान् छलेन अधिगृह्य क्रूरतया भक्षयति।
(i) गृहीत्वा (ii) खादित्वा (iii) त्यक्त्वा

उत्तराणि

(क) (ii) अभक्षणीयम् (ख) (i) एकता (ग) (iii) शरीरम्
(घ) (iii) गच्छसि (ङ) (i) गृहीत्वा

योग्यताविस्तारः (योग्यता-विस्तार)

हंसः अस्ति यद्यपि सर्वत्र नीरं नीरजमण्डितम्।
रमते न मरालस्य मानसं-मानसं विना।। 1।।
यत्रोदकं तत्र वसन्ति हंसाः तथैव शुष्कं परिवर्जयन्ति।
न हंसतुल्येन नरेण भाव्यं पुनस्त्यजन्ति पुनराश्रयन्ते।।

यद्यपि सभी स्थान कमलों से सुशोभित हो, परन्तु फिर भी राजहंस का मन मानसरोवर के बिना कहीं नहीं लगता। जहाँ पानी होता है, वहाँ हंस रहते हैं, परन्तु सूख जाने पर उसे त्याग देते हैं। अतः मनुष्य को हंस के समान नहीं होना चाहिए, जो बार-बार त्यागते हैं और बार-बार आश्रय लेते हैं।

कोकिलः काकैः सह विवृद्धस्य कोकिलस्य कला गिरः।
खलसङ्गेऽपि नैष्ठुर्यं कल्याणप्रकृतेः कुतः।

जिस प्रकार कौओं के साथ लालन-पालन होने पर भी कोयल की वाणी में कला होती है। उसी प्रकार दुष्टों की संगति में रहने पर भी कल्याणकारी स्वभाव की निष्ठुरता कहाँ समाप्त होती है? अर्थात् दुष्टों की संगति में रहने पर भी सज्जनों का कल्याणकारी स्वभाव नहीं छूटता।

बकः न कोकिलानामिव मञ्जु कूजितं
न लब्धलास्यानि गतानि हंसवत्।
न बर्हिणानामिव चित्रपक्षता
गुणस्तथाप्यस्ति बके बकव्रतम्।।
इन्द्रियाणि च संयम्य बकवत् पण्डितो नरः।
देशकालबलं ज्ञात्वा सर्वकार्याणि साधयेत्।।

न कोयलों के समान मधुर ध्वनि है, न हंस के समान सुंदर चाल है, न मोरों के समान रंग-बिरंगे सुंदर पंख हैं, फिर भी उसका अपना एक गुण 'बगुले का व्रत' तो है। विद्वान पुरुष बगुले के समान अपनी इंद्रियों को वश में करके देश और काल की शक्ति को जानकर अपने सभी कार्य सम्पन्न करते हैं।

काकः तुल्यवर्णच्छदः कृष्णः कोकिलैः सह सङ्गतः।
केन विज्ञायते काकः स्वयं यदि न भाषते।।

कोयलों के साथ ही रहने वाले कौए का रंग, रूप और पंख सब एक समान होते हैं। यदि कौआ स्वयं न बोले तो कौन बता सकता है कि वह कौआ है।

अभ्यास प्रश्नाः

मणिका पाठ्य-पुस्तक पर आधारित प्रश्नोत्तर

गद्यांश आधारित प्रश्नाः

1. अधोलिखितं गद्यांशं पठित्वा प्रदत्त प्रश्नानाम् उत्तराणि संस्कृतेन लिखत।
(निम्नलिखित गद्यांश को पढ़कर दिए गए प्रश्नों के उत्तर संस्कृत में दीजिए।)

(क) काकः (विहस्य) कुक्कुटः। अरे! अद्य कुतः कुक्कुटाः नगरेषु अहमेव सर्वत्र सुलभः।
राजहंसी भो-भो वाचाल! स्वीयै कटुभिः क्वणितैः जनजागरणात् अन्यत् तु किमपि न करोषि।
काकः अहो अज्ञानं भक्तयाः/अरे! यस्य गृहस्य भित्तौ स्थित्वा आत्मपामि, जनाः प्रियस्य आगमनसंकेतं मत्वा हृष्यन्ति। किं बहुना। अहं तु एतादृशः सत्यप्रियः यत् मातरः शिशून् कथयन्ति-"अनृतं वदसि चेत् काकः दशेत्"। अस्माकं ऐक्यं तु जगत्प्रसिद्धम्। सर्वथा जागरुकोऽहं छात्राणां कृते आदर्शः एव। किं न श्रुतं काकचेष्टा, बकोध्यानम् ......।

I. अधोलिखितानां प्रश्नानाम् उत्तराणि एकपदेन लिखत।
(निम्नलिखित प्रश्नों के उत्तर एक पद में लिखिए।)
(i) कः छात्राणां कृते आदर्शः?
(ii) के नगरेषु सुलभाः न सन्ति?
(iii) काः शिशून् कथयन्ति?

II. अधोलिखितानां प्रश्नानाम् उत्तराणि पूर्णवाक्येन लिखत।
(निम्नलिखित प्रश्नों के उत्तर पूर्ण वाक्य में लिखिए।)
(i) मातरः किं शिशून् कथयन्ति?
(ii) केषाम् ऐक्यं जगत्प्रसिद्धम्?
(iii) किं वदसि चेत् काकः दशेत्?

III. अधोलिखितानां प्रश्नानाम् उत्तराणि निर्देशानुसारं लिखत।
(निम्नलिखित प्रश्नों के उत्तर निर्देशानुसार लिखिए।)
(i) 'मत्वा' इति पदे का मूलधातुः?
(ii) 'कथयन्ति' इति क्रियायाः कर्त्तपदं किं?
(iii) नाट्यांशे 'अहम्' पदं कस्मै प्रयुक्तम्?

उत्तराणि

I. (i) काक:
(ii) कुक्कुटा:
(iii) मातर:

II. (i) मातर: शिशून् कथयति-'अनृतं वदसि चेत् काक: दशेत्
(ii) काकानाम् ऐक्यं जगत्प्रसिद्धम्।
(iii) अनृतं वदसि चेत् काक: दशेत्।

III. (i) मन् (ii) मातर:
(iii) काकाय

(ख) "काकस्य गात्रं यदि काञ्चनस्य,
माणिक्यरत्नं यदि चञ्चुदेशे।
एकैकपक्षे ग्रथितं मणीनां,
तथापि काको न तु राजहंसः।।" **CBSE 2014**

I. अधोलिखितानां प्रश्नानाम् उत्तराणि एकपदेन लिखत।
(निम्नलिखित प्रश्नों के उत्तर एक पद में लिखिए।)
(i) काकः को न भवितुं शक्नोति?
(ii) कः प्रियस्य आगमनसंकेतं ददाति?
(iii) केषाम् ऐक्यं जगत्प्रसिद्धम्?

II. अधोलिखितानां प्रश्नानाम् उत्तराणि पूर्ण वाक्येन लिखत।
(निम्नलिखित प्रश्नों के उत्तर पूर्णवाक्य में लिखिए।)
(i) एकैकपक्षे काकस्य केषां ग्रथितं स्यात्?
(ii) मातरः शिशून् किं कथयन्ति?
(iii) कस्य वर्णः श्वेतः भवति?

III. अधोलिखितानां प्रश्नानाम् उत्तराणि निर्देशानुसारं लिखत।
(निम्नलिखित प्रश्नों के उत्तर निर्देशानुसार लिखिए।)
(i) 'लौहस्य' इत्यस्य पदस्य कः विपर्ययः श्लोके आगतः?
(ii) 'शरीरं' इत्यर्थे श्लोके किं पदं प्रयुक्तं?
(iii) 'श्वेतः' पदं कस्य विशेषणम्?

उत्तराणि

I. (i) राजहंस: (ii) काक: (iii) काकानाम्

II. (i) काकस्य एकैकपक्षे मणीनां ग्रथितं स्यात्।
(ii) मातर: शिशून् कथयन्ति 'अनृतं वदसि चेत् काक: दशेत्'।
(iii) हंसबकयो: वर्ण: श्वेत: भवति।

III. (i) काञ्चनस्य (ii) गात्रं (iii) हंसबकयो:

(ग) **बकः** (प्रविश्य, स्वपक्षौ अवधूय) कथं माम् अपि अधिक्षिपसि। किं ते महत्वम्? वर्षतौ तु मानसं पलायसे। अहम् एव अत्र वृष्टेः अभिनन्दनं करोमि। कीदृशी तव मैत्री? आपत्काले सरांसि त्यक्त्वा दूरं वजसि। वस्तुतः अहमेव शीतले जले बहुकालपर्यन्तम् अविचलं ध्यानमग्नः 'स्थितप्रज्ञ' इव तिष्ठामि। दुग्धधवला में पक्षाः। न जाने कथं माम् अपरिगणयन्तः जनाः चित्रवर्णं अहिभुजं मयूरं 'राष्ट्र-पक्षी' इति मन्यन्ते। अहमेव योग्यः।

मयूरः (प्रविश्य, साट्टहासम्) सत्यं सत्यम्। अहमेव राष्ट्रपक्षी। को न जानाति तव ध्यानावस्थाम्? मौनं धृत्वा वरकान् मीनान् छलेन अधिगृह्य, क्रूरतया भक्षयसि। धिक् त्वाम्! अवमानितं खलु सर्वं पक्षिकुलं त्वया।

काकः रे सर्पभक्षक! नर्तनात् अन्यत् किम् अपरं जानासि?

मयूरः श्रूयतां-श्रूयताम्! मम नृत्यं तु प्रकृतेः आराधना। पश्य! चारुवर्तुलचंद्रिकाशोभितानां मम पिच्छानाम् अपूर्वं सौन्दर्यम्। मम केकारवं श्रुत्वा कोकिलः अपि लज्जते।

मम शिरसि राजमुकुटमिव शिखां स्थापयता विधात्रा एव अहं पक्षिराजः कृतः। **CBSE 2024, 16**

I. अधोलिखितानां प्रश्नानाम् उत्तराणि एकपदेन लिखत।
(निम्नलिखित प्रश्नों के उत्तर एक पद में लिखिए।)
(i) मयूरस्य नृत्यं कस्याः आराधना?
(ii) केन पक्षिकुलम् अवमानितम्?
(iii) जनाः कम् राष्ट्रपक्षी मन्यन्ते?

II. अधोलिखितानां प्रश्नानाम् उत्तराणि पूर्णवाक्येन लिखत।
(निम्नलिखित प्रश्नों के उत्तर पूर्ण वाक्य में लिखिए।)
(i) बकः मीनान् कथं भक्षयति?
(ii) वर्षा ऋतौ कः पलायते।
(iii) बकः आत्मानं स्थितप्रज्ञः इति किमर्थं वदति?

III. अधोलिखितानां प्रश्नानाम् उत्तराणि निर्देशानुसारं लिखत।
(निम्नलिखित प्रश्नों के उत्तर निर्देशानुसार लिखिए।)
(i) 'दुग्धधवला में पक्षाः' अस्मिन् वाक्यांशे किम् विशेषणपदम्?
(ii) अहमेव योग्यः अत्र 'अहम्' पदं कस्मै प्रयुक्तम्?
(iii) 'तिरस्कृतम्' इति पदस्य पर्यायम् किम् अस्ति?

अथवा

I. अधोलिखितानां प्रश्नानाम् उत्तराणि एकपदेन लिखत।
(निम्नलिखित प्रश्नों के उत्तर एक पद में लिखिए।)
(i) कः एव राष्ट्रपक्षी?
(ii) राजहंसः वर्षर्तौ कुत्र पलायनं करोति?
(iii) बकः मौनं धृत्वा कान् भक्षयति?

II. अधोलिखितानां प्रश्नानाम् उत्तराणि पूर्णवाक्येन लिखत।
(निम्नलिखित प्रश्नों के उत्तर पूर्णवाक्य में लिखिए।)
(i) बकः शीतले जले बहुकालपर्यन्तं कथं तिष्ठति?
(ii) काकः मयूरं किं कथयति?
(iii) जनाः कीदृशं मयूरं 'राष्ट्रपक्षी' इति मन्यन्ते?

III. अधोलिखितानां प्रश्नानाम् उत्तराणि निर्देशानुसारं लिखत।
(निम्नलिखित प्रश्नों के उत्तर निर्देशानुसार लिखिए।)
(i) 'स्वागतम्' इत्यस्य किं पर्यायपदं अत्र प्रयक्तम्?
(ii) 'करोमि' इति क्रियापदस्य कर्त्तृपदं किम् अत्र प्रयुक्तम्?
(iii) 'मीनान्' इत्यस्य किं विशेषणपदं प्रयुक्तम्?

उत्तराणि

I. (i) प्रकृते: (ii) बकेन (iii) मयूरम्

II. (i) बक: मौनं धृत्वा मीनान् छलेन अधिगृह्य क्रूरतया भक्षयति।
(ii) वर्षर्तौ हंस: पलायते।
(iii) यतोहि स: शीतले जले बहुकालपर्यन्तम् अविचलं ध्यानमग्न: 'स्थितप्रज्ञ' इव तिष्ठति।

III. (i) दुग्धधवला (ii) बकाय (iii) अवमानितम्

अथवा

I. (i) मयूर: (ii) मानसं (iii) मीनान्

II. (i) बक: शीतले जले बहुकालपर्यन्तं अविचलं ध्यान मडन: स्थितं प्रज्ञ: इव तिष्ठति।
(ii) काक: मयूरं प्रति कथयति-रे सर्पभक्षका नर्तनात् अन्यत् किं अपरं जानासि?
(iii) जना: चित्रवर्णं मयूरं 'राजपक्षी' मन्यते।

III. (i) अभिनन्दनं (ii) बक: (iii) बरकान

(घ) **कोकिला:**–रे मयूर! अलम् अतिविकत्थनेन। मधुमासे आम्रवृक्षे स्थित्वा यदा अहं पञ्चमस्वरेण गायामि तदा श्रोतार: कथयन्ति–

काक: कृष्ण: पिक: कृष्ण:, को भेद: पिक-काकयो:।

वसन्तसमये प्राप्ते, काक: काक: पिक: पिक:।।

काक:–रे परभृत! अहं यदि तव सन्ततिं न पालयामि तर्हि कुत्र स्यु: पिका:?

अत: अहम् एव करुणापर: पक्षिसम्राट् काक:!

राजहंस:–शान्तं-शान्तम्! अहमेव नीरक्षीरविवेकी पक्षिणां राजा!

बक:–धिक् युष्मान्। अहमेव सर्वशिरोमणि:!" **CBSE 2014**

I. अधोलिखितानां प्रश्नानाम् उत्तराणि एकपदेन लिखत।
(निम्नलिखित प्रश्नों के उत्तर एक पद में लिखिए।)
(i) कोकिल: मधुमासे कुत्र स्थित्वा गायति?
(ii) मयूरस्य नृत्यं कस्य आराधना?
(iii) मयूर: केन पक्षिराज: कृत:?

II. अधोलिखितानां प्रश्नानाम् उत्तराणि पूर्णवाक्येन लिखत।
(निम्नलिखित प्रश्नों के उत्तर पूर्णवाक्य में लिखिए।)
(i) राजहंस: किं कथयति?
(ii) पिककाकयो: भेद: कदा ज्ञायते?
(iii) विधात्रा केन प्रकारने मयूर: पक्षिराज: कृत: ?

III. अधोलिखितानां प्रश्नानाम् उत्तराणि निर्देशानुसारं लिखत।
(निम्नलिखित प्रश्नों के उत्तर निर्देशानुसार लिखिए।)
(i) 'कथयन्ति' इति क्रियापदस्य कर्तृपदं किम् अस्ति?
(ii) 'अहम् एव करुणापर: पक्षिसम्राट्' इति वाक्ये 'अहं' पदं कस्मै प्रयुक्तम्?
(iii) 'उग्रम इति पदस्य विलोम: गद्यांशात् चित्वा लिखत्।

उत्तराणि

I. (i) आम्रवृक्षे (ii) प्रकृते: (ii) विधात्रा

II. (i) राजहंस: कथयति यत् अहमेव नीरक्षीर विवेकी पक्षिणां राजा।
(ii) पिककाकयो: भेद: वसन्तसमये ज्ञायते।
(iii) विधात्रा मयूरस्य शिरसि राजमुकुटमिव शिखां स्थापयता स पक्षिराज: कृत:।

III. (i) श्रोतार: (ii) काकाय (iii) शान्तम्

(ङ) (तत: प्रकृति-मात्रा प्रविशति)

प्रकृति: (सस्नेहम्) अलं अलं मिथ: कलहेन। अहं प्रकृति: एव युष्माकं जननी/यूयं सर्वे एव मम प्रिया:। सर्वेषामेव महत्त्वं विद्यते यथासमयम्। सर्वै: एव मे शोभा। न तावत् कलहेन समयं वृथा यापयेत्। मिलित्वा एवं मोदध्वं जीवनं च रसमयं कुरुध्वम्। सर्वे मिलित्वा गायन्ति।

"आयुष: क्षममेकोऽपि, न लभ्य: स्वर्णकोटिकै:
स चेन्निरर्थकं नीत:, का नु हानिस्ततोऽधिका।
अधुना रमणीया हि, सृष्टिरेषा जगत्पते:
जीवा: सर्वेऽन्न मोदन्तां, भावयन्त: परस्परम्।"

I. अधोलिखितानां प्रश्नानाम् उत्तराणि एकपदेन लिखत।
(निम्नलिखित प्रश्नों के उत्तर एक पद में लिखिए।)
(i) रसमयं किं कर्त्तव्यम्?
(ii) पक्षिणां का जननी?
(iii) केन समय: वृथा न यापयितव्य:?

II. अधोलिखितानां प्रश्नानाम् उत्तराणि पूर्णवाक्येन लिखत।
(निम्नलिखित प्रश्नों के उत्तर पूर्णवाक्य में लिखिए।)
(i) जगत्पते सृष्टौ जीवा: कथं मोदन्ताम्?
(ii) आयुष: क्षणं कै: न लभ्यते?
(iii) यूयं सर्वे कस्या प्रिया:?

III. अधोलिखितानां प्रश्नानाम् उत्तराणि निर्देशानुसारं लिखत।
(निम्नलिखित प्रश्नों के उत्तर निर्देशानुसार लिखिए।)
(i) 'परस्परम्' इत्यर्थे अत्र किं पदं प्रयुक्तम्?
(ii) 'समयम् अनतिक्रम्य' अनयो: पदयो: कृते नाट्यांशे किं पदं प्रयुक्तम्?
(iii) 'रमणीया हि सृष्टि:' अनयो: पदयो: किं विशेष्यम्?

उत्तराणि

I. (i) जीवनम् (ii) प्रकृति: (iii) कलहेन

II. (i) जगत्पते: सृष्टौ सर्वे जीवा: परस्परं भावयन्त: मोदन्ताम्।
(ii) आयुष: क्षणं स्वर्णकोटिकै: न लभ्यते।
(iii) यूयं सर्वे 'प्रकृतिमाता' प्रिया:।

III. (i) मिथ: (ii) यथासमयम् (iii) सृष्टि:

अन्वय: पूर्ति

5. मञ्जूषात: समुचितपदानि चित्वा अधोलिखित श्लोकस्य अन्वयं पूरयित्वा पुन: लिखत।
(मञ्जूषा से समुचित पद चुनकर निम्नलिखित श्लोक का अन्वय पूर्ण करके पुन: लिखिए।)

(क) "हंस श्वेत: बक: श्वेत: को भेद: बकहंसयो:।
नीरक्षीरविवेके तु हंसो हंस: बको बक:।।"

अन्वय: 'हंस श्वेत (i) ····· श्वेत: (ii) ····· क: भेद:? नीरक्षीर विवेके तु (iii) ····· हंस:, बक: (iv) ·····।

• मञ्जूषा बकहंसयोः हंसः, बकः, बकः।

(ख) "आयुषः क्षणएकोऽपि, न लभ्यः स्वर्णकोटिकैः।
स चेन्निरर्थकं नीतः, का नु हानिस्ततोऽधिका।।"

अन्वयः आयुषः एकः (i) ····· अपि स्वर्णकोटिकैः न (ii) ····· स चेत् (iii) ····· नीतः, ततः (iv) ····· नु हानिः का?

• मञ्जूषा लभ्यः, अधिकाः निरर्थकम्, क्षणम्।

(ग) "अधुना रमणीया हि, सृष्टिरेषा जगत्पतेः।
जीवाः सर्वेऽत्र मोदन्तां, भावयन्तः परस्परम्।।" CBSE 2015

अन्वयः (i) ····· जगत्पतेः सृष्टिः हि अधुना रमणीया।
(ii) ····· जीवाः अत्र परस्परं भावयन्तः मोदन्ताम्।

• मञ्जूषा सर्वे, एषा

उत्तराणि

(क) (i) बकः (ii) बकहंसयोः
(iii) हंसः (iv) बकः
(ख) (i) क्षणम् (ii) लभ्यः
(iii) निरर्थकम् (iv) अधिकाः
(ग) (i) एषा (ii) सर्वे

भावार्थ पूर्ति

6. मञ्जूषायाः साहायेन श्लोकस्य भावार्थे रिक्तस्थानानि पूरयित्वा पुनः लिखत।
(मञ्जूषा की सहायता से श्लोक के भावार्थ में रिक्त स्थान पूर्ण करके पुनः लिखिए।)

(क) "काकः कृष्णः पिकः कृष्णः, को भेदः पिककाकयोः।
वसन्तसमये प्राप्ते काकः काकः पिकः पिकः।।" CBSE 2024

भावार्थः काकस्य वर्णः कृष्णः (i) ·········अपि वर्णः (ii) ········भवति। वर्णसदृशौ तौ। एतयोः भेदः तु (iii) ·········एव ज्ञायते यत् काकः (iv) ···········पिकः च पिकः अस्ति। यतः पिकस्य स्वरः मधुरः भवति काकस्य च कर्कशः।

• मञ्जूषा काकः, कृष्णः, पिकस्य, वसन्ते-समय।

(ख) "काकस्य गात्रं यदि काञ्चनस्य, माणिक्यरत्नं चञ्चुदेशे।
एकैकपक्षे ग्रथितं मणीनां, तथापि काको न तु राजहंसः।।"

भावार्थः अस्य श्लोकस्य भावः अस्ति यत् यदि काकस्य शरीरं (i) ······ भवेत् तस्य चञ्चुदेशे (ii) ······ अपि भवेत्। तथापि सः राजहंसः न मन्यते अपितु काकः एव भवति। एवमेव यदि (iii) ······ पक्षाः मणिभिः अपि ग्रथिताः भवेयुः तथापि सः (iv) ······ एव तिष्ठति। राजहंसः तु भवितुं नार्हति।

• मञ्जूषा काकः, स्वर्णस्य, काकस्य, माणिक्यरत्नम्।

(ग) आयुषः क्षणमेकोऽपि, न लभ्यः स्वर्णकोटिकैः।
स चेन्निरर्थकं नीतः, का नु हानिस्ततोऽधिका।।

भावार्थःअस्य श्लोकस्य भावः अस्ति। यत् आयुषः (i) ······ क्षणम् अपि (ii) ······ सुवर्ण मुद्राभिः न लभ्यते यदि सः क्षण (iii) ······ भवति ननु तस्मात् किं (iv) ······ हानि स्यात्।

• मञ्जूषा कोटिभिः, एकः, अधिक, निरर्थकः।

उत्तराणि

(क) (i) पिकस्य (ii) कृष्णः
(iii) वसन्ते-समये (iv) काकः
(ख) (i) स्वर्णस्य (ii) माणिक्यरत्नम्
(iii) काकस्य (iv) काकः
(ग) (i) एकः (ii) कोटिभिः
(iii) निरर्थकः (iv) अधिक

घटनाक्रमेणानुसारं प्रश्नाः

7. अधोलिखितानि वाक्यानि घटनाक्रमानुसारं पुनः लिखत।
(निम्नलिखित वाक्यों को घटनाक्रमानुसार व्यवस्थित कीजिए।)

(क) युष्माभिः एव मे शोभा अतः यूयं सर्वे मम प्रियाः।
(ख) निन्दा श्रुत्वा काकः तत्रागत्य आत्मानं प्रशंसति।
(ग) अन्ते प्रकृति माता तत्रागत्य सर्वान् कथयति।
(घ) तदा बकः मयूरः पिकः च क्रमेण तत्रं आगच्छन्ति।
(ङ) अतः कलहं विहाय परस्परं मोदध्वं जीवनं च रसमयं कुरुध्वम्।
(च) एकदा प्रभाते राजहंसः राजहंसी च सरस्तीरे भ्रमतः।
(छ) तौ काकस्य ध्वनिं श्रुत्वा तस्य निन्दां कुरुतः।
(ज) ते सर्वे आत्मनः महत्त्वं प्रतिपादयन्तः अन्योऽन्यान् निन्दन्ति।

उत्तराणि

(क) एकदा प्रभाते राजहंसः राजहंसी च सरस्तीरे भ्रमतः।
(ख) तौ काकस्य ध्वनिं श्रुत्वा तस्य निन्दां कुरुतः।
(ग) निन्दा श्रुत्वा काकः तत्रागत्य आत्मानं प्रशंसति।
(घ) ते सर्वे आत्मनः महत्त्वं प्रतिपादयन्तः अन्योऽन्यान् निन्दन्ति।
(ङ) अन्ते प्रकृति माता तत्रागत्य सर्वान् कथयति।
(च) युष्माभिः एव मे शोभाः अतः यूयं सर्वे मम प्रियाः।
(छ) अतः कलहं विहाय परस्परं मोदध्वं जीवनं च रसमयं कुरुध्वम्।
(ज) तदा बकः मयूरः पिकः च क्रमेण तत्रं आगच्छन्ति।

प्रश्ननिर्माणं कुरुत

8. स्थूलपदमाधृत्य प्रश्ननिर्माणं कुरुत।
(स्थूल पद को आधार मानकर प्रश्न निर्माण कीजिए।)

(i) **विधात्रा** एव अहं पक्षिराजः कृतः। CBSE 2013
(ii) **नेपथ्ये** काकध्वनिः श्रूयते।
(iii) अहम् प्रकृतिः एव **युष्माकं** जननी।
(iv) सर्वथा जागरुकः काकः **छात्राणाम्** कृते आदर्शः।
(v) मम **केकारवं** श्रुत्वा कोकिलः अपि लज्जते।
(vi) **काकः पिकः** च कृष्णौ भवतः।
(vii) मम नृत्यं तु **प्रकृतेः** आराधना।
(viii) **कोकिलः** एव पञ्चमस्वरेण गायति।
(ix) **अहमेव** राष्ट्रपक्षी अस्मि।
(x) जनाः मयूरं **'राष्ट्रपक्षी'** मन्यन्ते।
(xi) काकस्य गात्रम् **काञ्चनस्य** भवेत्।
(xii) हंसः **श्वेतः** भवति।

उत्तराणि

(i) केन	(ii) कुत्र
(iii) केषाम्	(iv) केषाम्
(v) किम्	(vi) कौ
(vii) कस्याः	(viii) कः
(ix) कः	(x) किम्
(xi) कस्य	(xii) कीदृशः

प्रसङ्गानुकूलं प्रश्नाः

9. अधोलिखितेषु रेखाङ्कितपदानां प्रसङ्गानुकूलम् उचितार्थं चित्वा लिखत।
(निम्नलिखित वाक्यों में रेखांकित पदों के प्रसंगों के अनुकूल उचित अर्थ चुनकर लिखिए।)

(i) राजहंसी काकं 'वाचाल' इति कथयति। **CBSE 2015**
(अ) उद्दण्डः (ब) चतुरः (स) प्रगल्भः (द) कठोरः

(ii) अहं प्रकृतिः एवं युस्माकं जननी।
(अ) माता: (ब) मात्रा (स) जनकः (द) जन्मः

(iii) "अनृतं वदसि चेत् काकः दशेत्।"
(अ) सत्यं (ब) अमृतं
(स) असत्यं (द) अशुद्धः

(iv) "अस्माकम् ऐक्यं तु जगत् प्रसिद्धम्।"
(अ) जनकः (ब) विश्वः
(स) जनः (द) न कोऽपि

(v) स्वपक्षौ अवधूय बकः प्रविशति।
(अ) धावित्वा (ब) धृत्वा
(स) कम्पयित्वा (द) प्रक्षाल्य

उत्तराणि

(i) (स) प्रगल्भः (ii) (अ) माता:
(iii) (स) असत्यं (iv) (ब) विश्वः
(v) (स) कम्पयित्वा

मेलनं कुरुत

10. निम्नलिखित शब्दानां विपरीत शब्दानां मेलनं कुर्वन्तु।
(निम्नलिखित शब्दों का विपरीत शब्दों से मिलान कीजिए।)

सूची (क)	सूची (ख)
(i) कृष्णः	(अ) पूर्वम्
(ii) अपूर्वम्	(ब) मूकः
(iii) वाचालः	(स) श्वेतः
(iv) अनृत	(द) उष्णजले
(v) शीतल जले	(य) अचकिताः
(vi) विस्मिताः	(र) सत्यम्

उत्तराणि

सूची (क)	सूची (ख)
(i) कृष्णः	(स) श्वेतः
(ii) अपूर्वम्	(अ) पूर्वम्
(iii) वाचालः	(ब) मूकः
(iv) अनृत	(र) सत्यम्
(v) शीतल जले	(द) उष्णजले
(vi) विस्मिताः	(य) अचकिताः

11. शब्दानां पर्यायाः सह मेलनं कार्यम्।
(शब्दों का उनके पर्याय के साथ मेल कीजिए।)

सूची (क)	सूची (ख)
(i) दुग्धधवला	(अ) ज्ञानं रहितं
(ii) अहिम्	(ब) तटे
(iii) कृष्णः	(स) श्यामः
(iv) तीरे	(द) श्वेतः
(v) अज्ञान	(य) सर्पः

उत्तराणि

सूची (क)	सूची (ख)
(i) दुग्धधवला	(द) श्वेतः
(ii) अहिम्	(य) सर्पः
(iii) कृष्णः	(स) श्यामः
(iv) तीरे	(ब) तटे
(v) अज्ञान	(अ) ज्ञानं रहितं

कथापूर्ति

12. अधोलिखित कथां रिक्तस्थानानि पूरयित्वा पुनः लिखत।
(निम्नलिखित कथा में रिक्त स्थानों को पूर्ण करके पुनः लिखिए।)

यस्य (i) ..... भित्तौ स्थित्वा (ii) ....., जनाः प्रियस्य आगमनसंकेतं मत्वा (iii) .....। किं बहुना! अहं तु एतादृशः (iv) ..... यत् मातरः (v) ..... कथयन्ति–"अनृतं वदसि चेत् काकः (vi) ..... अस्माकं ऐक्यं तु (vii) ..... सर्वथा जागरुकोऽहम् (viii) ..... कृते आदर्शः एव। किं न श्रुतं (ix) .....।

- **मञ्जूषा** आलपामि, सत्यप्रियः, दशेत्, छात्राणाम्, काकचेष्टा, हृष्यन्ति, गृहस्य, शिशून्, जगतप्रसिद्धम्।

उत्तराणि

(i) गृहस्य	(ii) आलपामि
(iii) हृष्यन्ति	(iv) सत्यप्रियः
(v) शिशून्	(vi) दशेत्
(vii) जगतप्रसिद्धम्	(viii) छात्राणाम्
(ix) काकचेष्टा	

आज्ञा गुरूणां हि अविचारणीया

(गुरुओं की आज्ञा पालन करने योग्य होती है।)

अध्याय 4

पाठ परिचय

(अद्य शिक्षक-दिवसः। आचार्यमहोदयः कक्षां प्रविशति। शिष्याः गुरुवन्दनां कुर्वन्ति।)

अज्ञानतिमिरान्धस्य ज्ञानाञ्जनशलाकया।
चक्षुरुन्मीलितं येन तस्मै श्रीगुरवे नमः॥

आचार्यः (प्रविश्य) अहो! अतिमधुरः स्वरः। वत्साः! भवन्तः जानन्ति किम्, अत्र कस्मै प्रणामः क्रियते?

राकेशः (विचिन्त्य) 'तस्मै श्रीगुरवे नमः।' अत्र तु गुरवे एव प्रणामः क्रियते।

आचार्यः शोभनम्। 'गुरुः' इति शब्दस्य कोऽर्थः?

सुमेधा ननु आचार्य एव।

आचार्यः शोभनम्। परं भवन्तः जानन्ति किं 'गुरुः' शब्दस्य अन्येऽपि अर्थाः भवन्ति।

ऋचा किम् अस्य अन्येऽपि अर्थाः भवन्ति?

आचार्यः आम। शब्दार्थं दृष्ट्वा वदन्तु।

राधिका ज्ञानवृद्धः, आदरणीयः, वरिष्ठः।

आचार्यः आम्! ज्ञातव्यं यत् ज्ञानवृद्धः यदि बालोऽपि स्यात् सोऽपि पूजनीयः।

अभिषेकः आम्! अस्माभिः पठितम् अपि। अष्टावक्रस्तु द्वादशवर्षीय एव आसीत् परन्तु सर्वैः वन्द्यः जातः।

आचार्यः साधु! एवं युष्मासु अपि कश्चित् स्वविद्यया ज्ञानेन च गुरुः भवितुं शक्नोति।

ऋचा किं सत्यम्?

आचार्यः आम्! श्रावयामि एकां कथां यत्र वानराणां वरिष्ठस्य यूथपतेः उपदेशम् अवमत्य वानराः दुःखिनः भवन्ति।

सर्वे छात्राः श्रोतुमिच्छामः।

शब्दार्थाः अद्य = आज, कुर्वन्ति = करते, अज्ञानतिमिरान्धस्य = अज्ञानतारूपी अंधकार के कारण अंधे हुए का, ज्ञानाञ्जनशलाकया = ज्ञानरूपी काजल की सलाई से, जानाति = जानते हैं, किम् = क्या, अत्र = यहाँ, क्रियते = किया जाता है, शोभनम् = सुन्दर, अन्येऽपि = अन्य भी, दृष्ट्वा = देखकर, पठितुम् = पढ़ा गया, वानराणां = बंदरों के।

हिंदी अनुवाद

(आज शिक्षक दिवस है। आचार्य महोदयः कक्षा में प्रवेश करते हैं। शिष्य गुरुवंदना करते हैं।)

''जिनके द्वारा अज्ञान रूपी अंधकार के कारण अंधे हुए शिष्यों की आँखें ज्ञानरूपी काजल की सलाई से खोल दी जाती हैं ऐसे गुरु को नमस्कार है।''

आचार्य (प्रवेश करके) ओह! अतिमधुर स्वर है। बच्चों जानते हो, यहाँ किसे प्रणाम किया जा रहा है?

राकेश (सोचकर) 'तस्मै श्री गुरुवे नमः' अर्थात् यहाँ तो गुरु को ही प्रणाम किया जा रहा है।

आचार्य बहुत सुंदर! जानते हो 'गुरुः' शब्द का क्या अर्थ है?

सुमेधा निश्चय ही आचार्य।

आचार्य बहुत सुंदर। परंतु आप जानते हैं कि गुरु शब्द के अन्य अर्थ भी होते हैं।

ऋचा क्या अन्य अर्थ भी होते हैं?

आचार्य हाँ! शब्दार्थ देखकर बताओ।

राधिका ज्ञानी, आदरणीय, और वंदनीय।

आचार्य हाँ! यह ज्ञात होना चाहिए कि ज्ञान में यदि बालक भी परिपक्व है तो वह भी पूजनीय होता है।

अभिषेक हाँ! हमारे द्वारा भी पढ़ा गया है। अष्टावक्र बारह वर्ष के ही थे, परंतु सभी के पूज्य थे।

आचार्य ठीक है! इसी प्रकार तुम सब में से कोई भी अपनी विद्या और ज्ञान से गुरु बन सकता है।

ऋचा क्या यह सच है?

आचार्य हाँ! एक कथा सुनाता हूँ, जिसमें बंदरों के वरिष्ठ सरदार के उपदेश की अवमानना करने के पश्चात् बंदर दुःखी हो गए थे।

सभी छात्र हम सभी उसे सुनने की इच्छा रखते हैं।

पाठ का सार प्रस्तुत पाठ पंडित विष्णुशर्मा द्वारा रचित कथाग्रंथ 'पंचतंत्र' के अपरीक्षितकारक तंत्र से लिया गया है। पाठ में बताया गया है कि किस प्रकार राजा के पुत्रों द्वारा पाले गए बंदरों नें अपने वरिष्ठ दल नायक की आज्ञा की अवमानना की और रसोईये व भेड़ की कलह के कारण बंदरों को अपने प्राणों की आहूति देनी पड़ी। इस कहानी से हमें यह शिक्षा मिलती है कि जो लोग हितकर वचनों की अवमानना करते हैं अथवा गुरुजनों या बड़ों की आज्ञा के विपरीत आचरण/व्यवहार करते हैं, वे सदैव हानि ही उठाते हैं।

पाठ का हिंदी अनुवाद

1. कस्मिंश्चित् नगरे चन्द्रो नाम भूपतिः प्रतिवसति स्म। तस्य पुत्राः वानरक्रीडारताः वानरयूथं नित्यमेव विविधैः भोज्यपदार्थैः पुष्टिं नयन्ति स्म। तस्मिन् राजगृहे बालवाहनयोग्यं मेषयूथम् आसीत्। तेषां मेषाणां मध्ये एको मेषः जिह्वालोलुपतया अहर्निशं महानसं प्रविश्य यत् पश्यति तद् भक्षयति स्म। ते च सूपकाराः यत्कञ्चित् काष्ठं, मृण्मयं भाजनं कांस्यताम्रपात्रं वा पश्यन्ति तेन तम् आशु ताडयन्ति स्म।

मेषस्य सूपकाराणां च कलहम अवेक्ष्य नीतिविदाम् अग्रणीः वानरयूथपतिः अचिन्तयत्-'एतेषां कलहो न वानराणां हिताय।' एवं विचार्य स यूथपः सर्वान् कपीन् आहूय रहसि अवदत्— सूपकाराणां मेषेण सह एषः कलहः नूनं भवतां विनाशकारणं भविष्यति। उक्तम् हि—

''तस्मात् स्यात् कलहो यत्र गृहे नित्यमकारणः।
तद्गृहं जीवितं वाञ्छन् दूरतः परिवर्जयेत्''॥1॥

शब्दार्थाः कस्मिंश्चित् = कभी किसी, मेषयूथम् = भेड़ों के झुंड को, जिह्वालोलुपतया = जिह्वा के द्वारा खाने का लालच, अहर्निशम् = दिन-रात, महानसम् = रसोईघर, भक्षयति = खा जाना, काष्ठम् = लड़की, मृण्मयम् = मिट्टी, भाजनम् = बर्तन, कास्यताम्रपात्रम् = काँसे या ताबें के बर्तन, अवेक्ष्यम् = देखकर, नीतिविदाम् = राजनीति तथा नैतिकमूल्यों से संबंधित शास्त्रों के ज्ञाताओं का, वानरयूथम् = बंदरों का समूह यूथपः = झुंड का सरदार, रहसि = एकांत में, सूपकाराणाम् = रसोईयों का।

अन्वयः तस्मात् या गृहे नित्यम् अकारणः कलहः स्यात्। जीवितम् वाञ्छन् तत् गृहम् दूरतः परिवर्जयेत्।

हिंदी अनुवाद किसी नगर में चंद्र नाम का राजा रहता था। उसके पुत्र प्रतिदिन बंदरों के साथ खेल में लगे रहते और बंदरों के समूह को अनेक प्रकार के भोज्य पदार्थों से हृष्ट-पुष्ट बना रहे थे। उस राजभवन में बालकों की सवारी के लिए भेड़ों का समूह भी था। उन भेड़ों के बीच एक भेड़ अपनी जीभ की लोलुपता अर्थात स्वाद के कारण रात-दिन रसोईघर में घुस जाता था और जो भी खाने का सामान उसे दिखाई देता उसे खा जाता। रसोईघर के रसोईयों को जो भी मिलता लकड़ी, मिट्टी, काँसे या ताँबे के बर्तन उसी से उसे शीघ्र ही पीट देते थे।

भेड़ और रसोईयों के इस झगड़े को देखकर नीतिज्ञों में निपुण बंदरों के स्वामी ने सोचा-'इनका झगड़ा बंदरों के हित में नहीं है।' ऐसा सोचकर उस यूथपति (बंदरों के स्वामी) ने सभी बंदरों को एकांत में बुलाकर कहा-रसोईयों का भेड़ के साथ यह झगड़ा निश्चय ही आप लोगों के विनाश का कारण होगा, क्योंकि कहा भी गया है—

''जिस घर में बिना किसी कारण के नित्य ही झगड़ा होता हो, सुखी जीवन चाहने वालों को उस स्थान को समय से ही छोड़ देना चाहिए।''

2. ततः सर्वेषां संक्षयो न भवेत्, तदेतद् राजभवनं परित्यज्य वनं गच्छामः यतः

''कलहान्तानि हर्म्याणि कुवाक्यान्तं च सौहृदम्।
कुराजान्तानि राष्ट्राणि कुकर्मान्तं यशो नृणाम्''॥2॥

शब्दार्थाः सर्वेषाम् = सबका, संक्षयः = नाश, तदेतद् = इसलिए, परित्यज्य = छोड़कर, कलहान्तानि = झगड़ों से जिनका विनाश होता है, हर्म्याणि = महल, कुवाक्यान्तम् = अप्रिय भाषण के कारण जिनका अंत होता है, कुराजान्तानि = बुरे राजाओं के कारण जिनका विनाश होता है, कुकर्मान्तं = दुष्कर्म से, नृणाम् = मनुष्यों का।

अन्वयः हर्म्याणि कलहान्तानि (भवन्ति), सौहृदम् च कुवाक्यान्तम् (भवति) राष्ट्राणि कुराजान्तानि (भवन्ति) नृणाम् यशः (च) कुर्मान्तम् (भवति)।

हिंदी अनुवाद अतः सबका विनाश न हो जाए, इसलिए इस राजभवन को छोड़कर हम वन को चलते हैं, क्योंकि- ''झगड़ों से राजमहलों का अंत हो जाता है। अप्रिय वाक्य बोलने से मित्रता नष्ट हो जाती है। कुशासन से राष्ट्रों का विनाश हो जाता है। दुष्कर्म से मनुष्यों का यश नष्ट हो जाता है।''

3. तस्य वचनम् अश्रद्धेयं मत्वा मदोद्धताः कपयः प्रहस्य अवदन्-'भो! किमिदम् उच्यते? न वयं स्वर्गसमानोपभोगान् विहाय अटव्यां क्षार-तिक्त-कषाय-कटु-रूक्षफलानि भक्षयिष्यामः।' तच्छ्रुत्वा साश्रुनयनो यूथपतिः सगद्गदम् उक्तवान्-'रसनास्वादलुब्धाः यूयम् अस्य सुखस्य कुपरिणामं न जानीथ। अहं तु वनं गच्छामि।'

अथ अन्यस्मिन् अहनि स मेषो यावत् महानसं प्रविशति तावत् सूपकारेण अर्धज्वलितकाष्ठेन ताडितः। ऊर्णाप्रचुरः मेषः वह्निना जाज्वल्यमानशरीरः निकटस्थाम् अश्वशालां प्रविशति दाहवेदनया च भूमौ लुठति। तस्य क्षितौ प्रलुठतः तृणेषु वह्निज्वालाः समुत्थिताः।

शब्दार्थाः तस्य = उसके, वचनम् = वचन को, मत्वा = मानकर, कपयः = बंदर, प्रहस्य = हँसकर, वयम् = हम, तिक्त = तीखे, कटु = कड़ुवे, साश्रुनयनः = सजल नेत्रों वाला, रसनास्वादलुब्धाः = जीव के स्वाद से ललचाए हुए, अहनि = दिन में, महानसम् = रसोइया, अर्धज्वलितकाष्ठेन = आधी जली हुई लकड़ी से, ऊर्णाप्रचुरः = अधिक ऊन से युक्त, क्षितौ = पृथ्वी पर, प्रलुठतः = लौटते हुए, तृणेषु = घास में।

हिंदी अनुवाद उसके (बंदरों के स्वामी) वचन को श्रद्धारहित भाव से मानकर अभिमान से उन्मत्त बंदर हँसकर बोले—अरे! यह क्या कह रहे हो। हम स्वर्ग के समान भोज्य पदार्थों को छोड़कर वन में खारे, तीखे, कषैले, कड़वे और रूखे फलों को नहीं खाएँगे। उसे सुनकर सजल नेत्रों वाले यूथपति ने गद्गद् आवाज में कहा-'जीभ के स्वाद के लोभ में तुम सब इस सुख के दुष्परिणाम को नहीं जानते हो। मैं तो वन को जा रहा हूँ।'

इसके बाद दूसरे दिन वह भेड़ जैसे ही रसोई घर में प्रवेश करता है वैसे ही उसे एक रसोइये के द्वारा अधजली लकड़ी से पीट दिया जाता है। ऊन की प्रचुरता के कारण अग्नि से जलते हुए शरीर वाला वह भेड़ पास में स्थित अश्वशाला में प्रवेश करता है और जलने की पीड़ा से भूमि पर लेट जाता है। उसके भूमि पर लौटने से घास में आग की लपटें उठ जाती हैं।

4. ज्वालमालाकुलाः अश्वाः प्राणत्राणाय इतस्ततः अधावन्। तेषु केचिद् दग्धाः केचिद् अर्धदग्धाः केचन च पञ्चत्वं गताः। दग्धां हयशालां विज्ञाय सविषादः राजा शालिहोत्रज्ञान् वैद्यान् आहूय अपृच्छत्-'हा! दग्धाः मे घोटकाः कथं रक्षणीयाः?

सपदि उपायः क्रियताम्।' तदा राजवैद्यः प्रोवाच—

''कपीनां मेदसा दोषो वह्निदाहसमुद्भवः।
अश्वानां नाशमभ्येति तमः सूर्योदये यथा''॥3॥

शब्दार्थाः ज्वालमालाकुलाः = अग्नि की ज्वालाओं से व्याकुल, अश्वाः = घोड़े, इतस्ततः = इधर-उधर, पञ्चत्वं गताः = मृत्यु को प्राप्त हुए, हयशालाम् = अस्तबल को, शालिहोत्रज्ञान् = शालिहोत्र द्वारा प्रणीत पशुचिकित्सा शास्त्र के ज्ञाताओं को, सपदि = तुरंत, जल्दी (शीघ्र), क्रियताम् = कीजिए, तदा = तब, प्रोवाच = बोलना, कपीनां = बंदरों की मेदसा = वसा से, चर्बी से, समुद्भव = पैदा हुआ, अभ्येति = प्राप्त करता है, सूर्योदये = सूर्य के निकलने पर।

अन्वयः अश्वानाम् वह्नि-दाह-समुद्भवः दोषः कपीनाम् मेदसा नाशम् अभ्येति यथा सूर्योदये तमः।

हिंदी अनुवाद आग की प्रचंड लपटों से व्याकुल घोड़े अपने प्राणों की रक्षा के लिए इधर-उधर भागने लगे। उनमें से कुछ जल गए, कुछ आधे जल गए और कुछ मृत्यु को प्राप्त हो गए। जली हुई अश्वशाला की जानकारी पाकर राजा दु:खी होते हैं और पशु चिकित्सा में कुशल वैद्यों को बुलाकर पूछते हैं-हाय! मेरे घोड़े जल गए, इनकी रक्षा कैसे की जाए? 'शीघ्र उपाय कीजिए।' तब राजवैद्य बोला—

''घोड़ों का अग्नि की जलन से उत्पन्न हुआ घाव बंदरों की चर्बी से उसी प्रकार से समाप्त हो जाता है जिस प्रकार सूर्य के निकलने पर अंधकार नष्ट हो जाता है।''

5. 'यथोचितं क्रियताम्' इति राजादेशं श्रुत्वा सर्वे भयत्रस्ताः कपयः अचिन्तयन्- 'हा! हताः वयम्। अवधीरिताः अस्माभिः गुरुजनोपदेशाः।' उक्तम् हि—

''मित्ररूपाः हि रिपवः सम्भाष्यन्ते विचक्षणैः।
ये हितं वाक्यमुत्सृज्य विपरीतोपसेविनः''॥4॥

शब्दार्थाः राजादेशं = राजा के आदेश को, श्रुत्वा = सुनकर, भयत्रस्ताः = भय से त्रस्त, हताः = मारे गए, अवधीरिताः = तिरस्कार किया गया, सम्भाष्यन्ते = बातचीत करते हैं, विचक्षणैः = बुद्धिमानों के द्वारा, वाक्यमुत्सृज्य = हितकारी वचनों को छोड़कर।

अन्वयः ये हितम् वाक्यम् उत्सृज्य विपरीत-उपसेविनः (ते) विचक्षणैः मित्ररूपाः हि रिपवः सम्भाष्यन्ते।

हिंदी अनुवाद 'जैसा उचित हो वैसा कीजिए', राजा की ऐसी आज्ञा सुनकर भय से त्रस्त सभी बंदरों ने सोचा-'हाय! हम मारे गए' हमारे द्वारा गुरुजनों के उपदेशों का तिरस्कार किया गया। इसलिए कहा गया है—

''जो हितकर वाक्य को छोड़कर उससे विपरीत का सेवन करते या मानते हैं, वे लोग बुद्धिमानों के द्वारा मित्रों के रूप में शत्रु ही कहे जाते हैं।''

मणिका-पाठ्यपुस्तकम् प्रश्नोत्तराः

मणिका पाठ्य-पुस्तक के प्रश्नोत्तर

प्र.1 एकपदेन उत्तरत। (एक पद में उत्तर दीजिए।)

(क) राजपुत्राः प्रासादे कैः सह क्रीडन्ति स्म?
(ख) राजगृहे कीदृशं मेषयूथम् आसीत्?
(ग) जिह्वालोलुपतया मेषः कुत्र प्रविशति स्म?
(घ) के पाकशालां प्रविष्टं मेषं ताडयन्ति स्म?
(ङ) केन जाज्वल्यमानशरीरः मेषः अश्वशालां प्रविशति?
(च) मेषस्य क्षितौ प्रलुठतः तृणेषु काः समुत्थिताः?
(छ) किमर्थम् अश्वाः इतस्ततः अधावन्?
(ज) केषां वह्निदोषः कपीनां मेदसा शाम्यति?
(झ) कस्य आदेशं श्रुत्वा सर्वे कपयः भयत्रस्ताः जाताः?
(ञ) केषाम् आज्ञा अविचारणीया भवति?

उत्तराणि

(क) वानरैः (ख) बालवाहनयोग्यम्
(ग) महानसम् (घ) सूपकाराः
(ङ) वह्निना (च) वह्निज्वालाः
(छ) प्राणत्राणाय (ज) अश्वानाम्
(झ) राज्ञः (ञ) गुरुणाम्

प्र.2 पूर्णवाक्येन उत्तरत। (पूर्ण वाक्य में उत्तर दीजिए।)

(क) जिह्वालोलुपतया मेषः अहर्निशं किं करोति स्म?
(ख) सूपकाराः मेषं कैः वस्तुभिः ताडयन्ति स्म?
(ग) मेषस्य सूपकाराणां च कलहम् अवेक्ष्य वानरयूथपतिः किम् अचिन्तयत्?

(घ) मदोद्धताः कपयः वानरयूथपतिं किम् अवदन्?
(ङ) सविषादः राजा वैद्यान् आहूय किम् अकथयत्?
(च) राजादेशं श्रुत्वा भयत्रस्ताः कपयः किम् अचिन्तयन्?
(छ) केषाम् उपदेशाः नैव अवधीरणीयाः?
(ज) नरः कीदृशं गृहं दूरतः परिवर्जयेत्?

उत्तराणि

(क) जिह्वालोलुपतया मेषः अहर्निशं महानसं प्रविश्य यत् पश्यति तद् भक्षयति स्म।
(ख) सूपकाराः मेषं काष्ठ-मृत्तिका-कांस्य-ताम्रनिर्मितैः वस्तुभिः ताडयन्ति स्म।
(ग) मेषस्य सूपकाराणां च कलहम् अवेक्ष्य वानर-यूथपतिः अचिन्तयत्-"एतेषां कलहो न वानराणां हिताय" इति।
(घ) मदोद्धताः कपयः वानरयूथपति अवदन्-'न वयं स्वर्ग समानोपभोगान् विहाय अटव्यां क्षारतिक्त-कषाय-कटु-रुक्षफलानि-भक्षयिष्यामः।
(ङ) सविषादः राजा वैद्यान आहूय अकथयत्—'हा! दग्धाः मे घोटकाः कथं रक्षणीयाः? सपादि उपाय क्रियताम्।
(च) राजादेशं श्रुत्वा भयत्रस्ताः कपयः अचिन्तयन्-'हा! हताः वयम्। अवधीरताः अस्माभिः गुरुजनोप देशाः।'
(छ) गुरुणाम् उपदेशाः नैव अवधीरणीयाः।
(ज) यस्मिन् गृहे नित्यम् अकारणः कलहो भवति जीवितं वाञ्छन् नरः तद् गृहं दूरतः परिवर्जयेत्।

प्र.3 **अधोलिखितवाक्येषु स्थूलपदानि आधृत्य प्रश्ननिर्माणं कुरुत।**
(निम्नलिखित वाक्यों में स्थूलपदों को आधार मानकर प्रश्न निर्माण कीजिए।)

यथा- कथनम्-राजपुत्राः वानरयूथं **भोज्यपदार्थैः** पुष्टिं नयन्ति स्म।
प्रश्नः- राजपुत्राः वानरयूथं **कैः** पुष्टिं नयन्ति स्म?

(क) अश्वाः प्राणत्राणाय इतस्ततः अधावन्।
(ख) राजा **वैद्यान्** आहूय अश्वरक्षार्थम् अपृच्छत्।
(ग) सूपकारेण मेषः **अर्धज्वलितकाष्ठेन** ताडितः।
(घ) **प्राज्ञः** कलहयुक्तं गृहं दूरतः परिवर्जयेत्।
(ङ) सूर्योदये **तमः नश्यति**।
(च) ज्वलन् मेषः **अश्वशालां** प्रविशति।

उत्तराणि

(क) अश्वाः <u>किमर्थम्</u> इतस्ततः अधावन्।
(ख) राजा <u>कान्</u> आहूय अश्वरक्षार्थम् अपृच्छत्।
(ग) सूपकारेण मेषः <u>केन</u> ताडितः।
(घ) <u>कः</u> कलहयुक्तं गृहं दूरतः परिवर्जयेत्।
(ङ) सूर्योदये <u>किं</u> नश्यति।
(च) ज्वलन् मेषः <u>कुत्र</u> प्रविशति।

प्र.4 **अधोलिखितान् प्रश्नानां यथानिर्देशम् उत्तरत।**
(निम्नलिखित प्रश्नों के उत्तर निर्देशानुसार दीजिए।)

(क) 'कस्मिंश्चित् नगरे चन्द्रो नाम भूपतिः प्रतिवसति स्म।' अत्र क्रियापदं किम्?
(ख) 'एवं विचार्य सः यूथपः सर्वान् कपीन् आहूय रहसि अवदत्।' अत्र 'कपीन्' पदस्य किं विशेषणपदं प्रयुक्तम्?
(ग) 'मदोद्धताः कपयः प्रहस्य अवदन्।' अस्मिन् वाक्ये किं कर्तृपदं प्रयुक्तम्?
(घ) 'हा दग्धाः मे घोटकाः कथं रक्षणीयाः?' वाक्येऽस्मिन् 'अश्वाः' इत्यर्थे किं पदं प्रयुक्तम्?
(ङ) 'मेषः महानसं प्रविश्य यत् पश्यति तद् भक्षयति।' आ 'निर्गत्य' पदस्य किं विलोमपदं प्रयुक्तम्?
(च) 'ज्वालमालाकुलाः' पदस्य विशेष्यपदं पाठात् चित्वा लिखत।

उत्तराणि

(क) 'प्रतिवसति स्म' (ख) सर्वान्
(ग) कपयः (घ) घोटकाः
(ङ) प्रविश्य (च) अश्वाः

प्र.5 **'अ' स्तम्भे विशेषणपदानि 'ब' स्तम्भे च विशेष्यपदानि दत्तानि, तेषां समुचितमेलनं कृत्वा लिखत।**
('अ' स्तम्भ में विशेषण पद तथा 'ब' स्तम्भ में विशेष्य पद दिए गए हैं, उनका समुचित मेल करके लिखिए।)

'अ' स्तम्भः		'ब' स्तम्भः
(क)	कुवाक्यान्तम्	(i) मेषः
(ख)	मदोद्धताः	(ii) यशः
(ग)	ऊर्णाप्रचुरः	(iii) हर्म्याणि
(घ)	कुराजान्तानि	(iv) यूथपतिः
(ङ)	मृण्मयम्	(v) कपयः
(च)	कलहान्तानि	(vi) राष्ट्राणि
(छ)	साश्रुनयनः	(vii) सौहृदम्
(ज)	कुकर्मान्तम्	(viii) भाजनम्

उत्तराणि

'अ' स्तंभ		'ब' स्तंभ
(क)	कुवाक्यान्तम्	(vii) सौहृदम्
(ख)	मदोद्धताः	(v) कपयः
(ग)	ऊर्णाप्रचुरः	(i) मेषः
(घ)	कुराजान्तानि	(vi) राष्ट्राणि
(ङ)	मृण्मयम्	(viii) भाजनम्
(च)	कलहान्तानि	(iii) हर्म्याणि
(छ)	साश्रुनयनः	(iv) यूथपतिः
(ज)	कुकर्मान्तम्	(ii) यशः

प्र.6 **(अ) स्थूलाक्षराणि सर्वनामपदानि अस्मै प्रयुक्तानि। समक्षं प्रदत्तस्थाने लिखत।**
(स्थूल सर्वनाम पदों को इसमें प्रयुक्त किया गया है, उनके समक्ष दिए स्थान पर लिखिए।)

यथा– अस्माकं विनाशकारकः भविष्यति। वानरेभ्यः

(क) **तस्य** पुत्राः वानरैः सहक्रीडन्ति स्म।

(ख) **एतेषां** कलहः न वानराणां हिताय।

(ग) **सर्वेषां** संक्षयः न भवेत्।

(घ) **वयम्** अट्व्यां रुक्षलानि नैव भक्षयिष्यामः।

(ङ) **अहं** तु वनं गच्छामि।

(च) हा! दग्धा **मे** घोटकाः।

(छ) अवधीरिताः **अस्माभिः** गुरुजनोपदेशाः।

(ज) **यूयम्** अस्य कुपरिणामं न जानीथ।

(आ) कोष्ठकात् समुचितं पदं विचित्य रिक्तस्थानानि पूरयत।
(कोष्ठक से समुचित पद चुनकर रिक्त स्थानों की पूर्ति कीजिए।)

(क) ………… नगरे चन्द्रः भूपतिः प्रतिवसति स्म। (कस्याञ्चित्/कस्मिंश्चित्)

(ख) ………… एव राजगृहे मेषयूथम् अपि आसीत्। (तस्य/तस्मिन्)

(ग) ………… अहनि स मेषः महानसं प्रविशति। (अन्यस्मिन्/पूर्वस्मिन्)

(घ) ………… क्षितौ प्रलुठतः तृणेषु अग्निज्वालाः समुत्थिताः। (तस्याः/तस्य)

(ङ) ………… भयत्रस्ताः कपयः अचिन्तयन्। (सर्वाः/सर्वे)

उत्तराणि

(अ) (क) तस्य पुत्राः वानरैः सह क्रीडन्ति स्म-राज्ञे

(ख) एतेषां कलहः न वानराणां हिताय-मेषेभ्यः

(ग) सर्वेषां संक्षयः न भवेत्-वानरेभ्यः

(घ) वयम् अट्त्यां रुक्षफलानि नैव भक्षयिष्यामः-कपिभ्यः/वानरेभ्यः

(ङ) अहं तु वनं गच्छामि-वानर यूथ पतये

(च) हा! दग्धा में घोटकाः-राज्ञे

(छ) अवधीरिताः अस्माभिः गुरुजनोपदेशाः-वानरेभ्यः

(ज) यूयम् अस्य कुपरिणामं न जानीथ-कपिभ्यः/वानरेभ्यः

(आ) (क) कस्मिंश्चित् नगरे चन्द्रः भूपतिः प्रतिवसति स्म।

(ख) तस्मिन् एव राजगृहे मेषयूथम् अपि आसीत्।

(ग) अन्यस्मिन् अहनि स मेषः महानसं प्रविशति।

(घ) तस्य क्षितौ प्रलुठतः तृणेषु अग्निज्वालाः समुत्थिताः।

(ङ) सर्वे भयत्रस्ताः कपयः अचिन्तयन्।

प्र.7 घटनाक्रमानुसारम् अधोलिखितानि वाक्यानि पुनः लेखनीयानि।
(घटनाक्रम के अनुसार नीचे लिखे गए वाक्यों को पुनः लिखिए।)

(क) सूपकारैः नित्यं ताडितं मेषं दृष्ट्वा वानरयूथपः वानरान् राजभवनं त्यक्तुम् अकथयत्।

(ख) राजा राजवैद्यम् आहूय अश्वरक्षायै न्यवेदयत्।

(ग) भूपतेः चन्द्रस्य पुत्राः वानरान् भोज्य-पदार्थैः पुष्टिं नयन्ति स्म।

(घ) ज्वलन् स मेषः अश्वशालां प्रविष्टः। परिणामतः दग्धाः अश्वाः प्राणत्राणाय अधावन्।

(ङ) भयत्रस्ता कपयः गुरुजनोपदेशस्य अवधीरणातः पश्चातापं कृतवन्तः।

(च) अन्यस्मिन् अहनि स मेषः सूपकारेण अर्धज्वलितकाष्ठेन ताडितः।

(छ) राजगृहे बालवाहनयोग्यः मेषः जिह्वालोलुपतया महानसं प्रविश्य भोजनं खादति स्म।

(ज) रसनास्वादलुब्धाः मदोद्धताः मर्कटाः तद् राजभवनं त्यक्तुं न स्वीकृतवन्तः।

उत्तराणि

(क) भूपतेः चन्द्रस्य पुत्राः वानरान् भोज्य-पदार्थैः पुष्टिं नयन्ति स्म।

(ख) राजगृहे बालवाहनयोग्यः मेषः जिह्वालोलुपतया महानसं प्रविश्य भोजनं खादति स्म।

(ग) सूपकारैः नित्यं ताडितं मेषं दृष्ट्वा वानरयूथपः वानरान् राजभवनं त्यक्तुम् अकथयत्।

(घ) रसनास्वादलुब्धाः मदोद्धताः मर्कटाः तद् राजभवनं त्यक्तुं न स्वीकृतवन्तः।

(ङ) अन्यस्मिन् अहनि स मेषः सूपकारेण अर्धज्वलितकाष्ठेन ताडितः।

(च) ज्वलन् स मेषः अश्वशालां प्रविष्टः। परिणामतः दग्धाः अश्वाः प्राणत्राणाय अधावन्।

(छ) राजा राजवैद्यम् आहूय अश्वरक्षायै न्यवेदयत्।

(ज) भयत्रस्ता कपयः गुरुजनोपदेशस्य अवधीरणातः पश्चातापं कृतवन्तः।

प्र.8 अधः समस्तपदानां विग्रहाः दत्ताः। उदाहरणम् अनुसृत्य समस्तपदानि लिखत।
(नीचे समस्त पदों का विग्रह दिया गया है। उदाहरण का अनुसरण करके समस्त पद लिखिए।)

विग्रहाः	समस्तपदानि	
(क) मेषाणां मध्ये	मेषमध्ये	षष्ठीतत्पुरुषः
(ख) वानराणां हिताय	…………	…………
(ग) प्राणानां त्राणाय	…………	…………
(घ) कपीनां मेदसा	…………	…………
(ङ) राज्ञः आदेशम्	…………	…………
(च) जिह्वायाः लोलुपतया	…………	…………
(छ) अश्वानां नाशः	…………	…………
(ज) यूथस्य पतिः	…………	…………

उत्तराणि

विग्रहाः	समस्तपदानि	
(क) मेषाणां मध्ये	मेषमध्ये	षष्ठीतत्पुरुषः
(ख) वानराणां हिताय	वानरहिताय	षष्ठीतत्पुरुषः
(ग) प्राणानां त्राणाय	प्राणत्राणाय	षष्ठीतत्पुरुषः
(घ) कपीनां मेदसा	कपिमदेसा	षष्ठीतत्पुरुषः
(ङ) राज्ञः आदेशम्	राजादेशम्	षष्ठीतत्पुरुषः
(च) जिह्वायाः लोलुपतया	जिह्वालोलुपतया	षष्ठीतत्पुरुषः
(छ) अश्वानां नाशः	अश्वनाशः	षष्ठीतत्पुरुषः
(ज) यूथस्य पतिः	यूथपतिः	षष्ठीतत्पुरुषः

प्र.9 अधः मञ्जूषायां प्रत्येकशब्दस्य त्रीणि समानार्थकानि पदानि दत्तानि तानि चित्राणां समक्षं लिखत।

(नीचे मञ्जूषा में प्रत्येक शब्द के तीन समानार्थक शब्द दिए गए हैं, उनको चित्रों के सामने लिखिए।)

- **मञ्जूषा** अग्निः, वानरः, घोटकः, भूपतिः, सूपकारः, कपिः, राजा, वह्निः, अश्वः, हयः, मर्कटः, नृपः, अनलः, औदनिकः, पाचकः।

उत्तराणि

1. वानरः
2. कपिः
3. मर्कटः

1. भूपतिः
2. राजा
3. नृपः

1. अग्निः
2. वह्निः
3. अनलः

1. सूपकारः
2. औदनिकः
3. पाचकः

1. घोटकः
2. अश्वः
3. हयः

प्र.10 अधोलिखितानां पङ्क्तीनां शुद्धं भावार्थं (✓) चिह्नेन चिह्नीक्रियताम्।

(नीचे लिखी पंक्तियों के शुद्ध भावार्थ (✓) सही के चिह्न से चिह्नित कीजिए।)

(क) **'एतेषां कलहो न वानराणां हिताय अर्थात्**

(i) मेषस्य सूपकारैः सह दैनन्दिनः कलहः वानराणां विनाशकारणं भविष्यति।

(ii) एतेषां वानराणां पारस्परिकः विवादः जनानां हिताय न अस्ति।

(iii) वानरेभ्यः हितकरम् एतत् यत् ते जनैः सह कलहं न कुर्युः।

(ख) **तद्गृहं जीवितं वाञ्छन् दूरतः परिवर्जयेत् अर्थात्**

(i) यस्मिन् गृहे महान् कोलाहलः वर्तते, धनम् इच्छन् नरः तस्मात् दूरे गृहनिर्माणं कुर्यात्।

(ii) यत्र गृहे नित्यं सुखमयं जीवनम् अस्ति, तद्गृहं दूरतः अपि न परिवर्जितव्यम्, तत्रैव वस्तव्यम्।

(iii) यस्मिन् गृहे नित्यं विवादः भवति, नरः सुखेन जीवितुं तत् गृहं कदापि न प्रविशेत्, तद् दूरतः एव परिवर्जयेत्।

(ग) **'रसनास्वादलुब्धाः यूयम् अस्य सुखस्य कुपरिणामं न जानीथ अर्थात्**

(i) जिह्वास्वादलोभेन मेषः महानसप्रवेशस्य दुष्परिणामं न जानाति, अतः अवश्यमेव दण्डं प्राप्स्यति।

(ii) यूयं सर्वे वानराः जिह्वास्वादवशाः लोलुपाः, अतः अस्य क्षणिसुखस्य दुष्परिणामं न अवगच्छत यत् अनेन युष्माकं विनाशः भविष्यति।

(iii) रसनास्वादेन लुब्धाः जनाः लोभस्य दुरन्तं न जानन्ति। तेषां लोभवृत्तिः तेभ्यः विनाशकारिणी भविष्यति।

(घ) **हा हन्त! वयम्। अवधीरिताः अस्माभिः गुरुजनोपदेशाः अर्थात्**

(i) घोटकाः चिन्तयन्ति–'अस्माभिः स्वस्वामिनः आज्ञापालनं न कृतम् अतः वयं दग्धाः।'

(ii) सूपकाराः दुःखिनः भवन्ति–'स्वराजादेशस्य पालनं न कृतम् अस्माभिः अतः वयं दण्डिताः भविष्यामः।'

(iii) वानराः पश्चात्तापं कुर्वन्ति–'स्वगुरुजनस्य यूथपतेः उपदेशानाम् अस्माभिः अवहेलना कृता अतः वयं विनाशोन्मुखाः।'

उत्तराणि

(क) (i) मेषस्य सूपकारैः सह दैनन्दिनः कलहः वानराणां विनाशकारणं भविष्यति।

(ख)(iii) यस्मिन् गृहे नित्यं विवादः भवति, नरः सुखेन जीवितुं तत् गृहं कदापि न प्राविशेत्, तद् दूरं व परिवर्जयेत्।

(ग) (ii) यूयं सर्वे वानराः जिह्वास्वादवशाः लोलुपाः, अतः अस्य क्षणिकसुखस्य दुष्परिणामं न अवगच्छथ यत् अनेन युष्माकं विनाशः भविष्यति।

(घ)(iii) वानराः पश्चातापं कुर्वन्ति–'स्वगुरुजनस्य यूथपतेः उपदेशानाम् अस्माभिः अवहेलना कृता अतः वयं विनाशोन्मुखाः।

प्र.11 अधोलिखितपङ्क्तिषु स्थूलाक्षरपदानां प्रसङ्गानुसारं शुद्धम् अर्थं चिनुत।

(निम्नलिखित पंक्तियों में स्थूल अक्षर पदों के प्रसंग के अनुसार शुद्ध अर्थ चुनिए।)

(क) मेषः **महानसं** प्रविश्य यत् पश्यति तद् भक्षयति।

(i) हयशालाम् (ii) मन्दिरम् (iii) पाकशालाम्

(ख) 'कलहान्तानि **हर्म्याणि** कुवाक्यान्तं च सौहृदम्।'

(i) राजभवनानि (ii) उद्यानानि (iii) मन्दिराणि

(ग) 'अन्यस्मिन् **अहनि** महानसं प्रविष्ट मेषः सूपकारेण ताडितः।

(i) रात्रौ (ii) मार्गे (iii) दिवसे

(घ) 'तस्य **क्षितौ** प्रलुठतः तृणेषु वह्निज्वालाः समुत्थिताः।'

(i) मार्गे (ii) भूमौ (iii) पाकशालायाम्

(ङ) '**सपदि** उपायः क्रियताम्।'

(i) एकपदेन (ii) पादेन सह (iii) झटिति

उत्तराणि

(क) (iii) पाकशालाम् (ख) (i) राजभवनानि

(ग) (iii) दिवसे (घ) (ii) भूमौ

(ङ) (iii) झटिति

प्र.12 रेखाङ्कितपदानां समस्तपदं विग्रहं वा लिखत।

(रेखांकित पदों के समस्त पद या विग्रह लिखिए।)

(क) कस्मिंश्चित् नगरे चन्द्रो नाम <u>भूपतिः</u> प्रतिवसति स्म।

(ख) राजपुत्राः वानक्रीडारताः <u>वानराणां यूथः, तम्</u> नित्यमेव पुष्टिं नयन्ति स्म।

(ग) तेषां <u>मेषाणां मध्ये</u> एकः मेषः जिह्वालोलुपः आसीत्।

(घ) एकः मेषः जिह्वालोलुपतया महानसं प्रविशति स्म।

(ङ) एतद् राज्ञः भवनं परित्यज्य वनं गच्छामः।

(च) जाज्वल्यमानं शरीरं यस्य सः मेषः अश्वशालां प्रविशति।

उत्तराणि

(क) भूपतिः	भुवः पतिः
(ख) वानराणां यूथः, तम्	वानरयूथम्
(ग) मेषाणां मध्ये	मेषमध्ये
(घ) जिह्वालोलुपतया	जिह्वायाः लोलुपता
(ङ) राज्ञः भवनं	राजभवनम्
(च) जाज्वल्यमानं शरीरं यस्य सः	जाज्वल्य मानशरीरः

योग्यताविस्तारः (योग्यता–विस्तार)

(क) ग्रन्थपरिचयः (ग्रंथ परिचय)

'पञ्चतन्त्रम्' पण्डितवरेण विष्णुशर्मणा प्रणीतः संसारे प्रसिद्धः नीतिग्रन्थोऽस्ति। अस्मिन् ग्रन्थे कथानां पात्राणि प्रायः पशवः पक्षिणश्च सन्ति। तेषां माध्यमेन नीतिशास्त्रस्य गहनतत्त्वमपि अतिसरलतया अत्र प्रतिपादितम् अस्ति। अस्याः अनुवादः जगतः पञ्चाशदधिकासु भाषासु कृतः। अस्य पञ्च विभागाः सन्ति।

1. मित्रभेदः **2. मित्रसम्प्राप्तिः**

3. काकोलूकीयम् **4. लब्धप्रणाशः**

5. अपरीक्षितकारकम् च। प्रस्तुतकथा अन्तिमतन्त्रात् अपरीक्षितकारकात् उद्धृता।

'पंचतंत्र' पंडित विष्णुशर्मा द्वारा रचित विश्वप्रसिद्ध नीतिग्रंथ है। इस ग्रंथ में कथाओं के पात्र प्रायः पशु-पक्षी हैं। उनके माध्यम से नीतिशास्त्र के गहन तत्त्व भी बहुत सरलता से प्रतिपादित किए गए हैं। इसका अनुवाद संसार की पचास से भी अधिक भाषाओं में किया गया है। इसके पाँच विभाग हैं

1. मित्रभेद 2. मित्रसम्प्राप्ति

3. काकोलूकीय 4. लब्धप्रणाश

5. अपरीक्षितकरक

लोभः (लालच)

(क) लोभात्क्रोधः प्रभवति लोभात्कामः प्रजायते।
लोभान्मोहश्च नाशश्च लोभः पापस्य कारणम्।।

लालच से क्रोध उत्पन्न होता है। लालच से काम उत्पन्न होता है। लालच से मोह और नाश उत्पन्न होते हैं। लालच पाप का कारण है।

(ख) लोभाविष्टो नरो वित्तं वीक्षते न स चापदम्।
दुग्धं पश्यति मार्जारो न तथा लगुडाहतिम्।।

लालच में फँसा हुआ मनुष्य धन को देखता है। विपत्ति को नहीं। जिस प्रकार बिलाव दूध को देखता है, लाठी की चोट को नहीं।

(ग) लोभेन बुद्धिश्चलति लोभो जनयते तृषाम्।
तृषार्तो दुःखमाप्नोति परत्रेह च मानवः।।

लालच से बुद्धि विचलित हो जाती है। लालच से धन की प्यास जन्म लेती है और प्यासा व्यक्ति दुःख प्राप्त करता है।

गुरुः (गुरु)

(क) गु शब्दस्त्वन्धकारे स्यात् रु शब्दस्तन्निरोधके।
अन्धकारनिरोधित्वाद् गुरुरित्यभिधीयते।।

गु शब्द का अर्थ अंधकार है तथा रु शब्द उसे रोकने के अर्थ में प्रयुक्त होता है। अतः अज्ञानरूपी अंधकार को दूर करने वाला गुरु होता है।

(ख) आचिनोति हि शास्त्रार्थमाचारे स्थापयत्यपि।
स्वयमाचरते यस्मादाचार्यः परिकीर्त्यते।।

जो शास्त्रों के अर्थ को अपने आचरण में स्थापित करता है और स्वयं उनका आचरण करता है, वही आचार्य कहा जाता है।

इन्द्रियनिग्रहः (इन्द्रियनिग्रह)

(क) इन्द्रियस्येन्द्रियस्यार्थे रागद्वेषौ व्यवस्थितौ।
तयोर्न वशमागच्छेतौ ह्यस्य परिपन्थिनौ।।

इंद्रियों तथा इंद्रियों के विषयों में राग और द्वेष विद्यमान होते हैं। यदि व्यक्ति उन्हें वश में नहीं कर सकता, तो राग और द्वेष का अनुगामी हो जाता है।

(ख) इन्द्रियाणां विसर्गेण दोषमृच्छत्यसंशयम्।
संनियम्य तु तान्येव ततः सिद्धिमवाप्नुयात्।।

इंद्रियों के वश में रहकर ही मनुष्य दोष से युक्त कार्य करता है अर्थात् सदैव संशय में रहता है परंतु यदि मनुष्य इंद्रियों को वश में कर लेता है तो वह सफलता प्राप्त कर सकता है।

(ग) जितेन्द्रिया जितक्रोधा जितमानमदास्तथा।
लोभमात्सर्यहीना ये ते नराः स्वर्गगामिनः।

जिन व्यक्तियों ने इंद्रियों, क्रोध, मन और मद को जीत लिया है और वे लालच और ईर्ष्या से रहित है, वे मनुष्य ही स्वर्ग जाने वाले हैं।

अभ्यास प्रश्ना:

मणिका पाठ्य-पुस्तक पर आधारित प्रश्नोत्तर

गद्यांश आधारित प्रश्ना:

1. अधोलिखितं गद्यांशं पठित्वा प्रदत्त प्रश्नानाम् उत्तराणि संस्कृतेन लिखत। (निम्नलिखित गद्यांश को पढ़कर दिए गए प्रश्नों के उत्तर संस्कृत में लिखिए।)

(क) कस्मिंश्चित् नगरे चन्द्रो नाम भूपतिः प्रतिवसति स्म। तस्य पुत्राः वानरक्रीडारताः वानरयूथं नित्यमेव विविधैः भोज्यपदार्थैः पुष्टिं नयन्ति स्म। तस्मिन् राजगृहे बालवाहनयोग्यं मेषयूथम् आसीत्। तेषां मेषाणां मध्ये एको मेषः जिह्वालोलुपतया अहर्निशं महानसं प्रविश्य यत् पश्यति तत् भक्षयति। ते च सूपकाराः यत्किञ्चित् काष्ठं, मृण्मयं भोजनं, कांस्यताम्रपात्रं वा पश्यन्ति तेन तम् आशु ताडयन्ति स्म। **CBSE 2017**

I. अधोलिखितानां प्रश्नानाम् उत्तराणि एकपदेन लिखत। (निम्नलिखित प्रश्नों के उत्तर एक पद में लिखिए।)

(i) भूपतेः नाम किम् आसीत्?
(ii) राजगृहे कीदृशं मेषयूथम् आसीत्?
(iii) वानरयूथपतिः कीदृशः आसीत्?

II. अधोलिखितानां प्रश्नानाम् उत्तराणि पूर्णवाक्येन लिखत। (निम्नलिखित प्रश्नों के उत्तर पूर्ण वाक्य में लिखिए।)

(i) मेषः कुत्र प्रविश्य यत् पश्यति तद् भक्षयति?
(ii) सूपकाराः मेषं कथं ताडयन्ति स्म?
(iii) यूथपः रहसि किं अवदत्?

III. अधोलिखितानां प्रश्नानाम् उत्तराणि निर्देशानुसारं लिखत। (निम्नलिखित प्रश्नों के उत्तर निर्देशानुसार लिखिए।)

(i) 'शीघ्रम्' इत्यर्थे अत्र किं पदं प्रयुक्तम्?
(ii) 'प्रतिवसति स्म' इति क्रियापदस्य किं कर्तृपदम्?
(iii) 'अहोरात्रम्' इति पदस्य स्थाने अत्र किं पदं प्रयुक्तम्?

उत्तराणि:

I. (i) चन्द्रो: (ii) बालवाहनयोग्यं
(iii) नीतिविद्:

II. (i) मेषः महानसं प्रविश्य यत् पश्यति तद् भक्षयति।
(ii) सूपकाराः मेषं काष्ठं, मृण्मयं भोजनं कांस्यताम्रपात्रं वा यत्किञ्चित् पश्यन्ति तेन तम् आशु ताडयन्ति स्म।
(iii) यूथपः रहसि अवदत् यत् सूपकाराणां मेषेण सह कलहः वानराणां विनाशकारणं भविष्यति।

III. (i) आशु (ii) भूपतिः
(iii) अहर्निशम्

(ख) ततः सर्वेषां संक्षपो ना भवेत्, तदेतद् राजभवनं परित्यज्य वनं गच्छामः। यतः–
"कलहान्तानि हर्म्याणि कुवाक्यान्तं च सौहृदम्।
कुराजान्तानि राष्ट्राणि कुकर्मान्तं यशो नृणाम्"।।

I. अधोलिखितानां प्रश्नानाम् उत्तराणि एकपदेन लिखत। (निम्नलिखित प्रश्नों के उत्तर एक पद में लिखिए।)

(i) यूथपः कुत्र गन्तुं कथयति?
(ii) कलहान्तानि कानि त्यजेत्?
(iii) कानि हर्म्याणि अन्तानि करोति?

II. अधोलिखितानां प्रश्नानाम् उत्तराणि पूर्णवाक्येन लिखत। (निम्नलिखित प्रश्नों के उत्तर पूर्ण वाक्य में लिखिए।)

(i) कः राजभवनं त्यक्तुं कथयति?
(ii) ततः केषां नाशः न भवेत्?
(iii) कीदृशं सौहृदं त्यक्तत्यम्?

III. अधोलिखितानां प्रश्नानाम् उत्तराणि निर्देशानुसारं लिखत। (निम्नलिखित प्रश्नों के उत्तर निर्देशानुसार लिखिए।)

(i) 'नराणाम्' पदस्य अर्थे किं पदम् अत्र प्रदत्तम्?
(ii) 'भवेत्' इति क्रियायाः कर्तृपदं किम्?
(iii) 'यशः' इति पदे कः मूलशब्दः?

उत्तराणि

I. (i) वनम् (ii) हर्म्याणि (iii) कलहानि

II. (i) यूथपः राजभवनं त्यक्तुम् कथयति।
(ii) ततः सर्वेषां नाशः न भवेत्।
(iii) कुवाक्यान्तं सौहृदं त्यक्तत्यम्।

III. (i) नृणाम् (ii) संक्षयः (iii) यशस्

(ग) तस्य वचनं श्रुत्वा अश्रद्धेयं मत्वा मदोद्धताः कपयः प्रहस्य अवदन्– 'भो! किमिदम् उच्यते? न वयं स्वर्गसमानोपभोगान् विहाय अटव्यां क्षार-तिक्त-कषाय-कटु-रूक्षफलानि भक्षयिष्यामः।' तच्छ्रुत्वा साश्रुनयनो यूथपतिः सगद्गदम् उक्तवान्– रसनास्वादलुब्धाः यूयम् अस्य सुखस्य कुपरिणामं न जानीथ। अहं तु वनं गच्छामि।

अथ अन्यस्मिन् अहनि स मेषो यावत् महानसं प्रविशति तावत् सूपकारेण अर्धज्वलितकाष्ठेन ताडितः। ऊर्णाप्रचुरः मेषः वह्निना जाज्वल्यमानशरीरः निकटस्थाम् अश्वशालां प्रविशति दाहवेदनया च भूमौ लुठति। तस्य क्षितौ प्रलुठतः तृणेषु वह्निज्वालाः समुत्थिताः।

I. अधोलिखितानां प्रश्नानाम् उत्तराणि एकपदेन लिखत। (निम्नलिखित प्रश्नों के उत्तर एक पद में लिखिए।)

CBSE SQP 2023-24

(i) मदोद्धताः के आसन्?
(ii) कः सगद्गदम् उक्तवान्?
(iii) वह्निज्वालाः कुत्र समुत्थिताः?

II. अधोलिखितानां प्रश्नानाम् उत्तराणि पूर्णवाक्येन लिखत।
(निम्नलिखित प्रश्नों के उत्तर पूर्ण वाक्य में लिखिए।)
(i) साश्रुनयनो यूथपतिः सगद्गदम् किम् उक्तवान्?
(ii) मेषः किमर्थं भूमौ लुठति?
(iii) की दृशः मेषः अश्वशालां प्रविशति?

III. अधोलिखितानां प्रश्नानाम् उत्तराणि निर्देशानुसारं लिखत।
(निम्नलिखित प्रश्नों के उत्तर निर्देशानुसार लिखिए।)
(i) 'अवदन्' क्रियापदस्य कर्तृपदं किं प्रयुक्तम्?
(ii) 'यूथपतिः' इति पदस्य किं विशेषणपदं प्रयुक्तम्?
(iii) 'भूमौ' इत्यस्य किं पर्यायपदं प्रयुक्तम्?

उत्तराणि

I. (i) कपयः/वानरा (ii) यूथपतिः (iii) तृणेषु

II. (i) कपयः (ii) साश्रुनयनः
(iii) क्षितौ

III. (i) साश्रुनयनों यूथपतिः सगद्गदम् उक्तवान् रसनास्वादलुब्धाः यूयम् अस्य सुखस्य कुपरिणामं न जानीय/अहं तु वनं गच्छामि।
(ii) मेषः दाहवेदनया भूमौ लुठति।
(iii) वह्निना जाज्वल्यमानशरीरः मेषः अश्वशालां प्रविशति।

अन्वयः पूर्ति

2. मञ्जूषातः समुचितपदानि चित्वा अधोलिखित श्लोकस्य अन्वयं पूरयित्वा पुनः लिखत।
(मञ्जूषा से समुचित पद चुनकर निम्नलिखित श्लोक का अन्वयः पूर्ण करके पुनः लिखिए।)

(क) "तस्मात् स्यात् कलहो यत्र गृहे नित्यमकारणः।
तद्गृहं जीवितं वाञ्छन् दूरतः परिवर्जयेत्।।"

अन्वयः 'तस्मात् यत्र गृहे (i) ····· अकारणः कलहः (ii) ····· जीवितं (iii) ····· तत् गृहं (iv) ····· परिवर्जयेत्।

• मञ्जूषा वाञ्छन्, स्यात्, दूरतः, नित्यम्।

(ख) "कलहान्तानि हर्म्याणि कुवाक्यान्तं च सौहृदम्।
कुराजान्तानि राष्ट्राणि कुकर्मान्तं यशो नृणाम्।।"

अन्वयः हर्म्याणि (i) ····· (भवन्ति), सौहृदम् च (ii) ····· (भवति) राष्ट्राणि कुराजान्तानि (भवन्ति) (iii) ····· यशः च (iv) ····· (भवति)।

• मञ्जूषा कुकर्मान्तं, कलहान्तानि, नृणां, कुवाक्यान्तं।

उत्तराणि

(क) (i) नित्यम् (ii) स्यात्
(iii) वाञ्छन् (iv) दूरतः

(ख) (i) कलहान्तानि (ii) कुवाक्यान्तं
(iii) नृणां (iv) कुकर्मान्तं

भावार्थ पूर्ति

3. मञ्जूषायाः साहायेन श्लोकस्य भावार्थे रिक्तस्थानानि पूरयित्वा पुनः लिखत।
(मञ्जूषा की सहायता से श्लोक के भावार्थ में रिक्तस्थान पूर्ण करके पुनः लिखिए।)

(क) "कपीनां मेदसा दोषो वह्निदाहसमुद्भवः।
अश्वानां नाशमभ्येति तमः सूर्योदये यथा।।"

संस्कृते भावार्थः अस्य भावार्थः अस्ति यत्
यथा सूर्यस्य (i) ······· अन्धकारः नश्यति तथैव (ii) ······· मेदसा अश्वानाम् (iii) ······· समुत्पन्नः (iv) ······· विनश्यति।

• मञ्जूषा कपीनां, दोषः, उदये, वह्निदाहात्।

(ख) "तस्मात् स्यात् कलहो यत्र गृहे नित्यमकारणः।
तद्गृहं जीवितं वाञ्छन् दूरतः परिवर्जयेत्।।"

संस्कृते भावार्थः यदि कश्चित् नरः (i) ······ इच्छति तर्हि सः तत् (ii) ······ अवश्यमेव त्यजेत् यत्र नियत्म् (iii) ······ भवति/यतोहि (iv) ······ कलहः सर्वदा विनाशस्य कारणं भवति।

• मञ्जूषा अकारणः, सुखी जीवनम्, कलहः, गृहम्।

उत्तराणि

(क) (i) उदये (ii) कपीनां
(iii) वह्निदाहात् (iv) दोषः

(ख) (i) सुखी जीवनम् (ii) गृहम्
(iii) कलहः (iv) अकारणः

प्रश्ननिर्माणं कुरुत

4. रेखांङ्कित पदानि आधृत्य प्रश्ननिर्माणं कुरुत।
(रेखांकित पदों को आधार मानकर प्रश्न निर्माण कीजिए।)
(i) मदोद्धताः कपयः प्रहस्य अवदन्।
(ii) राजपुत्राः वानरयूथं भोज्यपदार्थैः पुष्टिं नयन्ति स्म।
(iii) सूपकारेण मेषः अर्धज्वलितकाष्ठेन ताडितः।
(iv) सूर्योदये तमः नश्यति।
(v) राजादेशं श्रुत्वा कपयः अचिन्तयत्।
(vi) अस्माभिः गुरुजनोपदेशाः अवधीरिताः।

उत्तराणि

(i) कीदृशाः (ii) कैः
(iii) केन (iv) किम्
(v) कम् (vi) कैः

5. स्थूलपदमाधृत्य प्रश्ननिर्माणं कुरुत।
(स्थूल पद को आधार मानकर प्रश्न निर्माण कीजिए।)
(i) तेन **तम्** आशु ताडयन्ति स्म।
(अ) कम् (ब) काम्
(स) केन (द) कः

(ii) **एतेषां** कलहः न वानराणां हिताय।
(अ) कासाम् (ब) किम्
(स) केषाम् (द) कुत्र

(iii) नृणां **यशः** कुकर्मणा अन्तं भवति।
(अ) कम् (ब) किम्
(स) कः (द) का

(iv) ततः **सर्वेषां** नाशः न भवेत्।
(अ) कासाम् (ब) के
(स) कीदृशः (द) केषाम्

(v) कस्मिंश्चित् नगरे **चन्द्रो** नाम भूपतिः प्रतिवसति स्म।
(अ) किम् (ब) कम्
(स) केन (द) कुत्र

(vi) अहं तु **वनं** गच्छामि।
(अ) का (ब) के
(स) कस्मात् (द) कुत्र

(vii) मेषः **भूमौ** लुठति।
(अ) कुत्र (ब) का
(स) कस्मात् (द) कदा

(viii) **तृणेषु** वह्निज्वालाः समुत्थिताः।
(अ) कासु (ब) केषाम्
(स) केषु (द) कुत्र

(ix) ये **हितं** वाक्यं उत्सृज्य विपरीतं सेवन्ते।
(अ) कीदृशं (ब) कम्
(स) केन (द) का

(x) '**यथोचितं क्रियताम्**' इति राजा अवदत्।
(अ) कम् (ब) कुत्र
(स) कीदृशाः (द) किम्

(xi) **गुरुणाम्** आज्ञा अविचारणीया भवति।
(अ) केषाम् (ब) कस्य
(स) केन (द) के

उत्तराणि

(i) (अ) कम् (ii) (स) केषाम्
(iii) (ब) किम् (iv) (द) केषाम्
(v) (अ) किम् (vi) (द) कुत्र
(vii) (अ) कुत्र (viii) (स) केषु
(ix) (अ) कीदृशं (x) (द) किम्
(xi) (अ) केषाम्

प्रसङ्गानुकूलं प्रश्नाः

6. अधोलिखितेषु रेखाङ्कितपदानां प्रसङ्गानुकूलम् उचितार्थं चित्वा लिखत।
(निम्नलिखित वाक्यों में रेखांकित पदों के प्रसंगों के अनुकूल उचित अर्थ चुनकर लिखिए।)

(i) '<u>सपदि</u> उपायः क्रियताम्'।
(अ) झटिति (ब) सभायाः
(स) पादेन सह (द) सपाद

(ii) मेषः <u>महानसं</u> प्रविश्य यत् पश्यति तद् भक्षयति।
(अ) मन्दिरम् (ब) हयशालाम्
(स) पाकशालाम् (द) भूमौ

(iii) अन्यमिस्न <u>अहनि</u> महानसं प्रविष्टः मेषः सूपकारेण ताडितः।
(अ) दिवसे (ब) रात्रौ
(स) मार्गे (द) मन्दिरम्

(iv) अस्माभिः गुरुजनोपदेशाः <u>अवधीरिताः</u>।
(अ) सम्मानिताः (ब) तिरस्कृताः
(स) सुमानिताः (द) सम्यक् धारिताः

(v) तस्य <u>क्षितौ</u> प्रलुठतः तृणेषु वह्निज्वालाः समुत्थिताः।
(अ) मार्गे (ब) भूमौ
(स) पाकशालायाम् (द) मन्दिरम्

(vi) कलहान्तानि <u>हर्म्याणि</u> कुवाक्यान्तं च सौहृदम्।
(अ) राजभवनानि (ब) उद्यानानि
(स) मन्दिराणि (द) भूमौ

(vii) अहर्निशं <u>महानसं</u> प्रविश्य यत् पश्यति तद् भक्षयति स्म। **CBSE SQP 2023-24**
(अ) महानाशम् (ब) भोजनशालाम्
(स) महान्तम् (द) महती

(viii) मेषस्य <u>क्षितौ</u> प्रलुठतः तृणेषु वह्निज्वालाः समुत्थिताः। **CBSE 2024**
(अ) राजगृहे (ब) भूमौ
(स) रक्षितौ (द) अक्षतम्

उत्तराणि

(i) (अ) झटिति (ii) (स) पाकशालाम्
(iii) (अ) दिवसे (iv) (ब) तिरस्कृताः
(v) (ब) भूमौ (vi) (अ) राजभवनानि
(vii) (ब) भोजनशालाम् (viii) (ब) भूमौ

मेलनं कुरुत

7. शब्दानाम् पर्यायाः सह मेलनं कार्यम्।
(शब्दों का उनके पर्याय के साथ मेल कीजिए।)

सूची (क)	सूची (ख)
(i) वानरः	(अ) अश्वः
(ii) नृपः	(ब) सूपकारः
(iii) अनलः	(स) अग्निः
(iv) पाचकः	(द) भूपतिः
(v) घोटकः	(य) कपिः

उत्तराणि

सूची (क)	सूची (ख)
(i) वानरः	(य) कपिः
(ii) नृपः	(द) भूपतिः
(iii) अनलः	(स) अग्निः
(iv) पाचकः	(ब) सूपकारः
(v) घोटकः	(अ) अश्वः

कथापूर्ति

8. अधोलिखित-कथां रिक्तस्थानानि पूरयित्वा पुनः लिखत।
(निम्नलिखित कथा में रिक्त स्थान को पूर्ण करके दोबारा लिखिए।)

(क) अथ (i) ······ अहनि स मेषो (ii) ······ महानसं प्रविशति तावत् (iii) ······ अर्धज्वलितकाष्ठेन ताडितः (iv) ······ मेषः वह्निना जाज्वल्यमानशरीरः (v)······ अश्वशालां (vi) ······ दाहवेदनया च (vii) ······ लुठति। तस्य (viii) ····· प्रलुठतः (ix) ····· वह्निज्वालाः समुत्थिताः।

- मञ्जूषा यावत्, ऊर्णाप्रचुर, प्रविशति, भूमौ, तृणेषु, अन्यस्मिन्, सूपकारेण, निकटस्थाम्, क्षितौ।

(ख) एकस्मिन् नगरे चन्द्र नाम (i) ···········वसति स्म। तस्य पुत्राः वानरैः सह क्रीडन्ति स्म। तेभ्यः भोजनं च यच्छन्ति स्म। तत्रैव एकं मेषयूथम् आसीत् येषु एकः मेषः (ii) ·······प्रविश्य सर्वमेव भक्षयति। मेषस्य सूपकाराणां मध्ये (iii)········दृष्ट्वा यूथपतिः कपीन् राजगृहं त्यक्तुम् अवदत्। यूथपतिः एकाकी एव वनम् अगच्छत् यतः ते कपयः (iv) ·········त्यक्तुं न इच्छन्ति स्म। ततः सः मेषः यावत् महानसं प्रविशतिरं तावत् सः सूपकारेण च (v) ·········काष्ठेन ताडितः। ऊर्णाप्रचुरः मेषः जाज्वल्यमानशरीरः दाहवेदनया भूमौ लुठति। तस्य प्रलुठतः तृणेषु वह्निज्वालाः समुत्थिताः। ज्वालमालाकुलाः अश्वाः अधवान् तेषु केचन (vi) ·············। वैद्येन उक्तं यत् कपिमेदसा एव दाहदोषस्य (vii) ·······भविष्यति। भयत्रस्ताः कपयः अचिन्तयन् यत् अस्माभिः (viii)·········अवधीरिताः। **CBSE 2024**

- मञ्जूषा स्वर्गसमानोपभोगान्, अर्धज्वलितेन, राजा, गुरुजनोपदेशाः, पाकशालां, नाशः, कलहं, दग्धाः।

उत्तराणि

(क) (i) अन्यस्मिन् (ii) यावत्
(iii) सूपकारेण (iv) ऊर्णाप्रचुरः
(v) निकटस्थाम् (vi) प्रविशति
(vii) भूमौ (viii) क्षितौ
(ix) तृणेषु

(ख) (i) राजा (ii) पाकशालां
(iii) कलहः (iv) स्वर्गसमानोपभोगान्
(v) अर्धज्वलितेन (vi) दग्धाः
(vii) नाशः (viii) गुरुजनोपदेशाः

अभ्यासवशगं मनः

(मन को अभ्यास द्वारा अपने अधीन करते हैं।)

अध्याय 5

पाठ परिचय

सङ्गीता अमूल्यः एषः पुस्तकानां सङ्ग्रहः।
रविः सङ्गीते! अयम् अस्माकं विद्यालयस्य पुस्तकालयः।
सङ्गीता अहो! अत्र तु ग्रन्थचक्रिका अपि अस्ति।
रविः आम्! अस्यां ग्रन्थचक्रिकायाम् अनेके संस्कृतग्रन्थाः स्थापिताः।
सङ्गीता (पठित्वा) वेदाः, उपनिषदः, रामायणम्, महाभारतम्, पुराणानि। कथम्! अत्र गीता तु न दृश्यते?
रविः अयि! गीता तु महाभारतस्य एव अंशः।
सङ्गीता महाभारते तु कौरवपाण्डवानां युद्धं वर्णितम्।
रविः मुग्धे! किं न जानासि तस्मिन् एव युद्धकाले श्रीकृष्णः मोहग्रस्तम् अर्जुनं यत् उपादिशत् तदेव गीतायां निबद्धम्।
सङ्गीता आम्, स्मरामि। परं कस्तावत् उपदेशः?
रविः तस्य उपदेशस्यैव एकम् अंशम् अद्य वयं पठामः किल। शीर्षकस्तु–'अभ्यासवशगं मनः।
सङ्गीता कोऽर्थः अस्य शीर्षकस्य?
रविः मनः चञ्चलं परम् अभ्यासेन वशं गच्छति।

शब्दार्थाः पुस्तकानाम् = पुस्तकों का, अयम् = यह, अत्र = यहाँ, गृन्थचक्रिका = अलमारी, जानासि = जानते हो, तस्मिन् = उस, परम् = परंतु, अद्य = आज।

हिंदी अनुवाद

संगीता पुस्तकों का यह संग्रह अमूल्य है।
रवि संगीता! यह हमारे विद्यालय का पुस्तकालय है।
संगीता अरे! यहाँ तो पुस्तकों को रखने की अलमारी/ग्रंथ चक्रिका भी है।
रवि हाँ! इस अलमारी में अनेक संस्कृत ग्रंथ रखे गए हैं।
संगीता (पढ़कर) वेद, उपनिषद, रामायण, महाभारत और पुराण। यहाँ गीता क्यों नहीं दिखाई दे रही है?
रवि अरे! गीता तो महाभारत का ही एक अंश है।
संगीता महाभारत में तो कौरव-पांडवों के युद्ध का वर्णन है।
रवि भोली! क्या तुम नहीं जानते हो कि उस युद्ध में ही श्री कृष्ण ने मोह ग्रस्त अर्जुन को जो उपदेश दिया उसी को गीता में संकलित किया गया है।
संगीता हाँ! याद है। परंतु वे उपदेश क्या हैं?
रवि उसके उपदेश का ही एक अंश आज हम यहाँ पढ़ रहे हैं। शीर्षक है–'अभ्यासवशगं मनः।'
संगीता इस शीर्षक का क्या अर्थ है?
रवि मन चंचल होता है, परंतु यह अभ्यास से वश में किया जा सकता है।

पाठ का सार प्रस्तुत पाठ में दिए गए श्लोक 'श्रीमद्भागवत' ग्रंथ से उद्धृत है। इस पाठ में भगवान ने मन को वश में करने का समुचित उपाय बताया है। अर्जुन श्रीकृष्ण से पूछते हैं कि हे वार्ष्णेय! मनुष्य न चाहते हुए भी पापकार्य में क्यों लगा रहता है?

श्रीकृष्ण उत्तर देते हैं कि हे अर्जुन! रजोगुण से उत्पन्न काम और क्रोध के कारण ही मनुष्य पाप करता है, जो मनुष्य काम और क्रोध के वेग को सहन कर लेता है, वही सुखी है। विषयों का ध्यान करते ही मनुष्य काम में संलग्न हो जाता है। काम से क्रोध उत्पन्न होता है। क्रोध से सम्मोहन उत्पन्न होता है। सम्मोहन से स्मृति विनाश होता है। स्मृति का विनाश होने से बुद्धि नष्ट हो जाती है और बुद्धि का विनाश होने से मनुष्य नष्ट हो जाता है।

श्रीकृष्ण कहते हैं कि हे श्रेष्ठ (अर्जुन)! सबसे पहले तुम इंद्रियों को वश में करके महापापी क्रोध को ही नष्ट कर दो। मन निश्चित ही बलवान है। यह चंचल है कठिनता से वश में किया जाता है, लेकिन अभ्यास और वैराग्य से इसे वश में किया जा सकता है।

पाठ का हिंदी अनुवाद

1. **अर्जुन उवाच**

अथ केन प्रयुक्तोऽयं पापं चरति पुरुषः।
अनिच्छन्नपि वार्ष्णेय बलादिव नियोजित।।1।।

शब्दार्थाः प्रयुक्तः = प्रेरित, पापं = धर्म के विरुद्ध किया गया कार्य अर्थात् पाप, चरति = आचरण करना, पुरुषः = पुरुष, मनुष्य, अनिच्छन् = न चाहते हुए भी। वार्ष्णेय = वृष्णि नाम वंश में उत्पन्न होने वाले, श्रीकृष्णः, बलादिव = बलपूर्वक, नियोजित = (काम में) लगाया हुआ।

अन्वयः वार्ष्णेय! अथ केन प्रयुक्तः अयम् पुरुषः अनिच्छन् अपि बलात् नियोजितः इव पापम् चरति।

हिंदी अनुवाद अर्जुन बोले—हे वार्ष्णेय (कृष्ण)! यह पुरुष (मानव) किसके द्वारा (बलपूर्वक) प्रेरित होकर न चाहते हुए भी पापकर्म में लगा हुआ है या पाप कर्म का आचरण करता है।

2. **श्रीभगवानुवाच**

काम एषः क्रोध एष रजोगुणसमुद्भवः।
महाशनो महापाप्मा विद्धयेनमिह वैरिणम्।।2।।

शब्दार्थाः एषः = यह, क्रोध = क्रोध (गुस्सा), रजोगुणसमुद्भवः = रजोगुण से जिसका जन्म होता है, महाशनः = बहुत खाने वाला, महापाप्मा = पापी, विद्धि = जानो, समझो, एनम् = इसको।

अन्वयः रजोगुणसमुद्भवः एषः कामः एषः क्रोधः महाशनाः महापाप्मा। एनम् इह वैरिणम् विद्धि।

हिंदी अनुवाद श्रीकृष्ण बोले—रजोगुण से उत्पन्न होने वाला यह काम और क्रोध (गुस्सा) ही है। यह अधिक खाने वाला अर्थात् क्षति पहुँचाने वाला और महापापी (पाप का कारण) है। इसे ही यहाँ (संसार में) सबसे बड़ा शत्रु समझना चाहिए।

3. शक्नोतीहैव यः सोढुं प्राक् शरीरविमोक्षणात्।
कामक्रोधोद्भवं वेगं सः युक्तः स सुखी नरः।।3।।

शब्दार्थाः सोढुम् = सहन, प्राक् = पहले, शरीरविमोक्षणात् = शरीर त्याग से/मृत्यु से, सः = वह, युक्तः = योगी, नरः = मनुष्य।

अन्वयः यः शरीरविमोक्षणात् प्राक् कामक्रोधोद्भवम् वेगम् इह एव सोढुम् शक्नोति सः नरः युक्तः सः सुखी (भवति)।

हिंदी अनुवाद जो मनुष्य शरीर छोड़ने से पहले काम और क्रोध से उत्पन्न वेग को इस संसार में ही सहन कर लेता है, वह मनुष्य ही योगी है और वह ही सुखी है।

4. ध्यायतः विषयान् पुंसः सङ्गस्तेषूपजायते।
सङ्गात्सजञ्जायते कामः कामात्क्रोधोऽभिजायते।।4।।

शब्दार्थाः ध्यायतः = चिंतन (ध्यान) करने वाले, विषयान् = विषयों में, पुंसः = मनुष्य का, उपजायते = उत्पन्न होती है, सङ्गः = लगाव, सञ्जायते = उत्पन्न होती है, कामात् = काम की।

अन्वयः विषयान् ध्यायतः पुंसः तेषु सङ्गः उपजायते। सङ्गात् कामः सञ्जायते। कामात् क्रोधः अभिजायते।

हिंदी अनुवाद विषयों को ध्यान करने से मनुष्य की उनमें इच्छा (लगाव) उत्पन्न होती है। इच्छा से ही काम की उत्पत्ति होती है और काम से क्रोध उत्पन्न होता है।

5. क्रोधाद्भवति संमोहः सम्मोहात्स्मृतिविभ्रमः।
स्मृतिभ्रंशाद्बुद्धिनाशो बुद्धिनाशात्प्रणश्यति।।5।।

शब्दार्थाः क्रोधाद् = क्रोध से, सम्मोहः = किंकर्त्तव्यविमूढ़ता, स्मृतिविभ्रमः = स्मरण शक्ति का ह्रास, बुद्धिनाशात् = बुद्धि के नाश से, प्रणश्यति = नष्ट हो जाता है।

अन्वयः क्रोधात् सम्मोहः, सम्मोहात् स्मृतिविभ्रमः, स्मृतिभ्रंशात् बुद्धिनाशः, बुद्धिनाशात् प्रणश्यति।

हिंदी अनुवाद क्रोध से उद्विग्नता अर्थात् आतंकित स्वभाव उत्पन्न होती है उद्विग्नता से स्मरण-शक्ति का ह्रास होता है। स्मरण-शक्ति के ह्रास से बुद्धि का विनाश होता है और बुद्धि के विनाश से मनुष्य पूर्ण रूप से नष्ट हो जाता है।

6. तस्मात्त्वमिन्द्रियाण्यादौ नियम्य भरतर्षभ।
पाप्मानं प्रजहि ह्येनं ज्ञानविज्ञाननाशनम्।।6।।

शब्दार्थाः आदौ = आरम्भ में, नियम्य = शांत करके, भरतर्षभ = हे अर्जुन! भरत वंश में श्रेष्ठ, पाप्मानं = पापी को, प्रजहि = छोड़ दो।

अन्वयः भरतर्षभ! तस्मात् त्वम् आदौ इन्द्रियाणि नियम्य ज्ञानविज्ञाननाशनम् एनम् पाप्मानम् हि प्रजहि।

हिंदी अनुवाद हे भरतवंश में श्रेष्ठ अर्जुन! तुम सबसे पहले (आरंभ में) इंद्रियों को वश में करके ज्ञान और विज्ञान का नाश करने वाले इस महापापी को ही नष्ट कर दो।

7. **अर्जुन उवाच**

चञ्चलं हि मनः कृष्ण प्रमाथि बलवद्दृढम्।
तस्याहं निग्रहं मन्ये वायोरिव सुदुष्करम्।।7।।

शब्दार्थाः कृष्ण = काला, भगवान कृष्णः, प्रमाथि = मथनेवाला, बलवद् = बलवान, दृढम् = दृढ़ (कनेट), निग्रहम् = वश में करने को, मन्ये = मानना, दुष्करम् = कठिन।

अन्वयः कृष्ण! मनः हि चञ्चलम् प्रमाथि बलवद् दृढम्। अहम् तस्य निग्रहम् वायोः इव दुष्करम् मन्ये।

हिंदी अनुवाद अर्जुन बोले– हे कृष्णः! मन निश्चय ही चंचल, मथनेवाला, बलवान् और दृढ़ मजबूत है। मैं मन को वश में करना वायु को वश में करने के समान कठिन मानता हूँ।

8. **श्रीभगवानुवाच**

असंशयं महाबाहो मनो दुर्निग्रहं चलम्।
अभ्यासेन तु कौन्तेय वैराग्येण च गृह्यते।।8।।

शब्दार्थाः महाबाहो = हे विशाल भुजाओं वाले!, दुर्निग्रहम् = जिसको वश में करना कठिन है, अभ्यासेन = प्रयास के द्वारा, कौन्तेय = अर्जुन (कुंती का पुत्र)।

अन्वयः महाबाहो! असंशयम् मनः दुर्निग्रहम् चलम्, कौन्तेय! (एतत्) तु अभ्यासेन वैराग्येण च गृह्यते।

हिंदी अनुवाद श्रीकृष्ण बोले–हे विशाल भुजाओं वाले! हे कौन्तेय अर्जुन! निश्चय ही मन चंचल है और यह कठिनाई से वश में किया जाने वाला है। इसे अभ्यास और वैराग्य से वश में किया जा सकता है।

मणिका-पाठ्यपुस्तकम् प्रश्नोत्तराः

मणिका पाठ्य-पुस्तक के प्रश्नोत्तर

प्र.1 अधोलिखितप्रश्नानाम् उत्तरम् एकपदेन लिखत।
(निम्नलिखित प्रश्नों का एक पद में उत्तर दीजिए।)

(क) 'वार्ष्णेय' इति सम्बोधनं कस्मै प्रयुक्तम्?
(ख) 'न इच्छन् अपि' इत्यस्य स्थाने किं पदं श्लोके प्रयुक्तम्?
(ग) कामः कस्मात् गुणात् सम्भवति?
(घ) 'ध्यायतः' पदं कस्य पदस्य विशेषणम्?
(ङ) कानि वशे कृत्वा नरः कामं नाशयितुं शक्नोति?
(च) कः ज्ञानविज्ञाननाशकः?
(छ) मनः वशीकर्तुं किं कर्त्तव्यम्?
(ज) केषु आसक्तिः न कर्त्तव्या?

उत्तराणि

(क) श्रीकृष्णाय (ख) अनिच्छन्नपि
(ग) संगात् (घ) पुंसः
(ङ) इन्द्रियाणि (च) क्रोधः
(छ) अभ्यासम् (ज) विषयेषु

प्र.2 पूर्णवाक्येन उत्तरत। (पूर्ण वाक्य में उत्तर दीजिए।)

(क) कः नरः सुखी भवति?
(ख) क्रोधः कस्मात् जायते?
(ग) सम्मोहात् किं भवति?
(घ) कस्य निग्रहं अर्जुनः वायोरिव सुदुष्करं मन्यते?
(ङ) चञ्चलं मनः कथं गृह्यते?
(च) पाठे 'वार्ष्णेय' इति पदं कस्मै प्रयुक्तम्?

उत्तराणि

(क) यः शरीरविमोक्षणात् प्राक् कामक्रोधोद्भवं वेगं सोढुं शक्नोति सः नरः सुखी भवति।
(ख) क्रोधः कामात् जायते।
(ग) सम्मोहात् स्मृतिविभ्रमः भवति।
(घ) अर्जुनः मनसः निग्रहं वायोरिव सुदुष्करं मन्यते।
(ङ) चञ्चलं मनः अभ्यासेन वैराग्येन च गृह्यते।
(च) पाठे 'वार्ष्णेय' इति पदं वृष्णिवंशोद्भवाय श्रीकृष्णाय प्रयुक्तम्।

प्र.3 स्थूलपदानि आधृत्य प्रश्ननिर्माणं कुरुत।
(स्थूल पदों को आधार मानकर प्रश्न निर्माण कीजिए।)

(क) मनुष्यः **कामेन** प्रयुक्तः एव पापस्य आचरणं करोति।
(ख) कामः एव **क्रोधं** जनयति।
(ग) काम एव **अस्माकं** शत्रुः।
(घ) यः क्रोधस्य वेगं जीवने सहते स **सुखी** नरः।
(ङ) **विषयाणाम्** उपभोगेन तेषु आसक्तिः जायते।
(च) **मनसः** निग्रहः वायोः इव कठिनः।
(छ) **कामः** ज्ञानस्य विज्ञानस्य च नाशं करोति।
(ज) कामस्य नाशाय **इन्द्रियाणि** वशे करणीयानि।

उत्तराणि

(क) मनुष्यः **केन** प्रयुक्तः एव पापस्य आचरणं करोति।
(ख) कामः एव **कं** जनयति।
(ग) काम एव **केषां** शत्रुः।
(घ) यः क्रोधस्य वेगं जीवने सहसे स **कीदृशः** नरः।
(ङ) **केषाम्** उपभोगेन तेषु आसक्तिः जायते।
(च) **कस्य** निग्रहः वायोः इव कठिनः।
(छ) **कः** ज्ञानस्य विज्ञानस्य च नाशं करोति।
(ज) कामस्य नाशाय **कानि** वशे करणीयानि।

प्र.4 अधोलिखितान् प्रश्नानां यथानिर्देशम् उत्तरत।
(निम्नलिखित प्रश्नों के निर्देशानुसार उत्तर दीजिए।)

(क) 'अथ केन प्रयुक्तोऽयं पापं चरति पुरुषः।' अत्र किं क्रियापदं प्रयुक्तम्?
(ख) 'शरीरविमोक्षणात् प्राक् यः सोढुं शक्नोति।' अत्र 'पूर्वम्' इत्यर्थे किं पदं प्रयुक्तम्?
(ग) 'चञ्चलं हि मनः कृष्ण!' अत्र किं विशेष्यपदम्?
(घ) 'सः युक्तः सः सुखी नरः' अस्मिन् वाक्ये 'योगी' इत्यर्थे किं पदं प्रयुक्तम्?
(ङ) 'तस्याहं निग्रहं मन्ये वायोरिव सुदुष्करम्' अत्र सुकरम् इति पदस्य कि विलोमपदं प्रयुक्तम्?
(च) 'मनो दुर्निग्रहं कृच्छ्णा!' अत्र किं विशेषणपदम् अस्ति?

उत्तराणि

(क) चरति (ख) प्राक् (ग) मनः
(घ) युक्तः (ङ) सुदुष्करम् (च) दुर्निग्रहं

प्र.5 विशेषणाविशेष्य पदानाम् उचितं मेलनं कुरुत।
(विशेषण और विशेष्य का उचित मेल कीजिए।)

सूची (अ)	सूची (ब)
(क) सुखी	(i) क्रोधः
(ख) चञ्चलम्	(ii) वेगम्
(ग) रजोगुणसमुद्भवः	(iii) निग्रहम्
(घ) कामक्रोधोद्भवम्	(iv) नरः
(ङ) सुदुष्करम्	(v) मनः

उत्तराणि

सूची (अ)	सूची (ब)
(क) सुखी	(iv) नरः
(ख) चञ्चलम्	(v) मनः
(ग) रजोगुणसमुद्भवः	(i) क्रोधः
(घ) कामक्रोधोद्भवम्	(ii) वेगम्
(ङ) सुदुष्करम्	(iii) निग्रहम्

प्र.6 श्लोकात् समुचितं पदं विचित्य अन्वये रिक्तस्थानानि पूरयत।
(श्लोक से समुचित पद समझकर अन्वय में रिक्त स्थानों की पूर्ति कीजिए।)

(क) यः शरीरविमोक्षणात् .... कामक्रोधोद्भवम् .... इह एव .... शक्नोति स .... युक्तः स सुखी (भवति)।

(ख) .... ध्यायतः पुंसः तेषु .... उपजायते। सङ्गात् .... सञ्जायते। .... क्रोधः अभिजायते।

(ग) कृष्ण! मनः हि .... , बलवद्दृढम् ....। अहम् तस्य निग्रहम् .... इव दुष्करम् ....।

(घ) ....! तस्मात् त्वम् आदौ ....! नियम्य .... एनम् पाप्मानम् हि ....।

(ङ) ....! असंशयम् .... दुर्निग्रहम् चलम् कौन्तेय!, (एतत्) तु .... वैराग्येण च ....।

उत्तराणि

(क) यः शरीरविमोक्षणात् **प्राक्** कामक्रोधोद्भवम् **वेगम्** इह एव **सोढुं** शक्नोति स **नरः** युक्तः स सुखी (भवति)।

(ख) **विषयान्** ध्यायातः पुंसः तेषु **सङ्गः** उपजायते। सङ्गात् **कामः** सञ्जायते। **कामात्** क्रोधः अभिजायते।

(ग) कृष्ण! मनःहि **चञ्चलम्**, बलवदृढम् **प्रमाथि**। अहम् तस्य निग्रहम् **वायोः** इव दुष्करम् **मन्ये**।

(घ) **भरतर्षभ**। तस्मात् त्वम् आदौ **इन्द्रियाणि** नियम्य **ज्ञानविज्ञाननाशनम्** एनम् पाप्मानम् हि **प्रजहि**।

(ङ) **महाबाहो**! असंशयम् **मनः** दुर्निग्रहम् चलम् कौन्तेय। (एतत्) तु **अभ्यासेन** वैराग्येण च **गृह्यते**।

प्र.7 रेखाङ्कितपदानां प्रसङ्गानुसारम् उचितम् अर्थं चित्वा लिखत।
(रेखांकित पदों का प्रसंग के अनुसार उचित अर्थ चुनकर लिखिए।)

(क) "चञ्चलं हि मनः कृष्ण! प्रमाथि बलवद्दृढम्।"
(i) मथनशीलम् (ii) चिन्तनशीलम् (iii) गुणवत्

(ख) "ध्यायतः विषयान् पुंसः सङ्गस्तेषूपजायते।"
(i) मित्रस्य (ii) पुरुषस्य (iii) शिक्षकस्य

(ग) तस्मात् त्वम् आदौ इन्द्रियाणि नियम्य पाप्मानं प्रजहि।
(i) सर्वप्रथमम् (ii) रात्रौ (iii) यदा कदा

(घ) अभ्यासेन तु कौन्तेय वैराग्येण च गृह्यते।
(i) भीमः (ii) अर्जुन (iii) नकुल

(ङ) क्रोधाद् भवति सम्मोहः।
(i) उद्विग्नता (ii) निर्धनता (iii) व्याकुलता

उत्तराणि

(क) (i) मथनशीलम् (ख) (ii) पुरुषस्य
(ग) (i) सर्वप्रथमम् (घ) (ii) अर्जुन (ङ) (i) उद्विग्नता

प्र.8 रेखाङ्कितपदानां समस्तपदं विग्रहं वा लिखत।
(रेखांकित पदों के समस्त पद या विग्रह लिखिए।)

(क) अनिच्छन् अपि वार्ष्णेय! बलादिव नियोजितः।
(ख) एषः क्रोधः रजोगुणात् समुद्भवः अस्ति।
(ग) शरीरस्य विमोक्षणात् प्राक् यः क्रोधस्य वेगं सोढुं शक्नोति।
(घ) असंशयं महाबाहो! मनो दुर्निग्रहं चलम्।
(ङ) मनो दुःखेन निग्रहं चलम्।

उत्तराणि

(क) अनिच्छन् = न इच्छन्।
(ख) रजोगुणात् समुद्भवः = रजोगुणसमुद्भवः।
(ग) शरीररस्य विमोक्षणात् = शरीरविमोक्षणात्।
(घ) असंशयं = न संशयम्।
(ङ) दुःखेन निग्रहं = दुर्निग्रहम्।

प्र.9 मञ्जूषायाः विचित्य अधोलिखित क्रियापदानाम् अर्थान् लिखत।
(मञ्जूषा से समझकर नीचे लिखे गए क्रिया पदों के अर्थ लिखिए।)

(क) विद्धि ....।
(ख) मन्ये ....।
(ग) शक्नोति ....।
(घ) गृह्यते ....।
(ङ) प्रणश्यति ....।
(च) चरति ....।
(छ) सञ्जायते ....।
(ज) प्रजहि ....।

- मञ्जूषा अर्हति, जानीहि, करोति, उद्भवति, अवगच्छामि, विनाशय, वशीक्रियते, विनश्यति।

उत्तराणि

(क) विद्धि — अवगच्छामि
(ख) मन्ये — जानीहि
(ग) शक्नोति — अर्हति
(घ) गृह्यते — वशीक्रियते
(ङ) प्रणश्यति — विनश्यति
(च) चरति — करोति
(छ) सञ्जायते — उद्भवति
(ज) प्रजहि — विनाशय

प्र.10 अशुद्धं कथनं (✗) इति चिह्नेन दर्शयत।
(अशुद्ध कथन को (✗) चिन्ह से प्रदर्शित कीजिए।)
अभ्यासेन तु कौन्तेय वैराग्येण च गृह्यते।

(क) भोः अर्जुन! इदं मनः चञ्चलं, दुःखेन निग्रहीतुं शक्यम्।
(ख) चञ्चलमपि मनः सततम् अभ्यासेन वशीकर्तुं शक्यते। या क्रिया पुनः-पुनः क्रियते सः अभ्यासः कथ्यते। मनसः वशीकरणाय निरन्तरं या साधना क्रियते सः अभ्यासः एव।
(ग) सांसारिकभोगाः नश्वराः अतः एतेषां पुनः-पुनः चिन्तनेन तेषु विरक्तिः जायते। एषा विरक्तिः (वैराग्यम्) एव मनः वशीकर्तुं शक्नोति।
(घ) हे कुन्तीपुत्र! सततं अभ्यासेन सांसारिकभोगान् प्रति वैराग्येण च मनः वशं गच्छति।

उत्तराणि

(ग) सांसारिकभोगाः नश्वराः अतः एतेषां पुनः-पुनः चिन्तनेन तेषु विरक्तिः जायते। एषा विरक्तिः (वैराग्यम्) एव मनः वशीकर्तुं शक्नोति।

प्र.11 अस्मिन् वृक्षे कानिचित् त्याज्यानि कानिचित् च फलानि ग्राह्याणि। ग्राह्याणां फलानां नामानि अधः लिखत।
(इस वृक्ष में कुछ त्याज्य और कुछ ग्राह्य फल हैं। ग्राह्य फलों के नाम नीचे लिखिए।)

उत्तराणि

ग्राह्याणां फलानि नामानि सन्ति-सत्यम्, क्रोधः, ज्ञानम्, शान्तिः परोपकारः, पुण्यम्, सुस्मृतिः, विवेकः।

(क) जागृतिः — विवेकः
(ख) शान्तिः — ज्ञानम्
(ग) सत्यम् — परोपकारः
(घ) पुण्यम् — सुस्मृतिः

योग्यताविस्तारः (योग्यता–विस्तार)

(क) ग्रन्थपरिचयः (ग्रंथ-परिचय)

श्रीमद्भगवद्गीता नाम ग्रन्थः महाभारतस्य भीष्मपर्वणः एव अंशः। अस्मिन् ग्रन्थे अष्टादश-अध्यायाः सप्तशतं च श्लोकाः सन्ति। अस्य उपदेशाः सार्वकालिकाः सार्वभौमिकाः च। संसारस्य प्रायः सर्वासु भाषासु अस्य अनुवादाः रूपान्तराणि च लभ्यन्ते।

श्रीमद्भगवद्गीता नाम का ग्रंथ 'महाभारत' के भीष्मपर्व का ही अंश है। इस ग्रंथ में अट्ठारह अध्याय और सात सौ श्लोक हैं। गीता के उपदेश सार्वकालिक व सार्वभौमिक हैं। संसार की प्रायः सभी भाषाओं में इसके अनुवाद और रूपान्तर प्राप्त होते हैं।

(ख) भावविस्तारः (भाव-विस्तार)

I. **गीतायाः महत्त्वम् एभिः श्लोकैः ज्ञायते**

गीता सुगीता कर्तव्या किमन्यैः शास्त्रविस्तरैः।
या स्वयं पद्मनाभस्य मुखपद्माद्विनिः सृता।। 1।।

गीता का महत्त्व इन श्लोकों से ज्ञात होता है

गीता का ही गान करना चाहिए, अन्य शास्त्रों में जाने से क्या लाभ? जो स्वयं भगवान विष्णु के कमल रूपी मुख से निकलती है।

सर्वोपनिषदो गावो दोग्धा गोपालनन्दनः।
पार्थो वत्सः सुधीर्भोक्ता दुग्धं गीतामृतं महत्।। 2।।

सभी उपनिषद् गायें हैं गोपाल श्रीकृष्ण इसके दुहने वाले अर्थात् पालन करने हैं। अर्जुन बछड़े के समान हैं। विद्वान पुरुष इसका भोग करने वाले हैं। यह गीतारूपी दूध अमृत के समान है।

मल-निर्मोचनं पुंसां जलस्नानं दिने दिने।
सकृद् गीतामृतस्नानं संसारमलनाशनम्।। 3।।

जिस प्रकार मनुष्य अपनी मलिनता को दूर करने के लिए दिन में बार-बार जल से स्नान करती है। उसी प्रकार गीतारूपी अमृत में स्नान करना सांसारिक मलों का विनाशक है।

II. **गीतायां गुणानां त्रिधा विभागः कृतः**

सत्त्वं रजस्तम इति गुणाः प्रकृतिसम्भवाः।
निबध्नन्ति महाबाहो देहे देहिनमव्ययम्।।

गीता में तीन प्रकार के गुण कहे गए हैं

सत्त्व, रजस् तथा तमस्। ये गुण प्रकृति से उत्पन्न हुए हैं, जो देह में अव्यय आत्मा को बाँध लेते हैं।

गुणाः त्रयः (तीन गुण)

1. सत्त्वम्	2. रजः	3. तमः।
1. सत्त्व	2. रज	3. तम।

1. **सत्त्वगुणः तत्र सत्त्वं निर्मलत्वात्प्रकाशकम् अनामयम्।**
सुखसङ्गेन बध्नाति ज्ञानसङ्गेन चानघ।।

सत्त्वगुण इनमें सत्त्व गुण निर्मलता से बाँधता है और यह निर्दोषता का प्रकाशक है सत्त्वगुण सुख से बाँधता है और ज्ञान से पवित्र करता है।

सात्विक
- आहाराः आयुः-सत्त्व-बल-आरोग्य-प्रीतिविवर्धनाः।
- यज्ञः अफलार्थिभिः विधिपूर्वकं क्रियते।
- तपः शरीरं तपः, वाङ्मयं तपः, मानसं तपः।
- दानम् देशकाल-पत्रानुसारं सुपात्राय दीयते।
- बुद्धिः यम-यिम-श्रद्धा-भक्तिमयी।

सत्त्वगुण
- आहार आयु-सत्त्व-बल-नीरोगता-प्रीति को बढ़ाने वाला है।
- यज्ञ फल न चाहते हुए विधिपूर्वक किया जाता है।
- तप शारीरिक तप, वाणी का तप, मानसिक तप।
- दान जो देश, काल, पात्रों के अनुसार सुपात्र को दिया जाता है।
- बुद्धि यह सोच-विचार कर कार्य करने की शक्ति है

2. **रजोगुणः रजो रागात्मकं विद्धि तृष्णासङ्गसमुद्भवम्।**
तन्निबध्नाति कौन्तेय कर्मसङ्गेन देहिनम्॥

रजोगुण यह रागात्मक है अर्थात् यह तृष्य से उत्पन्न होता है। अर्जुन! यह मनुष्य को कर्म से बाँधता है।

राजसिकः
- आहाराः कटु-आम्ल-लवण-तीक्ष्ण-रूक्ष-विदाहिनः।
- यज्ञः यत् फलम् उद्दिश्य दम्भार्थं क्रियते।
- तपः सत्कारमानपूजार्थं दम्भेन क्रियते।
- दानम् प्रत्युपकारार्थम् फलेच्छया दीयते।
- बुद्धिः धर्मम् अधर्मं, कार्यम् अकार्यं सम्यक् न

रजोगुण
- आहार कड़वे, खट्टे, नमकीन, तीखे, रुखे, जलाने वाले
- यज्ञ जो फल को ध्यान में रखकर अभिमान के लिए किया जाए।
- तप सत्कार, मान व पूजा अहंकार के लिए किया जाता है।
- दान जो प्रत्युतर में कुछ प्राप्त करने की इच्छा से दिया जाए।
- बुद्धि जो धर्म-अधर्म, कार्य-आकार्य को ठीक तरह नहीं जानती।

3. **तमोगुणः तमस्त्वज्ञानजं विद्धि मोहनं सर्वदेहिनाम्।**
प्रमादालस्यनिद्राभिस्तन्निबध्नाति भारत।।

तमोगुण तमोगुण अज्ञान से उत्पन्न होता है। सभी प्राणियों में मोह उत्पन्न करता है।

हे अर्जुन! यह मनुष्य को प्रमाद निद्रा और आलस्य से मनुष्य को बाँधता है।

तामसी
- आहाराः उच्छिष्टाः, पर्युषिताः, अमेध्याः, गतरसाः।
- यज्ञः मन्त्रहीनः, अन्न-दान-हीनः, अदक्षिणः।
- तपः परेषां विनाशाय।
- दानम् अदेशकाले अपात्रेभ्यः।
- बुद्धिः प्रमाद-मूढता-आलस्य-मोह-अज्ञानमयी।

तमोगुण
- आहार जूठा, बासी, अशुद्ध, रसहीन।
- यज्ञ मंत्र, अन्न दान व दक्षिणा से रहित।
- तप दूसरों के विनाश के लिए जो किया जाए।
- दान जो अनुचित स्थान पर अनुचित व्यक्तियों को दिया जाए।
- बुद्धि आलस्य-मूढ़ता-मोह व अज्ञान से युक्त।

III. **उपयुक्तगुणविश्लेषणं पठित्वा अधोलिखितान् प्रश्नान् (✓) चिह्नेन चिह्नीकुरुत।**
(उपयुक्त गुण विश्लेषण को पढ़कर निम्नलिखित प्रश्नों के सही विकल्प को (✓) चिह्न से चिह्नित कीजिए।

1. **केन प्रवृत्तः नरः पुण्यम् आचरति?**
(क) रजोगुणेन
(ख) तमोगुणेन
(ग) सत्त्वगुणेन
उत्तराणि (ग) सत्त्वगुणेन
2. **कीदृशः आहारः सात्विकः?**
(क) कटु-तीक्ष्ण-रूक्ष-विदाही
(ख) आयुः-सत्त्व-बल-प्रीतिवर्धकः
(ग) उच्छिष्टः, अमेध्यः, पर्युषितः
उत्तराणि (ख) आयुः-सत्त्व-बल-प्रीतिवर्धकः
3. **कीदृशी बुद्धिः सत्विकी?**
(क) ज्ञान-भक्ति-श्रद्धामयी
(ख) प्रमाद-मूढता-आलस्यमयी
(ग) लोभ-मोह-क्रोधमयी
उत्तराणि (क) ज्ञान-भक्ति-श्रद्धामयी
4. **किं वाङ्मयं तपः उच्यते?**
(क) यत् सत्कारमानपूजार्थं क्रियते।
(ख) यत् परेषां विनाशाय क्रियते।
(ग) यत् अनुद्वेगकरं सत्यं प्रियहितं च।
उत्तराणि (ग) यत् अनुद्वेगकरं सत्यं प्रियहितं च।
5. **किं सात्विकं दानं कथ्यते?**
(क) यत् फलेच्छया दीयते।
(ख) यत् देश-काल-पात्रानुसारं दीयते।
(ग) यत् अदेशकाले अपात्रेभ्यः दीयते।
उत्तराणि (ख) यत् देश-काल-पात्रानुसारं दीयते।
6. **कीदृशी वाणी सात्विकी?**
(क) सत्य-माधुर्य-निष्ठामयी
(ख) परनिन्दा-असत्यमयी
(ग) क्रूर-अपशब्दयुता
उत्तराणि (क) सत्य-माधुर्य-निष्ठामयी

(ग) समानार्थकसूक्तयः

1. **इन्द्रियाणि प्रमाथीनि हरन्ति प्रसभं मनः।**
2. **मनः एव मनुष्याणां कारणं बन्धमोक्षयोः।**
3. **सर्वकर्माणि मनसा संन्यस्यास्ते सुखं वशी।**
4. **त्रिविधं नाशनमात्मनः-कामः क्रोधस्तथा लोभस्तस्मादेतत्त्रयं त्यजेत्।**
5. **जहि शत्रुं महाबाहो कामरूपं दुरासदम्।**

भाषाविस्तारः

(क) 'एय' (ढक्) प्रत्ययः अपत्यार्थे प्रयुज्यते। यथा विनतायाः पुत्रः वैनतेयः (गरुडः) 'एय' प्रत्यययोगेन शब्दानां निर्माणं पश्यत

यथा–

1. गङ्गायाः पुत्रः = गाङ्गेयः
2. कुन्त्याः पुत्रः = कौन्तेयः
3. वृष्णेः अपत्यं पुमान् = वार्ष्णेयः
4. भगिन्याः पुत्रः = भागिनेयः
5. राधायाः पुत्रः = राधेयः

(ख) 'मनः' पदे मूलशब्दः, 'मनस्' इति वर्तते।

'मनस्'-'पयस्'-'तपस्'-शब्दाः नपुंसकलिङ्गाः सन्ति। मनसः विशेषणपदानि अपि नपुंसकलिङ्गे सन्ति।

यथा–चञ्चलं मनः

दृढं मनः

दुर्निग्रहं मनः

'मनस्' (मन) नपुंसकलिङ्गे

	एकवचनम्	**द्विवचनम्**	**बहुवचनम्**
प्रथमा	मनः	मनसी	मनांसि
द्वितीया	मनः	मनसी	मनांसि
तृतीया	मनसा	मनोभ्याम्	मनोभिः
चतुर्थी	मनसे	मनोभ्याम्	मनोभ्यः
पञ्चमी	मनसः	मनोभ्याम्	मनोभ्यः
षष्ठी	मनसः	मनसोः	मनसाम्
सप्तमी	मनसि	मनसोः	मनस्सु
सम्बोधन	हे मन!	हे मनसी!	हे मनांसि!

अनुरूपशब्दाः-पयस् (जल), तपस् (तपस्या), तमस् (अंधकार), वचस् (वचन), सरस् (तालाब), यशस् (यश), नभस् (आकाश), रजस् (धूलि)।

(ग) कोष्ठकप्रदत्तधातुभिः सह 'तुमुन्' प्रत्ययं योजयित्वा निर्मित-पदानि ध्यानेन पश्यत अवगच्छत च।

'शक्' धातोः पूर्वं 'तुमुन्' प्रत्ययस्य प्रयोगः द्रष्टव्यः

यथा– (i) क्रोधी गुरुजनोपदेशं श्रोतुं न शक्नोति।

(ii) देशभक्ताः एव राष्ट्रं सेवितुं शक्नुवन्ति।

1. संयमी क्रोधोद्वेगं **सोढुं** शक्नोति (सह्)
2. अहम् अभ्यासेन मनः **रोद्धुं** शक्नोमि (रुध्)
3. कामेन वशीभूतः नरः पापं **चरितुं** शक्नोति (चर्)
4. इन्द्रियाणां निग्रहेण नरः कामं **हन्तुं** शक्नोति (हन्)
5. इन्द्रियनिग्रहस्य अभ्यासेन जनाः मनः वशी **कर्तुं** शक्नुवन्ति (कृ)
6. बुद्धेः नाशः नरं **नाशयितुं** शक्नोति (नाशय्)

अभ्यास प्रश्नाः

मणिका पाठ्य-पुस्तक पर आधारित प्रश्नोत्तर

पद्यांश आधारित प्रश्नाः

1. अधोलिखितं पद्यांशं पठित्वा प्रदत्त प्रश्नानाम् उत्तराणि संस्कृतेन लिखत।
(निम्नलिखित पद्यांशों को पढ़कर दिए गए प्रश्नों के उत्तर संस्कृत में लिखिए।)

(क) **अर्जुन उवाच**

"अथ केन प्रयुक्तोऽयं पापं चरति पुरुषः
अनिच्छन्नपि वार्ष्णेय! बलादिव नियोजित।

श्रीभगवानुवाच

काम एषः क्रोध एष रजोगुणसमुद्भवः
महाशनो महापाम्पा विद्धयेनमिह वैरिणम्।।"

I. अधोलिखितानां प्रश्नानाम् उत्तराणि एकपदेन लिखत।
(निम्नलिखित प्रश्नों के उत्तर एक पद में लिखिए।)

(i) अत्र श्रीकृष्णाय सम्बोधन पदं किम्?
(ii) कामः कस्मात् उत्पन्नः?
(iii) 'उत्पन्न' इत्यर्थे किं पदं प्रयुक्तम्?

II. अधोलिखितानां प्रश्नानाम् उत्तराणि पूर्ण वाक्येन लिखत।
(निम्नलिखित प्रश्नों के उत्तर पूर्ण वाक्य में लिखिए।)

(i) महाशनः कः?
(ii) अनिच्छन् पुरुषः किं करोति?
(iii) केन जनानां नाशो भवति?

III. अधोलिखितानां प्रश्नानाम् उत्तराणि निर्देशानुसारं लिखत।
(निम्नलिखित प्रश्नों के उत्तर निर्देशानुसार लिखिए।)

(i) महाशनः कस्य पदस्य विशेषणम्?
(ii) 'इच्छन्' इति पदे कः प्रत्ययः?
(iii) 'करोति' अस्य पर्यायः श्लोकात् एव चित्वा लिखत।

उत्तराणि

I. (i) वार्ष्णेय (ii) रजोगुणात् (iii) समुद्भवः

II. (i) महाशनः कामः, क्रोधः च अस्ति।
(ii) अनिच्छन् अपि पुरुषः पापं करोति।
(iii) कामेन जनानां नाशो भवति।

III. (i) कामस्य (ii) शतृ (iii) चरति

(ख) शक्नोतीहैव यः सोढुं प्राक् शरीरविमोक्षणात्।
कामक्रोधोद्भवं वेगं सः युक्तः स सुखी नरः।।
ध्यायतः विषयान् पुंसः सङ्गस्तेषूपजायते।
सङ्गात्सजञ्जायते कामः कामात्क्रोधोऽभिजायते।।

I. अधोलिखितानां प्रश्नानाम् उत्तराणि एकपदेन लिखत।
(निम्नलिखित प्रश्नों के उत्तर एक पद में लिखिए।)
(i) नरः कीदृश वेगं सोढुं शक्नोति?
(ii) वेगं कस्मात् उदभवति?
(iii) विषयेषु कस्य सङ्गः उपजायते?

II. अधोलिखितानां प्रश्नानाम् उत्तराणि पूर्णवाक्येन लिखत।
(निम्नलिखित प्रश्नों के उत्तर पूर्ण वाक्य में लिखिए।)
(i) कामक्रोधोद्भवं वेगं कदा सोढुं शक्नुयात्?
(ii) विषयान् ध्यायतः पुंसः किं भवति?
(iii) कामात् पूर्व किम् अभिजायते?

III. अधोलिखितानां प्रश्नानाम् उत्तराणि निर्देशानुसारं लिखत।
(निम्नलिखित प्रश्नों के उत्तर निर्देशानुसार लिखिए।)
(i) 'शक्नोति' इति पदस्य कर्तृपदम् अस्ति?
(ii) 'आसक्तिः' इति पदस्य पर्यायः अस्ति?
(iii) अस्मिन् श्लोके क्रियापदं किं न प्रयुक्तम्?

उत्तराणि

I. (i) कामक्रोधोद्भवम् (ii) क्रोधात् (iii) पुंसः
II. (i) कामक्रोधोद्भवं वेगं शरीरविमोक्षणात् प्राक् सोढुं शक्नुयात्।
(ii) विषयान् ध्यायतः पुंसः तेषु विषयेषु आसक्तिः भवति।
(iii) कामात पूर्व विषयेषु सङ्गः उपजायते।
III. (i) नरः (ii) सङ्गः (ii) ध्यायतः

(ग) क्रोधाद्भवति संमोहः सम्मोहात्स्मृतिविभ्रममः।
स्मृतिभ्रंशाद्बुद्धिनाशो बुद्धिनाशात्प्रणश्यति।।
तस्मात्त्वमिन्द्रियाण्यादौ नियम्य भरतर्षभ।
पाप्मानं प्रजहि ह्येनं ज्ञानविज्ञाननाशनम्।।

I. अधोलिखितानां प्रश्नानाम् उत्तराणि एकपदेन लिखत।
(निम्नलिखित प्रश्नों के उत्तर एक पद में लिखिए।)
(i) क्रोधात् किम् उदभवति?
(ii) बुद्धिनाशात् कः प्रणश्यति?
(iii) इन्द्रियाणि कदा वशीकरणीयानि?

II. अधोलिखितानां प्रश्नानाम् उत्तराणि पूर्णवाक्येन लिखत।
(निम्नलिखित प्रश्नों के उत्तर पूर्ण वाक्य में लिखिए।)
(i) बुद्धिनाशः कथं भवति?
(ii) आदौ कानि वशीकरणीयानि?
(iii) श्रीकृष्णः ज्ञानविज्ञाननाशकं क्रोधं शमयितुं किं कर्तुम् उपदिशति?

III. अधोलिखितानां प्रश्नानाम् उत्तराणि निर्देशानुसारं लिखत।
(निम्नलिखित प्रश्नों के उत्तर निर्देशानुसार लिखिए।)
(i) 'विनाशः' इति पदस्य पर्यायपदम् अस्ति?
(ii) 'प्रजहि' इति क्रियापदस्य किं कर्तृपदम्?
(iii) 'अर्जुनः' इत्यस्मिन् अर्थे कः शब्द प्रयुक्तः?

उत्तराणि

I. (i) संमोहः (ii) नरः (iii) आदौ
II. (i) बुद्धिनाशः स्मृतिभ्रंशाद् भवति।
(ii) आदौ इन्द्रियाणि वशीकरणीयानि।
(iii) श्रीकृष्णः ज्ञानविज्ञाननाशकं क्रोधं शमयितुं इन्द्रियाणि नियमयितुं उपदिशति।
III. (i) नाशो (ii) त्वम्
(iii) भरतर्षभः

(घ) अर्जुन उवाच
"चञ्चलं हि मनः कृष्ण प्रमाथि बलवद्दृढम्
तस्याहं निग्रहं मन्ये वायोरिव सुदुष्करम्।
श्रीभगवानुवाच
असंशयं महाबाहो मनो दुर्निग्रहं चलम्
अभ्यासेन तु कौन्तेय वैराग्येण च गृह्यते"।

I. अधोलिखितानां प्रश्नानाम् उत्तराणि एकपदेन लिखत।
(निम्नलिखित प्रश्नों के उत्तर एक पद में लिखिए।)
(i) अभ्यासेन वैराग्येण च किं वशीक्रियते?
(ii) अत्र सम्बोधनं पदं किं प्रयुक्तम्?
(iii) मनः कीदृशम् अस्ति?

II. अधोलिखितानां प्रश्नानाम् उत्तराणि पूर्णवाक्येन लिखत।
(निम्नलिखित प्रश्नों के उत्तर पूर्ण वाक्य में लिखिए।)
(i) मनः कथं गृह्यते?
(ii) कः कस्य निग्रहं सुदुष्करं मन्यते?
(iii) किम् प्रमाथि वर्तते?

III. अधोलिखितानां प्रश्नानाम् उत्तराणि निर्देशानुसारं लिखत।
(निम्नलिखित प्रश्नों के उत्तर निर्देशानुसार लिखिए।)
(i) 'मन्ये' इति क्रियायाः कर्तृपदं किम्?
(ii) 'कौन्तेय!' इति पदं कस्मै आगतम्?
(iii) 'मनः' अस्य विशेषणपदं श्लोकात् एव चित्वा लिखत।

उत्तराणि

I. (i) मनः (ii) महाबाहो (iii) चञ्चलम्
II. (i) मनः अभ्यासेन वैराग्येण च गृह्यते।
(ii) अर्जुनः मनसः निग्रहं सुदुष्करं मन्यते।
(iii) मनः प्रमाथि वर्तते।
III. (i) अहम् (ii) अर्जुनाय (iii) दुनिगृहं

अन्वयः पूर्ति

2. मञ्जूषातः समुचितपदानि चित्वा अद्योलिखित श्लोकस्य अन्वयं पूरयित्वा पुनः लिखत।
(मञ्जूषा से समुचित पद चुनकर निम्नलिखित श्लोकों का अन्वयः पूर्ण करके पुनः लिखिए।)

(क) "शक्नोतीहैव यः सोढुं प्राक् शरीरविमोक्षणात्।
कामक्रोधोद्भवं वेगं स युक्तः स सुखी नरः"।।

अन्वयः यः शरीरविमोक्षणात् (i) ...... कामक्रोधोद्भवं (ii) ...... इह एव सोढुं (iii)...... सः नरः (iv) ...... सः सुखी (भवति)।

- **मञ्जूषा** वेगम्, युक्तः, प्राक्, शक्नोति।

(ख) "ध्यायतः विषयान् पुंसः संङ्गस्तेषूपजायते।
सङ्गात्सञ्जायते कामः कामात्क्रोधोऽभिजायते।।"

अन्वयः विषयान् (i)...... पुंसः तेषू (ii) ...... उपजायते। सङ्गात् (iii) ...... सञ्जायते। (iv) ...... क्रोधः अभिजायते।

- **मञ्जूषा** सङ्गः, कामः, कामात्, ध्यायतः।

(ग) काम एष क्रोध एष रजोगुणसमुद्भवः।
महाशनो महापाप्मा विद्ध्येनमिह वैरिणम्।। **CBSE 2015**

अन्वयः (i) .... एषः क्रोधः एषः (ii) .... महाशनः (iii) .... (च अस्ति) (iv) .... इह वैरिणम् विद्धि।

- **मञ्जूषा** रजोगुणसमुभुद्भवः, एतम् महापाप्मा, कामः।

उत्तराणि

(क) (i) प्राक्	(ii) वेगम्
(iii) शक्नोति	(iv) युक्तः
(ख) (i) ध्यायतः	(ii) सङ्ग
(iii) कामः	(iv) कामात्
(ग) (i) कामः	(ii) रजोगुणभुद्भवः
(iii) महापाप्मा	(iv) एतम्

भावार्थ पूर्ति

3. मञ्जूषायाः साहाय्येन श्लोकस्य भावार्थे रिक्तस्थानानि पूरयित्वा पुनः लिखत। (मञ्जूषा की सहायता से श्लोक के भावार्थ में रिक्त स्थान पूर्ण करके पुनः लिखिए।)

(क) "क्रोधाद्भवति संमोहः संमोहात्स्मृतिविभ्रमः।
स्मृतिभ्रंशाद्बुद्धिनाशो बुद्धिनाशात्प्रणश्यति"।।

भावार्थः अस्य भावोऽस्ति यत् क्रोधात् (i) ...... उद्भवति। उद्विग्नतायाः (ii) ...... विनाशः भवति। स्मृतेः विनाशात् (iii) ...... नाशः भवति बुद्धेः (iv) ...... च मुनष्यः विनश्यति।

- **मञ्जूषा** स्मृतेः, विनाशात्, उद्विग्नता, बुद्धेः।

(ख) "तस्मात्त्वमिन्द्रियाण्यादौ नियम्य भरतर्षभ।
पाप्मानं प्रजहि ह्येनं ज्ञान विज्ञाननाशनम्।।"

भावार्थः अस्य भावं वर्तते भगवान् श्रीकृष्णः (i) .... उपदिशति यत्–हे भरतवंशे उत्पन्नः अर्जुनः कामक्रोधौः बुद्धेः (ii) .... प्रमुखे कारणे स्तः। अतः तस्मात् कारणात् त्वम् आरम्भे एव (iii) .... निभम्य ज्ञानस्य विज्ञानस्य च विनाशकम् एतम् (iv) .... कामं क्रोधं च विनाशय।

- **मञ्जूषा** विनाशस्य, पाप्मानं, अर्जुनम्, इंद्रियाणि।

(ग) असंशयं महाबाहो मनो दुर्निग्रहं चलम्।
अभ्यासेन तु कौन्तेय वैराग्येण च गृह्यते।। **CBSE 2024**

भावार्थः हे महाबाहो! अत्र संशयः नास्ति यत् एतत् (i) .... अतीव चञ्चलम् अस्ति। इदं (ii) .... नियन्त्रितं भवति परन्तु यदि वयं पुनः पुनः (iii) .... कुर्मः, विरक्ताः च भवामः तदा निश्चयेन एतत् वशीकर्तुं (iv) ....।

- **मञ्जूषा** बहुकष्टेन, अभ्यासम्, शक्नुमः, मनः।

उत्तराणि

(क) (i) उद्विग्नता	(ii) स्मृतेः
(iii) बुद्धेः	(iv) विनाशात्
(ख) (i) अर्जुनम्	(ii) विनाशस्य
(iii) इंद्रियाणि	(iv) पाप्मानं
(ग) (i) मनः	(ii) बहुकष्टेन
(iii) अभ्यासं	(iv) शक्नुम

प्रश्ननिर्माणं कुरुत

4. अधोलिखितेषु कथनेषु स्थूलपदानि आधृत्य प्रश्ननिर्माणं कुरुत। (निम्नलिखित कथनों में स्थूल पद को आधार मानकर प्रश्ननिर्माण कीजिए।)

(i) कामः **सङ्गात्** सञ्जायते।
(ii) तस्याहं **निग्रहं** मन्ये वायोरिव सुदुष्करम्।
(iii) कामः **ज्ञानस्य विज्ञानस्य** च नाशं करोति।
(iv) कामस्य नाशाय **इंद्रियाणि** वशे करणीयानि।
(v) **मनसः** निग्रहं वायोः इव दुष्करम्।
(vi) मनः असंशयं **तीव्रगामी** वर्तते।

उत्तराणि

(i) कस्मात्	(ii) कम्
(iii) कयोः	(iv) कानि
(v) कस्य	(vi) कीदृशम्

5. अधोलिखितेषु कथनेषु रेखाङ्किता पदानि आधृत्य प्रश्ननिर्माणं कुरुत। (निम्नलिखित कथनों में रेखांकित पद को आधार मानकर प्रश्ननिर्माण कीजिए।)

(i) विषयान् प्रति आसक्तिं न करणमेव वैराग्यं वर्तते।
(अ) केन (ब) काम्
(स) कम् (द) कस्मै

(ii) मनसः अभ्यासेन वैराग्येण च वशीकरणं भवति।
(अ) कैः (ब) काभ्याम्
(स) केभ्यः (द) कानि

(iii) एतत् कठिनतया वशीक्रियते।
(अ) काम् (ब) कति
(स) कया (द) किम्

(iv) मनः अतीव चञ्चलं वर्तते।
(अ) कः (ब) किम्
(स) केन (द) कानि

(v) इदम् उपदेशं श्रीकृष्णः अर्जुनाय यच्छति।
(अ) कस्मै (ब) कस्यै
(स) केभ्यः (द) कदा

(vi) पाप्मानं कामं त्यक्त्वा एव ज्ञानं जायते।
(अ) कीदृशः (ब) केन (स) कीदृशम् (द) कः

उत्तराणि

(i) (ब) काम्   (ii) (ब) काभ्याम्
(ii) (द) किम्   (iv) (ब) किम्
(v) (अ) कस्मै   (vi) (स) कीदृशम्

प्रसङ्गानुकूलं प्रश्ना:

6. अधोलिखितेषु रेखाङ्कितपदानां प्रसङ्गानुकूलम् उचितार्थं चित्वा लिखत्।
(निम्नलिखित वाक्यों में रेखांकित पदों के प्रसंगों के अनुकूल उचित अर्थ चुनकर लिखिए।)

(i) महाशनो महापाप्मा विद्धि एतम् इह वैरिणम्।
(अ) जानीहि   (ब) ज्ञातम्
(स) मूर्च्छा   (द) त्यज

(ii) तस्याहं निग्रहं मन्ये वायोरिव सुदुष्करम्।
(अ) कुकर्म   (ब) सुकर्म
(स) कठिनं कर्म   (द) श्रेष्ठ कर्म

(iii) पाप्मानं प्रजहि ह्येनं ज्ञानविज्ञाननाशनम्।
(अ) त्यज   (ब) कुरु
(स) कस्य   (द) मारहि

(iv) क्रोधाद् भवति सम्मोहः।
(अ) मोह:
(ब) मूर्च्छा
(स) वेदा:
(द) किंकर्त्तव्यविमूढ़:

(v) अनिच्छन्नपि वार्ष्णेय। बलादिव नियोजितः। **CBSE 2015**
(अ) अर्जुन: (ब) युधिष्ठिर:
(स) श्रीकृष्ण: (द) नकुल:

(vi) प्रमाथि बलवद्दृढ़म्।
(अ) गमनशीलम   (ब) खादनशीलम्
(स) ज्वलनशीलम्   (द) मथनशीलम्

उत्तराणि

(i) (अ) जानीहि   (ii) (स) कठिनं कर्म
(iii) (द) मारहि   (iv) (द) किंकर्त्तव्यविमूढ़:
(v) (स) श्रीकृष्ण: (vi) (द) मथनशीलम्

मेलनं कुरुत

7. अधोलिखितानि पदानि पठित्वा तेषां विपर्ययं चित्वा लिखत।
(अधोलिखित पदों को पढ़कर उनके विलोम शब्द चुनकर लिखिए।)

सूची (क)	सूची (ख)
(i) पुरुष:	(अ) बलराम:
(ii) चलम्	(ब) पशो:
(iii) सम्मोह:	(स) स्थिरम्
(iv) पुंस:	(द) शरीर:
(v) आदौ	(य) मित्रम्
(vi) वैरिणम्	(र) अन्ते
(vii) वार्ष्णेय	(ल) वैराग्य:

उत्तराणि

सूची (क)	सूची (ख)
(i) पुरुष:	(द) शरीर:
(ii) चलम्	(स) स्थिरम्
(iii) सम्मोह:	(ल) वैराग्य:
(iv) पुंस:	(ब) पशो:
(v) आदौ	(र) अन्ते
(vi) वैरिणम्	(य) मित्रम्
(vii) वार्ष्णेय	(अ) बलराम:

अध्याय **6**

राष्ट्रं संरक्ष्यमेव हि

(राष्ट्र की रक्षा अनिवार्य है)

पाठ परिचय

(विद्यालये बालचराणां शिविरम्। सायं सर्वे स्व-अनुभवान् श्रावयन्ति।)

ध्रुवः विचित्रः अयं संसारः। केचन महापुरुषाः महात्मगान्धिवत् अहिंसायाः पाठं पाठयन्ति। अन्ये च आणविक-अस्त्राणां निर्माणं विधाय जगतः संहारं कर्तुम् इच्छन्ति।

सिद्धार्थः वस्तुतः विज्ञानस्य सत्प्रयोगः राष्ट्रस्य कल्याणाय, दुरुपयोगश्च विनाशाय भवति।

सुश्रुतः आम्, दुरुपयोगः तु अभिशापः एव।

चरकः विदितम् अस्ति किं युष्माकं यत् प्राचीनकाले अपि आणविक-अस्त्राणां मानवेषु प्रयोगः निषिद्धः आसीत्।

ध्रुवः किं पुरा अपि एतादृशानि अस्त्राणि आसन् येषां मानवेषु प्रयोगः वर्जितः आसीत्।

सिद्धार्थः किमिदं सत्यम्? आश्चर्यम्।

चरकः प्रत्यक्षं किं प्रमाणम्? 'राष्ट्र संरक्ष्यमेव हि' अयं पाठः महाभारत-आधारितः। एतं पठित्वा ज्ञास्यामः।

शब्दार्थाः केचन = कुछ, अहिंसायाः = अहिंसा का, सहारम् = विनाश, अभिशापः = शाप, निषिद्धः = वर्जित, पुरा = प्राचीनकाल में, एतादृशानि = इस प्रकार के, ऐसे।

हिंदी अनुवाद

(विद्यालय में बालचरों का शिविर। शाम के समय सभी अपने-अपने अनुभव सुनाते हैं।)

ध्रुव यह संसार विचित्र है। कुछ महापुरुष महात्मा गाँधी के समान अहिंसा का पाठ पढ़ाते हैं और दूसरे आणविक अस्त्रों का निर्माण करके संसार का विनाश करने की इच्छा रखते हैं।

सिद्धार्थ वास्तव में विज्ञान का सदुपयोग राष्ट्र अर्थात् देश के कल्याण के लिए होता है और दुरुपयोग विनाश के लिए होता है।

सुश्रुत हाँ, दुरुपयोग तो अभिशाप ही है।

चरक तुम्हें ज्ञात है क्या कि प्राचीन काल में भी आणविक अस्त्रों का प्रयोग मानवों पर करना वर्जित था।

ध्रुव क्या प्राचीनकाल में भी ऐसे अस्त्र थे, जिनका प्रयोग मानवों पर वर्जित था?

सिद्धार्थ क्या यह सत्य है? आश्चर्य है।

चरक प्रत्यक्ष को प्रमाण की क्या आवश्यकता है। 'राष्ट्र संरक्ष्यमेव हि' यह पाठ महाभारत पर आधारित है। इसको पढ़कर हम जान जाएँगे।

पाठ का सार

प्रस्तुत पाठ महाभारत में घटित एक घटना पर आधारित है। इसके माध्यम से विज्ञान के सृजनात्मक पक्ष को समझाया गया है। आणविक अस्त्रों का प्रयोग शांतिपूर्ण कार्यों के लिए होना चाहिए विध्वंस या नर संहार के लिए नहीं। महाभारत के घटनाक्रम में अश्वत्थामा और अर्जुन दोनों ने ही ब्रह्मास्त्रों का प्रयोग किया, लेकिन देवर्षि नारद, कृष्ण तथा द्वैपायन व्यास ब्रह्मास्त्रों का परिहार अर्थात् उन्हें वापस करने के लिए कहते हैं, अर्जुन ने तो अपना अस्त्र रोक लिया, किंतु अश्वत्थामा चंचल प्रकृति का था उसने ब्रह्मास्त्र चला दिया। अंत में वासुदेव भगवान श्रीकृष्ण ने अपनी आध्यात्मिक शक्ति के द्वारा उसका परिहार किया। वास्तव में ब्रह्मास्त्र का प्रयोग करना मानव हित में नहीं है। अणु का प्रयोग शांतिपूर्ण तरीके से मानव के हित में ही होना चाहिए।

पाठ का हिंदी अनुवाद

1. (ततः पुत्रशोकसन्तप्ताः युधिष्ठिरः भीमः द्रौपदी च रणभूमौ प्रविशन्ति।)

द्रौपदी (दीर्घं निःश्वस्य) हा हन्त। किम् इदं घोरम् आपतितम्। पापकर्मणा द्रौणिना मे पुत्राः भ्रातरः च हताः। अग्निः इव दहति माम् अयं शोकः।

युधिष्ठिरः शुभे! धैर्यं धारय। नूनं तव पुत्राः वीरगतिम् एव प्राप्ताः। वीरजननी त्वं शोचितुं न अर्हसि।

द्रौपदी कथं मन्दभाग्या अहं धैर्यं धारयामि। यावत् असौ क्रूरकर्मा न दण्ड्यते, तावत् अहम् इतः न गमिष्यामि, अत्रैव प्राणत्यागं च करिष्यामि।

युधिष्ठिरः प्रिये! मा एव ब्रूयाः। स पापकर्मा कुत्र गतः इति न जानीमः। अतिदूरं किञ्चिद् दुर्गमवनं प्रविष्टः भवेत्।

द्रौपदी (भीमं प्रति) आर्यपुत्र! क्षत्रधर्मम् अनुस्मरन् मां शोकसागरात् रक्ष। अस्मिन् संसारे कश्चित् अपि त्वया सदृशः पराक्रमी नास्ति। पुरा वारणावते त्वमेव पाण्डवान् रक्षितवान्। विराट-नगरे अपि त्वं मां प्राणसङ्कटात् उद्धृतवान्।

भीमः (युधिष्ठिरं प्रति) भ्रातः! द्रौणिम् अनुगन्तुं मह्यम् अनुमतिं ददातु भवान्।

शब्दार्थाः घोरम् = अत्यधिक/घोर, द्रौणिना = द्रौण के पुत्र द्वारा, अर्हसि = योग्य हो, मन्दभाग्या = भाग्यहीन, इतः = यहाँ से, ब्रूयाः = बोलना चाहिए, पराक्रमी = ताकतवर/बलवान, वारणावते = एक नगर का नाम (वारणावत में), उद्धृतवान् = उभारा/बचाया, द्रौणिम् = द्रोण के पुत्र अश्वत्थामा, अनुमतिम् = आदेश/अनुमति दे।

हिंदी अनुवाद (इसके बाद पुत्रों के शोक से दुःखी युधिष्ठिर, भीम और द्रौपदी रणभूमि में प्रवेश करते हैं।)

द्रौपदी (लंबी श्वास छोड़कर) अरे! (दुःख का भाव प्रकट करते हुए) यह क्या घोर संकट आ गया है, पाप कर्म वाले अश्वत्थामा (द्रौणि अर्थात् गुरु द्रौणाचार्य के पुत्र) के द्वारा मेरे पुत्र और भाई मार डाले गए। यह शोक मुझे अग्नि के समान जला रहा है।

युधिष्ठिर हे कल्याणी! धैर्यधारण करो। निश्चित रूप से तुम्हारे पुत्र वीरगति को ही प्राप्त हुए हैं। वीरों की माता, तुम शोक करने के योग्य नहीं हो।

द्रौपदी मैं भाग्यहीन किस प्रकार धैर्य धारण करूँ। जब तक वह क्रूर कर्म करने वाला (द्रौणि) दंडित नहीं किया जाता है, तब तक मैं यहाँ से नहीं जाऊँगी और यहीं अपने प्राणों का परित्याग करूँगी।

युधिष्ठिर हे प्रिय! ऐसा मत बोलो। वह पापी कहाँ गया, यह हम नहीं जानते हैं। शायद बहुत दूर किसी घने जंगल में प्रवेश कर गया है।

द्रौपदी (भीम की ओर देखते हुए) आर्यपुत्र! क्षत्रिय धर्म का अनुस्मरण करते हुए शोक सागर से मेरी रक्षा करो। इस संसार में तुम्हारे जैसा पराक्रमी (बलवान) कोई नहीं है। पहले वारणावत में तुमने ही पांडवों की रक्षा की थी। विराटनगर में भी तुमने ही मुझे प्राणों के संकट से बचाया था।

भीम (युधिष्ठिर की ओर देखते हुए) हे भैया! आप मुझे द्रौणि (अश्वत्थामा) के पीछे जाने की अनुमति दें।

2. **युधिष्ठिरः** गच्छ वत्स! विजयी भव, नकुलः तव सारथिः भवतु। (भीमसेनः निर्गच्छति, श्रीकृष्णः अर्जुनेन सह प्रविशति।)

श्रीकृष्णः भो धर्मराज! समीचीनं न कृतं भवता। पुत्रशोकविह्वलः भीमसेनः एकाकी एव द्रौणिं हन्तुम् अभिधावति।

युधिष्ठिरः भगवन्! सः तु एकाकी एव द्रोणपुत्राय अलम्।

श्रीकृष्णः वत्स! न जानाति भवान् द्रौणेः चपलां प्रकृतिम्। पितुः द्रोणात् प्राप्तं ब्रह्मशिरो नाम अस्त्रं विद्यते तस्य पार्श्वे। यदि तत् प्रयुज्यते, सर्वा पृथ्वी दग्धा स्यात्।

युधिष्ठिरः अप्येवम्! आचार्येण कीदृशः अनर्थः कृतः? किं चपलबालकेभ्यः एतादृश-भीषणानाम् अस्त्राणां प्रदानम् उचितम्?

शब्दार्थाः निर्गच्छति = निकलता है, समीचीनं = उचित, विह्वलः = व्याकुल, अलम् = समर्थ, चपलाम् = चंचल, प्रकृतिम् = स्वभाव को, ब्रह्मशिरो = ब्रह्मास्त्र, प्रयुज्यते = प्रयोग किया जाए, अप्येवम् = और भी।

हिंदी अनुवाद

युधिष्ठिर जाओ वत्स! आप विजयी हों। नकुल तुम्हारा सारथी के रूप में साथ देगा।

(भीमसेन निकलता है, श्रीकृष्ण अर्जुन के साथ प्रवेश करते हैं।)

श्रीकृष्ण अरे धर्मराज! आपने उचित नहीं किया। पुत्र शोक से व्याकुल, भीमसेन अकेले ही द्रौणि को मारने के लिए दौड़ रहा है।

युधिष्ठिर भगवन्! वह तो अकेला ही द्रोणपुत्र के लिए समर्थ/पर्याप्त है।

श्रीकृष्ण पुत्र! आप नहीं जानते हैं, द्रौणि चंचल प्रकृति का है। पिता द्रोण से प्राप्त ब्रह्मशिरा नाम का अस्त्र उसके पास है। यदि वह उसका प्रयोग करेगा, तो पूरी पृथ्वी जल जाएगी।

युधिष्ठिर ऐसा है! आचार्य ने कैसा अनर्थ कर दिया? क्या चंचल बालक को ऐसा भीषण और विनाशक अस्त्र प्रदान करना उचित है?

3. **श्रीकृष्णः** शृणु तावत्, आचार्येण तु प्रियशिष्याय अर्जुनाय एव प्रीत्या मनसा ब्रह्मास्त्रशिक्षा प्रदत्ता किन्तु पुत्रप्रेमपराधीनेन तेन अश्वत्थामा अपि तच्छिक्षया वञ्चितः न कृतः।

अर्जुनः अपरं च, अस्त्रशिक्षाप्रदानात् पूर्वम् आचार्यः पुत्रं सावधानम् अकरोत् यत्-

परमापद्गतेनापि नैव तात त्वया रणे।
इदमस्त्रं प्रयोक्तव्यं मानुषेषु विशेषतः।।1।।

युधिष्ठिरः सम्प्रति आश्वस्तः अस्मि। मन्ये सः ब्रह्मास्त्रप्रयोगं न करिष्यति।

श्रीकृष्णः तर्हि न जानासि तस्य मनोवृत्तिम्। पितुः उपदेशेन असन्तुष्टः स एकदा द्वारकापुरीम् आगच्छत्। ब्रह्मास्त्रं दत्त्वा सः सुदर्शनचक्रम् अवाञ्छत्।

युधिष्ठिरः (साश्चर्यम्) कथं चक्रम् इति।

श्रीकृष्णः आम्! मया कथितम्। नाहं त्वत्तः ब्रह्मास्त्रम् इच्छामि। यदि त्वं मम गदां, शक्तिं, धनुः चक्रं वा इच्छसि, तुभ्यं ददामि।

शब्दार्थाः प्रियशिष्याय = प्रिय शिष्य, प्रीत्या मनसा = प्रसन्न मन, तच्छिक्षया = उसकी शिक्षा से, परमापद = घोर संकट में, अवाञ्छत् = चाहा, तुभ्यं = तुझको, ददामि = देता हूँ।

हिंदी अनुवाद

श्रीकृष्ण तो फिर सुनो, आचार्य ने तो अपने प्रिय शिष्य अर्जुन को ही प्रसन्न मन से ब्रह्मास्त्र की शिक्षा प्रदान की, किंतु पुत्र प्रेम के पराधीन होकर उन्होंने अश्वत्थामा को भी उसकी (ब्रह्मास्त्र की) शिक्षा से वंचित नहीं किया।

अर्जुन और भी, ब्रह्मास्त्र की शिक्षा प्रदान करने से पहले आचार्य ने पुत्र (अश्वत्थामा) को सावधान किया कि–"हे तात (पुत्र)! घोर (विपत्ति) संकट में पड़ जाने पर भी तुम्हें इस अस्त्र का प्रयोग विशेष रूप से मनुष्यों पर नहीं करना चाहिए।"

युधिष्ठिर अब मैं आश्वस्त हूँ। मैं मानता हूँ कि वह ब्रह्मास्त्र का प्रयोग नहीं करेगा।

श्रीकृष्ण तो तुम उसकी मनोवृत्ति को नहीं जानते हो। पिता के उपदेश से असंतुष्ट होकर वह एकबार द्वारकापुरी भी आया था। उसने ब्रह्मास्त्र मुझे देकर मुझसे सुदर्शन चक्र चाहा।

युधिष्ठिर (आश्चर्य के साथ) चक्र किसलिए?

श्रीकृष्ण हाँ! मैंने कहा। मैं तुमसे ब्रह्मास्त्र नहीं चाहता हूँ। यदि तुम मेरी गदा, शक्ति, धनुष या चक्र चाहते हो, तो तुम्हें दे देता हूँ।

4. **युधिष्ठिरः** ततस्ततः।

श्रीकृष्णः सः तु चक्रम् एव अयाचत। गृहाण चक्रम् इति उक्तः सः सव्येन पाणिना चक्रं गृहीतवान्, किन्तु सः तत् चक्रं स्वस्थानात् सञ्चालयितुम् अपि समर्थः न अभवत्।

युधिष्ठिरः जानीमः भवतः दिव्यां शक्तिम्।

श्रीकृष्णः तदा अहं नैराश्येन खिन्नं द्रौणिं पृष्टवान्, 'वत्स! किमर्थं त्वम् इदं दिव्यं चक्रं वाञ्छसि?'

युधिष्ठिरः किम् उक्तं तेन?

श्रीकृष्णः सः प्रत्यवदत्–

प्रार्थितं ते मया चक्रं देवदानवपूजितम्।
अजेयः स्यामिति विभो! सत्यमेतद् ब्रवीमि ते।।2।।

अतोऽहं ब्रवीमि, तस्मिन् चञ्चले क्रूरे च द्रोणपुत्रे न विश्वसितव्यम्।

शब्दार्थाः सव्येन पाणिना = बाएँ हाथ से, सञ्चालयितुम् = संचालन के लिए, नैराश्येन = निराशा से, खिन्नं = हताश, स्यामिति = हो जाऊँ, इस प्रकार, विभो = हे ईश्वर, अतोऽहं = अतः मैं, ब्रवीमि = मैं बता रहा हूँ, विश्वसितव्यम् = विश्वास करना चाहिए।

हिंदी अनुवाद युधिष्ठिर तब-तब (उसके बाद)।

श्रीकृष्ण उसने तो चक्र ही माँगा। "चक्र ग्रहण करो" मेरे द्वारा उससे ऐसा कहने पर उसने बाएँ हाथ से चक्र ग्रहण कर लिया, किंतु वह उस चक्र को अपने स्थान से चलाने में भी समर्थ नहीं हुआ।

युधिष्ठिर हम आपकी दिव्य शक्ति को जानते हैं।

श्रीकृष्ण तब मैंने निराशा से हताश होकर अश्वत्थामा से पूछा 'वत्स! तुम यह दिव्य चक्र किसलिए चाहते हो?'

युधिष्ठिर उसने क्या कहा?

श्रीकृष्ण उसने जवाब दिया—हे विभो (भगवन)! मैं अजेय हो जाऊँ, इसलिए मैंने देवताओं और दानवों द्वारा पूजित चक्र की प्रार्थना की है। मैं आपसे सच बोल रहा हूँ।
इसलिए मैं कहता हूँ, उस चंचल और क्रूर द्रोणपुत्र पर विश्वास नहीं करना चाहिए।

5. (ततः युधिष्ठिरार्जुनौ श्रीकृष्णेन सह रथारोहणं नाटयतः।)

अश्वत्थामा रे दुष्ट भीम! त्वम् अद्य वध्योऽसि मया। (विलोक्य) अये कथं श्रीकृष्णार्जुनौ युधिष्ठिरश्च? (स्वगतम्) इदानीं किं करवाणि? आः दृष्टम्, अस्मिन् विषमे समये ब्रह्मास्त्रम् एव मे शरणम्। मोचयामि अस्त्रम्। (ध्यानं नाट्यति ब्रवीति च) इदम् अपाण्डवाय।

श्रीकृष्णः पार्थ पश्य, पश्य। एतद् विमुच्यते ब्रह्मास्त्रं द्रोणपुत्रेण! त्रैलोक्यं दहन् इव प्रचण्डज्वालः अग्निः परितः प्रसरति। अर्जुन! अर्जुन! त्वमपि मुञ्च ब्रह्मास्त्रं एतत् निवारयितुम्।

अर्जुनः नमः भगवते स्वस्ति आचार्यपुत्राय, स्वस्ति मे भ्रातृभ्यः। उत्सृज्यते मया ब्रह्मास्त्रम्। अस्त्रम् अस्त्रेण शाम्यताम्।

शब्दार्थाः रथारोहणं = रथ पर चढ़ने का, वध्योऽसि = मारे जाने योग्य हो, विलोक्य = देखकर, स्वगतम् = मन से, अपाण्डवाय = यह शस्त्र पांडवों के विनाश के लिए (प्रयुक्त किया जाता है) इन मंत्र को बोलकर अस्त्र छोड़ा जा रहा है, पार्थ = अर्जुन, उत्सृज्यते = छोड़ा जा रहा है।

हिंदी अनुवाद (उसके बाद युधिष्ठिर और अर्जुन श्रीकृष्ण के साथ रथ पर चढ़ने का अभिनय करते हैं।)

अश्वत्थामा अरे दुष्ट भीम! आज तुम मेरे द्वारा वध करने योग्य हो। (मन में) अरे कैसे! श्रीकृष्ण, अर्जुन और युधिष्ठिर इस समय मैं क्या करूँ? आह! सोच लिया। इस विषम समय में ब्रह्मास्त्र ही मेरी शरण है। मैं अस्त्र छोड़ रहा हूँ। (ध्यान करने का अभिनय करता है और बोलता है) यह पांडवों के विनाश के लिए है।

श्रीकृष्ण हे पार्थ! देखो, देखो। द्रोणपुत्र (अश्वत्थामा) के द्वारा यह ब्रह्मास्त्र छोड़ा जा रहा है, तीनों लोकों को जलाती हुई प्रचंड तेज लपटों वाली आग चारों तरफ फैल रही है। हे अर्जुन! हे अर्जुन! तुम भी इसे रोकने के लिए ब्रह्मास्त्र को छोड़ो।

अर्जुन भगवान को नमस्कार करते हुए—जैसी आपकी आज्ञा! आचार्यपुत्र का कल्याण हो। मेरे भाइयों का कल्याण हो। मेरे द्वारा ब्रह्मास्त्र छोड़ा जा रहा है। अस्त्र को अस्त्र के द्वारा शांत कर दिया जाए।

6. (ततः प्रविशतः व्यासनारदौ)

नारदः (व्यासं प्रति) पश्यतु भवान्। कोऽयम् अनर्थः क्रियते एताभ्यां वीराभ्याम्। समन्तात् वर्धमानाः प्रचण्डानलशिखाः आकाशं लिहन्ति इव। गगनात् सहस्त्रशः उल्काः भूमौ पतन्ति। कम्पते खलु सपर्वत-वन-द्रुमा सकला मही। पवनः स्तब्धः जातः। सहस्त्रांशुः न भासते। शैलाः विदीर्यन्ते। कथमपि एतौ निवारणीयौ, अन्यथा सकलं जगद् ध्वस्तं भविष्यति।

व्यासनारदौ भो वीरौ! संहरतं संहरतम् निजास्त्रे।

नारदः नानाशस्त्रविदः पूर्वे येऽप्यतीता महारथाः।
नैतदस्त्रं मनुष्येषु तैः प्रयुक्तं कथञ्चन।।3।।
अस्त्रं ब्रह्मशिरो यत्र परमास्त्रेण वध्यते।
समाः द्वादश पर्जन्यस्तद् राष्ट्रं नाभिवर्षति।।4।।

शब्दार्थाः समन्तात् = चारों ओर से, लिहन्ति = निकल रही है, उल्काः = आग के गोले, सकला = सम्पूर्ण, मही = पृथ्वी, सहस्त्रांशुः = सूर्य, विदीर्यन्ते = विदीर्ण हो रहे हैं, निवारणीयौ = उन दोनों को रोकना चाहिए, संहरतम् = वापस लौटाओ, नानाशस्त्रविदः = अनेकशास्त्रों को जानने वाले, येऽप्यतीता = पूर्वकाल में भी जो, वध्यते = मारा जाता है, पर्जन्यः = मेघ, बादल।

हिंदी अनुवाद (उसके बाद व्यास और नारद प्रवेश करते हैं।)

नारद (व्यास की ओर देखते हुए) आप देखिए। दोनों वीर यह क्या अनर्थ कर रहे हैं। चारों ओर बढ़ती हुई तेज आग की प्रचंड लपटें मानो आकाश को निगल रही हैं। आकाश से हजारों उल्काएँ भूमि पर गिर रहे हैं। निश्चय ही संपूर्ण पृथ्वी पर्वतों, वनों और पेड़ों सहित काँप रही है। हवा पूर्णतः शांत हो गई है। सूर्य नहीं चमक रहा है। पर्वत टूट रहे हैं।

कैसे भी इन दोनों को रोकना चाहिए, नहीं तो सारा संसार ध्वस्त हो जाएगा।

व्यास और नारद हे (दोनों) वीरो! अपने-अपने अस्त्रों को वापस लौटाओ।

नारद पूर्वकाल में जो भी अनेक शस्त्रों को जानने वाले महारथी हुए हैं, उनके द्वारा यह अस्त्र मनुष्यों पर किसी प्रकार भी प्रयोग नहीं किया गया। जहाँ 'ब्रह्मशिरा' अस्त्र हो और इसे किसी अन्य दिव्य अस्त्र से रोका जाता है, वहाँ उस राष्ट्र में बादल बारह वर्षों तक नहीं बरसते है।

7. **अर्जुनः** (बद्धाञ्जलिः भूत्वा) भगवन्! मया तु अस्त्रम् अस्त्रेण शाम्यताम् इति कृत्वा अस्त्रं विमुक्तम्। तत् च मया संहनियते। परन्तु द्रौणेः अस्त्रम् अस्मान् सर्वान् प्रधक्ष्यति एव।

व्यास (द्रौणिं प्रति) अयि द्रोणपुत्र! त्वम् अपि निज-अस्त्रं संहर येन सर्वनाशो न भवेत्।

पाण्डवास्त्वं च राष्ट्रं च सदा संरक्ष्यमेव हि।
तस्मात् संहर दिव्यं त्वमस्त्रमेतन्महाभुज।।5।।

शब्दार्थाः शाम्यताम् = शांत करने के लिए, कृत्वा = करो, संहनियते = वापिस लौटाया जाता है, प्रधक्ष्यति = जलाता है, निज = अपना, येन = जिससे, संरक्ष्यम् = रक्षा करने योग्य।

हिंदी अनुवाद अर्जुन (हाथ जोड़कर) भगवन्! मैंने तो यह सोचा कि 'अस्त्र को अस्त्र के द्वारा शांत कर दिया जाएगा' इसलिए अस्त्र छोड़ा था और अब मैं उसे वापस लौटा रहा हूँ, किंतु अश्वत्थामा का अस्त्र तो हम सभी को जला ही देगा।

व्यास (अश्वत्थामा की तरफ देखकर) हे द्रोणपुत्र! तुम भी अपना अस्त्र वापस करो, जिससे संसार का सर्वनाश न हो।

पांडव, तुम और राष्ट्र सदैव रक्षा करने योग्य ही हो। इसीलिए हे शक्तिशाली भुजाओं वाले तुम इस दिव्य अस्त्र को रोक लो।

मणिका-पाठ्यपुस्तकम् प्रश्नोत्तराः

मणिका पाठ्य-पुस्तक के प्रश्नोत्तर

प्र.1 अधोलिखितानां प्रश्नानाम् उत्तराणि एकपदेन लिखत।
(निम्नलिखित प्रश्नों के उत्तर एक पद में लिखिए।)
(क) द्रौपद्याः पुत्रः केन हताः?
(ख) वारणावते पाण्डवान् कः अरक्षत्?
(ग) नकुलः कस्य सारथिः अभवत्?
(घ) आपद्गतेन अपि ब्रह्मास्त्रं केषु न प्रयोक्तव्यम्?
(ङ) अश्वत्थामा श्रीकृष्णं किम् अयाचत?
(च) आकाशात् काः पतन्ति स्म?
(छ) कः न भासते स्म?

उत्तराणि
(क) द्रौणिना, (ख) भीमसेनः
(ग) भीमसेनस्य (घ) मानुषेषु
(ङ) सुदर्शनचक्रम् (च) उल्काः (छ) सहस्रांशुः

प्र.2 पूर्णवाक्येन उत्तरं न लिख्यताम्। (पूर्ण वाक्य में उत्तर लिखिए।)
(क) द्रोणाचार्यः प्रीतः भूत्वा कं ब्रह्मास्त्रम् अशिक्षयत्?
(ख) अश्वत्थामा केषां विनाशाय ब्रह्मास्त्रं मोचयति?
(ग) भीमसेनः नकुलेन सह कम् अनुगच्छति?
(घ) द्रोणपुत्रः श्रीकृष्णात् किं वाञ्छति स्म?
(ङ) 'अस्त्रं संहरतम्' इति कौ वदतः?
(च) ब्रह्मास्त्रस्य निषेधेन के-के संरक्ष्याः सन्ति?

उत्तराणि
(क) द्रोणाचार्यः प्रीतः भूत्वां अर्जुनं ब्रह्मास्त्रम् अशिक्षयत्।
(ख) अश्वत्थामा पाण्डवानां विनाशाय ब्रह्मास्त्रं मोचयति।
(ग) भीमसेनः नकुलेन सह द्रौणिम् अनुगच्छति।
(घ) द्रोणपुत्रः श्रीकृष्णात् सुदर्शनचक्रं वाञ्छति स्म।
(ङ) 'अस्त्रं संहरतम्' इति व्यासनारदौ वदतः।
(च) ब्रह्मास्त्रस्य निषेधेन पाण्डवाः, अश्वत्थामा राष्ट्रञ्च संरक्ष्याः सन्ति।

प्र.3 रेखाङ्कितपदानि आधृत्य प्रश्ननिर्माणं कुरुत।
(रेखांकित पदों को आधार मानकर प्रश्न निर्माण कीजिए।)
(क) पापकर्मणा द्रौणिना <u>मे</u> पुत्राः हताः।
(ख) <u>अस्मिन् संसारे</u> कश्चिदपि त्वया सदृशः नास्ति।
(ग) न जानाति भवान् <u>द्रौणेः</u> चपलां प्रकृतिम्।
(घ) <u>आचार्यः</u> पुत्रं सावधानम् अकरोत्।
(ङ) <u>प्रचण्डज्वालः</u> अग्निः परितः प्रसरति।
(च) गगनात् सहस्रशः <u>उल्काः</u> भूमौ पतन्ति।

उत्तराणि
(क) पापकर्मणा द्रौणिना <u>कस्य</u> पुत्राः हताः?
(ख) <u>कुत्र</u> कश्चिदपि त्वया सदृशः नास्ति?
(ग) न जानाति भवान् <u>कस्य</u> चपलां प्रकृतिम्?
(घ) <u>कः</u> पुत्रं सावधानम् अकरोत्?
(ङ) <u>कीदृशः</u> अग्निः परितः प्रसरति?
(च) गगनात् सहस्रशः <u>काः</u> भूमौ पतन्ति?

प्र.4 अधोलिखितप्रश्नानां यथानिर्देशम् उत्तरत।
(निम्नलिखित प्रश्नों के निर्देशानुसार उत्तर दीजिए।)
(क) 'युधिष्ठिरः, भीमः द्रौपदी च रणभूमौ प्रविशन्ति।' अस्मिन् वाक्ये क्रियापदं किम्?
(ख) 'वीरजननी त्वं शोचितुं न अर्हसि।' अत्र किं कर्तृपदम् अस्ति?
(ग) 'आचार्येण कीदृशः अनर्थः कृतः?' अस्मिन् वाक्ये किं विशेष्यपदं प्रयुक्तम्?
(घ) 'गगनात् सहस्रशः उल्काः भूमौ पतन्ति।' अस्मिन् वाक्ये 'धरायाम्' इक्त्यर्थे किं पदं प्रयुक्तम्?
(ङ) 'सकलं जगद्ध्वस्तं भविष्यति।' अस्मिन् वाक्ये विशेषणपदं किम्?
(च) 'अस्त्रशिक्षाप्रदानात् पूर्वम् आचार्यः पुत्रं सावधानम् अकरोत्।' अत्र 'पश्चात्' इति पदस्य किं विलोमपदं प्रयुक्तम्?

उत्तराणि
(क) प्रविशन्ति (ख) त्वं
(ग) अनर्थः (घ) भूमौ
(ङ) सकलं (च) पूर्वम्

प्र.5 विशेषणानां विशेष्यैः सह मेलनं क्रियताम्।
(विशेषणों का विशेष्यों से मिलान कीजिए।)

सूची (अ)	सूची (ब)
(क) सव्येन	(i) चक्रम्
(ख) पापकर्मणा	(ii) समये
(ग) देवदानवपूजितम्	(iii) उल्काः
(घ) सकला	(iv) द्रौणिना
(ङ) सहस्रशः	(v) पाणिना
(च) विषमे	(vi) मही

उत्तराणि

सूची (अ)	सूची (ब)
(क) सव्येन	(v) पाणिना
(ख) पापकर्मणा	(iv) द्रौणिना
(ग) देवदानवपूजितम्	(i) चक्रम्
(घ) सकला	(vi) मही
(ङ) सहस्त्रशः	(iii) उल्काः
(च) विषमे	(ii) समये

प्र.6 अधोलिखितेषु पदेषु यत् पदम् अर्थदृष्ट्या भिन्नं तं रेखाङ्कितं कुरुत।
(निम्नलिखित पदों में जो पद अर्थ की दृष्टि से भिन्न हैं। उनको रेखांकित कीजिए।)

यथा–पर्जन्यः, पयोदः, वारिधरः, पयोधिः।

(क) सहस्त्रांशुः, हिमांशुः, दिनकरः, भानुः।
(ख) वृक्षाः, द्रुमाः, महीधराः, महीरुहाः।
(ग) पवनः, अनिलः, अनलः, वायुः।
(घ) शैलाः, भूधराः, खेचराः, पर्वताः।
(ङ) नरः, मनुष्यः, पन्नगः, मानवः।

उत्तराणि

(क) सहस्त्रांशुः, हिमांशुः, दिनकरः, भानुः।
(ख) वृक्षाः, द्रुमाः, महीधराः, महीरुहाः।
(ग) पवनः, अनिलः, अनलः, वायुः।
(घ) शैलाः, भूधराः, खेचराः, पर्वताः।
(ङ) नरः, मनुष्यः, पन्नगः, मानवः।

प्र.7 श्लोकमाश्रित्य समुचितक्रमेण अन्वयं पूरयत।
(श्लोक पर आधारित समुचित क्रम से अन्वय को पूर्ण कीजिए।)

(क) तात! परम-आपद्गतेन ······ त्वया रणे इदम् ······ विशेषतः ······ न एव ······।
(ख) नाना ······ ये अपि पूर्वे महारथाः ······, तैः ······ अस्त्रम् ······ न कथञ्चन प्रयुक्तम्।
(ग) ······ त्वम् च राष्ट्रम् च ······ संरक्ष्यम् एव हि, ······ ! तस्मात् त्वम् ······ दिव्यम् अस्त्रम् संहर।

उत्तराणि

(क) तात! परम-आपद्गतेन अपि त्वया रणे इदम् अस्त्रं विशेषतः मनुष्येषु न एव प्रयोक्तव्यम्।
(ख) नाना शस्त्रविदः ये अपि पूर्वे महारथाः अतीताः तैः एतद् अस्त्रम् मनुष्येषु न कथञ्चन प्रयुक्तम्।
(ग) पाण्डवाः त्वम् च राष्ट्रम् च सदा संरक्ष्यम् एव हि, महाभुज! तस्मात् त्वम् एतत् दिव्यम् अस्त्रम् संहर।

प्र.8 अधोलिखितानि वाक्यानि घटनाक्रमानुसारं पुनः लिखत।
(निम्नलिखित वाक्यों को घटनाक्रमानुसार व्यवस्थित कीजिए।)

(क) इदं दृष्ट्वा अश्वत्थामा ब्रह्मास्त्रं मुञ्चति।
(ख) एतद् अनर्थं दृष्ट्वा नारदव्यासौ तत्रागच्छतः।
(ग) युधिष्ठिरः भीमं नकुलेन सह द्रौणिम् अनुगन्तुं कथयति।
(घ) द्रौणिना द्रौपद्याः भ्रातरः पुत्रः च हताः।
(ङ) तौ विश्वस्य संरक्षणार्थं दिव्यम् अस्त्र संहर्तुम् कथयतः।
(च) श्रीकृष्णः युधिष्ठिरार्जुनाभ्यां सह युद्धक्षेत्रं गच्छति।
(छ) द्रौपदी द्रौणपुत्रं दण्डयितुं कथयति।

उत्तराणि

(क) द्रौणिना द्रौपद्याः भ्रातरः पुत्राः च हताः।
(ख) द्रौपदी द्रौणपुत्रं दण्डयितुं कथयति।
(ग) युधिष्ठिरः भीमं नकुलेन सह द्रौणिम् अनुगन्तुं कथयति।
(घ श्रीकृष्णः युधिष्ठिरार्जुनाभ्यां सह युद्धक्षेत्रं गच्छति।
(ङ) इदं दृष्ट्वा अश्वत्थामा ब्रह्मास्त्रं मुञ्चति।
(च) एतद् अनर्थं दृष्ट्वा नारदव्यासौ तत्रागच्छतः।
(छ) तौ विश्वस्य संरक्षणार्थं दिव्यम् अस्त्रं संहर्तुम् कथयतः।

प्र.9 रेखाङ्कितपदेषु प्रसङ्गानुसारम् उचितम् अर्थचयनं कुरुत।
(रेखांकित पदों का प्रसंग के अनुसार उचित अर्थों का चयन कीजिए।)

(क) किम् इदं घोरम् आपतितम्।
(i) पत्रम् (ii) भयङ्करम् (iii) दायित्वम्
(ख) समीचीनं न कृतं भवता।
(i) घृणितम् (ii) वञ्चनम् (iii) उचितम्
(ग) पवनः स्तब्धः जातः।
(i) आरब्धः (ii) स्थगितः (iii) प्रदूषितः
(घ) सकलं जगत् ध्वस्तं भविष्यति।
(i) समस्तम् (ii) ईश्वरीयम् (iii) अर्धम्
(ङ) द्वादश समाः पर्जन्यः तद् राष्ट्रं नाभिवर्षति।
(i) मासाः (ii) वर्षाणि (iii) दिनानि
(च) पर्जन्यः द्वादश समाः तद् राष्ट्रं नाभिवर्षति।
(i) इन्द्रः (ii) शक्रः (iii) मेघः

उत्तराणि

(क) (ii) भयङ्करम्
(ख) (iii) उचितम्
(ग) (ii) स्थगितः
(घ) (i) समस्तम्
(ङ) (ii) वर्षाणि
(च) (iii) मेघः

योग्यताविस्तारः (योग्यता–विस्तार)

(क) कविपरिचयः (कवि परिचय)

महाभारतं महर्षिवेदव्यासस्य कृतिः। महर्षिः कृष्णद्वैपायनो व्यासः त्रिकालज्ञः सर्वशास्त्रार्थतत्त्वज्ञ आसीत्।

महाभारत महर्षि वेदव्यास की रचना है। महर्षि, कृष्ण और द्वैपायन व्यास तीनों कालों के ज्ञाता तथा सभी शास्त्रों के मूल तत्त्वों के अर्थ के ज्ञाता थे।

(ख) काव्यपरिचयः (काव्य परिचय)

महाभारतं प्रागैतिहासिकं महाकाव्यम्। अस्मिन् विश्वकोशे न केवलं कौरवपाण्डवानां युद्धमेव वर्णितमस्ति अपितु विविधानि पौराणिकानि आख्यानानि, उपदेशप्रदपद्यानि, नीतिसूक्तयः, पुरावृत्तकथा, पशुपक्षिसम्बन्धीनि आख्यानानि, नैतिकं धार्मिकं च विशालं साहित्यं शतसहस्रश्लोकेषु निबद्धं वर्तते। उक्तं हि-यदिहास्ति तदन्यत्र, यन्नेहास्ति न तत् क्वचित्।

महाभारत प्रागैतिहासिक महाकाव्य है। इस विश्वकोश में न केवल कौरवों और पाण्डवों के युद्ध का ही वर्णन है अपितु अनेक पौराणिक आख्यान, उपदेशप्रद श्लोक, नीति-सूक्तियाँ, पुरावृत्तकथा पशु-पक्षियों से संबंधित आख्यान, नैतिक और धार्मिक विशाल साहित्य हजारों श्लोकों में निबद्ध है। कहा गया है-जो कुछ महाभारत में वर्णित है वह दूसरी जगह भी है, परंतु जो यहाँ नहीं है वह अन्य किसी जगह भी नहीं है।

(ग) भावविस्तारः (भाव–विस्तार)

1. **भारतीयविज्ञानम् (भारतीय विज्ञान)**

क. प्राचीनकाले न केवलम् आणविकास्त्राणां प्रक्षेपणम् अपि च संहरणमपि ज्ञातमासीत्।

ख. एतेषां दिव्यास्त्राणां प्रयोगः मनुष्येषु वर्जितः आसीत्।

ग. एतेषाम् अस्त्राणां प्रयोगे सति द्वादशवर्षाणि तस्मिन् देशे वृष्टिः न भवेत् इत्यपि तैः ज्ञातमासीत्।

(क) प्राचीन काल में न केवल आणविक अस्त्रों के प्रक्षेपण का ज्ञान था अपितु उनके संहरण अर्थात् उन्हें रोकने का भी ज्ञान था।

(ख) इन दिव्यास्त्रों का प्रयोग मनुष्यों पर वर्जित था।

(ग) इन अस्त्रों का प्रयोग जिस देश पर होगा वहाँ बारह वर्षों तक वर्षा नहीं होगी, यह भी ज्ञान था।

(घ) अन्तःप्रसङ्गाः (अंत प्रसंगा)

1. **वारणावते लाक्षागृहात् पाण्डवानां रक्षा। दुर्योधनस्य आदेशेन पुरोचनः वारणावते आग्नेयं लाक्षागृहम् अरचयत्। धृतराष्ट्रः पाण्डवान् वारणावतम् प्रेषितवान्। लाक्षागृहदाहानन्तरं रात्रौ पाण्डवाः माता कुन्ती च चलितुमसमर्था आसन्। तदा महाबली भीमः जननीं स्कन्धमारोप्य नकुलसहदेवौ अङ्केन युधिष्ठिरार्जुनौ च पाणिभ्यां गृहीत्वा सुरङ्गमार्गेण गङ्गामुत्तीर्य वनं प्रविष्टः।**

वारणावत में लाक्षागृह से पांडवों की रक्षा दुर्योधन के आदेश से पुरोचन ने वारणावत में अग्नि से जलने वाले लाख से निर्मित घर की रचना की। धृतराष्ट्र ने पांडवों को वारणावत भेज दिया। लाख निर्मित घर के जलने के बाद रात्रि में माता कुंती और पांडव भाई चलने में असमर्थ थे। तब महाबली भीम ने माता को कंधे पर बिठाकर, नकुल, सहदेव को गोद में तथा दोनों भाइयों को हाथों में उठाकर सुरंग के मार्ग से गंगा में उतरकर वन में प्रवेश किया।

2. **कीचकवधः अज्ञातवासे द्रौपदी राज्याः सुदेष्णायाः सेवायां नियुक्ता आसीत्। राज्याः भ्राता कीचकः राज्ञः सेनापतिः आसीत्। स द्रौपदीं कुदृष्ट्या पश्यति स्म। अन्ते तस्य वधं कृत्वा द्रौपदीं रक्षितवान्।**

कीचक वध अज्ञातवास में द्रौपदी रानी सुदेष्णा की सेवा में नियुक्त थी। रानी का भाई कीचक राजा का सेनापति था। वह द्रौपदी को कुदृष्टि से देखता था। अंत में भीम ने उसका वध करके द्रौपदी की रक्षा की।

3. **अर्जुनाय दिव्यास्त्रप्रदानम् (अर्जुन को दिव्यास्त्र देना)**

क. भगवता शङ्करेण दिव्यं पाशुपतमस्त्र संहारविधिपूर्वकम् अर्जुनाय दत्तम्। अस्य प्रयोगः मानुषेषु नैव कर्तव्यः इति भवान् शङ्करः अपि उपदिष्टवान्।

ख. अर्जुनः इन्द्रलोकं गत्वा देवशत्रून् हत्वा दिव्यानि अस्त्राणि प्राप्तवान्। यदा स तेषां प्रदर्शनं कर्तुमिच्छति स्म तदा नारदः आगत्य अवदत्–(महाभारतम्–वनपर्व)

अर्जुनार्जुन मा युङ्क्ष्व दिव्यान्यस्त्राणि भारत।
नैतानि निरधिष्ठाने प्रयुज्यन्ते कथञ्चन।।
एतानि रक्ष्यमाणानि धनञ्जय! यथागमम्।
बलवन्ति सुखार्हाणि भविष्यन्ति न संशयः।।
अरक्ष्यमाणान्येतानि त्रैलोक्यस्यापि पाण्डव।
भवन्ति स्म विनाशाय मैवं भूयः कृथाः क्वचित्।।

भगवान शंकर ने अर्जुन को दिव्य संहार विधिपूर्वक दिया था। उन्होंने यह भी उपदेश दिया था कि इसका प्रयोग मनुष्यों पर कभी नही चाहिए।

अर्जुन ने इंद्रलोक में जाकर देवताओं के शत्रुओं को मारकर दिव्य अस्त्र प्राप्त किए थे। जब वह उनका प्रदर्शन करना चाहता था। तब नारद अर्जुन से कहा –

अर्जुन, दिव्य अस्त्रों से युद्ध मत करो इन दिव्य अस्त्रों का प्रयोग अनुचित स्थान पर नहीं करना चाहिए। हे धनञ्जय! ये अस्त्र रक्षणीय, शक्तिशाली व सुखदायक होते हैं। इनकी रक्षा न करने पर ये तीनों लोकों के विनाश का कारण बन जाते हैं।

भाषाविस्तारः (भाषा–विस्तार)

1. **विभक्तिप्रयोगः (विभक्ति प्रयोग)**

क.	**अभितः, परितः, समया, निकषा, प्रति, विना, धिक्, योगे अनु + गम्, अनु + सृ, अनु + धाव्, अनु + वृत् इत्यादीनां योगेऽपि**	**द्वितीया**
ख.	**साकम्, सार्धम्, समम्, सह, अलम् (मा इत्यर्थे) किं किं क्रियते, किं प्रयोजनम्, कोऽर्थः को गुणः**	**तृतीया**
ग.	**अलम् (समर्थ इत्यर्थे), दा, क्रुध्, द्रुह्, ईर्ष्य् इत्यादीनां योगे**	**चतुर्थी**
घ.	**बहिः, जुगुप्सते, विरमति, बिभेति, शिक्षते इत्यादीनां योगे**	**पञ्चमी**
ङ.	**क्त योगे, यथा रामस्य भाषितम् (संज्ञापदम्), परं रामेण भाषितम् (क्रियापदम्), निर्धारणे इत्यादीनां योगे**	**षष्ठी**
च.	**स्निह्, अनुरञ्ज्, विश्वस्, अभिलष् योगे**	**सप्तमी**
छ.	**विना योगे।**	**द्वितीया, तृतीया, पञ्चमी**

अलम् योगे 1. अर्जुनः <u>शत्रुभ्यः</u> अलम्। **चतुर्थी**

2. परमास्त्रं <u>ब्रह्मास्त्राय</u> अलम्। **चतुर्थी**

सह योगे 1. अर्जुनः युधिष्ठिरेण सह गच्छति। तृतीया
2. नकुलः भीमेन सह गच्छति। तृतीया

विश्वस् योगे 1. भीमः द्रोणपुत्रे न विश्वसिति। सप्तमी
2. द्रौपदी भीमे न विश्वसिति। सप्तमी

दानार्थे 1. अश्वत्थामा श्रीकृष्णाय ब्रह्मास्त्र दातुम् इच्छति। चतुर्थी
2. शङ्करः अर्जुनाय ब्रह्मास्त्रं यच्छति। चतुर्थी

नमः योगे 1. नमः आचार्यपुत्राय। चतुर्थी
2. नमः भ्रातृभ्यः। चतुर्थी

(क) अभितः (दोनों तरफ), परितः (चारों तरफ) समया (पास), निकषा (पास), प्रति (की तरफ), विना-(बिना), धिक् (धिक्कार) आदि के योग में द्वितीय विभक्ति का प्रयोग होता है। इसी प्रकार अनु + गम् (पीछे जाना), अनु + सृ (पीछे जाना), अनु + धाव् (पीछे-दौड़ना), अनुवृत् (पीछे है) आदि धातुओं के योग में भी द्वितीया विभक्ति होती है।

(ख) साकम् (साथ में), सार्धम् (साथ में), समम् (साथ), सह (साथ), अलम् (मत करो निषेध) के योग में तृतीया विभक्ति होती है।

(ग) अलम (समर्थ), दा (देना), क्रुध (क्रोध करना), द्रुह (द्रोह करना), ईर्ष्य (ईर्ष्या करना) आदि के योग में चतुर्थी विभक्ति होती है।

(घ) बहिः (बाहर), जगुप्सते (घृणा), विरमते (रुकता है), विभेति (डरता है), शिक्षते (सीखता है) आदि धातुओं के योग में पंचम विभक्ति का प्रयोग होता है।

(ङ) क्त प्रत्यय के योग जैसे राम का भाषित (बोला गया) (संज्ञा पद है), लेकिन राम के द्वारा बोला गया (क्रिया पद), निर्धारण आदि के योग में षष्ठी विभक्ति का प्रयोग होता है।

(च) स्निह (स्नेह करना), अनुरञ्ज् (प्रेम करना), विश्वस् (विश्वास करना), अभिलष् (इच्छा करना) आदि के प्रयोग में सप्तमी विभक्ति होती है।

(छ) विना शब्द के योग में द्वितीया, तृतीया व पंचमी विभक्ति का प्रयोग होता है।

अलम् के योग में चतुर्थी

1. अर्जुन शत्रुओं के लिए पर्याप्त है।
2. परमास्त्र ब्रह्मास्त्र के लिए पर्याप्त है।

सह के योग में तृतीया

1. अर्जुन युधिष्ठिर के साथ जाता है।
2. नकुल भीम के साथ जाता है।

विश्वस् के योग में सप्तमी

1. भीम द्रोणपुत्र पर विश्वास नहीं करता।
2. द्रौपदी भीम पर विश्वास करती है।

दान के अर्थ में चतुर्थी

1. अश्वत्थामा श्रीकृष्ण को ब्रह्मास्त्र देना चाहता है।
2. शंकर अर्जुन को ब्रह्मास्त्र देते हैं।

नमः के योग में चतुर्थी

1. आचार्य पुत्र को नमस्कार।
2. भाइयों को नमस्कार।

2. क. वाक्येषु 'क्त-प्रत्यय स्थाने ' 'क्तवतु' प्रत्ययस्य प्रयोगः
(वाक्यों में 'क्त' प्रत्यय के स्थान पर 'क्तवतु' प्रत्यय का प्रयोग)

क. मम प्रियः अर्जुनः अपि चक्रं न याचितवान्।
ख. अहं देवदानवपूजितं चक्रं याचितवान्।
ग. कीदृशम् अनर्थं गुरुः कृतवान्?
घ. अहं तं दृष्ट्वा पृष्टवान्।
ङ. सः किं नु उक्तवान्?
च. अहं तं अस्त्रं शमयितुम् अस्त्रं विमुक्तवान्।

क. मेरे प्रिय अर्जुन ने भी चक्र नहीं माँगा।
ख. मैंने देवताओं और दानवों द्वारा पूजा गया चक्र माँगा।
ग. गुरु ने कैसा अनर्थ कर दिया?
घ. मैंने उसे देखकर पूछा।
ङ. उसने क्या कहा?
च. मैंने तो अस्त्र को शांत करने के लिए अस्त्र छोड़ा था।

ख. वाक्येषु 'क्तवतु-प्रत्यय स्थाने' 'क्त' प्रयोगः
(वाक्यों में 'क्तवतु' प्रत्यय के स्थान पर 'क्त' प्रत्यय का प्रयोग)

क. त्वया एव विपद्ग्रस्ता अहम् उद्धृता।
ख. पुत्रेण अस्त्र शिक्षितुं पिता प्रार्थितः।
ग. द्रौणिना मे पुत्राः हताः।
घ. गुरुणा बालकेषु विश्वासः कृतः।
ङ. मया सः उक्तः।
च. तैः कदापि मानुषेषु अस्त्रं न प्रयुक्तम्।

क. तुम्हारे द्वारा ही विपत्ति की स्थिति में मुझे बचाया गया था।
ख. पुत्र के द्वारा अस्त्र सिखाने के लिए पिता से प्रार्थना की गई।
ग. द्रौणी के द्वारा मेरे पुत्र मार दिए गए।
घ. गुरु के द्वारा बालकों पर विश्वास किया गया।
ङ. मेरे द्वारा उसे कहा गया।
च. उनके द्वारा कभी भी मनुष्यों पर अस्त्र का प्रयोग नहीं किया गया।

अभ्यास प्रश्नाः

मणिका पाठ्य-पुस्तक
पर आधारित प्रश्नोत्तर

गद्यांश आधारित प्रश्नाः

1. अधोलिखितं गद्यांश पठित्वा प्रदत्त प्रश्नानाम् उत्तराणि संस्कृतेन लिखत।
(निम्नलिखित गद्यांश को पढ़कर दिए हुए प्रश्नों के उत्तर संस्कृत में लिखिए।)

(क) (ततः पुत्रशोकसन्तप्ताः युधिष्ठिरः भीमः द्रौपदी च रणभूमौ प्रविशन्ति।)

द्रौपदी (दीर्घं निःश्वस्य) हा हन्त। किम् इदं घोरम् अपतितम्। पापकर्मणा द्रौणिना मे पुत्राः भ्रातरः च हताः। अग्निः इव दहति माम् अयं शोकः।

युधिष्ठिरः शुभे! धैर्यं धारय। नूनं तव पुत्राः वीरगतिम् एव प्राप्ताः। वीरजननी त्वं शोचितुं न अर्हसि।

द्रौपदी कथं मन्दभाग्या अहं धैर्यं धारयामि। यावत् असौ क्रूरकर्मा न दण्ड्यते, तावत् अहम् इतः न गमिष्यामि, अत्रैव प्राणत्यागं च करिष्यामि।

युधिष्ठिरः प्रिये! मा एव ब्रूयाः। स पापकर्मा कुत्र गतः इति न जानीमः। अतिदूरं किञ्चिद् दुर्गमवनं प्रविष्टः भवेत्।

द्रौपदी (भीमं प्रति) आर्यपुत्र! क्षत्रधर्मम् अनुस्मरन् मां शोकसागरात् रक्ष। अस्मिन् संसारे कश्चित् अपि त्वया सदृशः पराक्रमी नास्ति। पुरा वारणावते त्वमेव पाण्डवान् रक्षितवान्। विराट-नगरे अपि त्वं मां प्राणसङ्कटात् उद्धृतवान्।

भीमः (युधिष्ठिरं प्रति) भ्रातः! द्रौणिम् अनुगन्तुं मह्यम् अनुमतिं ददातु भवान्।

I. अधोलिखितानां प्रश्नानाम् उत्तराणि एकपदेन लिखत।
(निम्नलिखित प्रश्नों के उत्तर एक पद में लिखिए।)
(i) केन द्रौपद्याः पुत्राः हताः?
(ii) कः अग्निः इव दहति?
(iii) तव पुत्राः किं प्राप्ताः?

II. अधोलिखितानां प्रश्नानाम् उत्तराणि पूर्णवाक्येन लिखत।
(निम्नलिखित प्रश्नों के उत्तर पूर्णवाक्य में लिखिए।)
(i) के वीरगतिं प्राप्ताः?
(ii) द्रौणिं दण्डयितुं द्रौपदी भीमाय किं कथयति?
(iii) कः संसारे परम पराक्रमी आसीत्।

III. अधोलिखितानां प्रश्नानाम् उत्तराणि निर्देशानुसारं लिखत।
(निम्नलिखित प्रश्नों के उत्तर निर्देशानुसार लिखिए।)
(i) 'रक्षितवान्' इति पदस्य पर्यायं चित्वा लिखत।
(ii) 'पराक्रमी' इत्यस्मिन् पदे कः प्रत्ययः प्रयुक्तः?
(iii) 'मन्दभाग्या' इति कस्याः विशेषणम्?

उत्तराणि

I. (i) द्रौणिना (ii) शोकः (iii) वीरगतिम्

II. (i) द्रौपद्याः पुत्राः वीरगतिम् प्राप्ताः।
(ii) "क्षत्रधर्मम् अनुस्मरन् माम शोकसागरात् रक्ष। त्वया सदृशः अस्मिन् संसारे कश्चित् अपि पराक्रमी नास्ति।
(iii) भीमः संसारे परम पराक्रमी आसीत्।

III. (i) उद्धृतवान् (ii) णिनि
(iii) द्रौपद्याः

(ख) **श्रीकृष्णः** भो धर्मराज! समीचीनं न कृतं भवता। पुत्रशोकविह्वलः भीमसेनः एकाकी एव द्रौणिं हन्तुम् अभिधावति।

युधिष्ठिरः भगवन्! सः तु एकाकी एव द्रोणपुत्राय अलम्।

श्रीकृष्णः न जानाति भवान् द्रौणेः चपलां प्रकृतिम्। पितुः द्रोणात् प्राप्तं ब्रह्मशिरो नाम अस्त्रं विद्यते तस्य पार्श्वे। यदि तत् प्रयुज्यते, सर्वा पृथ्वी दग्धा स्यात्।

युधिष्ठिरः अप्येवम् ! आचार्येण कीदृशः अनर्थः कृतः। किं चपलबालकेभ्यः एतादृश-भीषणानाम् अस्त्राणां प्रदानम् उचितम्?

श्रीकृष्णः शृणु तावत्, आचार्येण तु प्रियशिष्याय अर्जुनाय प्रीत्या मनसा ब्रह्मास्त्रशिक्षा प्रदत्ता किन्तु पुत्रप्रेमपराधीनेन तेन अश्वत्थामा अपि तच्छिक्षया वञ्चितः न कृतः।

अर्जुनः अपरं च अस्त्रशिक्षाप्रदानात् पूर्वम् आचार्यः पुत्रं सावधानम् अकरोत्। **CBSE SQP 2023-24**

I. अधोलिखितानां प्रश्नानाम् उत्तराणि एकपदेन लिखत।
(निम्नलिखित प्रश्नों के उत्तर एक पद में लिखिए।)
(i) आचार्यः द्रोणः कं सावधानम् अकरोत्?
(ii) भीमसेनः कं हन्तुम् अभिधावति?
(iii) द्रौणेः प्रकृतिः कीदृशी आसीत्?

II. अधोलिखितानां प्रश्नानाम् उत्तराणि पूर्णवाक्येन लिखत।
(निम्नलिखित प्रश्नों के उत्तर पूर्ण वाक्य में लिखिए।)
(i) कदा सर्वा पृथ्वी दग्धा स्यात्?
(ii) द्रोणेन अर्जुनाय कथं ब्रह्मास्त्रशिक्षा प्रदत्ता?
(iii) अश्वत्थामा कुतः ब्रह्मशिरो नाम अस्त्रं प्राप्तवान्?

III. अधोलिखितानां प्रश्नानाम् उत्तराणि निर्देशानुसारं लिखत।
(निम्नलिखित प्रश्नों के उत्तर निर्देशानुसार लिखिए।)
(i) 'पर्याप्तम्' इत्यस्य किं पर्यायपदम् अत्र प्रयुक्तम्?
(ii) 'जानाति' इति क्रियापदस्य कर्तृपदं किम् अत्र प्रयुक्तम्?
(iii) 'दग्धा' इत्यस्य विशेष्यपदं चित्वा लिखत।

उत्तराणि

I. (i) पुत्रम्/अश्वत्थाम्नम् (ii) द्रोणिम् (iii) चपला

II. (i) यदि ब्रह्मशिरो नाम अस्त्रं युज्यते तर्हि सर्वा पृथ्वी दग्धा स्यात्।
(ii) द्रोणेन अर्जुनाय प्रीत्या मनसा ब्रह्मास्त्रशिक्षा प्रदत्ता।
(iii) अश्वत्थामा स्वपितुः द्रोणात् ब्रह्मशिरों नाम अस्त्रं प्राप्तवान्।

III. (i) अलम् (ii) भवान्
(iii) पृथ्वी

(ग) **श्रीकृष्णः** शृणु तावत्, आचार्येण तु प्रियशिष्याय अर्जुनाय एव प्रीत्या मनसा ब्रह्मास्त्रशिक्षा प्रदत्ता किन्तु पुत्रप्रेमपराधीनेन तेन अश्वत्थामा अपि तच्छिक्षया वञ्चितः न कृतः।

अर्जुनः अपरं च, अस्त्रशिक्षाप्रदानात् पूर्वम् आचार्यः पुत्रं सावधानम् अकरोत् यत्–

परमापद्गतेनापि नैव तात त्वया रणे।
इदमस्त्रं प्रयोक्तव्यं मानुषेषु विशेषतः।।1।।

युधिष्ठिरः सम्प्रति आश्वस्तः अस्मि। मन्ये सः ब्रह्मास्त्रप्रयोगं न करिष्यति।

श्रीकृष्णः तर्हि न जानासि तस्य मनोवृत्तिम्। पितुः उपदेशेन असन्तुष्टः स एकदा द्वारकापुरीम् आगच्छत्। ब्रह्मास्त्रं दत्त्वा सः सुदर्शनचक्रम् अवाञ्छत्।

युधिष्ठिरः (साश्चर्यम्) कथं चक्रम् इति।

श्रीकृष्णः आम्! मया कथितम्। नाहं त्वत्तः ब्रह्मास्त्रम् इच्छामि। यदि त्वं मम गदां, शक्तिं, धनुः चक्रं वा इच्छसि, तुभ्यं ददामि।

I. अधोलिखितानां प्रश्नानाम् उत्तराणि एकपदेन लिखत।
(निम्नलिखित प्रश्नों के उत्तर एक पद में लिखिए।)
(i) पुत्रः प्रेम पराधीनः कः आसीत्?
(ii) आचार्येण प्रीत्या मनसा कस्मै ब्रह्मास्त्र-शिक्षा प्रदत्ता?
(iii) आश्वस्तः कः अस्ति?

II. अधोलिखितानां प्रश्नानाम् उत्तराणि पूर्णवाक्येन लिखत।
(निम्नलिखित प्रश्नों के उत्तर पूर्ण वाक्य में लिखिए।)
(i) द्रोणपुत्रः किं कर्तुं समर्थः न अभवत्?
(ii) अस्त्र शिक्षा प्रदानाद् पूर्वम् आचार्यः पुत्रं किम् अकथयत्?
(iii) केन प्रियशिष्याय अर्जुनाय ब्रह्मास्त्रं शिक्षितम्।

III. अधोलिखितानां प्रश्नानाम् उत्तराणि निर्देशानुसारं लिखत।
(निम्नलिखित प्रश्नों के उत्तर निर्देशानुसार लिखिए।)
(i) 'प्रियशिष्याय' इति कस्य पदस्य विशेषणम्?
(ii) 'पराधीनेन' इति पदस्य विलोमं चित्वा लिखत।
(iii) 'तुभ्यं ददामि'। अत्र "तुभ्यम्" पदं कस्मै प्रयुक्तम्?

उत्तराणि

I. (i) द्रोणाचार्यः (ii) अर्जुनाय (iii) युधिष्ठिरः

II. (i) द्रोणपुत्रः चक्रं स्वस्थानात् संचालयितुम् समर्थः न अभवत्।
(ii) तात! त्वया रणे परमापद्गतेन अपि विशेषतः मानुषेषु इदम् अस्त्रं नैव प्रयोक्तव्यम्।
(iii) आचार्येण प्रियशिष्याय अर्जुनाय ब्रह्मास्त्रं शिक्षितम्।

III. (i) अर्जुनाय (ii) स्वाधीनेन
(iii) द्रौणिने

(घ) **युधिष्ठिरः**–सम्प्रति आश्वस्तः अस्मि। मन्ये सः ब्रह्मास्त्रप्रयोगं न करिष्यति।

श्रीकृष्णः–तर्हि न जानासि तस्य मनोवृत्तिम्। पितुः उपदेशेन असन्तुष्टः सः एकदा द्वारकापुरीम् आगच्छत्। ब्रह्मास्त्रं दत्त्वा सः सुदर्शनचक्रम् अवाञ्छत्।

युधिष्ठिरः–(साश्चर्यम्) कथं चक्रम् इति।

श्रीकृष्णः–आम्! मया कथितम्। नाहं त्वत्तः ब्रह्मास्त्रम् इच्छामि। यदि त्वं मम गदां, शक्तिं, धनुः, चक्रं वा इच्छसि, तुभ्यं ददामि।

I. अधोलिखितानां प्रश्नानाम् उत्तराणि एकपदेन लिखत।
(निम्नलिखित प्रश्नों के उत्तर एक पद में लिखिए।) **CBSE 2010**
(i) द्रौणिः श्रीकृष्णं किम् अवाञ्छत्?
(ii) कः ब्रह्मास्त्रशिक्षया वञ्चितः न कृतः?
(iii) ब्रह्मास्त्रस्य प्रयोगः कुत्र न कर्तव्यः?

II. अधोलिखितानां प्रश्नानाम् उत्तराणि पूर्ण वाक्येन लिखत।
(निम्नलिखित प्रश्नों के उत्तर पूर्ण वाक्य में लिखिए।)
(i) द्रौणिः एकदा कुत्र आगच्छत्?
(ii) श्रीकृष्णः द्रौणिने किं दातुम् ऐच्छत्?
(iii) आचार्यद्रोणः स्वपुत्रं कथं प्रकारेण सावधानम् अकरोत्?

III. अधोलिखितानां प्रश्नानाम् उत्तराणि निर्देशानुसारं लिखत।
(निम्नलिखित प्रश्नों के उत्तर निर्देशानुसार लिखिए।)
(i) 'गृहीत्वा' इति पदस्य कः विपर्ययः अत्र प्रयुक्तः?
(ii) नाट्यांशे 'अवाञ्छत्' इति क्रियायाः कर्तृपदं किम्?
(iii) 'सम्प्रति आश्वस्तः अस्मि' अत्र 'अस्मि' क्रियापदस्य किं कर्तृपदम्?

उत्तराणि

I. (i) सुदर्शनचक्रम् (ii) द्रौणिः (iii) मानवेषु

II. (i) द्रौणिः एकदा द्वारकापुरीम् आगच्छत्।
(ii) श्रीकृष्णः द्रौणिने गदां शक्तिं, धनुः चक्र वा दातुम् ऐच्छत्।
(iii) आचार्यद्रोणः स्वपुत्रं सावधानं कृत्वा अवदत् तात! परम-अपाद्गतेन अपि त्व्या रणे इदम् अस्त्रम् विशेषतः मनुष्येषु न एव प्रयोक्तव्यम्।

III. (i) दत्त्वा (ii) सः (iii) अहम्

(ङ) **युधिष्ठिरः** ततस्ततः।

श्रीकृष्णः सः तु चक्रम् एव अयाचत। गृहाण चक्रम् इति उक्तः सः सत्येन पाणिना चक्रं गृहीतवान्, किन्तु सः तत् चक्रं स्वस्थानात् सञ्चालयितुम् अपि समर्थः न अभवत्।

युधिष्ठिरः जानीमः भवतः दिव्यां शक्तिम्।

श्रीकृष्णः तदा अहं नैराश्येन खिन्नं द्रौणिं पृष्टवान्, 'वत्स! किमर्थं त्वम् इदं दिव्यं चक्रं वाञ्छसि?'

युधिष्ठिरः किम् उक्तं तेन?

श्रीकृष्णः सः प्रत्यवदत्–

प्रार्थितं ते मया चक्रं देवदानवपूजितम्।
अजेयः स्यामिति विभो! सत्यमेतद् ब्रवीमि ते।।2।।

अतोऽहं ब्रवीमि, तस्मिन् चञ्चले क्रूरे च द्रोणपुत्रे न विश्वसितव्यम्।

I. अधोलिखितानां प्रश्नानाम् उत्तराणि एकपदेन लिखत।
(निम्नलिखित प्रश्नों के उत्तर एक पद में लिखिए।)
(i) केन तत् चक्रं पूजितम्?
(ii) कथं द्रौणिः कथं चक्रं ग्रहीतवान्?
(iii) चञ्चलः क्रूरः च कः आसीत्?

II. अधोलिखितानां प्रश्नानाम् उत्तराणि पूर्ण वाक्येन लिखत।
(निम्नलिखित प्रश्नों के उत्तर पूर्ण वाक्य में लिखिए।)
(i) युधिष्ठिरः किं जानाति?
(ii) कः चक्रं चालयितुं न शक्तवान्?
(iii) अश्वथामायै चक्रस्य आवश्यकता किमर्थम् आसीत्?

III. अधोलिखितानां प्रश्नानाम् उत्तराणि निर्देशानुसारं लिखत।
(निम्नलिखित प्रश्नों के उत्तर निर्देशानुसार लिखिए।)
(i) 'चञ्चले युधिष्ठिरः' अत्र विशेषण पदं किम्?
(ii) 'व्यापक' इत्यर्थे अत्र किं पदं प्रयुक्तम्?
(iii) 'सत्येन पाणिना' अत्र विशेष्य पदं किं प्रयुक्तम्?

उत्तराणि

I. (i) देवदानवौ (देवः दानवः च)
(ii) सव्य पाणिना
(iii) द्रोणपुत्रः

II. (i) युधिष्ठिरः कृष्णस्य दिव्यशक्तिं हि जानाति।
(ii) अश्वथामायै चक्रं चालयितुं न शक्तवान्।
(iii) अश्वथामायै चक्रस्य आवश्यकता "अजेयः इति" भवितुम् आसीत्।

III. (i) चञ्चले (ii) विभो
(iii) पाणिना

(च) (ततः युधिष्ठिरार्जुनौ श्रीकृष्णेन सह रथारोहणं नाटयतः।)

अश्वत्थामा रे दुष्ट भीम! त्वम् अद्य वध्योऽसि मया। (विलोक्य) अये कथं श्रीकृष्णार्जुनौ युधिष्ठिरश्च? (स्वगतम्) इदानीं किं करवाणि? आः दृष्टम्, अस्मिन् विषमे समये ब्रह्मास्त्रम् एव मे शरणम्। मोचयामि अस्त्रम्। (ध्यानं नाटयति ब्रवीति च) इदम् अपाण्डवाय।

श्रीकृष्णः पार्थ पश्य, पश्य। एतद् विमुच्यते ब्रह्मास्त्रं द्रोणपुत्रेण! त्रैलोक्यं दहन् इव प्रचण्डज्वालः अग्निः परितः प्रसरति। अर्जुन! अर्जुन! त्वमपि मुञ्च ब्रह्मास्त्रं एतत् निवारयितुम्।

अर्जुनः नमः भगवते! स्वस्ति आचार्यपुत्राय, स्वस्ति में भ्रातृभ्यः। उत्सृज्यते मया ब्रह्मास्त्रम्। अस्त्रम् अस्त्रेण शाम्यताम्।

I. अधोलिखितानां प्रश्नानाम् उत्तराणि एकपदेन लिखत।
(निम्नलिखित प्रश्नों के उत्तर एक पद में लिखिए।)
(i) केन ब्रह्मास्त्रं विमुच्यते?
(ii) श्रीकृष्णेन सह कौ रथारोहणं कुरुतः?
(iii) श्रीकृष्णेन सह कौ प्रविशतः?

II. अधोलिखितानां प्रश्नानाम् उत्तराणि पूर्णवाक्येन लिखत।
(निम्नलिखित प्रश्नों के उत्तर पूर्ण वाक्य में लिखिए।)
(i) कीदृशः अग्निः प्रसरति?
(ii) अश्वत्थामा किं ब्रवीति?
(iii) अस्त्र सञ्चालनात् पूर्वम् अर्जुनः किं कथयति?

III. अधोलिखितानां प्रश्नानाम् उत्तराणि निर्देशानुसारं लिखत।
(निम्नलिखित प्रश्नों के उत्तर निर्देशानुसार लिखिए।)
(i) 'विषमे समये' अत्र विशेष्य पदम् किम्?
(ii) 'करवाणि' इति पदं कस्मिन् लकारे?
(iii) 'में शरणम्' अत्र 'में' पदं कस्मै प्रयुक्तम्?

अथवा

I. अधोलिखितानां प्रश्नानाम् उत्तराणि एकपदेन लिखत।
(निम्नलिखित प्रश्नों के उत्तर एक पद में लिखिए।) **CBSE 2014**
(i) उल्काः कुत्र पतन्ति?
(ii) ब्रह्मास्त्र कस्य शरणम्?
(iii) 'इदम् अपाण्डवाय' इति कः ब्रीवीति?

II. अधोलिखितानां प्रश्नानाम् उत्तराणि पूर्णवाक्येन लिखत।
(निम्नलिखित प्रश्नों के उत्तर पूर्ण वाक्य में लिखिए।)
(i) ब्रह्मास्त्रं केन विमुच्यते?
(ii) कीदृशः अग्निः परितः प्रसरति?
(iii) अस्त्रसञ्चालनात् पूर्वम् अर्जुनः किं कथयति?

III. अधोलिखितानां प्रश्नानाम् उत्तराणि निर्देशानुसारं लिखत।
(निम्नलिखित प्रश्नों के उत्तर निर्देशानुसार लिखिए।)
(i) 'लिहन्ति' इति क्रियापदस्य कर्तृपदं किम्?
(ii) 'त्यज्यते' इति अर्थे अत्र किं पदं प्रयुक्तम्?
(iii) 'विषमे समये' अत्र किं विशेष्यपदम्?

उत्तराणि

I. (i) द्रोणपुत्रेण (ii) युधिष्ठिरार्जुनौ
(iii) युधिष्ठिरार्जुनौ

II. (i) त्रैलोक्यम् दहन् इव प्रचण्डज्वालः अग्निः परितः प्रसरति।
(ii) अश्वत्थामा ब्रवीति–इदम् अपाण्डवाय।
(iii) नमः भगवते। स्वस्ति आचार्यपुत्राय। स्वस्ति में भ्रातृभ्यः। उत्सृज्यते मया ब्रह्मास्त्रम्। अस्त्रम् अस्त्रेण शाम्यताम्।

III. (i) समये (ii) लोट्
(iii) अश्वत्थामाय

अथवा

I. (i) भूमौ (ii) द्रौणेः (iii) अश्वत्थामा

II. (i) ब्रह्मास्त्रं द्रोणपुत्रेण विमुच्यते।
(ii) प्रचण्डज्वालः अग्निः परितः प्रसरति।
(iii) नमः भगवते! स्वस्ति आचार्यपुत्राय। स्वस्ति में भ्रातृभ्यः उत्सृज्यते मया ब्रह्मास्त्रम्। अस्त्रम् अस्त्रेण शाम्यताम्।

III. (i) प्रचण्डानलशिखाः (ii) विमुच्यते
(iii) समये

(छ) (ततः प्रविशतः व्यासनारदौ)

नारदः (व्यासं प्रति) पश्यतु भवान्। कोऽयम् अनर्थः क्रियते एताभ्यां वीराभ्याम्। समन्तात् वर्धमानाः प्रचण्डानलशिखाः आकाशं लिहन्ति इव। गगनात् सहस्त्रशः उल्काः भूमौ पतन्ति। कम्पते खलु सपर्वत-वन-द्रुमा सकला मही। पवनः स्तब्धः जातः। सहस्त्रांशुः न भासते। शैलाः विदीर्यन्ते। कथमपि एतौ निवारणीयौ, अन्यथा सकलं जगद् ध्वस्तं भविष्यति।

व्यासनारदौ भो वीरौ! संहरतं संहरतम् निजास्त्रे।
नारदः नानाशस्त्रविदः पूर्वे येऽप्यतीता महारथाः।
नैतदस्त्रं मनुष्येषु तैः प्रयुक्तं कथञ्चन।।3।।
अस्त्रं ब्रह्मशिरो यत्र परमास्त्रेण वध्यते।
समाः द्वादश पर्जन्यस्तद् राष्ट्रं नाभिवर्षति।।4।।

I. अधोलिखितानां प्रश्नानाम् उत्तराणि एकपदेन लिखत।
(निम्नलिखित प्रश्नों के उत्तर एक पद में लिखिए।)
(i) 'पश्यतु भवान्' इति नारदः कं प्रति कथयति?
(ii) दिव्यस्य शस्त्रस्य नाम किं?
(iii) आकाशात् पृथिव्यां किं पतन्ति?

II. अधोलिखितानां प्रश्नानाम् उत्तराणि पूर्णवाक्येन लिखत।
(निम्नलिखित प्रश्नों के उत्तर पूर्ण वाक्य में लिखिए।)
(i) अर्जुनः कस्मै नमस्करोति?
(ii) अनर्थः काभ्यां क्रियते?
(iii) अत्र नाट्यांशे नारदः कति श्लोकौ पठति?

III. अधोलिखितानां प्रश्नानाम् उत्तराणि निर्देशानुसारं लिखत।
(निम्नलिखित प्रश्नों के उत्तर निर्देशानुसार लिखिए।)
(i) 'भवान्' इति पदस्य प्रयोगः कस्मै अभवत?
(ii) 'सकलम्' इत्यस्य पदस्य विशेषणं पदं किम्?
(iii) 'कम्पते' इति क्रियायाः कर्त्तृपदं किम्?

उत्तराणि

I. (i) व्यासं (ii) ब्रह्मशिरः
(iii) उल्काः

II. (i) अर्जुनः भगवते कृष्णाय नमस्करोति।
(ii) अनर्थः अर्जुनेन द्रोणपुत्रेण च क्रियते।
(iii) अत्र नाट्यांशे नारदः द्वौ श्लोकौ पठति।

III. (i) व्यासाय (ii) जगद्
(iii) मही

(ज) **अर्जुनः** (बद्धाञ्जलिः भूत्वा) भगवन्! मया तु अस्त्रम् अस्त्रेण शाम्यताम् इति कृत्वा अस्त्रं विमुक्तम्। तत् च मया संह्रियते। परन्तु द्रौणेः अस्त्रम् अस्मान् सर्वान् प्रधक्ष्यति एव।
व्यास (द्रौणिं प्रति) अयि द्रोणपुत्र! त्वम् अपि निज-अस्त्रं संहर येन सर्वनाशो न भवेत्।
पाण्डवास्त्वं च राष्ट्रं च सदा संरक्ष्यमेव हि।
तस्मात् संहर दिव्यं त्वमस्त्रमेतन्महाभुज।।5।।

I. अधोलिखितानां प्रश्नानाम् उत्तराणि एकपदेन लिखत।
(निम्नलिखित प्रश्नों के उत्तर एक पद में लिखिए।)
(i) कः महाबाहुः?
(ii) अत्र किं सम्बोधनपदम्?
(iii) किम् अस्त्रेण शाम्यताम्?

II. अधोलिखितानां प्रश्नानाम् उत्तराणि पूर्णवाक्येन लिखत।
(निम्नलिखित प्रश्नों के उत्तर पूर्ण वाक्य में लिखिए।)
(i) कस्य अस्त्रं सर्वान् प्रधक्ष्यति एव?
(ii) अर्जुनः किम् उक्त्वा अस्त्रम् उत्सृजति?
(iii) व्यासः दिव्यं ब्रह्मास्त्रं संहर्तुं द्रौणिं किमर्थं कथयति?

III. अधोलिखितानां प्रश्नानाम् उत्तराणि निर्देशानुसारं लिखत।
(निम्नलिखित प्रश्नों के उत्तर निर्देशानुसार लिखिए।)
(i) 'संह्रियते' इति पदस्य पर्यायपदं चित्वा लिखत।
(ii) 'अस्त्रेण' पदं कस्य विशेष्यपदं?
(iii) 'भवेत्' इति क्रियायाः कर्त्तृपदं किम्?

उत्तराणि

I. (i) अश्वत्थामाः (ii) भगवन्
(iii) अस्त्रम्

II. (i) द्रौणेः अस्त्रं सर्वान् प्रधक्ष्यति एव।
(ii) 'अस्त्रम् अस्त्रेण शाम्यताम्' इति उक्त्वा अर्जुनः अस्त्रम् उत्सृजति।
(iii) यतोहि पाण्डवाः अश्वत्थामा राष्ट्रञ्च सदा संरक्ष्यमेव अतः सर्वेषां हिताय व्यासः ब्रह्मास्त्रं संहर्तुं कथयति।

III. (i) निवार्यते (ii) दिव्यं
(iii) सर्वनाशः

अन्वयः पूर्ति

2. मञ्जूषातः समुचितपदानि चित्वा अधोलिखित श्लोकस्य अन्वयं पूरयित्वा पुनः लिखत।
(मञ्जूषा से समुचित पद चुनकर निम्नलिखित श्लोक का अन्वयः पूर्ण करके पुनः लिखिए।)

(क) नानाशस्त्रविदः पूर्वे येऽप्यतीता महारथाः।
नैतदस्त्रं मनुष्येषु तैः प्रयुक्तं कथनञ्चन।।
अन्वयः नाना (i) ······ ये अपि पूर्वे (ii) ······ अतीताः तैः एतद् (iii) ······ मुनष्येषु (iv) ······ न प्रयुक्तम्।
• **मञ्जूषा** महारथाः, अस्त्रम्, शस्त्रविदः, कथञ्चन।

(ख) अस्त्रं ब्रह्मशिरो यत्र परमास्त्रेण वध्यते।
समाः द्वादश पर्जन्यस्तद् राष्ट्रं नाभिवर्षति।।
अन्वयः (i) ······ ब्रह्मशिरः अस्त्रं (ii) ······ वध्यते, (iii) ······ द्वादशसमाः तद् (iv) ······ न अभिवर्षति।
• **मञ्जूषा** राष्ट्रम्, यत्र, पर्जन्यः, परमास्त्रेण।

(ग) पाण्डवास्त्वं च राष्ट्रं च सदा संरक्ष्यमेव हि। **CBSE 2014**
तस्मात् संहर दिव्यं त्वमस्त्रमेतन्महाभुज।।
अन्वयः पाण्डवाः त्वम् च (i) .... च सदा (ii) .... एव हि (iii) ....! तस्मात् त्वम् एतत् (iv) ...... अस्त्रम् संहर।
• **मञ्जूषा** महाभुज, संरक्ष्यम्, राष्ट्रम्, दिव्यम्।

उत्तराणि

(क) (i) शस्त्रविदः (ii) महारथाः
(iii) अस्त्रम् (iv) कथञ्चन्

(ख) (i) यत्र (ii) परमास्त्रेण
(iii) पर्जन्यः (iv) राष्ट्रम्

(ग) (i) राष्ट्रम् (ii) संरक्ष्यम्
(iii) महाभुज (iv) दिव्यम्

भावार्थ पूर्ति

3. मञ्जूषाया: साहाय्येन श्लोकस्य भावार्थे रिक्तस्थानानि पूरयित्वा पुनः लिखत।
(मञ्जूषा की सहायता से श्लोक के भावार्थ में रिक्तस्थान पूर्ण करके पुनः लिखिए।)

(क) "परमापद्गतेनापि नैव तात त्वया रणे।
इदमस्त्रं प्रयोक्तव्यं मानुषेषु विशेषतः।।"

संस्कृते भावार्थः (i) ...... शिक्षाप्रदानात् पूर्वम् आचार्यः द्रोणः स्वपुत्रं सावधानं कुर्वन् अकथयत् यत्–हे पुत्र! अत्यधिके (ii) ...... आगते सति अपि त्वं (iii) ...... दिव्य (ब्रह्म) अस्त्र अस्त्रस्य प्रयोगं विशेषरूपेण (iv) ...... न कुर्याः।

- मञ्जूषा सङ्कटे, मनुष्येषु, रणभूमौ, ब्रह्मास्त्रस्य।

(ख) "प्रार्थितं ते मया चक्रं देवदानवपूजितम्।
अजेयः स्यामिति विभो! सत्यमेतद् ब्रवीमि ते।"

संस्कृते भावार्थः अस्य भावोऽस्ति यत्–द्रोणपुत्रः (i) ...... अवदत्–हे सर्वव्यापकाः अहम् अस्मिन् संसारे (ii) ...... स्याम् अतः अहं त्वां देवदानवपूजितम् इदं (iii) ...... प्रार्थितवान्। अहं त्वाम् एतत (iv) ...... वदामि।

- मञ्जूषा सत्यं, चक्रं, श्रीकृष्णम्, अजेयः।

उत्तराणि

(क) (i) ब्रह्मास्त्रस्य (ii) सङ्कटे
(iii) रणभूमौ (iv) मनुष्येषु

(ख) (i) श्रीकृष्णम् (ii) अजेयः
(iii) चक्रं (iv) सत्यं

प्रश्ननिर्माणं कुरुत

4. स्थूलपदमाधृत्य प्रश्ननिर्माणं कुरुत।
(स्थूलपद को आधार मानकर प्रश्न निर्माण कीजिए।)

(i) त्वमेव **पाण्डवान्** रक्षितवान्।
(ii) **द्रौणिना** मम पुत्राः हताः।
(iii) अवक्रता **वाचि** अपि भवेत्।
(iv) नकुल **तव** सारथि भवत्।
(v) इदम् अस्त्रम् **मानवेषु** न प्रयोक्तत्यम्।
(vi) सः **अश्वत्थामाम्** अपि वञ्चितं न कृतवान्।
(vii) **आचार्यः** पुत्रं सावधानम् अकरोत्। CBSE 2024
(viii) **सः** सव्येन पाणिना चक्रं गृहीतवान्।
(ix) **अहं** खिन्नं द्रौणिं पृष्टवान्।
(x) **श्रीकृष्णेन** सह युधिष्ठिरार्जुनौ रथारोहणं कुरुतः।

उत्तराणि

(i) कान् (ii) केन (iii) कस्मिन्
(iv) कस्य (v) केषु (vi) कम्
(vii) कः (viii) केन (ix) कः
(x) केन

प्रसङ्गानुकूलं प्रश्नाः

5. अधोलिखितेषु रेखाङ्कितपदानां प्रसङ्गानुकूलम् उचितार्थं चित्वा लिखत्।
(निम्नलिखित वाक्यों में रेखांकित पदों के प्रसंगों के अनुकूल उचित अर्थ चुनकर लिखिए।)

(i) द्रौणेः अस्त्रम् अस्मान् सर्वान् <u>प्रधक्ष्यति</u> एव।
(अ) मुक्तं कृतम्
(ब) दग्धं करिष्यति
(स) ज्ञानिन
(द) पर्जन्यः

(ii) मया तु अस्त्रम् अस्त्रेण <u>शाम्यताम्</u> इति कृत्वा अस्त्रं विमुक्तम्।
(अ) शान्तं भवेत्
(ब) दुःखं भवेत्
(स) सुखम् भवेत्
(द) गृहीतम्

(iii) <u>समन्तात्</u> वर्धमानाः प्रचण्डानलशिखाः आकाशं तिहन्ति इव।
(अ) परितः (ब) उभयतः
(स) सर्वतः (द) सम्पूर्णा

(iv) गगनात् सहस्त्रशः <u>उल्काः</u> भूमौ पतन्ति।
(अ) लूकः (ब) उल्लूकः
(स) ऊष्ट्रः (द) उर्वरकः

(v) पवनः स्तब्धः जातः। <u>सहस्त्रांशुः</u> न भासते।
(अ) चन्द्रः (ब) आकाशः
(स) भानुः (द) गगनः

(vi) (<u>स्वगतम्</u>) इदानीं किं करवाणि?
(अ) स्वागतम् (ब) अवगतम्
(स) विमुच्यते (द) मनसि

उत्तराणि

(i) (ब) दग्धं करिष्यति
(ii) (अ) शान्तं भवेत्
(iii) (स) सर्वतः
(iv) (अ) लूकः
(v) (स) भानुः
(vi) (द) मनसि

मेलनं कुरुत

6. शब्दानां पर्यायाः सह मेलनं कार्यम्।
(शब्दों का उनके पर्याय के साथ मेल कीजिए।)

सूची (क)	सूची (ख)
(i) समीचीनम्	(अ) वृक्षाः
(ii) याचितम्	(ब) अग्निपिण्ड़ाः
(iii) उल्काः	(स) समीपे
(iv) द्रुमाः	(द) उद्यतः
(v) तत्परः	(य) प्रार्थितम्
(vi) पार्श्वे	(र) उचितम्

उत्तराणि

सूची (क)	सूची (ख)
(i) समीचीनम्	(र) उचितम्
(ii) याचितम्	(य) प्रार्थितम्
(iii) उल्का:	(ब) अग्निपिण्डा:
(iv) द्रुमा:	(अ) वृक्षा:
(v) तत्पर:	(द) उद्यत:
(vi) पार्श्वे	(स) समीपे

7. 'क' वर्गस्य पदानां 'ख' वर्गस्य पदै: सह अर्थमेलनं कुरुत।
('क' वर्ग के पदों को 'ख' वर्ग के पदों से मिलान करें) **CBSE 2012**

सूची (क) शब्द:	सूची (ख) अर्थ:
(i) चपलाम्	(अ) तत्पर:
(ii) संरक्ष्यम्	(ब) उचितम्
(iii) उद्यत:	(स) ज्वलिता
(iv) दग्धा	(द) चञ्चलाम्
(v) उल्का:	(य) समीपे
(vi) समीचीनम्	(र) वृक्षा:
(vii) द्रुमा:	(ल) रक्षणस्य योग्यम्
(viii) पार्श्वे	(व) अग्नि-पिण्डा:

उत्तराणि

सूची (क) शब्द:	सूची (ख) अर्थ:
(i) चपलाम्	(द) चञ्चलाम्
(ii) संरक्ष्यम्	(ल) रक्षणस्य योग्यम्
(iii) उद्यत:	(अ) तत्पर:
(iv) दग्धा	(स) ज्वलिता
(v) उल्का:	(व) अग्नि-पिण्डा:
(vi) समीचीनम्	(ब) उचितम्
(vii) द्रुमा:	(र) वृक्षा:
(viii) पार्श्वे	(य) समीपे

साधुवृत्तिं समाचरेत्
(सज्जन वृत्ति का आचरण करना चाहिए)

अध्याय 7

पाठ परिचय

युक्ताहारविहारस्य युक्तचेष्टस्य कर्मसु।
युक्तस्वप्नावबोधस्य योगो भवति दुःखहाँ।।

श्यामा अयि सखि! पश्य पश्य इमां चित्रमयीं प्रहेलिकाम्।

माधुरी दृष्टा मया। अस्यां तु जीवनपथः दृश्यते।

ऋचा आम्। सत्यं वदसि। एषः तु जीवनपथः एव। उपरि प्रवेशस्थानम् अन्ते च गन्तव्यम् 'आनन्दः' इति शब्देन अङ्कितम् अस्ति।

मीनाक्षी आः! एवम्! पश्यामः, केन मार्गेण यात्रा भवेत्?

माधुरी अस्मिन् यात्रापथे तु अनेकाः वीथिकाः सन्ति। वीथिकासु एव चलनीयम्।

ऋचा वीथिकासु अवरोधाः अपि सन्ति। तदा यात्रा कथं भवेत्?

माधुरी पश्य पश्य, अत्र एकः प्रशस्तमार्गः अपि अस्ति।

श्यामा अहम् अपि जानामि। यासु वीथिकासु धैर्यम् उत्साहः स्वाध्यायः सन्तोष आदयः सद्गुणाः लिखिताः सन्ति ताभिः एव गन्तव्यम। एषः एव वरेण्यः मार्गः। अनेन एव गन्तव्यम।

श्लोका साधु वदसि। यत्र च क्रोधः, कामः, आलस्यं, कलहः, घृणा, द्वेषः, ईर्ष्या इत्यादयः अङ्किताः सः मार्गः तु हेयः एव।

आचार्यः (प्रविश्य) मया सर्वं श्रुतम्। युष्माभिः युक्तम् एव उक्तम्। प्रशस्तः मार्गः एव अनुसरणीयः। श्रूयतां तावत् कथा 'साधुवृत्तिं समाचरेत्'।

शब्दार्थाः प्रहेलिकाम् = पहेलियाँ, वदसि = कहती हो, उपरि = ऊपर, कथं = कैसे, प्रशस्त मार्गम् = साफ रास्ता, वीथिकासु = सड़कों पर, स्वाध्यायः = स्व अध्ययन, वरेण्यः = वरण करने योग्य, हेयः = त्याग, युष्माभिः = तुम्हारे द्वारा, अनुसरणीयः = चलने योग्य (अनुसरण करने योग्य)।

हिंदी अनुवाद

उचितरूप से भोजन करना और घूमना फिरना, उचित कर्मों को करना या प्रयास करना, उचित समय पर सोना और जागना ही योग होता है अर्थात् संतुलित रूप से सभी क्रियाएँ करना ही योग कहलाता है।

श्यामा अरी सखी! देखो, देखो यह चित्रमयी (मणिका पाठ्यपुस्तक में दी गई) पहेली।

माधुरी मुझे दिखाओ। इसमें तो जीवन-पथ दिखाया गया है।

ऋचा हाँ। सत्य कहती हो। यह तो जीवन पथ ही है। ऊपर प्रवेश स्थान और अंत में गंतव्य है अर्थात् यहाँ 'आनंद' यह लिखा है।

मीनाक्षी आओ देखते हैं। किस मार्ग से यात्रा होनी चाहिए।

माधुरी इस यात्रा मार्ग पर अनेक सड़कें हैं। सड़कों पर ही चलना है।

ऋचा सड़कों में अवरोध भी हैं। तब यात्रा कैसे होगी?

माधुरी देखो, देखो एक मार्ग खुला भी है।

श्यामा मैं भी जानती हूँ। जिस सड़क पर धैर्य, उत्साह, स्वाध्याय, संतोष आदि सद्गुण लिखे हैं। उनके द्वारा ही जाना उचित है। वही चुनने योग्य मार्ग है। इसी से जाना चाहिए।

श्लोक ठीक कहते हो। जहाँ क्रोध, काम, आलस्य, कलह, घृणा, द्वेष, ईर्ष्या इत्यादि अंकित हैं वह मार्ग तो त्याग करने योग्य ही है।

आचार्य (प्रवेश करते हैं) मैंने सब सुन लिया। तुम्हारे द्वारा उचित ही कहा गया है। प्रशस्त मार्ग ही अनुसरणीय है, तब 'साधुवृत्तिं समाचरेत्' कथा सुनो।

पाठ का सार

प्रस्तुत पाठ/कथा संस्कृतशिक्षामञ्जरी के द्वितीय भाग से लिया गया है। संस्कृतशिक्षामञ्जरी श्री जीवानंद विद्यासागर भट्टाचार्य द्वारा लिखित एक प्रमुख रचना है। प्रस्तुत पाठ में सद्वृत्ति को जीवन का राजमार्ग बताया गया है। सद्वृत्ति ही से हम जीवन के लक्ष्य को प्राप्त कर सकते हैं। जीवन में यदि धैर्य और संतोष को अपनाया जाए, तब प्रच्छन्नभाग्य की भाँति हम अपना दुर्भाग्य भी सौभाग्य में बदल सकते हैं।

पाठ में कुछ बच्चों द्वारा प्रच्छन्नभाग्य को सद्मार्ग दिखाया गया जिसके पश्चात् प्रच्छन्नभाग्य अपने द्वारा किए गए सभी बुरे कर्मों के लिए पश्चाताप् करता है और अपने मित्र को भी समझाता है परंतु उसका मित्र कुमार्गगामी ही बना रहता है। प्रच्छन्नभाग्य का मित्र अर्थात् दुष्टबुद्धि अपने मित्र (प्रच्छन्नभाग्य) की संपदा के विषय में सुनता है, तब उसी के घर में चोरी करने की योजना बनाता है। योजनानुसार चोर प्रच्छन्नभाग्य के घर में छिप जाता है, परंतु रात्रि में ही प्रच्छन्नभाग्य के स्वप्न को सुनकर लोभवश वह कुमित्र धन प्राप्त करने चला जाता है तथा वहाँ धन से भरे घड़े में साँप मिलने पर वह कुटिल बुद्धि अपने मित्र को मारने का प्रयास करता है और स्वयं ही मारा जाता है।

पाठ का हिंदी अनुवाद

1. अस्ति कर्मपुरनाम्नि नगरे प्रच्छन्नभाग्य-नामधेयः कश्चित् कुमारः। बाल्ये वयसि विद्यापराङ्मुखः स केनचित् दुष्टबुद्धिनाम्ना चौरेण सह चौर्यकर्मणि निरतः सञ्जातः। एकदा स दुष्टबुद्धिना सार्धं कस्यचित् श्रेष्ठिनः गेहे धनहरणार्थं ग्रामान्तरं प्रस्थितः।

अथ व्रजन्तौ तौ गर्तसङ्कुले मार्गे क्रीडतः कांश्चित् बालकान् प्रेक्ष्य अवदताम्-भो बालकाः! कथमत्र नतोन्नते विषमे मार्गे क्रीडथ? यदि कश्चित् गर्ते पतेत् तर्हि स विकलाङ्गो भूत्वा चिरं क्लेशम् अनुभवेत्। तच्छ्रुत्वा तेषु कश्चित् उद्दण्डः बालकः उवाच-अयि भो! यद्येवं तर्हि कथं भवन्तौ सुपथं परित्यज्य अनेन कुपथेन गन्तुं प्रवृत्तौ? अपि इदं श्रेयस्करम्?

शब्दार्थाः नामधेयः = नामक का, विद्यापराङ्मुखः = विद्या के प्रति रुचि न रखने वाला, दुष्टबुद्धिनाम्ना = बुष्टबुद्धि नाम वाले, सह = साथ, गर्तसङ्कुले = गड्ढों से भरे हुए मार्ग पर, क्रीडतः = खेल रहे हैं, नतोन्नते = ऊँचे-नीचे, अनुभवेत् = अनुभव करना, उद्दण्डः = शरारती, भवन्तौ = आप दोनों, परित्यज्य = त्याग करके।

हिंदी अनुवाद कर्मपुर नाम के नगर में प्रच्छन्नभाग्य नाम का कोई कुमार (युवक) रहता था। बाल्यावस्था से ही विद्या से विमुख वह किसी दुष्टबुद्धि नाम वाले चोर के साथ चोरी के (कर्म) कार्य में संलग्न हो गया। एक बार वह दुष्टबुद्धि (चोर) के साथ किसी व्यापारी (सेठ) के घर में धन चुराने के लिए दूसरे गाँव को चल पड़ा।

इसके बाद जाते हुए वे गड्ढों से युक्त मार्ग पर बच्चों को खेलते हुए देखकर बोले—हे बालकों! यहाँ ऊँचे-नीचे (गड्ढों से युक्त/उबड़-खाबड़) विषम मार्ग पर क्यों खेल रहे हो? यदि कोई (बालक) गड्ढे में गिर गया, तो वह विकलांग होकर बहुत लंबे समय तक क्लेश अर्थात् दुःख का अनुभव करेगा। उसे सुनकर उनमें से कोई शरारती बालक बोला—अरे! यदि ऐसा है, तो आप दोनों क्यों श्रेष्ठ मार्ग को त्यागकर इस कुमार्ग पर जाने को आतुर हो। क्या ये श्रेष्ठ/उचित है?

2. अनेन वचसा प्रतिहतान्तःकरणः प्रच्छन्नभाग्यः अचिन्तयत्-किम् इदं वचनं विशेषेण माम् एव लक्ष्यीकरोति? अहो! कुमार्गम् आश्रितस्य मम कीदृशी इयं क्लेशपरम्परा। गुरुपदेशेन इव अनेन बालवचसा मम चक्षुषी समुन्मीलिते। अद्य आरभ्य पापपथं त्यजामि इति विचिन्त्य मित्रं दुष्टबुद्धिम् अवदत् "सखे! यदि माँ मित्रस्थाने परिगणयसि, तर्हि साधुजनगर्हितम् इमं पन्थानं त्यजतु भवान्।"

दुष्टबुद्धिः तु तस्य सद्वचनानि तिरस्कृत्य ग्रामाभिमुखं प्राचलत्। प्रच्छन्भाग्यः तु समुपजातविवेकः स्वगृहं प्रतिनिवृत्तः।

शब्दार्थाः प्रतिहतान्तःकरणः = उद्विग्न मन वाला, कुमार्गम् = बुरे मार्ग, गुरुपदेशेन इव = गुरु के उपदेश के समान, चक्षुः = आँखें, उन्मीलितम् = खोल दिए गए, पापपथम् = पाप का मार्ग, विचिन्त्यम् = विचार करके, गर्हितम् = निंदा सज्जनों द्वारा (निंदित-कर्म), पन्थानम् = मार्ग, तिरस्कृत्य = तिरस्कार, ग्रामाभिमुखम् = गाँव की ओर, समुपजातविवेकः = विवेक को प्राप्त करने वाला, प्रतिनिवृत्तः = वापस आया।

हिंदी अनुवाद इस प्रकार, इन वचनों से प्रच्छन्नभाग्य का मन दुःखी हो गया और उसने सोचा, क्या यह वचन विशेष रूप से मुझे ही लक्ष्य कर रहे हैं? ओह! बुरे मार्ग का आश्रय लेकर मेरी कैसी दुःखों की गति उत्पन्न होगी। गुरु के उपदेश के समान इस बालक के वचनों से मेरी आँखें खुल गई हैं। आज से ही मैं इस पाप के मार्ग को त्याग (छोड़) रहा हूँ। ऐसा विचार करके वह मित्र दुष्टबुद्धि से बोला–"मित्र! यदि आप मुझे मित्र के रूप में मानते हो, तो सज्जनों द्वारा निंदित इस मार्ग को त्याग दो।"

दुष्टबुद्धि तो उसके अच्छे वचनों का तिरस्कार करके गाँव की ओर चल दिया। प्रच्छन्नभाग्य का विवेक उत्पन्न हो गया था। अतः वह अपने घर को वापस लौट आया।

3. गृहे तस्य भार्या सपदि समागतं पतिं दृष्ट्वा अपृच्छत्-आर्य! किं सर्वगतं कुशलं वर्तते? अयथाकालं समागतोऽसि? सम्प्रति धर्ममतिः सः पश्चात्तापेन दग्धमानसः सर्वं वृत्तान्तं निवेद्य सकरुणम् उच्चैः अक्रन्दत्। बुद्धिमती सा अवदत्-अलं चिन्तया। आपदां तरणिः धैर्यम्। इदानीं विषादं त्यक्त्वा उद्यमः क्रियताम्।

क्रन्दनं वर्धते तस्य नान्तं समधिगच्छति।
व्यसनं प्राप्य यो मोहात् केवलं परिदेवयेत्।।1।।

शब्दार्थाः भार्या = पतिन, दृष्ट्वा = देखकर, सर्वगतं = सब कुछ, अयथाकालं = असमय, सम्प्रति = अब, दग्धमानसः = अत्यंत दुःखी मन वाला, वृत्तान्तम् = घटना, उच्चैः = जोर से, आपदां = विपत्ति को (प्राप्त), तरणिः = नाव, सूर्य, त्यक्त्वा = त्यागकर, वर्धते = बढ़ता है, व्यसनम् = दुःख, परिदेवयेत् = क्रंदन करें।

अन्वयः यः व्यसनम् प्राप्य मोहात् केवलम् परिदेवयेत् तस्य क्रन्दनम् वर्धते, अन्तम् (च) न समधिगच्छति।

हिंदी अनुवाद घर में जल्दी आए हुए पति को देखकर उसकी पत्नि ने पूछा-आर्य! क्या सबकुछ कुशल से तो है? असमय ही वापस लौट आए हो? अब धर्म से युक्त बुद्धि वाला वह (प्रच्छन्नभाग्य) पश्चाताप के कारण दुःखी मन से सारी घटना अपनी पत्नी को बताता है। और जोर से करुण क्रंदन करने (रोने) लगता है।

उस बुद्धिमती (बुद्धिमान महिला) ने कहा-चिंता मत करो। धैर्य विपत्तियों (मुसीबतों) की नाव (नौका) है। इस समय दु:ख को त्यागकर परिश्रम करों।

जो मनुष्य व्यसन अर्थात् दु:ख को प्राप्त करके मोहवश (अज्ञानवश) केवल रोना आरंभ कर दे, तो उसका रोना बढ़ता ही जाता है, वह कभी समाप्त नहीं होता है।

4. जलबिन्दुनिपातेन क्रमशः पूर्यते घटः।
स हेतुः सर्वविद्यानां धर्मस्य च धनस्य च।।2।।

एवं बहुविधम् उपदेशं श्रुत्वा शान्तचित्तः सः कस्यचित् कृषकस्य शस्यक्षेत्रे हलकार्यं कर्तुं प्रारभत, श्रमेण च शनैः-शनैः प्रभूतं धनम् अर्जितवान्।

अथ पूर्वमित्रं दुष्टबुद्धिः प्रच्छन्नभाग्यस्य धनागमवृत्तान्तं श्रुत्वा कदाचित् मध्यरात्रे तस्य एव गृहे चौर्यार्थं सन्धि-खननसुयोगम् विलोकयन् स्थितः। तस्मिन्नेव काले सुप्तोत्थितः प्रच्छन्नभाग्यः सम्भ्रान्तचित्तः स्वपत्नीं सम्बोध्य उवाच—

अहो विचित्रः स्वप्नो मया दृष्टः। अस्माकं क्षेत्रे अश्वत्थतरुमूले सुवर्णपूरितः कलशः विद्यते इति। तच्छुत्वा परद्रव्ये अनासक्ता सा न्यवेदयत्-नाथ! विरम अस्माद् लोभात्।

शब्दार्थाः पूर्यते = भरा जाता है, घटः = घड़ा, शस्यक्षेत्रे = खेत में, प्रारभत = शुरू किया, धनागमवृत्तान्तम् = धन प्राप्ति की जानकारी। सन्धि-खननसुयोग्यम् = सेंध लगाने का मौका, विलोकयन् = देखता हुआ, सम्भ्रान्तचित्तः = घबराया हुआ, सम्बोध्यः = संबोधित करके, अनासक्ता = जिसे लगाव नहीं है।

अन्वयः (यथा) जलबिन्दुनिपातेन क्रमशः घटः पूर्यते (तथैव) सर्वविद्यानाम् धर्मस्य च धनस्य च सः (एव) हेतुः।

हिंदी अनुवाद जिस प्रकार जल की बूँदों के निरंतर गिरने से घड़ा भर जाता है। उसी प्रकार सभी विद्याओं, धर्म और धन का संचय होता है।

इस प्रकार अनेक उपदेशों को सुनकर शांत हृदय वाले प्रच्छन्नभाग्य ने किसी किसान के धान के खेत में हल चलाने का कार्य प्रारम्भ कर दिया और परिश्रम से धीरे-धीरे अत्यधिक धन अर्जित (कमाया) कर लिया।

इस प्रकार दुष्टबुद्धि नामक चोर ने पुराने मित्र प्रच्छन्नभाग्य के धनी होने के वृत्तांत को सुना और किसी समय आधी रात में उसके (प्रच्छन्नभाग्य) घर में चोरी करने के लिए अच्छा मौका (अवसर) देखते हुए वहीं छिपकर बैठ गया। उसी समय सोकर उठे हुए व्याकुलचित्त वाले प्रच्छन्नभाग्य ने अपनी पत्नि को संबोधित करके कहा-ओह! मेरे द्वारा एक विचित्र स्वप्न देखा गया है, हमारे खेत में पीपल के वृक्ष की जड़ में सोने से भरा हुआ एक कलश है। यह सुनकर धन से मोह न रखने वाली उसकी पत्नी ने उससे निवेदन किया-स्वामी! इस लोभ को छोड़ दीजिए अर्थात् ऐसा लालच न करो।

5. दुष्टबुद्धिः तु तयोः वार्तां श्रुत्वा झटिति एव क्षेत्रं गतः। तत्र अश्वत्थमूलं खनित्वा तं सुवर्णकलशं प्राप्तवान्। यदा स तस्य आवरणम् अपसारयति तदैव भयङ्करम् एकं विषधरं फूत्कारं कुर्वन्तं पश्यति। भीतः स कलशं पुनः आवृत्त तं च आदाय मित्रस्य गृहं समागतः। स्वमित्रं सर्पेण मारयितुम् इच्छन् सः भित्तौ सन्धिं प्रकल्प्य तन्मध्यतः कलशं गृहाभ्यन्तरे क्षिप्तवान्।

विचित्रा खलु दैवगतिः। पतितात् कलशाद् बहिः निर्गत्य विषधरः तमेव दुष्टबुद्धिं दृष्टवान्। कलशपातशब्देन प्रबुद्धौ तौ दम्पती आश्चर्येण प्रचुरमणिमाणिक्यानाम् आभया भासमानं निजगृहं दृष्ट्वा परस्परम् अलोकयन्तौ अतिष्ठताम्।

अतः उच्यते—

"पापिनाञ्च सदा दुःखं सुखं वै पुण्यकर्मणाम्।
एवं स्थिरतरं ज्ञात्वा साधुवृत्तिं समाचरेत्"।।3।।

शब्दार्थाः तत्र = वहाँ, अश्वत्थः = पीपल का वृक्ष, आवरणम् = ढक्कन, अपसारयति = हटाया, प्रकल्प्य = रचना करके, दैवगतिः = भाग्य की चाल, अयथाकालम् = असमय पर, भासमानम् = चमकते हुए को।

अन्वयः सदा पापिनाम् दुःखम् पुण्यकर्मणाम् च वै सुखम्। एवम् स्थिरतरम् ज्ञात्वा साधुवृत्तिम् समाचरेत्।

हिंदी अनुवाद दुष्टबुद्धि उन दोनों की बातों को सुनकर शीघ्र ही खेत में गया। वहाँ पीपल के वृक्ष की जड़ को खोदकर उसने सोने से भरे कलश को प्राप्त कर लिया। जब उसने उसके आवरण (ढक्कन) को हटाया तभी एक भयानक सांप को फूँकार करते हुए देखा। डरते हुए उसने कलश को फिर से ढक दिया तथा उसे लेकर मित्र (प्रच्छन्नभाग्य) के घर आ गया। अपने मित्र को सांप के द्वारा मरवाने की इच्छा से उसने दीवार में छेद बनाया और उसके माध्यम से कलश को प्रच्छन्नभाग्य के घर के अंदर फेंक दिया।

निश्चय ही भाग्य की गति विचित्र होती है। कलश के गिरते ही सांप ने बाहर निकलकर उस दुष्टबुद्धि को ही डस लिया। कलश के गिरने की ध्वनि (आवाज) से दोनों पति-पत्नि (दम्पति) उठ गए और आश्चर्य से अत्यधिक मणि-माणिक्यों की चमक से जगमगाते हुए अपने घर को देखकर आपस में एक-दूसरे की ओर देखते हुए बैठ गए। इसलिए कहा गया हैं—

"पापियों को सदा दु:ख और पुण्यात्माओं को सदा सुख मिलता है। निश्चय ही ऐसा जानकर सज्जनों के समान आचरण करना चाहिए।"

मणिका-पाठ्यपुस्तकम् प्रश्नोत्तरा:

मणिका पाठ्य-पुस्तक के प्रश्नोत्तर

प्र.1 अधोलिखितान् प्रश्नानाम् एकपदेन उत्तरत।
(निम्नलिखित प्रश्नों के उत्तर एक पद में दीजिए।)
(क) प्रच्छन्नभाग्यः कुत्र अवसत्?
(ख) प्रच्छन्नभाग्यः कम् पापमार्गं त्यक्तुम् अकथयत्?
(ग) प्रच्छन्नभाग्यस्य पत्नी कीदृशी आसीत्?
(घ) आपदां तरणिः किम् अस्ति?
(ङ) पत्न्याः परामर्शेन सः कस्य क्षेत्रे कार्यं प्रारभत?
(च) कीदृशः प्रच्छन्नभाग्यः स्वगृहं प्रत्यागच्छत्?
(छ) सुवर्णपूरितः कलशः कस्य वृक्षस्य मूले स्थितः आसीत्?

उत्तराणि
(क) कर्मपुरनगरे (ख) दुष्टबुद्धिम्
(ग) परद्रव्य-अनासक्ता (घ) धैर्यम्
(ङ) कृषकस्य (च) समुपजातविवेकः
(छ) अश्वत्थस्य

प्र.2 अधोलिखितान् प्रश्नानां पूर्णावाक्येन उत्तरत।
(निम्नलिखित प्रश्नों के पूर्ण वाक्य में उत्तर दीजिए।)
(क) दुष्टबुद्धिः कलशे कम् अपश्यत्?
(ख) दुष्टबुद्धिः कलशं किमर्थं मित्रस्य गृहे अपातयत्?
(ग) प्रच्छन्नभाग्यस्य चक्षुषी केन समुन्मीलिते?
(घ) सर्पः कं दष्टवान्?
(ङ) नरः कीदृशीं वृत्तिं समाचरेत्?
(च) कलशपातशब्देन प्रबुद्धौ दम्पति किम् अपश्यताम्?
(छ) परद्रव्ये अनासक्ता बुद्धिमती किं न्यवेदयत्?

उत्तराणि
(क) दुष्टबुद्धिः कलशे एकं भयङ्करं विषधरं फूत्कारं कुर्वन्तम् अपश्यत्।
(ख) दुष्टबुद्धिः कलशं मित्रस्य गृहे अपातयत् यतोहि सः स्वमित्र सर्पेण मारयितुम् इच्छति स्म।
(ग) गुरुपदेश समानेन वालवचसा प्रच्छन्नेभाग्यस्य चक्षुषी समुन्मीलिते।
(घ) सर्पः दुष्टबुद्धि दृष्टवान्।
(ङ) नरः साधुवृत्तिं समाचरेत्।
(च) कलशपातशब्देन प्रबुद्धौ दम्पती प्रचुर-मणिमाणिक्यानाम् आभया भासमानं निजगृहम् अपश्यताम्।
(छ) परद्रव्ये अनासक्ता बुद्धिमती न्यवेदयत्-नाथ/विरम अस्मात लोभात्।

प्र.3 अधोलिखित कथनेषु स्थूलपदानि आधृत्य प्रश्ननिर्माणं क्रियताम्।
(निम्नलिखित कथनों में स्थूलपदों को आधार मानकर प्रश्ननिर्माण कीजिए।)
(क) **विषादं** त्यक्त्वा उद्यमः क्रियताम्।
(ख) **जलबिन्दुनिपातेन** क्रमशः घटः पूर्यते।
(ग) कृषकस्य क्षेत्रे **श्रमं** कृत्वा स धनम् अर्जितवान्।
(घ) धैर्यम् **आपदां** तरणिः।
(ङ) नरः **साधुवृत्तिं** समाचरेत्।
(च) प्रच्छन्नभाग्यस्य गृहम् **मणीनाम्** आभया भासमानम् अभवत्।

उत्तराणि
(क) **कं** (ख) **कथं प्रकारेण** (ग) **किं**
(घ) **केषां** (ङ) **किं** (च) **केषां**

प्र.4 अधोलिखितान् प्रश्नानां यथानिर्देशम् उत्तरत।
(निम्नलिखित प्रश्नों के निर्देशानुसार उत्तर दीजिए।)
(क) 'साधुजनगर्हितम् इमं पन्थानं त्यजतु भवान्।' वाक्येऽस्मिन् कर्तृपदं किम् अस्ति?
(ख) 'अहो विचित्रः स्वप्नो मया दृष्टः।' अत्र विशेषणपदं किम् अस्ति?
(ग) 'पतितात् कलशाद् बहिः निर्गत्य विषधरः दुष्टबुद्धिं दृष्ट्वान्।' अस्मिन् वाक्ये 'प्रविश्य' इति पदस्य विलोमपदं किं प्रयुक्तम्?
(घ) 'अनेन वचसा प्रतिहतान्तःकरणः प्रच्छन्नभाग्यः अचिन्तयत्।' वाक्येऽस्मिन् क्रियापदं किम् अस्ति?
(ङ) 'गृहे तस्य भार्या सपदि समागतं पतिं दृष्ट्वा अपृच्छत्।' अत्र 'शीघ्रम्' इति पदस्य पर्यायपदं किं प्रयुक्तम्?
(च) 'दुष्टबुद्धिः तु तस्य सद्वचनानि तिरस्कृत्य ग्रामाभिमुखं प्राचलत्।' अस्मिन् वाक्ये 'तस्य' इति सर्वनामपदं कस्मै प्रयुक्तम्?
(छ) 'विचित्रा खलु दैवगतिः।' आ विशेष्यपदं किम् अस्ति?

उत्तराणि
(क) भवान् (ख) विचित्रः (ग) निर्गत्य
(घ) अचिन्तयत् (ङ) सपदि (च) प्रच्छन्नभाग्याय
(छ) दैवगतिः

प्र.5 घटनाक्रमानुसारं वाक्यानि पुस्तिकायां लिखत।
(घटनाक्रमानुसार वाक्यों को पुस्तिका में लिखिए।)
(क) सः पापपथं त्यक्तत्वा गृहम् आगच्छत्।
(ख) पत्न्याः परामर्शेन सः परिश्रमं कृत्वा शनैः-शनैः प्रभूतं धनम् अर्जितवान्।
(ग) प्रच्छन्नभाग्यः नामकः एकः कुमारः कर्मपुरनगरे अवसत्।

(घ) प्रच्छन्नभाग्यस्य स्वप्नवार्तां श्रुत्वा सः झटिति क्षेत्रम् अगच्छत्।
(ङ) यदा सः सुवर्णकलशस्य आवरणम् अपसारितवान् तदैव तस्मिन् एकं भयङ्करं विषधरं दृष्टवान्।
(च) मार्गे गच्छतः प्रच्छन्नभाग्यस्य मनः केनचित् बालवचसा प्रतिहतम् अभवत्।
(छ) दुष्टबुद्धिः अश्वत्थमूलं खनित्वा सुवर्णकलशं प्राप्तवान्।
(ज) बाल्ये सः दुष्टबुद्धिनाम्ना चौरेण सह चौर्यकर्मणि संलग्नः अभवत्।
(झ) मित्रस्य धनागमवृत्तान्तं श्रुत्वा दुष्टबुद्धिः तस्यैव गृहे चौर्यार्थम् अगच्छत्।
(ञ) पश्चात्तापेन दग्धमानसः सः सर्वं वृत्तान्तं भार्यायै निवेद्य सकरुणम् अक्रन्दत्।

उत्तराणि

(क) प्रच्छन्नभाग्य: नामक: एक: कुमार: कर्मपुरनगरे अवसत्।
(ख) बाल्ये स: दुष्टबुद्धिनाम्ना चौरेण सह चौर्यकर्मणि संलग्न: अभवत्।
(ग) मार्गे गच्छत: प्रच्छन्नभाग्यस्य मन: केनाचित् बालवचसा प्रतिहतम् अभवत्।
(घ) स: पापपथं त्यक्त्वा ग्रहम् आगच्छत्।
(ङ) पश्चात्तापेन दग्धमानस: स: सर्वं वृततान्तं भार्यायै निवेद्य सकरुणम् अक्रन्दत्।
(च) पत्न्या: परामर्शेन स: परिश्रमं कृत्वा शनै:-शनै: प्रभूतं धनम् अर्जितवान्।
(छ) मित्रस्य धनागमवृत्तान्तं श्रुत्वा दुष्टबुद्धि तस्यैव गृहे चौर्यार्थम् अगच्छत्।
(ज) प्रच्छन्नभाग्यस्य स्वप्नवार्तां श्रुत्वा स: झटिति क्षेत्रम् अगच्छत्।
(झ) दुष्टबुद्धि: अश्वत्थमूलं खनित्वा सुवर्णकलशं प्राप्तवान्।
(ञ) यदा स: सुवर्णकलशस्य आवरणम् अपसारितवान् तदैव तस्मिन् एकं भयङ्करं विषधरं दृष्टवान्।

प्र.6 मञ्जूषायाः कानिचित् विशेषणानि सन्ति। तानि उपयुक्तपात्रेण सह योजत।
(मञ्जूषा में कुछ विशेषण दिए हैं। उनको उपयुक्त विशेष्यों के साथ जोड़िए।)

पात्राणि (विशेष्याणि) —	**प्रछन्नभाग्यः**	**दुष्टबुद्धिः**	**प्रच्छन्नभाग्यस्य पत्नी**
यथा—	**विद्यापराङ्मुखः**	**चोरः**	**बुद्धिमती**
	....	....	....
	....	....	....
	....	....	....
	....	....	....

• मञ्जूषा बुद्धिमती, चोरः, कृतघ्नः, विद्यापराङ्मुखः, परिश्रमी, धैर्यवती, समुपजातविवेकः, लोभरहिता, लोभी, शान्तचित्तः, अनासक्ता, ईर्ष्यालुः।

उत्तराणि

प्रच्चछन्नभाग्यः	**दुष्टबुद्धिः**	**प्रच्छन्नभाग्यस्य पत्नी**
विद्यापराङ्मुख:	चोर:	बुद्धिमती
परिश्रमी	कृतघ्न:	धैर्यवती
समुपजातविवेक:	लोभी	अनासक्ता
शान्तचित्त:	ईर्ष्यालु:	लोभरहिता

प्र.7 अधोलिखितानां 'अ' स्तम्भस्य वाक्यांशानां 'ब' स्तम्भस्य वाक्यांशैः सह उचितं संयोजनं कृत्वा पुस्तिकायां लिखत।
(अधोलिखित 'अ' स्तम्भ के वाक्यांशों का 'ब' स्तम्भ के वाक्यांशों के साथ उचित संयोजन करके पुस्तिका में लिखिए।)

सूची (अ)	**सूची** (ब)
(क) सखे, यदि माँ मित्रथाने परिगणयसि तर्हि	(i) बालवचसा मम चक्षुषी समुन्मीलिते।
(ख) जलबिन्दुनिपातेन	(ii) प्रभूतं धनम् अर्जितवान्।
(ग) स हलकार्यं कृत्वा श्रमेण	(iii) साधुजनगर्हितं पन्थानं त्यजतु भवान्
(घ) बुद्धिमती सा अवदत्-अलं चिन्तया,	(iv) क्रमशः पूर्यते घटः।
(ङ) गुरुपदेशेन इव अनेन	(v) आपदां तरणिः धैर्यम्।

उत्तराणि

सूची (अ)	**सूची** (ब)
(क) सखे, यदि माँ मित्रस्थाने परिगणयसि तर्हि	(iii) साधुजनगर्हितं पन्थानं त्यजतु भवान्।
(ख) जलबिन्दुनिपातेन	(iv) क्रमशः पूर्यते घटः।
(ग) स हलकार्यं कृत्वा श्रमेण	(ii) प्रभूतं धनम् अर्जितवान्।
(घ) बुद्धिमती सा अवदत्-अलं-चिन्तया	(v) आपदां तरणिः धैर्यम्।
(ङ) गुरुपदेशेन इव अनेन	(i) बालवचसा मम चक्षुषी समुन्मीलिते।

प्र.8 अधोलिखितं कथनं कः कं कथयति?
(अधोलिखित कथन किसने किससे कहे?)

	कः	**कम्**
यथा– कथमत्र नतोन्नते मार्गे क्रीडथ?	प्रच्छन्नभाग्यः दुष्टबुद्धिः च,	बालकान्
(क) कथं भवन्तौ सुपथं परित्यज्य कुपथेन गन्तुं प्रवृत्तौ?	....	....
(ख) सखे! साधुजनगर्हितम् इमं पन्थानं त्यजतु भवान्।	....	....
(ग) इदानीं विषादं त्यक्त्वा उद्यमः क्रियताम्।	....	....
(घ) अहो विचित्रः स्वप्नो मया दृष्टः।	....	....
(ङ) नाथ! विरम् अस्माद् लोभात्।	....	....

उत्तराणि

कः	कम्
(क) उद्दण्डः बालकः	प्रच्छन्नभाग्यम्, दुष्टबुद्धिञ्च
(ख) प्रच्छन्नभाग्यः	दुष्टबुद्धिम्
(ग) प्रच्छन्नभाग्यस्य पत्नी	प्रच्छन्नभाग्यम्
(घ) प्रच्छन्नभाग्यः	स्वपत्नीम्
(ङ) प्रच्छन्नभाग्यस्य पत्नी	प्रच्छन्नभाग्यम्

प्र.9 **मञ्जूषायाः समुचितपदानां चयनं कृत्वा अधो दत्तशब्दानां त्रयः पर्यायाः ददत?**

(मञ्जूषा से समुचित पदों का चयन करके नीचे दिए शब्दों के तीन पर्यायवाची दीजिए।)

• मञ्जूषा

निकेतनम्	अर्थः	चक्षुः
भुजगः	अहिः	प्रेक्ष्य
द्रविणम्	विलोक्य	वित्तम्
परित्यज्य	लोचनम्	विषधरः
अक्षि	निशा	सदनम्
वीक्ष्य	हित्वा	रजनी
शर्वरी	गेहम्	विहाय

(क) रात्रिः ....
(ख) धनम् ....
(ग) सर्पः ....
(घ) दृष्ट्वा ....
(ङ) नेत्रम् ....
(च) त्यक्त्वा ....
(छ) गृहम् ....

उत्तराणि

(क) **रात्रिः** निशा रजनी शर्वरी
(ख) **धनम्** अर्थः द्रविणम् वित्तम्
(ग) **सर्पः** भुजगः अहिः विषधरः
(घ) **दृष्ट्वा** प्रेक्ष्य विलोक्य वीक्ष्य
(ङ) **नेत्रम्** चक्षुः लोचनम् अक्षि
(च) **त्यक्तवा** परित्यज्य हित्वा विहाय
(छ) **गृहम्** निकेतनम्-सदनम्-गेहम्

प्र.10 **उदाहरणानुसारं समस्तपदैः वाक्यानि पूरयत।**

(उदाहरण के अनुसार समस्त पदों के द्वारा वाक्यों को पूर्ण कीजिए।)

यथा–(सुवर्णेन पूरितं) सुवर्णपूरितं कलशं प्राप्य प्रच्छन्नभाग्यः विस्मितः अभवत्।

(क) (क्लेशानां परम्परा) .... कस्य मानसं न सन्तापयति।
(ख) (गुरोः उपदेशः) .... शिष्यस्य कल्याणाय भवति।
(ग) (परेषां द्रव्ये) .... आसक्तिः उचिता नास्ति।
(घ) (कलशस्य पातेन) .... तस्य निद्राभङ्गः अभवत्।
(ङ) यः नरः (विद्यायाः पराङ्मुखः) .... भवति, सः लोके आदरं न लभते।
(च) (साधूनां वृत्तिम्) .... आचरेत्।
(छ) (रवेः किरणाः) .... (गृहस्य अभ्यन्तरे) .... प्रविशन्ति।

उत्तराणि

(क) क्लेशपरम्परा (ख) गुरुपदेशः
(ग) परद्रव्ये (घ) कलशपातेन
(ङ) विद्यापराङ्मुखः (च) साधुवृत्तिम्
(छ) रविकिरणाः, गृहास्यन्तरे

प्र.11 **अधोलिखितेषु रेखाङ्कितपदानां प्रसङ्गानुकूलम् उचितार्थं चित्वा लिखत।**

(निम्नलिखित वाक्यों में रेखांकित पदों के प्रसंगों के अनुकूल उचित अर्थ चुनकर लिखिए।)

(क) सन्धिं <u>प्रकल्प्य</u> कलशं गृहाभ्यन्तरे क्षिप्तवान्।
(i) चिन्तयित्वा (ii) रचयित्वाः (iii) कथयित्वा
(ख) प्रचुरमणिमाणिक्यानाम् <u>आभया</u> भासमानं गृहम् अपश्यताम्।
(i) प्रकाशेन (ii) सूर्येण (iii) अग्निना
(ग) आपदां <u>तरणिः</u> धैर्यम्।
(i) सूर्यः (ii) तरणम् (iii) नौका
(घ) <u>झटिति</u> एव क्षेत्रं गतः।
(i) सहसा (ii) शीघ्रम् (iii) विलम्बेन
(ङ) विषादं त्यक्त्वा <u>उद्यमः</u> क्रियताम्।
(i) परिश्रमः (ii) प्रयत्नः (iii) प्रयोगः

उत्तराणि

(क) (ii) रचयित्वाः (ख) (i) प्रकाशेन
(ग) (iii) नौका (घ) (ii) शीघ्रम्
(ङ) (i) परिश्रमः

योग्यताविस्तारः (योग्यता–विस्तार)

(क) संदर्भः (संदर्भ)

'साधुवृत्तिं समाचरेत्'– पाठः संस्कृतशिक्षामञ्जरीतः (द्वितीयभागात्) सङ्कलितः अस्ति। अस्याः लेखकः श्री जीवानन्द-विद्यासागरभट्टाचार्यः संस्कृतभाषायाः विशिष्टः विद्वान् आसीत्।

लेखकस्य प्रमुखाः रचनाः सन्ति–
काव्यप्रकाशटीका, साहित्यदर्पणटीका, मृच्छकटिकटीका, संस्कृतशिक्षामञ्जरी।

'सज्जनों के समान व्यवहार का आचरण करना चाहिए' यह पाठ संस्कृतशिक्षामंजरी के (द्वितीय भाग से) संकलित है। इसके लेखक श्री जीवानंद विद्यासागर संस्कृत भाषा के विशिष्ट विद्वान थे।

लेखक की प्रमुख रचना निम्न हैं
काव्यप्रकाशटीका, साहित्यदर्पणटीका, मृच्छकटिकटीका, संस्कृतशिक्षामंजरी।

(ख) भावविस्तारः (भाव-विस्तार)

अधोलिखितसूक्तयः पठ्यन्ताम्

(निम्नलिखित सूक्तियाँ पढ़िए।)

1. **सुहृदां हितकामानां यः शृणोति न भाषितम्।**
   विपत् सन्निहिता तस्य, स नरः शत्रुनन्दनः।।
   जो मनुष्य हित चाहने वाले मित्रों के वचनों को नहीं सुनता, विपत्तियाँ उसके समीप रहती हैं और वह मनुष्य शत्रुओं को आनंद प्रदान करता है।

2. **शुभेन पुरुषार्थेन शुभमासाद्यते फलम्।**
   अशुभेनाशुभं राम! यथेच्छसि तथा कुरु।।
   शुभ कर्मों में परिश्रम से शुभ परिणाम प्राप्त होता है तथा अशुभ कर्मों में परिश्रम से अशुभ परिणाम प्राप्त होता है। अतः हे राम! तुम जो चाहते हो वही करो।

3. **शुभाशुभाभ्यां मार्गाभ्यां वहन्ती वासना सरित्।**
   पौरुषेण प्रयत्नेन योजनीया शुभे पथि।।
   शुभ व अशुभ मार्गों से होकर बहने वाली वासनारूपी नदी को प्रत्यनपूर्वक शुभ मार्ग में ही जोड़ना चाहिए।

4. **आरभेतैव कर्माणि श्रान्तः श्रान्तः पुनः पुनः।**
   कर्माण्यारभमाणं हि पुरुषं श्रीः निषेवते।।
   जो व्यक्ति बार-बार थकने पर भी बार-बार कार्य करता है। कार्यों को आरंभ करने वाले उस व्यक्ति को ही लक्ष्मी प्राप्त होती है।

5. **किं कुलेन विशालेन विद्याहीनस्य देहिनः।**
   विद्यावान् पूज्यते लोके नाविद्यः परिपूज्यते।।
   अनपढ़ व्यक्ति के विशाल कुल में उत्पन्न होने से भी क्या लाभ? क्योंकि संसार में तो विद्वान व्यक्ति की ही पूजा होती है, अनपढ़ व्यक्ति नहीं पूजा जाता।

6. **दुर्जनस्य हि सङ्गेन सुजनोऽपि विनश्यति।**
   प्रसन्नमपि पानीयं कर्दमैः कलुषीकृतम्।।
   दुर्जन के साथ रहने से सज्जन भी नष्ट हो जाता है। स्वच्छ जल भी कीचड़ के द्वारा काला कर दिया जाता है।

7. **मैत्रीं सद्भिः कुर्यात् स्नेहं सत्सु तु सर्वथा।**
   संसर्गं साधुभिः कुर्यादसत्सङ्गं परित्यजेत्।
   सज्जनों के साथ मित्रता करनी चाहिए। सज्जनों पर ही स्नेह करना चाहिए। सज्जनों के साथ ही मेल करना चाहिए।

(ग) भाषाविस्तारः (भाषा-विस्तार)

I. अस्ति-कथायाः आरम्भे समागतम् 'अस्ति'- (पदम्) भूतकालस्य द्योतकं भवति। यथा

(कथा के प्रारंभ में आया हुआ 'अस्ति' शब्द भूतकाल का द्योतक होता है। जैसे–)

1. अस्ति पाटलिपुत्रे महिलारोप्यं नाम नगरम्।
2. अस्ति कर्मपुरनाम्नि नगरे कश्चित् प्रच्छन्नभाग्यः नाम कुमारः।
3. अस्ति धारानगर्यां भोजो नाम भूपालः।
4. अस्ति वाराणस्यां वसुदत्त नाम श्रेष्ठी।

एषु वाक्येषु 'अस्ति' पदस्य 'आसीत्' अर्थः।

पाटलिपुत्र नामक नगर में महिलारोप्य नाम का नगर था।
कर्मपुर नामक नगर में कोई प्रच्छन्नभाग्य नामक व्यक्ति था।
धारानगरी में भोज नाम का राजा था।
वाराणसी में वसुदत्त नाम का सेठ था।
इन वाक्यों में 'अस्ति' शब्द का अर्थ 'आसीत् (था)' है।

II. अपि-वाक्यस्य आरम्भे 'अपि' शब्दः प्रश्नवाचकः भवति। यथा

(वाक्य के प्रारंभ में आया हुआ 'अपि' शब्द प्रश्नवाचक शब्द का द्योतक होता है। जैसे–)

1. अपि गृहे सर्वं कुशलम्?
2. अपि त्वं रामायणम् अपठः?
3. अपि त्वया सर्वेषां प्रश्नानाम् उत्तराणि दत्तानि?

एषु वाक्येषु 'किम्' पदस्य अर्थे 'अपि' पदं प्रयुक्तम् अस्ति।

क्या घर में सब कुशल हैं?
क्या तुमने रामायण पढ़ ली है?
क्या तुमने सारे प्रश्नों के उत्तर दे दिए हैं?
इन वाक्यों में 'क्या' अर्थ के लिए 'अपि' शब्द का प्रयोग हुआ है।

(ग) च्वि प्रत्ययः (च्वि प्रत्यय)

च्वि प्रत्ययः अभूततद्भावार्थकः भवति, अर्थात् यद् वस्तु पूर्वं तस्मिन् रूपे नासीत्, किन्तु सम्प्रति परिवर्तितं रूपं धारयति, तस्य बोधाय च्वि प्रत्ययः प्रयुज्यते।

एषः प्रत्ययः कृ-भू-अस् धातूनाम् एव योगे भवति। प्रक्रियायां प्रत्ययः लुप्तः भवति। पूर्वपदस्य अन्तिमः अकारः आकारः वा ईकाररूपं गृह्णति। पूर्वपदस्य अन्ते यदि अन्ये स्वराः भवन्ति ते दीर्घाः जायन्ते।

उदाहरणानि

अकृष्णः कृष्णः क्रियते = कृष्णीक्रियते।

(कृष्ण + च्वि + क्रियते = कृष्ण + ई + क्रियते = कृष्णीक्रियते)

अपटुः पटुः भवति	**पटूभवति**
अश्यामः श्यामः भवति	**श्यामीभवति**
अलक्ष्यं लक्ष्यं करोति	**लक्ष्यीकरोति**
अश्वेतं श्वेतं करोति	**श्वेतीकरोति**

कोई वस्तु जो पहले उस रूप में नहीं थी, अब उस परिवर्तित रूप में आ गई है इसका ज्ञान करवाने के लिए च्वि प्रत्यय का प्रयोग किया जाता है।

यह प्रत्यय कृ, भू, अस् इन धातुओं के ही योग में प्रयुक्त होता है। च्वि प्रत्यय का प्रयोग होने पर पूर्वपद के अन्तिम 'अ' के स्थान पर अ, आ अथवा 'ई' होता है। पूर्व पद के अंत में यदि अन्य स्वर होते हैं, तो वे दीर्घ हो जाते हैं।

उदाहरण

अकृष्णः कृष्णः क्रियते = कृष्णीक्रियते।
जो काला नहीं था, उसे काला कर दिया जाता है।
अपटुः पटुः भवति = पटूभवति
(जो चतुर नहीं था, वह चतुर बन जाता है)
अश्यामः श्यामः भवति = श्यामीभवति
(जो काला नहीं था, वह काला हो जाता है)
अलक्ष्यं लक्ष्यं करोति = लक्ष्यीकरोति
(जो लक्षित नहीं था, उसे लक्षित किया जाता है)
अश्वेतं श्वेतं करोति = श्वेतीकरोति
(जो सफेद नहीं था, उसे सफेद बना दिया जाता है)

अभ्यास प्रश्नाः

मणिका पाठ्य-पुस्तक पर आधारित प्रश्नोत्तर

गद्यांश आधारित प्रश्नाः

1. अधोलिखितं गद्यांशं पठित्वा प्रदत्त प्रश्नानाम् उत्तराणि संस्कृतेन लिखत। (निम्नलिखित गद्यांश को पढ़कर दिए गए प्रश्नों के उत्तर संस्कृत में लिखिए।)

(क) अस्ति कर्मपुरनाम्नि नगरे प्रच्छन्नभाग्य-नामधेयः कश्चित् कुमारः। बाल्ये वयसि विद्यापराङ्मुखः स केनचित् दुष्टबुद्धिनाम्ना चौरेण सह चौर्यकर्मणि निरतः सञ्जातः। एकदा स दुष्टबुद्धिना सार्धं कस्यचित् श्रेष्ठिनः गेहे धनहरणार्थं ग्रामान्तरं प्रस्थितः।

अथ व्रजन्तौ तौ गर्तसङ्कुले मार्गे क्रीडतः कांश्चित् बालकान् प्रेक्ष्य अवदताम्-भो बालकाः! कथमत्र नतोन्नते विषमे मार्गे क्रीडथ? यदि कश्चित् गर्ते पतेत् तर्हि स विकलाङ्गो भूत्वा चिरं क्लेशम् अनुभवेत्। तच्छ्रुत्वा तेषु कश्चित् उद्दण्डः बालकः उवाच-अयि भो! यद्येवं तर्हि कथं भवन्तौ सुपथं परित्यज्य अनेन कुपथेन गन्तुं प्रवृत्तौ? अपि इदं श्रेयस्करम्?

I. अधोलिखितानां प्रश्नानाम् उत्तराणि एकपदेन लिखत। (निम्नलिखित प्रश्नों के उत्तर एक पद में लिखिए।)
- (i) प्रच्छन्नभाग्य नाम कुमारः कस्मिन् नगरे निवसति स्म?
- (ii) बालकानां क्रीडायाः मार्गः कीदृशः आसीत्?
- (iii) चौर्ये कः प्रवृत्तः आसीत्?

II. अधोलिखितानां प्रश्नानाम् उत्तराणि पूर्णवाक्येन लिखत। (निम्नलिखित प्रश्नों के उत्तर पूर्ण वाक्य में लिखिए।)
- (i) उद्दण्डबालकः किं उक्तवान्?
- (ii) कः कुत्र च निरतः सञ्जातः?
- (iii) कुमारस्य नाम किम् आसीत्?

III. अधोलिखितानां प्रश्नानाम् उत्तराणि निर्देशानुसारं लिखत। (निम्नलिखित प्रश्नों के उत्तर निर्देशानुसार लिखिए।)
- (i) 'कुपथम्' इति पदं विपर्ययपदं किम्?
- (ii) 'त्यक्त्वा' अर्थे अत्र किं पदं प्रयुक्तम्?
- (iii) 'सञ्जातः' इति पदे का मूलधातुः?

उत्तराणि

I. (i) कर्मपुरे (ii) गर्तसङ्कुले (iii) दुष्टबुद्धिः

II. (i) अयि भो! यद्येवं तर्हि कथं भवन्तौ सुपथं परित्यज्य अनेन कुपथेन गन्तुं प्रवृत्तौ।
(ii) प्रच्छन्नभाग्यः चौर्यकर्मणि निरतः सञ्जातः।
(iii) कुमारस्य नाम प्रच्छन्न भाग्यः आसीत्।

III. (i) सुपथम् (ii) परित्यज्य (iii) जन्

(ख) अनेन वचसा प्रतिहतान्तःकरणः प्रच्छन्नभाग्यः अचिन्तयत्-किम् इदं वचनं विशेषेण माम् एव लक्ष्यीकरोति? अहो! कुमार्गम् आश्रितस्य मम कीदृशी इयं क्लेशपरम्परा। गुरुपदेशेन इव अनेन बालवचसा मम चक्षुषी समुन्मीलिते। अद्य आरभ्य पापपथं त्यजामि इति विचिन्त्य मित्रं दुष्टबुद्धिम् अवदत् "सखे! यदि मां मित्रस्थाने परिगणयसि, तर्हि साधुजनगर्हितम् इमं पन्थानं त्यजतु भवान्।" दुष्टबुद्धिः तु तस्य सद्वचनानि तिरस्कृत्य ग्रामाभिमुखं प्राचलत्। प्रच्छन्नभाग्यः तु समुपजातविवेकः स्वगृहं प्रतिनिवृत्तः।

I. अधोलिखितानां प्रश्नानाम् उत्तराणि एकपदेन लिखत। (निम्नलिखित प्रश्नों के उत्तर एक पद में लिखिए।)
- (i) कस्य मनः व्याकुलम् आसीत्?
- (ii) बालस्य वचनं कीदृशम् आसीत्?
- (iii) प्रच्छन्नभाग्यः कुतः पुनः आयतः?

II. अधोलिखितानां प्रश्नानाम् उत्तराणि पूर्णवाक्येन लिखत। (निम्नलिखित प्रश्नों के उत्तर पूर्ण वाक्य में लिखिए।)
- (i) कः सद्वचनानि तिरस्कृत्य ग्रामा भिमुखं प्राचलत्?
- (ii) प्रच्छन्नभाग्यः दुष्टबुद्धिम् किम् अवदत्?
- (iii) क्लेश परम्परा कम् आश्रितस्य भवति?

III. अधोलिखितानां प्रश्नानाम् उत्तराणि निर्देशानुसारं लिखत। (निम्नलिखित प्रश्नों के उत्तर निर्देशानुसार लिखिए।)
- (i) 'नेत्रे' इत्यर्थे अत्र किं पदं प्रयुक्तम्?
- (ii) 'गृहणामि' इति पदस्य विलोमः अस्ति?
- (iii) 'पन्थानं' इति पदस्य पर्यायाः अस्ति।

अथवा

I. अधोलिखितानां प्रश्नानाम् उत्तराणि एकपदेन लिखत। **CBSE 2013**
(निम्नलिखित प्रश्नों के उत्तर एक पद में लिखिए।)
- (i) 'अद्यप्रभृति पापपथं त्यजामि।' इति कः अचिन्तयत्?
- (ii) प्रच्छन्नभाग्यस्य चक्षुषी केन समुन्मीलिते?
- (iii) कः सद्वचनानि तिरस्कृत्य ग्रामाभिमुखं प्राचलत्?

II. अधोलिखितानां प्रश्नानाम् उत्तराणि पूर्णवाक्येन लिखत। (निम्नलिखित प्रश्नों के उत्तर पूर्ण वाक्य में लिखिए।)
- (i) सद्वचनानि तिरस्कृत्य दुष्टबुद्धिः कुत्र अगच्छत्?
- (ii) कीदृशः मार्गः त्यक्तव्यः?
- (iii) प्रच्छन्नभाग्यः किम् अचिन्तयत्?

III. अधोलिखितानां प्रश्नानाम् उत्तराणि निर्देशानुसारं लिखत। (निम्नलिखित प्रश्नों के उत्तर निर्देशानुसार लिखिए।)
- (i) 'चक्षुषी' इति कर्तृपदस्य क्रियापदं किम् अस्ति?
- (ii) अनुच्छेदे 'पन्थानम्' इति विशेष्यपदस्य विशेषणपदम् अस्ति?
- (iii) 'त्यजामि' इति पदस्य विलोमः अस्ति।

उत्तराणि

I. (i) प्रच्छन्नभाग्यस्य (ii) गुरोपदेशेन इव
(iii) स्वगृहं

II. (i) दुष्टबुद्धिः सद्वचनानि तिरस्कृत्य ग्रामाभिमुखं प्राचलत्।
(ii) सखे! यदि माम् मित्रस्थाने परिगणयसि, तर्हि साधुजनगर्हितम् इमं पन्थानं त्यजतु भवान्।
(iii) क्लेश परम्परा 'कुमार्गम्' आश्रितस्य भवति।

III. (i) चक्षुषी (ii) त्यजामि
(iii) मार्गम्

अथवा

I. (i) प्रच्छन्नभाग्यः (ii) बालवचसा। (iii) दुष्टबुद्धिः

II. (i) सद्वचनानि तिरस्कृत्य दुष्टबुद्धिः ग्रामाभिमुखं अगच्छत्।
(ii) साधुजनगर्हितः मार्गः त्यक्तव्यः।
(iii) प्रच्छन्नभाग्यः अचिन्तयत् किम् इदं वचनं विशेषेण माम् एव लक्ष्यीकरोति।

III. (i) समुन्मीलिते (ii) साधुजनगर्हितम्
(iii) गृहणामि

(ग) "गृहे तस्य भार्या सपदि समागतं पतिं दृष्ट्वा अपृच्छत्– आर्य! किं सर्वगतं कुशलं वर्तते? अयथाकालं समागतोऽसि?" सम्प्रति धर्ममतिः सः पश्चात्तापेन दग्धमानसः सर्वं वृत्तान्तं निवेद्य सकरुणम् उच्चैः अक्रन्दत्। बुद्धिमती सा अवदत्–"अलं चिन्तया। आपदां तरणिः धैर्यम्।" इदानीं विषादं त्यक्त्वा उद्यमः क्रियताम्।" **CBSE 2015**

I. अधोलिखितानां प्रश्नानाम् उत्तराणि एकपदेन लिखत।
(निम्नलिखित प्रश्नों के उत्तर एक पद में लिखिए।)
(i) किं त्यक्त्वा उद्यमः करणीयः?
(ii) उच्चैः कः अक्रन्दत्?
(iii) प्रच्छन्नभाग्यः कदा स्वगृहं आगत्ः?

II. अधोलिखितानां प्रश्नानाम् उत्तराणि पूर्णवाक्येन लिखत।
(निम्नलिखित प्रश्नों के उत्तर पूर्ण वाक्य में लिखिए।)
(i) आपदां तरणिः किम्?
(ii) बुद्धिमती किम् अवदत्?
(iii) किं सर्वगतं कुशलं वर्तते? इति कः कम् कथयति?

III. अधोलिखितानां प्रश्नानाम् उत्तराणि निर्देशानुसारं लिखत।
(निम्नलिखित प्रश्नों के उत्तर निर्देशानुसार लिखिए।)
(i) 'बुद्धिमती सा अवदत्' इति वाक्ये 'सा' सर्वनामपदं कस्यै प्रयुक्तम्?
(ii) 'नीचैः' इति पदस्य किं विलोमपदम् अत्र प्रयुक्तम्?
(iii) 'तरणिः' पदस्य अर्थः अस्ति?

उत्तराणि

I. (i) विषादं (ii) प्रच्छन्नभाग्यः
(iii) अयथाकालं

II. (i) धैर्यम् आपदां तरणिः।
(ii) अलं चिन्तया, आपदां तरणिः धैर्यम्। इदानीं विषादं त्यक्तवा उद्यमः क्रियताम्।
(iii) प्रच्छन्नभाग्यभार्या प्रच्छन्नभाग्यं अवदत्।

III. (i) भार्यायै (ii) उच्चैः
(iii) नौका

(घ) जलबिन्दुनिपातेन क्रमशः पूर्यते घटः।
स हेतुः सर्वविद्यानां धर्मस्य च धनस्य च।।

एवं बहुविधम् उपदेशं श्रुत्वा शान्तचित्तः सः कस्यचित् कृषकस्य शस्यक्षेत्रे हलकार्यं कर्तुं प्रारभत, श्रमेण च शनैः-शनैः प्रभूतं धनम् अर्जितवान्।

अथ पूर्वमित्रं दुष्टबुद्धिः प्रच्छन्नभाग्यस्य धनागमवृत्तान्तं श्रुत्वा कदाचित् मध्यरात्रे तस्य एव गृहे चौर्यार्थं सन्धि-खननसुयोगयम् विलोकयन् स्थितः। तस्मिन्नेव काले सुप्तोत्थितः प्रच्छन्नभाग्यः सम्भ्रान्तचित्तः स्वपत्नीं सम्बोध्य उवाच

अहो विचित्रः स्वप्नो मया दृष्टः। अस्माकं क्षेत्रे अश्वत्थतरुमूले सुवर्णपूरितः कलशः विद्यते इति। तच्छ्रुत्वा परद्रव्ये अनासक्ता सा न्यवेदयत्-नाथ! विरम अस्माद् लोभात्।

I. अधोलिखितानां प्रश्नानाम् उत्तराणि एकपदेन लिखत।
(निम्नलिखित प्रश्नों के उत्तर एक पद में लिखिए।)
(i) यदा जलबिन्दवः पतन्ति तदा किं भवति?
(ii) प्रच्छन्न कं धनागम वृत्तान्तं श्रुतवान्?
(iii) श्रमेण सः कियत् धनम् अर्जितवान्?

II. अधोलिखितानां प्रश्नानाम् उत्तराणि पूर्णवाक्येन लिखत।
(निम्नलिखित प्रश्नों के उत्तर पूर्ण वाक्य में लिखिए।)
(i) प्रच्छन्नभाग्यः किं कार्यं प्रारब्धम्?
(ii) क्षेत्रे किं विद्यते?
(iii) कदा चोरः तत्र चौर्यार्थम् आगत्य स्थितः?

III. अधोलिखितानां प्रश्नानाम् उत्तराणि निर्देशानुसारं लिखत।
(निम्नलिखित प्रश्नों के उत्तर निर्देशानुसार लिखिए।)
(i) 'शान्त चित्तः' इति कस्य विशेषणं?
(ii) 'सपदि' इति पदस्य विलोमः किम् अस्ति?
(iii) 'विरम' इति पदस्य पर्यायः अस्ति।

उत्तराणि

I. (i) घटः पूरितः भवति
(ii) दुष्टबुद्धेः
(iii) प्रचुरं धनं

II. (i) सः (प्रच्छन्नभाग्यः) कस्यचित् कृषकस्य शस्यक्षेत्रे हलकार्यं कर्तुं प्रारभत।
(ii) क्षेत्रे अश्वत्थतरुमूले सुवर्णपूरितः कलशः विद्यते।
(iii) चोरः मध्यरात्रे तत्र चौर्याथम् आगत्य स्थितः।

III. (i) प्रच्छन्नभाग्यस्य
(ii) विलम्बम्
(iv) तिष्ठ

(ङ) क्रन्दनं वर्धते तस्य, नान्तं समधिगच्छति।
व्यसनं प्राप्य यो मोहात् केवलं परिदेवयेत्।। **CBSE 2016**

I. अधोलिखितानां प्रश्नानाम् उत्तराणि एकपदेन लिखत।
(निम्नलिखित प्रश्नों के उत्तर एक पद में लिखिए।)
(i) परिवेदनशीलस्य किं वर्धते?
(ii) किं प्राप्य जनः दुःखी भवति?
(iii) सः मोहात् केवलं किं करोति?

II. अधोलिखितानां प्रश्नानाम् उत्तराणि पूर्णवाक्येन लिखत।
(निम्नलिखित प्रश्नों के उत्तर पूर्ण वाक्य में लिखिए।)

(i) कस्य क्रन्दनं वर्धते?

(ii) किम् प्राप्य जनः केवलं मोहात् परिवेदयेत्?

(iii) मोहीजनस्य क्रन्दनं किं न समधिगच्छति?

III. अधोलिखितानां प्रश्नानाम् उत्तराणि निर्देशानुसारं लिखत।
(निम्नलिखित प्रश्नों के उत्तर निर्देशानुसार लिखिए।)

(i) 'रोदनं' इत्यर्थे अत्र किम् पदम् प्रयुक्तम्?

(ii) 'परिदेवयेत्' इति क्रियापदस्य कर्तृपदं किं?

(iii) 'वर्धते' इति क्रियापदस्य कर्ता कः अस्ति?

उत्तराणि

I. (i) क्रन्दनं
(ii) व्यसनम्
(ii) परिवेदयति

II. (i) यः व्यसनं प्राप्य मोहात् केवलं परिदेवयेत् तस्य क्रन्दनं वर्धते।
(ii) व्यसनं प्राप्य जनः केवलं मोहात् परिवेदयेत्।
(iii) मोहीजनस्य क्रन्दनं अन्तं न समधिगच्छति।

III. (i) क्रन्दनम्
(ii) यः
(iii) क्रन्दनम्

प्रश्नानिर्माणं कुरुत

2. निम्न वाक्यानां रेखाङ्कितपदानां स्थानेषु प्रश्ननिर्माणं कृत्वा लिखत।
(निम्न वाक्यों में रेखांकित पदों के स्थान पर प्रश्न निर्माण करो।)

(i) धैर्यम् आपदां तरणिः।

(ii) विषादं व्यक्त्वा उद्यमः क्रियताम्।

(iii) नरः साधुवृत्तिं समाचरेत्।

(iv) सर्पः कलशात् बहिः निर्गतः।

(v) विचित्रः स्वप्नः मया दृष्टः।

(vi) मधुरभाषिणी वाणी पुरुषं प्रह्लादयति। **CBSE SQP 2023-24**

उत्तराणि

(i) केषाम् (ii) किम्
(iii) काम् (iv) कस्मात्
(v) का (vi) किम्

प्रसङ्गानुकूलं प्रश्नाः

3. रेखाङ्कितपदानां प्रसङ्गानुसारं शुद्ध अर्थं चित्वा लिखत।
(रेखांकित पदों से प्रसंग के अनुसार शुद्ध अर्थ चुनकर लिखो।) **CBSE 2010**

(i) अस्माकं क्षेत्रे सुवर्णपूरितः कलशः विद्यते। **CBSE SQP 2023-24**
(अ) कलेशः (ब) काकः (स) सर्वत्र (द) घटः

(ii) योगः दुःखहा भवति।
(अ) दुःखहरणः (ब) दुःखकरः
(स) दुःखयुक्तः (द) दुःखकरणीयः

(iii) भवान् साधुजनैः गर्हितम् पन्थानं त्यजतु।
(अ) युक्तं (ब) प्रसिद्धं (स) निन्दितं (द) ग्रहीतम्

(iv) वज्रन्तौ तौ बालकान् अवदताम्।
(अ) पश्यन्तौ (ब) गच्छन्तौ
(स) आगच्छन्तौ (द) क्षिपन्तौ

(v) अश्वत्थतरुमूले सुवर्णपूरितः कलशः विद्यते। **CBSE 2013**
(अ) निम्बस्य मूले (ब) आम्रवृक्षतले
(स) अश्वस्यमूले (द) पिप्पलवृक्षमूले

उत्तराणि

(i) (द) घटः (ii) (अ) दुःखहरणः
(iii) (स) निन्दितं (iv) (ब) गच्छन्तौ
(v) (द) पिप्पलवृक्षमूले

कथापूर्ति

4. अधोलिखित कथां रिक्तस्थानानि पूरयित्वा पुनः लिखत।
(निम्नलिखित कथा में रिक्त स्थानों को पूर्ण करके पुनः लिखिए।)

अथ व्रजन्तौ तौ (i) ...... मार्गे क्रीडतः (ii) ...... बालकान् प्रेक्ष्य अवदताम्-भो बालकाः! कथमत्र (iii) ...... विषमे मार्गे क्रीडथ? यदि कश्चित् गर्ते पतेत् तर्हि स (iv) ...... भूत्वा चिरं (v) ...... अनुभवेत्। (vi) ...... तेषु कश्चित् उद्दण्डः बालकः उवाच-अयि भो! यद्येवं तर्हि कथं भवन्तौ सुपथं (vii) ...... अनेन कुपथेन गन्तुं प्रवृत्तौ? अपि इदं (viii) ...... ?

- मञ्जूषा गर्तसङ्कुले, विकलाङ्गो, नतोन्नते, कांश्चित्, क्लेशम्, तच्छुत्वा, श्रेयस्करम्, परित्यज्य।

उत्तराणि

(i) गर्तसङ्कुले (ii) कांश्चित् (iii) नतोन्नते
(iv) विकलाङ्गो (v) क्लेशम् (vi) तच्छुत्वा
(vii) परित्यज्य (viii) श्रेयस्करम्

तिरुक्कुरल्-सूक्ति-सौरभम्

(तिरुक्कुरल-सूक्तियों की सुगंध)

अध्याय 8

पाठ परिचय

(चेन्नईनगरस्य समुद्रतटः। तत्र तिरुवल्लुवरस्य प्रतिमां दृष्ट्वा छात्राः परस्परं चर्चां कुर्वन्ति।)

शारदा नमिते! पश्य पश्य एतां प्रतिमाम्। मन्ये कोऽपि महाकविः।

नमिता कथं मन्यसे?

सङ्गीता किं न पश्यसि यत् अस्य हस्ते तु पुस्तकम् इव किञ्चित् विराजते।

आदित्यः आम् आम्! किमपि लिखति सः।

वैभवः ननु अत्रैव लिखितम्। एष खलु महाकविः तिरुवल्लुवरः इति।

सौम्या अहो! एष एव महाकविः येन तिरुक्कुरल् इति महान् पावनः ग्रन्थः विरचितः।

हार्दिकः आम्। मम जनकस्तु प्रतिदिनमेव अस्य पाठं करोति। तेन तु अधिकांशपद्यानि कण्ठस्थीकृतानि।

अधोक्षजः अहो स्मरामि! अस्माकं संस्कृतपुस्तके तु अस्य एव ग्रन्थस्य कतिचित् पद्यानि संस्कृतभाषया अनूद्य प्रदत्तानि।

सर्वे तर्हि अवश्यमेव पठिष्यामः तं पाठं ज्ञानवृद्धिं च करिष्यामः।

शब्दार्थाः तिरुवल्लुवरस्य = तिरुवल्लुवर का, दृष्ट्वा = देखकर, प्रतिमाम् = मूर्ति को, अत्रैव = यहीं, खलु = निश्चित, ग्रन्थः = पुस्तक/ग्रंथ, पद्यानि = पद, कण्ठस्थीकृतानि = कंठस्थ करें, अनूद्य = अनुवाद करके।

हिंदी अनुवाद

(चेन्नई नगर का समुद्र तट। तिरुवल्लुवर की प्रतिमा देखकर छात्र परस्पर चर्चा करती हैं।)

शारदा नमिता! देखो देखो, इस (मणिका पाठ्यपुस्तक में दी गई) प्रतिमा को। ऐसा लगता है यह कोई महाकवि हैं।

नमिता कैसे मानती हो?

सङ्गीता क्या तुम देख नहीं रही हो, हाथ में पुस्तक जैसी कोई चीज है।

आदित्य हाँ, हाँ वह कुछ लिख रहे हैं।

वैभव यहाँ लिखा है। यह निश्चित रूप से महाकवि तिरुवल्लुवर हैं।

सौम्या ओह! ये वही महाकवि हैं, जिन्होंने तिरुक्कुरलः महान पावन ग्रंथ लिखा है।

हार्दिक हाँ, मेरे पिताजी प्रतिदिन इसी ग्रंथ का पाठ करते हैं। उन्हें इस ग्रंथ के अधिकांश पद्य कंठस्थ हैं।

अधोक्षज अरे याद है! हमारी संस्कृत की पाठ्‌य-पुस्तक में इसी ग्रंथ के कुछ पद्य संस्कृत भाषा में अनुवाद करके दिए गए हैं।

सर्वे तब तो अवश्य ही उस पाठ को पढ़ेंगे तथा ज्ञान में वृद्धि करेंगे।

पाठ का सार प्रस्तुत पाठ में दिए गए श्लोक तमिल भाषा में रचित 'तिरुक्कुरल्' नामक ग्रंथ से लिए गए हैं। इस ग्रंथ के रचयिता तिरुवल्लुवर हैं। तमिल भाषा के तिरुक्कुरल का अर्थ है— कल्याणकारी वाणी। इसे हम संस्कृत में सुभाषितानि भी कह सकते हैं। पाठ के प्रत्येक श्लोक में भिन्न-भिन्न ज्ञान-निर्देश दिए गए हैं; जैसे—बाल्यकाल में पिता की दी गई विद्या ही सच्ची संपत्ति है। कथनी करनी में अभिन्नता ही समानता कहलाती है। जो सौम्य और मृदुल वाणी को छोड़कर कटुवादी होते हैं, वे मधुर और पके फल छोड़कर कच्चे फल खाने वाले मूर्ख होते हैं। सद्ज्ञान ही वास्तविक नेत्र है। भाषण में कुशलता, धैर्यवान् और सभा में निडर व्यक्ति का कभी कोई अपमान नहीं होता है। हमें दूसरों के साथ वह व्यवहार नहीं करना चाहिए, जो हमें अपने लिए पसंद नहीं है। सदाचार की सदैव रक्षा करनी चाहिए यही प्रथम धर्म है।

पाठ का हिंदी अनुवाद

1. पिता यच्छति पुत्राय बाल्ये विद्याधनं महत्।
पिताऽस्य किं तपस्तेपे इत्युक्तिस्तत्कृतज्ञता।।1।।

शब्दार्थाः यच्छति = देता है, बाल्ये = बचपन, विद्याधनम् = विद्यारूपी धन, महत् = बड़ तपः = साधना, तेपे = तपस्या की, उक्तिः = कथन।

अन्वयः पिता पुत्राय बाल्ये महत् विद्याधनम् यच्छति। अस्य (पुत्रस्य) पिता किम् तपः तेपे इति उक्तिः तत्कृतज्ञता।

हिंदी अनुवाद बाल्यकाल में पिता ही पुत्र को महान विद्यारूपी धन प्रदान करता है, पिता इसके (विद्यारूपी धन) लिए कितनी तपस्या करता है, यह अनुभव करना ही पुत्र की कृतज्ञता है।

2. अवक्रता यथा चित्ते तथा वाचि भवेद् यदि।
तदेवाहुः महात्मानः समत्वमिति तथ्यतः।।2।।

शब्दार्थाः अवक्रता = सरलता, चित्ते = मन में, वाचि = वाणी में, तदेवा = उसी प्रकार, महात्मानः = महात्मा लोग, समत्वम् = समानता, तथ्यतः = यथार्थ रूप में।

अन्वयः यथा अवक्रता चित्ते तथा यदि वाचि भवेत्, महात्मानः तथ्यतः तदेव समत्वम् इति आहुः।

हिंदी अनुवाद जिस प्रकार सरलता मन में होती है, उसी प्रकार यदि सरलता वाणी में हो, तो ऐसी स्थिति को ही महात्मा लोग समानता कहते हैं।

3. त्यक्त्वा धर्मप्रदां वाचं परुषां योऽभ्युदीरयेत्।
परित्यज्य फलं पक्वं भुङ्क्तेऽपक्वं विमूढधीः।।3।।

शब्दार्थाः त्यक्त्वा = तथानक, धर्मप्रदाम् = धर्मनिष्ठ वाणी को, वाचम् = वाणी, परुषाम् = कठोर, रूखी वाणी को, योऽभ्युदीरयेत् = बोले, फलपक्वं = पके हुए फल, भुङ्क्ते = खाता है, विमूढधीः = मूर्ख।

अन्वयः यः धर्मप्रदाम् वाचम् त्यक्त्वा परुषाम् (वाचम्) अभ्युदीरयेत्। (सः) विमूढधीः पक्वम् फलम् परित्यज्य अपक्वम् (फलम्) भुङ्क्ते।

हिंदी अनुवाद जो व्यक्ति धर्म प्रदान करने वाली वाणी को त्यागकर कठोर वाणी बोलता है, वह बुद्धिहीन (मूर्ख) होता है तथा वह पके हुए फल को त्यागकर कच्चे फल को ही खाता है।

4. विद्वांस एव लोकेऽस्मिन् चक्षुष्मन्तः प्रकीर्तिताः।
अन्येषां वदने ये तु ते चक्षुर्नामनी मते।।4।।

शब्दार्थाः लोके = लोक में, प्रकीर्तिताः = कहलाते हैं, अन्येषाम् = दूसरों के, वदने = चहरे पर, ये = जो, चक्षुर्नमनी = नाममात्र की आँख, मते = मानी जाती है।

अन्वयः अस्मिन् लोके विद्वांसः एव चक्षुष्मन्तः प्रकीर्तिताः। अन्येषाम् वदने ये (चक्षुषी) ते तु चक्षुर्नामनी मते।

हिंदी अनुवाद विद्वान लोगों को ही इस लोक में आँखों वाला कहा गया है, अन्य लोगों के मुख पर जो आँखें होती हैं, वे तो नाम की आँखें मानी गई हैं।

5. यत् प्रोक्तं येन केनापि तस्य तत्त्वार्थनिर्णयः।
कर्तुं शक्यो भवेद्येन स विवेक इतीरितः।।5।।

शब्दार्थाः प्रोक्तम् = कहा गया है, तस्य = उसका, तत्त्वार्थ = जैसा का तैसा (वास्तविक), निर्णयः = निर्णय (किसी कार्य को निर्धारित करना) विवेक = सोच समझ, इतीरितः = कहा गया।

अन्वयः येन केन अपि यत् प्रोक्तम् तस्य तत्त्वार्थनिर्णयः येन कर्तुम् शक्यः भवेत्, सः विवेकः इति।

हिंदी अनुवाद किसी व्यक्ति के द्वारा जो कहा गया है, वह उसका यथार्थ (वास्तविक) निर्णय है, जिसे वह करता है और वही उसका विवेक कहलाता है।

6. वाक्पटुधैर्यवान् मन्त्री सभायामप्यकातरः।
स केनापि प्रकारेण परैर्न परिभूयते।।6।।

शब्दार्थाः वाक्पटुः = सम्भाषण में कुशल, मन्त्री = परामर्श देने वाला, अकातरः = साहसी, निर्भीक, केनापि = किसी भी, परैः = शत्रुओं द्वारा, परिभूयते = अपमानित किया जाता है।

अन्वयः (यः) मन्त्री वाक्पटुः, धैर्यवान्, सभायाम् अपि अकातरः (अस्ति) सः परैः केन अपि प्रकारेण न परिभूयते।

हिंदी अनुवाद जो मंत्री वाणी से चतुर, धैर्ययुक्त तथा सभा में साहसी हो, वह किसी भी प्रकार से शत्रुओं द्वारा पराजित नहीं किया जा सकता है।

7. य इच्छत्यात्मनः श्रेयः प्रभूतानि सुखानि च।
न कुर्यादहितं कर्म स परेभ्यः कदापि च।।7।।

शब्दार्थाः इच्छति = चाहता है, आत्मनः = अपने, श्रेयः = कल्याण को, प्रभूतानि = बहुत से, कुर्याद् = करना चाहिए, अहितम् = बुरा, परेभ्यः = दूसरों का, कदापि = कभी भी।

अन्वयः यः आत्मनः श्रेयः प्रभूतानि सुखानि च इच्छति, सः परेभ्यः अहितम् कर्म कदापि न कुर्यात्।

हिंदी अनुवाद जो व्यक्ति अपना भला तथा अत्यधिक सुख चाहता है, उसे दूसरे के लिए कभी कोई अहित कर्म नहीं करना चाहिए।

8. आचारः प्रथमो धर्मः इत्येतद् विदुषां वचः।
तस्माद् रक्षेत् सदाचारं प्राणेभ्योऽपि विशेषतः।।8।।

शब्दार्थाः आचारः = आचरण, इत्येतद् = यह, विदुषां = विद्वान से, के द्वारा, वचः = वाणी से, प्राणेभ्योऽपि = प्राणों से भी अधिक।

अन्वयः आचारः प्रथमः धर्मः इति एतत् विदुषाम् वचः, तस्मात् प्राणेभ्यः अपि सदाचारम् विशेषतः रक्षेत्।

हिंदी अनुवाद सदाचार पहला धर्म है, यह विद्वानों का वचन है। इसलिए विशेष रूप से प्राणों से भी बढ़कर सदाचार की रक्षा करनी चाहिए।

मणिका-पाठ्यपुस्तकम् प्रश्नोत्तरा:

मणिका पाठ्य-पुस्तक के प्रश्नोत्तर

प्र.1 प्रश्नानाम् उत्तरम् एकपदेन लिखत।
(प्रश्नों के उत्तर एक पद में लिखिए।)

(क) पिता पुत्राय बाल्ये किं यच्छति?
(ख) मूढमतिः कीदृशीं वाचं परित्यजति?
(ग) अस्मिन् लोके के एव चक्षुष्मन्तः प्रकीर्तिताः?
(घ) नरः केन गुणेन कस्यापि कथनस्य तत्त्वार्थनिर्णयं कर्तुं शक्नोति?
(ङ) प्राणेभ्योऽपि किं रक्षणीयम्?
(च) आत्मनः श्रेयः इच्छन् नरः कीदृशं कर्म न कुर्यात्?
(छ) वाचि किं भवेत्?
(ज) पाठे 'वाचि पटुः' इति स्थाने किं पदं प्रयुक्तम्?

उत्तराणि

(क) विद्याधनम्	(ख) धर्मप्रदाम्
(ग) विद्वांसः	(घ) विवेकेन
(ङ) सदाचारम्	(च) अहितम्
(छ) अवक्रता	(घ) वाक्पटुः

प्र.2 अधोलिखितप्रश्नानाम् उत्तराणि पूर्णवाक्येन लिखत।
(निम्नलिखित प्रश्नों के उत्तर पूर्ण वाक्य में लिखिए।)

(क) पुत्रः पितरं प्रति किम् अनुभवेत्?
(ख) आत्मनः हितम् इच्छन् नरः किं कुर्यात्?
(ग) मूर्खबुद्धिः जनः कीदृशीं वाणी त्यजति?
(घ) विदुषां वचः किम्?
(ङ) वस्तुतः लोके चक्षुष्मन्तः के कथिताः?
(च) महात्मानः समत्वं किं कथयन्ति?
(छ) विवेकी जनः कस्य तत्त्वार्थनिर्णयं कर्तुं शक्नोति?
(ज) कीदृशः जनः परैः न तिरस्क्रियते?

उत्तराणि

(क) पुत्रः पितरं प्रति कृतज्ञताम् अनुभवेत्।
(ख) आत्मनः हितम् इच्छन् नरः परेभ्यः अहितं कर्म कदापि न कुर्यात्।
(ग) मूर्खबुद्धिः जनः धर्मप्रदां वाणी त्यजति।
(घ) विदुषां वचः अस्ति यत् आचारः प्रयमो धर्म इति।
(ङ) वस्तुतः लोके चक्षुष्मन्तः ते एव कथिताः ये विद्वांसः सन्ति।
(च) चित्ते वाचि च उभयत्र अवक्रतामेव महात्मानः समत्वं कथयन्ति।
(छ) विवेकी जनः यस्य कस्यापि वचनस्य तत्त्वार्थनिर्णयं कर्तुं शक्नोति।
(ज) वाक्पटुः, धैर्यवान् सभायामप्यकातरश्च जनः परैः न तिरस्क्रियते।

प्र.3 स्थूलपदानि आधृत्य प्रश्ननिर्माणं कुरुत।
(स्थूल पदों को आधार मानकर प्रश्न निर्माण कीजिए।)

(क) **विमूढधीः** पक्वं फलं परित्यज्य अपक्वं फलं भुङ्क्ते।
(ख) संसारे विद्वांसः **ज्ञानचक्षुभिः** नेत्रवन्तः कथ्यन्ते।
(ग) जनकेन सुताय **शैशवे** विद्याधनं दीयते।
(घ) तत्त्वार्थस्य निर्णयः **विवेकेन** कर्तुं शक्यते।
(ङ) **साधूनां** चित्ते वाचि च सरलता भवति।
(च) **धैर्यवान्** लोके परिभवं न प्रप्नोति।
(छ) **आत्मकल्याणम्** इच्छन् नरः परेषाम् अनिष्टं न कुर्यात्।

उत्तराणि

(क) **कः/कीदृशः जनः** पक्वं फलं परित्यज्य अपक्वं फलं भुङ्क्ते?
(ख) संसारे विद्वांसः **कैः** नेत्रवन्तः कथ्यन्ते?
(ग) जनकेन सुताय **कदा** विद्याधनं दीयते?
(घ) तत्वार्थस्य निर्णयः **केन** कर्तुं शक्यते?
(ङ) **केषां** चिते वाचि च सरलता भवति?
(च) **कः/कीदृशः जनः** लोके परिभवं न प्राप्नोति?
(छ) **किम्** इच्छन् नरः परेषाम् अनिष्टं न कुर्यात्?

प्र.4 यथानिर्देशम् उत्तरत। (निर्देशानुसार उत्तर दीजिए।)

(क) 'भुङ्क्ते' इति क्रियापदस्य किं कर्तृपदं प्रयुक्तम्?
(ख) 'परुषाम्' इति विशेषणस्य किं विशेष्यपदं पाठे प्रयुक्तम्?
(ग) 'अवक्रता यथा चित्ते तथा वाचि भवेद् यदि।' अस्मिन् वाक्ये किं क्रियापदं प्रयुक्तम्?
(घ) 'य इच्छत्यात्मनः श्रेयः प्रभूतानि सुखानि च।' इत्यस्मिन् वाक्ये 'कल्याणम्' इति पदस्य किं पर्यायपदं प्रयुक्तम्?
(ङ) 'अल्पानि' इति पदस्य किं विलोमपदं पाठे प्रयुक्तम्?

उत्तराणि

(क) विमूढ्धीः	(ख) वाचम्
(ग) भवेद्	(घ) श्रेयः
(ङ) प्रभूतानि	

प्र.5 अधोलिखितानां शब्दानां पुरतः उचितं विलोमशब्दं कोष्ठकात् चित्वा लिखत।
(अधोलिखित शब्दों के सामने उचित विलोम शब्द कोष्ठक से चुनकर लिखिए।)

शब्दः	विलोमशब्दः
(क) कृतज्ञाता	(कृपणता कृतघ्नता, कातरता)
(ख) पक्वः	(परिपक्वः, अपक्वः, क्वथितः)

(ग) परुषा (पौरुषी, कोमला, कठोरा)
(घ) विमूढधीः (सुधीः, निधिः, मन्दधीः)
(ङ) आलस्यम् (उद्विग्नता, विलासिता, उद्योगः)
(च) कातरः (अकरुणः, अधीरः, अकातरः)

उत्तराणि

शब्दः	विलोमशब्दः
(क) कृतज्ञता	कृतघ्नता
(ख) पक्वः	अपक्वः
(ग) परुषा	कोमला
(घ) विमूढधीः	सुधीः
(ङ) आलस्यम्	उद्योगः
(च) कातरः	अकातरः

प्र.6 **अधोलिखितानां शब्दानां त्रयः समानार्थकाः शब्दाः मञ्जूषायाः चित्वा लिखत।**
(अधोलिखित शब्दों के तीन समानार्थक शब्द मञ्जूषा से चुनकर लिखिए।)

शब्दमञ्जूषा

वदनम्	नयनम्	चेतः
मनः	कल्याणम्	बहु
संसद्	भूरि	नेत्रम्
लोचनम्	वक्त्रम्	समितिः
शुभम्	मानसम्	शिवम्
आननम्	विपुलम्	परिषद्

(क) चित्तम् ....
(ख) मुखम् ....
(ग) प्रभूतम् ....
(घ) चक्षुः ....
(ङ) सभा ....
(च) श्रेयः ....

उत्तराणि

(क) **चित्तम्**	चेतः	मनः	मानसम्
(ख) **मुखम्**	वदनम्	वक्त्रम्	आननम्
(ग) **प्रभूतम्**	बहु	भूरि	विपुलम्
(घ) **चक्षुः**	नयनम्	नेत्रम्	लोचनम्
(ङ) **सभा**	संसद्	समितिः	परिषद्
(च) **श्रेयः**	कल्याणम्	शिवम्	शुभम्

प्र.7 **पाठात् विचित्य समुचितैः विशेषणपदैः रिक्तस्थानानि पूरयत।**
(पाठ से समझकर समुचित विशेषण पदों के द्वारा रिक्त स्थानों की पूर्ति कीजिए।)

(क) .... मंत्री परैः न परिभूयते।
(ख) बुद्धिमान् सदा .... एव वाचं वदति।
(ग) यः सुखानि इच्छति सः .... कर्म त्यजेत्।
(घ) पुत्रः शैशवे पितुः .... विद्याधनं प्राप्नोति।
(ङ) .... आचारः इति विद्वांसः मन्यन्ते।

उत्तराणि

(क) **वाक्पटुः, धैर्यवान्, अकातरः** मन्त्री परैः न परिभूयते।
(ख) बुद्धिमान् सदा **धर्मप्रदाम्** एवं वाचं वदति।
(ग) यः सुखानि इच्छति सः **अहितं** कर्म त्यजेत्।
(घ) पुत्रः शैशवे पितुः **महद्** विद्याधनं प्राप्नोति।
(ङ) **प्रथमः धर्म** आचारः इति विद्वांसः मन्यन्ते।

प्र.8 **पाठात् चित्वा अधोलिखितपद्यांशानां भावम् उपयुक्तपदैः पूरयत।**
(पाठ से चुनकर अधोलिखित पद्यांशों का भाव उपयुक्त पदों से पूरा कीजिए।)

(क) चित्ते वाचि च सरलता महात्मभिः .... मन्यते।
(ख) पिता पुत्राय विद्यादानार्थं महत् कष्टं सहते। पुत्रेण अस्य अनुभूतिः एव .... कथ्यते।
(ग) .... एव धर्मप्रदां वाचं त्यक्त्वा .... वाचं वदति।
(घ) अस्मिन् संसारे केवलं .... एव .... मन्तव्याः।
(ङ) प्रत्येकं कथनस्य .... येन क्रियते सः .... अस्ति।
(च) यः मंत्री (परामर्शदाता) तु .... भवति स अन्यैः कदापि न तिरस्क्रियते।

उत्तराणि

(क) चित्ते वाचि च सरलता महात्मभिः **समत्वं** मन्यते।
(ख) पिता पुत्राय विद्यादानार्थं महत् कष्टं सहते। पुत्रेण अस्य अनुभूतिः एव **कृतज्ञता** कथ्यते।
(ग) **विमूढः** एव धर्मप्रदां वाचं त्यक्त्वा **परुषां** वाचं वदति।
(घ) अस्मिन् संसारे केवलं **विद्वांस** एव **चक्षुष्मन्तः** मन्तव्याः।
(ङ) प्रत्येकं कथनस्य **तत्त्वार्थनिर्णयः** येन क्रियते सः **विवेकः** अस्ति।
(च) यः मंत्री (परामर्शदाता) तु **वाक्पटुः धैर्यवान् सभायाम प्यकातरः** भवति स अन्यैः कदापि न तिरस्क्रियते।

प्र.9 **पाठात् चित्वा अधोलिखितानां श्लोकानाम् अन्वयम् उचितपदक्रमेण पूरयत।**
(पाठ से चुनकर अधोलिखित श्लोकों का अन्वय उचित पद क्रम से पूरा कीजिए।)

(क) पिता पुत्राय बाल्ये महत् .... यच्छति, अस्य पिता किम् .... तेपे, इत्युक्तिः ....।
(ख) येन केनापि यत् .... तस्य तत्त्वार्थनिर्णयः येन .... शक्यः भवेत्, सः .... इति ईरितः।
(ग) य आत्मनः श्रेयः .... सुखानि च इच्छति, सः परेभ्यः अहितम् .... कदापि च न ....।

उत्तराणि

(क) पिता पुत्राय बाल्ये महत् **विद्याधनं** यच्छति, अस्य पिता किम् **तपः** तेपे, इत्युक्तिः **तत्कृतज्ञता**।

(ख) येन केनापि यत् **प्रोक्तम्** तस्य तत्त्वार्थनिर्णयः येन **कर्तुम्** शक्यः भवेत् सः **विवेकः** इति ईरितः।

(ग) य आत्मनः श्रेयः **प्रभूतानि** सुखानि च इच्छति, सः परेभ्यः अहितम् **कर्म** कदापि च न **कुर्यात्**।

प्र.10 मञ्जूषायाः तद्भावात्मकसूक्तीः विचित्य अधोलिखितकथनानां समक्षं लिखत।

(मञ्जूषा से तद्भावात्मक सूक्ति चुनकर निम्नलिखित कथनों के सामने लिखिए।)

(क) विद्याधनं महत्

(ख) आचारः प्रथमो धर्मः

(ग) चित्ते वाचि च अवक्रता एव समत्वम्

मञ्जूषायाः सूक्तयः

आचारेण तु संयुक्तः सम्पूर्णफलभाग्भवेत्।

मनसि एकं वचसि एकं कर्मणि एकं महात्मनाम्।

विद्याधनं सर्वधनप्रधानम्।

सं वो मनांसि जानताम्।

विद्याधनं श्रेष्ठं तन्मूलमितरद्धनम्।

आचारप्रभवो धर्मः सन्तश्चाचारलक्षणाः।

उत्तराणि

(क) विद्याधनं महत्	विद्याधनं सर्वधन प्रधानम्। विद्याधनं श्रेष्ठं तन्मूलमितरद्धनम्।
(ख) आचारः प्रथमो धर्मः	आचारेण तु संयुक्तः सम्पूर्णफल भाग्भवेत्। आचारप्रभवो धर्मः सन्तश्चाचारलक्षणाः।
(ग) चित्ते वाचि च अवक्रता एव समत्वम्	मनसि एकं वचसि एकं कर्मणि एकं महात्मनाम्। सं वो मनांसि जानताम्।

प्र.11 अधस्ताद् समासविग्रहाः दीयन्ते तेषां समस्तपदानि पाठाधारेण दीयन्ताम्।

(नीचे दिए गए समास विग्रह या समस्त पद को चुनकर रिक्त स्थान पूर्ण कीजिए।)

विग्रहः	समस्तपदम्	समासनाम
(क) तत्त्वार्थस्य निर्णयः	....	षष्ठी तत्पुरुषः
(ख) वाचि पटुः	....	सप्तमी तत्पुरुषः
(ग) धर्मं प्रददाति इति (ताम्)	....	उपपदतत्पुरुषः
(घ) न कातरः	....	नञ् तत्पुरुषः
(ङ) न हितम्	....	नञ् तत्पुरुषः
(च) महान् आत्मा येषाम् ते	....	बहुव्रीहिः
(छ) विमूढा धीः यस्य सः	....	बहुव्रीहिः

उत्तराणि

विग्रहः	समस्तपदम्	समासनाम
(क) तत्त्वार्थस्य निर्णयः	तत्त्वार्थनिर्णयः	षष्ठी तत्पुरुषः
(ख) वाचि पटुः	वाक्पटुः	सप्तमी तत्पुरुषः
(ग) धर्मं प्रददाति इति (ताम्)	धर्मप्रदाम्	उपपदतत्पुरुषः
(घ) न कातरः	अकातरः	नञ्तत्पुरुषः
(ङ) न हितम्	अहितम्	नञ् तत्पुरुष
(च) महान् आत्मा येषाम् ते	महात्मानः	बहुव्रीहिः
(छ) विमूढा धीः यस्य सः	विमूढधीः	बहुव्रीहिः

प्र.12 अधोलिखितेषु भिन्नप्रकृतिकं शब्दं रेखाङ्कितं कुरुत।

(निम्नलिखित में से भिन्न प्रकृति के शब्दों को रेखांकित कीजिए।)

(क) तपः, धर्मः, श्रेयः, वचः। (लिङ्गकारणात्)

(ख) तथ्यतः, विशेषतः, मुख्यतः, ईरितः। (प्रत्ययकारणात्)

(ग) लघुता, प्रकीर्तिता, अवक्रता, कृतज्ञता। (प्रत्ययकारणात्)

(घ) लोके, चित्ते, वाचि, भुङ्क्ते। (विभक्तिकारणात्)

उत्तराणि

(क) तपः, **धर्मः**, श्रेयः, वचः। (लिङ्गकारणात्)

(ख) तथ्यतः, विशेषतः, मुख्यतः, **ईरितः**। (प्रत्ययकारणात्)

(ग) लघुता, **प्रकीर्तिता**, अवक्रता, कृतज्ञता। (प्रत्ययकारणात्)

(घ) लोके, चित्ते, वाचि, **भुङ्क्ते**। (विभक्तिकारणात्)

प्र.13 अधोलिखितवाक्येषु स्थूलाक्षरपदानां प्रसङ्गानुसारम् उचितम् अर्थं चित्वा लिखत।

(अधोलिखित वाक्यों में स्थूल अक्षर पदों के प्रसंग अनुसार उचित अर्थ चुनकर लिखिए।)

(क) य इच्छत्यात्मनः **श्रेयः** प्रभूतानि सुखानि च।
(i) श्रेष्ठः (ii) कल्याणम् (iii) सम्पत्तिम्

(ख) तदैव **आहुः** महात्मानः समत्वमिति तथ्यतः।
(i) कथयन्ति (ii) शृण्वन्ति (iii) चिन्तयन्ति

(ग) **वाक्पटुः** धैर्यवान् मन्त्री सभायामप्यकातरः परैः न परिभूयते।
(i) निपुणः (ii) उत्तमः श्रोता (iii) वाक्कुशलः

(घ) त्यक्त्वा धर्मप्रदां वाचं **परुषां** योऽभ्युदीरयेत्।
(i) कठोराम् (ii) कोमलाम् (iii) प्रयुक्ताम्

(ङ) स विवेक इति **ईरितः**।
(i) दृष्टः (ii) कथितः (iii) श्रुतः

उत्तराणि

(क) (ii) कल्याणम्

(ख) (i) कथयन्ति

(ग) (iii) वाक्कुशलः

(घ) (i) कठोराम्

(ङ) (ii) कथितः

योग्यताविस्तार: (योग्यता–विस्तार)

(क) **'तिरुक्कुरल्-सूक्तिसौरभम्' इति पाठस्य तमिल मूलपाठः (देवनागरी लिपौ)**

सोर्कोट्टम् इल्लदु सेप्पुम् ओरू तलैया उहलूकोट्टम् इन्मै पेरिन्।
मगन् तन्दैक्काटुम् उद्रवि इवन् तन्दै एन्नोट्रान् कौमू एन्त्रुम् सोक्त।
इनिय उलवाग इन्नाद कूरल् कनि इरूप्पक् काय् कवरंदट्र।
कण्णुडैयर् एन्पवर् कट्रोर मुहत्तिरण्डु पुण्णुडैयर कल्लादवर्।
एप्पोरूल यार यार केट्रपिनुम् अप्पोरूल मेय् पोरूल काण्पदरिवर्।
सोललवल्लन् सोरविलन् अन्जान् अवनै इहलवेल्लल् यारुक्कुम् अरितु।
नोय एल्लाम् नोय् सेयदार मेलवाम् नोय् सेययार नोय् इन्मै वेण्डुभवर्।
ओषुक्कम् विषुप्पम् तरलान् ओषुक्कम् उयिरिनुम् ओम्भप्पडुम्।

(ख) **ग्रन्थपरिचयः (ग्रंथ परिचय)**

तिरुक्कुरल् तमिलभाषायां रचिता तमिलसाहित्यस्य उत्कृष्टा कृतिः अस्ति। अस्य प्रणेता तिरुवल्लुवरः अस्ति। ग्रन्थस्य रचनाकालः अस्ति-ईशवीयाब्दस्य प्रथमशताब्दी।

अस्मिन् ग्रन्थे सकलमानवजातेः कृते जीवनोपयोगि सत्यं प्रतिपादितम्। तिरु शब्दः 'श्री' वाचकः। 'तिरुक्कुरल्' पदस्य अभिप्रायः अस्ति श्रिया युक्तं कुरल् छन्दः अथवा श्रिया युक्ता वाणी।

अस्मिन् ग्रन्थे धर्म-अर्थ-काम-संज्ञकाः त्रयः भागाः सन्ति। त्रयाणां पद्यसंख्या 1330 अस्ति।

तिरुक्कुरल् तमिलभाषा में रचित तमिल साहित्य की श्रेष्ठ रचना है। इसके रचयिता महाकवि तिरुवल्लुवर हैं। इस ग्रंथ का रचनाकाल प्रथम शताब्दी है।

इस ग्रंथ में संपूर्ण मानव जाति के लिए उपयोगी ज्ञान प्रतिपादित किया गया है।

तिरु शब्द का अर्थ है-'श्री'। तिरुक्कुरल् शब्द का अर्थ है-'श्री' से युक्त कुरल् छंद अथवा श्रीयुक्त वाणी। इस ग्रंथ के धर्म-अर्थ-काम नामक तीन भाग हैं-तीनों भागों में 1330 श्लोक हैं।

(ग) **भावविस्तारः (भाव-विस्तार)**

सदाचारः

किं कुलेन विशालेन शीलमेवात्र कारणम्।
कृमयः किं न जायन्ते कुसुमेषु सुगन्धिषु।।
आगमानां हि सर्वेषामाचारः श्रेष्ठ उच्यते।
आचारप्रभवो धर्मो धर्मादायुर्विवर्धते।।

सदाचार उच्च कुल में जन्म लेने मात्र से ही व्यक्ति सम्मान प्राप्त नहीं करता। अच्छे चरित्र से ही सम्मान प्राप्त किया जाता है। सुगंधयुक्त फूलों में भी कीड़े उत्पन्न हो जाते हैं।

सभी शास्त्रों में आचरण को ही श्रेष्ठ कहा गया है। सदाचार से धर्म का पालन होता है तथा धर्म के पालन से आयु बढ़ती है।

विद्याधनम्

विद्याधनं धनं श्रेष्ठं तन्मूलमितरद्धनम्।
दानेन वर्धते नित्यं न भाराय न नीयते।।
माता शत्रुः पिता वैरी येन बालो न पाठितः।
न शोभते सभामध्ये हंसमध्ये बको यथा।।

विद्याधन विद्यारूपी धन अन्य धनों से श्रेष्ठ धन है। यह दान देने से सदैव बढ़ता है, न यह भारी होता है, न चोरों द्वारा चुराया जा सकता है।

जिन माता-पिता के द्वारा अपने बालक को नहीं पढ़ाया जाता, वे (माता-पिता) शत्रु के समान होते हैं। अनपढ़ व्यक्ति सभा में उसी प्रकार शोभायमान नहीं होता जिस प्रकार हंसों के बीच बगुला शोभायमान नहीं होता।

मधुरा वाक्

प्रियवाक्यप्रदानेन सर्वे तुष्यन्ति जन्तवः।
तस्मात् तदेव वक्तव्यं वचने का दरिद्रता।।
वाणी रसवती यस्य यस्य श्रमवती क्रिया।
लक्ष्मीः दानवती यस्य सफल तस्य जीवितम्।।

मधुर वचन मधुर वचन बोलने से सभी प्राणी प्रसन्न हो जाते हैं, इसलिए ऐसे वचन (मीठे वचन) ही बोलने चाहिए, मधुर वचन बोलने में कंजूसी नहीं करना चाहिए, जिस व्यक्ति की वाणी मधुर हो, कार्य परिश्रम से पूर्ण हो, जिसका धन दान देने में काम आता हो, उसी व्यक्ति का जीवन सफल है।

विद्वांसः

यस्य नास्ति स्वयं प्रज्ञा शास्त्रं तस्य करोति किम्।
लोचनाभ्यां विहीनस्य दर्पणः किं करिष्यति।।
विद्वत्त्वं च नृपत्वं च नैव तुल्यं कदाचन।
स्वदेशे पूज्यते राजा विद्वान् सर्वत्र पूज्यते।।

विद्वान जिस व्यक्ति में अपनी बुद्धि नहीं है, शास्त्र उसका क्या उपकार करेंगे, जिस प्रकार आँखों से रहित व्यक्ति का दर्पण क्या उपकार करेगा।

विद्वान की तुलना राजा से नहीं की जा सकती। राजा तो अपने ही देश में पूजा जाता है, जबकि विद्वान सब जगह पूजा जाता है।

अभ्यास प्रश्ना:

मणिका पाठ्य-पुस्तक पर आधारित प्रश्नोत्तर

श्लोक आधारित प्रश्ना:

1. अधोलिखितानां पद्यांशानां पठित्वा निर्देशानुसारम् उत्तरं लिखत।
(निम्नलिखित पद्यांशों को पढ़कर निर्देशानुसार प्रश्नों के उत्तर लिखिए।)

(क) पिता यच्छति पुत्राय बाल्ये विद्याधनं महत्।
पिताऽस्य किं तपस्तेपे इत्युक्तिस्तत्कृतज्ञता।।

I. अधोलिखितानां प्रश्नानाम् उत्तराणि एकपदेन लिखत।
(निम्नलिखित प्रश्नों के उत्तर एक पद में लिखिए।)
(i) पिता पुत्राय किं यच्छति?
(ii) पिता कस्मै विद्याधन यच्छति?
(iii) विद्या कीदृशं धनं वर्तते?

II. अधोलिखितानां प्रश्नानाम् उत्तराणि पूर्णवाक्येन लिखत।
(निम्नलिखित प्रश्नों के उत्तर पूर्ण वाक्य में लिखिए।)
(i) का उक्तिः कृतज्ञता?
(ii) कं प्रति कृतज्ञो भवेत्?
(iii) अत्र धनम् किम् अमन्यत?

III. अधोलिखितानां प्रश्नानाम् उत्तराणि निर्देशानुसारं लिखत।
(निम्नलिखित प्रश्नों के उत्तर निर्देशानुसार लिखिए।)
(i) 'पिता यच्छति' अत्र कर्ता पदं किम्?
(ii) 'विद्याधनम्' श्लोके अस्य विशेषण पदं किम्?
(iii) 'तेपे' इति क्रियायाः कर्तृपदं किम्?

उत्तराणि

I. (i) विद्याधनम् (ii) पुत्राय
(iii) महत्
II. (i) पिताऽस्य किं तपस्तेपे इति उक्तिः कृतज्ञता।
(ii) पितरम् प्रति कृतज्ञो भवेत्।
(iii) अत्र विद्याम् एव धनम् अमन्यत।
III. (i) पिता (ii) विद्या
(iii) पिता

(ख) अवक्रता यथा चित्ते तथा वाचि भवेद् यदि।
तदेवाहुः महात्मानः समत्वमिति तथ्यतः।।

I. अधोलिखितानां प्रश्नानाम् उत्तराणि एकपदेन लिखत।
(निम्नलिखित प्रश्नों के उत्तर एक पद में लिखिए।)
(i) यथा अवक्रता चित्ते तथैव कुत्रापि भवेत्?
(ii) चित्ते वाचि च किं गुणः भवेत्?
(iii) 'तथ्यतः' पदस्य अर्थः कः?

II. अधोलिखितानां प्रश्नानाम् उत्तराणि पूर्णवाक्येन लिखत।
(निम्नलिखित प्रश्नों के उत्तर पूर्ण वाक्य में लिखिए।)
(i) समत्वं किमुच्यते?
(ii) चित्ते वाचि च अवक्रता कस्य समत्वं भवति?
(iii) के तदेव समत्वं कथयन्ति?

III. अधोलिखितानां प्रश्नानाम् उत्तराणि निर्देशानुसारं लिखत।
(निम्नलिखित प्रश्नों के उत्तर निर्देशानुसार लिखिए।)
(i) 'महात्मानः' इति पदे कः मूलशब्दः?
(ii) 'भवेत्' इति क्रियापदस्य कर्तृपदम् किम्?
(iii) 'यथा' इति पदस्य विलोमपदम् किम्?

उत्तराणि

I. (i) वाचि
(ii) अवक्रता
(iii) यथार्थतः
II. (i) मनसि वाचि च अवक्रता समत्वमिति कथ्यते।
(ii) चित्ते वाचि च अवक्रता महात्मनः समत्वं भवति।
(iii) महात्मानः तदेव समत्वं कथयन्ति।
III. (i) महात्मन्
(ii) अवक्रता
(iii) तथा

(ग) त्यक्त्वा धर्मप्रदां वाचं परुषां योऽभ्युदीरयेत्। **CBSE 2024**
परित्यज्य फलं पक्वं भुङ्क्तेपक्वं विमूढधीः।।

I. अधोलिखितानां प्रश्नानाम् उत्तराणि एकपदेन लिखत।
(निम्नलिखित प्रश्नों के उत्तर एक पद में लिखिए।)
(i) मूर्खः कीदृशीं वाचं त्यजति?
(ii) यः (मूर्खः) कां वाचम् अभ्युदीरयति?
(iii) कः पक्वं फलं परित्यजति?

II. अधोलिखितानां प्रश्नानाम् उत्तराणि पूर्णवाक्येन लिखत।
(निम्नलिखित प्रश्नों के उत्तर पूर्ण वाक्य में लिखिए।)
(i) विमूढधीः कीदृशं फलं भुङ्क्ते?
(ii) विमूढधीः किं परित्यजति?
(iii) विमूढधीः कां वाचं त्यक्त्वा कां वाचम् अभ्युदीरयति?

III. अधोलिखितानां प्रश्नानाम् उत्तराणि निर्देशानुसारं लिखत।
(निम्नलिखित प्रश्नों के उत्तर निर्देशानुसार लिखिए।)
(i) 'भुङ्क्ते अपक्वं विमूढधीः' अत्र क्रियापदं किम्?
(ii) 'मधुराम्' इत्यस्य किं विपर्ययपदं प्रयुक्तम्?
(iii) 'पक्वम्' इत्यस्य विशेष्यपदं चित्वा लिखत।

उत्तराणि

I. (i) धर्मप्रदां (ii) पुरुषां
(iii) विमूढधी:

II. (i) विमूढधी: अपक्वं फलं भङ्क्ते।
(ii) विमूढधी: पक्वं फलं परित्यजति।
(iii) विमूढधी: धर्मप्रदां वाचं त्वक्त्वा पुरुषां वाचं अभ्युदश्यिति।

III. (i) भुङ्क्ते (ii) पुरुषां
(iii) फलम्

**(घ) विद्वांस एव लोकेऽस्मिन् चक्षुष्मन्तः प्रकीर्तिताः।
अन्येषां वदने ये तु ते चक्षुर्नामनी मते।।** **CBSE 2015**

I. अधोलिखितानां प्रश्नानाम् उत्तराणि एकपदेन लिखत।
(निम्नलिखित प्रश्नों के उत्तर एक पद में लिखिए।)
(i) विदुषां मते नेत्रवन्तः के?
(ii) विद्वांसः एव अस्मिन् लोके के प्रकीर्तिता?
(iii) अत्र के चक्षुष्मन्तः?

II. अधोलिखितानां प्रश्नानाम् उत्तराणि पूर्णवाक्येन लिखत।
(निम्नलिखित प्रश्नों के उत्तर पूर्ण वाक्य में लिखिए।)
(i) चक्षुनामनी के?
(ii) अस्मिन् लोके विद्वांसः कीदृशाः स्मृताः?
(iii) का एव नेत्रं वर्तते?

III. अधोलिखितानां प्रश्नानाम् उत्तराणि निर्देशानुसारं लिखत।
(निम्नलिखित प्रश्नों के उत्तर निर्देशानुसार लिखिए।)
(i) 'विद्वांसः' इति कर्तृपदस्य क्रियापदं किम्?
(ii) 'अन्येषाम्' इति पदे का विभक्ति?
(iii) 'लोकेऽस्मिन्' इति पदयो विशेषण पदं चिनुत।

उत्तराणि

I. (i) विद्वांसः (ii) चक्षुष्मन्तः (iii) विद्वांसः

II. (i) अन्येषां वदने ये नेत्रे ते तु चक्षुर्नामनी मते।
(ii) अस्मिन् लोके विद्वांसः चक्षुष्मन्तः स्मृताः।
(iii) विद्या एव नेत्रम् वर्तते।

III. (i) प्रकीर्तिताः (ii) षष्ठी
(iii) अस्मिन्

**(ङ) यत् प्रोक्तं येन केनापि तस्य तत्त्वार्थनिर्णयः।
कर्तुं शक्यो भवेद्येन स विवेक इतीरितः।।**

I. अधोलिखितानां प्रश्नानाम् उत्तराणि एकपदेन लिखत।
(निम्नलिखित प्रश्नों के उत्तर एक पद में लिखिए।)
(i) येन तत्वार्थ निर्णयः कर्तुं शक्यो भवेत् सः किं कथ्यते?
(ii) विवेकः कीदृशः निर्णयं कर्तुं शक्यो भवेत्?
(iii) केषाम् कथनस्य निर्णयः विवेकः करोति?

II. अधोलिखितानां प्रश्नानाम् उत्तराणि पूर्णवाक्येन लिखत।
(निम्नलिखित प्रश्नों के उत्तर पूर्ण वाक्य में लिखिए।)
(i) विवेकः किं कथ्यते?
(ii) यत् प्रोक्तं येन केनास्ति सः किं कथ्यते?
(iii) विवेकी किम्?

III. अधोलिखितानां प्रश्नानाम् उत्तराणि निर्देशानुसारं लिखत।
(निम्नलिखित प्रश्नों के उत्तर निर्देशानुसार लिखिए।)
(i) 'निर्णयः' पदस्य श्लोके किं विशेषण पदम्?
(ii) 'विवेकः' अस्य क्रियापदम् किम्?
(iii) 'सः' इति सर्वनाम पदस्य प्रयोगः कस्मै अभवत्?

उत्तराणि

I. (i) विवेकः (ii) तत्त्वार्थः (iii) जनानां

II. (i) तत्त्वार्थ निर्णयः येन कर्तुं शक्यो भवेत् सः विवेक इति इरित।
(ii) सः तत्त्वार्थ निर्णयः कथ्यते।
(iii) येन केनापि यत् प्रोक्तं तस्य तत्त्वार्थ निर्णयः जनः येन कर्तुं शक्यः भवेत् सः एव विवेकः। विवेक-युक्तः जनः एव विवेकी भवति।

III. (i) तस्य (ii) ईरितः (iii) विवेकाय

**(च) वाक्पटुधैर्यवान् मन्त्री सभायामप्यकातरः।
स केनापि प्रकारेण परैर्न परिभूयते।।**

I. अधोलिखितानां प्रश्नानाम् उत्तराणि एकपदेन लिखत।
(निम्नलिखित प्रश्नों के उत्तर एक पद में लिखिए।)
(i) वाक्पटुः मंत्री कैः न परिभूयते?
(ii) मन्त्रिपदस्थस्य एकं गुणं लिखत?
(iii) कः परैः न परिभूयते?

II. अधोलिखितानां प्रश्नानाम् उत्तराणि पूर्णवाक्येन लिखत।
(निम्नलिखित प्रश्नों के उत्तर पूर्ण वाक्य में लिखिए।)
(i) मंत्री कीदृश भवेत्?
(ii) मंत्री कैः गुणैरूपेतो भवेत्?
(iii) कीदृशः मन्त्री केनापि प्रकारेण न परिभूयते?

III. अधोलिखितानां प्रश्नानाम् उत्तराणि निर्देशानुसारं लिखत।
(निम्नलिखित प्रश्नों के उत्तर निर्देशानुसार लिखिए।)
(i) सः परैः न परिभूयते? वाक्ये कर्तृपदम् किम्?
(ii) 'तिरस्क्रियते' इत्यर्थे अत्र किं पदं प्रयुक्तम्?
(iii) 'न कातरः' इति स्थाने किं पदं प्रयुक्तम्?

उत्तराणि

I. (i) परैः (ii) वाक्पटुता (iii) अकातर मंत्री

II. (i) मंत्री वाक्पटुः धैर्यवान् सभायामपि अकातरः भवेत्।
(ii) मंत्री वाक्पटुता, धैर्य सभायां वरितादिभिः गुणैरूपेतो भवेत्।
(iii) धैर्यवान् मन्त्री केनापि प्रकारेण परैः न परिभूयते।

III. (i) सः (ii) परिभूयते
(iii) अकातरः

**(छ) य इच्छत्यात्मनः श्रेयः प्रभूतानि सुखानि च।
न कुर्यादहितं कर्म स परेभ्यः कदापि च।।**

I. अधोलिखितानां प्रश्नानाम् उत्तराणि एकपदेन लिखत।
(निम्नलिखित प्रश्नों के उत्तर एक पद में लिखिए।)
(i) यः आत्मनः श्रेयः इच्छति तेन परेभ्यः किं न करणीय?
(ii) अहितं कर्म केभ्यः न कुर्यात्?
(iii) मनुष्यः कति सुखानि इच्छति?

II. अधोलिखितानां प्रश्नानाम् उत्तराणि पूर्णवाक्येन लिखत।
(निम्नलिखित प्रश्नों के उत्तर पूर्ण वाक्य में लिखिए।)
(i) मानवः संसारे किं लब्धुम् इच्छति?
(ii) यः अन्येभ्यो अहितं न करोति सः किं लभते?
(iii) मनुष्यः आत्मनः किम् इच्छति?

III. अधोलिखितानां प्रश्नानाम् उत्तराणि निर्देशानुसारं लिखत।
(निम्नलिखित प्रश्नों के उत्तर निर्देशानुसार लिखिए।)
(i) 'सुखानि' अस्य विशेषण पदं किम्?
(ii) 'कल्याणम्' इत्यर्थे अत्र किं पदं प्रयुक्तम्?
(iii) 'कुर्यात्' इति क्रिया पदस्य कर्तृपदं किम्?

उत्तराणि

I. (i) अहितम् (ii) परेभ्यः
(iii) प्रभूतानि।

II. (i) मानवः संसारे श्रेयः सुखानि च लब्धुम् इच्छति।
(ii) यो अन्येभ्यो अहितं न करोति सः श्रेयः प्रभूतानि सुखानि च लभते।
(iii) मनुष्यः आत्मनः श्रेयः इच्छति।

III. (i) प्रभूतानि (ii) श्रेयः
(iii) सः

(ज) आचारः प्रथमो धर्मः इत्येतद् विदुषां वचः।
तस्माद् रक्षेत् सदाचारं प्राणेभ्योऽपि विशेषतः।।

I. अधोलिखितानां प्रश्नानाम् उत्तराणि एकपदेन लिखत।
(निम्नलिखित प्रश्नों के उत्तर एक पद में लिखिए।)
(i) कः प्रथमः धर्मः?
(ii) विशेषतः प्राणेभ्योऽपि किं रक्षेत्?
(iii) श्लोके किम् अव्ययपदं प्रयुक्तम्?

II. अधोलिखितानां प्रश्नानाम् उत्तराणि पूर्णवाक्येन लिखत।
(निम्नलिखित प्रश्नों के उत्तर पूर्णवाक्य में लिखिए।)
(i) आचारः प्रथमः धर्मः इति केषां वचः?
(ii) कस्मात् रक्षेत् सदाचारम्?
(iii) प्राणेभ्यः अपि विशेषतः कः रक्षणीय?

III. अधोलिखितानां प्रश्नानाम् उत्तराणि निर्देशानुसारं लिखत।
(निम्नलिखित प्रश्नों के उत्तर निर्देशानुसार लिखिए।)
(i) 'रक्षेत्' पदे कः लकारः?
(ii) प्रथमः धर्मः इति अनयोः पदयो विशेष्य पदं किम्?
(iii) 'सदाचारं' इति पदे किं विलोमपदं?

उत्तराणि

I. (i) आचारः (ii) सदाचारम्
(iii) अपि

II. (i) आचारः प्रथमः धर्मः इति विदुषां वचः।
(ii) आचारः प्रथमः धर्मः तस्मात् सदाचारं रक्षेत्।
(iii) प्राणेभ्योऽपि विशेषतः सदाचारः रक्षणीयः।

III. (i) विधिलिङ् (ii) धर्मः
(iii) दुराचारं

अन्वयः पूर्ति

2. मञ्जूषातः समुचितपदानि चित्वा अधोलिखित श्लोकस्य अन्वयं पूरयित्वा पुनः लिखत।
(मञ्जूषा से समुचित पद चुनकर निम्नलिखित श्लोक का अन्वयः पूर्ण करके पुनः लिखिए।)

(क) पिता यच्छति पुत्राय बाल्ये विद्याधनं महत्। **CBSE SQP 2023-24**
पिताऽस्य किं तपस्तेपे इत्युक्तिस्तत्कृतज्ञता।।
अन्वयः बाल्ये पिता (i) ...... महत् विद्याधनं (ii) ......। अस्य पिता किं (iii) ...... तेपे इति उक्तिः (iv) ...... कृतज्ञता।

- मञ्जूषाः यच्छति, तत्, तपः, पुत्राय।

(ख) आचारः प्रथमो धर्मः इत्येतद् विदुषां वचः।
तस्माद् रक्षेत् सदाचारं प्राणेभ्योऽपि विशेषतः।।
अन्वयः आचारः प्रथमो (i) ...... इति एतद् विदुषां (ii) ...... तस्मात् विशेषतः (iii) ...... प्राणेभ्योऽपि (iv) ......।

- मञ्जूषा रक्षेत, सदाचारं, वचः, धर्मः।

(ग) वाक्पटुः धैर्यवान् मन्त्री सभायामप्यकातरः।
सः केनापि प्रकारेण परैर्न परिभूयते।। **CBSE 2016**
अन्वयः (यः) मन्त्री
(i) ....धैर्यवान्, सभायाम् अपि (ii) .... (भवति)। सः
(iii) ....केन अपि (iv) .... न परिभूयते।

- मञ्जूषा परैः, अकातरः, वाक्पटुः, प्रकारेण।

उत्तराणि

(क) (i) पुत्राय (ii) यच्छति
(iii) तपः (iv) तत्

(ख) (i) धर्मः (ii) वचः
(iii) सदाचारं (iv) रक्षेत्

(ग) (i) वाक्पटुः (ii) अकातरः
(iii) परैः (iv) प्रकारेण

भावार्थ पूर्ति

3. मञ्जूषायाः साहाय्येन श्लोकस्य भावार्थे रिक्तस्थानानि पूरयित्वा पुनः लिखत।
(मञ्जूषा की सहायता से श्लोक के भावार्थ में रिक्तस्थान पूर्ण करके पुनः लिखिए।)

(क) "विद्वांस एव लोकेऽस्मिन् चक्षुष्मन्तः प्रकीर्तिताः।
अन्येषां वदने ये तु ते चक्षुनामनी मते।"।
संस्कृते भावार्थः विद्या एव नरस्य (i) ...... अस्ति जनाः अनया एव संसारे सर्वविधं व्यवहारं कर्तुं समर्थाः भवन्ति। अतः अस्मिन् संसारे केवलं (ii) ...... ज्ञानिनः विचारशीलाः एव (iii) ...... कथिताः। अन्येषां विद्यारहितानाम् (iv) ...... तु ये चक्षुषी भवतः ते तु नाममात्रम् एव।

- मञ्जूषाः आनने, विद्वांसः, नेत्रम्, नेत्रवन्तः।

(ख) 'यत् प्रोक्तं येन केनापि तस्य तत्त्वार्थनिर्णयः।
कर्तुं शक्यो भवेद्येन स विवेक इतीरितः॥

संस्कृते भावार्थः येन (i) ·····अपि यत् (ii) ····· तस्य (iii)·····येन कर्तुं शक्यः भवेत्; सः (iv) ·····इति ईरितः।

- मञ्जूषा प्रोक्तं, विवेकः, केन, तत्त्वार्थनिर्णयः।

उत्तराणि

(क) (i) नेत्रम् (ii) विद्वांसः
(iii) नेत्रवन्तः (iv) आनने
(ख) (i) केन (ii) प्रोक्तं
(iii) तत्त्वार्थनिर्णयः (iv) विवेकः

प्रश्ननिर्माणं कुरुत

4. स्थूलपदमाधृत्य प्रश्ननिर्माणं कुरुत।
(स्थूल पद को आधार मानकर प्रश्न निर्माण कीजिए।)

(i) पिता पुत्राय **बाल्ये** विद्याधनं यच्छति।
(ii) अवक्रता यथा चित्ते तथा **वाचि** भवेत्।
(iii) त्यक्त्वा **धर्मप्रदां** वाचं परुषां च वदति।
(iv) **विमूढधीः** भुङ्क्तेऽपक्वं फलम्।
(v) **विद्वान** एव लोकेऽस्मिन् चक्षुष्मन्तः प्रकीर्तितः।
(vi) **वाक्पटुः** मंत्री परैर्नः परिभूयते।

उत्तराणि

(i) कदा (ii) कस्याम् (iii) कीदृशीं
(iv) कः (v) के (vi) कीदृशः

5. स्थूलपदमाधृत्य प्रश्ननिर्माणं कुरुत।
(स्थूल पद को आधार मानकर प्रश्न निर्माण कीजिए।)

(i) **यः** इच्छति प्रभूतानि सुखानि न कुर्यात् अहितं परेभ्यः।
(ii) **आचार** परमोधर्मः।
(iii) तस्मात् रक्षेत् **सदाचारं** प्राणेभ्योऽपि विशेषतः।
(iv) तदेबाहुः **महात्मनः** समत्वमिति तथ्यतः।
(v) पिता **पुत्राय** विद्याधनं ददाति।
(vi) स केनापि प्रकारेण **परैः** न परिभूयते।

उत्तराणि

(i) किम् (ii) कः (iii) किम्
(iv) कस्य (v) कस्मै (vi) कैः

मेलनं कुरुत।

6. निम्नलिखित पदानां दत्तेषु पर्यायपदेषु पर्यायः लिखत।
(निम्नलिखित पदों के पर्यायवाची शब्द उनके सामने दिए गए पदों से चुनकर लिखिए।)

सूची (क)	सूची (ख)
(i) अवक्रता	(अ) निहितार्थः
(ii) समता	(ब) मुखे
(iii) भुङ्क्ते	(स) कठोराम्
(iv) परुषाम्	(द) खादति
(v) वदने	(य) समत्वम्
(vi) तत्त्वार्थः	(र) ऋजुता

उत्तराणि

सूची (क)	सूची (ख)
(i) अवक्रता	(र) ऋजुता
(ii) समता	(य) समत्वम्
(iii) भुङ्क्ते	(द) खादति
(iv) परुषाम्	(स) कठोराम्
(v) वदने	(ब) मुखे
(vi) तत्त्वार्थः	(अ) निहितार्थः

प्रसङ्गानुसारं प्रश्नाः

7. अधोलिखितासु पङ्क्तिषु स्थूलाक्षरपदानां प्रसङ्गानुसारं शुद्धम् अर्थं चित्वा लिखत।
(अधोलिखित पंक्तियों में स्थूल अक्षर पदों को प्रसंगानुसार चुनकर शुद्ध अर्थ लिखिए।)

(i) तदेबाहुः महात्मानः समत्वमिति **तथ्यतः**।
(अ) वुद्धयः (ब) यर्थाथरूपेण (स) अस्तु (द) तथैव

(ii) तस्य व्यवहारे **अवक्रता** अस्ति।
(अ) सरलता (ब) विनम्रता (स) कटुता (द) मधुरता

(iii) **विमूढधीः** अपक्वं फलं भुङ्क्ते।
(अ) मूर्खः (ब) विवेकी (स) विद्वान् (द) पटुः

(iv) पिता यच्छति पुत्राय बाल्ये विद्याधनं <u>महत्</u>।
(अ) वृहत् (ब) महान् (स) महत्त्व (द) मानवः

उत्तराणि

(i) (ब) यथार्थरूपेण (ii) (अ) सरलता
(iii) (अ) मूर्खः (iv) (अ) वृहत्

8. रेखाङ्किपदानां प्रसङ्गानुसारं शुद्धं अर्थं चित्वा लिखत। **CBSE 2012**
(रेखांकित पदों से प्रसंग के अनुसार शुद्ध अर्थ चुनकर लिखिए।)

(i) चित्ते वाचि च सर्वदा <u>अवक्रता</u> भवेद्।
(अ) वक्रता (ब) सुगमता (स) कटुता (द) सरलता

(ii) धर्मप्रदां वाचं व्यक्त्वा <u>परुषां</u> न अभ्युदीरयेत्।
(अ) कठोराम् (ब) सरसाम् (स) मधुराम् (द) सुन्दराम्

(iii) मूर्खजनः पक्वं फलं व्यक्त्वा अपक्वं एव <u>भुङ्क्ते</u>।
(अ) क्षिपति (ब) पचति (स) खादति (द) पश्यति

(iv) नरः आत्मनः श्रेयः <u>प्रभूतानि</u> सुखानि इच्छति।
(अ) सुन्दराणि (ब) बहूनि (स) कथितानि (द) प्रस्तुतानि

उत्तराणि

(i) (द) सरलता (ii) (अ) कठोराम्
(iii) (स) खादति (iv) (ब) बहूनि

अध्याय

9

सुस्वागतं भो! अरुणाचलेऽस्मिन्

(ओह! अरुणाचल में आपका हार्दिक स्वागत है।)

पाठ परिचय

अरुणाचलप्रदेशस्य एकस्मिन् विद्यालये अद्य उत्सवस्य वातावरणम्। सुसज्जिते प्रवेशद्वारे सुन्दरैः अक्षरैः लिखितम्– 'स्वागतं कुर्मः'। तदैव छात्राणाम् एकः दलः तत्र प्रविशति। तेषां स्वागताय प्रवेशद्वारम् उभयतः स्थितः बालसमूहः मधुरस्वरेण गायति–

यः सप्तराज्येषु विभासमानः,
तरङ्गिणी यत्र च लोहिताख्या।
'ईटा' हि यस्यास्ति पुरी प्रधाना,
सुस्वागतं भो! अरुणाचलेऽस्मिन्।।

(तदैव विद्यालयस्य प्रधानाचार्यः तत्र आगच्छति।)

प्रधानाचार्यः अस्मिन् मनोरमे अरुणाचलप्रदेशे भवतां सर्वेषां हार्दिकं स्वागतम्।

छात्राः अनुगृहीताः वयम। अस्य मनोहरप्रदेशस्य विषये ज्ञातुं समुत्सुका स्मः।

प्रधानाचार्यः जानामि। एतदर्थमेव सभागारे प्रदेशस्य मान्यः पर्यटनाधिकारी युष्मान् प्रतीक्षते। आगम्यतां तत्र एव चलामः।

शब्दार्थाः तरङ्गिणी = नदी, लोहिताख्या = लोहित नाम की, ईटा = अरुणाचल की राजधानी (ईटानगर), यस्यास्ति = जिसकी है, पुरी प्रधाना = पुरियों में प्रधान, भो! = हे! अरे!, अस्मिन् = इसमें, अनुगृहीताः = अनुगृहीत किए गए/हुए।

हिन्दी अनुवाद

अरुणाचल प्रदेश के एक विद्यालय में आज उत्सव का वातावरण है। सुसज्जित प्रवेश द्वार पर सुंदर अक्षरों में लिखा है—हम आपका हार्दिक स्वागत करते हैं। तभी छात्रों का एक दल वहाँ प्रवेश करता है। उनके स्वागत के लिए प्रवेश द्वार के दोनों ओर स्थित बालकों का एक समूह मधुर स्वर में गाता है।

जो सात राज्यों में शोभायमान है।
लोहित नामक नदी जहाँ बह रही हैं।
ईटानगर जिसकी राजधानी है।
हे अतिथि! इस अरुणाचल में आपका हार्दिक स्वागत है।

(तभी विद्यालय के प्रधानाचार्य वहाँ आते हैं।)

प्रधानाचार्य इस मनोरम् प्रदेश में आप सभी का हार्दिक स्वागत है।

छात्रवृन्द हम अनुगृहीत हैं। इस मनोहर प्रदेश के विषय में जानने के इच्छुक हैं।

प्रधानाचार्य जानता हूँ। इसलिए इस सभागार में प्रदेश के माननीय पर्यटन अधिकारी आपकी प्रतीक्षा कर रहे हैं। आइए वहीं चलते हैं।

पाठ का सार पूर्वोत्तर भारत का प्रमुख प्रदेश अरुणाचल प्रदेश है। अरुणाचल प्रदेश के जनजीवन, सामाजिक रहन-सहन, आजीविका साधन, कला और संस्कृति आदि के विषय में चर्चा की गई है। अरुणाचल प्रदेश को सूर्योदय का प्रदेश भी कहते हैं। पूर्वोत्तर भारत की प्रमुख नदियों का उद्‌गम भी अरुणाचल प्रदेश से होता है। ब्रह्मपुत्र यहाँ की प्रमुख नदी है। यहाँ के वनों में विभिन्न प्रकार के वृक्ष वनस्पतियाँ औषधि आदि पाए जाते हैं। गहन चिकित्सा में उपयोगी औषधियाँ भी यहाँ पाई जाती हैं। इस प्रदेश में अनेक पर्व मनाए जाते हैं। जैसे-ओरिया, मोपीन, साडकेन आदि।

यहाँ अनेक दर्शनीय स्थल भी हैं। जिनमें तवाङ्ग में बौद्ध मठ, गोम्पा, परशुरामकुंड और भीष्मक नगर का किला आदि प्रसिद्ध हैं।

पाठ का हिंदी अनुवाद

1. (विद्यालयस्य सभागारः। मञ्चे विद्यालयस्य प्रधानाचार्यः, प्रदेशस्य पर्यटनाधिकारी केचित् अध्यापकाः च उपविष्टाः सन्ति।)

पर्यटनाधिकारी (ध्वनिविस्तारकयन्त्रस्य समीपम् आगत्य) प्रियच्छात्राः! अभिनन्दनं भवताम् अस्मिन् प्रदेशे। प्रसीदामि यत् भवन्तः अस्य रम्यस्य प्रदेशस्य विषये ज्ञातुम् अति उत्सुकाः। एतदर्थं स्थलानां दर्शनाय प्रबन्धः अपि वर्तते परन्तु सम्प्रति प्रश्नोत्तरमाध्यमेन भवतां जिज्ञासां शमयितुम् इच्छामि। प्रथमं तु अहम् एव एकं प्रश्नं पृच्छामि। अस्य प्रदेशस्य नाम 'अरुणाचल': कथं जातम्? अनुमीयताम्।

हिमांशुः अहं चिन्तयामि यत् 'अरुणः' तु सूर्यस्य पर्यायः। अस्य प्रकाशः सर्वप्रथमम् इमं प्रदेशं स्पृशति। अतः अरुणस्य प्रदेशः अरुणाचलः।

पर्यटनाधिकारी शोभनम्! उचितम् उक्तम्। हिमाद्रितुङ्गशृङ्गैः सुशोभिता सूर्योदयभूमिः इयम्। अतः अरुणाचलः। अस्मिन् प्रदेशे पञ्चाशदधिकाः नद्यः प्रवहन्ति। विपुला च अत्र वनसम्पदा। वनौषधीनां तु अयं स्रोतः एव। पुष्पाणां समृद्धिः सुगन्धिः च मनोहरः। सर्वत्र हरीतिमा। शुद्धपर्यावरणेन युक्तस्य अस्य प्रदेशस्य केवलं प्रकृतिः एव न विविधा मनोहरा च प्रत्युत संस्कृतिः अपि।

सर्वे एवम् …………

शब्दार्थाः मञ्चे = मंच पर, पर्यटनाधिकारी = पर्यटन अधिकारी, केचित् = कुछ, उपविष्टाः = बैठे हैं, ध्वनिविस्तारयन्त्रम् = ध्वनि विस्तारकयंत्र, प्रसीदामि = प्रसन्न हूँ, दर्शनाय = दर्शन के लिए, प्रश्नोत्तरमाध्यमेन = प्रश्नोत्तर माध्यम से, जिज्ञासां = कौतूहल, शमयितुम् = शांत करने के लिए, जातम् = हुआ, अनुमीयताम् = अनुमान कीजिए, हिमाद्रितुङ्गशृङ्गैः = हिमालय की ऊँची चोटियों से, वनौषधीनां = जड़ीबूटियों का, प्रत्युत = बल्कि।

हिंदी अनुवाद (विद्यालय का सभागार। मंच पर विद्यालय के प्रधानाचार्य, प्रदेश (राज्य) के पर्यटन अधिकारी और कुछ अध्यापक बैठे हैं।)

पर्यटन अधिकारी (ध्वनि विस्तारक (Mic) यंत्र के पास आकर) प्रिय छात्रो! इस प्रदेश में आपका अभिनंदन (स्वागत) है। मैं प्रसन्न हूँ कि आप इस रमणीय प्रदेश के विषय में जानने के लिए उत्सुक हैं। इसलिए स्थलों के दर्शन का प्रबंध भी है, परंतु इस समय मैं प्रश्नोत्तर के माध्यम से आपकी जिज्ञासा को शांत करने की इच्छा रखता हूँ। सबसे पहले तो मैं ही एक प्रश्न पूछता हूँ। इस प्रदेश का नाम 'अरुणाचल' कैसे हुआ? अनुमान लगाइए।

हिमांशु मैं समझता हूँ कि 'अरुण' तो सूर्य का पर्याय है। इसका प्रकाश सबसे पहले इसी प्रदेश को स्पर्श करता है। अतः अरुण का प्रदेश अरुणाचल है।

पर्यटन अधिकारी ठीक है! उचित कहा। सूर्योदय की यह भूमि हिमालय की ऊँची चोटियों से सुशोभित है। इसलिए यह अरुणाचल है। इस प्रदेश में पचास से अधिक नदियाँ बहती हैं और यहाँ पर वन संपदा विशाल है। यह वन औषधियों का महत्त्वपूर्ण स्रोत है। पुष्पों की सुगंध और समृद्धि मनोहर (मन को हरने वाली) है। सभी जगह हरियाली फैली हुई है। शुद्ध पर्यावरण से युक्त इस प्रदेश की केवल प्रकृति ही नहीं अपितु यहाँ की संस्कृति भी विविध और मनोहर है।

सभी ऐसा है …………

2. **सुधाकरः** अस्य प्रदेशस्य राजधानी का?

पर्यटनाधिकारी 'ईटानगरम्' अस्य प्रदेशस्य राजधानी।

श्यामा महोदय! अत्रत्यजनजातीनां कानि प्रमुखानि आजीविका-साधनानि?

पर्यटनाधिकारी कृषिः शिल्पकला वनसम्पद् चैव एतेषां प्रमुखानि आजीविकासाधनानि।

रविः मान्यवर! अस्य प्रदेशस्य प्रमुखाः उत्सवाः के?

पर्यटनाधिकारी साधु पृष्टम्। अत्र अनेके प्रमुखोत्सवाः। 'वाङ्चो' जनजातीनां प्रमुखं पर्व 'ओरिया' इति अस्ति। एतत् तु फरवरी इति मासे मान्यते। अस्मिन् अवसरे कृषिभूमिपूजनं सेतुनिर्माणं च सामाजिकं कार्यं क्रियते। 'मोपीन' इति अपि कृषिपर्व अस्ति। देवानामपि देवः 'मोपीन' इति कथ्यते। 'होली' सदृशम् एव पर्व इदम्। जनाः परस्परं मुखे कपोले च शालिचूर्णं लिम्पन्ति। इदम् 'अप्रैल' इति मासे मान्यते। 'ओणम्' पर्वसमं 'साडकेन' एकम् अन्यत् पर्व अस्ति। लामासम्प्रदायस्य 'लोसर' इति प्रमुखं पर्व अपि 'फरवरी' इति मासे सम्पद्यते।

शब्दार्थाः अत्रत्याः = इस स्थान का, आजीविका = रोजगार, शिल्पम् = कला, वनसम्पदः = वन की सम्पदा, उत्सवाः = पर्व, साधु = अच्छा, सेतुनिर्माणं = पुल का निर्माण, देवानामपि = देवताओं का भी, कपोले = गाल पर, शालिचूर्णं = चावल का आटा, लिम्पन्ति = पोतते हैं, सम्पद्यते = भवति-सम्पन्न होता है।

हिंदी अनुवाद

सुधाकर इस प्रदेश की राजधानी कौन-सी है?

पर्यटन अधिकारी इस प्रदेश की राजधानी 'ईटानगर' है।

श्यामा महोदय! यहाँ की जनजातियों की आजीविका (जीवन-यापन रोजगार) के प्रमुख साधन कौन-कौन-से हैं?

पर्यटन अधिकारी इनके आजीविका (रोजगार) के प्रमुख साधन कृषि, शिल्पकला और वन संपत्ति ही हैं।

रवि मान्यवर! इस प्रदेश (अरुणाचल) के प्रमुख उत्सव कौन-कौन से हैं?

पर्यटन अधिकरी अच्छा प्रश्न है। यहाँ अनेक प्रमुख उत्सव (त्योहार) मनाए जाते हैं। 'वाङ्चों' जनजातियों का प्रमुख पर्व 'ओरिया' है। यह फरवरी मास में मनाया जाता है। इस अवसर पर कृषि भूमि पूजन, सेतुनिर्माण और सामाजिक कार्य किए जाते हैं। 'मोपीन' भी कृषि पर्व है। देवताओं का भी देवता 'मोपीन' कहलाता है। होली के समान ही यह पर्व मनाया जाता है। लोग परस्पर मुख और गालों पर चावल का आटा पोतते हैं। यह (पर्व) अप्रैल मास में मनाया जाता है। 'ओणम्' पर्व के समान 'साड़केन' नामक एक अन्य पर्व है। लामा सम्प्रदाय का 'लोसर' नामक प्रमुख पर्व भी फरवरी मास में मनाया जाता है।

3. **हिमांशुः** अस्माभिः 'मिथुन' इति विषये अपि किञ्चित् श्रुतम्। किं तत्?

पर्यटनाधिकारी 'मिथुनः' गोमहिषसदृशः एकः विशिष्टः राजपशुः अस्ति।

शोभा वयम् अत्रत्यानाम् ऐतिहासिकस्थलानां विषये ज्ञातुम् इच्छामः।

पर्यटनाधिकारी मया पूर्वम् एव उक्तं यत् अस्य प्रदेशस्य दर्शनीयस्थलानां दर्शनाय विशेषः प्रबन्धः अपि अस्ति। अधुना तु वयम् अनेन प्रक्षेपकयन्त्रेण केषाञ्चित् स्थलानां परिचयं प्राप्स्यामः। पश्यत एतत् चित्रम्।

राजीवः किम् एतत् कस्यचित् दुर्गस्य चित्रम्?

पर्यटनाधिकारी आम्! एतत् दिवाङ्ग-उपत्यका-मण्डले स्थितं भीष्मकनगरदुर्गम्! अस्य अवशेषाः तु आर्यकला-संस्कृति-सम्पदः परिचायकाः। अधुना इदं चित्रं पश्यत।

शैलेशः अहं जानामि इदं स्थानम्! इदं तु 'तवाङ्ग गोम्पा' इति प्रसिद्धः बौद्धमठः।

शब्दार्थाः गोमहिषसदृशः = गाय एवं भैस के समान, अत्रत्यानाम् = यहाँ के, पूर्वम् = पहले, वयम् = हमे, प्रक्षेपकयन्त्रेण = प्रक्षेपक यंत्र स, दुर्गस्य = दुर्ग का, उपत्यका = पर्वत का निम्न भू भाग घाटी, अवशेषाः = शेष बचे हुए अंश, सम्पदः = संपति, परिचायकाः = परिचय देने वाला।

हिंदी अनुवाद

हिमांशु हमारे द्वारा 'मिथुन' के विषय में भी कुछ सुना गया है। वह क्या है?

पर्यटन अधिकारी 'मिथुन' गाय और भैंस के समान एक विशेष राजपशु है।

शोभा हम यहाँ के ऐतिहासिक स्थलों के बारे में भी जानने की इच्छा रखते हैं।

पर्यटन अधिकारी मेरे द्वारा पहले ही कहा गया है कि इस प्रदेश के दर्शनीय स्थलों के दर्शन के लिए विशेष प्रबंध भी है। अब तो हम इस प्रक्षेपक यंत्र से कुछ स्थलों का परिचय प्राप्त करेंगे। इस (मणिका पाठ्यपुस्तक में दिया गया) चित्र को देखो।

राजीव क्या यह किसी दुर्ग (किला) का चित्र है?

पर्यटन अधिकारी हाँ। यह दिवागं घाटी के निम्न भू-भाग में स्थित भीष्मक नगर का दुर्ग है। इसके अवशेष तो आर्यकला, संस्कृति एवं संपत्ति के परिचायक हैं। अब इस (मणिका पाठ्यपुस्तक में दिया गया) इस चित्र को देखो।

शैलेश मैं इस स्थान को जानता हूँ। यह 'तवाङ्ग-गोम्पा' नाम का प्रसिद्ध बौद्धमठ है।

4. **पर्यटनाधिकारी** सम्यक् अभिज्ञातम्! मनोहरे सुरम्ये 'तवाङ्ग' इति स्थले राजते अयं बौद्धमठः। पञ्चशतानां बौद्धभिक्षूणां निवासयोग्या स्थली इयम्। लोहितजनपदे अपि अनेकबौद्धविहाराः सन्ति।

नीलिमा मान्यवर! मया अस्य प्रदेशस्य 'परशुरामकुण्डम्' इति दर्शनीयस्थलविषये अपि पठितम्! किम् इदम्?

पर्यटनाधिकारी आम्! एतत् कुण्डं तु लोहितनद्याः किञ्चिद् दूरे अस्ति। पूर्वम् इदं ब्रह्मकुण्डम् आसीत्। इदं लोहितनद्याः उद्गमस्थलम् इति मन्यते। अत्र अनेकानि अन्यानि दर्शनीयानि स्थलानि अपि सन्ति। अस्माकं पर्यटनविभागेन प्रकाशितां केषाञ्चित् प्रसिद्धस्थलानां सूचीं पठित्वा ज्ञायताम् इमानि पर्यटनस्थलानि …………

शब्दार्थाः अभिज्ञातम् = पहचाना गया, सुरम्ये = सुंदर, राजते = विराजमान, कुण्डम् = कुआँ, अपि = भी, किञ्चिद् = कुछ, लोहितनद्याः = लोहित नदी (लाल नदी), उद्गमस्थलम् = उद्गम स्थल।

हिंदी अनुवाद

पर्यटन अधिकारी ठीक पहचाना! मनोहर और सुरम्य 'तवाङ्ग' नामक स्थान में यह बौद्धमठ विराजमान है। यह स्थान पाँच सौ बौद्ध भिक्षुओं के निवास के योग्य है। लोहित जनपद (जिले) में भी अनेक बौद्ध-विहार है।

नीलिमा मान्यवर! मेरे द्वारा इस प्रदेश के 'परशुरामकुंड' नामक दर्शनीय स्थल के विषय में भी पढ़ा गया है। यह क्या है?

पर्यटन अधिकारी हाँ! यह कुंड तो लोहित नदी से कुछ दूरी पर है। पहले यह ब्रह्मकुंड था। इसे लोहित नदी का उद्गम स्थल भी माना जाता है। यहाँ अनेक अन्य दर्शनीय स्थल भी हैं। हमारे पर्यटन विभाग द्वारा प्रकाशित कुछ प्रसिद्ध स्थलों की सूची को पढ़कर उनके बारे में जानें, ये पर्यटन स्थल हैं …………

5. **पर्यटनस्थलम्** — **स्थानम्**

पर्यटनस्थलम्	स्थानम्
मालिनीथान मन्दिरम्	पश्चिमी-सियाङ्ग-मण्डलम्
भालुकपोङ्ग उपक्षेत्रम्	पूर्व-कामेङ्ग-मण्डलम्
ईटानगरदुर्गम्	दुर्गम्ईटा-नगरम्
आकाशी-गङ्गा	अलोङ्गे-मार्गः
चोरत्तेनस्तूपः	जिमिथाङ्ग-गोलकम्
विजयनगरस्तूपः	मियाव-गोलकम्
ताम्रेश्वरी-मन्दिरम्	लोहित-मण्डलम्
शिवलिङ्गगुहा	सुम्बसिरी-मण्डलम्

अभयारण्यानि

ईटानगर-वन्य-जीव-उद्यानम्
पखुई-वन्य-जीव-उद्यानम्
इरिङ्ग-स्मारक-वन्य-जीव-उद्यानम्
ईगलनेस्ट-वन्य-जीव-उद्यानम्
नामदफा-राष्ट्रीय-उद्यानम्

सर्वे अधुना तु वयम् एतानि स्थलानि द्रष्टुम् उत्सुकाः स्मः।

प्रधानाचार्यः शोभनम्। एतेषां दर्शनाय सम्पूर्णा व्यवस्था वर्तते। कार्यक्रमस्तु सुनिश्चितः। जलपानाद् अनन्तरं गमिष्यामः।

शब्दार्थाः जीवउद्यानम् = चिड़िया घर, अधुना = अबे, शोभनम् = सुंदर, एतेषाम् = इनके, दर्शनाय = दर्शन के लिए, सम्पूर्णा = पूरे तरीके स, जलपानाद् = भोजन करने के, अनन्तरम् = बाद, गमिष्यामः = जाएंगे।

हिंदी अनुवाद

पर्यटन	स्थान
'मालिनीथान' मंदिर	पश्चिमी सियाङ्ग मंडल
'भालुकपोङ्ग' उपक्षेत्र	पूर्व कामेङ्ग मंडल
'ईटानगर' दुर्ग	दुर्ग ईटानगर
आकाशी गंगा	अलोङ्गे मार्ग
चोरत्तेनस्तूप	जिमिथाङ्ग गोलक
विजयनगर स्तूप	मियाव गोलक
'ताम्रेश्वरी' मंदिर	लोहित मंडल
शिवलिङ्गगुहा	सुंबसिरी मंडल

अभयारण्य

ईटानगर-वन्य-जीव-उद्यान
पखुई-वन्य-जीव-उद्यान
इरिङ्ग-स्मारक-वन्य-जीव-उद्यान
ईगलनेस्ट-वन्य-जीव-उद्यान
नामदफा-राष्ट्रीय-उद्यान

सभी अब तो हम इन स्थलों को देखने के लिए उत्सुक हैं।

प्रधानाचार्य ठीक है। इनके दर्शन के लिए संपूर्ण व्यवस्था है। कार्यक्रम तो सुनिश्चित है, हम जलपान के बाद जाएँगे।

मणिका-पाठ्यपुस्तकम् प्रश्नोत्तराः

मणिका पाठ्य-पुस्तक के प्रश्नोत्तर

प्र.1 एकपदेन उत्तरत्। (एक पद में उत्तर दीजिए।)

(क) सूर्योदयभूमिः अरुणाचलः कैः सुशोभिता?
(ख) अरुणाचले कति नद्यः वहन्ति?
(ग) अरुणाचलस्य पर्यावरणं कीदृशम्?
(घ) देवानामपि देवः कः कथ्यते?
(ङ) अरुणाचलस्य राजधानी का?
(च) लामासम्प्रदायस्य प्रमुखं पर्व किम्?
(छ) अरुणाचलस्य विशिष्टः राजपशुः कः?
(ज) 'तवाङ्ग गोम्पा' केषां मठः?

उत्तराणि

(क) हिमाद्रितुङ्गशृङ्गैः (ख) पञ्चाशदधिका
(ग) शुद्धम् (घ) 'मोपीन'
(ङ) ईटानगरम् (च) 'लोसर'
(छ) मिथुन (ज) बौद्धानाम्

प्र.2 पूर्णवाक्येन उत्तरत। (पूर्णवाक्य में उत्तर दीजिए।)

(क) अरुणः कस्य पर्यायः?
(ख) सूर्योदयभूमिः इति पदं कस्मै प्रयुक्तम्?
(ग) अरुणाचलप्रदेशस्य जनजातीनां प्रमुखानि आजीविकासाधनानि कानि सन्ति?
(घ) 'ओरिया' इति केषां प्रमुखं पर्व?
(ङ) लामासम्प्रदायस्य 'लोसर' इति पर्व कदा मान्यते?
(च) 'मोपीन' इति कीदृशं पर्व अस्ति?
(छ) लोहितनद्याः उद्गमस्थलं किं मन्यते?

उत्तराणि

(क) अरुणः सूर्यस्य पर्यायः।
(ख) सूर्योदयभूमिः इति पदं अरुणाचलाय प्रयुक्तम्।
(ग) कृषिः, शिल्पकला, वनसम्पद् च अरुणाचलप्रदेशस्य जनजातीनां प्रमुखानि आजीविकासाधनानि सन्ति।।

(घ) 'ओरिया' इति 'वाङ्चो' जनजातीनां प्रमुखं पर्व।
(ङ) लामासम्प्रदायस्य 'लोसर' इति पर्व 'फरवरी' इति मासे मान्यते।
(च) 'मोपीन' इति 'होली' सदृशं पर्व अस्ति।
(छ) लोहितनद्याः उद्गमस्थलं परशुरामकुण्डं मन्यते।

प्र.3 अधोलिखितवाक्येषु स्थूलपदानि आधृत्य प्रश्ननिर्माणं कुरुत।
(निम्नलिखित वाक्यों में स्थूल पदों को आधार मानकर प्रश्न निर्माण कीजिए।)

(क) **अरुणाचलप्रदेशे** पञ्चाशदधिका नद्यः प्रवहन्ति।
(ख) **अरुणस्य** प्रदेशः अरुणाचलः।
(ग) अरुणाचले अनेके **उत्सवाः** मान्यन्ते।
(घ) **वनौषधीनां** तु अयं स्रोतः एव अस्ति।
(ङ) 'ओरिया' इति पर्वणि अरुणाचले **कृषिभूमिपूजनं सामाजिक कार्यं** च भवति।
(च) **भीष्मक-नगर-दुर्गस्य** अवशेषाः आर्य-कला-संस्कृति-सम्पद्- परिचायकाः।
(छ) परशुरामकुण्डं **लोहितनद्याः** किञ्चिद् दूरम् अस्ति।

उत्तराणि

(क) कुत्र/कस्मिन् प्रदेशे पञ्चाशदधिका नद्यः प्रवहन्ति?
(ख) कस्य प्रदेशः अरुणाचलः?
(ग) अरुणाचले अनेके के मान्यते?
(घ) केषां तु अयं स्रोतः एव अस्ति?
(ङ) 'ओरिया' इति पर्वणि अरुणाचले किं-किं च भवति?
(च) कस्य अवशेषाः आर्य-कला संस्कृति-सम्पद्-परिचायकाः?
(छ) परशुरामकुण्डं कस्याः किञ्चिद दूरम् अस्ति?

प्र.4 अधोलिखितप्रश्नानां यथानिर्देशम् उत्तरत।
(निम्नलिखित प्रश्नों का उत्तर निर्देशानुसार दीजिए।)

(क) 'स्थलानां दर्शनाय प्रबन्धः अपि वर्तते।' अत्र 'वर्तते' इति क्रियापदस्य कर्तृपदं किम्?
(ख) 'मिथुनः गोमहिषसदृशः एकः विशिष्टः राजपशुः अस्ति।' वाक्येऽस्मिन् विशेष्यपदं किं प्रयुक्तम्?
(ग) 'साडकेन एकम् अन्यत् पर्व अस्ति।' अत्र 'अपरम्' इति पदस्य किं पर्यायपदं प्रयुक्तम्?
(घ) 'जनाः परस्परं मुखे कपोले च शालिचूर्णं लिम्पन्ति।' वाक्येऽस्मिन् किं क्रियापदं प्रयुक्तम्?
(ङ) 'पर्यटनविभागेन प्रकाशितां प्रसिद्धस्थलानां सूचीं पठित्वा ज्ञायताम्।' अत्र 'सूचीम्' इति पदस्य किं विशेषणपदं प्रयुक्तम्?

उत्तराणि

(क) प्रबन्धनः (ख) मिथुनः
(ग) अन्यत् (घ) 'लिम्पन्ति' (ङ) प्रकाशितां

प्र.5 विशेष्यैः सह समुचितविशेषणानि योजयित्वा लिखत।
(विशेषणों के साथ समुचित विशेष्यों का मेल करके लिखिए।)

सूची (अ)	**सूची** (ब)
(क) विविधवर्णमनोहरा	(i) पर्व
(ख) प्रमुखानि	(ii) राजपशुः
(ग) सामाजिकम्	(iii) आजीविकासाधनानि
(घ) अन्यत्	(iv) ऐतिहासिकस्थलानि
(ङ) सम्पूर्णा	(v) कार्यम्
(च) दर्शनीयानि	(vi) प्रकृतिः
(छ) गोमहिषसदृशः	(vii) व्यवस्था

उत्तराणि

सूची (अ)	**सूची** (ब)
(क) विविधवर्णमनोहरा	(vi) प्रकृतिः
(ख) प्रमुखानि	(iii) आजीविकासाधनानि
(ग) सामाजिकम्	(i) पर्व
(घ) अन्यत्	(v) कार्यम्
(ङ) सम्पूर्णा	(vii) व्यवस्था
(च) दर्शनीयानि	(iv) ऐतिहासिकस्थलानि
(छ) गोमहिषसदृशः	(ii) राजपशुः

प्र.6 अधोलिखितपदैः सह समानार्थकपदं योजयित्वा लिखत।
(अधोलिखित पदों के साथ समानार्थक शब्दों का मेल करके लिखिए।)

सूची (अ)	**सूची** (ब)
(क) अभिनन्दनम्	(i) अपितु
(ख) ज्ञातुम्	(ii) पश्चात्
(ग) अरुणः	(iii) अवगन्तुम्
(घ) समम्	(iv) इदानीम्
(ङ) अधुना	(v) सदृशम्
(च) प्रत्युत	(vi) स्वागतम्
(छ) अनन्तरम्	(vii) सूर्यः

उत्तराणि

सूची (अ)	**सूची** (ब)
(क) अभिनन्दनम्	(vi) स्वागतम्
(ख) ज्ञातुम्	(iii) अवगन्तुम्
(ग) अरुणः	(vii) सूर्यः
(घ) समम्	(iv) सदृशम्
(ङ) अधुना	(v) इदानीम्
(च) प्रत्युत	(ii) अपितु
(छ) अनन्तरम्	(i) पश्चात्

प्र.7 अधोलिखितवाक्येषु स्थूलपदानि केभ्यः प्रयुक्तानि?
(अधोलिखित वाक्यों में स्थूल पद किसके लिए प्रयुक्त हुए हैं लिखिए।)

यथा- अहं **भवतां** जिज्ञासां शमयितुम् इच्छामि। छात्राणां कृते/छात्रेभ्यः

(क) प्रथमं तु **अहम्** एव एकं प्रश्नं पृच्छामि। ....
(ख) सूर्यस्य प्रकाशः सर्वप्रथमम् **इमं** स्पृशति। ....
(ग) **अहं** चिन्तयामि यत् अरुणः तु सूर्यस्य पर्यायः। ....
(घ) कृषिः, शिल्पकला वनसम्पद् च **एतेषां** प्रमुखानि आजीविकासाधनानि। ....

(ङ) **इदम्** 'अप्रैल' इति मासे मान्यते। ....

(च) अधुना तु वयम् **एतानि** द्रष्टुम् उत्सुकाः स्मः। ....

(छ) **अत्र** अनेके प्रमुखोत्सवाः। ....

उत्तराणि

(क) प्रथमं तु अहम् एव एकं प्रश्नं पृच्छामि।	पर्यटनाधिकारिणे/पर्यटनाधिकारिमहोदयाय
(ख) सूर्यस्य प्रकाशः सर्वप्रथमम् इमं स्पृशति।	अरुणाचलप्रदेशाय
(ग) अहं चिन्तयामि यत् अरुणः तु सूर्यस्य पर्यायः।	हिमांशवे
(घ) कृषिः, शिल्पकला वनसम्पद् च एतेषां प्रमुखानि आजीविकासाधनानि।	जनजातिभ्यः/जनजातीनां कृते
(ङ) इदम् 'अप्रैल' इति मासे मान्यते।	मोपीनपर्वणे/मोपीनपर्वणः कृते
(च) अधुना तु वयम् एतानि द्रष्टुम् उत्सुकाः स्मः।	पर्यटनस्थलेभ्यः/पर्यटनस्थलानां कृते
(छ) अत्र अनेके प्रमुखोत्सवाः।	अरुणाचलप्रदेशाय

प्र.8 **अधोलिखितपदानां समुचितं विग्रहं समस्तपदं वा लिखत।**
(अधोलिखित पदों में समास विग्रह या समस्त पद लिखिए।)

(क) वनसम्पदा (ख) सेतोः निर्माणम्

(ग) पर्यटनाधिकारी (घ) हिमाद्रेः तुङ्गशृङ्गानि, तैः

(ङ) बौद्धमठः (च) उद्गमस्य स्थलम्

(छ) अरुणाचलः

उत्तराणि

(क) वनसम्पदा = वनस्य सम्पदा

(ख) सेतोः निर्माणम् = सेतुनिर्माणम्

(ग) पर्यटनाधिकारी = पर्यटनस्य अधिकारी

(घ) हिमाद्रेः तुङ्गशृङ्गानि, तै = हिमाद्रितुङ्गशृङ्गैः

(ङ) बौद्धमठः = बौद्ध मतानुयायिनः मठः

(च) उद्गमस्य स्थलम् = उद्गमस्थलम्

(छ) अरुणाचलः = अरुणस्य स्थलम्

प्र.9 **अधोलिखितवाक्येषु रेखाङ्कितपदानां प्रसङ्गानुकूलं समुचितार्थं चित्वा लिखत। (अधोलिखित वाक्यों में रेखांकित पदों के प्रसङ्गानुकूल समुचित अर्थ चुनकर लिखिए।)**

(क) प्रश्नोत्तरमाध्यमेन भवतां जिज्ञासां शमयितुम् इच्छामि।
(i) गन्तुम् इच्छा (ii) ज्ञातुम् इच्छा (iii) गातुम् इच्छा

(ख) अस्य अवशेषाः तु आर्यकला-संस्कृति-सम्पदः परिचायकाः।
(i) सूचकाः (ii) सेवकाः (iii) पर्यटकाः

(ग) साधु पृष्टम्।
(i) संन्यासी (ii) शुद्धम् (iii) सम्यक्

(घ) विपुला च अत्र वनसम्पदा।
(i) पृथ्वी (ii) विशाला (iii) स्थूला

(ङ) वनौषधीनां तु अयं स्रोतः एव।
(i) उद्गमस्थलम् (ii) प्रवाहः (iii) निर्झरः

उत्तराणि

(क) (ii) ज्ञातुम् इच्छा (ख) (i) सूचकाः
(ग) (iii) सम्यक् (घ) (ii) विशाला
(ङ) (i) उद्गमस्थलम्

प्र.10 **अत्र लिखिते गद्यांशे रिक्तस्थानानां पूर्तिम् 'इदम्' सर्वनामपदस्य उचितरूपैः कुरुत।**
(यहाँ लिखे गद्यांश में रिक्त स्थानों की पूर्ति 'इदम्' सर्वनाम पद के उचित रूप से कीजिए।)

अरुणस्य प्रदेशः अरुणाचलः। .... प्रदेशस्य अस्ति हिमाद्रितुङ्गशृङ्गैः सुशोभिता भूमिः। एवञ्च अस्ति विपुलवनसम्पदा .... प्रदेशे। .... प्रदेशात् एव वहति लोहिताख्या नदी। सूर्यस्य प्रकाशः सर्वप्रथमम् .... प्रदेशम् एव स्पृशति। ....प्रदेशेन एव जीवन्ति .... प्रदेशस्य जनाः। अद्भुतः सौन्दर्यमयः एव .... प्रदेशः।

उत्तराणि

अरुणस्य प्रदेशः अरुणाचलः। **अस्य** प्रदेशस्य अस्ति हिमाद्रितुङ्गशृङ्गैः सुशोभिता भूमिः। एवञ्च अस्ति विपुलवनसम्पदा **अस्मिन्** प्रदेशे। **अस्मात्** प्रदेशात् एव वहति लोहिताख्या नदी। सूर्यस्य प्रकाशः सर्वप्रथमम् **इमं** प्रदेशम् एव स्पृशति। **अनेन** प्रदेशेन एव जीवन्ति **अस्य** प्रदेशस्य जनाः। अद्भुतः सौन्दर्यमयः एव **अयं** प्रदेशः।

योग्यताविस्तारः (योग्यता–विस्तार)

भावविस्तारः (भाव–विस्तार)

नद्यः **अरुणाचले पञ्चाशदधिकनद्यः प्रवहन्ति। तत्र कमेंग-सुबंसिरी-सियोग-लोहित-दिवाङ्ग-तिरप-नाम्न्यः प्रमुखाः नद्यः। 'ब्रह्मपुत्र' नाम्न्याः नद्याः अपि अत्र उद्गमः। सदियास्थले दिहांग-दिवाङ्ग नद्योः 'लोहिता' इति नद्या सह सङ्गमः एव 'ब्रह्मपुत्र' इति नाम भवति।**

अरुणाचल प्रदेश में पचास से अधिक नदियाँ बहती हैं। वहाँ कमेंग, सुबंसिरी, सियांग-लोहित-दिवांग-तिरप नामक प्रमुख नदियाँ हैं। ब्रह्मपुत्र नदी का उद्गम स्थान भी यहीं है। सदिया स्थल पर दिहांग और दिवांग नदियों का लोहित नदी के साथ संगम ही 'ब्रह्मपुत्र' है।

वनसम्पदाः **अत्रत्या वनसम्पदा विपुला। अस्य प्रदेशस्य 62 प्रतिशतं भागः वनाच्छादितः। अस्मिन् प्रदेशे विविधवृक्षाणां वनानि सन्ति। क्वचित् तु चीरपर्णः/सरलः देवदारु-अगर-रुद्राक्षवृक्षाणां सघनवनानि सन्ति, क्वचित् सेमल-वालनट-ओक-पाइन-मेकाई-वृक्षाणाम् अरण्यानि। नारङ्ग-आम्ल-कंटघर-अनन्नास-लीची-फलपादपाः प्रचुराः। जाङ्गलाः कदली-फलतरवः तु पर्याप्ताः एव।**

यहाँ विस्तृत वन हैं। इस प्रदेश का 62 प्रतिशत भाग वनों से ढका हुआ है। इस प्रदेश में अनेक वृक्षों के वन हैं। कहीं चीड़, देवदार, अगर, रुद्राक्ष वृक्षों के घने वन हैं, तो कहीं

सेमल-वालनट-ओक-पाइन-मेकाई वृक्षों के जंगल हैं। सन्तरे, आँवला, कंटघर, अनन्नास, लीची आदि फलों के बहुत वृक्ष हैं। जंगली केले के वृक्ष तो बहुत ही अधिक हैं।

वनौषधयः **अस्मिन् प्रदेशे वनौषधीनां प्राचुर्यं वर्तते, येषां चिकित्सायाम् उपयोगः भवति। यथा अकरकरा–ममीरे–अगर–पादपाः बहुलाः। एकमेव (कृमिनाशकः, सर्पदंशहरः), सप्तवर्णः (कृमिनाशकः, कुष्ठघ्नः कफघ्नः रक्तशोधकश्च)। अर्जुनः (हृदयरोगे लाभकरः), बहिर्रा (बहेड़ा) कब्जरोगे, हरड़ (कृमिनाशकः), ब्राह्मी (स्मरणशक्ति–वर्धिका), चित्रकं (चर्मरोगे), बिडंगः (रक्तशोधकः), वचा (वातहरः), अगरुः (वातकफनाशकः), नामकेशरः (कफपित्तशामकः), दारु–हरिद्रा (वेदनानाशकम्)।**

इस प्रदेश में जंगली जड़ी-बूटियों की अधिकता है, जिनका चिकित्सा में उपयोग होता है। जैसे–अगर के वृक्ष बहुत हैं। इस प्रकार कुष्ठ (कीड़े मारने वाली, साँप के जहर को दूर करने के लिए), सप्तपर्ण (कीड़े नाशक, कुष्ठ तथा कफ नाशक तथा खून साफ करने वाली), अर्जुन (हृदय रोग में लाभदायक), बहेड़ा (कब्ज के लिए), हरड़ (पेट के कीड़े नष्ट करने वाली), ब्राह्मी (स्मरणशक्ति बढ़ाने वाली), चित्रक (त्वचा सम्बन्धी रोगों में), बिडंग (खून साफ करने वाला), वचा (वात दोष का नाशक), अगरु (वात-कफ नाशक), नागकेशर (कफ तथा पित्त को शान्त करने वाला), दारु-हरिद्रा (वेदनानाशक)।

मिथुनः **मिथुनः गो–महिषयोः सङ्कररूपः विशिष्टः पशुः। तस्य अग्रभागः महिषस्य इव पृष्ठः भागः च गो इव भवति।**

मिथुन गाय और भैंस का संकर रूप एक विशिष्ट पशु है। इसके आगे का भाग भैंस के समान व पीछे का भाग गाय के समान होता है।

धनेशः **'धनेशः' च दीर्घचञ्चुचर्चितः विशिष्टः राजपक्षी अस्ति।**

धनेश लम्बी चोंच वाला प्रसिद्ध राजपक्षी है।

जनजातयः **अरुणाचलः जनजातीनाम् एव प्रदेशः। तत्र माम्मा, मिजी, ऑका, निसी, गोलोंग, डिगारो वाङ्चो प्रमुखाः जनजातयः वसन्ति।**

अरुणाचल प्रदेश जनजातियों का प्रदेश है। वहाँ माम्मा, मिजी, ऑका, निसी, गोलोंग, वाङ्चो आदि प्रमुख जनजातियाँ निवास करती हैं।

कृषिः **अत्र कृषिः द्विधा भवति–झूमकृषिः जलकृषिः च। पर्वते जङ्गलान् स्वच्छीकृत्य या कृषिः भवति सा झूमकृषिः कथ्यते। उपत्यकासु जलकृषिः भवति।**

यहाँ दो तरह की खेती होती है। झूम कृषि और जल कृषि। पर्वत पर जंगलों को साफ करके जो खेती होती है। वह झूम कृषि कहलाती है तथा घाटियों में जल कृषि होती है।

दर्शनीयस्थानानि अधः 'क' स्तम्भे दर्शनीयस्थानानि 'ख' स्तम्भे च तेषां मण्डलानां नामानि। एतानि ध्यानेन पठत अवगच्छत च।

'क' स्तम्भः	'ख' स्तम्भः
(अ) मालिनी-स्थानम्	(i) पश्चिमी-सियांगे स्थितम्
(ब) भीष्मकनगर-दुर्गम्	(ii) लोहितमण्डले स्थितम्
(स) शिवलिङ्गगुहा	(iii) निम्नतर-सुबंसिरी मण्डले स्थितम्
(द) 'नामदफा' इति राष्ट्रिय-उद्यानम्	(iv) चाङ्गलाङ्गमण्डले स्थितम्
(य) तवाङ्गगोम्पा	(v) तवाङ्गमण्डले स्थितम्

1. **अधः कानिचित् पदानि दत्तानि। तेषां प्रकृतयः गोलाकारेषु प्रत्ययाः च चतुर्भुजेषु लिखिताः।**

ध्यानेय पठत पदाना परिचयं च प्राप्नुत

पृष्टम	=	प्रच्छ	–	क्त
आगत्य	=	आ + गम्	–	ल्यप्
ज्ञातुम	=	ज्ञा	–	तुमुन्
द्रष्टुम्	=	दृश	–	तुमुन्
दर्शनीयानि	=	दृश	–	अनीयर्
जातः	=	जन्	–	क्त
अभिज्ञातम्	=	अभि + ज्ञ	–	क्त
प्रसिद्धाः	=	प्र + सिध्	–	क्त
पठित्वा	=	पठ्	–	क्त्वा

2. **पर्वन् (उत्सवः) नपुंसकलिङ्गम्**

विभक्ति	एकवचनम्	द्विवचनम्	बहुवचनम्
प्रथमा	पर्व	पर्वणी	पर्वाणि
द्वितीया	पर्व	पर्वणी	पर्वाणि
तृतीया	पर्वणा	पर्वभ्याम्	पर्वभिः
चतुर्थी	पर्वणे	पर्वभ्याम्	पर्वभ्यः
पञ्चमी	पर्वणः	पर्वभ्याम्	पर्वभ्यः
षष्ठी	पर्वणः	पर्वणोः	पर्वणाम्
सप्तमी	पर्वणि	पर्वणोः	पर्वसु

सम्बोधनम्, हे पर्वन् (हे पर्वणी) हे पर्वाणि!

अनुरूपशब्दाः–कर्मन् (काम), शर्मन् (सुख), वर्मन् (कवच), जन्मन् (जन्म), वर्त्मन् (रास्ता), ब्रह्मन् (ब्रह्मा), चर्मन् (चमड़ा)

अभ्यास प्रश्ना:

मणिका पाठ्य-पुस्तक पर आधारित प्रश्नोत्तर

गद्यांश आधारित प्रश्ना:

1. अधोलिखितं गद्यांशं पठित्वा प्रदत्त प्रश्नानाम् उत्तराणि संस्कृतेन लिखत। (निम्नलिखित गद्यांश को पढ़कर दिए गए प्रश्नों के उत्तर संस्कृत में लिखिए।)

(क) (विद्यालयस्य सभागारः। मञ्चे विद्यालयस्य प्रधानाचार्यः, प्रदेशस्य पर्यटनाधिकारी केचित् अध्यापकाः च उपविष्टाः सन्ति।)

पर्यटनाधिकारी (ध्वनिविस्तारकयन्त्रस्य समीपम् आगत्य) प्रियच्छात्राः! अभिनन्दनं भवताम् अस्मिन् प्रदेशे। प्रसीदामि यत् भवन्तः अस्य रम्यस्य प्रदेशस्य विषये ज्ञातुम् अति उत्सुकाः। एतदर्थं स्थलानां दर्शनाय प्रबन्धः अपि वर्तते परन्तु सम्प्रति प्रश्नोत्तरमाध्यमेन भवतां जिज्ञासां शमयितुम् इच्छामि। प्रथमं तु अहम् एव एकं प्रश्नं पृच्छामि। अस्य प्रदेशस्य नाम 'अरुणाचलः' कथं जातम्? अनुमीयताम्।

हिमांशुः अहं चिन्तयामि यत् 'अरुणः' तु सूर्यस्य पर्यायः। अस्य प्रकाशः सर्वप्रथमम् इमं प्रदेशं स्पृशति। अतः अरुणस्य प्रदेशः अरुणाचलः।

पर्यटनाधिकारी शोभनम्! उचितम् उक्तम्। हिमाद्रितुङ्गशृङ्गैः सुशोभिता सूर्योदयभूमिः इयम्। अतः अरुणाचलः। अस्मिन् प्रदेशे पञ्चाशदधिकाः नद्यः प्रवहन्ति। विपुला च अत्र वनसम्पदा। वनौषधीनां तु अयं स्रोतः एव। पुष्पाणां समृद्धिः सुगन्धिः च मनोहरः। सर्वत्र हरीतिमा। शुद्धपर्यावरणेन युक्तस्य अस्य प्रदेशस्य केवलं प्रकृतिः एव न विविधा मनोहरा च प्रत्युत् संस्कृतिः अपि।

सर्वे एवम् ....

I. अधोलिखितानां प्रश्नानाम् उत्तराणि एकपदेन लिखत। (निम्नलिखित प्रश्नों के उत्तर एक पद में लिखिए।)
(i) अरुणाचले कति नद्यः प्रवहन्ति?
(ii) कस्य प्रकाशः सर्वप्रथमम् अरुणाचल प्रदेशं स्पृशति?
(iii) पर्यटनाधिकारी कस्य समीपम् आगत्य वदति?

II. अधोलिखितानां प्रश्नानाम् उत्तराणि पूर्णवाक्येन लिखत। (निम्नलिखित प्रश्नों के उत्तर पूर्ण वाक्य में लिखिए।)
(i) विविधा मनोहरा च का?
(ii) विद्यालयस्य सभागारे कः-कः उपस्थितः?
(iii) पर्यटनाधिकारी किं प्रश्नं पृष्टवान्?

III. अधोलिखितानां प्रश्नानाम् उत्तराणि निर्देशानुसारं लिखत। (निम्नलिखित प्रश्नों के उत्तर निर्देशानुसार लिखिए।)
(i) 'सुशोभिता' इति कस्य पदस्य विशेषणम्?
(ii) 'अनेका' इति पदस्य किं पर्यायपदम् प्रयुक्तम्?
(iii) 'इच्छामि' इति क्रियापदस्य कर्तृपदं किम् अस्ति?

उत्तराणि

I. (i) पञ्चाशदधिकाः (ii) सूर्यस्य
(iii) ध्वनिविस्तारयन्त्रस्य

II. (i) विविधा मनोहरा च अरुणाचलस्य संस्कृतिः।
(ii) विद्यालस्य सभागारे विद्यालयस्य प्रधानाचार्यः, पर्यटनाधिकारी, केचित् अध्यापकाः च उपविष्टाः सन्ति।
(iii) अस्य प्रदेशस्य नाम 'अरुणाचलः' कथं जातम्?

III. (i) सूर्योदय भूमिः
(ii) विविधा
(iii) अहम्

(ख) **सुधाकरः** अस्य प्रदेशस्य राजधानी का?

पर्यटनाधिकारी 'ईटानगरम्' अस्य प्रदेशस्य राजधानी।

श्यामा महोदय! अत्रत्यजनजातीनां कानि प्रमुखानि आजीविका-साधनानि?

पर्यटनाधिकारी कृषिः शिल्पकला वनसम्पद् चैव एतेषां प्रमुखानि आजीविकासाधनानि।

रविः मान्यवर! अस्य प्रदेशस्य प्रमुखाः उत्सवाः के?

पर्यटनाधिकारी साधु पृष्टम्। अत्र अनेके प्रमुखोत्सवाः। 'वाङ्चो' जनजातीनां प्रमुखं पर्व 'ओरिया' इति अस्ति। एतत् तु फरवरी इति मासे मान्यते। अस्मिन् अवसरे कृषिभूमिपूजनं सेतुनिर्माणं च सामाजिकं कार्यं क्रियते। 'मोपीन' इति अपि कृषिपर्व अस्ति। देवानामपि देवः 'मोपीन' इति कथ्यते। 'होली' सदृशम् एव पर्व इदम्। जनाः परस्परं मुखे कपोले च शालिचूर्णं लिम्पन्ति। इदम् 'अप्रैल' इति मासे मान्यते। 'ओणम्' पर्वसमं 'साडकेन' एकम् अन्यत् पर्व अस्ति। लामासम्प्रदायस्य 'लोसर' इति प्रमुखं पर्व अपि 'फरवरी' इति मासे सम्पद्यते।

I. अधोलिखितानां प्रश्नानाम् उत्तराणि एकपदेन लिखत। (निम्नलिखित प्रश्नों के उत्तर एक पद में लिखिए।)
(i) 'लोसर' कस्य प्रमुखं पर्व?
(ii) कृषि भूमिपूजन कस्मिन् पर्वणि क्रियते?
(iii) के परस्परं मुखे कपोले च शालिचूर्णं अस्ति?

II. अधोलिखितानां प्रश्नानाम् उत्तराणि पूर्णवाक्येन लिखत। (निम्नलिखित प्रश्नों के उत्तर पूर्ण वाक्य में लिखिए।)
(i) जनजातीनां प्रमुखानि आजीविका साधनानि कानि?
(ii) मोपीन कः?
(iii) अरुणाचल प्रदेशस्य मुख्याः उत्सवाः के सन्ति?

III. अधोलिखितानां प्रश्नानाम् उत्तराणि निर्देशानुसारं लिखत। (निम्नलिखित प्रश्नों के उत्तर निर्देशानुसार लिखिए।)
(i) 'सम्पद्यते' इति पदस्य पर्यायपदं नाट्यांशात् एव चित्वा लिखत।
(ii) 'लिम्पन्ति' इति क्रियायाः कर्तृपदं किम्?
(iii) 'प्रमुखं पर्व' इत्यनयोः पदयोः विशेषण पदं किम्?

उत्तराणि

I. (i) लामासम्प्रदायस्य

(ii) ओरियापर्वणि

(iii) जना:

II. (i) जनजातीनां प्रमुखानि आजीविका साधनानि कृषि:, शिल्पकला:, वनसम्पद् च सन्ति।

(iii) देवानाम् अपि देव: मोपीन: अस्ति।

(iii) ओरिया:, मोपीन:, ओणम्, साडकेन, लोसर इत्यादय: मुख्या: पर्वा: सन्ति।

III. (i) मान्यते (ii) जना: (iii) प्रमुखं

(ग) **हिमांशुः** अस्माभिः 'मिथुन' इति विषये अपि किञ्चित् श्रुतम्। किं तत्?

पर्यटनाधिकारी 'मिथुनः' गोमहिषसदृशः एकः विशिष्टः राजपशुः अस्ति।

शोभा वयम् अत्रत्यानाम् ऐतिहासिकस्थलानां विषये ज्ञातुम् इच्छामः।

पर्यटनाधिकारी मया पूर्वम् एव उक्तं यत् अस्य प्रदेशस्य दर्शनीयस्थलानां दर्शनाय विशेषः प्रबन्धः अपि अस्ति। अधुना तु वयम् अनेन प्रक्षेपकयन्त्रेण केषाञ्चित् स्थलानां परिचयं प्राप्स्यामः। पश्यत एतत् चित्रम्।

राजीवः किम् एतत् कस्याचित् दुर्गस्य चित्रम्?

पर्यटनाधिकारी आम्! एतत् दिवाङ्ग-उपत्यका-मण्डले स्थितं भीष्मकनगरदुर्गम्! अस्य अवशेषाः तु आर्यकला-संस्कृति-सम्पदः परिचायकाः। अधुना इदं चित्रं पश्यत।

शैलेशः अहं जानामि इदं स्थानम्! इदं तु 'तवाङ्ग गोम्पा' इति प्रसिद्धः बौद्धमठः।

I. अधोलिखितानां प्रश्नानाम् उत्तराणि एकपदेन लिखत।
(निम्नलिखित प्रश्नों के उत्तर एक पद में लिखिए।)

(i) का ऐतिहासिक स्थलानाम् विषये ज्ञातुम् इच्छति?

(ii) दुर्गस्य नाम किम्?

(iii) मिथुनः कीदृशः राजपशुः अस्ति?

II. अधोलिखितानां प्रश्नानाम् उत्तराणि पूर्णवाक्येन लिखत।
(निम्नलिखित प्रश्नों के उत्तर पूर्ण वाक्य में लिखिए।)

(i) मिथुनः कः अस्ति?

(ii) छात्राः केन यन्त्रेण स्थलानां परिचयं प्राप्नुवन्ति?

(iii) वयं केषां विषये ज्ञातुम् इच्छामः?

III. अधोलिखितानां प्रश्नानाम् उत्तराणि निर्देशानुसारं लिखत।
(निम्नलिखित प्रश्नों के उत्तर निर्देशानुसार लिखिए।)

(i) 'प्रबन्धः अस्य विशेषण पदं किम्?

(ii) 'विपद' इति पदस्य विलोमं चित्वा लिखत।

(iii) ऐतिहासिकस्थलानां अत्र विशेष्यपदं किम् अस्ति?

उत्तराणि

I. (i) शोभा (ii) भीष्मकनगर दुर्गम्

(iii) 'गोमहिषसदृश:'

II. (i) मिथुन: 'गोमहिषसदृश' एक: विशिष्ट: राजपशु: अस्ति।

(ii) छात्रा: प्रक्षेपकयन्त्रेण स्थलानां परिचयं प्राप्नुवन्ति।

(iii) वयम् ऐतिहासिक-स्थलानां विषये ज्ञातुम् इच्छाम:।

III. (i) विशेष: (ii) सम्पद:

(iii) स्थलानाम्

(घ) **पर्यटनाधिकारी** सम्यक् अभिज्ञातम्! मनोहरे सुरम्ये 'तवाङ्ग' इति स्थले राजते अयं बौद्धमठः। पञ्चशतानां बौद्धभिक्षूणां निवासयोग्या स्थली इयम्। लोहितजनपदे अपि अनेकबौद्धविहाराः सन्ति।

नीलिमा मान्यवर! मया अस्य प्रदेशस्य 'परशुरामकुण्डम्' इति दर्शनीयस्थलविषये अपि पठितम्! किम् इदम्?

पर्यटनाधिकारी आम्! एतत् कुण्डं तु लोहितनद्याः किञ्चिद् दूरे अस्ति। पूर्वम् इदं ब्रह्मकुण्डम् आसीत्। इदं लोहितनद्याः उद्गमस्थलम् इति मन्यते। अत्र अनेकानि अन्यानि दर्शनीयानि स्थलानि अपि सन्ति। अस्माकं पर्यटनविभागेन प्रकाशितां केषाञ्चित् प्रसिद्धस्थलानां सूचीं पठित्वा ज्ञायताम् इमानि पर्यटनस्थलानि …………

I. अधोलिखितानां प्रश्नानाम् उत्तराणि एकपदेन लिखत।
(निम्नलिखित प्रश्नों के उत्तर एक पद में लिखिए।)

(i) कः बौद्धमठः?

(ii) 'ब्रह्मकुण्डं' कस्य पूर्व नाम आसीत्?

(iii) एतत् कुण्डं तु कस्याः किञ्चित दूरे अस्ति?

II. अधोलिखितानां प्रश्नानाम् उत्तराणि पूर्णवाक्येन लिखत।
(निम्नलिखित प्रश्नों के उत्तर पूर्ण वाक्य में लिखिए।)

(i) लोहित नद्याः उद्गमस्थलं किम्?

(ii) मनोहरे सुरम्ये तवाङ्ग इति स्थले कः राजते?

(iii) लोहित जनपदे किमस्ति?

III. अधोलिखितानां प्रश्नानाम् उत्तराणि निर्देशानुसारं लिखत।
(निम्नलिखित प्रश्नों के उत्तर निर्देशानुसार लिखिए।)

(i) 'स्थली' अस्य विशेषणपदं किम्?

(ii) 'आसीत्' इति क्रियायाः कर्तृपदं किम्?

(iii) 'अस्य प्रदेशस्य' इति अनयोः पदयोः विशेषण पदं किम्?

उत्तराणि

I. (i) तवाङ्ग-गोम्पा (ii) परशुराम-कुण्डस्य

(iii) लोहितनद्या:

II. (i) लोहितनद्या: उद्गमस्थलं परशुराम-कुण्डं मन्यते।

(ii) मनोहरे सुरम्ये तवाङ्ग इति स्थले बौद्धमठ: राजते।

(iii) लोहितजनपदे अनेके 'बौद्ध-विहार:' सन्ति।

III. (i) इयम् (ii) ब्रह्मकुण्डम्

(iii) अस्य

(ङ) यः सप्तराज्येषु विभासमानः,
तरङ्गिणी यत्र च लोहिताख्या।
'ईटा' हि यस्यास्ति पुरी प्रधाना,
सुस्वागतं भो! अरुणाचलेऽस्मिन्।। **CBSE 2016**

I. अधोलिखितानां प्रश्नानाम् उत्तराणि एकपदेन लिखत।
(निम्नलिखित प्रश्नों के उत्तर एक पद में लिखिए।)

(i) अरुणाचलस्य प्रधाना पुरी काऽस्ति?

(ii) 'स्वागतं कर्मः' इति कुत्र लिखितम्?

(iii) अरुणाचले का नामधेया नदी वहति?

II. अधोलिखितानां प्रश्नानाम् उत्तराणि पूर्णवाक्येन लिखत।
(निम्नलिखित प्रश्नों के उत्तर पूर्ण वाक्य में लिखिए।)
(i) अरुणाचल प्रदेशः कुत्र विभासमानः अस्ति?
(ii) कः सप्तराज्येषु विभासमानः अस्ति?
(iii) अरुणाचल प्रदेशस्य किम् वैशिष्ट्यमस्ति?

III. अधोलिखितानां प्रश्नानाम् उत्तराणि निर्देशानुसारं लिखत।
(निम्नलिखित प्रश्नों के उत्तर निर्देशानुसार लिखिए।)
(i) 'नदी' इति पदस्य पर्यायपदं श्लोकात् अवचित्य लिखत।
(ii) 'अरुणाचलेऽस्मिन्' अत्र किं विशेषणम् अस्ति?
(iii) 'तिरस्कारः' इतिपदस्य विलोम चित्वालिखत।

उत्तराणि

I. (i) ईटा (ii) प्रवेशद्वारे।
(iii) लोहितारण्या

II. (i) अरुणाचलप्रदेशः सप्तराज्येषु विभासमानः अस्ति।
(ii) अरुणाचलप्रदेशः सप्तराज्येषु विभासमानः अस्ति।
(iii) अरुणाचल प्रदेशस्य वैशिष्ट्यमस्ति लोहितारण्या तरङ्गिणी, सप्तराज्येषु, विभास मानः ईटापुरी इत्यादि।

III. (i) तरङ्गिणी (ii) अस्मिन्
(iii) स्वागतम्

अन्वयः पूर्ति

2. मञ्जूषातः समुचितपदानि चित्वा अद्योलिखित श्लोकस्य अन्वयं पूरयित्वा पुनः लिखत।
(मञ्जूषा से समुचित पद चुनकर निम्नलिखित श्लोक का अन्वयः पूर्ण करके पुनः लिखिए।)

(क) यः सप्तराज्येषु विभासमानः, तरंगिणी यत्र च लोहिताख्या।
'ईटा' हि यस्यास्ति पुरी प्रधाना, सुस्वागतम् भो। अरुणाचलेऽस्मिन।

अन्वयः यः (i) ······ विभासमानः यत्र च लोहिताख्या तरंगिणी (ii) ······ प्रधाना पुरी (iii) ······ हि अस्ति भो। अस्मिन् अरुणाचले (iv) ······ (अस्ति)।

• **मञ्जूषा** ईटा, यस्य, सुस्वागतम्, सप्तराज्येषु।

उत्तराणि

(i) सप्तराज्येषु (ii) यस्य
(iii) ईटा (iv) सुस्वागतम्

प्रश्ननिर्माणं कुरुत

3. स्थूलपदमाधृत्य प्रश्ननिर्माणं कुरुत।
(स्थूल पद को आधार मानकर प्रश्न निर्माण कीजिए।)
(i) **अरुणस्य** प्रदेशः अरुणाचलः। **CBSE 2024**
(ii) सूर्यस्य प्रकाशः सर्वप्रथमं **अरुणाचल-प्रदेशं** स्पृशति।
(iii) **हिमाद्रितुङ्गश्रृङ्गैः** सुशोभिता भूमिः इयम्।
(iv) अस्मिन् प्रदेशे **पञ्चाशदधिकाः** नद्यः प्रवहन्ति।
(v) अरुणः **सूर्यस्य** पर्यायः।

उत्तराणि

(i) कस्य (ii) कम्
(iii) कैः (iv) कति
(v) कस्य

4. स्थूलपदमाधृत्य प्रश्ननिर्माणं कुरुत।
(स्थूल पद को आधार मानकर प्रश्न निर्माण कीजिए।)
(i) 'मोपीन' इति **'होली'** सदृशं पर्वं अस्ति।
(अ) कीदशं (ब) क्व (स) कदा (द) कुत्र
(ii) ओणम् इति **'केरल'** राज्यवासिना प्रसिद्धं पर्व।
(अ) कीदशं (ब) कस्मिन् (स) के (द) केषां
(iii) 'ओरिया' इति **वाङ्चो** प्रमुखं पर्व।
(अ) केषां (ब) कुत्र (स) कः (द) का
(iv) सूर्योदय भूमिः इति पदं **अरुणाचलाय** प्रयुक्तम्।
(अ) कस्यै (ब) कस्य (स) कस्मै (द) किम्
(v) **लाभासम्प्रदायस्य** प्रमुखं पर्व 'लोसरः'।
(अ) कस्य (ब) कुत्र (स) केन (द) का
(vi) देवनामपि **देवः मोपीनः** कथ्यते।
(अ) किम् (ब) कस्य
(स) कः (द) कस्मात्
(vii) 'तवाङ्ग गोम्पा' **बौद्धानाम्** मठः।
(अ) केषां (ब) कासाम्
(स) कः (द) कान्

उत्तराणि

(i) (अ) कीदृशं (ii) (द) केषां
(iii) (अ) केषां (iv) (स)कस्मै
(v) (अ) कस्य (vi) (स) कः
(vii) (अ) केषां

घटनाक्रमानुसारेण प्रश्नाः

5. अधोलिखितानि वाक्यानि घटनाक्रमानुसारम् पुनः लिखत।
(निम्नलिखित वाक्यों को घटनाक्रम के अनुसार व्यवस्थित कीजिए।)
(i) प्रथमं प्रधानाचार्यः आगतानां सर्वेषां छात्राणां स्वागतं करोति।
(ii) सभागारे पर्यटनाधिकारी तेषाम् अभिनन्दनं करोति।
(iii) एकस्य विद्यालयस्य छात्राणां दलः अरुणाचलप्रदेशे भ्रमणार्थम् आगच्छति।
(iv) एतानि स्थलानि द्रष्टुम् उत्सुकाः छात्राः जलपानं कृत्वा व्यवस्थानुसारं प्रस्थानं कुर्वन्ति।
(v) अरुणाचल प्रदेशस्य एकः विद्यालयः तेषां स्वगतार्थे सुसज्जितः क्रियते।
(vi) तदा सः सर्वान् छात्रान् विद्यालयस्य सभागारे आगन्तुं कथयति।
(vii) सः पृच्छति, अस्य प्रदेशस्य नाम अरुणाचलः कथं जातम्।
(viii) एवं पर्यटनाधिकारी प्रश्नोत्तर माध्यमेन एव अरुणाचल प्रदेशस्य जनजातीनाम्, ऐतिहासिक दर्शनीय स्थलानां विषये च सूचयति।

उत्तराणि

(i) एकस्य विद्यालयस्य छात्राणां दलः अरुणाचलप्रदेशे भ्रमणार्थम् आगच्छति।
(ii) अरुणाचल प्रदेशस्य एकः विद्यालयः तेषां स्वागतार्थे सुसज्जितः क्रियते।
(iii) प्रथमं प्रधानाचार्यः आगतानां सर्वेषां छात्राणां स्वागतं करोति।
(iv) तदा सः सर्वान् छात्रान् विद्यालयस्य सभागारे आगन्तुं कथयति।
(v) सभागारे पर्यटनाधिकारी तेषाम् अभिनन्दनं करोति।
(vi) सः पृच्छति, अस्य प्रदेशस्य नाम अरुणाचलः कथं जातम्।
(vii) एवं पर्यटनाधिकारी प्रश्नोत्तर माध्यमेन एव अरुणाचल प्रदेशस्य जनजातीनाम्, ऐतिहासिक दर्शनीय स्थलानां विषये च सूचयति।
(viii) एतानि स्थलानि द्रष्टुम् उत्सुकाः छात्राः जलपानं कृत्वा व्यवस्थानुसारं प्रस्थानं कुर्वन्ति।

प्रसङ्गानुसारं प्रश्नाः

6. अधोलिखितपंक्तिषु रेखाङ्कितपदानां प्रसङ्गानुसारं शुद्धम् अर्थं चिनुत।
(निम्नलिखित पंक्तियों का रेखांकित पदों के प्रसंगानुसार शुद्ध अर्थ चुनिए।)

(i) 'सम्यक्' अभिज्ञातम्।
(अ) समानरूपेण (ब) वस्तुतः
(स) श्रेष्ठः (द) सुष्ठुरूपेण

(ii) अस्य अवशेषाः तु आर्यकला संस्कृतिः इति सम्पदः परिचायकाः।
(अ) सम्पत्तयः (ब) सम्पत्ते
(स) सम्पत्तीनाम् (द) सम्मतः

(iii) लोहितजनपदे अपि अनेके बौद्धविहाराः सन्ति। **CBSE 2010**
(अ) ब्रह्मपुत्रनदी जनपदे (ब) रक्तवर्णीय मण्डले
(स) लोहपूर्ण जनपदे (द) रक्तस्य स्थाने

(iv) "इति स्थले राजते अयं बौद्धमठः।"
(अ) भासते (ब) विराजते
(स) उभौ (द) न कोऽपि

(v) 'मिथुनः' गोमहिष सदृशः एकः विशिष्टः राजपशुः अस्ति।
(अ) अश्वारि (ब) धेनुः
(स) पर्वतस्य (द) सम्प्रति

(vi) अस्य प्रदेशस्य प्रमुखाः उत्सवाः के:?
(अ) वृत्तिः (ब) सम्पन्नः
(स) पर्वणि (द) विपदः

(vii) जनाः परस्परं मुखे च शालिचूर्णं लिम्पन्ति। **CBSE 2011**
(क) मृत्तिकाचूर्णम् (ख) रक्तचूर्णम्
(ग) अक्षतचूर्णम् (घ) प्रस्तर चूर्णम्

उत्तराणि

(i) (द) सुष्ठुरूपेण
(ii) (ब) सम्पत्ते
(iii) (ब) रक्तवर्णीय मण्डले
(iv) (अ) भासते
(v) (अ) अश्वारि
(vi) (स) पर्वणि
(vii) (ग) अक्षतचूर्णम्

मेलनं कुरुत

7. अधोलिखितानां पदानां समुचितं विपर्ययं चित्वा लिखत।
(अधोलिखित पदों के समुचित विलोम शब्द चुनकर लिखिए।)

सूची (क)	सूची (ख)
(i) तिरस्कारम्	(अ) सम्पदः
(ii) विपदः	(ब) उत्सवस्य
(iii) शोकस्य	(स) प्रधानाः
(iv) अप्रधाना	(द) समृद्धिः
(v) विनाशः	(य) स्वागतम्

उत्तराणि

सूची (क)	सूची (ख)
(i) तिरस्कारम्	(य) स्वागतम्
(ii) विपदः	(अ) सम्पदः
(iii) शोकस्य	(ब) उत्सवस्य
(iv) अप्रधाना	(स) प्रधानाः
(v) विनाशः	(द) समृद्धिः

8. निम्नलिखित पदानां दत्तेषु पर्याय पदेषु पर्यायः लिखत।
(निम्नलिखित पदों के दिए हुए पर्याय पदों में से पर्याय लिखिए।)

सूची (क)	सूची (ख)
(i) पर्वाणि	(अ) विज्ञातम्
(ii) आजीविका	(ब) उत्सवाः
(iii) महिषः	(स) वृत्तिः
(iv) अभिज्ञातम्	(द) अश्वारिः
(v) उपत्यका	(य) पर्वतस्य

उत्तराणि

सूची (क)	सूची (ख)
(i) पर्वाणि	(ब) उत्सवाः
(ii) आजीविका	(स) वृत्तिः
(iii) महिषः	(द) अश्वारिः
(iv) अभिज्ञातम्	(अ) विज्ञातम्
(v) उपत्यका	(य) पर्वतस्य

कालोऽहम्
(मैं काल (समय) हूँ)

अध्याय 10

पाठ परिचय

(कोणार्कदेवालयस्य प्राङ्गगणम्। केचन बालका: बालिकाश्च मन्त्रमुग्धा: देवालयं दृष्ट्वा परस्परं वार्तालापं कुर्वन्ति।)

सविता अहो! भव्य: विशाल: देवालय:!

रवि: अये! किमयं देवालय: रथो वा?

सहस्त्रांशु: अयं तु कोणार्क:, सूर्यस्य रथ:।

प्रभा कोणार्कस्य कोऽर्थ:?

सविता अर्कस्य अर्थात् सूर्यस्य कोण:। अस्याम् एव दिशि सूर्य: उदेति।

दिवाकर: (गणयित्वा) अस्मिन् रथे तु द्वादश चक्राणि।

सूर्य: पश्य-पश्य! कथम् उत्कीर्णं वर्तते प्रत्येकं चक्रम्।

अंशुमान् चक्रस्य प्रत्येकम् अरमपि उत्कीर्णम्।

दिनेश: मन्ये द्वादश चक्राणि एव द्वादश मासा:। अष्ट अराणि एव अष्ट प्रहरा:।

अंशुमाली अहो! विज्ञानमयी एषा कल्पना। अस्माकं कालगणनाया: आधारस्य सूर्यस्य अद्भुता रचना।
(आकाशे ढक्काध्वनि: श्रूयते)
(सर्वे आश्चर्यचकिता: इतस्तत: पश्यन्ति। मन्दिरस्य प्राचीनेभ्य: पाषाणेभ्य: गंभीरा ध्वनि: भवति।)

सर्वे अहो! श्रृणुत-श्रृणुत! एते पाषाणा: किमपि वक्तुकामा एव।

काल: श्रूयताम्-श्रूयताम्! कालोऽहम्।

शब्दार्था: कोणार्कदेवालयस्य = कोणार्क मंदिर के, मन्त्रमुग्धा: = मोहित, दृष्ट्वा = देखकर, भव्य: = शानदार, अर्कस्य = सूर्य का, दिशि = दिशा में, उत्कीर्णं = उकेरे हुए, इतस्तत: = इधर-उधर।

हिंदी अनुवाद

(कोणार्क देवालय का प्रांगण देखकर कुछ बालक और बालिकाएँ मंत्र मुग्ध होकर परस्पर वार्तालाप करते हैं!)

सविता अहो! भव्य विशाल देवालय है!

रवि अरे! यह क्या है? रथ है या देवालय है?

सहस्त्रांशु यह तो कोणार्क सूर्य का रथ है।

प्रभा कोणार्क का क्या अर्थ है?

सविता अर्क अर्थात् सूर्य का कोण। इसी दिशा में सूर्य उदित होता है।

दिवाकर (गिनकर) इस रथ में तो बारह चक्र हैं।

सूर्य देखो-देखो! प्रत्येक चक्र कैसे बनाए गया है?

अंशुमान प्रत्येक चक्र के अर भी बनाए गए हैं।

दिनेश मानता हूँ बारह चक्र ही बारह महीने हैं। आठ अर ही आठ प्रहर हैं।

अंशुमाली अहो! यह कल्पना तो विज्ञानमयी (वैज्ञानिक) है। सूर्य हमारी काल गणना का आधार है। यह सच में अद्भुत है।
(आकाश में ढोल की आवाज सुनते हैं।)
(सभी आश्चर्यचकित होकर इधर-उधर देखते हैं, मंदिर के प्राचीन पत्थरों में गंभीर ध्वनि होती है।)

सर्वे अहो! सुनो-सुनो! ये पत्थर भी कुछ कहना चाहते हैं।

काल सुनो-सुनो। मैं समय हूँ।

पाठ का सार

प्रस्तुत पाठ में काल (समय) को वक्ता बनाकर सृष्टि की उत्पत्ति, युग परिवर्तन आदि के बारे में बताया गया है। प्राचीन काल से ही ऋषियों-मुनियों ने काल गणना आरंभ कर दी थी। ऐसा माना जाता है कि सृष्टि के आरंभ से ही काल गणना आरंभ हुई है।

पाठ के अनुसार काल के चार युग होते हैं— सतयुग, त्रेता, द्वापर और कलयुग। चार युगों का समूह एक चतुर्युग कहलाता है तथा इसे महायुग भी कहते हैं। इकहत्तर महायुगों का एक मन्वंतर होता है। चौदह मन्वंतरों का एक कल्प होता है। एक कल्प ब्रह्मा का एक दिन है। ब्रह्मा की आयु सौ वर्ष है। इस समय कलयुग की बावनवीं सदी है। सूर्य को आधार मानकर की गई गणना कितनी सटीक और अद्भुत है।

पाठ का हिंदी अनुवाद

1. कालोऽहम्। अहं खलु कालः। विश्वस्य आत्माहम्। कलयामि गणयामि जगतः आयुः प्रमाणम्। सततं चक्रवत् परिवर्तमानः भूतं वर्तमानं भविष्यदपि च वीक्षमाणः अहमेव साक्षी जगतः उत्पत्तेः विकासस्य प्रलयस्य च। इदं जगत् तु पुनः-पुनः जायते विलीयते च परमहं विद्यमानोऽस्य सर्वं क्रियाकलापं पश्यामि। अहो! किं जानीथ यूयम्, 'कियती प्राचीना इयं सृष्टिः!' नैव! तर्हि शृणुत ध्यानेन।
'सतयुगं त्रेतायुगं द्वापरयुगं कलियुगञ्चेति चत्वारि युगानि। चतुर्णां युगानां समूहः एव महायुगम्। एकसप्ततिमहायुगानाम् एकं मन्वन्तरम्। चतुर्दशमन्वन्तराणां समूहः कल्पः। एकः कल्प एव ब्रह्मणः एकं दिनं मन्यते। ब्रह्मणः आयुः शतं वर्षाणि।'

शब्दार्थाः कालोऽहम् = समय, खलु = निश्चय, विश्वस्य = विश्व की, आत्माहम् = आत्मा हूँ, कलयामि = गिनता हूँ, वीक्षमाणः = भली प्रकार से देखते हुए, जगत् = संसार, विलीयते = समा जाता है, सर्वं = सभी, क्रियाकलापं = कार्य समूह को, चतुर्णां = चारों युगों का, मन्वन्तरे = एक मनु के काल में, कल्पः = प्रलय (सृष्टि का अंत), शतम् = सौ, वर्षाणि = वर्ष तक।

हिंदी अनुवाद मैं काल (समय) हूँ। निश्चय ही मैं काल (समय) हूँ। मैं विश्व की आत्मा हूँ। संसार की आयु के प्रमाण रूपी समय को गिनता हूँ या उसका आकलन करता हूँ। निरंतर चक्र के समान घूमते हुए भूत, वर्तमान और भविष्य को देखता हुआ मैं संसार की उत्पत्ति, विकास और प्रलय का साक्षी (गवाह) हूँ। यह संसार तो बार-बार उत्पन्न होता है और नष्ट होता है, लेकिन मैं विद्यमान (उपस्थित) रहकर सभी के क्रियाकलापों को देखता हूँ। अहो! क्या तुम सब जानते हो, 'यह सृष्टि (संसार) कितनी प्राचीन है।' नहीं! तो ध्यान से सुनो।

कृतयुग (सतयुग), त्रेतायुग, द्वापरयुग और कलयुग ये चार युग हैं। चारों युगों का समूह ही महायुग है। इकहत्तर महायुगों का एक मन्वंतर होता है। चौदह मन्वंतरों का समूह कल्प होता है और एक कल्प ही ब्रह्मा का एक दिन माना जाता है। ब्रह्मा की आयु सौ वर्ष है।

2. अहो! श्रूयते शंखध्वनिः। युगादिपर्वणि कस्मिंश्चिद् गृहे नूतनसंवत्सरस्य अभिनन्दनसमारोह आयोज्यते। अद्य कलियुगं तु द्विपञ्चाशत्तमं शतकं प्रविशति। तदैव समारोहारम्भे कश्चन विद्वान् सङ्कल्पवाचनं करोति।

विष्णोराज्ञया प्रवर्तमानस्य ब्रह्मणः द्वितीयपरार्धे श्वेतवाराहकल्पे वैवस्वतमन्वन्तरे अष्टाविंशतितमे कलियुगे प्रथमचरणे जम्बूद्वीपे भारतवर्षे भरतखण्डे आर्यावर्तैकदेशे यमुनातीरे दिल्लीमण्डले नलनाम-संवत्सरे, सूर्योत्तरायणे, वसन्तर्तौ, चैत्रमासे, शुक्लपक्षे, प्रतिपदायां तिथौ, बुधवासरे, उत्तराभाद्रपदनक्षत्रे, शुक्लयोगे, किंस्तुघ्नकरणे ...... नामाहं मङ्गलकार्यं करिष्ये।

शब्दार्थाः श्रूयते = सुनकर, युगादिपर्वणिम् = नव वर्ष (युग) के प्रारंभ में, आयोज्यते = आयोजित किया जाता है, अद्य = आज, तदैव = तभी, समारोहारम्भे = समारोह के आरंभ में, सङ्कल्पवाचनं = धार्मिक प्रतिज्ञा, विष्णोराज्ञया = विष्णु की आज्ञा से, परार्धे = ब्रह्मा की आयु का उत्तरार्द्ध, आर्यावर्तैकदेशे = आर्यावर्त नाम का एक भूभाग, संवत्सरेः = (विक्रमादित्य) वर्ष, करिष्ये = करूँगा।

हिंदी अनुवाद अहो! शंख ध्वनि सुनी जा रही है। युगारंभ के पर्व पर किसी घर में नववर्ष का अभिनंदन (स्वागत) समारोह आयोजित किया जा रहा है। आज कलयुग बावनवीं सदी में प्रवेश कर रहा है। तभी समारोह के आरंभ में कोई विद्वान धार्मिक प्रतिज्ञा कर रहा है।

विष्णु की आज्ञा से प्रवर्तमान (बदलते हुए) ब्रह्मा के दूसरे परार्ध में, श्वेतवाराह कल्प में, वैवस्वत मन्वंतर में, अट्ठाइसवें कलयुग के प्रथम चरण में, जम्बूद्वीप में, भारत वर्ष में, भरत खंड में, आर्यावर्त नामक एक देश में, यमुना किनारे दिल्ली मंडल में, नंदन नामक संवत्सर में, सूर्य उत्तरायण में वसंत ऋतु में, चैत्रमास में, शुक्लपक्ष की प्रतिपदा तिथि में, बुधवार में, उत्तर भाद्रपक्ष नक्षत्र में, शुक्लयोग में, विघ्ननाशार्थ (पाप शांत करने हेतु) नाम वाला मैं मंगल कार्य पूरा करूँगा।

3. अये! कथम् इमं सङ्कल्पं श्रुत्वा विस्मिताः यूयम्? अयं तु वर्तमानकालदेशपरिचायकः। प्राचीनतमा हि एषा गणना। अपि ज्ञायते मदीयायाः अस्याः गणनायाः आधारः?
मम कलनस्य तु आधारः सूर्य एव। सूर्यस्य द्वे गती उत्तरायणं दक्षिणायनञ्च। प्रत्येकम् अयनस्य अवधिः षण्मासाः। भारतीयमासानां नामानि नक्षत्रनामभिः सम्बद्धानि। पूर्णिमायां यत् नक्षत्रं भवति तेनैव नाम्ना तस्य मासस्य नाम भवति। यथा—चैत्रे मासे पूर्णिमा चित्रानक्षत्रयुता भवति, अतः तस्य मासस्य नाम 'चैत्रः' भवति। संवत्सरस्य तु विषये इदमुच्यते।

शब्दार्थाः विस्मिताः = आश्चर्य चकित, प्राचीनतम् = पुरानी, कलनस्य = गणना, अवधिः = समय, षण्मासाः = छः महीने, नक्षत्रम् = आकाश में देदीप्यमान तारा, भवति = होते हैं, युता = युक्त, उच्यते = कहा जाता है।

हिंदी अनुवाद अरे! इस संकल्प को सुनकर तुम सब विस्मित (हैरान) क्यों हो गए? यह तो वर्तमान काल और देश का परिचायक है। यही गणना प्राचीन मानी गई है। क्या, मेरे द्वारा की गई इस गणना के आधार को जानते हो? मेरी गणना का आधार तो सूर्य ही है। सूर्य की दो

गतियाँ उत्तरायण और दक्षिणायन होती हैं। प्रत्येक अयन का समय (अवधि) छः महीनों का होता है।

भारतीय महीनों के नाम नक्षत्रों के नाम से संबंधित हैं। पूर्णिमा में जो नक्षत्र होता है, उसके ही नाम से उस महीने का नाम होता है। जैसे—चैत्र महीने में पूर्णिमा चित्रा नक्षत्र से युक्त होती है। अत: उस महीने का नाम 'चैत्र' होता है। संवत्सर के विषय में तो यह कहा जाता है।

4. षण्णाभेर्द्वादशाक्षस्य चतुर्विंशतिपर्वण:।
यस्त्रिषष्टिशतारस्य वेदार्थं स पर: कवि:।।1।।

षड् ऋतव एव में नाभय:। द्वादशमासा एव अक्षत्वेन गण्यन्ते। चतुर्विंशति: पक्षा एव पर्वाणि। षष्ट्युत्तर-त्रिशतानि दिनानि एव अराणि। परमहम् अखण्ड: शाश्वत: विभु: च।
नूतनसंवत्सरोत्सवदिवसे इदानीम् इयमेव में शुभाशंसा—
सर्वस्तरतु दुर्गाणि सर्वो भद्राणि पश्यतु।
सर्व: कामानवाप्नोतु सर्व: सर्वत्र नन्दतु ।।2।।

शब्दार्था: षण्णाभे: = छः नाभि (केंद्र) से युक्त, द्वादशाक्षस्य = बारह धुरियों से युक्त, चतुर्विंशतिपर्वण: = चौबीस गाँठों से युक्त, त्रिषष्टिशतारस्य = तीन सौ साठ अरों से युक्त, शाश्वत: = हमेशा रहने वाला, विभु: = शक्तिशाली, व्यापक, शुभाशंसा = शुभकामना, सर्व: = सभी, दुर्गाणि = कठिनाइयों को, अवाप्नोतु = प्राप्त करें, सर्वत्र = सभी जगह, नन्दतु = प्रसन्न हो।

हिंदी अनुवाद जो (मनुष्य) छः नाभियों, बारह धुरियों, चौबीस पर्वों, तीन सौ साठ अरों के अर्थ को जानता है, वह श्रेष्ठ कवि हैं।

छः ऋतुएँ ही मेरी नाभियाँ हैं, बारह महीने ही अक्ष के रूप में गिने जाते हैं। चौबीस पक्ष ही पर्व हैं। तीन सौ साठ दिन ही अर हैं, लेकिन मैं अखंड, शाश्वत (अविनाशी) और व्यापक हूँ। नववर्ष (नूतन संवत्सर) के उत्सव के दिन मेरी यही शुभकामना है—

सभी लोग कठिनाइयों को पार करें, प्रत्येक मनुष्य अर्थात् सभी का कल्याण हो। सभी अपनी कामनाओं को प्राप्त करें और सभी सब जगह प्रसन्न रहें।

मणिका-पाठ्यपुस्तकम् प्रश्नोत्तरा:

मणिका पाठ्य-पुस्तक के प्रश्नोत्तर

प्र.1 एकपदेन उत्तरत। (एक पद में उत्तर दीजिए।)
(क) अस्मिन् पाठे क: वक्ता?
(ख) काल: कस्य आयु: गणयति?
(ग) काल: कथं परिवर्तते?
(घ) कस्य आयु: शतं वर्षाणि?
(ङ) कस्य अभिनन्दनसमारोहस्य वर्णनम् अत्र कृतम्?
(च) दिल्ली कस्या: नद्या: तीरे स्थिता?
(छ) कालगणनाया: आधार: क:?
(ज) सर्व: किं तरतु?
(झ) सर्व: कुत्र नन्दतु?

उत्तराणि

(क) काल:	(ख) जगत:	(ग) चक्रवत्
(घ) ब्रह्मण:	(ङ) नूतनसंवत्सरस्य	(च) यमुनाया:
(छ) सूर्य:	(ज) दुर्गाणि	(झ) सर्वत्र

प्र.2 अधोलिखितानां प्रश्नानां पूर्णवाक्येन उत्तराणि दीयन्ताम्।
(निम्नलिखित प्रश्नों के पूर्णवाक्य में उत्तर दीजिए।)
(क) काल: किं-किं वीक्षते?
(ख) काल: केषां साक्षी अस्ति?
(ग) महायुगम् केषां समूह:?
(घ) कल्प: केषां समूह:?
(ङ) युगादिपर्व कदा भवति?
(च) युगादिपर्वणि किम् आयोज्यते?
(छ) सङ्कल्पे देशवाचका: (स्थानवाचका:) के-के शब्दा आगता:?
(ज) सूर्यस्य के गती? तयो: नाम अपि लिखत।
(झ) एकस्मिन् वर्षे कति पक्षा:?
(ञ) "परमहम् अखण्ड: शाश्वत: विभु: च" इति अस्मिन् वाक्ये कालाय कानि विशेषणानि प्रयुक्तानि?

उत्तराणि
(क) काल: सततं चक्रवत् परिवर्तमानं भूतं वर्तमानम्, भविष्यद् च वीक्षते।
(ख) काल: जगत: उत्पत्ते: विकासस्य, मलयस्य च साक्षी अस्ति।
(ग) कृतयुगं, त्रेतायुगं, द्वापरयुगं, कलियुगञ्चेति चतुर्णां युगानां समूह: महायुगम् भवति।
(घ) चतुर्दश मन्वन्तराणां समूह: कल्प:।
(ङ) नूतन संवत्सरस्य शुभारम्भे युगादिपर्व भवति।
(च) युगादिपर्वणि नूतनसंवत्सरस्य अभिनन्दन समारोह: आयोज्यते।
(छ) सङ्कल्पे निम्नलिखिता: देशवाचका: शब्दा आगता:-जम्बूद्वीपे, भारतवर्षे, भरतखण्डे, आर्यावर्तैकदेशे, यमुनातीरे, दिल्लीमण्डले चेति।
(ज) सूर्यस्य द्वे गती उत्ततरायणम् दक्षिणायनम् चेति:।
(झ) एकस्मिन् वर्षे चतुर्विंशति: पक्षा:।
(ञ) कालाय अखण्ड:, शाश्वत:, विभु: चेति विशेषणानि प्रयुक्तानि।

प्र.3 उदाहरणमनुसृत्य अधोलिखितानां वाक्यानां प्रश्ननिर्माणं क्रियताम्। (उदाहरण को ध्यान में रखते हुए निम्नलिखित वाक्यों का प्रश्न निर्माण कीजिए।)

उदाहरणम् कृतयुगं, त्रेतायुगं, द्वापरयुगं कलियुगञ्चेति चत्वारि युगानि।

प्रश्नः कृतयुगं त्रेतायुगं द्वापरयुगं कलियुगञ्चेति कति युगानि?

(क) भूतं वर्तमानं भविष्यद् इति त्रयः कालभेदाः।

(ख) चतुर्णां युगानां समूह एव महायुगम्।

(ग) संवत्सरे षड् ऋतवः भवन्ति।

(घ) संवत्सरे द्वादश मासाः भवन्ति।

(ङ) चतुर्दश मन्वन्तराणां समूहः कल्पः।

(च) ब्रह्मणः आयुः शतं वर्षाणि।

उत्तराणि

(क) भूतं वर्तमानं भविष्यद् इति कति कालभेदाः?

(ख) चतुर्णां केषां समूह एव महायुगम्?

(ग) संवत्सरे षड् काः भवन्ति?

(घ) कस्मिन द्वादश मासाः भवन्ति?

(ङ) चतुर्दश मन्वन्तराणां किं कल्पः?

(च) कस्य आयुः शतं वर्षाणि?

प्र.4 अधोलिखितप्रश्नानाम् यथानिर्देशम् उत्तरत। (निम्नलिखित प्रश्नों के निर्देशानुसार उत्तर दीजिए।)

(क) 'वीक्षमाणः अहमेव साक्षी जगतः उत्पत्तेः।' अत्र 'पश्यन्' अस्मिन् अर्थे किं पदं प्रयुक्तम्?

(ख) 'एकः कल्पः एव ब्रह्मणः एकं दिनं मन्यते।' अस्मिन् वाक्ये क्रियापदं किम्?

(ग) 'अद्य कलियुगं द्विपञ्चाशत्तमं शतकं प्रविशति।' अस्मिन् वाक्ये कर्तृपदं किम्?

(घ) 'कियती प्राचीना इयं सृष्टिः?' अत्र 'नूतना' इत्यस्य पदस्य किं विलोमपदं प्रयुक्तम्?

(ङ) 'चतुर्णां युगानां समूहः एव महायुगम्।' अत्र विशेष्यपदं किमस्ति?

(च) 'सङ्कल्पं श्रुत्वा विस्मिताः यूयम्।' अत्र विशेषणपदं किमस्ति?

उत्तराणि

(क) वीक्षमाणः (ख) मन्यते (ग) कलियुगं
(घ) प्राचीना (ङ) युगानां (च) विस्मिताः

प्र.5 समुचितार्थं मेलयत। (समुचित अर्थ के साथ मिलान कीजिए।)

सूची (अ)	सूची (ब)
(क) अर्कस्य	(i) समयः
(ख) पाषाणेभ्यः	(ii) वयः
(ग) कालः	(iii) सूर्यस्य
(घ) आयुः	(iv) पुरातनतमा
(ङ) प्राचीनतमा	(v) प्रस्तरेभ्यः
(च) कृतयुगम्	(vi) सतयुगम्

उत्तराणि

सूची (अ)	सूची (ब)
(क) अर्कस्य	(iii) सूर्यस्य
(ख) पाषाणेभ्यः	(v) प्रस्तरेभ्यः
(ग) कालः	(i) समयः
(घ) आयुः	(ii) वयः
(ङ) प्राचीनतमा	(iv) पुरातनतमा
(च) कृतयुगम्	(vi) सतयुगम्

प्र.6 अधोलिखितवाक्येषु रेखाङ्कितपदानां प्रसङ्गानुकूलं समुचितार्थं चित्वा लिखत। (निम्नलिखित वाक्यों में रेखांकित पदों के प्रसंगानुकूल उचित अर्थ को चुनकर लिखिए।)

(क) अहं खलु कालः विश्वस्य आत्मा।
(i) जगतः (ii) समयस्य (iii) देशस्य

(ख) अहमेव साक्षी जगतः उत्पत्तेः विकासस्य प्रलयस्य च।
(i) प्रवर्धनस्य (ii) विनाशस्य (iii) प्रलापस्य

(ग) कथम् इमं सङ्कल्पं श्रुत्वा विस्मिताः यूयम्?
(i) ज्ञात्वा (ii) विज्ञाय (iii) आकर्ण्य

(घ) प्रत्येकम् अयनस्य अवधिः षण्मासाः।
(i) कालः (ii) अवधानम् (iii) अवधारणा

(ङ) समारोहारम्भे कश्चन विद्वान् सङ्कल्पवाचनं करोति।
(i) ज्ञानवान् (ii) किञ्चिज्ञः (iii) अल्पज्ञः

(च) मम कलनस्य तु आधारः सूर्यः एव।
(i) समयस्य (ii) कलायाः (iii) गणनायाः

उत्तराणि

(क) (i) जगतः (ख) (ii) विनाशस्य
(ग) (iii) आकर्ण्य (घ) (i) कालः
(ङ) (i) ज्ञानवान् (च) (iii) गणनायाः

प्र.7 अधोलिखितानाम् कथनानाम् आशयाः विकल्परूपेण तत्समक्षमेव लिखिताः सन्ति। तेषु समुचितम् आशयं (✓) इति चिह्नीकुरुत। (अधोलिखित कथनों के आशय उनके सामने विकल्प रूप में दिए हैं उनमें समुचित आशय को (✓) चिह्न से चिह्नित कीजिए।)

उदाहरणम् सततं चक्रवत् परिवर्तमानः
(i) कालः यदा-कदा चक्रवत् भ्रमति।
(ii) निरन्तरं भ्रमन् कालः चक्रम् एव।
(iii) कालः चक्रम् इव निरन्तरं गतिशीलः। (✓)

(क) विश्वस्य आत्माऽहम्
(i) कालः यत्र तत्र व्याप्तः।
(ii) कालः संसारस्य आत्मा।
(iii) कालः विश्वस्य निर्माता।

(ख) मम कलनस्य तु आधारः सूर्य एव
(i) सूर्य एव कालगणनां करोति।
(ii) सूर्यं विना कालस्य गणना न भवति।
(iii) सूर्यः अपि कालगणनायाः आधारः।

उत्तराणि

(क) विश्वस्य आत्माऽहम्

(i) कालः यत्र तत्र व्याप्तः।

(ii) कालः संसारस्य आत्मा। (✓)

(iii) कालः विश्वस्य निर्माता।

(ख) मम कलनस्य तु आधारः सूर्य एव

(i) सूर्य एव कालगणनां करोति। (✓)

(ii) सूर्यं विना कालस्य गणना न भवति।

(iii) सूर्यः अपि कालगणनायाः आधारः।

प्र.8 अधोलिखितसङ्ख्यावाचकपदैः रिक्तस्थानानि पूरयत।
(अधोलिखित संख्या वाचक पदों से रिक्त स्थानों की पूर्ति कीजिए।)

सूर्यः ……………… । सूर्यस्य ……………… गती। जगतः ……………… स्थितयः सृष्टिः विकासः प्रलयश्च। कालस्य ……………… युगानि। एकस्मिन् वर्षे ……………… नाभयः। एकस्मिन् दिवसे ……………… प्रहराः। संवत्सरे ……………… मासाः। मन्वन्तरे ……………… महायुगानि। कल्पे ……………… मन्वन्तराणि। ……………… वर्षाणि ब्रह्मणः आयुः।

उत्तराणि

"सूर्यः एकः। सूर्यस्य द्वे गती। जगतः त्रयः स्थितयः सृष्टिः विकासः प्रलयश्च। कालस्य चत्वारि युगानि। एकस्मिन् वर्षे षड् नाभयः एकस्मिन् दिवसे अष्ट प्रहराः। संवत्सरे द्वादश मासाः मन्वन्तरे एकसप्ततिः महायुगानि। कल्पे चतुर्दश मन्वन्तराणि। शतं वर्षाणि ब्रह्मणः आयुः।

प्र.9 अधोलिखितानां शुद्धकथनानां समक्षं (✓) अशुद्धानां च समक्षं (✗) इति चिह्नाङ्कनं क्रियताम्।
(निम्नलिखित दिए गए शुद्ध कथनों के सामने (✓) व अशुद्ध कथनों के सामने (✗) का चिह्नांकन कीजिए।)

यथा–मासे द्वौ पक्षौ भवतः शुक्लः कृष्णः च। (✓)

(क) चन्द्रस्य द्वे अयने भवतः। ( )

(ख) एकस्मिन् वर्षे द्वादशपक्षाः भवन्ति। ( )

(ग) नूतनः संवत्सरः चैत्रमासस्य शुक्लपक्षस्य प्रतिपदायाः प्रारभ्यते। ( )

उत्तराणि

(क) चन्द्रस्य द्वे अयने भवतः। (✗)

(ख) एकस्मिन् वर्षे द्वादशपक्षाः भवन्ति। (✗)

(ग) नूतनः संवत्सरः चैत्रमासस्य शुक्लपक्षस्य प्रतिपदायाः प्रारभ्यते। (✓)

प्र.10 अधोलिखितानि अव्ययपदानि स्थूलपदानां स्थाने एव प्रयुज्यन्तां येन अर्थभेदः न स्यात्।
(निम्नलिखित अव्यय पदों को स्थूल पदों के समक्ष ही प्रयोग करें, जिससे अर्थ भेद न हो।)

भूयो भूयः, सदा, अधुना, निरन्तरम्।

(क) **सततं** कालः चक्रवत् परिवर्तमानः अस्ति।

(ख) **इदानीं** कलियुगस्य प्रथमः चरणः अस्ति।

(ग) **सर्वदा** शुभकार्यं सङ्कल्पेन प्रारब्धव्यम्।

(घ) **पुनः-पुनः** जगत् जायते विलीयते च।

उत्तराणि

(क) **निरन्तरम्** कालः चक्रवत् परिवर्तमानः अस्ति।

(ख) **अधुना** कलियुगस्य प्रथमः चरणः अस्ति।

(ग) **सदा** शुभकार्यं सङ्कल्पेन प्रारब्धव्यम्।

(घ) **भूयो** भूयः जगत् जायते विलीयते च।

प्र.11 अधः केषाञ्चित् समस्तपदानां विग्रहाः निर्दिष्टाः। पाठात् चित्वा विग्रहस्य समक्षं समस्तपदं लिखत।
(नीचे कुछ पदों के समास विग्रह दिए गए हैं। पाठ से चुनकर विग्रह के सामने समस्त पद लिखिए।)

विग्रहः	समस्तपदम्
यथा– एकम्-एकम् प्रति	प्रत्येकम्
(क) शङ्खस्य ध्वनिः	………………
(ख) अभिनन्दनस्य समारोहः	………………
(ग) यमुनायाः तीरे	………………
(घ) महत् च तत् युगम्	………………
(ङ) मङ्गलं च तत् कार्यम्	………………
(च) चित्रानक्षत्रेण युता	………………
(छ) सङ्कल्पस्य वाचनम्	………………

उत्तराणि

विग्रहः	समस्तपदम्
(क) शङ्खस्य ध्वनिः	शङ्खध्वनिः
(ख) अभिनन्दनस्य समारोहः	अभिनन्दनं समारोहः
(ग) यमुनायाः तीरे	यमुनातीरे
(घ) महत् च तत् युगम्	महायुगम्
(ङ) मङ्गलं च तत् कार्यम्	मङ्लकार्यम्
(च) चित्रानक्षत्रेण युता	चित्रानक्षत्रयुता
(छ) सङ्कल्पस्य वाचनम्	सङ्कल्पंवाचनं

प्र.12 अधोलिखितपदानां विपरीतार्थकपदानि पाठात् एव चित्वा लिखत।
(अधोलिखित पदों के विपरीतार्थक शब्द पाठ से ही चुनकर लिखिए।)

यथा-भूतम्	वर्तमानम्
(क) उत्पत्तेः	……………
(ख) जायते	……………
(ग) प्राचीनः	……………
(घ) कलियुगम्	……………
(ङ) उत्तरायणम्	……………
(च) तदानीम्	……………

उत्तराणि

(क) उत्पत्तेः	प्रलयस्य
(ख) जायते	विलीयते
(ग) प्राचीनः	नूतनः
(घ) कलियुगम्	सतयुगम्
(ङ) उत्तरायणम्	दक्षिणायनम्
(च) तदानीम्	इदानीम्

गतिविधयः (गतिविधि)

प्र.1 'युगादिपर्व चैत्रमासे शुक्लपक्षे प्रतिपदायां तिथौ भवति' इति भवन्तः पठितवन्त एव। अधोलिखितानि पर्वाणि कस्मिन् मासे कस्मिन् पक्षे कस्यां तिथौ च भवन्ति इति लिख्यन्ताम्।

(युगादिपर्व चैत्र मास में शुक्ल पक्ष में प्रतिपदा तिथि को होता है यह आपने पढ़ा ही है। नीचे लिखे हुए पर्व किस मास में किस पक्ष में और किस तिथि में होते हैं यह लिखिए।)

पर्वनाम	मासः	पक्षः	तिथिः
(क) विजयादशमी	....	....	....
(ख) जन्माष्टमी	....	....	....
(ग) वाल्मीकिजयन्ती	....	....	....
(घ) दीपावलिः	....	....	....
(ङ) रक्षाबन्धनम्	....	....	....
(च) रविदासजयन्ती	....	....	....
(छ) बुद्धपूर्णिमा	....	....	....
(ज) होलिकोत्सवः	....	....	....
(झ) रामनवमी	....	....	....
(ञ) गुरुनानकजयन्ती (गुरुपर्व)	....	....	....

उत्तराणि

पर्वनाम	मासः	पक्षः	तिथिः
(क) विजयादशमी	आश्विनः	शुक्लः	दशमी
(ख) जन्माष्टमी	भाद्रपदः	कृष्णः	अष्टमी
(ग) वाल्मीकिजयन्ती	आश्विनः	शुक्लः	पूर्णिमा
(घ) दीपावलिः	कार्तिकः	कृष्णः	अमावस्या
(ङ) रक्षाबन्धनम्	श्रावणः	शुक्लः	पूर्णिमा
(च) रविदासजयन्ती	माघः	कृष्णः	प्रतिपदा
(छ) बुद्धपूर्णिमा	वैशाखः	शुक्लः	पूर्णिमा
(ज) होलिकोत्सवः	चैत्र	शुक्लः	पूर्णिमा
(झ) रामनवमी	फाल्गुन	शुक्लः	नवमी
(ञ) गुरुनानकजयन्ती (गुरुपर्व)	कार्तिकः	शुक्लः	पूर्णिमा

प्र.2 युगादिपर्व कदा भवति इति सङ्कल्पे ज्ञातमेव। दिल्लीनगरे 'अम्बालिका' नाम्न्याः बालिकायाः जन्मदिवसः 'रामनवमी' इति दिवसे आयोज्यते। अधोलिखितेषु देशकालवाचकेषु शब्देषु परिवर्तनं भविष्यति न वा इति लिखत।

(युगादिपर्व कब होता है यह संकल्प में ही ज्ञात है। दिल्ली नगर में 'अम्बालिका' बालिका का जन्मदिन 'रामनवमी' के दिन होता है। नीचे लिखे हुए देशकालवाचक शब्दों में परिवर्तित होंगे या नहीं यह लिखिए।)

यथा–ब्रह्मणः द्वितीये परार्धे	न भविष्यति
(क) श्वेतवाराहकल्पे	....
(ख) भारतवर्षे भरतखण्डे	....
(ग) कलियुगे प्रथमे चरणे	....
(घ) जम्बूद्वीपे	....
(ङ) सूर्योत्तरायणे	....
(च) चैत्रमासे	....
(छ) प्रतिपदायां तिथौ	....
(ज) गुरुवासरे	....
(झ) आदित्यः नाम अहम्	....

उत्तराणि

(क) श्वेतवाराहकल्पे	न भविष्यति
(ख) भारतवर्षे भरतखण्डे	न भविष्यति
(ग) कलियुगे प्रथमे चरणे	न भविष्यति
(घ) जम्बूद्वीपे	न भविष्यति
(ङ) सूर्योत्तरायणे	न भविष्यति
(च) चैत्रमासे	न भविष्यति
(छ) प्रतिपदायां तिथौ	भविष्यति
(ज) गुरुवासरे	भविष्यति
(झ) आदित्यः नाम अहम्	भविष्यति

प्र.3 नवसंवत्सरस्य आरम्भे भवान्/भवती एकं शुभकामनापत्रं स्वमित्राय इच्छति। तस्मिन् कामपि शुभाशंसां लिखत।

(नव संवत्सर के आरम्भ में आप एक शुभकामना पत्र अपने मित्र को लिखना चाहते हैं उसमें कुछ शुभाशंसा लिखिए।)

....

....

....

....

....

उत्तराणि

(i) नववर्षाभिनन्दनम्   (ii) नववर्षशुभकामनाः

(iii) नववर्षस्य शुभकाङ्क्षा

योग्यताविस्तारः (योग्यता–विस्तार)

पाठे दत्तः सङ्कल्पः गतिविधयश्च ज्ञानविस्तारार्थमेव न तु प्रश्नपत्रे परीक्षार्थम्।

अस्माकं वैज्ञानिकः ऋषिभिः अतिप्राचीनकाले एव कालगणना आरब्धा आसीत्। एतत् तु पुराणेतिहासादीनां वेदानां च परिशीलनात् स्पष्टीभवति। कालः अनादिः, अनन्तः, अखण्डः च इति विचारः निर्विवादः तथापि व्यवहारार्थं कालगणना आवश्यकी। अतएव व्यवहारे कालभेदः दृश्यते अनुभूयते वा। एव हि कल्पः, युगम्, संवत्सरः, अयनम्, मासः, पक्षः, तिथिः, घण्टा, निमेषः इति स्थूलविभागाः कालस्य। प्रतिपल–त्रुट्यादयः इतोऽपि सूक्ष्मभेदाः सन्ति।

पाठ में दिया गया संकल्प और गतिविधियाँ ज्ञान विस्तार के लिए ही हैं, परीक्षा में प्रश्नपत्र में देने के लिए नहीं।

हमारे विज्ञानवेत्ता ऋषियों के द्वारा अत्यंत प्राचीन काल में ही काल गणना प्रारंभ कर दी गई थी। यह प्राचीन इतिहास ग्रंथों, वेदों आदि के परिशीलन से स्पष्ट होता है। काल अनादि, अनंत और अखंड है, यह विचार निर्विवाद है। फिर भी व्यवहार के लिए काल की गणना आवश्यक है। इसी कारण व्यवहार में काल भेद दिखाई देता है अथवा अनुभव किया जाता है। इसी प्रकार कल्प, युग, संवत्सर, अयन, मास, पक्ष, तिथि, घंटा, सेकण्ड आदि समय के स्थूल विभाग हैं। प्रतिफल, त्रुटि आदि इसमें सूक्ष्म भेद हैं।

भावविस्तारः (भाव–विस्तार)

युगादिः — **ब्रह्मा चैत्रशुक्लप्रतिपदि एव सृष्टिम् आरब्धवान् इति मन्यते। ततः एव कालगणना प्रारब्धा। कालः अनादिः अखण्डश्च किन्तु अस्माकं व्यवहाराय एव कालभेदः प्रवर्तते। एवं हि कल्प–युग–संवत्सर–अयन–मास–पक्ष–तिथि–नक्षत्र–घण्टा–निमेषरूपाः कालविभागाः प्रसिद्धाः।**

ऐसा माना जाता है। ब्रह्मा ने चैत्रमास के शुक्ल पक्ष की प्रतिपदा को ही सृष्टि प्रारंभ की, तब से ही कालगणना प्रारंभ हुई। काल अनादि और अखंड है परंतु हमारे व्यवहार के लिए ही काल भेद किया गया है। यही कल्प, युग, संवत्सर-अयन-मास-पक्ष-तिथि-नक्षत्र-घंटा मिनट सेकण्ड आदि के रूप में प्रसिद्ध काल विभाजन हैं।

द्वितीये परार्धे — **अपरस्मिन् अर्धभागे। सम्प्रति सृष्टिकर्तुः ब्रह्मणः आयुः एकपञ्चाशत्तमवर्षस्य प्रथमः दिवसः अस्ति।**

वर्तमान में ब्रह्मा की आयु इक्यानवें वर्ष का प्रथम दिन है।

कल्पः — **ब्रह्मणः एकं दिनम्। चतुर्युगसहस्त्राणि ब्रह्मणो दिनमुच्यते। सृष्टेः अवधिः। 432000000 मानवर्षाणि। सम्प्रति श्वेतवाराहकल्पः।**

कल्प ब्रह्मा के एक दिन के समान है। सृष्टि की अवधि 432000000 मानव वर्ष है। अब श्वेतवाराहकल्प है।

कलियुगम् — **432000 वर्षाणि।**

कलयुग 432000 वर्ष का है।

द्वापरम् — **कलियुगस्य द्विगुणम् 864000 वर्षाणि।**

द्वापर कलियुग के दोगुन 864000 वर्ष का था।

त्रेता — **कलियुगस्य त्रिगुणम् 1296000 वर्षाणि**

त्रेता कलियुग के तिगुने 1296000 वर्ष का था।

कृतयुगम् — **कलियुगस्य चतुर्गुणम् 1728000 वर्षाणि**

सतयुग कलियुग के चौगुने 1728000 वर्ष का था।

मन्वन्तरम् — **मनोः कालः मन्वन्तरम्। ब्रह्मणः एकस्मिन् दिने चतुर्दश मनवः भवन्ति। एकमनोः कालः 4320000 वर्षाणि (मनुः 1/79)। एकस्मिन् मनुकाले 71 महायुगानि भवन्ति। सम्प्रति वैवस्वतमन्वन्तरः प्रचलति।**

मनु का काल मन्वन्तर कहलाता है। ब्रह्मा के एक दिन में चौदह मनु होते हैं। एक मनु का काल 4320000 वर्ष होता है। एक मनुकाल में 71 महायुग होते हैं। अब वैवस्वत मन्वन्तर चल रहा है।

युगादिपर्व — **चैत्रमासस्य शुक्लपक्षस्य प्रतिपदा सृष्टेः आदितिथिः। अत एव सा नूतनसंवत्सरस्य प्रथमः दिवसः मन्यते। दक्षिणे भारते गुडीपडवा इत्यपि कथ्यते।**

युगादिपर्व — चैत्रमास के शुक्ल पक्ष की प्रतिपदा सृष्टि की प्रारंभ तिथि है। अतः वही नए संवत्सर का प्रथम दिन माना जाता है। इसी को दक्षिण भारत में गुडीपड़वा भी कही जाती है।

द्विपञ्चाशत्तमं शतकम् — **कलियुगस्य 5124 वर्षाणि गतानि। सम्प्रति कलियुगं 5125 वर्षं प्रविशति।**

कलियुग के 5100 वर्ष बीत गए हैं। अब कलियुग 5101वें वर्ष में प्रवेश कर रहा है।

जम्बूद्वीपः — **मेरुं परितः स्थितेषु सप्तद्वीपेषु एकः।**

मेरु पर्वत के चारों ओर स्थित सातों द्वीपों में से एक।

भरतखण्डम् — **भारतस्य एकस्य भागस्य नामान्तरम्।**

भारत के एक भाग का दूसरा नाम।

आर्यावर्तः — **आसमुद्रात्तु वै पूर्वादासमुद्राच्च पश्चिमात्।**
तयोरेवान्तरं गिर्योः (हिमविन्ध्योः) आर्यावर्तं विदुर्बुधाः। (मनुः 2/22)

पूर्व दिशा में समुद्र तक तथा पश्चिम दिशा में समुद्र तक, इसी प्रकार हिमगिरि से विन्ध्यांचल पर्वत के मध्य स्थित देश आर्यावर्त है।

संवत्सरः — **वर्षः। षष्टिः संवत्सराः भवन्ति। क्रमेण आवर्तन्ते।**

वर्ष 160 संवत्सर होते हैं जो क्रमशः आते हैं।

तिथिः — **प्रतिपक्षे पञ्चदशतिथयः भवन्ति। कृष्णपक्षे पञ्चदशी तिथिः अमावस्या शुक्लपक्षे च पञ्चदशी तिथिः पूर्णमासी कथ्यते।**

प्रत्येक पक्ष में पंद्रह तिथियाँ। कृष्णपक्ष की पंद्रहवीं तिथि अमावस्या तथा शुक्लपक्ष की पंद्रहवी तिथि पूर्णिमा कहलाती है।

नक्षत्रम् — **ज्येतिषर्विदैः ज्ञातं यद् आकाशमण्डलं सप्तविंशतिभागेषु विभक्तमिव दृश्यते। नभसि द्युतिमानानि नक्षत्राणि सप्तविंशतिः सन्ति। तेषाम् यथा आकृतिः तथैव तेषां नामानि जातानि। यथा अश्विनी भरणी……कृतिका……रोहिणी……मृगशिरादीनि।**

ज्योतिषर्विदों के अनुसार आकाशमंडल 27 भागों में विभक्त है। आकाश में चमकने वाले नक्षत्र 24447 हैं। उनकी जैसी आकृति है, वैसे ही उनके नाम हैं।

जैसे–अश्विनी, भरिणी, कृतिका, रोहिणी, मृगशिरा आदि।

शुभाशंसा पाठस्यान्ते दत्ता शुभाशंसा 'विक्रमोर्वशीयम्' नामनाटकात् उद्धृता। अन्याः शुभाशंसाः–
यथा– सर्वे भवन्तु सुखिनः सर्वे सन्तु निरामयाः।
सर्वे भद्राणि पश्यन्तु मा कश्चिद् दुःखभाग् भवेत्।।
कल्याणमस्तु सर्वेषां विलसन्तु समृद्धयः।
सुखाः समीरणा वान्तु भान्तु सर्वा दिशः शुभाः।।

पाठ के अंत में दिए गए शुभकामना वचन विक्रमोर्वशीयम् नामक नाटक से लिए गए हैं। कुछ अन्य शुभकामना वचन निम्न हैं
(i) सभी सुखी रहें, सभी निरोग रहें, सबका कल्याण हो, कोई दुःखी न हो।
(ii) सबका कल्याण हो, सबकी धनसम्पत्ति बढ़े, सुखदायी वायु का प्रवाह हो, सभी दिशाएँ कल्याणकारी होकर सुशोभित हों।

अभ्यास प्रश्नाः

मणिका पाठ्य-पुस्तक पर आधारित प्रश्नोत्तर

गद्यांश आधारित प्रश्नाः

1. अधोलिखितं गद्यांशं पठित्वा प्रदत्त प्रश्नानाम् उत्तराणि संस्कृतेन लिखत। (निम्नलिखित गद्यांश को पढ़कर दिए गए प्रश्नों के उत्तर संस्कृत में लिखिए।)

(क) कालोऽहम्। अहं खलु कालः। विश्वस्य आत्माहम्। कलयामि गणयामि जगतः आयुः प्रमाणम्। सततं चक्रवत् परिवर्तमानः भूतं वर्तमानं भविष्यदपि च वीक्षमाणः अहमेव साक्षी जगतः उत्पत्तेः विकासस्य प्रलयस्य च। इदं जगत् तु पुनः-पुनः जायते विलीयते च परमहं विद्यमानोऽस्य सर्वं क्रियाकलापं पश्यामि। अहो! किं जानीथ यूयम्, 'कियती प्राचीना इयं सृष्टिः!' नैव! तर्हि शृणुत ध्यानेन।

'कृतयुगं त्रेतायुगं द्वापरयुगं कलियुगञ्चेति चत्वारि युगानि। चतुर्णां युगानां समूहः एव महायुगम्। एकसप्ततिमहायुगानाम् एकं मन्वन्तरम्। चतुर्दशमन्वन्तराणां समूहः कल्पः। एकः कल्प एव ब्राह्मणः एकं दिनं मन्यते। ब्राह्मणः आयुः शतं वर्षाणि।'

I. अधोलिखितानां प्रश्नानाम् उत्तराणि एकपदेन लिखत। (निम्नलिखित प्रश्नों के उत्तर एक पद में लिखिए।)
(i) केषां समूहः महायुगम्?
(ii) अत्र वक्ता कः?
(iii) परिवर्तनमानः चक्रवत् कः अस्ति?

II. अधोलिखितानां प्रश्नानाम् उत्तराणि पूर्णवाक्येन लिखत। (निम्नलिखित प्रश्नों के उत्तर पूर्ण वाक्य में लिखिए।)
(i) चत्वारि युगानि कानि-कानि सन्ति?
(ii) कालः कस्य साक्षी?
(iii) एकसप्ततिमहायुगानां समूहः किमस्ति?

III. अधोलिखितानां प्रश्नानाम् उत्तराणि निर्देशानुसारं लिखत। (निम्नलिखित प्रश्नों के उत्तर निर्देशानुसार लिखिए।)
(i) 'विलीयते' पदस्य विपर्यय पदं किम्?
(ii) 'कियती प्राचीना इयं सृष्टिः'-इत्यस्मिन् वाक्ये विशेष्य पदं किम्?
(iii) 'कलयामि' इति पदस्य पर्यायपदं किम्?

उत्तराणि

I. (i) चतुर्णांयुगानां (ii) कालः
(iii) कालः

II. (i) कृतयुगं, त्रेतायुगं, द्वापरयुगं कलियुगञ्चेति चत्वारि युगानि।
(ii) कालः जगत् उत्पत्तेः विकासस्य, प्रलयस्य च साक्षी।
(iii) एकसप्ततिमहायुगानां समूहः एकं मन्वन्तरम् अस्ति।

III. (i) जायते (iii) सृष्टिः
(ii) गणयामि

(ख) अहो! श्रूयते शंखध्वनिः। युगादिपर्वणि कस्मिंश्चिद् गृहे नूतनसंवत्सरस्य अभिनन्दनसमारोह आयोज्यते। अद्य कलियुगं तु द्विपञ्चाशत्तमं शतकं प्रविशति। तदैव समारोहारम्भे कश्चन विद्वान् सङ्कल्पवाचनं करोति।

विष्णोराज्ञया प्रवर्तमानस्य ब्रह्मणः द्वितीयपरार्धे श्वेतवाराहकल्पे वैवस्वतमन्वन्तरे अष्टाविंशतितमे कलियुगे प्रथमचरणे जम्बूद्वीपे भारतवर्षे भरतखण्डे आर्यावर्तैकदेशे यमुनातीरे दिल्लीमण्डले नलनाम-संवत्सरे, सूर्योत्तरायणे, वसन्तर्तौ, चैत्रमासे, शुक्लपक्षे, प्रतिपदायां तिथौ, बुधवासरे, उत्तराभाद्रपदनक्षत्रे, शुक्लयोगे, किंस्तुघ्नकरणे ...... नामाहं मङ्गलकार्यं करिष्ये।

I. अधोलिखितानां प्रश्नानाम् उत्तराणि एकपदेन लिखत। (निम्नलिखित प्रश्नों के उत्तर एक पद में लिखिए।)
(i) कस्यां तिथौ संकल्पवाचनं भवित?
(ii) अधुना कतमं कलियुगमस्ति?
(iii) कस्य ध्वनि श्रोतव्यं?

II. अधोलिखितानां प्रश्नानाम् उत्तराणि पूर्णवाक्येन लिखत। (निम्नलिखित प्रश्नों के उत्तर पूर्ण वाक्य में लिखिए।)
(i) कस्य अभिनन्दन समारोहस्य आयोजनं क्रियते?
(ii) तिथिः का अस्ति?
(iii) कस्य आज्ञायां शुभं कार्यं क्रियते?

III. अधोलिखितानां प्रश्नानाम् उत्तराणि निर्देशानुसारं लिखत।
(निम्नलिखित प्रश्नों के उत्तर निर्देशानुसार लिखिए।)
(i) 'करिष्ये' इति क्रियायाः कर्तृपदं किम्?
(ii) 'नूतन' इति पदस्य विलोमः कः प्रयुक्त?
(iii) 'कश्चन विद्वान्' इति पदं कस्य विशेषणम्?

उत्तराणि

I. (i) प्रतिपदायाम् (ii) अष्टाविंशतितमम्
(iii) शंखध्वनि:

II. (i) नूतन संवत्सरस्य अभिनन्दन समारोहस्य आयोजनं क्रियते।
(ii) तिथि: प्रतिपदा अस्ति।
(iii) विष्णोराज्ञया शुभं कार्यं क्रियते।

III. (i) अहम् (ii) प्राचीन
(iii) कश्चन्

(ग) प्राचीनतमा ही एषा गणना। अयि ज्ञायते मदीयाया: अस्या: गणनाया: आधार:। मम कलनस्य तु आधार: सूर्य एव। सूर्यस्य द्वे गती उत्तरायणम् दक्षिणायनञ्च। प्रत्येकम् अयनस्य अवधि षण्मासा:। भारतीयमासानां नामानि नक्षत्रनामभि: सम्बद्धानि। पूर्णिमायां यत् नक्षत्रं भवति तेनैव नाम्ना तस्य मासस्य नाम भवति। यथा चैत्रे मासे पूर्णिमा चित्रानक्षत्रयुता भवति, अत: तस्य मासस्य नाम 'चैत्र:' भवति। **CBSE 2016**

I. अधोलिखितानां प्रश्नानाम् उत्तराणि एकपदेन लिखत।
(निम्नलिखित प्रश्नों के उत्तर एक पद में लिखिए।)
(i) प्रत्येक अयनस्य अवधि कति मासाः भवति?
(ii) सूर्यस्य कति गति?
(iii) भारतीयमासानां नामानि कैः सम्बद्धानि?

II. अधोलिखितानां प्रश्नानाम् उत्तराणि पूर्णवाक्येन लिखत।
(निम्नलिखित प्रश्नों के उत्तर पूर्ण वाक्य में लिखिए।)
(i) मासस्य नाम 'चैत्र:' कथं भवति?
(ii) षण्मासाः कस्य अवधिः?
(iii) कस्यापि मासस्य नाम कथं भवति?

III. अधोलिखितानां प्रश्नानाम् उत्तराणि निर्देशानुसारं लिखत।
(निम्नलिखित प्रश्नों के उत्तर निर्देशानुसार लिखिए।)
(i) "मम कलनस्य तु आधारः" इति वाक्यांशे 'मम' इति सर्वनामपदं कस्य कृते प्रयुक्तम्?'
(ii) अनुच्छेदे "उत्तरायणम्" पदस्य कः विपर्ययः प्रयुक्तम्?
(iii) प्राचीनतमा ही एषा गणना अत्र विशेष्यपदं किमस्ति?

उत्तराणि

I. (i) षण्मासा: (ii) द्वे (iii) नक्षत्रै:

II. (i) यथा चैत्रमासे पूर्णिमा चित्रानक्षत्रयुता भवति, अत: तस्य मासस्य नाम 'चैत्र:' भवति।
(ii) षण्मासा: अयनस्य अवधि:।
(iii) पूर्णिमायां यत् नक्षत्रं भवति, तेनैव नाम्ना तस्य मासस्य नाम भवति।

III. (i) कालस्य (ii) दक्षिणायनम्
(iii) गणना

(घ) षण्णाभेर्द्वादशाक्षस्य चतुर्विंशतिपर्वण:।
यस्त्रिषष्टिशतारस्य वेदार्थं स पर: कवि:।।

षड् ऋतव एव मे नाभय:। द्वादशमासा एव अक्षत्वेन गण्यन्ते। चतुर्विंशति: पक्षा एव पर्वाणि। षष्ट्युत्तर-त्रिशतानि दिनानि एव अराणि। परमहम् अखण्ड: शाश्वत: विभु: च।
नूतनसंवत्सरोत्सवदिवसे इदानीम् इयमेव में शुभाशंसा—

सर्वस्तरतु दुर्गाणि सर्वो भद्राणि पश्यतु।
सर्वः कामानवाप्नोतु सर्वः सर्वत्र नन्दतु ।।

I. अधोलिखितानां प्रश्नानाम् उत्तराणि एकपदेन लिखत।
(निम्नलिखित प्रश्नों के उत्तर एक पद में लिखिए।)
(i) अत्र 'मे' पदं कस्मै प्रयुक्तम्?
(ii) केन गण्यन्ते द्वादशमासाः?
(iii) सर्व कान् अवाप्नोतु?

II. अधोलिखितानां प्रश्नानाम् उत्तराणि पूर्णवाक्येन लिखत।
(निम्नलिखित प्रश्नों के उत्तर पूर्ण वाक्य में लिखिए।)
(i) कालस्य का शुभाशंसा?
(ii) अत्र कालः कीदृशः भवति?
(iii) षडऋतवः एव कस्य नाभयः?

III. अधोलिखितानां प्रश्नानाम् उत्तराणि निर्देशानुसारं लिखत।
(निम्नलिखित प्रश्नों के उत्तर निर्देशानुसार लिखिए।)
(i) 'अवाप्नोतु' इति पदे का मूलधातुः?
(ii) 'मंगलानि' इति अर्थे किं पदं प्रयुक्तम्?
(iii) 'व्यापक' इत्यर्थे किं पदं प्रयुक्तम्?

उत्तराणि

I. (i) कालाय (ii) अक्षत्वेन
(iii) कामान्

II. (i) सर्व: दुर्गाणि तरतु, सर्व: भद्राणि पश्यतु, सर्व:कामान् अवाप्नोतु।
(ii) काल: अखण्ड: शाश्वत: विभु: च भवति।
(iii) षडऋतव: एव में नाभय:।

III. (i) आप् (ii) भद्राणि
(iii) विभु:

(ङ) षण्णाभेर्द्वादशाक्षस्य चतुर्विंशतिपर्वणः।
यस्त्रिषष्टिशतारस्य वेदार्थं स परः कविः।। **CBSE 2014**

I. अधोलिखितानां प्रश्नानाम् उत्तराणि एकपदेन लिखत।
(निम्नलिखित प्रश्नों के उत्तर एक पद में लिखिए।)
(i) एकस्मिन् वर्षे कति पक्षाः भवन्ति।
(ii) नाभयः कति सन्ति?
(iii) द्वादशमासाः केन गण्यन्ते?

II. अधोलिखितानां प्रश्नानाम् उत्तराणि पूर्णवाक्येन लिखत।
(निम्नलिखित प्रश्नों के उत्तर पूर्ण वाक्य में लिखिए।)
(i) परः कविः कः अस्ति?
(ii) अराणि कति सन्ति?
(iii) कतिमासा अक्षत्वेनं गण्यन्ते?

III. अधोलिखितानां प्रश्नानाम् उत्तराणि निर्देशानुसारं लिखत।
(निम्नलिखित प्रश्नों के उत्तर निर्देशानुसार लिखिए।)
(i) 'कविः' इति पदस्य विशेषणपदं किम्?
(ii) श्लोके क्रियापदं किम्?
(iii) 'पर्वाणि' इति पदस्य अर्थः अस्ति?

उत्तराणि

I. (i) चतुर्विंशतिः (ii) षट्
(ii) अक्षत्वेन

II. (i) यः षण्णाभेः द्वादशाक्षस्य, चतुर्विंशतिपर्वणः त्रिषष्टिशतारस्य संवत्सरचक्रस्य अर्थः जानाति, सः एव परः कविः।
(ii) अराणि षष्ट्युतर-त्रिशतानि सन्ति।
(iii) द्वादशमासाः एव अक्षत्वेन गण्यन्ते।

III. (i) परः (ii) वेद
(iii) पक्षाः

अन्वयः पूर्ति

2. मञ्जूषातः समुचितपदानि चित्वा अधोलिखित श्लोकस्य अन्वयं पूरयित्वा पुनः लिखत।
(मञ्जूषा से समुचित पद चुनकर निम्नलिखित श्लोक का अन्वयः पूर्ण करके पुनः लिखिए।)

(क) "षण्णाभेर्द्वादशाक्षस्य चक्षुर्विंशतिपर्वणः।
यस्त्रिषष्टिशतारस्य वेदार्थं स परः कविः।।

अन्वयः यः षट् नाभेः (i) ······ चतुर्विंशतिः पर्वणः (ii) ······ शत-अरस्य (iii) ······ वेद सः परः (iv) ······ वर्तते।

• मञ्जूषा त्रिषष्टि, कविः, द्वादशाक्षस्य, अर्थं।

(ख) सर्वस्तरतु दुर्गाणि सर्वो भद्राणि पश्यतु।
सर्वः कामानवाप्नोतु सर्वः सर्वत्र नन्दतु।

अन्वयः सर्वः दुर्गाणि (i) ······ सर्वः (ii) ······ पश्यतु। सर्वः कामान् अवाप्नोतु (iii) ······ सर्वत्र (iv) ······।

• मञ्जूषा सर्वः, तरतु, नन्दतु, भद्राणि।

उत्तराणि

(क) (i) द्वादशाक्षस्य (ii) त्रिषष्टि
(iii) अर्थं (iv) कविः
(ख) (i) तरतु (ii) भद्राणि
(iii) सर्वः (iv) नन्दतु

भावार्थ पूर्ति

3. मञ्जूषायाः साहायेन श्लोकस्य भावार्थे रिक्तस्थानानि पूरयित्वा पुनः लिखत।
(मञ्जूषा की सहायता से श्लोक के भावार्थ में रिक्तस्थान पूर्ण करके पुनः लिखिए।)

(क) "षण्णाभेर्द्वादशाक्षस्य चक्षुर्विंशतिपर्वणः।
यस्त्रिषष्टिशतारस्य वेदार्थं स परः कविः"।।

भावार्थः अस्य भावोऽस्ति-यत् षड्ऋतवः एव कालस्य (i) ······ सन्ति। द्वादशमासाः एव तस्य (ii) ······ कल्पन्ते। चतुर्विंशतिः पक्षाः एव पर्वाणि कथ्यन्ते। षष्टयुत्तरत्रिशतानि (iii) ······ एव अरणि सन्ति। यः एतत् सर्वाः जानाति सः एव महान् (iv) ······ अस्ति।

• मञ्जूषा अक्षरूपेण, विद्वान्, नाभयः, दिनानि।

(ख) सर्वस्तरतु दुर्गाणि, सर्वो भद्राणि पश्यतु।
सर्वः कामानवाप्नोतु, सर्वः सर्वत्र नन्दतु।।

भावार्थः अस्मिन् श्लोके कवेः (i) ······ अस्ति यत् सर्वः (ii) ······ (दुर्गाणि) तरतु। सर्वः (iii) ······ पश्यतु। सर्वः (iv) ······ प्राप्नोतु सर्वः यत्र कुत्रापि वसेत्, तत्र एव प्रसीदेत्।

• मञ्जूषा मनोकामनाः, कष्टानि, मंगलकामना, मंगलानि।

उत्तराणि

(क) (i) नाभयः (ii) अक्षरूपेण
(iii) दिनानि (iv) विद्वान्
(ख) (i) मंगलकामना (ii) कष्टानि
(iii) मंगलानि (iv) मनोकामनाः

प्रश्ननिर्माणं कुरुत

4. निम्नवाक्येषु रेखाङ्कितपदानां स्थानेषु विकल्पेभ्यः चित्वा प्रश्ननिर्माणम् कुरुत।
(निम्न वाक्यों में रेखांकित पदों के स्थान पर प्रश्न निर्माण करो।) CBSE 2015

(i) चतुर्दशमन्वन्तराणां समूहः कल्पः।
(ii) ब्रह्मणः आयुः शतम् वर्षाणि।
(iii) कियती प्राचीना इयम् सृष्टिः।
(iv) चतुर्णां युगानां समूह एव महायुगम्।
(v) भारतवर्षम् जम्बूद्वीपे स्थितं मन्यते।
(iv) संवत्सरे द्वादश मासाः भवन्ति।

उत्तराणि

(i) कः (ii) कस्य
(iii) का (iv) कति
(v) कुत्र (vi) कति

5. अधोलिखित कथनेषु स्थूलपदानि आधृत्य प्रश्ननिर्माणं कुरुत।
(निम्नलिखित कथनों में स्थूल पदों को आधार मानकर प्रश्न निर्माण कीजिए।)

(i) **प्राचीनतमा** हि एषा गणना।
(अ) कीदृशी (ब) कस्य (स) केन (द) कुत्र
(ii) एकस्मिन् वर्षे **चतुर्विंशतिः** पक्षाः।
(अ) कः (ब) कुत्र (स) किम् (द) कति
(iii) संवत्सरे **द्वादश** मासाः भवन्ति।
(अ) कम् (ब) कति
(स) कानि (द) कीदृशः
(iv) कालः **विश्वस्य** आत्माऽहम्।
(अ) कस्य (ब) कः
(स) कस्या (द) कस्मिन्

(v) चतुर्णां युगानां समूहः एव **महायुगम्**।
(अ) कम् (ब) काम् (स) किम् (द) केन

(vi) अहो! श्रूयते **शंखध्वनिः**।
(अ) किम् (ब) कदा (स) कुत्र (द) कः

(vii) प्रत्येकम् **अयनस्य** अवधिः षण्मासाः।
(अ) कुत्र (ब) काम् (स) केन (द) कस्य

(viii) मम **कलनस्य** तु आधारः सूर्य एव। CBSE 2024
(अ) चिन्तनस्य (ब) निर्माणस्य
(स) गणनायाः (द) गमनस्य

उत्तराणि

(i) (अ) कीदृशी (ii) (द) कति
(iii) (ब) कति (iv) (अ) कस्य
(v) (स) किम् (vi) (अ) किम्
(vii) (द) कस्य (viii) (स) गणनायाः

प्रसङ्गानुकूलं प्रश्नाः

6. अधोलिखितेषु रेखाङ्कितपदानां प्रसङ्गानुकूलम् उचितार्थं चित्वा लिखत।
(निम्नलिखित वाक्यों में रेखांकित पदों के प्रसंगों के अनुकूल उचित अर्थ चुनकर लिखिए।)

(i) <u>सततं</u> चक्रवत् परिवर्तमानः भूतं वर्तमानं भविष्यदपि।
(अ) अतीतम् (ब) पुरातना (स) निरन्तरम् (द) गणयामि

(ii) एकः <u>कल्प</u> एव ब्रह्मणः एकं दिनं मन्यते।
(अ) एकलः (ब) संवर्तः (स) सतयुगम् (द) जन्मनः

(iii) <u>नूतन</u> संवत्सरस्य अभिनन्दन समारोह आयोज्यते।
(अ) प्राचीन (ब) अर्वाचीनः
(स) नवीनः (द) सर्वे

(iv) कथम् इमम् सङ्कल्पं श्रुत्वा <u>विस्मिताः</u> यूयम्?
(अ) चकिताः (ब) व्याकुलः
(स) गणनायाः (द) आधारः

(v) संवत्सरस्य तु विषये <u>इदमुच्यते</u>
(अ) उच्चैः (ब) उच्यते (स) कथ्यते (द) महान्

(vi) सर्वः <u>कामान्</u> अवाप्नोतु।
(अ) कामः (ब) कार्यः (स) उभौ (द) अभिलाषाः

उत्तराणि

(i) (स) निरन्तरम् (ii) (ब) संवर्तः (iii) (स) नवीनः
(iv) (अ) चकिताः (v) (स) कथ्यते (vi) (द) अभिलाषाः

मेलनं कुरुत

7. अधोलिखितानां पदानां विपरीतार्थकपदानि पाठात् एव चित्वा लिखत।
(निम्नलिखित पदों के विपरीतार्थक शब्द पाठ से ही चुनकर लिखिए।)

सूची (क)	सूची (ख)
(i) भूतम्	(अ) कृतयुगम्
(ii) जायते	(ब) तदा
(iii) प्राचीनः	(स) विलीयते
(iv) इदानीम्	(द) वर्तमानम्
(v) उत्तरायणम्	(य) नूतन
(vi) कलियुगम्	(र) दक्षिणायनम्

उत्तराणि

सूची (क)	सूची (ख)
(i) भूतम्	(द) वर्तमानम्
(ii) जायते	(स) विलीयते
(iii) प्राचीनः	(य) नूतन
(iv) इदानीम्	(ब) तदा
(v) उत्तरायणम्	(र) दक्षिणायनम्
(vi) कलियुगम्	(अ) कृतयुगम्

8. निम्नलिखित पदानां दत्तेषु पर्याय पदेषु पर्यायः लिखत।
(निम्नलिखित पदों के दिए हुए पर्याय पदों में पर्याय शब्द लिखिए।)

सूची (क)	सूची (ख)
(i) सङ्कल्पम्	(अ) प्रमाणम्
(ii) कलनस्य	(ब) महान्
(iii) परः	(स) व्रतम्
(iv) पर्वाणिः	(द) गणनायाः
(v) साक्षी	(य) पक्षाः

उत्तराणि

सूची (क)	सूची (ख)
(i) सङ्कल्पम्	(स) व्रतम्
(ii) कलनस्य	(द) गणनायाः
(iii) परः	(ब) महान्
(iv) पर्वाणिः	(य) पक्षाः
(v) साक्षी	(अ) प्रमाणम्

9. अधोलिखितानां शुद्धकथनानाम् समक्षम् (✓) अशुद्धानां च समक्षं (✗) इति चिह्नाङ्कनं क्रियताम्।
(निम्नलिखित दिए गए शुद्ध कथनों के सामने (✓) व अशुद्ध कथनों के सामने (✗) का चिह्नांकन कीजिए।)

(i) मासे द्वौ पक्षौ भवतः शुक्लः कृष्णः च।
(ii) चन्द्रस्य द्वे अयने भवतः।
(iii) एकस्मिन् वर्षे द्वादशपक्षाः भवन्ति।
(iv) कृष्णपक्षे अमावस्या भवति।
(v) चैत्रमासे सूर्यः उत्तरायणः भवति।
(vi) संवत्सरे षड् ऋतवः भवन्ति।

उत्तराणि

(i) (✓) (ii) (✗) (iii) (✗)
(iv) (✓) (v) (✓) (vi) (✓)

किं किम् उपादेयम्
(क्या-क्या ग्रहण करने योग्य है?)

अध्याय 11

पाठ परिचय

अरुणः उषे! पश्य इदं पुस्तकं भारतस्य मानचित्रं च।

उषा कुतः प्राप्तम् इदम्?

अरुणः मम मातुलः मह्यं जन्मदिवसस्य उपहाररूपेण प्रायच्छत्।

उषा अहो! इयं तु प्रश्नोत्तररत्नमालिका।

अरुणः जानासि कस्तावत् अस्य रचयिता?

उषा न जाने।

अरुणः पश्य एतत् भारतस्य मानचित्रे अङ्कितम् एकस्य महापुरुषस्य चित्रम्।

उषा भ्रातः! कोऽयं संन्यासी?

अरुणः उषे! अयं खलु प्रातः स्मरणीयः आदिगुरुः शङ्कराचार्यः। अस्य एव कृतिः इयम्।

उषा मानचित्रे कानि एतानि स्थानानि दर्शितानि?

अरुणः एतानि तु मठस्थानानि शङ्कराचार्येण स्थापितानि धर्मप्रचाराय। अयं महायोगी अष्टवर्षीयः एव संन्यासं स्वीकृत्य भारते वेदान्तस्य प्रचारम् अकरोत्।

उषा किम् आचार्येण ग्रन्थाः अपि रचिताः?

अरुणः आम्! तेन विविधाः ग्रन्था रचिताः। तेषु एव विद्यते इयं रचना प्रश्नोत्तररत्नमालिका, यत्र प्रश्नोत्तरमाध्यमेन इदं ज्ञापितं यदस्माभिः जीवने किं-किं ग्राह्यं, किं-किं च त्याज्यम्?

उषा अहो! तत् तु अवश्यं पठनीयम्।

अरुणः तस्याः रचनायाः एव पठामः इदानीं कानिचित् पद्यानि।

शब्दार्थाः पश्य = देखो, स्मरणीयः = याद करने योग्य, अष्टवर्षीयः = आठ वर्ष के, विविधाः = अनेक, त्याज्यम् त्यागने योग्य, पठनीयम् = पढ़ने योग्य।

हिंदी अनुवाद

अरुण उषा! यह (मणिका पाठ्य-पुस्तक में दिए गए) पुस्तक और भारत का मानचित्र देखो।

उषा यह कहाँ से प्राप्त हुआ?

अरुण मेरे मामा ने मेरे जन्मदिन पर उपहार के रूप में भेजा है।

उषा अहो! यह तो प्रश्नोत्तर माला है।

अरुण जानती हो कि इसके रचयिता कौन हैं?

उषा नहीं जानती।

अरुण इस भारत के मानचित्र में अंकित एक महापुरुष का चित्र (मणिका पाठ्य-पुस्तक में दिए गए) देखो।

उषा भाई! यह संन्यासी कौन हैं?

अरुण उषा! निश्चित रूप से यह प्रातःकाल में स्मरण करने योग्य आदि गुरु शंकराचार्य हैं। यह इन्हीं की रचना है।

उषा मानचित्र में ये कौन-से स्थान दिखाए गए हैं?

अरुण ये तो शंकराचार्य जी द्वारा धर्म प्रचार के लिए स्थापित मठ है। इस महान योगी ने आठ वर्ष की अवस्था में ही संन्यास ग्रहण करके भारत में वेदांत का प्रचार किया।

उषा क्या आचार्य जी ने ग्रंथों की भी रचना की?

अरुण हाँ! इन्होंने विभिन्न ग्रंथ लिखे हैं। इनमें ही प्रश्नोत्तर मालिका रचना विद्यमान है। जिसमें प्रश्नोत्तर के माध्यम से यह बताया गया है कि हमारे जीवन में क्या-क्या ग्रहण करने योग्य है और क्या-क्या त्याग करने योग्य?

उषा अहो! तब तो यह अवश्य ही पढ़नी चाहिए।

अरुण अब इनकी रचना के कुछ पद्य पढ़ते हैं।

पाठ का सार प्रस्तुत पाठ आदि गुरु शंकराचार्य द्वारा रचित ग्रंथ प्रश्नोत्तर मलिका से अवतरित है। इसमें बताया गया है कि क्या ग्रहण करने योग्य है और क्या त्याग करने योग्य है? गुरु शंकराचार्य ने बताया कि गुरु का वचन ग्रहण करने योग्य है। धर्म कल्याणकारी है। जिसका मन पवित्र है वही पवित्र है। कलंक रहित जीवन ही जीवन है। विवेकशीलता ही जीवन है मूर्खता ही मृत्यु है। सत्य और प्रिय वचन बोलने वाले तथा विनम्र स्वभाव वाले व्यक्ति के वश में सभी प्राणी होते हैं। न करने योग्य कार्य में लगा हुआ व्यक्ति अंधा है तथा कल्याणकारी वचनों को न सुनने वाला व्यक्ति बहरा है। समुचित समय पर न्यायोचित वचन न बोलने वाला व्यक्ति गूँगा है।

पाठ का हिंदी अनुवाद

1. भगवन्किमुपादेयम्? गुरुवचनम्, हेयमपि च किम्? अकार्यम्।
को गुरुः? अधिगततत्त्वः शिष्यहितायोद्यतः सततम्।।1।।

शब्दार्थाः उपादेयम् = स्वीकार्य, लाभकारी, हेयम् = त्याग के योग्य या घृणित, अकार्यम् = न करने योग्य कर्म, गुरुः = अध्यापक, श्रद्धेय, अधिगततत्त्वः = जिसने ब्रह्म तत्त्व (यथार्थ) को जान लिया है।

अन्वयः भगवन्! उपादयेम् किम्? गुरुवचनम्। अपि च हेयम् किम्? अकार्यम्। गुरुः कः? सततम् शिष्यहिताय उद्यतः अधिगततत्त्वः।

हिंदी अनुवाद भगवन्! स्वीकार (लाभकारी) करने योग्य क्या है? गुरु के वचन, और घृणित कर्म क्या हैं? न करने योग्य कर्म। गुरु कौन है? तत्त्व को जानने वाला तथा शिष्यों के हित (लाभ) के लिए निरंतर (हमेशा) तैयार रहने वाला ही गुरु है।

2. कः पथ्यतरः? धर्मः, कः शुचिरिह? यस्य मानसं शुद्धम्।
कः पण्डितः? विवेकी, किं विषम्? अवधीरणा गुरुषु।।2।।

शब्दार्थाः पथ्यतरः = कल्याणकारी, शुचिः = शुद्ध पवित्र, मानसं = चिंतन, पण्डितः = ज्ञानी, विवेकी = बुद्धिमान, अवधीरणा = अवहेलना, गुरुषु = गुरुओं में।

अन्वयः पथ्यतरः कः? धर्मः। इह शुचिः कः? यस्य मानसम् शुद्धम्। पण्डितः कः? विवेकी। विषम् किम्? गुरुषु अवधीरणा।

हिंदी अनुवाद अधिक कल्याणकारी कौन है? धर्म, इस संसार में पवित्र कौन है? जिसका मन शुद्ध (पवित्र) है। पंडित कौन है? जो विवेकी (बुद्धि से सोचने वाला) है, विष क्या है? गुरुओं की अवहेलना करना। (विष के समान है।)

3. किं जीवितम्? अनवद्यम्, किं जाड्यम्? पाठतोऽप्यनभ्यासः।
को जागर्ति? विवेकी, का निद्रा? मूढता जन्तोः।।3।।

शब्दार्थाः अनवद्यम् = कलंक रहित, अनिन्दनीय, जाड्यम् = मूर्खता, पाठतः = केवल जो पढ़ता है, अनभ्यासः = अभ्यास न करना, मूढ़ता = विवेकहीनता, जन्तोः = प्राणियों की

अन्वयः जीवितम् किम्? अनवद्यम्। जाड्यम् किम्? पाठतः अपि अनभ्यासः। कः जागर्ति? विवेकी। निद्रा का? जन्तोः मूढता।

हिंदी अनुवाद जीवन क्या है? कलंक रहित जीवन ही अच्छा जीवन है। मूर्खता क्या है? जो पढ़ते हुए भी अभ्यास नहीं करता (वह मूर्खता है।) जागता कौन है? जो विवेकी होता है, निद्रा (नींद) क्या है? मनुष्य (प्राणी) की मूर्खता ही निद्रा है।

4. नलिनीदलगतजलवत्तरलं किम्? यौवनं धनं चायुः।
कथन पुनः के शशिनः किरणसमाः? सज्जना एव।।4।।

शब्दार्थाः नलिनीदलगतजलवत् = कमलिनी के पत्ते पर पड़े जलबिंदु के समान, यौवनं = युवावस्था, चायुः = और आयु, कथन = कहो, शशिनः = चंद्रमा, समाः = समान, सज्जना एव = सज्जन ही।

अन्वयः नलिनीदलगतजलवत् तरलम् किम्? यौवनम्, धनम् आयुः च। पुनः कथय, शशिनः किरणसमाः के? सज्जनाः एव।

हिंदी अनुवाद कमलिनी के पत्ते पर जमे (पड़े) हुए जलबिंदु के समान चंचल क्या है? यौवन (जवानी), धन और आयु, पुनः बताओ, चंद्रमा की किरण के समान (सदृश) कौन है? सज्जन ही किरणों के समान शीतल होते हैं।

5. कोऽनर्थफलः? मानः?, का सुखदा? साधुजनमैत्री।
सर्वव्यसनविनाशे को दक्षः? सर्वथा त्यागी।।5।।

शब्दार्थाः अनर्थफलः = अनर्थकारी फल देने वाला, मानः = घमण्ड, अभिमान, का = कौन, सुखदा = सुख देने वाली, मैत्री = मित्रता, सर्वव्यसनविनाशे = सभी बुराइयों का नाश करने में, दक्षः = कुशल, सर्वथा त्यागी = सदैव त्याग करने वाला।

अन्वयः अनर्थफलः कः? मानः। सुखदा का? साधुजनमैत्री। सर्वव्यसनविनाशे कः दक्षः? सर्वथा त्यागी।

हिंदी अनुवाद इस संसार में अनर्थकारी फल देने वाला कौन है? अभिमान, सुख देने वाली (सुखदायिनी) कौन है? साधुजनों (सज्जनों) की मित्रता, सब प्रकार की बुराइयों के विनाश करने में कौन कुशल है? सब प्रकार से सभी का त्याग करने वाला।

6. किं मरणम्? मूर्खत्वम्, किं चानर्घम्? यदवसरे दत्तम्।
आमरणात्किं शल्यम्? प्रच्छन्नं यत्कृतं पापम्।।6।।

शब्दार्थाः मूर्खत्वम् = मूर्खता, अनर्घम् = बहुमूल्य, आमरणात् = आजीवन, शल्यम् = काँटा, प्रच्छन्नं = गुप्त रूप से, छिपा हुआ,

अन्वयः मरणम् किम्? मूर्खत्वम्। अनर्घम् च किम्? यत् अवसरे दत्तम्। आमरणात् शल्यम् किम्? यत् पापम् प्रच्छन्नम् कृतम्।

हिंदी अनुवाद मृत्यु क्या है? मूर्खता, बहुमूल्य (वस्तु आदि) क्या है? जो सही समय पर दिया गया हो, मृत्युपर्यंत काँटे के समान चुभने वाला क्या है? जो पाप गुप्त तरह (छुप कर) से किया गया हो।

7. कस्य वशे प्राणिगणः? सत्यप्रियभाषिणो विनीतस्य।
क्व स्थातव्यम्? न्याय्ये पथि दृष्टादृष्टलाभाढ्ये।।7।।

शब्दार्थाः प्राणीगणः = सभी प्राणी, विनीतस्य = शालीन, क्व = का, स्थातव्यम् = स्थिरता, न्याय्ये पथि = न्याय के पथ पर, दृष्टादृष्टलाभाढ्ये = दृष्ट, अदृष्ट भाग्य के लाभों से भरपूर,

अन्वय: कस्य वशे प्राणिगण:? सत्यप्रियभाषिण: विनीतस्य। क्व स्थातव्यम्? दृष्टादृष्टलाभाढ्ये न्याय्ये पथि।

हिंदी अनुवाद समस्त प्राणियों का समूह किसके वश में है? सत्य और प्रिय बोलने वाले (विनीत) विनम्र व्यक्ति के वश में है, कहाँ ठहरना चाहिए? भाग्य के लाभों से भरपूर न्याय के मार्ग पर रहना चाहिए।

8. कोऽन्ध:? योऽकार्यरत:, को बधिर:? यो हितानि न शृणोति।
को मूक:? य: काले प्रियाणि वक्तुं न जानाति।।8।।

शब्दार्था: अन्धः = अंधा, अकार्यरत = अनुचित कार्य में लीन, बधिरः = बहरा, हितानि = हित को, शृणोति = सुनता है, मूकः = गूँगा, यः = जी, वक्तुं = बोलने को, न जानाति = नहीं जानता है।

अन्वय: अन्ध: क:? य: अकार्यरत:। बधिर: क:? य: हितानि न शृणोति। मूक: क:? य: काले प्रियाणि वक्तुम् न जानाति।

हिंदी अनुवाद अंधा कौन है? जो जानते हुए भी न करने योग्य कार्यों में लगा हुआ है। बहरा कौन है? जो हितकार या लाभकारी बातें नहीं सुनता हो, गूँगा कौन है? जो उचित समय पर प्रिय बातें कहना नहीं जानता।

मणिका-पाठ्यपुस्तकम् प्रश्नोत्तरा:

मणिका पाठ्य-पुस्तक के प्रश्नोत्तर

प्र.1 संस्कृतभाषया एकपदेन उत्तराणि लिखत। (संस्कृत भाषा में एक पद में उत्तर दीजिए।)

(क) किम् उपादेयम्? (ख) किं हेयम्?
(ग) क: पथ्यतर:? (घ) क: पण्डित:?
(ङ) क: अधिगततत्त्व: शिष्यहिताय सततम् उद्यत:?
(च) को जागर्ति?
(छ) का सुखदा?

उत्तराणि

(क) गुरुवचनम् (ख) अकार्यम्
(ग) धर्म: (घ) विवेकी
(ङ) गुरु: (च) विवेकी
(छ) साधुजनमैत्री

प्र.2 पूर्णवाक्येन संस्कृतभाषया उत्तराणि लिखत। (संस्कृत भाषा में पूर्णवाक्य में उत्तर दीजिए।)

(क) गुरुः कः भवति?
(ख) अस्मिन् संसारे कः शुचिः मन्यते?
(ग) कः सर्वेषां व्यसनानां विनाशे दक्षः भवति?
(घ) सर्वे प्राणिनः कस्य वशे भवन्ति?
(ङ) कः मूकः भवति?
(च) कुत्र स्थातव्यम्?

उत्तराणि

(क) य: अधिगततत्त्व: शिष्य हिताय सततम् प्रयत्नशील: भवति स: गुरु: भवति।
(ख) अस्मिन् संसारे यस्य मानसं शुद्धमस्ति स: शुचि: मन्यते।
(ग) य: सर्वथा त्यागी भवति स: सर्वेषां व्यसनानां विनाशे दक्ष: भवति।
(घ) सर्वे प्राणिन: सत्यप्रियभाषिणो विनीतस्य जनस्य वशे भवन्ति।
(ङ) य: काले प्रियाणि वक्तुं न जानाति स: मूक: भवति।
(च) दृष्टादृष्ट लाभाढ्ये न्याय्ये पथि स्थातव्यम्।

प्र.3 निम्नलिखितानाम् उत्तराणां समक्षं पाठात् विचित्य प्रश्नाः लेखनीयाः। (निम्नलिखित उत्तरों के सामने पाठ से चुनकर प्रश्न लिखिए।)

(क) ज्ञानं लब्ध्वा छात्रकल्याणाय सर्वदैव तत्परः गुरुः कथ्यते।
(ख) यः मनसा पूतं समाचरति सः शुचिः।
(ग) सतः असतश्च ज्ञाता नरः पण्डितः।
(घ) गुरुणां तिरस्करणं संसारे विषम्।
(ङ) अस्मिन् लोके यः सत्यवादी, प्रियवादी च तस्य वशे सर्वे जनाः।
(च) प्राणिनां मूढ़ता निद्रा कथिता।
(छ) लाभप्राचुर्यम् अगणयित्वा न्यायपूर्णमार्गे एव स्थातव्यम्।
(ज) त्यागी एव सर्वासां विपदां विनाशं कर्तुं समर्थः।

उत्तराणि

(क) ज्ञानं लब्धवा छात्रकल्याणाय सर्वदैव तत्पर: गुरु: कथ्यते। ······ को गुरु: ······?
(ख) य: मनसा पूतं समाचरति स: शुचि: ······ क: शुचि:?
(ग) सत: असतश्च ज्ञाता नर: पण्डित: ······ क: पण्डित: ······?
(घ) गुरुणां तिरस्करणं संसारे विषम् ······ किं विषम् ······?
(ङ) अस्मिन् लोके य: सत्यवादी, प्रियवादी च तस्य वशे सर्वे जना:। ······ कस्य वशे सर्वे जना: ······?
(च) प्राणिनां मूढ़ता निद्रा कथिता ······ का मूढ़ता ······?
(छ) लाभप्राचुर्यम् अगणयित्वा न्यायपूर्णमार्गे एव स्थातव्यम् ······ कुत्र स्थातव्यम् ······?
(ज) त्यागी एव सर्वासां विपदां विनाशं कर्तुं समर्थ: ······ क: सर्वविपद्विनाशे समर्थ: ······?

प्र.4 अधोलिखितान् प्रश्नानां यथानिर्देशम् उत्तरत। (निम्नलिखित प्रश्नों के निर्देशानुसार उत्तर दीजिए।)

(क) 'यस्य मानसं शुद्धम्।' अत्र 'मनः' इति पदस्य किं पर्यायपदं प्रयुक्तम्?
(ख) 'को जागर्ति?' अत्र किं क्रियापदम्?
(ग) 'यः काले प्रियाणि वक्तुं न जानाति।' अस्मिन् वाक्ये कर्तृपदं किम्?
(घ) 'प्रच्छन्नं यत्कृतं पापम्।' अत्र किं विशेष्यपदम्?

(ङ) 'न्याय्ये पथि' अनयोः पदयोः किं विशेषणपदम्?

(च) 'यौवनं धनं चायुः नलिनीदलगतजलवत् तरलम्।' अत्र वार्द्धक्यम् इति पदस्य किं विलोमपदं प्रयुक्तम्?

उत्तराणि

(क) मानसम् (ख) जागर्ति

(ग) यः (घ) पापम्

(ङ) न्याय्ये (च) यौवनं

प्र.5 **शुद्ध-विलोमपदानि मेलयत।**
(शुद्ध-विलोम पदों का मेल कीजिए।)

सूची (अ)	सूची (ब)
(क) अकार्यम्	(i) ग्राही
(ख) सततम्	(ii) शत्रुता
(ग) विवेकी	(iii) अवद्यम्
(घ) जीवनम्	(iv) अविवेकी
(ङ) अनवद्यम्	(v) मरणम्
(च) यौवनम्	(vi) कदाचित्
(छ) मैत्री	(vii) कार्यम्
(ज) त्यागी	(viii) वार्द्धक्यम्

उत्तराणि

सूची (अ)	सूची (ब)
(क) अकार्यम्	(vii) कार्यम्
(ख) सततम्	(vi) कदाचित्
(ग) विवेकी	(iv) अविवेकी
(घ) जीवनम्	(v) मरणम्
(ङ) अनवद्यम्	(iii) अवद्यम्
(च) यौवनम्	(viii) वार्द्धक्यम्
(छ) मैत्री	(ii) शत्रुता
(ज) त्यागी	(i) ग्राही

प्र.6 **अधोलिखितसूक्तीनां समक्षं पाठात् चित्वा समुचितपङ्क्तिं लिखत।**
(अधोलिखित सूक्तियों के सामने पाठ से चुनकर उचित सूक्ति लिखिए।)

यथा- (क) सज्जानानां स्वभावोऽयं येनेन्दुः शिशिरीकृतः।

(ख) चलं चित्तं चलं वित्तं चले जीवितयौवने।

(ग) न्याय्यात् पथः प्रविचलन्ति पदं न धीराः।

(घ) त्रैलोक्ये दीपको धर्मः।

(ङ) अनभ्यासे विषं विद्या।

(च) कः परः प्रियवादिनाम्।

(छ) न विवेकं विना ज्ञानम्।

(ज) मनः पूतं समाचरेत्।

उत्तराणि

(क) सज्जनानां स्वभावोऽयं येनेन्दुः शिशिरीकृतः ...... सज्जनाः शशिकिरणसमाः।

(ख) चलं चित्तं चलं वित्तं चले जीवितयौवने ...... नलिनीदलगतजलवत् तरलं यौवनं धनं चायुः।

(ग) न्याय्यात् पथः प्रविचलन्ति पदं न धीराः ...... स्थातव्यम् न्याय्ये पथि दृष्टादृष्टलाभाद्ये।

(घ) त्रैलोक्ये दीपको धर्मः ...... पथ्यतरः धर्मः।

(ङ) अनभ्यासे विषं विद्या ...... जाड्यं पाठतोऽप्यनभ्यासः।

(च) कः परः प्रियवादिनाम् ...... वशे प्राणिगणः सत्यप्रियभाषिणो विनीतस्य।

(छ) न विवेकं विना ज्ञानम् ...... पण्डितः विवेकी।

(ज) मनः पूतं समाचरेत् ...... शुचिरिह यस्य मानसं शुद्धम्।

प्र.7 **रेखाङ्कितपदानां समस्तपदं विग्रहं वा लिखत।**
(रेखांकित पदों के समस्त पद या विग्रह लिखिए।)

(क) <u>गुरोः वचनम्</u> उपादेयम्।

(ख) <u>अधिगततत्त्वः</u> गुरुः भवति।

(ग) <u>न अवद्यं</u> जीवितं भवति।

(घ) <u>साधुजनमैत्री</u> सुखदा भवति।

(ङ) सत्यप्रियभाषिणो वशे <u>प्राणिनां गणः</u> भवति।

(च) सज्जनाः शशिनः <u>किरणैः समाः</u> भवन्ति।

उत्तराणि

(क) गुरोः वचनम् = गुरुवचनम्

(ख) अधिगततत्त्वः = अधिगतं तत्त्वं येन सः

(ग) न अवद्यं = अनवद्यम्

(घ) साधुजनमैत्री = साधुजनानां मैत्री

(ङ) प्राणिनां गणः = प्राणिगणः

(च) किरणैः समाः = किरणसमाः

प्र.8 **अत्र ग्राह्याः गुणाः, त्याज्याः दोषाः च कोष्ठकेषु लिखिताः। दोषयुक्तानि कोष्ठाकानि (✗) इति चिह्नेन चिह्नितानि कुरुत।**
(यहाँ ग्राह्य गुण और त्याज्य दोष कोष्ठक में लिखे हैं। दोष युक्त कोष्ठक को (✗) चिह्न से चिह्नित कीजिए।)

गुरुवचनम्	गुरुनिन्दा	तत्त्वज्ञता	मूढ़ता
धर्मः	विवेकः	चञ्चलता	शिष्यहितम्
सज्जनता	शुद्धं मनः	कीर्तिः	सग्रहः
त्यागः	अनभ्यासः	अपयशः	मूर्खत्वम्
अभ्यासः	साधुजनमैत्री	गुप्तपापम्	अभिमानः

उत्तराणि

गुरुवचनम्	गुरुनिन्दा ✗	तत्त्वज्ञता	मूढ़ता ✗
धर्मः	विवेकः	चञ्चलता ✗	शिष्यहितम्
सज्जनता	शुद्धं मनः	कीर्तिः	सङ्ग्रहः ✗
त्यागः	अनभ्यासः ✗	अपयशः ✗	मूर्खत्वम् ✗
अभ्यासः	साधुजनमैत्री	गुप्तपापम् ✗	अभिमानः ✗

प्र.9 **समुचितपदैः रिक्तस्थानानि पूरयत।**
(समुचित पदों के द्वारा रिक्तस्थानों की पूर्ति कीजिए।)

(क) मूकः काले ………… वक्तुं न जानाति।
(ख) ………… अधिगततत्त्वः सततं शिष्यहितायोद्यतः भवति।
(ग) न्याय्ये ………… दृष्टादृष्टलाभाद्ये स्थातव्यम्।
(घ) सर्वथा ………… सर्वव्यसनविनाशे दक्षः भवति।
(ङ) गुरुषु अवधीरणां ………… भवति।
(च) सज्जनाः ………… किरणसमाः भवन्ति।

उत्तराणि

(क) मूकः काले **प्रियाणि** वक्तुं न जानाति।
(ख) **गुरुः** अधिगततत्त्वः सततं शिष्यहितायोद्यतः भवति।
(ग) न्याय्ये **पथि** दृष्टादृष्टलाभद्ये स्थातव्यम्।
(घ) सर्वथा **त्यागी** सर्वव्यसनविनाशे दक्षः भवति।
(ङ) गुरुषु अवधीरणां **विषं** भवति।
(च) सज्जनाः **शशिनः** किरणसमाः भवन्ति।

प्र.10 **रेखाङ्कितपदानां प्रसङ्गानुसारम् उचितम् अर्थं चित्वा लिखत।**
(रेखांकित पदों का प्रसंगानुसार उचित अर्थ चुनकर लिखिए।)

(क) हेयम् अपि च किम्?
(i) ग्राह्यम् (ii) त्याज्यम् (iii) कर्त्तृव्यम्

(ख) कः शुचिः इह।
(i) पवित्रः (ii) सत्यवादी (iii) परोपकारी

(ग) के शशिनः किरणसमाः।
(i) सूर्यस्य (ii) शशकस्य (iii) चन्द्रस्य

(घ) आमरणात्किं शल्यम्।
(i) कण्टकम् (ii) यन्त्रम् (iii) युद्धम्

(ङ) यस्य मानसं शुद्धम्।
(i) मनः (ii) तपः (iii) सरः

(च) सर्वविनाशे को दक्षः?
(i) समर्थः (ii) प्रत्यक्षम् (iii) निपुणः

उत्तराणि

(क) (ii) त्याज्यम् (ख) (i) पवित्रः
(ग) (iii) चन्द्रस्य (घ) (i) कण्टकम्
(ङ) (i) मनः (च) (iii) निपुणः

योग्यताविस्तारः (योग्यता–विस्तार)

(क) कविपरिचयः (कविपरिचय)

श्रीमदादिशङ्कराचार्यः प्रश्नोत्तररत्नमालिकायाः रचयिता। 686 तमे ईसवीये वर्षे वैशाखमासे अस्य जन्म अभवत्। भारतस्य चतसृषु दिक्षु मठचतुष्टयं स्थापयित्वा आचार्यः आध्यात्मिकपुनरुत्थानाय, सांस्कृतिकसामञ्जस्याय, ऐक्यसंस्थापनाय च महत्त्वपूर्णं कार्यं कृतवान्। तेन सम्पूर्णदेशे वेदान्तस्य प्रचाराय भ्रमणं कृतम्। वयसः द्वात्रिंशत्तमे वर्षे एव स समाधिना प्राणान् अत्यजत्।

श्रीमद् आदिशंकराचार्य इसके रचयिता हैं। सन् 686 ईस्वी के वैशाख मास में इनका जन्म हुआ। भारत की चारों दिशाओं में चार मठ स्थापित करके शंकराचार्य ने आध्यात्मिक पुनरुत्थान, सांस्कृतिक समन्वय तथा एकता की स्थापना के लिए महत्त्वपूर्ण कार्य किया। उन्होंने पूरे देश में वेदांत के प्रचार के लिए भ्रमण किया। '32' वर्ष की आयु में ही उन्होंने समाधि अवस्था में प्राण त्याग दिए।

(ख) भावविस्तारः (भाव-विस्तार)

विविधैः मूल्यैः युक्ताः अन्याः सूक्तयः पठ्यन्ताम्

गुरुः (क) आचार्यः प्लावयिता, सम्यग्ज्ञानं प्लव इहोच्यते।
(ख) दुर्लभः सः गुरुः लोके शिष्यचिन्तापहारकः।
(ग) यः तारयेदविद्यां सः गुरुः।
(घ) आज्ञा गुरूणां हि अविचारणीया।

विविध मूल्यों से युक्त अन्य सूक्तियाँ पढ़ें।
(क) आचार्य ही सम्यक् ज्ञान करवाने वाला है।
(ख) शिष्य की चिंताओं को हरने वाला गुरु संसार में प्राप्त होना कठिन है।
(ग) जो अज्ञान से पार लगा दे (दूर कर दे) वही गुरु है।
(घ) गुरुजनों की आज्ञा का पालन तर्क किए बिना तुरंत करना चाहिए।

धर्मः (धर्म)

(क) आचारः परमो धर्मः।
(ख) एको धर्मः परं श्रेयः।
(ग) धर्मो रक्षति रक्षितः।
(घ) स्वधर्मे निधनं श्रेयः परमधर्मः भयावहः।

(क) सदाचरण सबसे बड़ा धर्म है।
(ख) एक धर्म पर अडिग रहना ही कल्याणकारी है।
(ग) धर्म की रक्षा करने पर धर्म व्यक्ति की रक्षा करता है।
(घ) अपने धर्म का पालन करते हुए मृत्यु को स्वीकार करना भी श्रेष्ठ है, दूसरा धर्म नहीं।

साधुसङ्गः (सज्जनों का साथ)

(क) साधुसङ्गः प्राणात् अपि प्रियः।
(ख) सत्सङ्गः कस्य न उन्नतिकारकः?
(ग) सत्सङ्गतिः कथय किं न करोति पुंसाम्?

(क) सज्जनों का साथ प्राणों से भी प्रिय होता है।
(ख) सज्जनों की संगति किसके लिए उन्नतिकारक नहीं होती?
(ग) कहो सज्जनों की संगति मनुष्यों का क्या उपकार नहीं करती?

विनम्रः (विनम्र)

(क) विनम्रः सदा वर्धते।
(ख) स्वभावतः सर्वदा विनीतः विद्वद्भिः पूज्यः।
(ग) नमन्ति फलिनो वृक्षाः नमन्ति गुणिनो जनाः।

(क) विनम्र व्यक्ति सदा उन्नति करता है।
(ख) स्वभाव से विनम्र व्यक्ति सदा विद्वानों द्वारा पूजनीय होता है।
(ग) फलों से भरे हुए वृक्ष झुक जाते हैं तथा गुणवान व्यक्ति नम्र होते हैं।

चत्वारः सन्ति (चार हैं)	1	2	3	4
1. वेदाः (वेद)	ऋग्वेदः (ऋग्वेद)	सामवेदः (सामवेद)	यजुर्वेदः (यजुर्वेद)	अथर्ववेदः (अथर्ववेद)
2. आश्रमाः (आश्रम)	ब्रह्मचर्याश्रमः (ब्रह्मचार्य)	गृहस्थाश्रमः (गृहस्थ)	वानप्रस्थाश्रमः (वानप्रस्थ)	संन्यासाश्रमः (संन्यास)
3. पुरुषार्थाः (पुरुषार्थ)	धर्मः (धर्म)	अर्थः (अर्थ)	कामः (काम)	मोक्षः (मोक्ष)
4. मठाः (मठ)	जगन्नाथपुर्याम् (जगन्नाथपुरी)	द्वारिकायाम् (द्वारिका)	रामेश्वरे (रामेश्वरम्)	बदरीनाथपर्वते (बदरीनाथ)
	गोवर्धनमठः (गोवर्धनमठ)	शारदामठः (शारदामठ)	शृङ्गेरीमठः (शृङ्गेरीमठ)	ज्योतिर्मठः (ज्योतिर्मठ)
5. महावाक्यानि (महावाक्य)	प्रज्ञानं ब्रह्म (आत्मा का विशेष ज्ञान ही ब्रह्म का ज्ञान है)	तत्त्वमसि (वही आत्मा तुम हो)	अहं ब्रह्मास्मि (मैं ब्रह्म हूँ)	अयमात्मा ब्रह्म (यह आत्मा ब्रह्म है)

अभ्यास प्रश्नाः

मणिका पाठ्य-पुस्तक पर आधारित प्रश्नोत्तर

श्लोक आधारित प्रश्नाः

1. अधोलिखितं श्लोकांशानां पठित्वा प्रदत्त प्रश्नानाम् उत्तराणि संस्कृतेन लिखत।
(निम्नलिखित श्लोक को पढ़कर दिए गए प्रश्नों के उत्तर संस्कृत में लिखिए।)

(क) भगवन्किमुपादेयम्? गुरुवचनम्, हेयमपि च किम्? अकार्यम्।
को गुरुः? अधिगततत्त्वः शिष्यहितायोद्यतः सततम्।।

I. अधोलिखितानां प्रश्नानाम् उत्तराणि एकपदेन लिखत।
(निम्नलिखित प्रश्नों के उत्तर एक पद में लिखिए।)
(i) अत्र किं सम्बोधन पदम्?
(ii) किं हेयम्?
(iii) यः तत्त्वान् जानाति सः कः अस्ति?

II. अधोलिखितानां प्रश्नानाम् उत्तराणि पूर्णवाक्येन लिखत।
(निम्नलिखित प्रश्नों के उत्तर पूर्ण वाक्य में लिखिए।)
(i) गुरुः कः कथ्यते?
(ii) गुरुः केषां हिताय तत्परः भवति?
(iii) किम् उपादेयं भवति?

III. अधोलिखितानां प्रश्नानाम् उत्तराणि निर्देशानुसारं लिखत।
(निम्नलिखित प्रश्नों के उत्तर निर्देशानुसार लिखिए।)
(i) 'उपादेयम्' इत्यस्य विलोम पदमस्ति?
(ii) 'तत्परः' इति पदस्य अत्र पर्यायः प्रयुक्तम्?
(iii) 'निरन्तरम्' इत्यर्थे अत्र किं पदं प्रयुक्तम्?

उत्तराणि

I. (i) भगवन् (ii) अकार्यम्
(iii) गुरुः

II. (i) सः गुरुः अस्ति यः अधिगततत्त्वः शिष्य हिताय च सततम् उद्यतः अस्ति।
(ii) गुरुः शिष्याणां हिताय तत्परः भवति।
(iii) उपादेयम् गुरुवचनं भवति।

III. (i) हेयम् (ii) उद्यतः (iii) सततम्

(ख) कः पथ्यतरः? धर्मः, कः शुचिरिह? यस्य मानसं शुद्धम्।
कः पण्डितः? विवेकी, किं विषम्? अवधीरणा गुरुषु।।

I. अधोलिखितानां प्रश्नानाम् उत्तराणि एकपदेन लिखत।
(निम्नलिखित प्रश्नों के उत्तर एक पद में लिखिए।)
(i) कः पण्डितः?
(ii) गुरुषु अवधीरणा किम्?
(iii) कीदृशः धर्मः अस्ति?

II. अधोलिखितानां प्रश्नानाम् उत्तराणि पूर्णवाक्येन लिखत।
(निम्नलिखित प्रश्नों के उत्तर पूर्ण वाक्य में लिखिए।)
(i) इह कः शुचिः मन्यते?
(ii) अस्मिन् संसारे कः पथ्यतरः?
(iii) विषं किं भवति?

III. अधोलिखितानां प्रश्नानाम् उत्तराणि निर्देशानुसारं लिखत।
(निम्नलिखित प्रश्नों के उत्तर निर्देशानुसार लिखिए।)
(i) 'यस्य मानसं शुद्धम्' अत्र विशेष्य पदं किमस्ति?
(ii) 'शुचिरिह' अत्र सन्धि-विच्छेदं कुरुत।
(iii) अस्मिन् श्लोके किम् अव्ययपदम्?

उत्तराणि

I. (i) विवेकी (ii) विषम्
(iii) पथ्यतरः

II. (i) यस्य मानसं शुद्धं सः शुचिः भवति।
(ii) अस्मिन् संसारे धर्मः पथ्यतरः।
(iii) अवधीरणां गुरुषु विषम् भवति।

III. (i) मानसं (ii) शुचिः + इह (iii) इह

(ग) किं जीवितम्? अनवद्यम्, किं जाड्यम्? पाठतोऽप्यनभ्यासः।
को जागर्ति? विवेकी, का निद्रा? मूढ़ता जन्तोः।।

I. अधोलिखितानां प्रश्नानाम् उत्तराणि एकपदेन लिखत।
(निम्नलिखित प्रश्नों के उत्तर एक पद में लिखिए।)
(i) अत्र कति प्रश्नाः सन्ति?
(ii) किं जीवितम् अस्ति?
(iii) कस्य मूढ़ता निद्रा भवति?

II. अधोलिखितानां प्रश्नानाम् उत्तराणि पूर्णवाक्येन लिखत।
(निम्नलिखित प्रश्नों के उत्तर पूर्ण वाक्य में लिखिए।)
(i) जाड्यं किं भवति?
(ii) कः एव सदैव जागर्तिः?
(iii) सदैव पठितस्य कः कर्त्तव्यः?

III. अधोलिखितानां प्रश्नानाम् उत्तराणि निर्देशानुसारं लिखत।
(निम्नलिखित प्रश्नों के उत्तर निर्देशानुसार लिखिए।)
(i) 'विवेकी' पदे कः प्रत्ययः?
(ii) 'शेते' इति पदस्य विपर्ययपदं किम्?
(iii) 'मूढ़ता' इति पदस्य पर्यायपदं किम्?

उत्तराणि

I. (i) चत्वारः (ii) अनवद्यम् (iii) जन्तोः
II. (i) पाठतोऽप्यनभ्यासः जाड्यं भवति।
(ii) विवेकी एव सदैव जागर्तिः।
(iii) सदैव पठितस्य अभ्यासः कर्त्तव्यः।
III. (i) इन् (ii) जागर्ति (iii) मूर्खता

(घ) नलिनीदलगतजलवत्तरलं किम्? यौवनं धनं चायुः।
कथन पुनः के शशिनः किरणसमाः? सज्जना एव।।

I. अधोलिखितानां प्रश्नानाम् उत्तराणि एकपदेन लिखत।
(निम्नलिखित प्रश्नों के उत्तर एक पद में लिखिए।)
(i) सज्जनाः कीदृशाः भवन्ति?
(ii) शशिनः के किरणसमाः?
(iii) यौवनं कीदृशं भवति?

II. अधोलिखितानां प्रश्नानाम् उत्तराणि पूर्णवाक्येन लिखत।
(निम्नलिखित प्रश्नों के उत्तर पूर्ण वाक्य में लिखिए।)
(i) किं नलिनीदलगतजलवत्तरलं?
(ii) नलिनीदलं कस्याः पत्रं कथ्यते?
(iii) किं चञ्चलं भवति?

III. अधोलिखितानां प्रश्नानाम् उत्तराणि निर्देशानुसारं लिखत।
(निम्नलिखित प्रश्नों के उत्तर निर्देशानुसार लिखिए।)
(i) 'यौवनम्' इति पदस्य पर्यायः अस्ति।
(ii) 'सज्जना' इति पदस्य विलोमः अस्ति।
(iii) 'शशिनः किरणसमाः' अत्र विशेष्य पदं किमस्ति?

उत्तराणि

I. (i) शशिकिरणसमाः (ii) सज्जनाः (iii) तरलं
II. (i) नलिनीदलगतजलवत्तरलं यौवनं धनं आयुः च सन्ति।
(ii) नलिनीदलं कमलिन्याः पत्रं कथ्यते।
(iii) यौवनं चञ्चलं भवति।
III. (i) युवावस्था (ii) दुर्जनाः
(iii) शशिनः

(ङ) कोऽनर्थफलः? मानः?, का सुखदा? साधुजनमैत्री।
सर्वव्यसनविनाशे को दक्षः? सर्वथा त्यागी।।

I. अधोलिखितानां प्रश्नानाम् उत्तराणि एकपदेन लिखत।
(निम्नलिखित प्रश्नों के उत्तर एक पद में लिखिए।)
(i) साधुजन-मैत्री कीदृशी अस्ति?
(ii) सुखदा का?
(iii) कः एव सर्वव्यसन विनाशं करोति।

II. अधोलिखितानां प्रश्नानाम् उत्तराणि पूर्णवाक्येन लिखत।
(निम्नलिखित प्रश्नों के उत्तर पूर्ण वाक्य में लिखिए।)
(i) अहङ्कारी जनः कम् प्राप्नोति?
(ii) अनर्थकारी फलं कः ददाति?
(iii) दोषः विनाशने कः समर्थः?

III. अधोलिखितानां प्रश्नानाम् उत्तराणि निर्देशानुसारं लिखत।
(निम्नलिखित प्रश्नों के उत्तर निर्देशानुसार लिखिए।)
(i) अस्मिन् श्लोके किम् अव्ययपदम्?
(ii) 'दक्षः' पदस्य कः अर्थः?
(iii) 'ग्राही' पदस्य विलोमः किम्?

उत्तराणि

I. (i) सुखदा (ii) साधुजनमैत्री
(iii) सर्वथा त्यागी
II. (i) अहङ्कारी जनः अहङ्कारः प्राप्नोति।
(ii) अनर्थकारी फलं अहङ्कारः ददाति।
(iii) दोषः विनाशने त्यागी समर्थः।
III. (i) निपुणः (ii) निपुणः
(iii) त्यागी

(च) कस्यवशे प्राणिगणः? सत्यप्रियभाषिणो विनीतस्य।
क्वस्थातव्यम्? न्याय्ये पथि दृष्टादृष्टलाभाढ्ये।।

I. अधोलिखितानां प्रश्नानाम् उत्तराणि एकपदेन लिखत।
(निम्नलिखित प्रश्नों के उत्तर एक पद में लिखिए।)
(i) कः विनितस्य वशे?
(ii) श्लोके कति प्रश्नाः सन्ति?
(iii) 'कुत्र' इत्यर्थे अत्र किं पदं प्रयुक्तम्?

II. अधोलिखितानां प्रश्नानाम् उत्तराणि पूर्णवाक्येन लिखत।
(निम्नलिखित प्रश्नों के उत्तर पूर्ण वाक्य में लिखिए।)
(i) क्व स्थातव्यम्?
(ii) कीदृशे पथि एव स्थातव्यम्?
(iii) कः दृष्टादृष्टलाभाढ्यः वर्तते?

III. अधोलिखितानां प्रश्नानाम् उत्तराणि निर्देशानुसारं लिखत।
(निम्नलिखित प्रश्नों के उत्तर निर्देशानुसार लिखिए।)
(i) 'प्रिय भाषिणः' इति पदे किं वचनम्?
(ii) 'न्याये पथि' इति अनयोः पदयोः विशेषण पदं किम्?
(iii) 'उद्धतस्य' विलोमपदं किं अस्ति?

उत्तराणि

I. (i) प्राणिगण: (ii) द्वौ (iii) क्व

II. (i) दृष्टादृष्टलाभाढ्ये न्याय्ये पथि स्थातव्यम्।
(ii) न्याये पथि एव स्थातव्यम्।
(iii) न्याय: पथ: दृष्टादृष्टलाभाढ्य: वर्तते।

III. (i) एकवचनम् (ii) न्याये
(iii) विनीतस्य

(छ) कोऽन्ध:? योऽकार्यरत:, को बधिर:? यो हितानि न शृणोति।
को मूक:? य: काले प्रियाणि वक्तुं न जानाति।।

I. अधोलिखितानां प्रश्नानाम् उत्तराणि एकपदेन लिखत।
(निम्नलिखित प्रश्नों के उत्तर एक पद में लिखिए।)
(i) अन्ध: क:?
(ii) बधिर: कानि न शृणोति।
(iii) कदा प्रियाणि एव वदेत्।

II. अधोलिखितानां प्रश्नानाम् उत्तराणि पूर्णवाक्येन लिखत।
(निम्नलिखित प्रश्नों के उत्तर पूर्ण वाक्य में लिखिए।)
(i) क: बधिर: भवति?
(ii) मूक: क: भवति?
(iii) हितकारिणी वचनानि क: न शृणोति?

III. अधोलिखितानां प्रश्नानाम् उत्तराणि निर्देशानुसारं लिखत।
(निम्नलिखित प्रश्नों के उत्तर निर्देशानुसार लिखिए।)
(i) 'जानाति' इति क्रियाया: कर्तृपदं किम्?
(ii) 'प्रियाणि वक्तुं' पदे विशेषण पदं किम्?
(iii) 'रत:' पदस्य विलोम: पदं किं अस्ति?

उत्तराणि

I. (i) अकार्यरत: (ii) हितानि (iii) यथासमयं

II. (i) य: जन: हितानि न शृणोति स: बधिर: भवति।
(ii) य: काले प्रियाणि वक्तुं न जानाति स: मूक: अस्ति।
(iii) हितकारिणी वचनानि 'बधिर:' न शृणोति।

III. (i) य: (ii) वक्तुं
(iii) विरत:

अन्वय: पूर्ति

2. मञ्जूषात: समुचितपदानि चित्वा अधोलिखित श्लोकस्य अन्वयं पूरयित्वा पुन: लिखत।
(मञ्जूषा से समुचित पद चुनकर निम्नलिखित श्लोक का अन्वय: पूर्ण करके पुन: लिखिए।)

(क) "भगवन्किमुपादेयम्? गुरुवचनम्, हेयमपि च किम्? अकार्यम्।
को गुरु:? अधिगततत्व: शिष्यहितायोद्यत: सततम्।।"

अन्वय: भगवन्! (i) ...... किम्? गुरुवचनम्। अपि च, (ii) ...... किम्? अकार्यम्। (iii) ...... क:? सततम् (iv) ...... हिताय उद्यत: अधिगततत्त्व:।

• मञ्जूषा शिष्यस्य, हेयम्, उपादेयम्, गुरु:।

(ख) कोऽनर्थफल:? मान:?, का सुखदा? साधुजनमैत्री।
सर्वव्यसनविनाशे को दक्ष:? सर्वथा त्यागी।।

अन्वय: (i) ...... क:? मान:। सुखदा का? (ii) ......। सर्वव्यसन विनाशे क: (iii) ...... ? सर्वथा (iv) ......।

• मञ्जूषा दक्ष:, त्यागी, अनर्थफल:, साधुजनमैत्री।

उत्तराणि

(क) (i) उपादेयम् (ii) हेयम्
(iii) गुरु: (iv) शिष्यस्य

(ख) (i) अनर्थफल: (ii) साधुजनमैत्री
(iii) दक्ष: (iv) त्यागी

भावार्थ पूर्ति

3. मञ्जूषाया: साहायेन श्लोकस्य भावार्थे रिक्तस्थानानि पूरयित्वा पुन: लिखत।
(मञ्जूषा की सहायता से श्लोक के भावार्थ में रिक्तस्थान पूर्ण करके पुन: लिखिए।)

(क) क: पथ्यतर:? धर्म:, क: शुचिरह? यस्य मानसं शुद्धम्।
क: पण्डित:? विवेकी, किं विषम्? अवधीरणा गुरुषु।।"

भावार्थ: अस्मिन् संसारे (i) ...... एव पथ्यतर: अस्ति। यस्य मन: पवित्रं निर्मलं (ii) ...... चास्ति स: एव पवित्र: भवति। य: सर्वाणि कार्याणि विचार्य करोति स: पण्डित: (iii) ...... भवति गुरुणाम् तिरस्कारम् (iv) ...... इव जनान् नाशयति।

• मञ्जूषा विवेकी, विषम्, धर्म:, शुद्धम्।

(ख) कोऽन्ध:? योऽकार्यरत:, को बधिर:? यो हितानि न शृणोति।
को मूक:? य: काले प्रियाणि वस्तुं न जानाति।।

भावार्थ: अस्मिन् संसारे स एव (i) ...... य: उचितानुचितं जानन् अपि अकरणीयं कृत्य करोति। स: च बधिर: कथ्यते य: (ii) ...... वचनं न आकर्णयति एवमेव स: मूक: कथ्यते य: (iii) ...... सति अपि मधुरं प्रियं वा न वदति। य: जन: निन्दनीयेषु कार्येषु संलग्न: भवति स: नेत्रवान् भूत्वा अपि अन्ध: मन्यते। य: च हितकारीणि वचनानि कदापि न शृणोति। स: कर्णयुक्त: अपि (iv) ...... अवसरे प्राप्ते अपि मुधरं न वदति स: तु मूक: एव गण्यते।

• मञ्जूषा समयप्राप्ते, अन्ध:, बधिर:, हितकारि।

उत्तराणि

(क) (i) धर्म: (ii) शुद्धम्
(iii) विवेकी (vi) विषम्

(ख) (i) अन्ध: (ii) हितकारि
(iii) समयप्राप्ते (iv) बधिर:

प्रश्ननिर्माणं कुरुत

4. अधोलिखित कथनेषु स्थलूपदानि आधृत्य प्रश्ननिर्माणं कुरुत।
(निम्नलिखित कथनों में स्थूल पदों को आधार मानकर प्रश्ननिर्माण कीजिए।)

(i) कमलपत्रे स्थितं जलवत् तरलं हि **यौवनम्**।
(ii) प्राणिनां मूढ़ता **निद्रा** कथिता।
(iii) त्यागी **सर्वव्यसनविनाशे** दक्षः।
(iv) **सज्जनाः** शशिकिरणसमाः भवन्ति।
(v) **प्राणिनां** मूढ़ता निद्रा कथिता।
(vi) **मूकः** प्रियाणि वक्तुं न जानाति।
(vii) बधिरः **हितानि** न शृणोति।
(viii) **विनीतस्य** वशे प्राणिगणः भवति।
(ix) **न्यायपथः** दृष्टादृष्टलाभाद्यः वर्तते।
(x) **मूर्खत्वम्** एव मरणं भवति।

उत्तराणि

(i) किम् (ii) का (iii) कस्मिन्
(iv) के (v) केषाम् (vi) कः
(vii) कानि (viii) कस्य (ix) कः
(x) किम्

प्रसङ्गानुकूलं प्रश्नाः

5. अधोलिखितवाक्येषु रेखाङ्कितपदानां प्रसङ्गानुकूलम् उचितार्थं चित्वा लिखत्।
(निम्नलिखित वाक्यों में रेखांकित पदों के प्रसंगों के अनुकूल उचित अर्थ चुनकर लिखिए।)

(i) कोऽनर्थफलः? <u>मानः</u>।
(अ) सम्मानम् (ब) मापनम्
(स) अभिमानम् (द) न कोऽपि

(ii) <u>हेयम्</u> च किम्? अकार्यम्।
(अ) अश्वः (ब) पूर्वदिनं
(स) त्याज्यम् (द) लाभे

(iii) किं च <u>अनर्घम्</u>? यदवसरे दत्तम्।
(अ) पूजायै अनर्घम्
(ब) न अनर्घम् इति
(स) अमूल्यम्
(द) सर्वव्यसनः

(iv) न्याय्येपथि दुष्टादृष्ट <u>लाभाद्ये</u> स्थातव्यम्?
(अ) लाभे (ब) गाम्भीर्ये
(स) लाभदायके (द) त्याज्यम्

उत्तराणि

(i) (स) अभिमानम्
(ii) (स) त्याज्यम्
(iii) (स) अमूल्यम्
(iv) (स) लाभदायके

मेलनं कुरुत

6. अधोलिखित पदानां विपरीतार्थक पदानि पाठात् एव चित्वा लिखत।
(अधोलिखित पदों के विपरीतार्थक शब्द पाठ से ही चुनकर लिखिए।)

सूची (क) (पदानि)	**सूची** (ख) (विलोमः)
(i) त्यागी	(अ) विरतः
(ii) प्रच्छन्नम्	(ब) अनर्घम्
(iii) विद्वत्त्वम्	(स) उद्घाटितम्
(iv) अर्घम्	(द) ग्राही
(v) मूकः	(य) मूर्खत्वम्
(vi) रतः	(र) वाचालः

उत्तराणि

सूची (क) (पदानि)	**सूची** (ख) (विलोमः)
(i) त्यागी	(द) ग्राही
(ii) प्रच्छन्नम्	(स) उदघाटितम्
(iii) विद्वत्त्वम्	(य) मूर्खत्वम्
(iv) अर्घम्	(ब) अनर्घम्
(v) मूकः	(र) वाचालः
(vi) रतः	(अ) विरतः

7. निम्नलिखित पदानां दत्तेषु पर्यायाः पदेषु पर्यायः लिखत।
(निम्नलिखित पदों के दिए हुए पर्याय पदों में से पर्याय शब्द लिखिए।)

सूची (क) (पदानि)	**सूची** (ख) (पर्यायाः)
(i) ग्राह्यम्	(अ) निपुणः
(ii) हेयम्	(ब) चन्द्रमसः
(iii) इह	(स) उपादेयम्
(iv) मूढ़ता	(द) त्याज्यम्
(v) शशिनः	(य) जाड्यम्
(vi) दक्षः	(र) संसारे

उत्तराणि

सूची (क) (पदानि)	**सूची** (ख) (पर्यायाः)
(i) ग्राह्यम्	(स) उपादेयम्
(ii) हेयम्	(द) त्याज्यम्
(iii) इह	(र) संसारे
(iv) मूढ़ता	(य) जाड्यम्
(v) शशिनः	(ब) चन्द्रमसः
(vi) दक्षः	(अ) निपुणः

All in One

संपूर्ण अध्ययन | संपूर्ण अभ्यास | संपूर्ण मूल्यांकन

प्रतिदर्श प्रश्न-पत्र (1-3)

प्रतिदर्श प्रश्न–पत्र 1

(हल सहित)

संस्कृतम् (सम्प्रेषणात्मकम्)

समय : होरात्रयम्	पूर्णाङ्का : 80

सामान्यनिर्देशा:

- प्रश्नपत्रमिदं चतुर्षु भागेषु विभक्तम् अस्ति।
- प्रश्नपत्रेऽस्मिन् एकोनविंशतिः (19) प्रश्नाः सन्ति।
  भागः 'क' – प्रश्नसंख्या 1
  भागः 'ख' – प्रश्नसंख्या 2 से 4
  भागः 'ग' – प्रश्नसंख्या 5 से 12
  भागः 'घ' – प्रश्नसंख्या 13 से 19
- यथानिर्देशं प्रश्नाः समाधेयाः।
- उत्तरपुस्तिकायाम् उत्तरलेखनात् पूर्वं प्रश्नाङ्कः अवश्यं लेखनीयः।

भागः 'क' : अपठितावबोधनम्

1. अधोलिखितं गद्यांशं पठित्वा प्रदत्तप्रश्नानाम् उत्तराणि संस्कृतेन लिखत।
(निम्नलिखित गद्यांश को पढ़कर दिए गए प्रश्नों के उत्तर संस्कृत में लिखिए।)

अधुना स्वदेशे योगस्य अतीव प्रसारः वर्तते। वस्तुतः अद्यत्वे अस्य महती आवश्यकता अस्ति। अनेके महापुरुषाः योगस्य क्षेत्रे कार्यं कुर्वन्ति। एतस्मिन् बाबा रामदेवः प्रमुखः अस्ति। योगः वस्तुतः दर्शनम् अस्ति। अनेन वयं ईश्वरमपि प्राप्तुम् शक्नुमः। पल्लवग्राह्यता रूपेण वयं केवलं स्वास्थ्य लाभं प्राप्तुम् शक्नुमः। सूर्य नमस्कारः अस्मिन् विधायां मुख्य व्यायामः अस्ति। अस्मिन् व्यायामे द्वादश आसनाः भवन्ति तत्पश्चात् मुद्रा प्राणायामश्चापि सन्ति। अनेन वयं स्वास्थ्य लाभेन स रोगानाम् निदानमपि कर्तुम् शक्नुमः। अनेके असाध्य रोगाणां आदि निदानम् सम्भवः। छात्राणां कृते अस्य विद्या अतीव महत्त्वपूर्णा अस्ति।

I. **एकपदेन उत्तरत। (केवलं प्रश्नद्वयम्)** (2 × 1 = 2)
(एक पद में उत्तर दीजिए।) (केवल दो प्रश्न)
(i) कस्य प्रसारः अधुना वर्तते?
(ii) योगः वस्तुतः कस्य विषय अस्ति?
(iii) रोगाणां अपि चिकित्सा केन माध्यमेन सम्भवति?

II. **पूर्णवाक्येन उत्तरत। (केवलं प्रश्नद्वयम्)** (2 × 2 = 4)
(पूर्ण वाक्य में उत्तर दीजिए।) (केवल दो प्रश्न)
(i) योगस्य मुख्य व्यायामः कः अस्ति?
(ii) सूर्य नमस्कारस्य कति स्थितयः सन्ति।
(iii) अनेन वयं किम् प्राप्तुम् शक्नुमः?

III. **अस्य अनुच्छेदस्य कृते समुचितं शीर्षकं संस्कृतेन लिखत।** (1)
(इस अनुच्छेद का उचित शीर्षक संस्कृत में लिखिए।)

IV. **यथानिर्देशम् उत्तरत। (केवलं प्रश्नत्रयम्)** (1 × 3 = 3)
(निर्देशानुसार उत्तर दीजिए।) (केवल तीन प्रश्न)
(i) एतस्मिन् बाबा रामदेवः प्रमुखः अस्ति। इत्यत्र क्रिया पदं किम् अस्ति?
(अ) एतस्मिन् (ब) अस्ति
(स) प्रमुखः (द) पदम्
(ii) असाध्य रोगाणाम् निदानं सम्भवः अस्ति। इत्यस्मिन् विशेष्य पदं किमस्ति?
(अ) रोगाणाम् (ब) अस्ति
(स) निदानं (द) सम्भवः
(iii) असाध्य रोगाणां निदानं सम्भवः इत्यस्मिन्। चिकित्सायाः कः पर्यायः अस्ति?
(अ) असाध्य (ब) सम्भव
(स) निदानम् (द) इत्यस्मिन्
(iv) गद्यांशे गहनतायाः कः विपर्ययः अस्ति?
(अ) पल्लव ग्राह्यता (ब) विहंगमः
(स) दर्शनः (द) प्राणायामः

उत्तराणि

I. (i) योगस्य (ii) दर्शनस्य
(iii) योगेन

II. (i) योगस्य मुख्य व्यायामः सूर्यनमस्कारः अस्ति।
(ii) सूर्य नमस्कारस्य द्वादश स्थितयः सन्ति।
(iii) अनेन वयं ईश्वरं प्राप्तुम् शक्नुमः।

III. गणतन्त्र दिवसः

IV. (i) (ब) अस्ति (ii) (अ) रोगाणाम्
(iii) (स) निदानम् (iv) (अ) पल्लव ग्राह्यता

भागः 'ख' : रचनात्मकं-कार्यम्

2. भवती मधुरिमा स्वक्षेत्रस्य महिलाछात्राणां सुरक्षार्थं स्वक्षेत्रे स्थितं आरक्षीनिरीक्षकं (पुलिस इंस्पेक्टर) पत्रं लेखितुम् इच्छति। मञ्जूषायाः सहायतया तत् पत्रं सम्पूर्य लिखतु भवती। (10 × 1/2 = 5)

(आप मधुरिमा हैं, अपने क्षेत्र में महिला छात्राओं की सुरक्षा के लिए अपने क्षेत्र के पुलिस इंस्पेक्टर को पत्र लिखना चाहती हैं। मञ्जूषा की सहायता से पत्र को पूर्ण कीजिए।)

(i) ....,
विवेक विहारः नवदिल्लीतः।

दिनाङ्कः ....

सेवायाम्,
प्रभारी आरक्षीनिरीक्षक महोदयाः,
(ii) ....,
विवेक विहारः,
नवदिल्ली।

विषयः स्वक्षेत्रस्य (iii)......... सुरक्षार्थं प्रबन्धं कर्तुं निवेदनम्।

महोदयः,
अहं भवतां क्षेत्रस्य एका (iv)......... अस्मि। अस्मात् क्षेत्रात् अनेकाः छात्राः निकटे क्षेत्रे एव स्थिते विवेकानन्दः महिला महाविद्यालये (v)......... गच्छन्ति। तासु काश्चित् पदातिः, काश्चित् बसयानेन काश्चिच्च द्विचक्रिकाभिः गच्छन्ति। परम् अस्मिन् (vi)......... क्षेत्रस्य केचिद् असामाजिकाः तत्त्वाः ताः (vii).........। मार्गेषु ताः प्रति अभद्रतां कुर्वन्ति। अतः तेषां भयात् छात्राः (viii)......... गन्तुं त्रस्यन्ति। अतः भवतां कृते निवेदनं वर्तते यत् भवन्तः तासां (ix)......... समुचितां व्यवस्थां कारयन्तु, येन तासां पठनस्य हानिः न भवेत्। अहं भवताम् आभारिणी भविष्यामि।

सधन्यवादम्।
प्रार्थी
(x)............

- **मञ्जूषा** पठितुम् महाविद्यालयम्, 10/17 पञ्चवटी, मधुरिमा, छात्रा, सुरक्षार्थम्, समये, आरक्षीकार्यालयः, छात्राणाम्, पीडयन्ति।

उत्तराणि

(i) 10/17 पञ्चवटी — (ii) आरक्षीकार्यालयः
(iii) छात्राणाम् — (iv) छात्रा
(v) पठितुम् — (vi) समये
(vii) पीडयन्ति — (viii) महाविद्यालयम्
(ix) सुरक्षार्थम् — (x) मधुरिमा

3. अधोदत्तचित्रस्य वर्णनं मञ्जूषायां प्रदत्तपदानां सहायतया पञ्चवाक्येषु कुरुत। (5 × 1 = 5)

(नीचे दिए गए चित्र का वर्णन मञ्जूषा में दिए गए शब्दों की सहायता से पाँच वाक्यों में कीजिए।)

- **मञ्जूषा** अस्मिन्, कुर्वन्ति, वञ्चिताः, गृहकार्यं, बाल्यसुखात्, कार्ये, संलग्नौ, श्रमं, बालश्रमिकाः, पात्राणि, स्वच्छतां, करोति, कारयति, चित्रं, महिला, इदम्, अस्ति, सन्ति।

उत्तराणि

(i) इदं चित्रं बालश्रमिकाणाम् अस्ति।
(ii) अस्मिन् चित्रे बालश्रमिकाः कार्ये संलग्नाः सन्ति।
(iii) बालाः बाल्यसुखात् वञ्चिताः सन्ति।
(iv) बालश्रमिकाः स्वच्छतां कुर्वन्ति।
(v) महिला गृहकार्यं कारयति।

अथवा

मञ्जूषायां प्रदत्तशब्दानां सहायतया 'गणतंत्र दिवसः' इति विषयम् अधिकृत्य पञ्चवाक्यानि संस्कृतेन लिखत। (5)

(मञ्जूषा में दिए गए शब्दों की सहायता से 'गणतंत्र दिवस' इस विषय को आधार बनाकर पाँच वाक्य संस्कृत में लिखिए।)

- **मञ्जूषा** गणतंत्रदिवसः, राष्ट्रपतिना, प्रतिवर्ष, वाहनानि, तारिकायां, भारतद्वारस्य, उभयतः, मान्यते, क्रियते, आयोज्यते, 26 जनवरी, अनेके, मासस्य, तदा, समीपे, दिल्लीनगरे, वायुयानानि,अस्माकं, आयोजनं, देशवासिनः मिलित्वा, अंतर्राष्ट्रियाः पुष्पवर्षा, भारते, राष्ट्रिय-ध्वजारोहणं, च, भवन्ति, कुर्वन्ति, तत्र, अनेकानि, जनाः।

उत्तराणि

(i) भारते प्रतिवर्षे जनवरी मासस्य 26 तारिकायां गणतंत्रदिवसः मान्यते।
(ii) तदा दिल्लीनगरे भारतद्वारस्य समीपं राष्ट्रपतिना राष्ट्रिय-ध्वजारोहणं क्रियते।
(iii) अनेके राष्ट्रियाः, अंतर्राष्ट्रियाः च जनाः तत्र भवन्ति।
(iv) तत्र अनेकानि वाहनानि भवन्ति, वायुयानानि च पुष्पवर्षां कुर्वन्ति।
(v) अस्माकं देशवासिनः मिलित्वा गणतंत्रदिवसस्य आयोजनं कुर्वन्ति।

4. अधोलिखितां कथां मञ्जूषायाः सहायतया पूरयित्वा पुनः लिखत। (10 × 1/2 = 5)

(निम्नलिखित कथा को मञ्जूषा की सहायता से पूरा करके पुनः लिखिए।)

एकलव्यः एकः (i) ····· बालकः आसीत्। स (ii) ····· सह अरण्य प्रान्ते निवसति स्म। तस्य पितरौ अतीव (iii) ····· आसीत्। एकलव्यः धनुर्विद्यायाः शिक्षा (iv) ····· स्म। गुरु द्रोणाचार्यः अस्त्र-शस्त्र विद्यायाः प्रसिद्धः आचार्यः आसीत्। ते केवलं (v) ····· पाण्डवानां च आचार्यः आसीत्। एकलव्यः तस्य समीपं गत्वा (vi) ····· प्रार्थयत्। द्रोणाचार्यः तस्य भिल्ल जात्याः कारणेन तम् शिष्यत्वं न स्वीकृतवान्। एकलव्यः नैराश्यं न स्वीकृतवान्। स द्रोणाचार्यस्य प्रतिमा समक्षे धनुर्विद्यायाः अभ्यासमकरोत्। अल्पसमयेऽपि सः कुशलः जातः। कश्चित् समयान्तराले द्रोणाचार्यः स्वशिष्येण सह वनं गतः। तस्य (vii) ····· अपि तेन सार्धः आसीत्। सः एकलव्यं दृष्ट्वा बुक्कतिस्म। एकलव्यः श्वानस्य मुखं (viii) ····· पूरितम् अकरोत् केनापि रक्तपातः न अभवत्। द्रोणाचार्यः एकलव्यस्य (ix) ····· स्तभितः जातः। वस्तुतः एकलव्यः (x) ····· स्वस्थानम् निर्धारणम् करोत्।

- **मञ्जूषाः** श्वानः, शिक्षार्थम्, दरिद्रः, बाणेन, वाञ्छति, जनजातीयः, कौशलेन, स्वपितृभ्याम्, परिश्रमेणैव, कौरवानां।

उत्तराणि

(i) जनजातीयः (ii) स्वपितृभ्याम् (iii) दरिद्रः
(iv) वाञ्छति (v) कौरवानां (vi) शिक्षार्थम्
(vii) श्वानः (viii) बाणेन (ix) कौशलेन
(x) परिश्रमेणैव

अथवा

रिक्तस्थानानि पूरयित्वा अधोलिखित संवादं पुनः लिखत। (5 × 1 = 5)

(रिक्तस्थान को पूरा करके निम्नलिखित संवाद को पुनः लिखिए।)

अंगदः अहं श्रीरामस्य दूतोऽस्मि।
रावणः रे (i) ································ ।
अंगदः तर्हि त्वम् श्रीरामस्य चरणयोः गच्छ।
रावणः रे बालकः (ii) ································ ।
अंगदः जानामि रावणः जानामि मम पित्रा त्वं षट्मास पर्यन्तम् स्वकुक्षौ अधारयत् ।
रावणः रे (iii) ································ ।
अंगदः यदि त्वं बलवान् असि तद् मम पदं भूमेः दोलय।
रावणः अंगदस्य (iv) ································ ।
अंगदः मम चरणयोः कदापि न स्पर्शय श्रीरामस्य चरणयोः अपतत्।
रावणः रे बालकः त्वं (v) ································ ।

- **मञ्जूषाः** अंगदः त्वम् पिता मम् मित्रम् आसीत्।
  माम् न जानासि।
  बालकः अतीव वाचालोङ्कसि त्वं।
  चरणौ गृहीत्वार्थम् अग्रे आगच्छति।
  वाचालो असि। युद्ध क्षेत्रे वदिष्यामि।

उत्तराणि

(i) अंगदः त्वम् पिता मम् मित्रम् आसीत्।
(ii) माम् न जानासि।
(iii) बालकः अतीव वाचालोङ्कसि त्वं।
(iv) चरणौ गृहीत्वार्थम् अग्रे आगच्छति।
(v) वाचालो असि। युद्ध क्षेत्रे वदिष्यामि।

भागः 'ग' : अनुप्रयुक्त-व्याकरणम्

5. अधोलिखितवाक्येषु रेखाङ्कित पदेषु संधि/संधि-विच्छेद वा कुरुत। (केवलं प्रश्नचतुष्टयम्) (4 × 1/2 = 2)

(निम्नलिखित वाक्यों में रेखांकित पदों की संधि अथवा संधि-विच्छेद कीजिए।) (केवल चार प्रश्न)

(i) अचिरादेव चण्डवातेन सह प्रवर्षः समजायत।
(ii) माम् नय अस्मातः + नगरात् बहुदूरम्।
(iii) चित् + आनन्द : ब्रह्मः।
(iv) वाग्दानम्।
(v) क : + चित् चौरः धावति।

उत्तराणि

(i) अचिरात् + एव (ii) अस्मादनगरात
(iii) चिदानन्दः (iv) वाक् + दानम्
(v) कश्चित्

6. अधोलिखितेषु वाक्येषु स्थूलपदानां समुचितं समासः विग्रहः वा प्रदत्तविकल्पेभ्यः चित्वा लिखत। (केवलं प्रश्नचतुष्टयम्) (1 × 4 = 4)

(निम्नलिखित वाक्यों में स्थूल (मोटे छपे) शब्दों में उचित समास अथवा समास-विग्रह दिए हुए विकल्पों से चुनकर लिखिए।) (केवल चार प्रश्न)

(i) सर्वे छात्राः प्रातः **विद्यालयं** गच्छन्ति।
(अ) विद्यायाः आलयम् (ब) विद्यायायाम आलयम्
(स) विद्यास्य आलयम् (द) विद्यायै आलयम्

(ii) कोकिलः **आम्रस्य वृक्षे** स्थित्वा पञ्चमस्वरेण गायति।
(अ) आम्रवृक्षे (ब) आम्रानां वृक्षायाम्
(स) आम्राय वृक्षाया (द) आम्रात वृक्षात्

(iii) परिहीयते **विद्यालयगमनवेला**।
(अ) विद्यालयस्य गमन वेला (ब) विद्यालय गमन वेला
(स) विद्यालये गमन वेला (द) विद्यालयम् गमन वेला

(iv) अन्यथा राजकुले निवेदयिष्यमि।
(अ) राज कुले
(ब) राज्ञः कुले
(स) राजा कुले
(द) राजाम् कुले

(v) हिमालयः **भारतस्य गौरवम्** अस्ति।
(अ) भारतम्गौरव
(ब) गौरव भारत
(स) भारतगौरवम्
(द) भारतस्यगौरव

उत्तराणि

(i) (अ) विद्यायाः आलयम्
(ii) (अ) आम्रवृक्षे
(iii) (अ) विद्यालयस्य गमन वेला
(iv) (ब) राज्ञः कुले
(v) (स) भारतगौरवम्

7. **अधोलिखितवाक्येषु रेखाङ्कित प्रकृति प्रत्ययौ संयोज्यविभज्य वा उचितम् उत्तरं विकल्पेभ्यः चित्वा लिखतः। (केवलं प्रश्नचतुष्टयम्)** (1×4 = 4)

(निम्नलिखित वाक्यों में रेखांकित शब्दों के मूल शब्द और प्रत्यय को जोड़कर या अलग करके विकल्पों में से उचित उत्तर चुनकर लिखिए।) (केवल चार प्रश्न)

(i) **शिष्य + टाप्** जलेन लताः सिञ्चति।
(अ) शिष्यः (ब) शिष्या
(स) शिष्यम् (द) शिष्यता

(ii) सा **बालिका** मधुरं गायति।
(अ) बालिकाः + टाप् (ब) बालकः + टाप्
(स) बालक + टाप् (द) बालिका + टाप्

(iii) सा **चपल + टाप्** बालिका अस्ति।
(अ) चपलटाप् (ब) चपला
(स) चपलान् (द) चपलम्

(iv) **अस्ति + ठक्** एव ईश्वरं मन्यते।
(अ) आस्तिकः (ब) आस्तिकम्
(स) आस्तिकौः (द) आस्तिकाः

(v) **भगवान्** वाल्मीकिः वधूः इति।
(अ) भग + वन् (ब) भग + मतुप्
(स) भग + वतुप (द) भग + क्तवतु

उत्तराणि

(i) (ब) शिष्या
(ii) (स) बालक + टाप्
(iii) (ब) चपला
(iv) (अ) आस्तिकः
(v) (ब) भग + मतुप्

8. **वाच्यानुसारम् उचितपदैः रिक्तस्थानानि पूरियित्वा अधोलिखितं संवादं पुनः लिखत। (केवलं प्रश्नत्रयम्)** (1×3 = 3)

(वाच्य के अनुसार उचित पद चुनकर रिक्तस्थानों को पूरा करके निम्नलिखित संवाद को पुनः लिखिए।) (केवल तीन प्रश्न)

कनिका सुगंधे! अद्य समारोहे किं (i) ·········· (भू)?
सुगंधा अद्य मेधाविनः छात्राः (ii) ··········(सम्+मान्)।
कनिका कः छात्रान् सम्मानयति?
सुगंधा अस्माकं राज्यस्य शिक्षानिदेशकः (iii) ·········· (छात्र) सम्मानयति।
कनिका किं छात्राः तत्र सांस्कृतिकं कार्यक्रमम् अपि प्रस्तौष्यन्ति?
सुगंधा आम् (iv) ········ सांस्कृतिकः कार्यक्रमः अपि प्रस्तूयते।
कनिका तदा अहम् अपि त्वया सह चलामि।

- मञ्जूषा सम्मानन्यन्ते, भवति, छात्रान्, छात्रैः।

उत्तराणि

(i) भवति (ii) सम्मानन्यन्ते
(iii) छात्रान् (iv) छात्रैः

9. **रमेशस्य प्रातः कालिक दिनचर्यायाँ अङ्कानां स्थाने संस्कृतशब्देषु लिखत। (केवलं प्रश्नत्रयम्)** (1×3 = 3)

(रमेश की प्रातः काल की दिनचर्या को अंकों के स्थान पर संस्कृत शब्दों में लिखिए।) (केवल चार प्रश्न)

(i) **रमेशः प्रातः** (6:00) ·········· **वादने शय्यां त्यजति।**
(ii) **प्रातः** (6:45) ·········· **वादने विद्यालयं गच्छति।**
(iii) **मध्याह्ने** (12:45) ·········· **वादने विद्यालयात् गृहम् आगच्छति।**
(iv) **रात्रौ** (9:00) ·········· **वादने भोजनं करोति।**

उत्तराणि

(i) षड् (ii) पादोनसप्त
(iii) पादोनैक (iv) नव

10. **मञ्जूषायां प्रदत्तैः उचितैः अव्ययपदैः अधोलिखितवाक्येषु रिक्तस्थानानि पूरयत। (केवलं प्रश्नचतुष्टयम्)** (4 × 1 = 4)

(मञ्जूषा में दिए गए अव्यय पदों से उचित शब्द चुनकर निम्नलिखित वाक्यों के रिक्तस्थानों को पूरा कीजिए) (केवल चार प्रश्न)

माता–पुत्र! एषः कोलाहल (i) ······ **भवति?**
पुत्र–(ii) ······ **एका नटी स्वनृत्य कौशलं प्रदर्शयति।**
माता–किं कश्चित् गायति, वादयति (iii) ······?
पुत्र–आम्, नटः (iv) ······ **गायति, ढोलक वादयति च।**
माता–अभ्यासेन (v) ······ **कौशलं प्राप्यते।**

- मञ्जूषा उच्चैः, किमर्थं, एव, बहिः, अपि।

उत्तराणि

(i) किमर्थं (ii) बहिः (iii) अपि
(iv) उच्चैः (v) एव

11. अधोलिखितवाक्येषु रेखाङ्कित-अशुद्धपदाय उचितं पदं चित्वा वाक्यानि पुनः लिखत। (केवलं प्रश्नत्रयम्) (1 × 3 = 3)

(निम्नलिखित वाक्यों में रेखांकित अशुद्ध पद के लिए उचित पद चुनकर वाक्य पुनः लिखिए) (केवल तीन प्रश्न)

(i) सा पुस्तकम् अपठन्।
(अ) ते (ब) सः (स) तौ (द) ताः

(ii) आत्मा अविनाशी सन्ति।
(अ) स्तः (ब) अस्ति
(स) आसीत् (द) आसी

(iii) मालाकारः पुष्पाणि स्रजं रचयति।
(अ) पुष्पेन (ब) पुष्पेभ्यः
(स) पुष्पाय (द) पुष्पैः

(iv) छात्रा उपवने गच्छति।
(अ) उपवनस्य (ब) उपवनात्
(स) उपवनं (द) उपवनाय्

उत्तराणि

(i) (द) ताः (ii) (ब) अस्ति
(iii) (द) पुष्पैः (iv) (स) उपवनं

भागः 'घ' : पठितावबोधनम्

12. अधोलिखितं गद्यांशं पठित्वा प्रदत्त प्रश्नानाम् उत्तराणि संस्कृतेन लिखत।

(निम्नलिखित गद्यांश को पढ़कर दिए गए प्रश्नों के उत्तर संस्कृत में लिखिए।)

अस्ति कर्मपुरनाम्नि नगरे प्रच्छन्नभाग्य-नामधेयः कश्चित् कुमारः। बाल्ये वयसि विद्यापराङ्मुखः स केनचित् दुष्टबुद्धिनाम्ना चौरेण सह चौर्यकर्मणि निरतः सञ्जातः। एकदा स दुष्टबुद्धिना सार्धं कस्यचित् श्रेष्ठिनः गेहे धनहरणार्थं ग्रामान्तरं प्रस्थितः।

अथ व्रजन्तौ तौ गर्तसङ्कुले मार्गे क्रीडतः कांश्चित् बालकान् प्रेक्ष्य अवदताम्-भो बालकाः! कथमत्र नतोन्नते विषमे मार्गे क्रीडथ? यदि कश्चित् गर्ते पतेत् तर्हि स विकलाङ्गो भूत्वा चिरं क्लेशम् अनुभवेत्। तच्छुत्वा तेषु कश्चित् उद्दण्डः बालकः उवाच-अयि भो! यद्येवं तर्हि कथं भवन्तौ सुपथं परित्यज्य अनेन कुपथेन गन्तुं प्रवृत्तौ? अपि इदं श्रेयस्करम्?

I. एकपदेन उत्तरत। (केवलं प्रश्नद्वयम्) (2 × 1/2 = 1)
(एक पद में उत्तर दीजिए।) (केवल दो प्रश्न)
(i) प्रच्छन्नभाग्य नाम कुमारः कस्मिन् नगरे निवसति स्म?
(ii) बालकानां क्रीडायाः मार्गः कीदृशः आसीत्?
(iii) चौर्ये कः प्रवृत्तः आसीत्?

II. पूर्णवाक्येन उत्तरत। (केवलं प्रश्नद्वयम्) (2 × 1 = 2)
(पूर्ण वाक्य में उत्तर दीजिए।) (केवल दो प्रश्न)
(i) उद्दण्डबालकः किं उक्तवान्?
(ii) कः कुत्र च निरतः सञ्जातः?
(iii) कुमारस्य नाम किम् आसीत्?

III. निर्देशानुसारं उत्तरत। (केवलं प्रश्नद्वयम्) (2 × 1 = 2)
(निर्देशानुसार उत्तर दीजिए।) (केवल दो प्रश्न)
(i) 'कुपथम्' इति पदं विपर्यपदं किम्?
(ii) 'त्यक्त्वा' अर्थे अत्र किं पदं प्रयुक्तम्?
(iii) 'सञ्जातः' इति पदे का मूलधातुः?

उत्तराणि

I. (i) कर्मपुरे (ii) गर्तसङ्कुले
(iii) दुष्टबुद्धिः

II. (i) अयि भो! यद्येवं तर्हि कथं भवन्तौ सुपथं परित्यज्य अनेन कुपथेन गन्तुं प्रवृत्तौ।
(ii) प्रच्छन्नभाग्यः चौर्यकर्मणि निरतः सञ्जातः।
(iii) कुमारस्य नाम प्रच्छन्न भाग्यः आसीत्।

III. (i) सुपथम् (ii) परित्यज्य
(iii) जन्

13. अधोलिखितानां पद्यांशानां पठित्वा निर्देशानुसारम् उत्तरं लिखत।

(निम्नलिखित पद्यांशों को पढ़कर निर्देशानुसार प्रश्नों के उत्तर लिखिए।)

पिता यच्छति पुत्राय बाल्ये विद्याधनं महत्।
पिताऽस्य किं तपस्तेपे इत्युक्तिस्तत्कृतज्ञता।।

I. एकपदेन उत्तरत। (केवलं प्रश्नद्वयम्) (2 × 1/2 = 1)
(एक पद में उत्तर दीजिए।) (केवल दो प्रश्न)
(i) पिता पुत्राय किं यच्छति?
(ii) पिता कस्मै विद्याधन यच्छति?
(iii) विद्या कीदृशं धनं वर्तते?

II. पूर्ण वाक्येन उत्तरत। (केवलं प्रश्नद्वयम्) (2 × 1 = 2)
(पूर्ण वाक्य में उत्तर दीजिए।) (केवल दो प्रश्न)
(i) का उक्तिः कृतज्ञता?
(ii) कं प्रति कृतज्ञो भवेत्?
(iii) अत्र धनम् किम् अमन्यत?

III. निर्देशानुसारं उत्तरत। (केवलं प्रश्नद्वयम्) (2 × 1 = 2)
(निर्देशानुसार उत्तर दीजिए।) (केवल दो प्रश्न)
(i) 'पिता यच्छति' अत्र कर्ता पदं किम्?
(ii) 'विद्याधनम्' श्लोके अस्य विशेषण पदं किम्?
(iii) 'तेपे' इति क्रियायाः कर्तृपदं किम्?

उत्तराणि

I. (i) विद्याधनम् (ii) पुत्राय
(iii) महत्

II. (i) पिताऽस्य किं तपस्तेपे इति उक्तिः कृतज्ञता।
(ii) पितरम् प्रति कृतज्ञो भवेत्।
(iii) अत्र विद्याम् एव धनम् अमन्यत।

III. (i) पिता (ii) विद्या
(iii) पिता

14. **अधोलिखितं गद्यांशं पठित्वा प्रदत्त प्रश्नानाम् उत्तराणि संस्कृतेन लिखत।**
(निम्नलिखित गद्यांश को पढ़कर दिए गए प्रश्नों के उत्तर संस्कृत में लिखिए।)

पर्यटनाधिकारी सम्यक् अभिज्ञातम्! मनोहरे सुरम्ये 'तवाङ्ग' इति स्थले राजते अयं बौद्धमठः। पञ्चशतानां बौद्धभिक्षूणां निवासयोग्या स्थली इयम्। लोहितजनपदे अपि अनेकबौद्धविहाराः सन्ति।

नीलिमा मान्यवर! मया अस्य प्रदेशस्य 'परशुरामकुण्डम्' इति दर्शनीयस्थलविषये अपि पठितम्! किम् इदम्?

पर्यटनाधिकारी आम्! एतत् कुण्डं तु लोहितनद्याः किञ्चिद् दूरे अस्ति। पूर्वम् इदं ब्रह्मकुण्डम् आसीत्। इदं लोहितनद्याः उद्गमस्थलम् इति मन्यते। अत्र अनेकानि अन्यानि दर्शनीयानि स्थलानि अपि सन्ति। अस्माकं पर्यटनविभागेन प्रकाशितां केषाञ्चित् प्रसिद्धस्थलानां सूचीं पठित्वा ज्ञायताम् इमानि पर्यटनस्थलानि …………

I. **एकपदेन उत्तरत। (केवलं प्रश्नद्वयम्)** (2 × 1/2 = 1)
(एक पद में उत्तर दीजिए।) (केवल दो प्रश्न)
(i) कः बौद्धमठः?
(ii) 'ब्रह्मकुण्डं' कस्य पूर्व नाम आसीत्?
(iii) एतत् कुण्डं तु कस्याः किञ्चित दूरे अस्ति?

II. **पूर्णवाक्येन उत्तरत। (केवलं प्रश्नद्वयम्)** (2 × 1 = 2)
(पूर्ण वाक्य में उत्तर दीजिए।) (केवल दो प्रश्न)
(i) लोहित नद्याः उद्गमस्थलं किम्?
(ii) मनोहरे सुरम्ये तवाङ्ग इति स्थले कः राजते?
(iii) लोहित जनपदे किमस्ति?

III. **निर्देशानुसारं उत्तरत। (केवलं प्रश्नद्वयम्)** (2 × 1 = 2)
(निर्देशानुसार उत्तर दीजिए।) (केवल दो प्रश्न)
(i) 'स्थली' अस्य विशेषणपदं किम्?
(ii) 'आसीत्' इति क्रियायाः कर्तृपदं किम्?
(iii) 'अस्य प्रदेशस्य' इति अनयोः पदयोः विशेषण पदं किम्?

उत्तराणि

I. (i) तवाङ्ग-गोम्पा
(ii) परशुराम-कुण्डस्य
(iii) लोहितनद्याः

II. (i) लोहितनद्याः उद्गमस्थलं परशुराम-कुण्डं मन्यते।
(ii) मनोहरे सुरम्ये तवाङ्ग इति स्थले बौद्धमठः राजते।
(iii) लोहितजनपदे अनेके 'बौद्ध-विहारः' सन्ति।

III. (i) इयम् (ii) ब्रह्मकुण्डम्
(iii) अस्य

15. **रेखाङ्कित-पदानि आधृत्य प्रश्ननिर्माणं कुरुत।**
(केवलं पञ्चप्रश्नाः) (1 × 5 = 5)
(रेखांकित पदों के आधार पर प्रश्न निर्माण कीजिए।)
(केवल पाँच प्रश्न)

(i) त्यागसमं <u>सुखं</u> नास्ति।
(ii) <u>शीतला छाया</u> अपि पुरुषं न प्रह्लादयति।
(iii) शीतलं <u>सलिलं</u> भवति।
(iv) सर्पः <u>कलशात्</u> बहिः निर्गतः।
(v) विचित्रः स्वप्नः <u>मया</u> दृष्टः।
(vi) मधुरभाषिणी <u>वाणी</u> पुरुषं प्रह्लादयति।

उत्तराणि

(i) किम् (ii) कीदृशी (iii) किम्
(iv) कस्मात (v) का (vi) किम्

16. **मञ्जूषातः समुचितपदानि चित्वा अधोलिखित श्लोकस्य अन्वयं पूरयित्वा पुनः लिखत।** (4 × 1/2 = 2)
(मञ्जूषा से समुचित पद चुनकर निम्नलिखित श्लोक का अन्वय पूर्ण करके पुनः लिखिए।)

"शुश्रूषा श्रवणं चैव ग्रहणं धारणं तथा ।
ऊहापोहार्थविज्ञानं तत्त्वज्ञानं च धीगुणाः।।"

अन्वयः शुश्रूषा, (i) ……… च एव, (ii) ……… तथा धारणम् ऊह, (iii) ……… अर्थविज्ञानं तत्त्व ज्ञानम् च (iv) ……… भवन्ति।

- **मञ्जूषा** अपोह, धीगुणाः, श्रवणम्, ग्रहणम्।

उत्तराणि

(i) श्रवणम् (ii) ग्रहणम्
(iii) अपोह (iv) धीगुणाः

अथवा

मञ्जूषायाः साहाय्येन श्लोकस्य भावार्थे रिक्तस्थानानि पूरयित्वा पुनः लिखत। (4 × 1/2 = 2)
(मञ्जूषा की सहायता से श्लोक के भावार्थ में रिक्तस्थान पूर्ण करके पुनः लिखिए।)

"विद्वांस एव लोकेऽस्मिन् चक्षुष्मन्तः प्रकीर्तिताः।
अन्येषां वदने ये तु ते चक्षुनामनी मते।।"

संस्कृते भावार्थः विद्या एव नरस्य (i) …… अस्ति जनाः अनया एव संसारे सर्वविधं व्यवहारं कर्तुं समर्थाः भवन्ति। अतः अस्मिन् संसारे केवलं (ii) …… ज्ञानिनः विचारशीलाः एव (iii) …… कथिताः। अन्येषां विद्यारहितानाम् (iv) …… तु ये चक्षुषी भवतः ते तु नाममात्रम् एव।

- **मञ्जूषाः** आनने, विद्वांसः, नेत्रम्, नेत्रवन्तः।

उत्तराणि

(i) नेत्रम् (ii) विद्वांसः
(iii) नेत्रवन्तः (iv) आनने

17. अधोलिखितेषु रेखाङ्कितपदानां प्रसङ्गानुकूलम् उचितार्थं चित्वा लिखत। (केवलं प्रश्नचतुष्टयम्) (1×4 = 4)
(निम्नलिखित वाक्यों में रेखांकित पदों के प्रसंगों के अनुकूल उचित अर्थ चुनकर लिखिए।) (केवल चार प्रश्न)

(i) **'सपदि उपायः क्रियताम्'।**
(अ) झटिति (ब) सभायाः
(स) पादेन सह (द) सपाद

(ii) **आकर्ण्य देशान्तरेभ्योऽपि जनाः तं देशम् आयान्ति स्म्।**
(अ) आगतः (ब) श्रुत्वा
(स) आयामः (द) न कोऽपि

(iii) **'चक्षुर्हीनः' कथमिव पश्येयं।**
(अ) चक्षुयुक्तः (ब) चक्षुहीनः
(स) उभौ (द) न कोऽपि

(iv) **व्रजन्तौ तौ बालकान् अवदताम्।**
(अ) पश्यन्तौ (ब) गच्छन्तौ
(स) आगच्छन्तौ (द) क्षिपन्तौ

(v) **अश्वत्थतरुमूले सुवर्णपूरितः कलशः विद्यते।**
(अ) निम्बस्य मूले (ब) आम्रवृक्षतले
(स) अश्वस्यमूले (द) पिप्पलवृक्षमूले

उत्तराणि

(i) (अ) झटिति (ii) (ब) श्रुत्वा
(iii) (ब) चक्षुहीनः (iv) (ब) गच्छन्तौ
(v) (द) पिप्पलवृक्षमूले

18. अधोलिखित कथां मञ्जूषापदै रिक्तस्थानानि पूरयित्वा पुनः लिखत। (4)
(निम्नलिखित कथा को मञ्जूषा के पदों के द्वारा रिक्त स्थानों को पूरा करके पुनः लिखिए।)

यस्य (i) ····· भित्तौ स्थित्वा (ii) ·····, जनाः प्रियस्य आगमनसंकेतं मत्वा (iii) ·····। किं बहुना! अहं तु एतादृशः (iv) ····· यत् मातरः (v) ····· कथयन्ति-"अनृतं वदसि चेत् काकः (vi) ····· अस्माकं ऐक्यं तु (vii) ····· सर्वथा जागरुकोऽहम् (viii) ····· कृते आदर्शः एव। किं न श्रुतं काकचेष्टा।

- **मञ्जूषा** आलपामि, सत्यप्रियः, दशेत्, छात्राणाम्, काकचेष्टा, हृष्यन्ति, गृहस्य, शिशून्, जगतप्रसिद्धम्।

उत्तराणि

(i) गृहस्य (ii) आलपामि
(iii) हृष्यन्ति (iv) सत्यप्रियः
(v) शिशून् (vi) दशेत्
(vii) जगतप्रसिद्धम् (viii) छात्राणाम्

प्रतिदर्श प्रश्न-पत्र 2

(हल रहित)

संस्कृतम् (सम्प्रेषणात्मकम्)

समय : होरात्रयम्	पूर्णाङ्का : 80

सामान्यनिर्देशा:

- प्रश्नपत्रमिदं चतुर्षु भागेषु विभक्तम् अस्ति।
- प्रश्नपत्रेऽस्मिन् एकोनविंशतिः (19) प्रश्नाः सन्ति।
  भागः 'क' – प्रश्नसंख्या 1
  भागः 'ख' – प्रश्नसंख्या 2 से 4
  भागः 'ग' – प्रश्नसंख्या 5 से 12
  भागः 'घ' – प्रश्नसंख्या 13 से 19
- यथानिर्देशं प्रश्नाः समाधेयाः।
- उत्तरपुस्तिकायाम् उत्तरलेखनात् पूर्वं प्रश्नाङ्कः अवश्यं लेखनीयः।

भागः 'क' : अपठितावबोधनम्

1. अधोलिखितं गद्यांशं पठित्वा प्रदत्तप्रश्नानाम् उत्तराणि संस्कृतेन लिखत।
(निम्नलिखित गद्यांश को पढ़कर दिए गए प्रश्नों के उत्तर संस्कृत में लिखिए।)

एकस्मिन् ग्रामे एकः चतुरः कृषकः अवसत् । तस्य एकोऽश्वः आसीत् । कश्चित् चौरः तमश्वमपाहरत् । यदा असौ कृषकः अन्यमश्वं क्रेतुम् आपणमगच्छत् तदा सः तत्र अपहृतमश्वम् अपश्यत् ।

"एषः तु ममैव अश्वः" इति विचार्य सः कृषकः उच्चैः अवदत् –"भो जनाः ! एषः मम अश्वोऽस्ति। यः एतस्य विक्रेताऽस्ति सः वस्तुतः चौरः।" तदा चौरेणापि उच्चैरुक्तम् – एषः अश्वः जन्मनः प्रभृति मया स्वक्षेत्रे पालितः। कदाचित् एषः तव अश्वेन सदृशः स्यात्!" ते परस्परं कलहं कुरुतः। परस्पर विवादमानौ तौ न्यायालयं गतवन्तौ। तत्र न्यायाधीश महोदयेन उभौ वार्तां श्रुत्वा किमपि विचार्य उचितं निर्णयं कृतवान्। कृषकः स्व अश्वं प्राप्य अतीव प्रसन्नः आसीत्।

I. **एकपदेन उत्तरत। (केवलं प्रश्नद्वयम्)** (2×1= 2)
(एक पद में उत्तर दीजिए।) (केवल दो प्रश्न)
(i) चौरः कम् अपाहरत्?
(ii) अश्वस्य विक्रेता कः आसीत्?
(iii) सः कृषकः अवदत् ?

II. **पूर्णवाक्येन उत्तरत। (केवलं प्रश्नद्वयम्)** (2×2 = 4)
(पूर्ण वाक्य में उत्तर दीजिए।) (केवल दो प्रश्न)
(i) कृषकः किमर्थं आपणम् अगच्छत्?
(ii) कृषकः कीदृशम् अश्वम् अपश्यत्?
(iii) तत्र न्यायाधीश श्रुत्वा किमपि कृतवान्?

III. **अस्य अनुच्छेदस्य कृते समुचितं शीर्षकं लिखत।** (1)
(इस अनुच्छेद का उचित शीर्षक लिखिए।)

IV. **यथानिर्देशम् उत्तरत। (केवलं प्रश्नत्रयम्)** (1×3 = 3)
(निर्देशानुसार उत्तर दीजिए।) (केवल तीन प्रश्न)

(i) **'अवसत्' इति क्रियापदस्य कर्तृपदं चित्वा लिखत।**
(अ) चतुरः (ब) एकः
(स) कृषकः (द) ग्रामेः

(ii) **'एषः अश्वः जन्मनः प्रभृति मया स्वक्षेत्रे पालितः' अस्मिन् वाक्ये क्रियापदं किम्?**
(अ) अश्वाय (ब) पालितः
(स) कृषकाय (द) ग्रामाय

(iii) **'कुशलः' इति पदस्य पर्यायपदं चित्वा लिखत।**
(अ) निरन्तरम् (ब) चतुरः
(स) अनुकूलम् (द) वस्तुतः

(iv) **एकः चतुरः कृषकः आसीत्। रेखांकितस्य विशेष्यः कः?**
(अ) एकः (ब) चतुरः
(स) आसीत् (द) कृषकः

भाग : 'ख' : रचनात्मकं–कार्यम्

2. भवतः अनुजः तनिष्कः पठनं त्यक्त्वा चलदूरभाषयन्त्रेण क्रीडने सर्वदा व्यस्तः भवति। तं पठनार्थं प्रेरयन् लिखितं पत्रं मञ्जूषायां प्रदत्तैः पदैः पूरयित्वा पुनः लिखत (10 ×1/2 = 5)

(आपका छोटा भाई तनिष्क पढ़ाई के बजाय हमेशा मोबाइल फोन से खेलने में व्यस्त रहता है। उसे पढ़ने के लिए प्रोत्साहित करते हुए पत्र को मञ्जूषा में दिए गए शब्दों से पूरा करें और पुनः लिखें।)

परीक्षा भवनात्,

नवदिल्लीतः।

दिनाङ्कः ....

प्रिय (i) ....!

शुभाशीषः।

ह्यः एव मातुः (ii).......... प्राप्तम्। माता अद्यत्वे पठने तव (iii) .... दृष्ट्वा चिन्तिता अस्ति। त्वं पठनं त्यक्त्वा चलदूरभाषयन्त्रेण (iv) .... रतः भवसि।

अर्धवार्षिक परीक्षायाम् अपि तव (v) .... न्यूनाः आगताः। एतद् तु न (vi) ....। यद्यपि क्रीडनम् अपि (vii) .... आवश्यकं परं तत् शारीरिकं भवेत्। क्रीडनेन सह पठनम् अपि अत्यावश्यकम्। ये चलदूरभाषयन्त्रेण अत्यधिकं समयं वृथा यापयन्ति ते न केवलं (viii) .... अस्वस्थाः भवन्ति अपितु जीवने असफलाः अपि भवन्ति। अतः मम (ix) .... अस्ति यत् समयस्य महत्त्वम् अवगत्य (x) .... ध्यानेन पठ।

मातृपितृचरणयोः मे प्रणामाः कथनीयाः।

तव अग्रजः

मोहितः

- **मञ्जूषा** त्वम्, मानसिकरूपेण, पत्रम्, स्वास्थ्याय, अरुचिम्, तनिष्क, अङ्काः, क्रीडेन, उचितम्, परामर्शः।

3. अधोदत्तचित्रस्य वर्णनं मञ्जूषायां प्रदत्तपदानां सहायतया पञ्चवाक्येषु कुरुत। (5×1= 5)

(नीचे दिए गए चित्र का वर्णन मञ्जूषा में दिए गए शब्दों की सहायता से पाँच वाक्यों में कीजिए।)

- **मञ्जूषा** अस्मिन्, आसन्दाः, चषकाः, बालिकाः, इदं, चर्चायां, पञ्च, मग्नाः, उत्पीठिकायां, सप्त, सर्वा, चत्वारः, सन्ति, अतिथिकक्षस्य, चित्रं, अस्ति।

अथवा

स्वपुस्तकं 'मणिकाम्' अधिकृत्य मञ्जूषापदसहायतया पञ्चवाक्यानि संस्कृते लिखत। (5)

(अपनी पुस्तक 'मणिका' को आधार मानकर मञ्जूषा के शब्दों की सहायता से पाँच वाक्य संस्कृत में लिखिए।)

- **मञ्जूषा** मणिका, प्रियं, पाठ्यपुस्तकं, तस्याः, भाषा, सरला, कथा, अस्माकं, एतस्या, रोचकाः, प्रहेलिकाः, आनंददायिकाः, अभ्यासकार्यं, पठनम्, भवतः, खेलमाध्यमेन, बोधगम्या, मणिकामाध्यमेन, पठन्ति, आनंदेन, चास्ति, पठित्वा, सन्ति, अस्ति, बालाः।

4. अधोलिखितां कथां मञ्जूषायाः सहायतया पूरयित्वा पुनः लिखत। (10×1/2 = 5)

(निम्नलिखित कथा को मञ्जूषा की सहायता से पूरा करके पुनः लिखिए।)

प्राचीन काले (i)..... वणिकः (ii)..... पृष्ठं भारं स्थापयन् (iii)..... करोति स्म। मार्गे स गर्दभं सिंहस्य (iv)..... आच्छादितं कृत्वा धान्ये न्यस्य, (v)..... च क्षेत्रे मुञ्चति स्म। क्षेत्रस्य रक्षकः तं सिंहम् ज्ञात्वा किमपि न कथयति। स गृहम् गत्वा (vi)..... सूचितवान् (vii)..... दण्डान् आदाय (viii)..... भेर्यश्च अवादयन्। तस्मात् (ix)..... गर्दभः स्व यथार्थ रूपेण प्रकटितः चीत्कारं च अकरोत्। चीत्कारं कुर्वन् ग्रामीणाः तं दण्डेन प्राहारयत् अमारयत् च। वणिकः अपि शिक्षां प्राप्तवान्। शठे (x)..... समाचरेत्।

- **मञ्जूषा** भीत्वा, शाठ्यं, कश्चित्, चर्मात्, ग्रामवासिनः, गर्दभस्य, शंखश्च, व्यापारं, ग्रामीणाः, यवस्य।

अथवा

रिक्तस्थानानि पूरयित्वा अधोलिखित संवादं पुनः लिखत। (5×1= 5)

(रिक्तस्थान को पूरा करके निम्नलिखित संवाद को पुनः लिखिए।)

वानरः रे मित्र! अस्य वृक्षस्य मधुराणि फलानि त्वमपि भक्षय।

मगरमच्छः आम् (i) .... ।

वानरः त्वम् कुत्र निवससि?

मगरमच्छः अहं अस्यैव नद्यौ निवसामि।

वानरः अधुना (ii) .... ।

मगरमच्छः किंचित् फलानि मम भार्यामपि देहि।

वानरः आम् ददामि सा अपि प्रसन्ना भूत्वा खादिष्यति।

मगरमच्छः गृहम् गत्वा फलानि यच्छति।

मगरमच्छी: यः वानरः एतादृशम् मधुरं फलम् प्रतिदिनम् खादति तस्य (iii) .... ।

मगरमच्छः अहम् प्रतिदिनं तुभ्यं मधुराणि फलानि आनयिष्यामि।

मगरमच्छी: अहं तु तस्य मगरमच्छं हृदयं खादयिष्यामि। (iv) .... ।

मगरमच्छः धैर्यं धारय त्वम् आनयामि। (v) .... ।

- मञ्जूषा आवाम् मित्रे स्तः।
  तस्य हृदयमपि मधुरैव भवति।
  इदं तु अतीव मधुराणि सन्ति।
  श्वः अहं मगरमच्छस्य हृदयं आनेष्यामि।
  मम् कृते मगरमच्छस्य हृदयं आनय।

भागः 'ग' : अनुप्रयुक्त–व्याकरणम्

5. **अधोलिखितवाक्येषु रेखाङ्कित पदेषु संधि/संधि-विच्छेद वा कुरुत।** (4×1 = 4)

(निम्नलिखित वाक्यों में रेखांकित पदों की संधि अथवा संधि-विच्छेद कीजिए।)

(i) सन्तोषः एवं सत् + निधानम् भवति।

(ii) हयाः + च वहन्ति बोधिताः।

(iii) श्रेष्ठम् + कर्म एव कर्त्तव्यम्।

(iv) अस्माभिः सत् + मार्गे चलितव्यम्।

(v) सम्पूर्णभारते एकच्छत्रं राज्यम् अस्ति।

6. **अधोलिखितेषु वाक्येषु स्थूलपदानां समासाः विग्रहः वा प्रदत्त विकल्पेभ्यः चित्वा लिखत। (केवलं प्रश्नचतुष्टयम्)** (1×4 = 4)

(निम्नलिखित वाक्यों में स्थूल (मोटे छपे) शब्दों में समास अथवा समास-विग्रह दिए हुए विकल्पों से चुनकर लिखिए।) (केवल चार प्रश्न)

(i) **वार्तालापं** मा कुरु।
(अ) वार्तायाः अलापम्
(ब) वार्तें: अलापम्
(स) वार्ताम् आलापम्
(द) वार्ता आलापम्

(ii) **रामस्य समीपम्** उपसृत्य प्रणम्य च।
(अ) उपरामम् (ब) उपरामेण
(स) उपरामः (द) उपरामस्य

(iii) सर्वेषामपि महत्त्वं विद्यते **समयम् अनतिक्रम्य**।
(अ) समयम् यथा (ब) यथासमयम्
(स) समयानुसारम् (द) यथासमयः

(iv) रामः **लवकुशौ** उपवेशयितुम् कथयति।
(अ) लवम् च कुशम् च
(ब) लवाय च कुशाय च
(स) लवाः च कुशः च
(द) लवः च कुशः च

(v) सः **सकरुणम्** उच्चैः अक्रन्दत्।
(अ) करुणया सह (ब) सह करुणम्
(स) करुणा सह (द) सा करुणा

7. **अधोलिखितवाक्येषु रेखाङ्कित प्रकृति प्रत्ययौ संयोज्यविभज्य वा उचितम् उत्तरं विकल्पेभ्यः चित्वा लिखतः। (केवलं प्रश्नचतुष्टयम्)** (1×4 = 4)

(निम्नलिखित वाक्यों में रेखांकित शब्दों के मूल शब्द और प्रत्यय को जोड़कर या अलग करके विकल्पों में से उचित उत्तर चुनकर लिखिए।) (केवल चार प्रश्न)

(i) मतिमान् एव धनवान् भवितुं शक्यते।
(अ) मतिः + मनुप् (ब) मति + मनुप
(स) मति + मतुप् (द) मतिः + मनुपं

(ii) हरिततरूणां ललितलतानां माला रमणीया।
(अ) रमणीय + आ (ब) रमणीया + आ
(स) रमणीय + टाप् (द) रमणी + टाप्

(iii) विपुला च अत्र वन सम्पदा।
(अ) विपुला + टाप् (ब) विपुल + टाप्
(स) विपुल + ङीप् (द) विपुल + इक

(iv) एकदा राजा तं बुद्धि + मतुप् द्रष्टुं तस्य कुटीरम् अगच्छतः।
(अ) बुद्धिमन्तः (ब) बुद्धिमन्तं
(स) बुद्धिमन्ताः (द) बुद्धिमन्तयाः

(v) आस्तिक एव ईश्वरं मन्यते।
(अ) अस्ति + ठक् (ब) अस्तिः + ठक्
(स) अस्तिम् + ठक (द) अस्ति + ठकः

8. **वाच्यानुसारम् उचितपदैः रिक्तस्थानानि पूरियित्वा अधोलिखितं संवादं पुनः लिखत। (केवलं प्रश्नत्रयम्)** (3×1 = 3)

(वाच्य के अनुसार उचित पद चुनकर रिक्तस्थानों को पूरा करके निम्नलिखित संवाद को पुनः लिखिए।) (केवल तीन प्रश्न)

पिता भवान् किं लिखति?
पुत्रः (i) .... तु पाठाः लिख्यन्ते।
पिता भवान् (ii) .... पाठान् लिखति?
पुत्रः अहं इतिहासस्य पाठान् (iii) ....।
पिता (iv) .... तदन्तरं किं क्रियते?
पुत्रः अहं कंदुकेन (v) ....।

- मञ्जूषा भवता, मया, लिखामि, क्रीडामि, कान्।

9. अधोलिखितकार्यक्रमे अङ्कानां स्थाने संस्कृतपदेषु समयम् उत्तरपुस्तिकायां लिखत। (केवलं प्रश्नत्रयम्) (3 × 1 = 3)

(निम्नलिखित कार्यक्रम में अंकों के स्थान पर संस्कृत पदों में समय को उत्तरपुस्तिका में लिखिए।) (केवल तीन प्रश्न)

(i) प्रातः (9:30) .... वादने प्रार्थना भक्तिसङ्गीतम्।

(ii) प्रातः (10:15) .... वादने मुख्यातिथेः आगमनम् स्वागतम्।

(iii) प्रातः (11:00) .... वादने प्रतियोगितायाः प्रारम्भः।

(iv) मध्याह्ने (12:45) .... वादने निर्णयः।

10. मञ्जूषायां प्रदत्तैः उचित अव्ययपदैः अधोलिखितवाक्येषु रिक्तस्थानानि पूरयत। (केवलं प्रश्नचतुष्टयम्) (4 × 1 = 4)

(मञ्जूषा में दिए गए अव्यय पदों से उचित शब्द चुनकर निम्नलिखित वाक्यों के रिक्तस्थानों को पूरा कीजिए) (केवल चार प्रश्न)

(i) कक्षायां छात्राः .... वदन्ति।

(ii) रामः तु पुरुषेषु ऋषभः .... अस्ति।

(iii) .... त्वमेव मम सुहृद असि।

(iv) श्रमं .... विजयः न।

(v) कच्छपः .... चलति।

• मञ्जूषा शनैः, उच्चैः, इव, नूनं, विना।

11. अधोलिखितवाक्येषु रेखांङ्कित-अशुद्धपदाय उचितं पदं चित्वा वाक्यानि पुनः लिखत। (केवलं प्रश्नत्रयम्) (3 × 1 = 3)

(निम्नलिखित वाक्यों में रेखांकित अशुद्ध पद के लिए उचित पद चुनकर वाक्य पुनः लिखिए) (केवल तीन प्रश्न)

(i) <u>यूयं</u> गृहं गच्छथः।

(अ) त्वम् (ब) युवाम्
(स) तौ (द) ते

(ii) वानरः कुत्र न <u>कूर्दन्ति</u>?

(अ) कूर्दसि (ब) कूर्दति
(स) कूर्दतः (द) कूर्दिष्यन्ति

(iii) <u>सः</u> बालिका अत्र क्रीडति।

(अ) ताः (ब) ते
(स) तौ (द) सा

(iv) राधा श्वः मम गृहम् <u>आगच्छत्</u> ।

(अ) गमिष्यति (ब) आगच्छति
(स) गच्छतु (द) आगमिष्यति

भागः 'घ' : पठितावबोधनम्

12. अधोलिखितं गद्यांशं पठित्वा प्रदत्त प्रश्नानाम् उत्तराणि संस्कृतेन लिखत।

(निम्नलिखित गद्यांश को पढ़कर दिए गए प्रश्नों के उत्तर संस्कृत में लिखिए।)

कस्मिंश्चित् नगरे चन्द्रो नाम भूपतिः प्रतिवसति स्म। तस्य पुत्राः वानरक्रीडारताः वानरयूथं नित्यमेव विविधैः भोज्यपदार्थैः पुष्टिं नयन्ति स्म। तस्मिन् राजगृहे बालवाहनयोग्यं मेषयूथम् आसीत्। तेषां मेषाणां मध्ये एको मेषः जिह्वालोलुपतया अहर्निशं महानसं प्रविश्य यत् पश्यति तत् भक्षयति। ते च सूपकाराः यत्किञ्चित् काष्ठं, मृण्मयं भोजनं, कांस्यताम्रपात्रं वा पश्यन्ति तेन तम् आशु ताडयन्ति स्म।

I. एकपदेन उत्तरत। (केवलं प्रश्नद्वयम्) (2 × 1/2 = 1)

(एक पद में उत्तर दीजिए।) (केवल दो प्रश्न)

(i) भूपतेः नाम किम् आसीत्?

(ii) राजगृहे कीदृशं मेषयूथम् आसीत्?

(iii) वानरयूथपतिः कीदृशः आसीत्?

II. पूर्णवाक्येन उत्तरत। (केवलं प्रश्नद्वयम्) (2 × 1 = 2)

(पूर्ण वाक्य में उत्तर दीजिए।) (केवल दो प्रश्न)

(i) मेषः कुत्र प्रविश्य यत् पश्यति तद् भक्षयति?

(ii) सूपकाराः मेषं कथं ताडयन्ति स्म?

(iii) यूथपः रहसि किं अवदत्?

III. निर्देशानुसारं उत्तरत। (केवलं प्रश्नद्वयम्) (2 × 1 = 2)

(निर्देशानुसार उत्तर दीजिए।) (केवल दो प्रश्न)

(i) 'शीघ्रम्' इत्यर्थे अत्र किं पदं प्रयुक्तम्?

(ii) 'प्रतिवसति स्म' इति क्रियापदस्य किं कर्तृपदम्?

(iii) 'अहोरात्रम्' इति पदस्य स्थाने अत्र किं पदं प्रयुक्तम्?

13. अधोलिखितं पद्यांशं पठित्वा प्रदत्त प्रश्नानाम् उत्तराणि संस्कृतेन लिखत।

(निम्नलिखित पद्यांश को पढ़कर दिए गए प्रश्नों के उत्तर संस्कृत में लिखिए।)

अर्जुन उवाच

"अथ केन प्रयुक्तोऽयं पापं चरति पुरुषः
अनिच्छन्नपि वार्ष्णेय! बलादिव नियोजित।

श्रीभगवानुवाच

काम एषः क्रोध एष रजोगुणसमुद्भवः
महाशनो महापाम्पा विद्धयेनमिह वैरिणम्।।"

I. एकपदेन उत्तरत। (केवलं प्रश्नद्वयम्) (2 × 1/2 = 1)

(एक पद में उत्तर दीजिए।) (केवल दो प्रश्न)

(i) अत्र श्रीकृष्णाय सम्बोधन पदं किम्?

(ii) कामः कस्मात् उत्पन्नः?

(iii) 'उत्पन्न' इत्यर्थे किं पदं प्रयुक्तम्?

II. पूर्ण वाक्येन उत्तरत। (केवलं प्रश्नद्वयम्) (2×1= 2)
(पूर्ण वाक्य में उत्तर दीजिए।) (केवल दो प्रश्न)
(i) महाशनः कः?
(ii) अनिच्छन् पुरुषः किं करोति?
(iii) केन जनानां नाशो भवति?

III. निर्देशानुसारं उत्तरत। (केवलं प्रश्नद्वयम्) (2×1= 2)
(निर्देशानुसार उत्तर दीजिए।) (केवल दो प्रश्न)
(i) महाशनः कस्य पदस्य विशेषणम्?
(ii) 'इच्छन्' इति पदे कः प्रत्ययः?
(iii) 'करोति' अस्य पर्यायः श्लोकात् एव चित्वा लिखत।

14. अधोलिखितं नाट्यांश पठित्वा प्रदत्त प्रश्नानाम् उत्तराणि संस्कृतेन लिखत।
(निम्नलिखित नाटक के अंश को पढ़कर दिए गए प्रश्नों के उत्तर संस्कृत में लिखिए।)

काकः (विहस्य) कुक्कुटः। अरे! अद्य कुतः कुक्कुटाः नगरेषु अहमेव सर्वत्र सुलभः।

राजहंसी भो-भो वाचाल! स्वीयै कटुभिः क्वणितैः जनजागरणात् अन्यत् तु किमपि न करोषि।

काकः अहो अज्ञानं भक्तयाः/अरे! यस्य गृहस्य भित्तौ स्थित्वा आत्मपामि, जनाः प्रियस्य आगमनसंकेतं मत्वा हृष्यन्ति। किं बहुना। अहं तु एतादृशः सत्यप्रियः यत् मातरः शिशून् कथयन्ति-''अनृतं वदसि चेत् काकः दशेत्''। अस्माकं ऐक्यं तु जगत्प्रसिद्धम्। सर्वथा जागरुकोऽहं छात्राणां कृते आदर्शः एव। किं न श्रुतं काकचेष्टा, बकोध्यानम् ......।

I. एकपदेन उत्तरत। (केवलं प्रश्नद्वयम्) (2×1/2 = 1)
(एक पद में उत्तर दीजिए।) (केवल दो प्रश्न)
(i) कः छात्राणां कृते आदर्शः?
(ii) के नगरेषु सुलभाः न सन्ति?
(iii) काः शिशून् कथयन्ति?

II. पूर्णवाक्येन उत्तरत। (केवलं प्रश्नद्वयम्) (2×1= 2)
(पूर्ण वाक्य में उत्तर दीजिए।) (केवल दो प्रश्न)
(i) मातरः किं शिशून् कथयन्ति?
(ii) केषाम् ऐक्यं जगत्प्रसिद्धम्?
(iii) किं वदसि चेत् काकः दशेत्?

III. निर्देशानुसारं उत्तरत। (केवलं प्रश्नद्वयम्) (2×1= 2)
(निर्देशानुसार उत्तर दीजिए।) (केवल दो प्रश्न)
(i) 'मत्वा' इति पदे का मूलधातुः?
(ii) 'कथयन्ति' इति क्रियायाः कर्त्तपदं किं?
(iii) नाट्यांशे 'अहम्' पदं कस्मै प्रयुक्तम्?

15. रेखाङ्कित-पदानि आधृत्य प्रश्ननिर्माणं कुरुत।
(केवलं पञ्चप्रश्नाः) (1×5 = 5)
(रेखांकित पदों के आधार पर प्रश्न निर्माण कीजिए।)
(केवल पाँच प्रश्न)
(i) त्वमेव <u>पाण्डवान्</u> रक्षितवान्।
(ii) <u>द्रौणिना</u> मम पुत्राः हताः।
(iii) अहम् प्रकृतिः एव <u>युष्माकं</u> जननी।
(iv) सर्वथा जागरुकः काकः <u>छात्राणाम्</u> कृते आदर्शः।
(v) अस्मिन् प्रदेशे <u>पञ्चाशदधिकाः</u> नद्यः प्रवहन्ति।
(vi) अरुणः <u>सूर्यस्य</u> पर्यायः।

16. मञ्जूषातः समुचितपदानि चित्वा अधोलिखित श्लोकस्य अन्वयं पूरयित्वा पुनः लिखत। (4×1/2 = 2)
(मञ्जूषा से समुचित पद चुनकर निम्नलिखित श्लोक का अन्वय पूर्ण करके पुनः लिखिए।)

नानाशस्त्रविदः पूर्वे येऽप्यतीता महारथाः।
नैतदस्त्रं मनुष्येषु तैः प्रयुक्तं कथनञ्चन।।

अन्वयः नाना (i) ...... ये अपि पूर्वे (ii) ...... अतीताः तैः एतद् (iii) ...... मुनष्येषु (iv) ...... न प्रयुक्तम्।

- मञ्जूषा महारथाः, अस्त्रम्, शस्त्रविदः, कथञ्चन।

अथवा

मञ्जूषायाः साहाय्येन श्लोकस्य भावार्थे रिक्तस्थानानि पूरयित्वा पुनः लिखत। (4×1/2 = 2)
(मञ्जूषा की सहायता से श्लोक के भावार्थ में रिक्त स्थान पूर्ण करके पुनः लिखिए।)

''काकस्य गात्रं यदि काञ्चनस्य, माणिक्यरत्नं चञ्चुदेशे।
एकैकपक्षे ग्रथितं मणीनां, तथापि काको न तु राजहंसः।।''

भावार्थः अस्य श्लोकस्य भावः अस्ति यत् यदि काकस्य शरीरं (i) ...... भवेत् तस्य चञ्चुदेशे (ii) ...... अपि भवेत्। तथापि सः राजहंसः न मन्यते अपितु काकः एव भवति। एवमेव यदि (iii) ...... पक्षाः मणिभिः अपि ग्रथिताः भवेयुः तथापि सः (iv) ...... एव तिष्ठति। राजहंसः तु भवितुं नार्हति।

- मञ्जूषा काकः, स्वर्णस्य, काकस्य, माणिक्यरत्नम्।

17. अधोलिखितेषु रेखाङ्कितपदानां प्रसङ्गानुकूलम् उचितार्थं चित्वा लिखत। (केवलं प्रश्नचतुष्टयम्) (1×4 = 4)
(निम्नलिखित वाक्यों में रेखांकित पदों के प्रसंगों के अनुकूल उचित अर्थ चुनकर लिखिए।) (केवल चार प्रश्न)
(i) द्रौणेः अस्त्रम् अस्मान् सर्वान् <u>प्रधक्ष्यति</u> एव।
(अ) मुक्तं कृतम् (ब) दग्धं करिष्यति
(स) ज्ञानिन (द) पर्जन्यः

(ii) **तस्याहं निग्रहं मन्ये वायोरिव सुदुष्करम्।**
(अ) कुकर्म (ब) सुकर्म
(स) कठिनं कर्म (द) श्रेष्ठ कर्म

(iii) **पाप्मानं प्रजहि ह्येनं ज्ञानविज्ञाननाशनम्।**
(अ) त्यज (ब) कुरु
(स) कस्य (द) मारहि

(iv) **"अस्माकम् ऐक्यं तु जगत् प्रसिद्धम्।"**
(अ) जनक: (ब) विश्व:
(स) जन: (द) न कोऽपि

(v) **स्वपक्षौ अवधूय बक: प्रविशति।**
(अ) धावित्वा (ब) धृत्वा
(स) कम्पयित्वा (द) प्रक्षाल्य

18. अधोलिखित-कथां रिक्तस्थानानि पूरयित्वा पुनः लिखत। (8 × 1/2 = 4)

(निम्नलिखित कथा में रिक्त स्थान को पूर्ण करके दोबारा लिखिए।)

राजा उवाच (i) .....! भवन्मनोरथं पूरयित्वा आत्मानम् (ii) ..... कर्तुम् इच्छामि। आदिश्यता किं (iii) .....? विप्र: अकथयत्-यदिभवान् प्रीत:, (iv) ...... त्वत्त: (v) ...... चक्षुष: दानम् इच्छामि येन मम (vi) ...... निर्बाधा भवेत्। तत् श्रुत्वा राचा (vii) ...... "लोके चक्षुर्दानं दुष्कर मेव। नूनम् ईदृशं (viii) ...... इच्छन् अयं याचक: केनापि प्रेरित: स्यात्। अथवा भवतु नाम किं बहु चिन्तनेन?" अहं भवते चक्षुर्द्वयमेव प्रयच्छामि इति।

- मञ्जूषा करवाणि, तदा, अचिन्तयत्, एकस्य, अनुगृहीत, लोकयात्रा, दानम्।

प्रतिदर्श प्रश्न-पत्र 3

(हल रहित)

संस्कृतम् (सम्प्रेषणात्मकम्)

समय : होरात्रयम् | पूर्णाङ्काः : 80

सामान्यनिर्देशाः

- प्रश्नपत्रमिदं चतुर्षु भागेषु विभक्तम् अस्ति।
- प्रश्नपत्रेऽस्मिन् एकोनविंशतिः (19) प्रश्नाः सन्ति।
  भागः 'क' – प्रश्नसंख्या 1
  भागः 'ख' – प्रश्नसंख्या 2 से 4
  भागः 'ग' – प्रश्नसंख्या 5 से 12
  भागः 'घ' – प्रश्नसंख्या 13 से 19
- यथानिर्देशं प्रश्नाः समाधेयाः।
- उत्तरपुस्तिकायाम् उत्तरलेखनात् पूर्वं प्रश्नाङ्कः अवश्यं लेखनीयः।

भागः 'क' : अपठितावबोधनम्

1. अधोलिखितं गद्यांशं पठित्वा प्रदत्तप्रश्नानाम् उत्तराणि संस्कृतेन लिखत। (10)

(निम्नलिखित गद्यांश को पढ़कर दिए गए प्रश्नों के उत्तर संस्कृत में लिखिए।)

''शरीरमाद्यं खलु धर्मसाधनम्'' अर्थात् शरीरम् एव सर्वेषां कर्तव्यानां प्रमुखं साधनं वर्तते। वयं सर्वाणि कार्याणि शरीरेण एवं कर्तुं सक्षमाः। यद्यपि सामाजिकम् - धार्मिकम् - राजनैतिकम् - पारिवारिकम् - वैयक्तिककार्याणि च अपि शरीरेण एव भवन्ति परं तथापि वयम् अस्य एव अवहेलनां कुर्मः । अद्य जनाः स्वकार्येषु अत्यधिकं निमग्नाः सन्ति। अतः ते स्वशरीरं प्रति पूर्णतः उदासीनाः दृश्यन्ते। ते न तु समयेन खादन्ति, न पिबन्ति, न व्यायामं कुर्वन्ति, न विश्रामं कुर्वन्ति। वस्तुतः ते स्वस्थं भवितुं किमपि न कुर्वन्ति, केवलं धनं प्राप्तुं व्यग्राः दृश्यन्ते। एतदर्थमेव ते अधुना शरीरेण स्वस्थाः न सन्ति अपितु तेषां शरीरं रोगाणां गृहम् अस्ति। अतः इदम् अस्माकं कर्तव्यं यत् वयं स्वास्थ्यं प्रति जागरूकाः भवेम।

I. **एकपदेन उत्तरत। (केवलं प्रश्नद्वयम्)** $(2 \times 1 = 2)$
(एक पद में उत्तर दीजिए।) (केवल दो प्रश्न)
(i) शरीरं केषां प्रमुखं साधनम् अस्ति?
(ii) सर्वाणि कार्याणि केन कर्तुं सक्षमाः?
(iii) जनाः किं प्राप्तुं व्यग्राः दृश्यन्ते?

II. **पूर्णवाक्येन उत्तरत। (केवलं प्रश्नद्वयम्)** $(2 \times 2 = 4)$
(पूर्ण वाक्य में उत्तर दीजिए।) (केवल दो प्रश्न)
(i) कानि कानि कार्याणि शरीरेण एव भवन्ति?
(ii) जनाः कं प्रति पूर्णतः उदासीनता अस्ति?
(iii) अस्माकं किं कर्त्तव्यम्?

III. **अस्य अनुच्छेदस्य समुचितं शीर्षकं लिखत।** (1)
(इस अनुच्छेद का उचित शीर्षक लिखिए।)

IV. **यथानिर्देशम् उत्तरत। (केवलं प्रश्नत्रयम्)** $(1 \times 3 = 3)$
(निर्देशानुसार उत्तर दीजिए।) (केवल तीन प्रश्न)
(i) 'भवेम्' इति क्रियापदस्य कर्तृपदं किम् ?
(अ) वयम् (ब) अयम्
(स) इदम् (द) भवेत्
(ii) 'कार्याणि' इति पदस्य विशेषणं गद्यांशात् चित्वा लिखत।
(अ) शरीरेण (ब) सर्वाणि
(स) कर्तव्यम् (द) रोगाणाम्
(iii) 'समर्थाः' इत्यस्य पदस्य कः पर्यायः अत्र आगतः?
(अ) असमर्थाः (ब) असक्षमाः
(स) सक्षमाः (द) अंधकारः
(iv) अनुच्छेदे 'जागरूकाः' पदस्य कः विपर्ययः आगतः?
(अ) रुग्णः (ब) कर्त्तव्यम्
(स) अस्माकम् (द) अनजान

भाग: 'ख' : रचनात्मकं-कार्यम्

2. स्वं अभिनव: मत्वा स्वस्य प्रधानाचार्याय दिन द्वयस्य अवकाशार्थं अधोलिखितं प्रार्थना पत्रं मञ्जूषायां प्रदत्तपदै: पूरयित्वा लिखत। (10 ×1/2 = 5)

(स्वयं को अभिनव मानकर अपनें प्रधानाचार्य को दो दिन के अवकाश के लिए लिखे गए प्रार्थना पत्र को मञ्जूषा की सहायता से पूरा कीजिए।)

परीक्षा भवनात्,

नवदिल्लीत:।

दिनाङ्क: ....

(i).........,

श्रीमत्य: प्रधानाचार्या महोदया:,

राजकीय उच्च माध्यमिक विद्यालय:,

उदयपुरम् ।

विषय: दिनद्वयस्य अवकाशार्थम्।

महोदय:

(ii).......... निवेदनमस्ति यद् मम (iii).......... पाणिग्रहण संस्कार: दिनद्वयं पश्चात् (iv)..........एतदत्कारणात् (v)..........यावद् अहं स्वकक्षायामुपस्थातुं न (vi).......... ।

अत: (vii).......... अस्ति यद् दि. 31.10.20×× त: 01.11.20×× पर्यन्तं (viii).......... अवकाशं स्वीकृत्य मामनुग्रहीष्यन्ति श्रीमन्त:।

भवदाज्ञाकारी (ix) ....

(x) ....

कक्षा-दशमी

- मञ्जूषा अभिनव:, दिनद्वयं, शक्नोमि, सेवायाम्, दिनद्वयस्य, भविष्यति, प्रार्थना, सविनयं, शिष्य:, ज्येष्ठभ्रातु:।

3. अधोदत्तचित्रस्य वर्णनं मञ्जूषायां प्रदत्तपदानां सहायतया पञ्चवाक्येषु कुरुत। (5 ×1= 5)

(नीचे दिए गए चित्र का वर्णन मञ्जूषा में दिए गए शब्दों की सहायता से पाँच वाक्यों में कीजिए।)

- मञ्जूषा इदं, पति, पत्नी, पात्राणि, वस्त्रासनम्, गृहम्, प्रेम्णा, परस्परम्, चमस:, परिवेषयति, सूपादिकम्, भोजनम्, कदलीपत्रम्, परिवारस्य, करोति, वार्तालापं, चित्रे, अस्ति, अस्मिन् सन्ति, चित्रे।

अथवा

'होलिकोत्सव:' इति विषयम् अधिकृत्य मञ्जूषापदसाहाय्येन पञ्च संस्कृतवाक्यानि लिखत। (1 × 5 = 5)

('होलिकोत्सव:' इस विषय को आधार मानकर मञ्जूषा के शब्दों की सहायता से पाँच वाक्य संस्कृत में लिखिए।)

- मञ्जूषा भोजनं, होलिकोत्सवे, जना:, हिरण्यकश्यपुं, स्मरन्ति, परस्परं, आनन्देन, प्रसन्ना:, अस्मिन्, रंगै, मिलन्ति, खादन्ति, वैरभावम्, आलिङ्गनम्, भवन्ति, कुर्वन्ति, स्वादिष्टं, अवसरे, त्यक्त्वा, ते, अस्मिन्, खादयन्ति, खेलन्ति, भक्त प्रहलादं।

4. अधोलिखितां कथां मञ्जूषाया: सहायतया पूरयित्वा पुन: लिखत। (10 × 1/2 = 5)

(निम्नलिखित कथा को मञ्जूषा की सहायता से पूरा करके पुन: लिखिए।)

पंचपुर नगरे एक: (i)...... प्रतिवसति स्म। (ii)...... पुत्र: देवशर्मा आसीत्। स शास्त्रं (iii)...... अपरं देशम् अगच्छत् भागीरथी (iv)...... च तपश्चर्यां कर्तुम् आरभत्। एकस्मिन् दिने स: (v)...... गङ्गाया: तीरे जपार्थं च असीदत्। तेन (vi)...... आकाशे उत्पतन् एका बलाका तस्योपरि विष्ठा कृतवती। येन स: क्रुद्ध: (vii)......। स: आकाशे (viii)...... च। तस्य क्रोधाग्निना सा बलाका दग्धा: जाता:। भूमौ च अपतत्। एतादृशीं घटनां दृष्ट्वा स तपश्चर्याया: दर्प: अभवत्। तत्पश्चात् स भिक्षाटनार्थम् एकस्मिन् ग्रामे अगच्छत्। तत्र (ix)...... एका पतिव्रता नार्या: अमिलत् स अवदत्-भिक्षां देहि। तत्र सा स्त्री स्वभर्तारम् (x)...... लग्ना आसीत् अत: सा विलम्बितोऽभवत्। देवशर्माण: तस्योपरि क्रुद्ध: जात: किन्तु पतिवृतस्य कारणेन तस्य: प्रभाव: निष्क्रिय: अभवत्।

- मञ्जूषा जात:, समयेन, पठित्वा, अपश्यत्, तीरे, सेवायाम्, कोऽपि, ब्राह्मण:, तपस्विन:, तस्य।

अथवा

रिक्तस्थानानि पूरयित्वा अधोलिखित संवादं पुन: लिखत। (1 × 5 = 5)

(रिक्तस्थान को पूरा करके निम्नलिखित संवाद को पुन: लिखिए।)

प्रभाकर: कुत्रासि भद्रे?

कमलेश: अत्रैव अस्मि? का वार्ता?

प्रभाकर: अद्यत्वे (i) .... ।

कमलेश: तदा किं करवाणि?

प्रभाकर: मम (ii) .... ।

कमलेश: आम् प्रेषयामि।

प्रभाकर: कश्चित् स्वनुपयोगं अपि वाञ्छामि।

कमलेश अहं (iii) .... ।

प्रभाकरः आम् क्षिप्र कुरु। अहं श्वः दुहितायाः गृहम् गमिष्यामि।

कमलेशः अहं (iv) .... ।

प्रभाकरः त्वं अन्यस्मिन् (v) .... ।

- **मञ्जूषा** अहमपि भवतः सह चलिष्यामि।
मम दौहित्रस्य कृते तिल मोदकानि निर्मित्वा तस्य सकाशे प्रेषय।
अहं अस्मिन् अलसी बीजानि अपि मेलयामि। तानि अपि लाभप्रदानि भवति।
अद्यत्वे तु शैत्यं अधिकं भवति।
दिने गच्छानि। श्वः तु अहमेव गमिष्यामि।

भागः 'ग' : अनुप्रयुक्त-व्याकरणम्

5. अधोलिखितवाक्येषु रेखाङ्कित पदेषु संधि/संधि-विच्छेद वा कुरुत। (4×1= 4)

(निम्नलिखित वाक्यों में रेखांकित पदों की संधि अथवा संधि-विच्छेद कीजिए।)

(i) एतयोः + जननी तेनावमानिता।

(ii) सङ्कोचमञ्चति सरः + त्वयि दीनदीनो।

(iii) ते चक्षुर्नामनी मते।

(iv) सः कृच्छ्रेण भारम् उत् + वहति।

(v) पाषाणी सभ्यता निसर्गे स्यान्न समाविष्टा।

6. अधोलिखितेषु वाक्येषु स्थूलपदानां समुचितं समासाः विग्रहः वा प्रदत्त विकल्पेभ्यः चित्वा लिखत। (1 ×4 = 4)

(निम्नलिखित वाक्यों में स्थूल (मोटे छपे) शब्दों में उचित समास अथवा समास-विग्रह दिए हुए विकल्पों से चुनकर लिखिए।)

(i) सर्वथा समरूपः **कुटुम्बवृत्तान्तः**।

(अ) कुटुम्बः वृत्तान्तः (ब) कुटुम्बाय वृत्तान्तः
(स) कुटुम्बस्य वृत्तान्तः (द) कुटुम्बकम् वृत्तान्तम्

(ii) सरस्तीरे **बकध्वनिः** भवति।

(अ) बकः ध्वनिः (ब) बकस्य ध्वनिः
(स) बकाय ध्वनि (द) बकेन ध्वनिः

(iii) शिक्षकः **प्रश्नोत्तरमाध्यमेन** छात्रान् सम्बोधयति।

(अ) प्रश्नोत्तरस्य माध्यमेन
(ब) प्रश्नोत्तराणां माध्यमेन
(स) प्रश्न उत्तरस्य माध्यमेन
(द) प्रश्नस्य उत्तरेण माध्यमेन

(iv) प्रस्तरतले **लतातरुगुल्मा** मे भवन्तु पिष्टाः।

(अ) लता च तरुः च
(ब) लता च तरवः च
(स) लताः च गुल्माः च
(द) लताः च तरवः च गुल्माः च

(v) प्रपश्यामि **ग्रामान्ते** निर्झर-नदी-पयः-पूरम्।

(अ) ग्राम अन्ते
(ब) ग्रामस्य अन्ते
(स) ग्रामे अन्ते
(द) ग्रामात् अन्ते

7. अधोलिखितवाक्येषु रेखाङ्कित प्रकृति प्रत्ययौ संयोज्यविभज्य वा उचितम् उत्तरं विकल्पेभ्यः चित्वा लिखतः। (1×4 = 4)

(निम्नलिखित वाक्यों में रेखांकित शब्दों के मूल शब्द और प्रत्यय को जोड़कर या अलग करके विकल्पों में उचित उत्तर चुनकर लिखिए।)

(i) बुद्धि + मतुप् सा भयात् विमुक्ता।

(अ) बुद्धिवान् (ब) बुद्धिमानः
(स) बुद्धिमान् (द) बुद्धिमती

(ii) जन् + तल् जागरूकाः भवितव्या।

(अ) जनत्वम् (ब) जानता
(स) जनतल् (द) जनता

(iii) अस्या अनुज + टाप् सीता अस्ति।

(अ) अनुजा (ब) अनुजता
(स) अनुटाप् (द) अनुजम्

(iv) हिमकरस्य शीतल + त्व लोके प्रसिद्धम् अस्ति।

(अ) शीतलत्व (ब) शीतलत्वम्
(स) शीतलता (द) शीतलत्वाम्

(v) कृष्णा चपला बालिका अस्ति।

(अ) चपला + त्व
(ब) चपल + टाप्
(स) चपला + टाप्
(द) चपलता + टाप्

8. वाच्यानुसारम् उचितपदैः रिक्तस्थानानि पूरियित्वा अधोलिखितं संवादं पुनः लिखत। (केवलं प्रश्नत्रयम्) (1×3 = 3)

(वाच्य के अनुसार उचित पद चुनकर रिक्तस्थानों को पूरा करके निम्नलिखित संवाद को पुनः लिखिए।) (केवल तीन प्रश्न)

रामः किं हन्ति? (i) .... रावणः हन्यते।

शिक्षकः पृथ्वी किं ददाति?

शिष्यः पृथिव्याः अन्नं उत्पन्नं (ii) ....।

शिक्षकः का राष्ट्रगीतं गायति?

शिष्यः (iii) .... राष्ट्रगीतं गीयते।

शिक्षकः मालाकारः कान् (iv) ....?

- **मञ्जूषा** भवति, रामेण, लतया, सिञ्चति।

9. अधोलिखितेषु वाक्येषु अङ्कानां स्थाने संस्कृतसंख्यापदानि लिखत। (केवलं प्रश्नत्रयम्) (1×3 = 3)

(निम्नलिखित वाक्यों में अंकों के स्थान पर संस्कृत में संख्यावाची पद लिखिए।) (केवल तीन प्रश्न)

(i) श्रेया रविवासरे (9 : 00) ……… वादने उत्तिष्ठति।

(ii) (10 : 45) ……… वादने प्रातराशं करोति।

(iii) (11 : 30) ……… वादने दूरदर्शने नाटकं पश्यति।

(iv) (12 : 15) ……… वादने गृहकार्यं करोति।

10. मञ्जूषायां प्रदत्तैः उचितैः अव्ययपदैः अधोलिखितवाक्येषु रिक्तस्थानानि पूरयत। (केवलं प्रश्नचतुष्टयम्) (1×4 = 4)

(मञ्जूषा में दिए गए अव्यय पदों से निम्नलिखित वाक्यों के रिक्त स्थानों को पूरा कीजिए) (केवलं चार प्रश्न)

(i) सः ………… गन्तुम् इच्छति?

(ii) अत्र ………… लिख।

(iii) ताः ………… क्रीडां द्रष्टुम् अगच्छन्।

(iv) सर्वे ………… एकं लेखं लेखिष्यन्ति।

(v) सा कथयति ……… अहं गन्तुं न इच्छामि।

- मञ्जूषा श्वः, यत्, ह्यः, मा, कदा।

11. अधोलिखितवाक्येषु रेखाङ्कित-अशुद्धपदाय उचितं पदं चित्वा वाक्यानि पुनः लिखत। (केवलं प्रश्नत्रयम्) (1×3 = 3)

(निम्नलिखित वाक्यों में रेखांकित अशुद्ध पद के लिए उचित पद चुनकर वाक्य पुनः लिखिए) (केवल तीन प्रश्न)

(i) त्वं पाठं <u>पठति</u>।

(अ) पठथ (ब) पठसि

(स) पठन्ति (द) पठथः

(ii) सः <u>भिक्षुकं</u> वस्त्रं ददाति।

(अ) भिक्षुकस्य (ब) भिक्षुकः

(स) भिक्षुकाय (द) भिक्षुकैः

(iii) <u>वृक्षं</u> फलं पतति।

(अ) वृक्षस्य (ब) वृक्षेण

(स) वृक्षाय (द) वृक्षात्

(iv) आवां <u>कंदुकाय</u> क्रीडावः।

(अ) कंदुकम्

(ब) कंदुकेन

(स) कंदुकात

(द) कंदुकस्य

भागः 'घ' : पठितावबोधनम्

12. अधोलिखितं गद्यांशं पठित्वा प्रदत्त प्रश्नानाम् उत्तराणि संस्कृतेन लिखत।

(निम्नलिखित गद्यांश को पढ़कर दिए गए प्रश्नों के उत्तर संस्कृत में लिखिए।)

अथ कदाचित् दानशालासु विचरन् स राजा बहुधन लाभेन सन्तुष्टानाम् अर्थिनां विरलसंख्यां विलोक्य अचिन्तयत् 'मम अर्थिनः तु धनलाभ-मात्रेण सन्तोषं भजन्ते। नूनं ते दानवीराः सौभाग्यशालिनः यान् याचकाः शरीरस्य अङ्गानि अपि याचन्ते' एव राज्ञः स्वेषु गात्रेष्वपि निरासक्तिं विज्ञाय सकलं ब्रह्माण्डं व्याकुलम् सञ्जातम्।

I. एकपदेन उत्तरत। (केवलं प्रश्नद्वयम्) (2×1/2 = 1)

(एक पद में उत्तर दीजिए।) (केवल दो प्रश्न)

(i) दानशालासु कः विचरति स्म?

(ii) के सन्तोषं भजन्ते स्म?

(iii) नेत्रहीन याचकः किम आकर्ण्य राज्ञः समीपम् आगतः?

II. पूर्णवाक्येन उत्तरत। (केवलं प्रश्नद्वयम्) (2×1= 2)

(पूर्ण वाक्य में उत्तर दीजिए।) (केवल दो प्रश्न)

(i) के सौभाग्यशालिनः?

(ii) कथं सकलं ब्रह्माण्डं व्याकुलं सञ्जातम्?

(iii) राज्ञः दानशीलतां परीक्षितुं कः आगच्छत्?

III. निर्देशानुसारं उत्तरत। (केवलं प्रश्नद्वयम्) (2×1= 2)

(निर्देशानुसार उत्तर दीजिए।) (केवल दो प्रश्न)

(i) 'भजन्ते' अस्य क्रियापदस्य कर्तृपदम् किम्?

(ii) 'समस्तम्' इत्यर्थे अत्र किं पदं प्रयुक्तम्?

(iii) 'अर्थिनः' पदे कः प्रत्ययः?

13. अधोलिखितानां पद्यांशानां पठित्वा निर्देशानुसारम् उत्तरं लिखत।

(निम्नलिखित पद्यांशों को पढ़कर निर्देशानुसार प्रश्नों के उत्तर लिखिए।)

शारदा शारदाम्भोजवदना वदनाम्बुजे।
सर्वदा सर्वदाऽस्माकं सन्निधिं सन्निधिं क्रियात्
अपूर्वः कोऽपि कोशोऽयं विद्यते तव भारति।
व्ययतो वृद्धिमायाति क्षयमायाति सञ्चयात्।

I. एकपदेन उत्तरत। (केवलं प्रश्नद्वयम्) (2×1/2 = 1)

(एक पद में उत्तर दीजिए।) (केवल दो प्रश्न)

(i) शारदा कुत्र निवसेत्?

(ii) अस्माकं मुखं केन सदृशम् अस्ति?

(iii) सञ्चयात किं भवति?

II. पूर्णवाक्येन उत्तरत। (केवलं प्रश्नद्वयम्) (2×1= 2)

(पूर्ण वाक्य में उत्तर दीजिए।) (केवल दो प्रश्न)

(i) सरस्वती कुत्र निवासं कुर्यात्?

(ii) भारत्याः कोशः अपूर्वः इति किमर्थम् उक्तः?

(iii) सरस्वत्याः कोशः कथं क्षयमायाति?

III. निर्देशानुसारं उत्तरत। (केवलं प्रश्नद्वयम्) (2×1= 2)
(निर्देशानुसार उत्तर दीजिए।) (केवल दो प्रश्न)
(i) 'शारदाम्भोजवदना' इति पदस्य विशेष्यं किम्?
(ii) अत्र 'सम्बोधनपदम्' किम् अस्ति?
(iii) 'व्ययत:' इति पदस्य विलोमपदं लिखत?

14. अधोलिखितं गद्यांश पठित्वा प्रदत्त प्रश्नानाम् उत्तराणि संस्कृतेन लिखत।
(निम्नलिखित गद्यांश को पढ़कर दिए हुए प्रश्नों के उत्तर संस्कृत में लिखिए।)

(तत: पुत्रशोकसन्तप्ता: युधिष्ठिर: भीम: द्रौपदी च रणभूमौ प्रविशन्ति।)

द्रौपदी (दीर्घं नि:श्वस्य) हा हन्त। किम् इदं घोरम् अपतितम्। पापकर्मणा द्रौणिना में पुत्रा: भ्रातर: च हता:। अग्नि: इव दहति माम् अयं शोक:।

युधिष्ठिर: शुभे! धैर्यं धारय। नूनं तव पुत्रा: वीरगतिम् एव प्राप्ता:। वीरजननी त्वं शोचितुं न अर्हसि।

द्रौपदी कथं मन्दभाग्या अहं धैर्यं धारयामि। यावत् असौ क्रूरकर्मा न दण्ड्यते, तावत् अहम् इत: न गमिष्यामि, अत्रैव प्राणत्यागं च करिष्यामि।

युधिष्ठिर: प्रिये! मा एव ब्रूया:। स पापकर्मा कुत्र गत: इति न जानीम:। अतिदूरं किञ्चिद् दुर्गमवनं प्रविष्ट: भवेत्।

द्रौपदी (भीमं प्रति) आर्यपुत्र! क्षत्रधर्मम् अनुस्मरन् मां शोकसागरात् रक्ष। अस्मिन् संसारे कश्चित् अपि त्वया सदृश: पराक्रमी नास्ति। पुरा वारणावते त्वमेव पाण्डवान् रक्षितवान्। विराट-नगरे अपि त्वं मां प्राणसङ्कटात् उद्धृतवान्।

भीम: (युधिष्ठिरं प्रति) भ्रात:! द्रौणिम् अनुगन्तुं मह्यम् अनुमतिं ददातु भवान्।

I. एकपदेन उत्तरत। (केवलं प्रश्नद्वयम्) (2×1/2 = 1)
(एक पद में उत्तर दीजिए।) (केवल दो प्रश्न)
(i) केन द्रौपद्या: पुत्रा: हता:?
(ii) क: अग्नि: इव दहति?
(iii) तव पुत्रा: किं प्राप्ता:?

II. पूर्णवाक्येन उत्तरत। (केवलं प्रश्नद्वयम्) (2×1= 2)
(पूर्ण वाक्य में उत्तर दीजिए।) (केवल दो प्रश्न)
(i) के वीरगतिं प्राप्ता:?
(ii) द्रौणिं दण्डयितुं द्रौपदी भीमाय किं कथयति?
(iii) क: संसारे परम पराक्रमी आसीत्।

III. निर्देशानुसारं उत्तरत। (केवलं प्रश्नद्वयम्) (2×1= 2)
(निर्देशानुसार उत्तर दीजिए।) (केवल दो प्रश्न)
(i) 'रक्षितवान्' इति पदस्य पर्यायं चित्वा लिखत।
(ii) 'पराक्रमी' इत्यस्मिन् पदे क: प्रत्यय: प्रयुक्त:?
(iii) 'मन्दभाग्या' इति कस्या: विशेषणम्?

15. रेखाङ्कित-पदानि आधृत्य प्रश्ननिर्माणं कुरुत।
(केवलं पञ्चप्रश्ना:) (1×5 = 5)
(रेखांकित पदों के आधार पर प्रश्न निर्माण कीजिए।)
(केवल पाँच प्रश्न)
(i) पिता पुत्राय बाल्ये विद्याधनं यच्छति।
(ii) अवक्रता यथा चित्ते तथा वाचि भवेत्।
(iii) अवक्रता वाचि अपि भवेत्।
(iv) नकुल तव सारथि भवत्।
(v) मम केकारवं श्रुत्वा कोकिल: अपि लज्जते।
(vi) काक: पिक: च कृष्णौ भवत:।

16. मञ्जूषात: समुचितपदानि चित्वा अधोलिखितस्य श्लोकस्य अन्वयं पूरयित्वा पुन: लिखत। (1/2×4 = 2)
(मञ्जूषा से समुचित पद चुनकर निम्नलिखित श्लोक का अन्वय: पूर्ण करके पुन: लिखिए।)

"दास्यामीति प्रतिज्ञा योऽन्यथा कुरुते मन:।
कार्पण्यानिश्चितमते: क: स्यात् पापतरस्तत:।।"

अन्वय: दास्यामि इति (i) ...... य: मन: अन्यथा (ii) ..... कार्पण्य (iii) ..... तत: (iv) ..... क: स्यात्?

- **मञ्जूषा** कुरुते, पापतर:, अनिश्चितमते:, प्रतिज्ञाय।

अथवा

मञ्जूषाया: साहायेन श्लोकस्य भावार्थे रिक्तस्थानानि पूरयित्वा पुन: लिखत। (1/2×4 = 2)
(मञ्जूषा की सहायता से श्लोक के भावार्थ में रिक्तस्थान पूर्ण करके पुन: लिखिए।)

"कपीनां मेदसा दोषो वह्निदाहसमुद्भव:।
अश्वानां नाशमभ्येति तम: सूर्योदये यथा।।"

संस्कृते भावार्थ: अस्य भावार्थ: अस्ति यत्
यथा सूर्यस्य (i) .... अन्धकार: नश्यति तथैव (ii) .... मेदसा अश्वानाम् (iii) .... समुत्पन्न: (iv)....... विनश्यति।

- **मञ्जूषा** कपीनां, दोष:, उदये, वह्निदाहात्।

17. अधोलिखितेषु रेखाङ्कितपदानां प्रसङ्गानुकूलम् उचितार्थं चित्वा लिखत। (केवलं प्रश्नचतुष्टयम्) (4×1= 4)
(निम्नलिखित वाक्यों में रेखांकित पदों के प्रसंगों के अनुकूल उचित अर्थ चुनकर लिखिए।) (केवल चार प्रश्न)
(i) जनकल्याण कर्मसु रत: असौ पुत्रवत् प्रजा: पालयति स्म।
(अ) तल्लीन: (ब) तत्पर:
(स) रति (द) मग्न:
(ii) मेष: महानसं प्रविश्य यत् पश्यति तद् भक्षयति।
(अ) मन्दिरम्
(ब) हयशालाम्
(स) पाकशालाम्
(द) भूमौ

(iii) **अन्यमिस्न <u>अहनि</u> महानसं प्रविष्टः मेषः सूपकारेण ताड़ितः।**

(अ) दिवसे (ब) रात्रौ

(स) मार्गे (द) मन्दिरम्

(iv) **"इति स्थले <u>राजते</u> अयं बौद्धमठः।"**

(अ) भासते

(ब) विराजते

(स) उभौ

(द) न कोऽपि

(v) **'मिथुनः' <u>गोमहिष</u> सदृशः एकः विशिष्टः राजपशुः अस्ति।**

(अ) अश्वारि (ब) धेनुः

(स) पर्वतस्य (द) सम्प्रति

18. अधोलिखित कथां रिक्तस्थानानि पूरयित्वा पुनः लिखत।
(निम्नलिखित कथा में रिक्त स्थानों को पूर्ण करके पुनः लिखिए।)

$(8 \times 1/2 = 4)$

अथ व्रजन्तौ तौ (i) ...... मार्गे क्रीडतः (ii) ...... बालकान् प्रेक्ष्य अवदताम्-भो बालकाः! कथमत्र (iii) ...... विषमे मार्गे क्रीडथ? यदि कश्चित् गर्ते पतेत् तर्हि स (iv) ...... भूत्वा चिरं (v) ...... अनुभवेत्। (vi) ...... तेषु कश्चित् उद्दण्डः बालकः उवाच-अयि भो! यद्येवं तर्हि कथं भवन्तौ सुपथं (vii) ...... अनेन कुपथेन गन्तुं प्रवृत्तौ? अपि इदं (viii) ...... ?

- मञ्जूषा गर्तसङ्कुले, विकलाङ्गो, नतोन्नते, कांश्चित्, क्लेशम्, तच्छ्रुत्वा, श्रेयस्करम्, परित्यज्य।

बोर्ड प्रश्न-पत्र 2025

बोर्ड प्रश्न-पत्र 2025

(हल सहित)

संस्कृतम् (सम्प्रेषणात्मकम्)

समय : होरात्रयम्	पूर्णाङ्का : 80

सामान्यनिर्देशाः

- अस्मिन् प्रश्नपत्रे चत्वारः खण्डाः सन्ति।
  खण्डः 'क' अपठित-अवबोधनम् – 10 अङ्काः
  खण्डः 'ख' रचनात्मकं-कार्यम् – 15 अङ्काः
  खण्डः 'ग' अनुप्रयुक्त-व्याकरणम् – 25 अङ्काः
  खण्डः 'घ' पठित-अवबोधनम् – 30 अङ्काः
- प्रत्येकं खण्डम् अधिकृत्य उत्तराणि एकस्मिन् स्थाने क्रमेण लेखनीयानि।
- उत्तरलेखनात् पूर्वं प्रश्नस्य क्रमाङ्कः अवश्यं लेखनीयः।
- सर्वेषां प्रश्नानां उत्तराणि संस्कृतेन लेखनीयानि।
- प्रश्नानां निर्देशाः ध्यानेन अवश्यं पठनीयाः।

खण्डः- क अपठित-अवबोधनम् (10 अङ्काः)

1. अधोलिखितं गद्यांशं पठित्वा प्रदत्तप्रश्नानाम् उत्तराणि संस्कृतेन लिखत।

(निम्नलिखित गद्यांश को पढ़कर दिए गए प्रश्नों के उत्तर संस्कृत में लिखिए।)

क्रीडा अस्माकं जीवनस्य एकं महत्त्वपूर्णम् अङ्गम् अस्ति। क्रीडाः विविधाः भवन्ति। छात्रजीवने तु क्रीडाः अनिवार्याः एव भवन्ति। यदा छात्रः क्रीडायाः अभ्यासं करोति तदा तस्य शारीरिकं स्वास्थ्यं मानसिकं स्वास्थ्यं च वर्धते। छात्राः विद्यालये प्रतिदिनं विभिन्नाः क्रीडाः क्रीडन्ति। अस्माकं देशे क्रिकेटः, फुटबॉल, कबड्डी, वॉलीबॉल इत्यादयः लोकप्रियाः क्रीडाः सन्ति। सत्यमेव कथ्यते यत्-यः नरः क्रीडासु सक्रियः भवति सः निरन्तरम् आरोग्यं प्राप्नोति। अपरं च क्रीडया नेतृत्वक्षमतायाः सङ्गठितकार्यस्य महत्त्वं च ज्ञायते। प्रतिदिनं क्रीडनं स्वास्थ्याय लाभकरम् एव अस्ति। क्रीडा आत्मसन्तोषम् आनन्दं च प्राप्तुम् अपि सहायिका भवति। एवम् एव क्रीडया मानसिक स्वास्थ्यस्य सामाजिक-सम्बन्धानां च वृद्धिः भवति। अतः अस्माभिः नित्यमेव कोऽपि क्रीडा अवश्यमेव क्रीडनीया। नूनं स्वस्थस्य जीवनस्य अनिवार्यम् अङ्गम् अस्ति क्रीडा। सत्यमेव कथ्यते यत् - 'स्वास्थ्यं धनमेव अस्ति'।

I. **एकपदेन उत्तरत। (केवलं प्रश्नद्वयम्)** (2 × 1 = 2 अङ्काः)
(एक पद में उत्तर दीजिए।) (केवल दो प्रश्न)
(i) स्वस्थस्य जीवनस्य कीदृशम् अङ्गमस्ति क्रीडा?
(ii) छात्राः कुत्र क्रीडाः क्रीडन्ति?
(iii) क्रीडासु सक्रियः नरः किं प्राप्नोति?

II. **पूर्णवाक्येन उत्तरत। (केवलं प्रश्नद्वयम्)** (2 × 2 = 4 अङ्काः)
(पूर्ण वाक्य में उत्तर दीजिए।) (केवल दो प्रश्न)
(i) सत्यमेव किं कथ्यते?
(ii) यदा छात्रः क्रीडायाः अभ्यासं करोति तदा किं वर्धते?
(iii) अस्माकं देशे लोकप्रियाः क्रीडाः काः सन्ति?

III. **अस्य अनुच्छेदस्य कृते उपयुक्तं शीर्षकं संस्कृतेन लिखत।** (1 अङ्क)
(इस अनुच्छेद के लिए उपयुक्त शीर्षक संस्कृत में लिखिए।)

IV. **निर्देशानुसारम् उत्तरत। (केवलं प्रश्नत्रयम्)** (1 × 3 = 3 अङ्काः)
(निर्देशानुसार उत्तर दीजिए।) (केवल तीन प्रश्न)
(i) 'क्रीडन्ति' इति क्रियापदस्य कर्तृपदं किं भवेत्?
(क) छात्राः (ख) विद्यालये
(ग) प्रतिदिनम् (घ) क्रीडायाः
(ii) 'अनिवार्यम्' इति विशेषणपदस्य विशेष्यपदं किम्?
(क) क्रीडा (ख) अङ्गम्
(ग) नूनम् (घ) अस्ति
(iii) 'सः निरन्तरम् आरोग्यं प्राप्नोति।' अत्र किं क्रियापदम्?
(क) सः (ख) निरन्तरम्
(ग) प्राप्नोति (घ) आरोग्यम्
(iv) 'युष्माकम्' इति पदस्य किं विलोमपदं गद्यांशे प्रयुक्तम्?
(क) अनिवार्यम् (ख) आरोग्यम्
(ग) आत्मसन्तोषम् (घ) अस्माकम्

उत्तराणि

I. (i) अनिवार्यम् (ii) विद्यालये (iii) आरोग्यं

II. (i) सत्यमेव कथ्यते यत् - यः नरः क्रीडासु सक्रियः भवति सः निरन्तरम् आरोग्यं प्राप्नोति।

(ii) यदा छात्रः क्रीडायाः अभ्यासं करोति तदा तस्य शारीरिकं, स्वास्थ्यं, मानसिकं स्वास्थ्यं च वर्धते।

(iii) अस्माकं देशे क्रिकेटः, फुटबॉल, कबड्डी, वॉलीबॉल इत्यादयः लोकप्रियाः क्रीडाः सन्ति।

III. क्रीडायाः महत्त्वम्।

IV. (i) (क) छात्राः (ii) (ख) अङ्गम् (iii) (ग) प्राप्नोति (iv) (घ) अस्माकम्

खण्डः-ख रचनात्मकं-कार्यम्

(15 अङ्काः)

2. **भवान् रहमानः अस्ति दिल्लीनगरे च वसति। स्वनगरे वर्षायाः वर्णनं कुर्वन् स्वमित्रं कृष्णं प्रति लिखितं पत्रं मञ्जूषायां प्रदत्तैः पदैः पूरयित्वा पुनः लिखत।** $(10 \times \frac{1}{2} = 5$ अङ्काः)

(आप रहमान हैं और दिल्ली में रहते हैं। अपने नगर में हुई वर्षा का वर्णन अपने मित्र कृष्ण को लिखे गए पत्र में मंजूषा में दिए गए शब्दों से पूरा करके पुनः लिखो।

तीर्थवासः

(i) …………

प्रिय (ii) …………

सप्रेम नमः!

अत्र कुशलं (iii) ………… । अहम् इदानीं दिल्लीनगरे (iv) ………… विषये लिखामि। अत्र अस्मिन् वर्षे अत्यधिका वर्षा अभवत्। गतसप्ताहे तु निरन्तरं वर्षा जाता। आकाशे सर्वत्र (v) ………… एव आसन्। मार्गाः अपि अवरुद्धाः आसन्। मम विद्यालये तु (vi) ………… अभवत्। अत्र (vii) ………… जलस्तरः वर्धितः आसीत्। वर्षा तु आनन्ददायिका भवति परम् अतिवृष्टिः (viii) ………… एव उत्पादयति। तव पत्रोत्तरं प्रतीक्षिष्ये। पितृचरणयोः मम (ix) ………… ।

तव मित्रम्

(x) …………

- **मञ्जूषा** रहमानः, अवकाशः, दिल्लीतः, प्रणामाः, कृष्ण!, समस्याम्, तत्रास्तु, यमुनायाः, मेघाः, वर्षायाः।

उत्तराणि

(i) दिल्लीतः (ii) कृष्णः!
(iii) तत्रास्तु (iv) वर्षायाः
(v) मेघाः (vi) अवकाशः
(vii) यमुनायाः (viii) समस्याम्
(ix) प्रणामाः (x) रहमानः

3. **प्रदत्तं चित्रं दृष्ट्वा मञ्जूषायां प्रदत्तशब्दानां सहायतया पञ्च वाक्यानि संस्कृतेन लिखत।** $(5 \times 1 = 5$ अङ्काः)

(दिए गए चित्र को देखकर मंजूषा में दिए हुए शब्दों की सहायता से संस्कृत में पाँच वाक्य लिखिए।)

- **मञ्जूषा** वृक्षारोपणं, अध्यापकः, पादपान्, परिसरम्, सिञ्चति, जलपात्रम्, छात्राः, मृत्तिकापात्रम्, पर्यावरणम्, विद्यालये, एकत्रिताः, कुर्वन्ति।

अथवा

अधोलिखितं विषयम् अधिकृत्य मञ्जूषाप्रदत्तशब्दानां साहाय्येन न्यूनातिन्यूनं पञ्चभिः संस्कृतवाक्यैः एकम् अनुच्छेदं लिखत। $(5 \times 1 = 5$ अङ्काः)

(निम्नलिखित विषय पर आधारित मंजूषा में दिए गए शब्दों की सहायता से कम-से-कम पाँच संस्कृत वाक्यों के द्वारा एक अनुच्छेद लिखिए।)

'मम जननी'

- **मञ्जूषा** परिश्रमम्, स्निह्यति, एकाकी, सर्वदा, प्राक्, उत्तिष्ठति, गृहकार्यम्, एकाकी, भोजनम्, पालयति, पचति, मयि, करोति, आदर्शरूपेण।

उत्तराणि

1. वृक्षारोपणेन पर्यावरणं शुद्धं भवति।
2. विद्यालये परिसरे सर्वे छात्राः, अध्यापकाः एकत्रिताः अभवन्।
3. विद्यालये सर्वे छात्राः वृक्षारोपणं कुर्वन्ति।
4. केचन् छात्राः मृत्तिकापात्रम् आनयति।
5. अध्यापकः जलपात्रेन पादपान् सिञ्चन्ति।

अथवा

1. मम माता अतीव परिश्रमी अस्ति, सा गृहकार्यं करोति।
2. सा सर्वदा प्रातः पञ्चवादनात् पूर्वं जागर्ति।

3. मम माता मम आदर्शरूपेण अस्ति, या मां पोषयति च पालयति।
4. सा मयि एकाकी एव भोजनं पचति।
5. मम माता मां सर्वदा स्निह्यति।

4. अधोलिखितां कथां मञ्जूषायाः सहायतया पूरयित्वा पुनः लिखत। $(10 \times \frac{1}{2} = 5$ अङ्काः$)$

(निम्नलिखित कथा को मंजूषा की सहायता से पूर्ण करके पुनः लिखिए।)

एकः वृक्षः स्व-आत्मकथां (i) ………… । मम जन्मस्थानम् एकं (ii) ………… आसीत्। प्रारम्भे अहं लघुः एव आसम्, परन्तु शनैः-शनैः (iii) ………… जातः। मम शाखाः (iv)………… पत्राणि च मनोहराणि आसन्। अहं श्रान्तानां (v) ………… आश्रयः पक्षिणां निवासः च अस्मि। सर्वे जीवाः प्राणवायुः अत्र एव (vi) ………… । अहं परोपकारी धैर्यवान् च अस्मि। मनुष्याः यदा वृक्षं (vii) ………… तदा अहं जीवनस्य सुखम् अनुभवामि। अहं जनेभ्यः अभीष्टानि (viii) ………… यच्छामि। मम जीवनं तु (ix) ………… एव अस्ति। परं लोभवशात् मनुष्यः वृक्षं छित्वा (x) ………… एव करोति। वृक्षाणां संरक्षणमेव जीवनम् अस्ति।

- **मञ्जूषा** आत्महानिम्, पथिकानां, पोषयन्ति, कथयति, हरिताः, वनम्, उन्नतः, वस्तूनि, अन्येभ्यः, प्राप्नुवन्ति।

अथवा

रिक्तस्थानानि पूरयित्वा अधोलिखितं संवादं पुनः लिखत। $(5 \times 1 = 5$ अङ्काः$)$

(रिक्त स्थानों को पूरा करके निम्नलिखित संवाद को पुनः लिखिए।)

छात्रः महोदय! नमो नमः।
अध्यापक (i) ………… ।
छात्रः श्रीमन् अहं गृहं गन्तुम् इच्छामि।
अध्यापकः काचित् समस्या अस्ति? (ii) …………।
छात्रः अहं समये कार्यं कर्तुम् अशक्तः यतः-अहं रुग्णः अस्मि।
अध्यापकः रुग्णः असि? (iii) ………… ।
छात्रः यदि अहं गृहं गच्छेयं तर्हि कार्यहानिः भवेत्।
अध्यापकः अहं जानामि परं (iv) ………… ।
छात्रः धन्यवादः। अहं श्वः कार्यं कृत्वा अवश्यं तस्य निरीक्षणं कारयिष्यामि।
अध्यापकः शुभकामनाः। (v) ………… ।

- **मञ्जूषा**
  (i) शीघ्रमेव स्वस्थो भव।
  (ii) शुप्रभातम्! किं सर्वं कुशलम्?
  (iii) यथाशीघ्रं गृहं गच्छ।
  (iv) तव कार्यमपि अपूर्णमस्ति।
  (v) त्वं स्वास्थ्यस्य महत्त्वम् अपि अवबोधय।

उत्तराणि

(i) कथयति (ii) वनम्
(iii) उन्नतः (iv) हरिताः
(v) पथिकानां (vi) प्राप्नुवन्ति
(vii) पोषयन्ति (viii) वस्तूनि
(ix) अन्येभ्यः (x) आत्महानिम्

अथवा

(i) शुप्रभातम्! किं सर्वं कुशलम्?
(ii) तव कार्यमपि अपूर्णमस्ति।
(iii) यथाशीघ्रं गृहं गच्छ।
(iv) त्वं स्वास्थ्यस्य महत्त्वम् अपि अवबोधय।
(v) शीघ्रमेव स्वस्थो भव।

खण्डः–'ग' अनुप्रयुक्त–व्याकरणम् (25 अङ्काः)

5. अधोलिखितवाक्येषु रेखाङ्कितपदेषु सन्धिं सन्धि-विच्छेदं वा कुरुत। (केवलं प्रश्नचतुष्टयम्) $(4 \times 1 = 4$ अङ्काः$)$

(निम्नलिखित वाक्यों में रेखांकित पदों की संधि या संधि-विच्छेद कीजिए।) (केवल चार प्रश्न)

(i) प्रियच्छात्राः । अभिनन्दनं भवताम्।
(ii) इति + एतद् विदुषां वचः।
(iii) दुष्टबुद्धिस्तु तयोः वार्ता श्रुत्वा गतः।
(iv) पितुः + उपदेशेन असन्तुष्टः सः आगच्छत्।
(v) अदीयमानं निधन + एकनिष्ठम्।

उत्तराणि

(i) प्रिय + छात्राः (ii) इत्येतद्
(iii) दुष्टबुद्धिः + तु (iv) पितुरुपदेशेन
(v) निधनैकनिष्ठम्

6. अधोलिखितवाक्येषु रेखाङ्कितपदानां समासं विग्रहं वा प्रदत्तविकल्पेभ्यः चित्वा लिखत। (केवलं प्रश्नचतुष्टयम्) $(4 \times 1 = 4$ अङ्काः$)$

(निम्नलिखित वाक्यों में रेखांकित पदों में समास या विग्रह करके दिए गए विकल्प को चुनकर लिखिए।) (केवल चार प्रश्न)

(i) येन मम लोकयात्रा निर्बाधा भवेत्।
(क) लोके यात्रा (ख) लोकं यात्रा
(ग) लोकः च यात्रा च (घ) लोकस्य यात्रा

(ii) न पूर्वः अयं कोशः तव भारति!
(क) अनपूर्वः (ख) अपूर्वः (ग) पूर्वन (घ) अनपूर्वन्

(iii) बकः च काकः च कलहं कुरुतः।
(क) बककाकयोः (ख) बककाकः
(ग) बककाकौ (घ) बककाके

(iv) **विषादेन सहितम्** यूथपतिः अवदत्।

(क) विषादसहितम् (ख) सहितविषादम्
(ग) सविषादम् (घ) सहविषादम्

(v) **कृष्णार्जुनौ** परस्परं वदतः।

(क) कृष्णः च अर्जुनः च (ख) कृष्णस्य अर्जुनः
(ग) कृष्णौ च अर्जुनौ च (घ) कृष्णेन च अर्जुनः च

उत्तराणि

(i) (घ) लोकस्य यात्रा (ii) (ख) अपूर्वः
(iii) (ग) बककाकौ (iv) (ग) सविषादम्
(v) (क) कृष्णः च अर्जुनः च

7. **अधोलिखितवाक्येषु रेखाङ्कितपदानां प्रकृति-प्रत्ययौ संयोज्य विभज्य वा उचितम् उत्तरं विकल्पेभ्यः चित्वा लिखत। (केवलं प्रश्नचतुष्टयम्)** (4 × 1 = 4 अङ्काः)

(निम्नलिखित वाक्यों में रेखांकित पदों के प्रकृति-प्रत्ययों को जोड़कर अथवा अलग करके उचित उत्तर विकल्पों में से चुनकर लिखिए) (केवल चार प्रश्न)

(i) भवतः **दिव्यां** शक्तिं जानीमः।

(क) दिव्य + तल् (ख) दिव्य + ङीप्
(ग) दिव्य + टाप् (घ) दिव्य + त्व

(ii) सा **बुद्धि + मतुप्** अवदत्।

(क) बुद्धिमत् (ख) बुद्धिमान् (ग) बुद्धिमानी (घ) बुद्धिमती

(iii) **समता** वाचि चित्ते च अवक्रता एव कथ्यते।

(क) सम + ता (ख) सम + तल्
(ग) समत + टाप् (घ) सम + त्व

(iv) एतत् अरुणाचलस्य **वर्ष + ठक्** पर्व अस्ति।

(क) वार्षिकम् (ख) वर्षस्य (ग) वर्षा (घ) वर्षणम्

(v) **कीदृशी** तव मैत्री।

(क) कीदृश + ङीप् (ख) कीदृश + टाप्
(ग) कीदृश + तल् (घ) कीदृश + मतुप्

उत्तराणि

(i) (ग) दिव्य + टाप् (ii) (घ) बुद्धिमती
(iii) (ख) सम + तल् (iv) (क) वार्षिकम्
(v) (क) कीदृश + ङीप्

8. **वाच्यानुसारम् उचितपदैः रिक्तस्थानानि पूरयित्वा अधोलिखितं संवादं पुनः लिखत। (केवलं प्रश्नत्रयम्)** (3 × 1 = 3 अङ्काः)

(वाच्य के अनुसार उचित पदों से रिक्त स्थानों को पूर्ण करके निम्नलिखित संवाद को पुनः लिखिए।) (केवल तीन प्रश्न)

दिव्या (i) .... किं खादसि?
तारा मया फलम् एव (ii) .... ।
दिव्या शोभनम्! कि त्वया दुग्धम् अपि पीयते?
तारा आम्! अहं (iii) .... अपि पिबामि।
दिव्या मया तु रात्रौ भोजनं न क्रियते।
तारा अहम् अपि रात्रौ (iv) .... न खादामि।

- **मञ्जूषा** दुग्धम्, अन्नम्, त्वम्, खाद्यते।

उत्तराणि

(i) त्वं (ii) खाद्यते
(iii) दुग्धम् (iv) अन्नम्

9. **कालबोधकशब्दैः अधोलिखितकार्यक्रमं पूरयत। (केवलं प्रश्नत्रयम्)** (3 × 1 = 3 अङ्काः)

(कालबोधक शब्दों से निम्नलिखित कार्यक्रम को पूर्ण कीजिए।) (केवल तीन प्रश्न)

(i) बालिका (4:00) .... वादने गायति।
(ii) तदा (6:30) .... वादने सा नृत्यति।
(iii) (8:15) .... वादने सा भोजनं करोति।
(iv) बालिका (9:45) .... वादने शयनं करोति।

उत्तराणि

(i) चतुः (ii) सार्धषट्
(iii) सपादअष्ट (iv) पादोनदश

10. **मञ्जूषायां प्रदत्तैः उचितैः अव्ययपदैः अधोलिखितवाक्येषु रिक्तस्थानानि पूरयत। (केवलं प्रश्नचतुष्टयम्)** (4 × 1 = 4 अङ्काः)

(मंजूषा में दिए गए उचित अव्यय पदों से निम्नलिखित वाक्यों के रिक्त स्थान पूर्ण कीजिए।) (केवल चार प्रश्न)

(i) धैर्यं लयसमर्थं .... षडेते पाठका गुणाः।
(ii) अग्निः .... दहति माम् अयं शोकः।
(iii) यदि अहं तव सन्ततिं न पालयामि .... कुत्र स्युः पिकाः।
(iv) .... उक्त्वा सः अन्तर्हितः अभवत्।
(v) .... ईदृशं दानम् इच्छन् याचकः प्रेरितः स्यात्।

- **मञ्जूषा** इति, तर्हि, नूनम्, इव, च।

उत्तराणि

(i) च (ii) इव
(iii) तर्हि (iv) इति
(v) नूनम्

11. **अधोलिखितवाक्येषु रेखाङ्कित-अशुद्धपदाय विकल्पेभ्यः उचितपदं चित्वा वाक्यानि पुनः लिखत। (केवलं प्रश्नत्रयम्)** (3 × 1 = 3 अङ्काः)

निम्नलिखित वाक्यों में रेखांकित अशुद्ध पद विकल्पों में से उचित पद चुनकर वाक्यों को पुनः लिखिए। (केवल तीन प्रश्न)

(i) भवन्तः अस्य प्रदेशस्य विषये ज्ञातुम् **उत्सुकः**।

(क) उत्सुका (ख) उत्सुकौ
(ग) उत्सुकाः (घ) उत्सुकस्य

(ii) यः आत्मनः श्रेयम् इच्छति।

(क) श्रेयमम् (ख) श्रेयः

(ग) श्रेय (घ) श्रेयाः

(iii) एतत् कलहः भवतां विनाशकारणं भविष्यति।

(क) एषा (ख) एषः

(ग) अस्य (घ) अस्मिन्

(iv) मुग्धा! अहं तु अतीव कर्त्तव्यपरायणः।

(क) मुग्धः! (ख) मुग्धाः!

(ग) मुग्ध! (घ) मुग्धे!

उत्तराणि

(i) (ग) उत्सुकाः (ii) (ख) श्रेयः

(iii) (ख) एषः (iv) (ग) मुग्ध!

खण्डः–घ पठित–अवबोधनम् (30 अङ्काः)

12. अधोलिखितं गद्यांशं पठित्वा प्रदत्तप्रश्नानाम् उत्तराणि संस्कृतेन लिखत। (5 अङ्काः)

(निम्नलिखित गद्यांश को पढ़कर दिए गए प्रश्नों के उत्तर संस्कृत में लिखिए।)

ज्वालमालाकुला: अश्वा: प्राणत्राणाय इतस्तत: अधावन्। तेषु केचिद् दग्धा: केचिद् अर्धदग्धा: केचन च पञ्चत्वं गता:। दग्धां हयशालां विज्ञाय सविषाद: राजा शालिहोत्रज्ञान् वैद्यान् आहूय अपृच्छत् –"हा ! दग्धा: मे घोटका: कथं रक्षणीया:? सपदि उपाय: क्रियताम्।"

'यथोचितं क्रियताम्' इति राजादेशं श्रुत्वा सर्वे भयत्रस्ता: कपय: अचिन्तयन् 'हा! हता: वयम्। अवधीरिता: अस्माभि: गुरुजनोपदेशा:।

I. **एकपदेन उत्तरत। (केवलं प्रश्नद्वयम्)** (½ ×2 = 1 अङ्क)

(एक पद में उत्तर दीजिए।) (केवल दो प्रश्न)

(i) के प्राणत्राणाय इतस्ततः अधावन्?

(ii) राजादेशं श्रुत्वा कीदृशाः कपयः अचिन्तयन्?

(iii) शालिहोत्रज्ञान् वैद्यान् आहूय कः अपृच्छत्?

II. **पूर्णवाक्येन उत्तरत। (केवलं प्रश्नद्वयम्)** (1 ×2 = 2 अङ्काः)

(पूर्ण वाक्य में उत्तर दीजिए।) (केवल दो प्रश्न)

(i) यदा अश्वाः प्राणत्राणाय अधावन् तदा किम् अभवत्?

(ii) कपयः किम् अचिन्तयन्?

(iii) राजा किमर्थं वैद्यान् आहूय अपृच्छत्?

III. **निर्देशानुसारम् उत्तरत। (केवलं प्रश्नद्वयम्)** (1 ×2 = 2 अङ्काः)

(निर्देशानुसार उत्तर दीजिए।) (केवल दो प्रश्न)

(i) 'अश्वाः' इति कर्तृपदस्य क्रियापदं किम्?

(ii) 'हयशालां' इति पदस्य किं विशेषणपदं प्रयुक्तम्?

(iii) 'वानराः' इति पदस्य किं पर्यायपदं प्रयुक्तम्?

उत्तराणि

I. (i) अश्वा: (ii) भयत्रस्ता:

(iii) घोटका: कथं रक्षणीया:?

II (i) तेषु केचिद् दग्धा: केचिद् अर्धदग्धा: केचन च पञ्चत्वं गता: ।

(ii) कपय: अचिन्तयन् हा! हता: वयम् । अवधीरिता: अस्माभि: गुरुजनोपदेशा:।

(iii) राजा शालिहोत्रज्ञान् वैद्यान् आहूय अपृच्छत्- हा! दग्धा: मे घोटका: कथं रक्षणीया:?

III. (i) अधावन् (ii) दग्धां

(iii) कपय:

13. अधोलिखितं श्लोकं पठित्वा प्रदत्तप्रश्नानाम् उत्तराणि संस्कृतेन लिखत। (5 अङ्काः)

(निम्नलिखित श्लोक को पढ़कर दिए गए प्रश्नों के उत्तर संस्कृत में लिखिए।)

अपूर्व: कोऽपि कोशोऽयं विद्यते तव भारति।
व्ययतो वृद्धिमायाति क्षयमायाति सञ्चयात्।।

I. **एकपदेन उत्तरत। (केवलं प्रश्नद्वयम्)** (½ ×2 = 1 अङ्क)

(एक पद में उत्तर दीजिए।) (केवल दो प्रश्न)

(i) कोशः कीदृशः अस्ति?

(ii) कोशस्य क्षयः कस्मात् भवति?

(iii) सरस्वत्याः कः अपूर्वः अस्ति?

II. **पूर्णवाक्येन उत्तरत। (केवलं प्रश्नद्वयम्)** (1 ×2 = 2 अङ्काः)

(पूर्ण वाक्य में उत्तर दीजिए।) (केवल दो प्रश्न)

(i) कस्याः कोशः अपूर्व विद्यते?

(ii) कोशः कदा वृद्धिम् आयाति?

(iii) भारत्याः कोशः कथम् अपूर्वः अस्ति?

III. **निर्देशानुसारम् उत्तरत। (केवलं प्रश्नद्वयम्)** (1 ×2 = 2 अङ्काः)

(निर्देशानुसार उत्तर दीजिए।) (केवल दो प्रश्न)

(i) 'कोशः' इति कर्तृपदस्य क्रियापदं किम्?

(ii) 'अयम्' इति पदस्य विशेष्यपदं किमस्ति?

(iii) 'निधिः' इति पदस्य पर्यायपदं कि प्रयुक्तम्?

उत्तराणि

I. (i) अपूर्व: (ii) वृद्धिमायाति

(iii) कोश:

II, (i) सरस्वत्या: कोश: अपूर्व विद्यते।

(ii) कोश: व्ययतो वृद्धिम् आयाति।

(iii) भारत्या: कोश: व्ययतो वृद्धि क्षयमायाति सञ्चयात्।

III. (i) विद्यते (ii) कोश: (iii) कोश:

14. अधोलिखितं नाट्यांशं पठित्वा प्रदत्तप्रश्नानाम् उत्तराणि संस्कृतेन लिखत। (5 अङ्काः)

(निम्नलिखित नाट्यांश को पढ़कर दिए गए प्रश्नों के उत्तर संस्कृत में लिखिए।)

मयूरः (प्रविश्य साट्टहासम्) सत्यं सत्यम्। अहमेव राष्ट्रपक्षी। को न जानाति तव ध्यानावस्थाम्? मौनं धृत्वा वराकान् मीनान् अधिगृह्य क्रूरतया भक्षयसि। धिक् त्वाम्! अवमानितं खलु सर्वं पक्षिकुलं त्वया।

काकः रे सर्पभक्षक! नर्तनात् अन्यत् किम् अपरं जानासि?

मयूरः श्रूयतां-श्रूयताम्। मम नृत्यं तु प्रकृतेः आराधना। पश्य! चारुवर्तुलचन्द्रिका-शोभितानां मम पिच्छानाम् अपूर्वं सौन्दर्यम्। मम केकारवं श्रुत्वा कोकिलः अपि लज्जते। मम शिरसि राजमुकुटमिव शिखां स्थापयता विधात्रा एव मअहं पक्षिराजः कृतः।

I. एकदपेन उत्तरत। (केवल प्रश्नद्वयम्) ($\frac{1}{2} \times 2 = 1$ अङ्कः)

(एक पद में उत्तर दीजिए।) (केवल दो प्रश्न)

(i) बकः मौनं धृत्वा कान् भक्षयति?

(ii) केन मयूरः पक्षिराजः कृतः?

(iii) कस्य नृत्यं तु प्रकृतेः आराधना?

II. पूर्णवाक्येन उत्तरत। (केवलं प्रश्नद्वयम्) ($1 \times 2 = 2$ अङ्काः)

(पूर्ण वाक्य में उत्तर दीजिए।) (केवल दो प्रश्न)

(i) सर्पभक्षकः कः अस्ति?

(ii) कोकिलः कस्य केकारवं श्रुत्वा लज्जते?

(iii) मयूरस्य कीदृशानाम् पिच्छानाम् अपूर्वं सौन्दर्यमस्ति?

III. निर्देशानुसारम् उत्तरत (केवलं प्रश्नद्वयम्) ($1 \times 2 = 2$ अङ्काः)

(निर्देशानुसार उत्तर दीजिए।) (केवल दो प्रश्न)

(i) 'पक्षाणाम्' इत्यस्य किं पर्यायपदम् अत्र प्रयुक्तम्?

(ii) 'लज्जते' इति क्रियापदस्य कर्तृपदं किम्?

(iii) 'वराकान्' इत्यस्य विशेष्यपदं चित्वा लिखत।

उत्तराणि

I. (i) मीनान् (ii) विधात्रा (iii) मयूरस्य

II. (i) सर्पभक्षकः मयूरः अस्ति।

(ii) कोकिलः मयूरस्य केकारवं श्रुत्वा लज्जते।

(iii) मयूरस्य चारुवर्तुलचन्द्रिका-शोभितानां अपूर्वं सौन्दर्यमस्ति।

III. (i) पक्षिराजः (ii) कोकिलः (iii) मीनान्

15. अधोलिखितानि रेखाङ्कितपदानि आधृत्य प्रश्ननिर्माणं कुरुत। (केवलं पञ्चप्रश्नाः) ($5 \times 1 = 5$ अङ्काः)

(निम्नलिखित रेखांकित पदों के आधार पर प्रश्न निर्माण कीजिए।) (केवल पाँच प्रश्न)

(i) मनः अभ्यासेन गृह्यते।

(ii) भगवते नमः।

(iii) सः पुनः मित्रस्य गृहं समागतः।

(iv) पिता बाल्ये विद्याधनं यच्छति।

(v) देवानाम् अपि देवः 'मोपीन' इति कथ्यते।

(vi) मेषः दाहवेदनया भूमौ लुठति।

उत्तराणि

(i) केन (ii) कस्मै (iii) कस्य

(iv) कः (v) कान् (vi) कौ

16. मञ्जूषातः समुचितपदानि चित्वा अधोलिखित-श्लोकस्य अन्वयं पूरयित्वा पुनः लिखत। ($4 \times \frac{1}{2} = 2$ अङ्काः)

(मंजूषा से उचित पदों को चुनकर निम्नलिखित श्लोक का अन्वय पूर्ण करके पुनः लिखिए।)

क्रोधाद्भवति सम्मोहः सम्मोहात्स्मृतिविभ्रमः।

स्मृतिभ्रंशाद् बुद्धिनाशो बुद्धिनाशात्प्रणश्यति।।

अन्वयः

(i) .... सम्मोहः भवति, सम्मोहात् (ii) .... (भवति), स्मृतिभ्रंशात् (iii) .... (भवति) (iv) .... प्रणश्यति।

- **मञ्जूषा** क्रोधात्, बुद्धिनाशात्, स्मृतिविभ्रमः, बुद्धिनाशः।

अथवा

मञ्जूषायाः सहाय्येन श्लोकस्य भावार्थं पूरयित्वा पुनः लिखत। ($4 \times \frac{1}{2} = 2$ अङ्काः)

(मंजूषा की सहायता से श्लोक के भावार्थ को पूरा करके पुनः लिखिए।)

वाक्पटुधैर्यवान् मन्त्री सभायामप्यकातरः।

स केनापि प्रकारेण परैर्न परिभूयते।।

भावार्थः

यः (i) .... (परामर्शदाता) सम्भाषणे (ii) .... भवति। यः धैर्यवान् च भवति, यः च (iii)............ अपि निर्भयः एव तिष्ठति; सः अन्यैः कदापि न (iv) .... ।

- **मञ्जूषा** तिरस्क्रियते, कुशलः, मन्त्री, परिषदि।

उत्तराणि

(i) क्रोधात् (ii) स्मृतिविभ्रमः

(iii) बुद्धिनाशः (iv) बुद्धिनाशात्

अथवा

(i) मन्त्री

(ii) कुशलः

(iii) परिषदि

(iv) तिरस्क्रियते

17. **अधोलिखितवाक्येषु रेखाङ्कितपदानां प्रसङ्गानुकूलम् उचितार्थं चित्वा लिखत। (केवलं प्रश्नचतुष्टयम्)** ($4 \times 1 = 4$ अङ्काः)

(निम्नलिखित वाक्यों में रेखांकित पदों के प्रसंगों के अनुकूल उचित अर्थ चुनकर लिखिए।) (केवल चार प्रश्न)

(i) **शारदा अम्भोज-वदना।**

(क) कमलम् (ख) मुखम्

(ग) सरस्वती (घ) वाचिकम्

(ii) **विचित्रा खलु दैवगतिः।**

(क) देवरूपम्

(ख) देवी

(ग) भाग्यविलासः

(घ) गतियन्त्रम्

(iii) **जनाः परस्परम् शालिचूर्णं लिम्पन्ति।**

(क) अक्षतचूर्णम् (ख) पर्वतचूर्णम्

(ग) पाषाणम् (घ) शिल्पम्

(iv) **शैलाः विदीर्यन्ते।**

(क) पवनः (ख) सूर्यः

(ग) अग्निः (घ) पर्वताः

(v) **शक्नोतीहैव यः सोढुं प्राक् शरीरविमोक्षणात्।**

(क) पूर्वदिशायाम् (ख) प्रथमम्

(ग) पूर्वम् (घ) प्राचीनम्

उत्तराणि

(i) (क) कमलम्

(ii) (ग) भाग्यविलासः

(iii) (क) अक्षतचूर्णम्

(iv) (घ) पर्वताः

(v) (ग) पूर्वम्

18. **अधोलिखितां कथां मञ्जूषापदैः रिक्तस्थानानि पूरयित्वा पुनः लिखत।** ($8 \times \frac{1}{2} = 4$ अङ्काः)

(निम्नलिखित कथा को मंजूषा के शब्दों से रिक्त स्थान में पूर्ण करके पुनः लिखिए।)

एकदा स्वपुण्यानां फलैः बोधिसत्वः शिवीनां राजा अभवत्। सः अतिविनम्रः (i) .... च आसीत्। प्रजाकल्याणार्थं सः सर्वत्र (ii) .... निर्माणम् अकरोत्। एतासु दानशालासु (ii) .... आगत्य अभीष्टानि वस्तूनि लभन्ते स्म। (iv) .... राजा दानशालासु विचरन् सन्तुष्टानाम् (v) .... विरलसङ्ख्यां दृष्ट्वा दुःखी अभवत्। राजा स्वशरीरस्य दानं कर्तुं (vi) .... अकरोत्। एतत् ज्ञात्वा सर्वे एव (vii) .... सञ्जाताः। तस्य दानशीलतां परीक्षितुम् (viii) .... तत्र आगच्छत्।

- **मञ्जूषा** व्याकुलाः, बुद्धिमान्, निश्चयम्, इन्द्रः, अर्थिनः, दानशालानाम्, एकदा, याचकानां।

उत्तराणि

(i) बुद्धिमान् (ii) दानशालानाम्

(iii) याचकानां (iv) एकदा

(v) अर्थिनः (vi) निश्चयम्

(vii) व्याकुलाः (viii) इन्द्रः

नवीनतम् CBSE सैंपल पेपर (हल सहित)

संस्कृतम् (सम्प्रेषणात्मकम्)

समय : 3 होराः	पूर्णाङ्काः : 80

सामान्यनिर्देशाः

1. कृपया सम्यक्तया परीक्षणं कुर्वन्तु यत्-अस्मिन् प्रश्नपत्रे 11 पृष्ठानि मुद्रितानि सन्ति।
2. कृपया सम्यक्तया परीक्षणं कुर्वन्तु यत्-अस्मिन् प्रश्नपत्रे 18 प्रश्नाः सन्ति।
3. अस्मिन् प्रश्नपत्रे चत्वारः भागाः सन्ति।
4. प्रत्येकं भागम् अधिकृत्य उत्तराणि एकस्मिन् स्थाने क्रमेण लेखनीयानि।
5. उत्तरलेखनात् पूर्वं प्रश्नस्य क्रमाङ्कः अवश्यं लेखनीयः।
6. प्रश्नस्य क्रमाङ्कः प्रश्नपत्रानुसारम् एव लेखनीयः।
7. सर्वेषां प्रश्नानाम् उत्तराणि संस्कृतेन लेखनीयानिः।
8. प्रश्नानां निर्देशाः ध्यानेन अवश्यं पठनीयाः।

प्रश्नपतत्रस्वरूपम्

- खण्डः 'क' अपठित-अवबोधनम् – 10 अङ्काः
- खण्डः 'ख' रचनात्मकं-कार्यम् – 15 अङ्काः
- खण्डः 'ग' अनुप्रयुक्त-व्याकरणम् – 25 अङ्काः
- खण्डः 'घ' पठित-अवबोधनम् – 30 अङ्काः

खण्डः 'क'

अपठित-अवबोधनम्

(10 अङ्काः)

1. अधोलिखितं गद्यांशं पठित्वा प्रदत्तप्रश्नानाम् उत्तराणि संस्कृतेन लिखत।

(निम्नलिखित गद्यांश को पढ़कर दिए गए प्रश्नों के उत्तर संस्कृत में लिखिए।)

प्रकृतिः अस्माकं सर्वेषां जननी अस्ति। एषा स्वप्राकृतिकसंसाधनैः व्यवस्थाभिः च अस्मान् पोषयति पालयति रक्षति च। यदा एतानि संसाधनानि नष्टानि प्रदूषितानि वा भवन्ति प्राकृतिक-व्यवस्था च भङ्गा भवति तदा जीवनाय सङ्कटः उत्पद्यते। अद्यत्वे अस्माकं पर्यावरणस्य प्रदूषणं निरन्तरं वर्धमानम् अस्ति। अद्य पर्यावरण-प्रदूषणं संसारस्य भीषणतमा समस्या अस्ति। प्राचीनकाले यद्यपि पर्यावरणस्य प्रदूषणस्य समस्या नासीत् तथापि वेदेषु स्थाने-स्थाने ऋषीणां पर्यावरण-विषयकं चिन्तनं दृश्यते। स्वच्छं पर्यावरणम् अस्माकं जीवनस्य आधारः अस्ति। पर्यावरणस्य आधाराः पुष्पिताः, पल्लविताः वृक्षाः भवन्ति । वृक्षाः पर्यावरणं सन्तुलितं शुद्धं च कुर्वन्ति। वृक्षाः भूमेः जलं गृह्णन्ति। वृक्षाणाम् इदं जलं मेघानां निर्माणे सहायकं भवति। इत्थं वृक्षाः वर्षायै सहायकाः भवन्ति। वृक्षाः पुष्पाणां, फलानाम् औषधीनां च स्रोताः सन्ति। ते अस्मभ्यं सर्वम् अर्पयन्ति। वृक्षाः रोपणीयाः इति उद्घोषयन्तः अपि वयं प्रतिदिनं तेषां कर्तनं पश्यामः इत्यस्ति चिन्तनीयः विषयः। अस्माभिः न विस्मरणीयं यत्-वृक्षाः सत्पुरुषा इव।

I. **एकपदेन उत्तरत। (केवलं प्रश्नद्वयम्)** (2 × 1 = 2 अङ्काः)

(एक शब्द में उत्तर दीजिए।) (केवल दो प्रश्न)

(i) अद्य संसारस्य भीषणतमा समस्या का अस्ति?
(ii) वृक्षाः कुतः जलं गृह्णन्ति?
(iii) के अस्मभ्यं सर्वम् अर्पयन्ति?

II. **पूर्णवाक्येन उत्तरत। (केवलं प्रश्नद्वयम्)** (2 × 2 = 4 अङ्काः)

(पूर्ण वाक्य में उत्तर दीजिए।) (केवल दो प्रश्न)

(i) पर्यावरणस्य आधाराः के भवन्ति?
(ii) वृक्षाः केषाम् स्रोताः सन्ति?
(iii) वृक्षाः कथं वर्षायै सहायकाः भवन्ति?

III. **अस्य अनुच्छेदस्य कृते उपयुक्तं शीर्षकं संस्कृतेन लिखत।** (1 अङ्क)

(इस अनुच्छेद का उपयुक्त शीर्षक संस्कृत में लिखिए।)

IV. **निर्देशानुसारम् उत्तरत। (केवलं प्रश्नत्रयम्)** (1 × 3 = 3 अङ्काः)

(निर्देशानुसार उत्तर दीजिए।) (केवल तीन प्रश्न)

(i) 'प्राचीनकाले यद्यपि पर्यावरणप्रदूषणस्य समस्या नासीत्' अत्र 'आसीत्' क्रियापदस्य कर्तृपदं किम्?

(क) प्राचीनकाले (ख) यद्यपि
(ग) समस्या (घ) पर्यावरणप्रदूषणस्य

(ii) 'वयं प्रतिदिनं तेषां कर्तनं पश्यामः' अत्र क्रियापदं किम् अस्ति?
(क) कर्तनम् (ख) तेषाम्
(ग) प्रतिदिनं (घ) पश्यामः

(iii) 'पर्यावरणम्' इति पदस्य किं विशेषणपदम्?
(क) वृक्षम् (ख) स्वच्छम्
(ग) जलम् (घ) प्रदूषणम्

(iv) 'तरवः' इति पदस्य पर्यायपदं चिनुत।
(क) वृक्षाः (ख) आगराः
(ग) सहायकाः (घ) पुष्पिताः

खण्डः 'ख'

रचनात्मकं-कार्यम्

(**15** अङ्काः)

2. भवतः नाम तनिष्कः। भवतः विद्यालये संस्कृतनाटकस्य मञ्चनम् अभवत्। तदर्थं मित्रं दीपकं प्रति लिखितं पत्रं मञ्जूषातः पदानां सहायतया पूरयित्वा उत्तरपुस्तिकायां लिखत।

($\frac{1}{2} \times 10 = 5$ अङ्काः)

(आपका नाम तनिष्क है। आपके विद्यालय में एक संस्कृत नाटक का मंचन किया गया था। इसके लिए अपने मित्र दीपक को लिखे पत्र को मंजूषा के शब्दों की सहायता से पूरा करके अपनी उत्तर पुस्तिका में लिखो।)

आदर्शविद्यालयः,
(i) ....
दिनाङ्कः ....
प्रियमित्र (ii) ....
(iii) .... ।

अत्र सर्वगतं कुशलम्। आशासे त्वम् अपि कुशली। यथा त्वं जानासि गत सप्ताहे मम विद्यालये संस्कृत-उत्सवः सम्पन्नः। अस्मिन् उत्सवे संस्कृतपरिषदः (iv) .... पाठ्यपुस्तकस्य 'कवयामि वयामि यामि' इति नाटकस्य (v) .... अकुर्वन्। तस्मिन् नाटके मया 'भोजस्य' अभिनयः कृतः। कुविन्दस्य अभिनयं मम मित्रं प्राञ्जलः अकरोत्। तस्य मुखात् श्लोकगायनं (vi) .... सर्वेऽपि उपस्थिताः दर्शकाः भावविभोराः जाताः करतलध्वनिभिः च तस्य उत्साहवर्धनम् (vii) .... । कार्यक्रमस्य अन्तेऽपि मुख्यातिथिमहोदयेन संस्कृतनाटकस्य भूरि-भूरि (viii) .... कृता। वस्तुतः अयम् उत्सवः मनोरञ्जकं ज्ञानवर्धकं च आसीत्।
तव विद्यालये संस्कृतोत्सवः कदा भविष्यति इति अवश्यं सूचय।
मातृपितृचरणेषु (ix) .... प्रणामाः।
तव मित्रम्
(x) ....

- **मञ्जूषा** प्रशंसा, कृतवन्तः, श्रुत्वा, दिल्लीतः, मम, तनिष्कः, दीपक!, छात्राः, सस्नेहं नमः, मञ्चनम्। ($5 \times 1 = 5$ अङ्काः)

3. प्रदत्तं चित्रं दृष्ट्वा मञ्जूषायां प्रदत्तशब्दानां सहायतया पञ्चवाक्यानि संस्कृतेन लिखत।
(दिए गए चित्र को देखकर मंजूषा में दिए हुए शब्दों की सहायता से संस्कृत में पाँच वाक्य लिखिए।)

- **मञ्जूषा** तरन्ति, स्वच्छम्, ग्रीष्मकाले, तरणतालस्य, जनाः, बालाः, कुर्वन्ति, प्रसन्नाः, जलक्रीडाम्, जलम्, कन्दुकम्, सन्ति।

अथवा

मञ्जूषाप्रदत्तशब्दानां साहाय्येन अधोलिखितं विषयम् अधिकृत्य पञ्चभिः संस्कृतवाक्यैः एकम् अनुच्छेदं लिखत।
($1 \times 5 = 5$ अङ्काः)
(निम्नलिखित विषय पर आधारित मंजूषा में दिए गए शब्दों की सहायता से पाँच संस्कृत वाक्यों के द्वारा एक अनुच्छेद लिखिए।)

'अनुशासनस्य महत्त्वम्'

- **मञ्जूषा** साफल्यम्, जनयति, परिश्रमेण सह, आलस्यम्, प्राप्नोति, स्वस्थम्, दिनचर्या, आत्मविश्वासः, जीवनम्, स्वलक्ष्यम्, आवश्यकम्, आत्मानम्, दुर्गुणेभ्यः ।

4. मञ्जूषाप्रदत्तपदैः रिक्तस्थानानि पूरयित्वा अधोलिखितसंवादं पुनः लिखत। ($1 \times 5 = 5$ अङ्काः)
(मंजूषा में दिए गए शब्दों से रिक्त स्थानों को पूरा करके निम्नलिखित संवाद को पुनः लिखिए।)

पुत्रः तात! प्रणमामि ।
पिता (1) ....
पुत्रः आम् तात! सर्वं कुशलम् अस्ति।
पिता उत्तमम्! विद्यालये तव अध्ययनं कथं प्रचलति, कापि समस्या तु नास्ति?

पुत्रः न, कापि समस्या नास्ति, परन्तु एकत्र भवताम् अनुमतिं सहाय्यं च इच्छामि।

पिता कस्मिन् सन्दर्भे, निस्सङ्कोचं वद।

पुत्रः श्वः मम प्रियशिक्षकस्य जन्मोत्सवः भविष्यति। अहम् (ii) ....।

पिता शिक्षक तु सदैव पूज्यः। तस्मिन् सन्दर्भे सङ्कोचः न कर्त्तव्यः । (iii) .... ।

पुत्रः अहं पूर्वमेव पृष्टवान्, कार्यक्रमः सायं सप्तवादने भविष्यति। केवलं भवतां समयस्य आशङ्का आसीत्।

पिता चतुर! सर्वं निश्चित्य मां पृच्छसि। (iv) ....।

पुत्रः तात! किमपि उपायनं स्वीकरणीयम् अस्ति।

पिता अस्तु! मात्रा सह आपणं गत्वा उत्तमम् उपायनं स्वीकुरु ।

पुत्रः (v) .... ।

- **मञ्जूषा**

(i) अस्तु, अहं कार्यालयात् समयेन आगमिष्यामि ।
(ii) अस्तु, धन्यवादः ।
(iii) शिक्षकं पृच्छ, कदा कार्यक्रमः भविष्यति?
(iv) तत्र भवता सह गन्तुम् इच्छामि।
(v) चिरञ्जीव! वद सर्वं कुशलम्।

अथवा

मञ्जूषायाः सहायतया अधोलिखितां कथां पूरयित्वा पुनः लिखत। (1/2 × 10 = 5 अङ्काः)

(निम्नलिखित कथा को मंजूषा की सहायता से पूर्ण करके पुनः लिखिए।)

एकदा एका चटका आसीत्। सा वनस्य एकस्मिन् उन्नतवृक्षे (i) .... वसति स्म। एकदा वने (ii) .... वृष्टिः अभवत्। तदा पीडितः एकः वानरः (iii) .... तत्वृक्षस्य अधः आगच्छत् । वानरं दृष्ट्वा (iv) .... अवदत्– "भोः वानर! भवान् किमर्थं व्यर्थमेव दुःखी भवति? (v) .... शरीरं मनुष्य-शरीरम् (vi) .... अस्ति। हस्तौ पादौ च सम्यक् सन्ति। भवान् उत्तम-गृहस्य (vii) .... किमर्थं न करोति?" तत् श्रुत्वा वानरः कुपितः अभवत्। वानरः (viii) .... चटकाम् अवदत्– "किमर्थं भवती तूष्णीं न (ix) ....? किमर्थं मम उपहासं करोति?" इति उक्त्वा सः वानरः (x) .... आरोहत् चटकायाः च नीडम् अनाशयत्। अतः कथ्यते-मूर्खेभ्यः सदुपदेशाः न हिताय।

- **मञ्जूषा** निर्माणम्, चटका, भवतः, स्वनीडे, महती, आश्रयार्थम् इव तिष्ठति, वृक्षम्, कोपेन।

खण्डः 'ग'

अनुप्रयुक्त–व्याकरणम्

(25 अङ्काः)

5. अधोलिखितवाक्येषु रेखाङ्कितपदेषु सन्धिं सन्धि-विच्छेदं वा कुरत। (केवलं प्रश्नचतुष्टयम्) (1 × 4 = 4 अङ्काः)

(निम्नलिखित वाक्यों में रेखांकित पदों की संधि या संधि-विच्छेद कीजिए।) (केवल चार प्रश्न)

(i) केन प्रयुक्तः + अयं पापं चरति पुरुषः ।
(ii) नैतत् मनुष्येषु प्रयोक्तव्यम् ।
(iii) आसीत् प्रच्छन्नभाग्यः कश्चित् कुमारः।
(iv) पापिनाञ्च सदा दुःखम्।
(v) अत्र संस्कृत + छात्राः पठन्ति।

6. अधोलिखितवाक्येषु रेखाङ्कितपदानां समस्तपदं विग्रहं वा प्रदत्तविकल्पेभ्यः चित्वा लिखत। (केवलं प्रश्नचतुष्टयम्) (1 × 4 = 4 अङ्काः)

(निम्नलिखित वाक्यों में रेखांकित पदों में समस्त पद या विग्रह करके दिए गए विकल्प को चुनकर लिखिए।) (केवल चार प्रश्न)

(i) **सर्वदा शारदा अस्माकं वदनाम्बुजे सन्निधिं कुर्यात्।**
(क) सर्वेभ्यः ददाति इति (ख) सर्वं ददाति इति
(ग) सर्वैः दीयते (घ) सर्वं आददाति इति

(ii) **युधिष्ठिरार्जुनौ रथारोहणं नाटयतः ।**
(क) युधिष्ठिरः अर्जुनः द्वौ
(ख) युधिष्ठिरः अर्जुनौ च
(ग) युधिष्ठिरः च अर्जुनः च
(घ) युधिष्ठिरौ अर्जुनौ च

(iii) **अरुणाचले अनेकानि पर्यटनाय स्थलानि सन्ति।**
(क) पर्यटनस्थलाः (ख) पर्यटनस्थलम्
(ग) पर्यटनास्थलानि (घ) पर्यटनस्थलानि

(iv) **सः अपि तत् नेत्रं स्थानम् अनतिक्रम्य अस्थापयत्।**
(क) यथास्थानम् (ख) अनुस्थानम्
(ग) प्रतिस्थानम् (घ) उपस्थानम्

(v) **को भेदः पिकस्य च काकस्य च?**
(क) पिककाकस्य (ख) पिककाकानाम्
(ग) पिककाकयोः (घ) पिकाकाकौ

7. अधोलिखितवाक्येषु रेखाङ्कितपदानां प्रकृति-प्रत्ययौ संयोज्य विभज्य वा उचितम् उत्तरं विकल्पेभ्यः चित्वा लिखत। (केवलं प्रश्नचतुष्टयम्) (1 × 4 = 4 अङ्काः)

(निम्नलिखित वाक्यों में रेखांकित पदों के प्रकृति-प्रत्ययों को जोड़कर या पृथक् करके उचित उत्तर विकल्पों से चुनकर लिखिए।) (केवल चार प्रश्न)

(i) **देहल्याम् अनेकानि ऐतिहासिकानि स्थालानि सन्ति।**
(क) इतिहास + मतुप् (ख) इतिहास + ठक्
(ग) इतिहास + ङीप् (घ) इतिहास + टाप्

(ii) अधुना रमणीय + टाप् हि सृष्टिः एषा।

(क) रमणी (ख) रमणीयता
(ग) रमणीयः (घ) रमणीया

(iii) केचन पञ्चत्वं गताः।

(क) पञ्च + त्व (ख) पञ्च + त्वम्
(ग) पञ्च + तल् (घ) पञ्च + टाप्

(iv) विद्वांसः एवं लोकेऽस्मिन् चक्षुस् + मतुप् प्रकीर्तिताः।

(क) चक्षुस्मन्तः (ख) चक्षुष्मान्
(ग) चक्षुष्मन्तः (घ) चक्षुस्मतुप्

(v) व्यवहारे सदा सरल + तल् भवेत्।

(क) सरलता (ख) सरलत्वम्
(ग) सरला (घ) सरलतायाः

8. वाच्यानुसारम् उचितपदैः रिक्तस्थानानि पूरयित्वा अधोलिखितं संवादं पुनः लिखत। (केवलं प्रश्नत्रयम्) (1×3 = 3 अङ्काः)

(वाच्यों के अनुसार उचित पदों के द्वारा रिक्त स्थानों की पूर्ति करके निम्नलिखित संवाद को पुनः लिखिए।) (केवल तीन प्रश्न)

वेदांशी कपिल ! (i) ……… कस्यां कक्षायां पठ्यते?

कपिलः अहम् अष्टमी-कक्षायां पठामि।

वेदांशी तव विद्यालये छात्रैः सर्वप्रथमं किं (ii) ……… ?

कपिलः सर्वप्रथमं छात्राः (iii) ……… कुर्वन्ति। अधुना त्वया किं क्रियते?

वेदांशी अधुना (iv) ……… विडियो-क्रीडां क्रीडामि।

कपिलः एतत् उचितं न अस्ति। अधुना परीक्षाकालः अस्ति अतः त्वया पठनीयम्।

• **मञ्जूषा** प्रार्थनाम्, त्वया, अहम्, क्रियते।

9. कालबोधकशब्दैः अधोलिखितदिनचर्यां पूरयत। (केवलं प्रश्नत्रयम्) (1×3 = 3 अङ्काः)

(कालबोधक शब्दों के द्वारा निम्नलिखित दिनचर्या को पूर्ण कीजिए।) (केवल तीन प्रश्न)

(i) कृषकः जगदीशः प्रातः (7:30) ……… वादने क्षेत्रं गच्छति।

(ii) तत्र (12:15) ……… वादने पर्यन्तं सः शस्यं सिञ्चति।

(iii) मध्याह्ने (1:00) ……… वादने स विश्रामं करोति।

(iv) (2:45) ……… वादने सः पुनः कृषिकार्येषु सङ्लग्नः भवति।

10. मञ्जूषायां प्रदत्तैः उचितैः अव्ययपदैः अधोलिखितवाक्येषु रिक्तस्थानानि पूरयत। (केवलं प्रश्नचतुष्टयम्) (1×4 = 4 अङ्काः)

(मंजूषा में दिए गए उचित अव्यय पदों से निम्नलिखित वाक्यों के रिक्त स्थानों की पूर्ति कीजिए।) (केवल चार प्रश्न)

(i) कदापि ……… कार्यं न करणीयम्।

(ii) ……… विषादं त्यक्त्वा उद्यमः क्रियताम्।

(iii) एषः कलहः ……… भवतां विनाशकारणं भविष्यति।

(iv) अवक्रता यथा चित्ते ……… वाचि भवेत्।

(v) अर्थिनः ……… धनलाभमात्रेण सन्तोषं भजन्ते।

• **मञ्जूषा** तु, नूनम्, तथा, सहसा, इदानीम्।

11. अधोलिखितवाक्येषु रेखाङ्कित-अशुद्धपदाय उचितपदं चित्वा वाक्यानि पुनः लिखत। (1×3 = 3 अङ्काः)

(केवलं प्रश्नत्रयम्)

(निम्नलिखित वाक्यों में रेखांकित अशुद्ध पदों के लिए उचित पदों को चुनकर वाक्यों को पुनः लिखिए।) (केवल तीन प्रश्न)

(i) कपयः प्रहस्य अवदत्।

(क) अवदत (ख) अवदताम्
(ग) अवदन् (घ) अवदः

(ii) कीदृशः तव मैत्री?

(क) कीदृशं (ख) कीदृशी
(ग) कीदृशीः (घ) कीदृशाः

(iii) त्वं से द्रौणेः चपलां प्रकृतिं न जानाति ।

(क) भवन्तः (ख) वयम्
(ग) भवान् (घ) युवाम्

(iv) श्वः त्वं किं करोषि ?

(क) करिष्यसि (ख) अकरोत्
(ग) अकरोः (घ) करिष्यति

खण्डः 'घ'

पठित-अवबोधनम्

(30 अङ्काः)

12. अधोलिखितं गद्यांशं पठित्वा प्रदत्तप्रश्नानाम् उत्तराणि संस्कृतेन लिखत। (5 अङ्काः)

(निम्नलिखित गद्यांश को पढ़कर दिए गए प्रश्नों के उत्तर संस्कृत में लिखिए।)

कदाचित् दानशालासु विचरन् स राजा बहुधनलाभेन सन्तुष्टानाम् अर्थिनां विरलसङ्ख्यां विलोक्य अचिन्तयत्- मम अर्थिनः तु धनलाभमात्रेण सन्तोषं भजन्ते। राज्ञि एवं विचारयति सति तस्य दानशीलतां परीक्षितुं देवाधिपतिः शक्रः नेत्रहीनयाचकस्य रूपं धारयित्वा तत्पुरतः अवदत्— हे राजन्! भवतः दानवीरताम् आकर्ण्य आशान्वितः भवत्समीपम् आगतोऽस्मि । देव! रवि-शशि-तारा-मण्डलभूषितं जगत् एतत् कथमिव पश्येयं चक्षुर्हीनः!

राजा उवाच— भगवन्! भवन्मनोरथं पूरयित्वा आत्मानम् अनुगृहीतं कर्तुम् इच्छामि। आदिश्यताम् किं करवाणि? विप्रः

उवाच– यदि भवान् प्रीत:, तदा त्वत्त: एकस्य चक्षुष: दानम् इच्छामि येन मम लोकयात्रा निर्बाधा भवेत्। तत् श्रुत्वा राजा अचिन्तयत्– ''लोके चक्षुर्दानं दुष्करमेव''।

I. **एकपदेन उत्तरत। (केवलं प्रश्नद्वयम्)** (½×2 = 1 अङ्क:)
(एक शब्द में उत्तर दीजिए।) (केवल दो प्रश्न)
(i) अर्थिन: केन सन्तोषंभजन्ते?
(ii) लोके किम् दुष्करम् अस्ति?
(iii) चक्षुषा विप्रस्य का निर्बाधा भवेत्?

II. **पूर्णवाक्येन उत्तरत। (केवलं प्रश्नद्वयम्)** (1×2 = 2 अङ्का:)
(पूर्ण वाक्य में उत्तर दीजिए।) (केवल दो प्रश्न)
(i) शक्र: नेत्रहीनयाचकस्य रूपं धारयित्वा राज्ञ: पुरत: किमवदत् ?
(ii) शक्र: किं परीक्षितुम् आगत:?
(iii) विप्र: किमर्थं चक्षुष: दानम् इच्छति स्म?

III. **निर्देशानुसारम् उत्तरत। (केवलं प्रश्नद्वयम्)**
(निर्देशानुसार उत्तर दीजिए।) (केवल दो प्रश्न)
(1×2 = 2 अङ्का:)
(i) 'श्रुत्वा' इति पदस्य किं पर्यायपदं गद्यांशे प्रयुक्तम्?
(ii) 'अर्थिन:' इत्यस्य क्रियापदं किं प्रयुक्तम्?
(iii) 'ईदृशं दानम्' अत्र विशेष्यपदं किम्?

13. **अधोलिखितपद्ये पठित्वा प्रदत्तप्रश्नानाम् उत्तराणि संस्कृतेन लिखत।** (5 अङ्का:)
(निम्नलिखित पद्यांश को पढ़कर दिए गए प्रश्नों के उत्तर संस्कृत में लिखिए।)

असंशयं महाबाहो मनो दुर्निग्रहं चलम्।
अभ्यासेन तु कौन्तेय वैराग्येण च गृह्यते।।
कलहान्तानि हर्म्याणि कुवाक्यान्तं च सौहृदम्।
कुराजान्तानि राष्ट्राणि कुकर्मान्तं यशो नृणाम्।।

I. **एकपदेन उत्तरत। (केवलं प्रश्नद्वयम्)** (½×2 = 1 अङ्क:)
(एक शब्द में उत्तर दीजिए।) (केवल दो प्रश्न)
(i) मनुष्याणां यश: कीदृश: भवति?
(ii) कुवाक्यान्तं किं भवति?
(iii) कलहेन कानि नश्यन्ति?

II. **पूर्णवाक्येन उत्तरत। (केवलं प्रश्नद्वयम्)** (1×2 = 2 अङ्का:)
(पूर्ण वाक्य में उत्तर दीजिए।) (केवल दो प्रश्न)
(i) मन: कीदृशं भवति?
(ii) मन: कथं गृह्यते?
(iii) कुराजान्तानि कानि भवन्ति?

III. **निर्देशानुसारम् उत्तरत। (केवलं प्रश्नद्वयम्)**
(निर्देशानुसार उत्तर दीजिए।) (केवल दो प्रश्न)
(1×2 = 2 अङ्का:)
(i) 'मित्रता' इत्यस्य किं पर्यायपदं प्रयुक्तम्?
(ii) 'चलम्' इत्यस्य विशेष्यपदं चित्वा लिखत।
(iii) अत्र पद्ययो: क्रियापदं किम् अस्ति?

14. **अधोलिखितं नाट्यांशं पठित्वा प्रदत्तप्रश्नानाम् उत्तराणि संस्कृतेन लिखत।** (5 अङ्का:)
(निम्नलिखित नाटक को पढ़कर दिए गए प्रश्नों के उत्तर संस्कृत में लिखिए।)

(तत: पुत्रशोकसन्तप्ता: युधिष्ठिर: भीम: द्रौपदी च रणभूमौ प्रविशन्ति ।)

द्रौपदी (दीर्घ नि:श्वस्य) हा हन्त! किम् इदं घोरम् आपतितम्। पापकर्मणा द्रौणिना मे पुत्रा: भ्रातर: च हता: । अग्नि: इव दहति माम् अयं शोक:।

युधिष्ठिर: शुभे! धैर्यं धारय। नूनं तव पुत्रा: वीरगतिम् एव प्राप्ता:। वीरजननी त्वं शोचितुं न अर्हसि।

द्रौपदी कथं मन्दभाग्या अहं धैर्यं धारयामि। यावत् असौ क्रूरकर्मा न दण्ड्यते, तावत् अहम् इत: न गमिष्यामि, अत्रैव प्राणत्यागं च करिष्यामि।

युधिष्ठिर: प्रिये! मा एवं ब्रूया:। स पापकर्मा कुत्र गत: इति न जानीम:। अतिदूरं किञ्चिद् दुर्गमवनं प्रविष्ट: भवेत्।

द्रौपदी (भीमं प्रति) आर्यपुत्र! क्षत्रधर्मम् अनुस्मरन् मां शोकसागरात् रक्ष। अस्मिन् संसारे कश्चित् अपि त्वया सदृश: पराक्रमी नास्ति। पुरा वारणावते त्वमेव पाण्डवान् रक्षितवान् । विराट-नगरे अपि त्वं मां प्राणसङ्कटात् उद्धृतवान्।

भीम: (युधिष्ठिरं प्रति) भ्रात:! द्रौणिम् अनुगन्तुं मह्यम् अनुमतिं ददातु भवान्।

युधिष्ठिर: गच्छ वत्स! विजयी भव, नकुल: तव सारथि: भवतु। (भीमसेन: निर्गच्छति, श्रीकृष्ण: अर्जुनेन सह प्रविशति।)

I. **एकपदेन उत्तरत। (केवलं प्रश्नद्वयम्)** (½×2 = 1 अङ्क:)
(एक शब्द में उत्तर दीजिए।) (केवल दो प्रश्न)
(i) का आत्मानं मन्दभाग्या इति कथयति?
(ii) पुरा कुत्र भीम: पाण्डवान् रक्षितवान्?
(iii) युधिष्ठिर: भीम: द्रौपदी कुत्र प्रविशन्ति?

II. **पूर्णवाक्येन उत्तरत। (केवलं प्रश्नद्वयम्)** (1×2 = 2 अङ्का:)
(पूर्ण वाक्य में उत्तर दीजिए।) (केवल दो प्रश्न)
(i) द्रौपदी दीर्घं नि:श्वस्य किं कथयति?
(ii) भीम: कदा पाण्डवान् रक्षितवान्?
(iii) भीम: किमर्थम् अनुमतिम् इच्छति?

III. **निर्देशानुसारम् उत्तरत। (केवलं प्रश्नद्वयम्)**
(निर्देशानुसार उत्तर दीजिए।) (केवल दो प्रश्न)
(1×2 = 2 अङ्का:)
(i) 'निर्गच्छति' इत्यस्य किं विपर्यय-पदम् अत्र प्रयुक्तम्?
(ii) 'श्रीकृष्ण: अर्जुनेन सह प्रविशति।' अत्र कर्तृपदं किम् प्रयुक्तम्?
(iii) 'घोरम् आपतितम्' अनयो: पदयो विशेषणपदं किम्?

15. रेखाङ्कितपदानि आधृत्य प्रश्ननिर्माणं कुरुत। (केवलं पञ्चप्रश्नाः) (1×5 = 5 अङ्काः)

(रेखांकित पदों को आधार मानकर प्रश्न निर्माण कीजिए।) (केवल पाँच प्रश्न)

(i) अरुणाचलप्रदेशे पञ्चाशदधिकाः नद्यः प्रवहन्ति ।

(ii) चपलबालकेभ्यः भीषणानाम् अस्त्राणां प्रदानं न उचितम्।

(iii) मनसः नियन्त्रणं वायोः इव सुदुष्करम् मन्यते ।

(iv) मेषः दाहवेदनया भूमौ लुठति।

(v) शिष्यः एकचतुर्थांशं स्वमेधया आदत्ते।

(vi) राजहंसः वर्षर्तौ मानसं पलायते।

16. मञ्जूषातः समुचितपदानि चित्वा अधोलिखितश्लोकस्य अन्वयं पूरयित्वा पुनः लिखत। (1/2×4 = 2 अङ्काः)

(मंजूषा से समुचित पद चुनकर निम्नलिखित श्लोक का अन्वय पूर्ण करके पुनः लिखिए।)

न तथा शीतलसलिलं न चन्दनरसो न शीतला छाया।
प्रह्लादयति च पुरुषं यथा मधुरभाषिणी वाणी।।

अन्वयः

यथा मधुरभाषिणी (i) ········ पुरुषं प्रह्लादयति (ii) ········ शीतलसलिलं न चन्दनरसः न (iii) ········ छाया च (iv) ········ (प्रह्लादयति)।

- **मञ्जूषा** शीतला, वाणी, न, तथा।

अथवा

मञ्जूषायाः साहाय्येन श्लोकस्य भावार्थे रिक्तस्थानानि पूरयित्वा पुनः लिखत। (1/2×4 = 2 अङ्काः)

(मंजूषा की सहायता से श्लोक के भावार्थ के रिक्त स्थानों को पूरा करके पुनः लिखिए।)

य इच्छत्यात्मनः श्रेयः प्रभूतानि सुखानि च।
न कुर्यादहितं कर्म स परेभ्यः कदापि च।।

भावार्थः

यदि कश्चित् (i) ········ स्वस्य कल्याणं (ii) ········ जीवनं च इच्छति तर्हि सः (iii) ········ परेभ्यः अहितं कर्म न (iv) ········। अर्थात् यथा व्यवहारं सः अन्यैः सह करिष्यति तथा एव अन्ये तेन सह व्यवहरिष्यन्ति ।

- **मञ्जूषा** सुखमयम्, कुर्यात्, जनः, कदापि।

17. अधोलिखितवाक्येषु रेखाङ्कितपदानां प्रसङ्गानुकूलम् उचितार्थं चित्वा लिखत। (केवलं प्रश्नचतुष्टयम्) (1×4 = 4 अङ्काः)

(निम्नलिखित वाक्यों में रेखांकित पदों के प्रसंग के अनुकूल उचित अर्थ चुनकर लिखिए।) (केवल चार प्रश्न)

(i) शैलानां पारं द्रष्टुं समर्थः भव।

(क) नदीनाम्
(ख) वृक्षाणाम्
(ग) पर्वतानाम्
(घ) मेघानाम्

(ii) भवता साधु उक्तम्।

(क) संन्यासी (ख) शुद्धम्
(ग) अनुचितम् (घ) सम्यक्

(iii) सर्वदा शारदा अस्माकं वदने सन्निधिं क्रियात्।

(क) गृहे (ख) वने
(ग) मुखे (घ) सर्वत्र

(iv) यूथपः रहसि अवदत्।

(क) रहस्यम्
(ख) एकान्ते
(ग) उच्चैः
(घ) मनसि

(v) स विवेकः इति ईरितः।

(क) कथितः (ख) श्रुतः
(ग) लिखितः (घ) दृष्टः

18. मञ्जूषाप्रदत्तपदानां सहायतया रिक्तस्थानानि पूरयित्वा अधोलिखितकथाम् उत्तरपुस्तिकायां लिखत। (1/2×8 = 4 अङ्काः)

(निम्नलिखित कथा को मंजूषा में दिए गए पदों की सहायता से रिक्त स्थानों को पूरा करके उत्तर पुस्तिका में लिखिए।)

चन्द्रनामकस्य राजपुत्राः राजगृहे वानरान् पालयन्ति स्म। तस्मिन् राजगृहे (i) ········ एकं मेषयूथम् अपि आसीत्। तेषु एकः उद्दण्डः मेषः अहर्निशं (ii) ········ प्रविश्य यत्– पश्यति स्म तत् खादति स्म। अतः तेन सह सूपकाराणां कलहः भवति स्म। मेषस्य सूपकाराणां च कलहं दृष्ट्वा वानराणां बुद्धिमान् यूथपतिः तान् अवदत्–एतेषां कलहो वानराणां विनाशकारणं भविष्यति अतः (iii) ········ राजभवनं त्यक्त्वा वनं गच्छाम, किन्तु (iv) ········ वानराः तस्य वचनम् अश्रद्धेयं मत्वा वनं न अगच्छन् । एकदा सः उद्दण्डः (v) ········ सूपकारैः ज्वलितकाष्ठेन ताडितः । ऊर्णाप्रचुरः मेषः जाज्वल्यमानशरीरः निकटस्थाम् अश्वशालां प्राविशत्। तेन अश्वशालायाम् अपि अग्निज्वालाः समुत्थिताः । अतः केचित् अश्वाः दग्धाः केचित् च (vi) ········। राजवैद्यः नृपम् अवदत् यत्– अश्वानां वह्निदाहसमुद्भवः दोषः (vii) ········ मेदसा नाशमभ्येति। राजा आदिशत्– यथोचितं क्रियताम्। राजादेशं श्रुत्वा भयत्रस्ताः (viii) ········ अचिन्तयन्–अवधीरिताः अस्माभिः गुरुजनोपदेशाः।

- **मञ्जूषा** मृताः, मेषः, वानराः, बालवाहनयोग्यम्, मदोद्धताः, वयम्, वानराणाम्, महानसम्।

व्याख्या सहित उत्तर

1. I. (i) पर्यावरण-प्रदूषणम् (ii) भूमेः
(iii) वृक्षाः

II. (i) पर्यावरणस्य आधाराः पुष्पिताः, पल्लविताः वृक्षाः भवन्ति।
(ii) वृक्षाः पुष्पाणां, फलानाम्, औषधीनां च स्रोताः सन्ति।
(iii) वृक्षाणाम् जलं मेघानां निर्माणे सहायकं भवति। इत्थं वृक्षाः वर्षायै सहायकाः भवन्ति ।

III. पर्यावरणम्/वृक्षाः/वृक्षाणां महत्त्वम्/प्रकृतिसंरक्षणम्/वृक्षः सत्पुरुषा इव छात्रस्य उत्तर दृष्ट्वा छात्रहिताय समुचितः निर्णयः करणीयः।

IV. (i) (ग) समस्या (ii) (घ) पश्यामः
(iii) (ख) स्वच्छम् (iv) (क) वृक्षाः

2. (i) दिल्लीतः (ii) दीपक !
(iii) सस्नेहं नमः (iv) छात्राः
(v) मञ्चनम् (vi) श्रुत्वा
(vii) कृतवन्तः (viii) प्रशंसा
(ix) मम (x) तनिष्कः

3. 1. इदम् तरणतालस्य चित्रमस्ति।
2. अत्र ग्रीष्मकाले बालाः कन्दुकं क्रीडन्ति जलक्रीडां च कुर्वन्ति।
3. तरणताले एका वर्तकाऽपि तरन्ति जनाः प्रसन्नाश्च भवन्ति।
4. तरण तालस्य जलं स्वच्छं भवति।
5. सर्वे बालाः प्रसन्नाः सन्ति।

अथवा

1. अनुशासनम् अस्माकं कृते अतीव आवश्यकं भवति अनेनैव जीवनं साफल्यं भवति।
2. एषः आलस्यं दूरीकरोति आत्मविश्वासः च वर्द्धयति।
3. ये बालकाः परिश्रमेण सह अस्य पालनं करोति ते स्वलक्ष्यं प्राप्नोति।
4. एतेन दिनचर्या स्वस्थं भवति।
5. बालकाः दुर्गुणेभ्यः सदैव दुरं भवन्ति।

4. (i) चिरञ्जीव ! वद सर्वं कुशलम्।
(ii) तत्र भवता सह गन्तुम् इच्छामि।
(iii) शिक्षकं पृच्छ, कदा कार्यक्रमः भविष्यति?
(iv) अस्तु, अहं कार्यालयात् समयेन आगमिष्यामि।
(v) अस्तु, धन्यवादः।

अथवा

(i) स्वनीडे (ii) महती
(iii) आश्रयार्थम् (iv) चटका
(v) भवतः (vi) इव
(vii) निर्माणम् (viii) कोपेन
(ix) तिष्ठति (x) वृक्षम्

5. (i) प्रयुक्तोऽयम् (ii) न + एतत्
(iii) कः + चिद् (iv) पापिनां + च
(v) संस्कृतच्छात्राः

6. (i) (ख) सर्वं ददाति इति
(ii) (ग) युधिष्ठिरः च अर्जुनः च
(iii) (घ) पर्यटनस्थलानि
(iv) (क) यथास्थानम्
(v) (ग) पिककाकयोः

7. (i) (ख) इतिहास + ठक् (ii) (घ) रमणीया
(iii) (क) पञ्च + त्व (iv) (ग) चक्षुष्मन्तः।
(v) (क) सरलता

8. (i) त्वया (ii) क्रियते
(iii) प्रार्थनाम् (iv) अहम्

9. (i) सार्धसप्त (ii) सपादद्वादश
(iii) एक (iv) पादोनत्रि

10. (i) सहसा (ii) इदानीम्
(iii) नूनम् (iv) तथा
(v) तु

11. (i) (ग) अवदन् (ii) (ख) कीदृशी
(iii) (ग) भवान् (iv) (क) करिष्यसि

12. I. (i) धनलाभमात्रेण (ii) चक्षुर्दानम्
(iii) लोकयात्रा

II. (i) शक्रः नेत्रहीनयाचकस्य रूपं धारयित्वा राज्ञः पुरतः अवदत्- हे राजन्! भवतः दानवीरताम् आकर्ण्य आशान्वितः भवत्समीपम् आगतोऽस्मि । देव! रवि-शशि-तारा-मण्डलभूषितं जगत् एतत् कथमिव पश्येयं चक्षुर्हीनः!
(ii) शक्रः राज्ञः दानशीलतां परीक्षितुम् आगतः।
(iii) विप्रः स्वलोकयात्रां निर्बाधं कर्तुं चक्षुषः दानम् इच्छति स्म।

अथवा

विप्रः रवि-शशि-तारा-मण्डलभूषितं जगत् द्रष्टुं चक्षुषः दानम् इच्छति स्म।

III. (i) आकर्ण्य (ii) भजन्ते
(iii) दानम्

13. I. (i) कुकर्मान्तम् (ii) सौहृदम्
(iii) हर्म्याणि

II. (i) मनः चलं दुर्निग्रहं च अस्ति।
(ii) मनः अभ्यासेन वैराग्येण च गृह्यते।
(iii) कुराजान्तानि राष्ट्राणि भवन्ति।

III. (i) सौहृदम् (ii) मन:
(iii) गृह्यते

14. I. (i) द्रौपदी (ii) वारणावते
(iii) रणभूमौ

II. (i) द्रौपदी दीर्घं नि:श्वस्य कथयति—हा हन्त! किम् इदं घोरम् आपतितं, पापकर्मणा द्रौणिना मे पुत्रा: भ्रातर: च हता:। अग्नि: इव दहति माम् अयं शोक:।
(ii) भीम: वारणावते पाण्डवान् रक्षितवान्।
(iii) भीम: द्रौणिम् अनुगन्तुम् अनुमतिम् इच्छति।

III. (i) प्रविशति (ii) श्रीकृष्ण:
(iii) घोरम्

15. (i) कुत्र (ii) कीदृशाणानाम्
(iii) कस्य (iv) कुत्र/कस्यां
(v) कया (vi) कदा

16. (i) वाणी (ii) तथा
(iii) शीतला (iv) न

अथवा

(i) जन: (ii) सुखमयम्
(iii) कदापि (iv) कुर्यात्

17. (i) (ग) पर्वतानाम् (ii) (घ) सम्यक्
(iii) (ग) मुखे (iv) (ख) एकान्ते
(v) (क) कथित:

18. (i) बालवाहनयोग्यम् (ii) महानसम्
(iii) वयम् (iv) मदोद्धता:
(v) मेष: (vi) मृता:
(vii) वानराणाम् (viii) वानरा: